Ciencias de la salud

Séptima edición

Bertha Higashida

Universidad Nacional Autónoma de México

MÉXICO • BOGOTÁ • BUENOS AIRES • CARACAS • GUATEMALA • MADRID • NUEVA YORK
SAN JUAN • SANTIAGO • SAO PAULO • AUCKLAND • LONDRES • MILÁN • MONTREAL
NUEVA DELHI • SAN FRANCISCO • SINGAPUR • ST. LOUIS • SIDNEY • TORONTO

Gerente editorial: Alejandra Martínez Ávila
Editor sponsor: Sergio G. López Hernández
Editor: Luis Amador Valdez Vázquez
Supervisora de producción: Marxa de la Rosa Pliego
Diseño de portada: José Palacios Hernández

CIENCIAS DE LA SALUD
Séptima edición

DERECHOS RESERVADOS © 2013, 2008, respecto a la séptima edición por:
McGRAW-HILL/INTERAMERICANA EDITORES, S.A. DE C.V.
 Punta Santa Fe,
 Prolongación Paseo de la Reforma 1015, Torre A,
 Piso 17, Colonia Desarrollo Santa Fe,
 Delegación Álvaro Obregón
 C.P. 01376, México, D.F.
 Miembro de la Cámara Nacional de la Industria Editorial Mexicana, Reg. Núm. 736

ISBN: 978-607-15-0901-7
(ISBN: 978-970-10-6381-1 Sexta edición)

Agradecemos la lectura, comentarios y sugerencias de los siguientes académicos: la profesora María Teresa Ramírez López,
coordinadora académica del Centro Universitario México; la doctora Rosa María Zúñiga Sánchez, coordinadora de evaluación
del Departamento de Anatomía de la Facultad de Medicina de la UNAM y docente del Plantel 1 "Gabino Barreda" de la ENP, y la
doctora Aurora Treviño Cantú, coordinadora de ciencias de la salud de la Preparatoria La Salle Benjamín Franklin.

1234567890   2456789013

Impreso en China   Printed in China
Impreso por CTPS   Printed by CTPS

A mi hijo
y a la memoria de mis padres
A mis hermanos
A Jorge

La materia *Ciencias de la Salud* tiene diferente contenido temático y diferentes objetivos en cada uno de los diversos planteles en los cuales se imparte, debido a que el fenómeno salud-enfermedad está relacionado tanto con las ciencias naturales como con las ciencias sociales, ya que el hombre debe ser considerado una unidad biopsicosocial.

Los estudiantes de la materia se enfrentan constantemente ante el problema de la carencia de un libro que los ayude a obtener mejores resultados. Necesitan consultar bibliografía, que no siempre está a su alcance; fácilmente se ven confundidos al encontrar que las mismas estructuras del cuerpo humano reciben nombres diferentes, en libros diversos.

Por estas razones, hace algunos años elaboré un material con la intención de que fuera accesible y sirviera de apoyo a los estudiantes de los diversos planteles en los cuales se imparte esta materia. Traté de presentar, en la forma más sencilla, los aspectos más importantes de la materia de Ciencias de la Salud y, en el caso de la anatomía y fisiología, de utilizar tanto los términos adaptados al español aceptados en los Congresos Internacionales de Anatomía, como los que todavía se usan en muchas escuelas de Medicina de habla hispánica.

De entonces a esta parte, hemos vivido los estragos de un terremoto, ha aumentado la violencia, han cambiado las principales causas de mortalidad en el país y han aparecido enfermedades nuevas como el síndrome de inmunodeficiencia adquirida (sida) y la influenza AH1N1. También han surgido problemas en la adolescencia como la anorexia nerviosa y la bulimia y día con día aumentan los embarazos no deseados.

Ante estas situaciones, en esta edición me he permitido actualizar y ampliar algunos datos y conceptos, además de abordar temas que en nuestros días han cobrado relevancia, con la esperanza de que sean de gran utilidad para los estudiantes y, en general, para toda la población deseosa de ampliar su cultura.

Bertha Higashida

Acerca de la autora

Bertha Yoshiko Higashida Hirose es médico cirujano egresada de la Facultad de Medicina de la UNAM. Ha sido profesora de tiempo completo de Educación para la Salud en la Escuela Nacional Preparatorio (ENP) y profesora de la misma materia en el Colegio de Ciencias y Humanidades (CCH).

Además de su extensa carrera docente, la doctora Higashida ha sido coordinadora y miembro de la comisión dictaminadora del Plantel "Miguel E. Schulz" del Colegio de Morfología, Fisiología e Higiene de la ENP, miembro jurado calificador de los concursos para profesores del CCH y miembro del Comité Organizador de la II Conferencia Internacional de Profesores de Ciencias Naturales.

Ha participado en más de 120 cursos de actualización para profesores de bachillerato y presentado un sinnúmero de ponencias en convenciones nacionales e internacionales. Además de obtener varios premios en los cursos interpreparatorianos en la ENP, recibió la medalla al Mérito Académico para profesores de la misma escuela. Ha publicado numerosos artículos en la *Gaceta de la UNAM* y las revistas *Koiné* y *Rompan filas*.

La doctora Higashida fue representante del Colegio de Ciencias y Humanidades, Plantel Sur, ante la comisión de Enlace Conasida-CCH y asesora de trabajos de alumnos premiados en concursos de la ENP y del CCH.

Contenido

Capítulo 1

El hombre, producto de la evolución, como unidad biopsicosocial

El hombre es una unidad determinada por sus aspectos biológico, psicológico y social, producto de una larga evolución a lo largo del tiempo. El *Hombre de Vitruvio* (1485-1490), de Leonardo da Vinci, representa el ideal del hombre del Renacimiento, el cual es medida de todas las cosas.

Para poder estudiar al hombre es necesario tomar en consideración tres aspectos fundamentales:

1. Biológico, que estudia la estructura y el funcionamiento del organismo.
2. Psicológico, que estudia la personalidad y las relaciones interpersonales.
3. Social, que estudia las leyes, las relaciones y la cultura del hombre.

A pesar de que estos tres aspectos implican conceptos y métodos diferentes, tienen el mismo objeto de estudio: el hombre como unidad biopsicosocial (biológica, psicológica y social).

El hombre es un ser vivo, pero a diferencia de los vegetales y otros animales, posee características exclusivas adquiridas en el proceso evolutivo, como el lenguaje simbólico, el pensamiento abstracto y la capacidad de creación cultural. Aun cuando proviene de antepasados de organización inferior, en lugar de acrecentar sus instintos, desarrolló más su inteligencia, con lo cual pudo elegir entre múltiples ambientes y formas de vida; además, adquirió la capacidad de modificar el medio ambiente del cual forma parte.

Si se observa un óvulo humano se puede confundir con el de algunos animales; de la misma forma, si se estudia el desarrollo de un embrión humano, se verá una secuencia parecida a la historia de la evolución; así pues, en su desarrollo embrionario, el hombre experimenta cambios análogos a los de las formas inferiores y en el mismo orden.

Biológicamente el hombre pertenece a:

Reino	animal
Phylum	*chordata*, porque tiene columna vertebral.
Clase	*mammalia*, porque se alimenta de la leche proveniente de las glándulas mamarias de la madre en los primeros días de su vida.
Orden	*primates*, porque tiene cráneo grande, su pulgar se opone a los otros dedos, tiene uñas planas, sus mandíbulas están colocadas en la parte baja del cráneo y está mejor equilibrado sobre su columna vertebral.
Familia	*hominidae*, porque se sostiene erecto en dos pies.
Genero	*homo*, donde se incluyen especies con cerebro más desarrollado.
Especie	*homo sapiens*.

A pesar de que nace con ciertas deficiencias anató-micas y fisiológicas en relación con otras especies (por ejemplo, el cuerpo desnudo, mecanismos de defensa pobres, no sabe nadar, no corre, no tiene la agilidad ni la fuerza de algunas especies), ha sobrevivido a la selec-ción natural y continúa reproduciéndose y desempe-ñando un papel preponderante en la naturaleza gracias a otras características que lo han hecho en ciertos aspectos un ser superior:

1. Conservar los cinco dedos en sus extremidades. Las superiores son prensiles.
2. Haber desarrollado una visión binocular, estereos-cópica y cromática; esto significa que los campos visuales de los ojos se superponen, lo que le permite percibir los objetos en tres dimensiones y en color.
3. Mantener una postura erecta; su pelvis sufrió modi-ficaciones obligando al tronco a erguirse. Así, la cabeza ya no necesitó mantenerse en forma hori-zontal, sino que se asentó en el cuello, y los músculos de éste se hicieron más cortos y ligeros, las cuerdas vocales más finas y las extremidades superiores que-daron libres tanto para la prensión y manipulación de los objetos como para la fabricación de utensilios.
4. Tener un desarrollo cerebral notable, característica que le permitió desarrollar el lenguaje y otras expre-siones culturales, como valerse de la experiencia acumulada en el pasado.

El hombre como individuo normal no puede existir en aislamiento; sus procesos mentales y su conducta sólo son inteligibles en función de su interrelación con otros individuos de la misma especie. Algunos anima-les también viven en grupos, pero éstos carecen de la flexibilidad y adaptabilidad de las agrupaciones huma-nas. El hombre nace en un medio con normas, ideas, hábitos, técnicas y formas de organización estableci-dos. También tiene, entre otras, las siguientes capaci-dades:

1. Capacidad de experimentarse a sí mismo como una entidad, como algo único, distinto; tener conciencia de sí mismo y buscar formas de relacionarse con los demás y con el mundo.
2. Razonar, tratar de comprender al mundo y a sí mis-mo, investigar el porqué de las cosas, descubrir leyes científicas, crear sistemas religiosos, filosóficos y técnicos para alcanzar su papel de preponderancia en la naturaleza.
3. Poseer lenguaje simbólico; es decir, representar por medio de símbolos orales, escritos y de otro tipo las sensaciones de su cuerpo y sus ideas, y utilizar dicho lenguaje para aprender no sólo mediante su expe-riencia, sino también de la experiencia de los demás.

4. Tener imaginación, que lo hace angustiarse ante los peligros y las consecuencias de su conducta, y resol-ver mentalmente los problemas antes de enfrentarse a ellos.
5. Pensar de manera crítica, lo cual le permite escoger y decidir, tener responsabilidad ante sí mismo y ante los demás.

Desde que nace, el hombre está sujeto a la influencia de factores naturales y de factores relativos a la socie-dad y la cultura en que vive; nace como miembro de una familia dentro de una sociedad y con una nacionalidad. En el transcurso de su vida, sus potencialidades pueden estimularse o inhibirse por medio de la educación y la participación cultural.

El desarrollo social y cultural del individuo ha pasa-do por varios periodos:

En el periodo paleolítico, el hombre hizo sus prime-ros utensilios, desarrolló la habilidad manual, lo que le permitió fabricar instrumentos; hizo raspadores, cuchi-llos y hachas de pedernal que le permitieron defenderse de las fieras y obtener su carne para alimentarse.

En el periodo neolítico tuvo la oportunidad de ini-ciar una vida comunitaria; formó clanes y tribus regula-dos por preceptos sociales, éticos y religiosos; descubrió la agricultura y el pastoreo; inventó la rueda, la cerámi-ca, los tejidos, el uso del arco y la flecha, y de materiales como el hueso, la madera, el marfil y el cuerno.

En el proceso de satisfacer sus necesidades y en el ejercicio de sus capacidades, el hombre ha creado dife-rentes formas de organización, sistemas de pensamien-to y acción cuyo resultado son las diversas sociedades y

Figura 1.1 Stonehenge, en Inglaterra, es una muestra de cómo desde la prehistoria el hombre tuvo necesidad de crear cultura y or-ganizarse en comunidades.

culturas. Cada sociedad está estructurada y opera en forma específica, lo anterior depende de condiciones geográficas, abundancia o escasez de materias primas y alimentos, y métodos de producción y distribución.

El ser humano es una unidad biopsicosocial que ha desempeñado un papel preponderante en la naturaleza gracias a que conserva los cinco dedos en sus extremidades, mantiene la postura erecta y tiene un desarrollo cerebral notable y posee cultura.

Las culturas implican conocimientos, normas, creencias, ideologías, prejuicios y costumbres compartidos; son creadas para el logro de fines individuales, biológicos y sociales, por lo que el hombre, más que producto, debería considerarse un agente de los procesos socioculturales dinámicos, sujetos a periodos de mayor o menor estabilidad.

Actividades

1. Investiga si en la comunidad donde vives hay gemelos idénticos (mismo sexo y aspecto físico). Analiza cómo los reconocen sus familiares y las otras personas y comenta las implicaciones biológicas, psicológicas y sociales del caso con el grupo. Saca conclusiones de manera individual y compártelas con el grupo.
2. En equipos, analicen las características biológicas del ser humano y discútanlas en el grupo.
3. Consulta en el capítulo 27 cómo es la constitución psíquica del ser humano y analícenla en el grupo.
4. Revisa las características del ser humano que lo han hecho tener un lugar preponderante en la naturaleza y coméntalas con el grupo.
5. Analiza las capacidades del hombre como ser social, escríbelas y comenta cada una con el grupo.
6. Comenta el concepto "cultura" con el grupo y elaboren una conclusión.

Capítulo 2

Conceptos de salud y enfermedad

La salud se define como el equilibrio dinámico que mantiene la composición, estructura o función de un organismo. El cuerpo de un corredor compensa la temperatura interna y la fatiga mediante la sudoración y el incremento del ritmo cardiaco.

En julio de 1946 se fundó la **Organización Mundial de la Salud (OMS)**, organismo de las Naciones Unidas especializado en los aspectos relacionados con la salud. En su Declaración de Principios estableció que "el goce del más alto grado de salud que se puede lograr es uno de los derechos fundamentales de cada ser humano, sin distinción de raza, religión, credo político o constitución económica y social", y que la salud depende de la cooperación entre los individuos y las naciones.

En 1978 se llevó a cabo una reunión en **Alma Ata**, en la que se acordó adoptar el lema "salud para todos en el año 2000". Se puso énfasis en la atención primaria, que comprende actividades preventivas, educativas y asistenciales al alcance de todos los individuos; en un mayor aprovechamiento de los recursos disponibles; en la participación de la comunidad, a un costo que ésta y el país puedan sufragar en todas y cada una de las etapas de su desarrollo con un espíritu de autorresponsabilidad y autodeterminación. Si se desea lograr estas metas no sólo se debe poner en práctica el derecho, sino el compromiso de participar individual y colectivamente en la planificación de la salud.

El 3 de febrero de 1983 se publicó en el *Diario Oficial de la Federación* un decreto por el que se adiciona al **Artículo 4º.** de la **Constitución Política de los Estados Unidos Mexicanos** lo siguiente: "Toda persona tiene derecho a la protección de la salud. La Ley definirá las bases y modalidades para el acceso a los servicios de salud y establecerá la concurrencia de la Federación y las entidades federativas en materia de salubridad general, conforme a lo que dispone la fracción XVI del Artículo 73 de la Constitución". Con esta publicación se elevó a rango constitucional la protección de la salud y la asignación de los recursos necesarios para la acción sanitaria.

La OMS definió la **salud** como *el estado de completo bienestar físico, mental y social, y no solamente como la ausencia de enfermedad o invalidez*. R. Dubós define la salud como *el estado de adaptación al medio y la capacidad de funcionar en las mejores condiciones en este medio*. Hernán San Martín la define como un *estado variable fisiológico de equilibrio y de adaptación de todas las posibilidades humanas*. Para la ecología, la salud se define como *el equilibrio dinámico con el ambiente, que ofrece las mejores posibilidades para el desenvolvimiento pleno de las capacidades*.

El término **bienestar** puede considerarse equivalente al de adaptación dinámica. Nos sentimos bien cuando estamos adaptados al medio físico, biológico y social; sin embargo, el hombre se encuentra en un medio dinámico, por lo que acepta lo favorable y rechaza lo desfavorable; un hombre normal lucha constantemente, ajustándose para mantener un equilibrio. Esta lucha puede ser para contrarrestar condiciones desfavorables del medio o para modificarlo; así pues, el estado normal del individuo es aquella situación que le permite tener el máximo de dicho equilibrio en su composición, estructura y función. A los continuos ajustes que realiza el hombre para mantener el equilibrio dinámico se les llama **homeostasis**, condición que se analizará ampliamente más adelante.

Esta lucha también se refiere a la salud mental; se manifiesta cuando el hombre tiene un rendimiento óptimo en relación consigo mismo y con el grupo, y se expresa de manera correcta y creadora; es decir, cuando lucha frente a los conflictos, busca resolverlos y cuando lo ha logrado continúa buscando soluciones a los nuevos problemas a los que ha de enfrentarse.

En el área social, el hombre debe convivir con sus semejantes y formar parte de una sociedad; puede contribuir a mantener la estructura en que se desenvuelve o modificarla de acuerdo con sus necesidades y aspiraciones, así como con las de su grupo o comunidad; por ejemplo, al obtener un trabajo adecuado que le permita adquirir alimentos, ropa, vivienda con servicios sanitarios, educación y recreación. Debe tratar de comprender y resolver positivamente los conflictos que surjan de su interacción con el medio ambiente.

Enfermedad es cualquier estado que perturba el funcionamiento físico o mental de una persona y afecta su bienestar; dicho en otras palabras, es la pérdida del equilibrio dinámico que mantiene la composición, estructura o función del organismo.

Hace algunos años se pensaba que la enfermedad provenía del exterior y que era producida por una sola causa. Este concepto se ha modificado porque la enfermedad puede presentarse como resultado de imperfecciones biológicas intrínsecas; es decir, se genera internamente o se presenta debido a la existencia de factores adversos en el ambiente, ante los cuales el organismo tiene dificultades para adaptarse.

La ecología, ciencia que estudia el modo de vivir de los seres vivos y sus relaciones con el ambiente, demuestra que salud y enfermedad no son opuestos, sino diferentes grados de adaptación del organismo al ambiente en que vive.

Nuestro organismo se relaciona con el ambiente externo a través del ambiente interno o fisiológico; está constituido por todos los líquidos orgánicos que bañan nuestras células y por tejidos, órganos, conexiones de vasos sanguíneos y nervios. Los líquidos del organismo, como la sangre y la linfa, son los encargados de transportar los productos del metabolismo a los órganos del cuerpo donde se utilizan o eliminan hacia el ambiente externo.

El proceso de adaptación interna, tanto física como mental, es materia de la fisiología, ciencia que estudia las funciones de la materia viva y la dinámica de los cuerpos organizados.

> Salud y enfermedad no son opuestos, sino diferentes grados de adaptación del organismo al ambiente en que vive.

Homeostasis

Este término es el tema central de la fisiología; puede definirse como *la tendencia de los organismos a mantener constante su medio interno*. Todos los órganos del cuerpo participan en la homeostasis y gracias a finos sistemas de control todas las estructuras funcionales trabajan en armonía.

Un organismo está en homeostasis cuando:

1. Su medio interno contiene las concentraciones exactas y correctas de iones, gases y nutrimentos.
2. Moviliza su medio interno.
3. Elimina desechos.
4. Coordina armónicamente las funciones.
5. Se reproduce (homeostasis de especie).

La homeostasis se altera con frecuencia porque el individuo está sujeto a estímulos constantes; esto hace que su organismo sufra "estrés" o haga un "esfuerzo de adaptación". El estrés puede proceder del medio externo en forma de calor, frío, ruidos intensos, falta de oxígeno, o bien proviene del interior del organismo, cuando hay dolor, pensamientos desagradables y, en casos menos frecuentes, infecciones u operaciones.

Ejemplos de homeostasis

La temperatura del organismo tiende a mantenerse dentro de ciertos límites, aunque el individuo se encuentre en lugares muy fríos o muy cálidos.

Las personas que hacen ejercicio físico intenso podrían llegar a tener temperaturas tan elevadas que alterarían las proteínas de su organismo; sin embargo, esto no sucede porque el organismo disminuye este exceso de temperatura mediante la sudoración. Asimismo, el sistema circulatorio o angiológico se acelera y envía los nutrimentos necesarios hacia las células que los necesitan; el ritmo respiratorio aumenta para abastecer del oxígeno necesario a las células y eliminar así el exceso de bióxido de carbono.

Los mecanismos homeostáticos son regulados por el sistema neuroendocrino (sistemas nervioso y endocrino). Cuando se pierde el estado de equilibrio, el sistema nervioso envía mensajes a los órganos apropiados para contrarrestar el estrés. Algunas células nerviosas captan los cambios químicos que están ocurriendo en la sangre y mandan el mensaje al cerebro que, a su vez, ordena al corazón bombear más sangre hacia los pulmones para acelerar la oxigenación y la eliminación de bióxido de carbono. Por su parte, el sistema endocrino, que regula las glándulas de secreción interna, modifica su producción de hormonas (una hormona es una sustancia química producida en un órgano que, transportada por la corriente sanguínea, excita la actividad funcional en otra parte u órgano). Se cree que primero la médula de las glándulas suprarrenales produce mayor cantidad de adrenalina y luego la hipófisis anterior aumenta la secreción de la hormona adrenocorticotrófica (ACTH, por sus siglas en inglés), la cual estimula la corteza de las glándulas suprarrenales para que produzcan glucocorticoides. La función de estos últimos es aumentar la resistencia al estrés al reparar rápidamente las lesiones que se hayan producido.

Por todo lo anterior, si la salud es un estado positivo, un continuo accionar del hombre frente al medio físico, mental y social en que vive y a sus variaciones, en un esfuerzo por modificar lo que le es desfavorable, para poder estudiarla es necesario tomar en consideración lo siguiente:

1. El estudio de la fisiología, que nos permite conocer los mecanismos que mantienen la homeostasis y, en consecuencia, la salud, pues las reglas de higiene se basan en el conocimiento de la fisiología (física y mental).
2. El estudio de la ecología humana, que nos permite conocer las interrelaciones entre los seres humanos y el ambiente.

3. El estudio de las técnicas de la medicina preventiva, que es la ciencia y el arte de prevenir las enfermedades, prolongar la vida y promover la salud y la eficiencia física y mental ejercida con el fin de interceptar las enfermedades en cualquier fase de su evolución.

Actividades

1. Investiga en la Constitución Política de los Estados Unidos Mexicanos qué artículos se refieren a la protección de la salud y coméntalos en tu grupo.
2. Si una persona considera que su peso, estatura, signos vitales, dientes, agudeza visual, etc., están dentro de los parámetros normales, y eso lo hace sentirse superior a los demás, ¿está sana? Discute este caso con el grupo.
3. Escribe en una cartulina el concepto de salud que te pareció mejor. Las cartulinas se colocarán en el pizarrón para que el grupo las analice y saque conclusiones.
4. Elabora un cuadro sinóptico con las características del bienestar físico, mental y social.
5. Comenta el concepto de enfermedad. Salud y enfermedad no son opuestos, discute esta aseveración con el grupo.
6. Analiza la diferencia entre medio interno y medio externo.
7. Elaboren en grupo un esquema del cuerpo señalando las principales estructuras que participan en la homeóstasis.
8. Elaboren en grupo un mapa conceptual que indique las estructuras principales que participan en la homeostasis y la función que realiza cada una.

Capítulo 3

La medicina como ciencia natural y ciencia social. Aspectos multidisciplinarios de las Ciencias de la Salud

El conocimiento se transmite de generación en generación. Las mujeres transmiten a sus hijos el lenguaje, las tradiciones y las costumbres que forman parte de su cultura. En el folio 60r del *Códice Mendocino* (1541), aparece la imagen de una mujer que enseña a su hija a preparar el nixtamal.

La palabra **ciencia** proviene del latín *scientia* y significa *el conocimiento exacto y razonado de ciertas cosas o el conjunto sistematizado de conocimientos.* Mario Bunge la define como *el conocimiento racional, sistémico exacto, verificable y, por consiguiente, falible.* Eli de Gortari, por su parte, la define como *la explicación objetiva y racional del universo.*

Como explicación, la ciencia describe las diversas formas en que se manifiestan los procesos existentes, distingue las fases sucesivas y coexistentes observadas en el desarrollo de estos mismos procesos, desentraña sus enlaces internos y sus conexiones con otros procesos, pone al descubierto las acciones recíprocas entre ellos y encuentra las condiciones y los medios necesarios para permitir la intervención humana en el curso de los propios procesos.

La ciencia tiene como características:

1. El control práctico que ella permite sobre la naturaleza.
2. Está dirigida a la obtención de más conocimientos sistemáticos y confiables, los cuales se emplean para garantizar conclusiones válidas acerca de la forma y las condiciones en que se presentan diversos fenómenos.
3. Posee un método para adquirir el conocimiento científico.

Método es la manera razonada de conducir los procesos del pensamiento con objeto de llegar a un resultado determinado y, preferentemente, al descubrimiento de la verdad.

El **método científico** *es un procedimiento formado por una secuencia lógica de actividades que procura descubrir las características de los fenómenos, las relaciones internas entre sus elementos y sus conexiones con otros fenómenos, mediante el raciocinio y la comprobación, y con la demostración y la verificación.*

Supone las siguientes etapas: observación, planteamiento de un problema, formulación de una hipótesis, comprobación de la hipótesis y formulación de una ley, una teoría o un modelo.

La ciencia surge ante la necesidad de explicar racionalmente los fenómenos naturales y de proporcionar a las sociedades antiguas normas de organización política, escalas de valores, estructuras para el ejercicio del poder, estrategias militares y una administración pública primitiva; por ello, como actividad, la ciencia pertenece a la vida social en cuanto se aplica al mejoramiento del medio natural y artificial, a la invención y a la manufactura de bienes materiales y culturales.

El conocimiento científico es la posesión de explicaciones objetivas y confirmadas, pero siempre verificables, de los procesos existentes en el universo. Tiene su origen en las diversas actividades que el hombre realiza y, a su vez, se presenta como resultado de la actividad humana.

Los cambios sociales que ocurren a causa de la satisfacción de las necesidades humanas obligan a la adquisición de conocimientos científicos sobre los fenómenos del mundo, y éstos, a su vez, tienen influencia sobre el progreso social.

La *medicina* debe considerarse como *ciencia natural* y como *ciencia social*, ya que al hablar de la salud y la enfermedad, debe estudiarse al hombre desde dos puntos de vista:

1. *Desde las* **ciencias** *naturales*, para conocer la estructura y las funciones del cuerpo humano, tanto en salud como en enfermedad, aplicando la metodología científica, es decir, observando, formulando hipótesis y verificándolas.
2. *Desde las* **ciencias** *sociales*, que reciben también el nombre de ciencias de las relaciones humanas o del comportamiento porque tienen como objeto de estudio las sociedades y culturas, y proporcionan la metodología para comprender los fenómenos sociales que intervienen en los problemas relativos a la salud. Cuando las ciencias sociales se aplican a la salud, su objeto de estudio es la salud del hombre en su contexto social, y la forma en que ayudan a la prevención, diagnóstico y solución de los problemas relativos a la salud y la enfermedad.

Se pudiera llegar a pensar que estas ciencias son excluyentes, pero no es así, pues ambas estudian al hombre pero desde diferentes ángulos.

Al término de la Revolución industrial, la salud pública ocupó un lugar muy importante en los objetivos de la reforma social: comenzó la formación de equipos de salud en los que se incluyeron sociólogos, antropólogos y administradores, que lograron controlar las enfermedades transmisibles. Al aumentar la expectativa de vida, cierto tipo de enfermedades como el cáncer, las enfermedades cardiovasculares o del sistema angiológico y las alteraciones psicológicas han empezado a ocupar un lugar importante, al igual que enfermedades que son consecuencia del avance de la civilización, como las producidas por la contaminación. Ante estos problemas, las ciencias sociales han tenido que integrarse totalmente en el campo de la medicina, para dar una visión más amplia tanto del individuo como de la sociedad en la cual se desenvuelve. La medicina, además de prevenir y curar las enfermedades, fomenta la salud y contribuye también al desarrollo de la sociedad y de las ciencias sociales.

Entre las ciencias sociales se encuentran las siguientes:

La **demografía**, que forma parte de la estadística, *describe las características de la población, su composición, comportamiento y perspectivas en relación con la tecnología, la disponibilidad y el uso de recursos naturales, la producción de alimentos, la ocupación y la contaminación ambiental*, entre otros. Para llevar a cabo un diagnóstico sanitario es necesario conocer las siguientes características demográficas:

- superficie del área (objeto de estudio)
- porcentaje de superficie rural y urbana
- porcentaje de población rural y urbana
- curva de concentración de la población
- distribución de la población urbana y rural, por nacionalidad y por sexo
- movimientos migratorios
- mortalidad y morbilidad
- expectativa de vida
- fecundidad
- características socioeconómicas y educacionales

La **sociología** es la ciencia que *estudia las condiciones en que existen y se desenvuelven los diversos grupos sociales*. Para el sociólogo, la sociedad está constituida por grupos o instituciones que forman una estructura en la que se desarrollan las relaciones humanas; a la sociología le interesa conocer el comportamiento del grupo, los problemas de comunicación, de cambio social y las actitudes que tienen los individuos frente al médico. Se ha observado que la morbilidad (proporción de enfermedades en una comunidad durante determinado periodo) y la mortalidad (proporción de muertes en una comunidad durante determinado periodo) son diferentes en los diversos grupos sociales, que los problemas de bienestar en la colectividad van asociados con los relativos a la dependencia, desajuste, mala salud y necesidad de diversión y esparcimiento.

La **familia** es el grupo social más elemental y que más influye en el desarrollo de la personalidad de los individuos que la componen, por lo que el individuo enfermo debe ser considerado como miembro de una familia que ocupa un puesto en la colectividad. Esta idea hace que el médico tenga el deber de ayudar a la familia con consejos sanitarios, así como la obligación de ganarse la confianza de la familia y del paciente. Éste, a su vez, debe esperar orientación, tanto para prevenir enfermedades como para lograr un tratamiento exitoso y también debe conocer los recursos con que cuenta la comunidad.

Desde el punto de vista social, la medicina debe procurar mantener y promover la salud, prevenir las enfermedades, curarlas cuando la prevención fracase y guiar la rehabilitación y la reintegración del individuo a la sociedad.

▶ **Figura 3.1** La familia es el grupo social básico y que más influye en el desarrollo de la personalidad de los individuos.

La **antropología**, etimológicamente, significa *estudio del hombre* y tiene dos ramas:

1. **Antropología física o biológica**, que estudia al hombre en cuanto a sus rasgos, medidas anatómicas y evolución sobre la Tierra, como ser físico-biológico, es decir como "animal".
2. **Antropología cultural**, que estudia los orígenes y la historia de las culturas humanas, su evolución y desarrollo en el tiempo. La cultura es el modo de vida de un grupo de individuos; incluye todo lo que inventan, aprenden y transmiten a sus hijos y, en parte, a los nuevos integrantes de la comunidad; comprende artes, ciencias, religión, filosofía, sistemas tecnológicos, prácticas políticas, actitudes, valores y hábitos que el hombre recibe como legado de sus mayores, y que pueden ir desde la manera de preparar los alimentos o de ingerirlos, hasta la forma de arrullar a un niño. La antropología cultural es tan amplia que para su estudio se divide en arqueología, etnología y lingüística.

En muchas ocasiones las enfermedades se presentan por falta de higiene o por ignorancia en cuanto a las causas que las producen, por lo que los programas de salud tratan de modificar favorablemente la cultura; pero el antropólogo, antes de formular un programa, debe observar en directo a la población y considerar sus creencias, actitudes, hábitos de vida y necesidades. En México, muchas personas tienen más fe en los curanderos y los remedios caseros que en los servicios médicos; por otra parte, si el personal de dichos servicios no entiende a la población, ni ésta al personal, lo más seguro es que los programas fracasen. Por esto la antropología tiene una gran utilidad en la planificación de los programas. Tanto al estudiar los problemas sociales y

culturales de mayor importancia como al capacitar al personal, el antropólogo debe participar activamente en los proyectos.

Algunos de los aspectos que los antropólogos deben considerar son los siguientes:

- Creencias relativas a la salud y la enfermedad.
- Recursos económicos de la población, principalmente el salario y el costo de la vida.
- Organización social de la familia.
- Educación, grado de instrucción y comprensión de los problemas de salud y enfermedad.
- Organización política de la comunidad.
- Ideas religiosas, mitos y creencias.
- Sistema de valores mediante el cual se rige la comunidad.
- Organización de la vida doméstica, el trabajo y los hábitos.

Los grupos de población que más deben beneficiarse son los de bajo nivel económico y social, y las poblaciones nativas que tienen costumbres y tradiciones muy arraigadas, con el objeto de mejorar su alimentación, saneamiento y hábitos higiénicos.

Las investigaciones que debe hacer la antropología en el aspecto cultural son las siguientes: *a*) investigación de los problemas; *b*) investigación de exploración, para determinar el estado cultural, social y económico de los habitantes con el objeto de planear el programa sanitario de acuerdo con sus necesidades y posibilidades; *c*) investigación de aplicación experimental, para precisar el valor de los procedimientos, las técnicas o los métodos de la educación sanitaria.

La **psicología social** es la asociación de la psicología, que estudia la conducta de los seres humanos y las funciones de la mente, con la sociología; *estudia la interacción entre las personas y las consecuencias que ejerce sobre su conducta, pensamientos, emociones y hábitos; también estudia las motivaciones, los intereses, los afectos y los rechazos en el aprendizaje*, que es lo que más interesa para la educación sanitaria dentro de los programas de salud; investiga las causas que hacen que el individuo se resista a que le practiquen exámenes médicos o a adoptar medidas preventivas; se interesa en procedimientos que ayuden a la gente a valerse por sí misma, sobre todo en casos de rehabilitación.

La **economía** *estudia las formas en que el hombre obtiene y emplea los bienes y servicios.* Se ha visto que existe relación entre la pobreza y ciertas enfermedades (patología de la pobreza).

La **estadística** *permite cuantificar con cierta exactitud los fenómenos sociales.* En el campo de la salud es una disciplina que, mediante el empleo de conocimientos derivados de la lógica y de la matemática y mediante una secuencia ordenada de procedimientos, permite la recolección, la clasificación, el recuento, la presentación, la descripción y el análisis de la información necesaria en la investigación científica.

La **política sanitaria** *proporciona los principios de instrumentación que satisfacen las demandas de servicios para la salud*; participa en la planificación y administración de programas de salud a nivel nacional, regional y local, así como en la administración de servicios sanitarios institucionales.

El estudio de la salud y la enfermedad debe hacerse desde dos puntos de vista: el de las ciencia natural y el de las ciencias sociales (demografía, sociología, antropología psicología social, economía estadística y política sanitaria).

Las siguientes son las aplicaciones de las ciencias sociales a la medicina:

1. En la prevención y el diagnóstico de enfermedades, porque se ha observado que hay factores que se relacionan con la frecuencia y la distribución de éstas; por ejemplo, la nutrición, la vivienda, el saneamiento y la tensión emocional. La frecuencia de enfermedades y la actitud hacia la atención médica varían en las diferentes clases sociales.
2. Para estudiar la respuesta y la adaptación a la enfermedad, las actitudes relacionadas con los tratamientos de las enfermedades, las necesidades de saneamiento y la relación de algunas enfermedades con diversos problemas sociales.
3. En el tratamiento y la rehabilitación del individuo debe destacarse la importancia que tiene la familia, sobre todo cuando se trata de procesos a largo plazo.
4. En la terapia de grupo, en la que el individuo tiene que desempeñar un papel activo ante la enfermedad. La terapia de grupo es una técnica de tratamiento psicológico que se lleva a cabo en grupos pequeños y que consiste en llevar a los enfermos a la convicción de que sus problemas o debilidades son comunes; éstos aprenden a hablar libremente de sus problemas, disminuyen su angustia y se ven alentados por la actitud de los demás integrantes, mejorando la estimación de ellos mismos y reconociendo sus capacidades.
5. En la relación médico-paciente, en la que se enfrentan culturalmente el médico que atiende al paciente en consulta y el paciente, quien le debe tener confianza y, por lo tanto, aceptar un tratamiento.
6. En el uso de técnicas de investigación propias de las ciencias sociales dentro de la medicina (conjunto de procedimientos y recursos de que se valen las ciencias sociales para tratar de obtener información relevante y fidedigna mediante la aplicación de métodos científicos con el objeto de extender, verificar, corregir o aplicar un conocimiento), como las encuestas, las historias de casos (personas que han sido afectadas por un agente causal de enfermedad) y los estudios de la comunidad.
7. En la evaluación de los programas de salud pública e instituciones sanitarias y en la utilización de los medios masivos de comunicación, aceptación o rechazo de la comunidad frente a las acciones de salud, entre otras.
8. En la docencia, para que el personal médico y paramédico conozca la evolución y el desarrollo de la sociedad en relación con la salud.
9. En el modelo de la historia natural de la enfermedad, que se estudiará posteriormente (relación ordenada de acontecimientos derivados de la interrelación espontánea del ser humano y su ambiente, que llevan al primero de la condición de salud a la de enfermedad y de ésta a distintas opciones: regreso a la salud, cronicidad, agravamiento, secuelas invalidantes o muerte), se ha visto que en el periodo prepatogénico, cuando el hombre está sano, hay factores ambientales que estimulan la aparición de enfermedades.
10. En programas de planificación familiar, para promoverlos de acuerdo con los valores culturales de la población y medir su aceptación y aprovechamiento.
11. Las estadísticas relacionadas con aspectos socioeconómicos o demográficos tienen gran aplicación en medicina y salud pública.
12. En el estudio de problemas sociales; por ejemplo, farmacodependencia, alcoholismo y prostitución, indagando sus causas, evolución y efectos, y los factores que ayudan a la rehabilitación de las personas afectadas.

A pesar de su utilidad, las ciencias sociales tienen limitaciones, entre las que se pueden citar:

1. Se ocupan de generalizaciones, aplicables solo a grandes poblaciones.
2. No pueden predecir o controlar la conducta del individuo.
3. Tienen dificultad para modificar las pautas culturales y sociales de conducta y organización.
4. Los niveles de experimentación son limitados.

Actividades

1. Investiga qué hábitos desfavorables a la salud se practican en tu comunidad, preséntalos al grupo para que discutan posibles soluciones.
2. Discute con el grupo por qué las ciencias sociales son importantes en el proceso salud enfermedad y saquen conclusiones.
3. En equipo, elaboren cartulinas con los aspectos más importantes de cada ciencia social, analícenlas y saquen conclusiones.
4. Haz una visita al Centro de salud de tu comunidad e investiga qué programas de salud están aplicando. Compara tus resultados con los del resto del grupo.
5. Analicen en el grupo los aspectos más importantes de cada ciencia social para un programa de salud.

Capítulo **4**

Factores ecológicos de la salud y la enfermedad

El medio ambiente tiene repercusiones importantes sobre la salud de una población. Los fenómenos meteorológicos pueden ocasionar numerosas víctimas en periodos de tiempo cortos. Imagen de la devastación provocada por el terremoto y el tsunami en las costas de Japón.

La **ecología** es la ciencia que *estudia las relaciones existentes entre los organismos y el medio en que viven*. La **ecología humana** *estudia al hombre en relación con el medio ambiente*; el hombre, gracias al desarrollo de su cultura, es capaz de modificar su medio ambiente en mayor grado y sobre todo con mayor rapidez que otros seres vivientes. Los *factores ecológicos* que condicionan la salud y la enfermedad son múltiples y muy variados, se pueden clasificar en los siguientes:

1. Huésped (hospedero)
2. Agente causal de enfermedad
3. Medio ambiente

Huésped (hospedero)

Huésped *es cualquier ser vivo que en circunstancias naturales permite la subsistencia o el alojamiento de un agente causal de enfermedad*. Presenta las siguientes características:

a) **Estructura genética** El huésped puede tener alteraciones o modificaciones genéticas y padecer o contraer ciertas enfermedades hereditarias, como la hemofilia y el daltonismo, y enfermedades que tienden a repetirse en una familia, como la hipertensión arterial, aunque en ellas no se ha demostrado claramente el factor genético.

b) **Raza** o **etnia** Se ha comprobado que ciertas enfermedades se presentan con mayor frecuencia en determinadas razas; por ejemplo, la anemia de células falciformes en los negros, algunos tipos de cáncer, etcétera.

c) **Edad** El padecimiento de ciertas enfermedades está relacionado con la edad del huésped (hospedero). Al nacer, el niño es resistente a enfermedades como el sarampión y la difteria si su madre ha estado protegida contra esas enfermedades o las ha padecido. La varicela y el sarampión se presentan con más frecuencia en niños preescolares y escolares; las enfermedades por accidentes son las más frecuentes entre el año y los 44 años; ciertos tipos de cáncer aparecen en personas mayores de 40 años, etcétera.

d) **Sexo** Independientemente de las enfermedades propias de cada sexo debidas a los genitales y las hormonas respectivas, es indudable que ciertas enfermedades se presentan con más frecuencia en uno u otro sexo; así pues, se ha observado que el cáncer pulmonar ataca más a los hombres; en cambio, la fiebre reumática y las enfermedades de la vesícula biliar son más frecuentes en las mujeres.

e) **Integridad anatomofuncional** El estudio de la anatomía y la fisiología nos permite conocer los mecanismos que mantienen la salud. Hay enfermedades que se presentan durante el desarrollo evolutivo del huésped (individuo), que pueden alterar su integridad; por ejemplo, las malformaciones que sufre el embrión cuando la madre es infectada por el virus de la rubéola en los primeros meses del embarazo.

f) **Nivel de inmunidad** Inmunidad es la seguridad o protección que tiene el huésped a una enfermedad particular o veneno. La inmunidad determina que el individuo se enferme o no. Este aspecto es tan importante que se estudiará por separado en el siguiente capítulo.

g) **Estado nutricio** El estado de nutrición del huésped, cuando es inadecuado, constituye en sí una enfermedad o condiciona la presencia de otras, como el escorbuto (deficiencia de vitamina C), la desnutrición que se asocia con algunas infecciones y la obesidad, entre otras.

h) **Aspecto psicológico** Es importante en la aparición de algunas enfermedades mentales y físicas, como la histeria, la amnesia, algunos tipos de ceguera, sordera, etc. Cuando hay una alteración emocional la menstruación llega a faltar temporalmente.

i) **Hábitos del huésped (hospedero)** Generalmente se relacionan con su nivel cultural. La falta de higiene personal y el hacinamiento favorecen la aparición de ciertas enfermedades infecciosas. Las personas que toman alimentos contaminados están expuestas a contraer una parasitosis o una enfermedad diarreica. Los fumadores son propensos a las enfermedades cardiorrespiratorias, etcétera.

Agente causal

Agente *es todo poder, principio o sustancia capaz de actuar en el organismo y es nocivo si su presencia produce una enfermedad.* Gordon clasifica los agentes causales en biológicos, físicos y químicos. Lilienfeld A. y Lilienfeld D. consideran además los excesos o deficiencias de nutrimentos.

Agentes biológicos

Pueden ser bacterias, virus, hongos, parásitos y/o sus toxinas*. Los agentes biológicos poseen ciertas características que debemos considerar: patogenicidad, virulencia y poder antigénico. Un agente es patógeno cuando es capaz de producir enfermedad. La virulencia

es el grado de malignidad, toxicidad o infectividad de un agente causal (algunos son más virulentos que otros). El poder antigénico es la capacidad que tienen los agentes biológicos para provocar en el huésped la respuesta inmune.

Bacterias Forman un grupo heterogéneo de microorganismos, los más pequeños miden entre 0.2 y 2 y μ de diámetro y pertenecen al reino de los protistas inferiores, que se distinguen de las plantas verdaderas y de los animales porque tienen una organización muy simple. Pueden invadir directamente los tejidos o segregar toxinas que van a la sangre y de allí a diversas partes del organismo. Se han hecho varias clasificaciones de ellas, por sus características morfológicas, de cultivo, bioquímicas, de acuerdo con su respuesta a la coloración de Gram que se basa en la estructura de su pared celular; se pueden dividir en Gram positivas cuando retienen el complejo cristal violeta-yodo y permanecen de color azul, y en Gram negativas cuando se decoloran con el alcohol y se pueden colorear después con algún colorante como la safranina, que es de color rojo.

En esta obra se clasifica a las bacterias en tres grupos principales con base en el mecanismo de su movimiento y en las características de su pared celular. Así, hay mixobacterias, espiroquetas y eubacterias, y mycoplasmas.

Las **mixobacterias** no son patógenas para el ser humano; es decir, no le producen enfermedades, tienen forma de bastón, sus paredes son delgadas y flexibles, y se desplazan por sí mismas a lo largo de superficies sólidas.

Las **espiroquetas**, que algunos autores incluyen en un grupo aparte, tienen forma de espiral, su pared es delgada y flexible y se desplazan por medio de movimientos ondulantes alrededor de su eje mayor; son agentes causales de ciertas enfermedades, como la sífilis (*Treponema pallidum*), la fiebre recurrente (*Borrelia recurrentis*) y las leptospirosis (*Leptospira*) que generalmente afectan a los animales y sólo en forma ocasional al hombre.

Las **eubacterias** tienen sus paredes celulares rígidas, gruesas, inmóviles o con flagelos; entre éstas se encuentran las formas miceliales y las unicelulares simples.

Las formas miceliales (*actinomicetos*) tienen crecimiento a partir de filamentos arborescentes; entre ellas están las micobacterias, como *Mycobacterium tuberculosis* (que produce tuberculosis) y *Mycobacterium leprae* (lepra).

Las formas unicelulares simples comprenden a los parásitos intracelulares obligados como los del género *Rickettsia* y los del género *Chlamydia*, y a las bacterias que viven libres.

---

* La clasificación de los microorganismos siempre ha sido difícil. Por ejemplo, en la actualidad las bacterias se clasifican en 19 grupos basándose en criterios fácilmente determinables. En esta obra se han tomado las clasificaciones médicas que resaltan las características patogénicas de los microorganismos.

Hasta hace algunos años se consideraba a las rickett-sias en un grupo aparte debido a que son más pequeñas que las bacterias y a que, al igual que los virus, crecen en el interior de una célula viva y sólo pueden cultivarse en tejidos vivos; sin embargo, tienen las características estructurales de las bacterias, pero no pueden atravesar los filtros finos. Habitualmente viven en los artrópodos sin producirles alteraciones; por ejemplo, la *Rickettsia prowazekii* produce el tifo epidémico, transmitido por la picadura del piojo.

Las **Chlamydiae**, que también se desarrollan dentro de las células, fueron consideradas virus durante un tiempo, pero su estructura celular es similar a la de las bacterias aunque carecen de algunos mecanismos que les impiden producir la energía que necesitan para su metabolismo. Son agentes causantes de la psitacosis, una enfermedad de los pájaros que puede ser transmiti-da al hombre (*C. psittaci*). Algunos tipos de *Chlamydia trachomatis* producen el linfogranuloma venéreo y otras infecciones genitales.

Las bacterias que viven libres pueden ser cocos (esféricas), bacilos (bastones) y espirilos (en forma de espiral). Entre los **cocos Gram positivos** están los estreptococos, que tienden a agruparse formando cade-nas, y los estafilococos, que tienden a agruparse en raci-mos. Estos cocos provocan infecciones en diversas partes del organismo. Los neumococos que producen la neumonía (*Streptococcus pneumoniae*) son diplococos; es decir, se acomodan por pares y se agrupan en cade-nas. Entre los **cocos Gram negativos** está la *Neisseria gonorrhoeae* (causa la gonorrea o blenorragia) que tam-bién es un diplococo.

Entre los **bacilos Gram positivos** están el *Corynebacterium diphtheriae* (produce la difteria), el *Clostridium tetani* (tétanos) y el *Clostridium botulinum* (botulismo), que producen las toxinas más activas. Entre los bacilos Gram negativos están el *Haemophilus ducreyi* (produce el chancro blando), el *Bordetella per-tussis* (tos ferina), la *Salmonella typhi* (tifoidea), la *Salmonella paratyphi* (paratifoidea), la *Shigella dysente-riae* (disentería bacilar) y el *Vibrio cholerae* (cólera), por citar algunos.

Los mycoplasmas son microorganismos que no tie-nen pared celular típica, sus estructuras celulares son primitivas y sólo tienen membrana, ribosomas y núcleo procariótico; tal vez son la forma de vida más simple capaz de ser independiente. Algunos producen neumo-nía (*Mycoplasma pneumoniae*).

Virus Son los agentes más pequeños, sólo se observan con detalle mediante el microscopio electrónico; atravie-san los filtros de porcelana y no se desarrollan en medios artificiales de cultivo, de tal manera que para multiplicar-

▶ **Figura 4.1** El paludismo es una enfermedad producida por un protozoario transmitida al hombre por el mosquito anófeles.

se necesitan "crecer" dentro de una célula. Contienen una molécula de ácido nucleico RNA o DNA cubierto por una envoltura proteica; la unidad infecciosa se llama virión. Pueden infectar organismos unicelulares como micoplasmas, bacterias y organismos pluricelulares. Se clasifican de acuerdo con el tipo de ácido nucleico, el tamaño y la forma, la susceptibilidad a los agentes físicos y químicos (propiedad o disposición natural o adquirida para recibir modificaciones), el modo de transmisión, los tejidos afectados, etc. Producen diversas enfermedades: resfriado común, encefalitis, fiebre amarilla, hepatitis infecciosa, influenza, parotiditis, poliomielitis, rabia, rubéola, sarampión, viruela, varicela y otras.

Hongos Pertenecen al reino de los protistas superiores, que comparten la estructura eucariótica con las plantas y los animales; es decir, tienen un núcleo verdadero. Son microorganismos no fotosintéticos que usualmen-te crecen como una masa de filamentos ramificados que se entrelazan (hifas), conocida como micelio. No deben confundirse con las bacterias miceliales porque éstas son procarióticas. Producen lesiones leves en la piel (micosis), como el *Trichophyton mentagrophytes* que causa la tiña del cuerpo, o lesiones profundas como el *Histoplasma capsulatum* que causa la histoplasmosis. Ciertos hongos productores de toxinas, al ser ingeridos, envenenan.

Parásitos A pesar de que los microorganismos estudiados son parásitos de sus huéspedes (hospederos), la disciplina biomédica de la parasitología estudia principalmente a los protozoarios y a los helmintos.

Los *protozoarios* son unicelulares y pueden clasificar-se en cuatro grupos: *Mastigophora, Sarcodina, Ciliophora* y *Sporozoa*.

- *Mastigophora* o flagelados comprende a los que presentan uno o más flagelos; por ejemplo, la giardia y la tricomona, que afectan al sistema digestivo y genitourinario, respectivamente.
- *Sarcodina* está representado por las amibas (amibiasis).
- *Ciliophora* o *Ciliata* comprende a los protozoarios que presentan cilios, como el *Balantidium coli*.
- *Sporozoa* se caracteriza por tener un ciclo completo de vida, y con frecuencia tiene que pasar por dos huéspedes, como *Plasmodium vivax*, *Plasmodium malariae* y *Plasmodium falciparum*, que producen paludismo (figura 4.1).

Los **helmintos** son multicelulares y pueden ser platelmintos y nematelmintos.

Los **platelmintos** son gusanos planos, sin cavidad corporal o celoma; se dividen en céstodos, que son largos como cinta; algunos ejemplos son la *Taenia solium*, la *Taenia saginata* y los tremátodos, que tienen cuerpo corto y plano, parecido al de una hoja, como la *Fasciola hepática*.

Los **nematelmintos** son gusanos redondos, con cavidad corporal sin segmentos y con sexos separados; por ejemplo, *Ascaris lumbricoides*, *Trichinella spiralis*, *Ancylostoma duodenale* y *Onchocerca volvulus*.

> La falta de nutrimentos o su exceso son agentes causales de enfermedad como desnutrición y anemia, entre otros; o por el contrario, de obesidad.

Agentes físicos

Esta categoría comprende cambios de la temperatura, presión de gases o líquidos, efecto mecánico de objetos o instrumentos, electricidad y radiaciones.

Cambios de la temperatura El hombre sólo es capaz de vivir en un estrecho margen de temperatura; el tipo, la severidad, la duración y el área expuesta condicionan el grado de intensidad de las lesiones que se producen por calor o frío extremos. Las zonas más afectadas durante los cambios de temperatura son la piel y el sistema angiológico o circulatorio que, regulados por el sistema nervioso, son los más importantes en el mantenimiento de la temperatura corporal. El calor excesivo produce cambios de electrólitos y agua que modifican la concentración osmótica de los líquidos corporales. Durante las ondas de calor intenso puede presentarse el agotamiento por calor, que se manifiesta por debilidad y cansancio, y se debe a cambios del volumen sanguíneo o a una ligera disminución en el líquido extracelular (que está fuera de las células). También puede producir el golpe de calor o insolación, que se manifiesta por un aumento rápido de la temperatura corporal y llega a dañar órganos debido a que no hay sudoración.

Por otra parte, el frío intenso y prolongado puede causar la muerte por falla del sistema circulatorio; los cambios en la sangre dañan los vasos sanguíneos, la lesión más importante que producen. Estos mismos cambios vasculares se observan en la exposición localizada, en la cual aunque se cause la muerte del tejido, no se afecta el resto del organismo.

Presión de gases o líquidos Cuando las personas se someten a modificaciones de la presión atmosférica durante el buceo, o el vuelo a grandes alturas, pueden sufrir lesiones; si la diferencia de presión entre el medio y los tejidos es mayor de 50 mm Hg, al conjunto de lesiones de este origen se le conoce como barotrauma (lesiones en los oídos, senos paranasales, hemorragias en los ojos, etc.); en el caso de aumento de la presión del aire, el nitrógeno de la atmósfera pasa a la sangre y puede producir narcosis, que disminuye la coordinación y llega a ocasionar alucinaciones. Si se inhala oxígeno a mayor presión algunas personas sufren convulsiones, coma o simplemente daño pulmonar. El exceso de bióxido de carbono produce debilidad, mareo e inconsciencia. Si una persona ha estado sometida a una presión alta y tiene una descompresión rápida, llega a sufrir una embolia gaseosa o enfermedad por descompresión.

Cuando las personas están en lugares de gran altitud pueden sufrir el llamado mal de montaña; éste consiste en somnolencia, astenia (debilidad), dolor de cabeza, fatiga, etc., y son manifestaciones de la disminución del oxígeno en los tejidos (hipoxia).

Efecto mecánico de objetos o instrumentos Cuando un objeto choca violentamente con un tejido puede producir una lesión de los tejidos, sin que se pierda la continuidad de la piel (contusión), o heridas, que son de muchos tipos: abrasiones o excoriaciones (raspaduras), laceraciones o desgarros, incisiones (objeto cortante), penetraciones (objeto punzante) por proyectil de arma de fuego; también pueden producirse lesiones en los huesos, como las fracturas, o en las articulaciones, como los esguinces y las luxaciones. Una persona puede sufrir estrangulación producida por alguna ligadura o asfixia por obstrucción del tracto (vía) respiratorio.

> Las contusiones (moretones), heridas, quemaduras, fracturas, luxaciones, intoxicaciones y los esguinces son enfermedades.

Electricidad La lesión por electricidad sólo ocurre cuando alguna parte del cuerpo completa el circuito entre dos conductores; es decir, si el cuerpo se encuentra aislado es capaz de soportar incluso descargas de alta tensión. Cuando las condiciones son adecuadas al paso de la corriente por el cuerpo, el grado de lesión depende del tipo de corriente (alterna o directa), la cantidad de corriente (amperaje), la fuerza electromotriz (voltaje), la resistencia de los tejidos, la duración y la superficie de contacto. Una corriente que atraviesa el cuerpo tiende a seguir el camino más corto entre el lugar de entrada y el de salida, y en su camino altera o lesiona gravemente algún órgano vital, como corazón, pulmones, sistema nervioso, etc., llegando a producir incluso la muerte. Al parecer, la corriente alterna de 60 ciclos es la más perjudicial para el organismo. La mayor resistencia de la piel al paso de la corriente es la causa de que las "quemaduras eléctricas" se circunscriban principalmente a la piel y a su tejido adyacente.

Radiaciones La radiación es la emisión, transmisión y absorción de cierto tipo de energía que, de acuerdo con sus características, puede ser electromagnética o atómica. La radiación electromagnética, que se propaga en ondas, se clasifica por su longitud de onda y por su frecuencia, y forma un espectro de una amplia gama; así, tenemos las ondas de radio y las microondas en un extremo y los rayos X y gamma en el otro; entre estos dos últimos están los rayos infrarrojos, el espectro visible y los rayos ultravioleta. La radiación atómica se refiere al movimiento de las partículas elementales del átomo; puede generarse por aceleración de protones, neutrones y electrones, o por la desintegración de los compuestos radiactivos. El efecto de la radiación puede ser directo, o por ionización, y producir sustancias tóxicas. El tipo de lesión depende del tipo de radiación, el tejido u órgano afectado, la duración, etc. Las lesiones más frecuentes por radiación son las causadas por el sol (rayos infrarrojos). Recientemente los efectos de la radiación en la salud han adquirido gran importancia por el número de accidentes nucleares (Chernóbil, Fukushima) y por su aplicación en la medicina. El efecto biológico de otro tipo de radiación, como las ondas de radio y las microondas, está por determinarse.

Agentes químicos

Dentro de este grupo existe una gran variedad de compuestos, algunos de ellos tan diferentes en sus características y aplicaciones como el plomo y los medicamentos, el arsénico y los gases tóxicos. A pesar de que una clasificación adecuada de los compuestos va más allá de los propósitos de este libro, los hemos agrupado en dos categorías muy amplias: fármacos y sustancias tóxicas, con el objeto de tratar de incluir a los más importantes.

Fármacos Este grupo incluye a todos los medicamentos que se utilizan, puesto que de una u otra forma todos tienen efectos secundarios indeseables que en grados extremos llegan a matar a un individuo. Se calcula que más de 15% de los pacientes internados en un hospital presentan reacciones adversas a los medicamentos. El tipo de reacción adversa a los fármacos es muy variable; las más importantes son efectos tóxicos, reacciones alérgicas, idiosincrasias, intolerancia, reacciones colaterales, etc. De hecho, para fines prácticos, todos los fármacos tienen este tipo de reacción indeseable de una u otra forma; sin embargo, se presentan con más frecuencia con antibióticos, analgésicos, antipiréticos (bajan la temperatura cuando está elevada), hormonas —incluidos los anticonceptivos—, tranquilizantes, compuestos anticancerosos y otros.

▶ **Figura 4.2** Los accidentes nucleares ocurridos durante las últimas décadas en distintas partes el mundo han ocasionado efectos adversos en la salud de la población. En la imagen, el reactor número 4 de la planta nuclear de Chernóbil, el cual explotó en 1986.

> Es peligroso automedicarse porque muchos fármacos producen reacciones secundarias y efectos adversos.

Sustancias tóxicas Dentro de este grupo incluimos sustancias que actúan directamente sobre órganos o tejidos modificando su estructura y función; las más importantes de este grupo son alcoholes, metales y sus sales, gases, insecticidas, venenos de plantas y animales, etcétera.

Nutrimentos

La deficiencia de alguna vitamina produce hipovitaminosis o avitaminosis; de algún elemento, provoca una enfermedad, como el bocio causado por la falta de yodo. Una nutrición inadecuada puede provocar anemia hipocrómica, desnutrición o, por el contrario, obesidad (véase Nutrición).

Medio ambiente

El **medio ambiente** es *la totalidad de factores físicos, químicos, bióticos y socioculturales que rodean a un individuo o grupo; el medio ambiente es dinámico, está en continuo cambio y hay interacciones constantes entre sus integrantes.* El medio ambiente condiciona biológica, psicológica y socialmente al individuo. Para su estudio, se divide en medio ambiente natural y medio ambiente social o sociocultural.

El **medio ambiente natural** *está constituido por factores geográficos, meteorológicos, geológicos y biológicos íntimamente relacionados entre sí.* Entre los primeros están la altitud, orografía e hidrografía de determinada región. Los factores meteorológicos son aquellos que dan lugar al clima, como la temperatura, la humedad, la precipitación de lluvia o de nieve, los vientos y la presión atmosférica. Entre los factores meteorológicos se incluyen también los terremotos y ciclones. Un factor geológico determinante es la superficie de la corteza terrestre: el suelo. Cuando en él se mezclan las partículas de las rocas con la materia orgánica resultante de la descomposición de vegetales y animales, se produce un medio fértil propicio para la agricultura.

El agua, que ocupa las tres cuartas partes de la superficie de la Tierra en forma de mares, lagos y ríos, es indispensable para la vida y responsable en gran parte del clima, la vegetación y la fauna de las distintas regiones de la Tierra. La vegetación y la fauna constituyen los factores bióticos o biológicos del medio ambiente.

Al resultado de la interacción de estos cuatro factores -geográficos, meteorológicos, geológicos y biológicos— se le da el nombre de **ecosistema.**

Hay cuatro grandes tipos de ecosistemas terrestres y uno acuático. Aunque existen zonas de transición entre uno y otro, los ecosistemas terrestres son *bosque, pastizal, desierto* y *tundra.*

Bosques Alrededor de una cuarta parte de la superficie de la Tierra está cubierta de bosques, unos cuarenta millones de km². Éstos abarcan desde las selvas tropicales con infinita variedad de árboles, hasta los imponentes bosques de coníferas de las altas montañas o altas latitudes que terminan en la tundra. Los bosques templados abundan principalmente en el hemisferio norte entre los 45° y los 70° de latitud, donde por lo general los inviernos son fríos.

Los húmedos y siempre verdes bosques tropicales ocupan una ancha franja a ambos lados del ecuador. En estos bosques las lluvias son muy copiosas (2000 mm al año como mínimo) y la temperatura media anual, que oscila muy poco según las estaciones, es de 26°C.

En los bosques de clima frío abundan los animales de piel fina, como el armiño, el visón y la marta, así como venados, osos pardos, zorros, ardillas y gran cantidad de aves, entre las que predominan las de rapiña.

En México existe el bosque de clima templado o mixto formado por árboles de hojas caducas como el encino, el roble, el nogal y el fresno, que ocupan la porción montañosa de los estados de Chihuahua, Durango y parte de Sinaloa.

Los bosques y las selvas de clima cálido y húmedo tienen una flora extensa y variada, y hay en ellos una fauna aún más abundante y diversa que la existente en el bosque templado o frío: gran variedad de insectos, aves, reptiles y mamíferos de todo tipo. En México ocupa los estados de Tabasco, Quintana Roo, Chiapas y la parte sur de Veracruz.

Existe una clasificación fisonómica (con base en su aspecto) de los bosques formados por árboles de cinco metros de altura por lo menos, con las copas en contacto:

1. Selvas tropicales ombrófilas (plantas cuyas semillas se dispersan con las lluvias). Siempre verdes, yemas sin protección especial, hojas con goteadores; muchos epífitos.
2. Bosques tropicales y subtropicales siempre verdes, pero con cambios estacionales. Generalmente con protección de las yemas y reducción del follaje durante la estación seca. Existen en tierras bajas o pantanosas.
3. Bosques siempre verdes en clima no tropical, con lluvias todo el año o en verano; generalmente en climas oceánicos.
4. Manglares. Árboles de la familia de las rizoforáceas que crecen a las orillas del mar y levantan barreras entre éste y la costa, con raíces aéreas en las que se acumula el barro y los detritos y de este modo convierten grandes extensiones de marismas en tierra firme.
5. Bosques esclerófilos y siempre verdes en climas con lluvias invernales; hojas pequeñas y frecuentemente duras, a veces pelosas; clima mediterráneo.
6. Bosques de coníferas siempre verdes, en climas templados y subpolares.
7. Bosques con árboles que pierden las hojas (hojas caducas) en la época de seca, propios de regiones cálidas con lluvias periódicas.

8. Bosques con árboles que pierden las hojas en la estación fría, a veces con adición de especies que conservan el follaje; cubren gran extensión de las zonas templadas. Hay dos subtipos según contengan o no plantas siempre verdes.
9. Bosques muy esclerófilos, espinosos, en países secos.

Pastizal Las llanuras o pastizales son enormes extensiones de terreno plano que ocupan cientos y a veces miles de km². Están cubiertos con árboles o matorrales muy separados entre sí, y su característica principal es la abundancia de pastos.

Su clima es más benigno que el de los bosques tropicales y, generalmente, se encuentran situados entre los desiertos cálidos y las selvas pluviales. Estas regiones herbáceas, cuando están en zonas templadas y con poca humedad, se llaman estepas o praderas, y cuando se encuentran en las zonas cálidas y húmedas se denominan sabanas.

Están localizadas en Norte y Sudamérica, en Asia central, en África subsahariana y en la cuenca del Murray-Darling, en Australia.

Estas grandes extensiones cubiertas de hierba han determinado en gran parte que la mayoría de las especies animales que las habitan sean corredores rápidos, ya sea para alcanzar a su presa o para huir del depredador. En África, los grandes carnívoros, como leones y guepardos, cazan a herbívoros como avestruces, antílopes y cebras. En el sudoeste de Estados Unidos, coyotes y comadrejas hacen presa de los perros de las praderas. Los insectos, que se encuentran por millones, son comida para muchos pájaros, serpientes, lagartos y mamíferos que habitan los amplios espacios abiertos.

En la costa del Golfo de México la llanura está repartida entre la planicie costera tamaulipeca y la huasteca veracruzana. En el lado opuesto, es decir, junto al Pacífico, la planicie costera se extiende ligeramente inclinada desde los contrafuertes de la Sierra Madre Occidental, en especial en Nayarit. En el centro ocupa gran parte de San Luis Potosí.

También podemos dividir las praderas o llanuras fisonómicamente en varios tipos:

a) Sabanas y dehesas, con árboles de 5 m de altura por lo menos; sus copas no se tocan, pero cubren una superficie importante; suelo herbáceo. Pueden ser de tres subtipos: sabanas siempre verdes, sabanas que pierden las hojas en verano, sabanas que pierden las hojas durante la estación fría.
b) Matorrales generalmente de más de 50 cm de altura. Estepas y praderas de gramíneas y ciperáceas (plantas monocotiledóneas, anuales y perennes, como la juncia y el papiro).
c) Praderas de plantas de más de 1 m de altura en clima húmedo.
d) Pastos sin estación seca marcada.
e) Carrizales y praderas con plantas palustres de las orillas de las aguas.
f) Praderas y matorrales de halófitos (plantas que viven en terrenos donde abundan las sales).
g) Comunidades de plantas herbáceas no graminoides, de hojas anchas, con crecimiento secundario, en márgenes de bosques y desiertos.

Desierto Este vocablo se refiere a veces a comarcas muy distintas, pero cuya característica general es la aridez y la sequedad. Cuando llueve, es de un modo escaso e irregular; el agua caída pronto desaparece del terreno absorbida por la tierra o porque se evapora casi al instante.

En muchas partes del mundo, las franjas del desierto se extienden en los bordes de las llanuras herbáceas. La hierba se hace cada vez más escasa y pronto la tierra aparece cubierta sólo por arena. Las pocas plantas existentes en los vastos desiertos son aquellas capaces de almacenar agua en sus tejidos. Las raíces de estas plantas (xerófitas) forman extensos retículos que penetran en el suelo hasta quince metros de profundidad, como los cactus.

Las noches del desierto son tan frías como cálidos los días. Cuando el Sol se pone, la temperatura llega a descender desde los tórridos 50°C hasta los helados 0°C. Existe tan poca humedad en el aire que tal enfriamiento no libera una sola gota de rocío de la atmósfera.

Los desiertos cubren la quinta parte de la superficie de la Tierra y, a pesar de lo extremoso de su clima, no están tan carentes de vida como se podría pensar; aunque en algunos no hay más que arena, en otros existe cierta variedad de plantas y animales.

La adaptación ha sido el factor preponderante para la existencia de la vida en estas áridas regiones. El camello es un ejemplo perfecto: su química corporal le permite almacenar agua, por lo que es capaz de permanecer sin beberla más de una semana. La rata canguro del desierto de Sonora nunca bebe: los hidratos de carbono de las semillas con que se alimenta se descomponen en las células de su organismo y se forman dos derivados: bióxido de carbono y agua.

Otros animales, como ratones, reptiles y tejones, construyen sus madrigueras cuatro o cinco centímetros por debajo de la superficie del suelo, donde la temperatura es muy inferior y casi constante.

La zona desértica más extensa del mundo se encuentra en África, y cruza el continente desde las costas del Atlántico a las del Mar Rojo; el Sahara ocupa la mayor parte de esa región. En el sur de África se encuentra el desierto de Kalahari.

▶ **Figura 4.3** Los desiertos cubren la quinta parte de la superficie terrestre. A pesar de lo extremoso de su clima, numerosos organismos se han adaptado para vivir en ellos.

El Sahara parece continuarse a la otra orilla del Mar Rojo, en Asia, con los desiertos de Arabia y Palestina. Otros desiertos de este continente son los de Mongolia, el de Gobi, etc. La parte central de Australia está ocupada por el Gran Desierto de Arena y los desiertos de Gibson y de Victoria.

En América existen grandes extensiones desérticas como el desierto de Gila, en Arizona, el de Colorado, el del Valle de la Muerte, el de Utah y el de Mohave, en California. En México ocupan parte de los estados de Chihuahua, Coahuila y Durango en el llamado Bolsón de Mapimí, así como una pequeña parte de Baja California. Estas últimas zonas evolucionan a veces hacia el desierto verdadero, y otras, hacia una estepa más o menos seca.

Clasificación fisonómica de los desiertos:

1. Matorrales que pierden sus hojas de manera irregular.
2. Matorrales xeromorfos.
3. Vegetación de dunas.
4. Vegetación de fisuras y superficie de las rocas.

Tundra La tundra es una región yerma, helada y casi sin árboles que en el hemisferio sur ocupa toda la Antártida, y en el hemisferio norte se extiende por las regiones septentrionales de Europa, Asia y Norteamérica (al norte de los bosques de coníferas).

En el suelo existen capas de hielo interpuestas, algunas de las cuales no se deshacen en todo el año. En ciertas regiones, al llegar la primavera, los terrenos se encharcan porque los hielos superficiales se licuan. La humedad permite una efímera vegetación herbácea. En los lugares bajos, donde las aguas se acumulan, se forman turberas pequeñas (acumulación de diversos restos vegetales que han sufrido descomposición parcial de tipo bacteriano), en las que florece una vegetación relativamente rica.

La mayor parte del continente Antártico está cubierta por nieve y hielo, que en algunos lugares tiene un espesor de más de tres kilómetros; tan sólo tres tipos de cormofitas (plantas con raíz) y algunos musgos, líquenes y algas se adhieren a los pequeños trozos de roca o suelo desnudos que emergen de la inmensa blancura. Excepto unos pocos invertebrados, los únicos animales que visitan el continente Antártico son las focas, los pingüinos y las aves marinas.

A diferencia de la Antártida, el Ártico no es tierra firme, sino un casquete de mar perennemente congelado; las tierras que bordean la fosa norpolar están cubiertas de nieve durante más de la mitad del año. Pero en verano florecen durante unos cuantos meses; esta vida germina en la capa superior de la tierra, pues por debajo, el suelo continúa permanentemente helado durante todo el año. Este tipo de suelo llamado permafrost, se cubre con una vegetación típica de la tundra. Musgos y líquenes veraniegos tapizan la mayoría de los espacios abiertos, y algunas plantas con flor dan color a la campiña. Todas estas plantas resisten perfectamente la congelación.

Durante el verano, la tundra ártica proporciona suficiente alimento para algunos animales herbívoros grandes, como el reno salvaje del viejo mundo y el caribú de Norteamérica; el buey almizclero sobrevive también en las islas canadienses septentrionales, en Alaska y en Groenlandia, y permanece en la tundra todo el año.

Las zorras del Ártico y otros carnívoros hacen presa de los lemings, pequeños roedores parecidos al ratón que se alimentan de las raíces de las plantas y viven en madrigueras forradas de heno. Osos polares y focas comparten los mares con millares de aves marinas.

En las regiones árticas el promedio de las temperaturas estivales puede llegar hasta los 10 °C, mientras que en la Antártida se mantienen siempre por debajo del punto de congelación, y el promedio de las temperaturas de invierno en esta zona es el más bajo de todos sobre la Tierra, a menudo inferior a los −50°.

Por extensión se denomina tundra alpina a la zona de las elevadas montañas que se extiende entre el límite de la llamada vegetación arbórea y la alta zona donde se encuentran las nieves permanentes.

La clasificación fisonómica nos da sólo dos formaciones:

1. Tundra de musgos, líquenes y arbustos enanos.
2. Formaciones turbosas con arbustos enanos.

Ecosistema acuático Este último ecosistema es básicamente el mismo en toda la Tierra; puede subdividirse en dos: el ecosistema de *agua dulce* y el de *agua salada*. El

▶ **Figura 4.4** En los arrecifes de coral se congrega un gran número de organismos que interactúan entre sí en una compleja red de relaciones.

primero estudia las relaciones de los seres vivos con su medio ambiente en estanques y lagos, corrientes y ríos, y el segundo dichas relaciones en agua salada: los océanos. Está de más insistir en la importancia del medio acuático para la vida y el equilibrio del planeta: *la vida se originó en el mar.*

Existe una gran variedad de vida tanto vegetal como animal en este ecosistema y es aquí donde se originan numerosas y complejas redes biológicas como las cadenas alimentarias.

Casi toda la vida acuática se apoya en el plancton: animales y plantas que flotan o van a la deriva, generalmente cerca de la superficie del agua; muchos son microorganismos que constituyen la base de la pirámide vital sobre la que se apoya la alimentación de casi todos los peces y hasta de las grandes ballenas.

Agua dulce Puede dividirse en agua corriente (ríos y arroyos) y agua estancada (lagos y lagunas). En las zonas ribereñas, donde el agua entra en contacto con la tierra, crece una gran variedad de plantas y animales como juncos y carrizos, lirios, espigas y ranúnculos. Entre estas plantas viven crustáceos, platelmintos, protozoarios, sanguijuelas, etcétera.

En los ríos con corrientes rápidas, las plantas superiores no pueden echar raíces, pero sí crecen algas y musgos que sirven de alimento a los animales. Las condiciones variables de las corrientes determinan el tipo de fauna: en las limpias y rápidas vive la trucha; en aguas tranquilas, las carpas; y en los fondos, gusanos y larvas, y otros moluscos. Estas aguas son tan ricas que en los trópicos proporcionan alimento suficiente a cocodrilos, hipopótamos y delfines de río.

Cuando el río se aproxima al mar, el agua salada se desplaza corriente arriba por debajo del agua dulce. Al principio ambas están separadas, pero cuando se mezclan y se vuelven salobres, las formas de vida marinas y fluviales viven conjuntamente.

Agua salada Si bien puede decirse que hay variedad de vida en los océanos, comparativamente es menos abundante que en otros ecosistemas, al parecer por la mayor uniformidad de condiciones en el mar. Sin embargo, sólo los insectos y algunas clases de anfibios faltan en él por completo, mientras que otras especies viven exclusivamente en el mar: braquiópodos, equinodermos, esponjas, etc. Los animales y las plantas del mar presentan uno de cinco tipos de vida que se caracterizan por lo siguiente:

1. Flotan sobre la superficie, como algas, diatomeas, etcétera.
2. Van a la deriva, como algunos crustáceos.
3. Nadan activamente, como la mayoría de los peces, delfines, etcétera.
4. Se arrastran en el fondo, como la langosta.
5. Se adhieren a la superficie de las rocas, como la lapa, el ostión, etcétera.

El **medio ambiente social** se estudiará en el capítulo "El hombre como individuo social".

Ecología humana

Como se mencionó, la ecología es la ciencia que estudia las relaciones que guardan los seres vivos con su medio ambiente. El hombre se diferencia de los animales y los vegetales porque es capaz de modificar su medio ambiente en forma más rápida y radical (a veces en contra de sí mismo) que estos últimos, razón por la cual la **ecología humana** *estudia la relación del hombre con su medio ambiente, sea éste natural o creado por él mismo.*

Los grados crecientes de complejidad en la organización de los seres vivos reciben el nombre de *niveles de organización ecológica* y son los siguientes: químico o molecular, celular, tisular, órganos, sistemas, individuos, poblaciones, comunidades, ecosistemas y biosfera. De estos niveles, la ecología estudia a todos, aunque hace hincapié en poblaciones, comunidades, ecosistemas y biosfera.

Una **población humana** *es un grupo de individuos de esta especie*; la comunidad que forman comprende a las poblaciones de determinada área. La relación de la comunidad con el ambiente constituye un ecosistema, y la biosfera es la capa de la Tierra (suelo, aire y agua) donde se asientan los ecosistemas.

El **ecosistema** es la unidad básica de la ecología y en él se integran los elementos vivientes (*bióticos*) y los no vivientes (*abióticos*) de determinada área en cierto periodo; estos elementos usualmente actúan de manera recíproca en ciclos para mantener la estabilidad del sistema; por ejemplo, un estanque, una ciudad, un virus en una célula humana, un bosque, una laguna, un desierto, una selva, etcétera.

La parte viva del ecosistema, es decir, el conjunto de seres vivos, recibe el nombre de *biocenose* o *biocenosis* y el medio ambiente inorgánico que le sirve de sustrato se llama *biotopo*.

El lugar en donde habita una especie viva o un grupo de especies sin distinguir la función que cumple se llama *hábitat*; en cambio, el lugar definido por una especie en el medio donde ella vive, por sus comportamientos alimentarios, reproductores, territoriales, etc., se llama *nicho ecológico*.

Los factores físicos de un ecosistema son la luz solar, la temperatura, la atmósfera, el agua, el suelo y el fuego.

Los factores biológicos son las cadenas de vida o cadenas alimentarias por donde circula la energía. El primer eslabón de estas cadenas está constituido por sustancias abióticas o inertes como los gases, los compuestos y los minerales que necesitan los seres vivos.

El segundo eslabón lo integran los organismos autótrofos (productores) capaces de producir su alimento a partir de sustancias inorgánicas simples, como lo hacen las plantas.

El tercer eslabón está constituido por los organismos heterótrofos (consumidores) que se alimentan de otros organismos. Hay consumidores primarios, como los animales que se alimentan de los vegetales (los insectos y el ganado), y consumidores secundarios, los animales carnívoros. Los consumidores terciarios se alimentan de consumidores secundarios; por ejemplo, el hombre.

El cuarto eslabón está constituido por los desintegradores, que son organismos heterótrofos, como las bacterias y los hongos, que descomponen a las plantas y los animales muertos en sustancias básicas inorgánicas que van a constituir nuevamente el primer eslabón.

La disposición productor-consumidor es una *estructura trófica* (trófica = alimenticia), y cada nivel o eslabón de la cadena alimentaria se llama *nivel trófico*. Los vegetales necesitan más de 1 g de sales minerales, agua y bióxido de carbono para producir 1 g de materia vegetal; 1 g de materia vegetal no es suficiente para producir 1 g de materia animal y así sucesivamente; por ello, cada uno de los eslabones de la cadena alimentaria disminuye gradualmente la materia o requiere mayor energía. Se forma así una pirámide alimentaria en cuya base están ubicados los vegetales. Los animales que se alimentan de los vegetales ocupan el siguiente nivel trófi-

co y sirven a su vez de alimento a animales más grandes, que constituyen el siguiente nivel trófico, y así sucesivamente. Si se altera alguno de estos niveles, los otros también se mortifican.

La interacción entre las diferentes especies de una comunidad se llama simbiosis.

La asociación de una especie con otra sólo puede ser de dos tipos, positiva o benéfica, como el comensalismo y mutualismo, y negativa o perjudicial como el antagonismo, la competencia, el parasitismo y la depredación.

a) **Comensalismo** Se caracteriza porque un individuo o población se beneficia de otro al que no perjudica; por ejemplo, las orquídeas viven en los árboles donde reciben protección y están más expuestas a la luz solar, pero no perjudican al árbol; el pez rémora se adhiere al tiburón para obtener protección y alimentarse con los restos de su alimento, sin perjudicarlo ni beneficiarlo.

b) **Mutualismo** En esta interrelación, las dos especies necesitan asociarse para sobrevivir; por ejemplo, los líquenes que son asociaciones de algas y hongos; el alga obtiene protección por parte del hongo a cambio de proporcionarle alimentos que elabora por medio de la fotosíntesis. Los pulgones y las hormigas arrieras necesitan vivir juntos, porque las hormigas alimentan y protegen a los pulgones a cambio de un jugo azucarado, rico en proteínas que éstos producen.

c) **Parasitismo** Se caracteriza porque uno de los individuos (parásito) vive a expensas del otro (huésped u hospedero) a quien llega a perjudicar. El hombre y los animales son huéspedes (hospederos) de parásitos que viven en su superficie o en su interior. Cuando viven en su superficie se llaman ectoparásitos, por ejemplo, los piojos y las pulgas; y cuando viven en su interior se llaman endoparásitos, por ejemplo, las bacterias y los protozoarios.

d) **Antagonismo** Es la modificación del medio por un organismo de tal manera que impide el desarrollo de otro, por ejemplo: la inhibición del crecimiento de las bacterias por la presencia de hongos.

e) **Competencia** Se refiere a la influencia que ejercen entre sí los organismos que se encuentran en un mismo nicho ecológico, de tal manera que en ocasiones uno de los dos predomina o acaba eliminando al otro; por ejemplo, especies de plantas capaces de vivir con menos nutrimentos se desarrollan mejor que aquellas que requieren concentraciones más elevadas y, por lo mismo, se desarrollan menos en suelos pobres.

f) **Depredación** Es la muerte o asimilación de un organismo de una especie por otro de otra especie; por ejemplo, los mamíferos depredadores son principalmente insectívoros o carnívoros.

Influencia del medio físico en los organismos

Temperatura

Los organismos llevan a cabo sus funciones a temperaturas que oscilan entre 0° y 50°C. Las aves y los mamíferos, entre ellos el hombre, mantienen una temperatura orgánica más o menos constante, independientemente de la temperatura del medio ambiente; por esta razón se les llama homeotermos o animales de sangre caliente. Los animales llamados de sangre fría o poiquilotermos no regulan su temperatura interior.

Algunas especies presentan adaptaciones evolutivas; por ejemplo, el oso polar posee una gruesa capa de grasa que lo protege del frío.

El hombre tiene una temperatura interior que oscila entre 36.5°C y 37°C; cuando se encuentra a una temperatura ambiental de más de 25°C comienza a sentir calor, aumenta la circulación en los vasos capilares de su piel, la sudoración (al evaporarse el sudor el organismo se refresca), la frecuencia respiratoria (para eliminar mayor cantidad de vapor de agua) y la frecuencia de los latidos del corazón (taquicardia); en cambio, disminuye la cantidad de orina, debido a que se eliminó mayor cantidad de agua por medio del sudor y de la respiración. Cuando el individuo siente mucho calor evita los esfuerzos, ingiere alimentos frescos que contienen agua y reduce su actividad mental. Si el calor es excesivo puede sentir dolor de cabeza, debilidad, taquicardia, respiración dificultosa, aumento de la temperatura corporal (debido a que no hay sudoración) y pérdida del conocimiento ("golpe de calor").

Si la persona suda mucho, tiene agotamiento por calor, que se manifiesta por dolor de cabeza, mareos, náuseas, pulso débil, calambres, debilidad e incluso pérdida del conocimiento.

Si la temperatura ambiental desciende a 10°C, el individuo realiza con más facilidad sus actividades, se siente estimulado. Los vasos sanguíneos de su piel disminuyen su diámetro (vasoconstricción) lo que aminora la circulación superficial; la piel se vuelve pálida, se reducen la sudoración y la frecuencia respiratoria, con lo que aumenta la cantidad de orina. Si la temperatura desciende más allá de los 10°C, comienzan los temblores, se contraen los músculos erectores del pelo ("carne de gallina") y el individuo, para contrarrestar el frío, se mueve, se cubre con ropa abrigada e ingiere alimentos calientes. Si el frío aumenta puede producirse la congelación de las manos, los pies, la nariz o las orejas. La piel se torna pálida y la región congelada se seca e incluso puede desprenderse (gangrena seca). Cuando el organismo se enfría demasiado, los movimientos se vuelven lentos, la respiración se dificulta, hay sensación de pesantez y somnolencia, y puede sobrevenir la muerte.

Los cambios bruscos de temperatura favorecen la aparición de enfermedades del sistema respiratorio, como el resfriado común, la bronquitis y la bronconeumonía.

Luz

La luz es importante porque constituye una fuente de energía para la vida. La energía solar captada como energía química es indispensable para la fotosíntesis, que permite a los vegetales con clorofila utilizar el bióxido de carbono y liberar el oxígeno para producir su alimento. La luz solar influye también en el crecimiento y los ciclos reproductores de animales y vegetales. Parte de la luz es absorbida por la superficie de la Tierra y convertida en calor, que se conserva gracias a la humedad de la atmósfera; por esta razón, en las zonas húmedas casi no varía la temperatura.

La luz destruye ciertos microorganismos por medio de los rayos ultravioleta.

En el organismo, la luz transforma los ergosteroles de la piel en vitamina D que permite fijar el calcio.

La exposición de la piel a los rayos solares aumenta la pigmentación; si una persona quiere tener color tostado debe exponerse al sol durante algunos minutos y aumentar gradualmente el tiempo de exposición. La exposición prolongada tiene efectos perjudiciales: la piel se enrojece, se forman vesículas (ampollas) y hay sensación de ardor.

La luz intensa puede lesionar los ojos; por ello, las personas que trabajan con luz intensa deben protegerse adecuadamente.

Se ha comprobado mayor frecuencia de cáncer en la piel en aquellas personas que se exponen al sol de manera excesiva.

Atmósfera

Es la masa de aire que rodea a la Tierra. La humedad del aire depende de la cantidad de agua que contenga: el aire húmedo y frío favorece la aparición de infecciones del sistema respiratorio porque disminuye la temperatura del cuerpo; el aire caliente y húmedo dificulta la sudoración y la respiración. El aire seco reseca la piel y las mucosas.

La presión que ejerce la atmósfera a nivel del mar es de 1 kg/cm^2; disminuye con la altura y aumenta en la profundidad de los océanos, donde a la presión de la atmósfera se suma la presión del agua.

Los efectos de escalar a grandes alturas, cuando puede presentarse el "mal de montaña" (sudor, palidez, labios y uñas ligeramente violáceos, respiración dificultosa, aumento de los latidos del corazón, visión borrosa, zumbidos en los oídos y vértigo), o de sumergirse profundamente en el agua, se describen en el tema Agentes físicos.

El viento es el aire en movimiento; ayuda a regularizar la humedad, la presión y la temperatura de la atmósfera, pero puede arrastrar sustancias perjudiciales para la salud.

Agua

Es un recurso renovable, componente fundamental del organismo, cuya disponibilidad es un factor importante en la selección natural de plantas y animales, y en el desarrollo de las civilizaciones y culturas. Algunos animales unicelulares como las amibas desarrollan una envoltura o quiste a prueba de agua que les permite resistir periodos largos de desecación. Los huevos de ciertos parásitos son muy resistentes a la deshidratación, y hay animales que tienen una cubierta gruesa sobre su cuerpo, pelos o plumas, para evitar la pérdida excesiva de agua. Las plantas también poseen características adecuadas al grado de humedad de su hábitat; por ejemplo, los cactus están constituidos para evitar al máximo la pérdida de este líquido.

Suelo

Es la superficie sobre la que se establecen los seres vivos y en la cual satisfacen sus necesidades fundamentales (fijación, nutrición, protección, reserva de agua, etc.). En los ecosistemas acuáticos el suelo está constituido por rocas y sus derivados (grava, arena o barro) y su contenido de sustancias nutritivas repercute en la distribución y desarrollo de los organismos acuáticos.

En los ecosistemas terrestres, el suelo constituye la reserva de materiales orgánicos, minerales y agua necesarios para mantener el funcionamiento del ecosistema. En términos generales, el suelo tiene varias capas, la más profunda de las cuales está constituida por rocas y sirve de asiento al subsuelo, que contiene minerales y una pequeña cantidad de materia orgánica. La capa superficial o humus está formada por restos de animales y plantas, y minerales; en su superficie crecen los vegetales que evitan la erosión (desgaste) producida por el agua y el viento.

Fuego

El fuego es el desarrollo simultáneo de luz y de calor producido por la combustión de ciertos cuerpos. Su descubrimiento permitió al hombre primitivo cocer sus alimentos, calentarse, protegerse de los animales e incluso facilitar su captura provocando incendios, que han producido grandes modificaciones en los ecosistemas convirtiendo grandes regiones de vegetación en zonas desiertas.

La exposición al fuego puede producir quemaduras.

Clima

La combinación de los factores físicos del medio ambiente constituye el clima, que tiene relación con la salud y la enfermedad porque puede favorecer el desarrollo de especies perjudiciales; por ejemplo, en los climas tropicales se multiplican los mosquitos transmisores de enfermedades; el clima frío y húmedo favorece la propagación de enfermedades infecciosas en el sistema respiratorio, etcétera.

El clima ha sido un factor importante en el desarrollo de las civilizaciones; su influencia ha dificultado o favorecido los asentamientos humanos y el florecimiento de la cultura.

Influencia del hombre en el medio ambiente

El hombre vive en un ambiente físico, biológico y social, al que ha modificado por medio de su cultura; estos cambios, aunque inicialmente favorables para él, rompieron el equilibrio de los ecosistemas. El desequilibrio causado amenaza ahora al hombre mismo; los cambios más profundos son los siguientes:

- Ha aumentado su población en forma excesiva.
- Ha consumido en forma acelerada sus recursos.
- Ha contaminado el ambiente.

El **crecimiento demográfico** generó un aumento en la densidad de población, hacinamiento (amontonamiento), incremento en el riesgo de enfermedades y pérdida de la tranquilidad. Al aumentar rápidamente la población de las zonas urbanas, hay escasez de servicios educativos, vivienda y empleo.

La **urbanización** ha provocado también problemas ecológicos porque aumentó la densidad de población en las grandes ciudades; las personas pierden mucho tiempo en desplazarse, el costo de la infraestructura (todo aquello que el hombre ha creado para resolver sus necesidades primarias, como la agricultura, la sanidad, la industria y los medios de comunicación) es elevado; muchas personas han abandonado las zonas rurales y, en consecuencia, disminuye la productividad agrícola; el aumento del tránsito ha contribuido a la contamina-

Figura 4.5 La contaminación ambiental es el resultado de una explotación irracional de los recursos naturales y el crecimiento excesivo de una población humana demandante.

ción ambiental, hay más accidentes, disminuyeron los espacios libres (que se utilizan para estacionamientos y otras construcciones) y al usar el automóvil el individuo hace menos ejercicio, lo que favorece la obesidad, que a su vez puede aumentar la frecuencia de enfermedades cardiovasculares. La rápida urbanización se acompaña de escasez de servicios de saneamiento, abastecimiento de agua potable, sistemas de eliminación adecuada de basuras y desechos, que además atraen insectos y roedores transmisores de enfermedades.

En muchas ocasiones el aumento de la densidad de la población y la industrialización han sido tan rápidos que han impedido al hombre adaptarse a las nuevas condiciones de vida; esto trajo como consecuencia angustia, ansiedad y estrés, producidos por los propios mecanismos de defensa que el hombre utiliza para adaptarse.

El ser humano ha consumido en forma acelerada e irracional los recursos de la Tierra, rompiendo el equilibrio de los ecosistemas: ha cazado y pescado en forma exagerada, de manera tal que hay especies extintas y muchas otras están a punto de desaparecer, como los bisontes y las ballenas.

Al cultivar la tierra se ha olvidado de rotar los cultivos, ha pastoreado en exceso, ha cortado los árboles de los bosques en forma excesiva y ha extraído minerales y combustibles.

También contaminó el ambiente. Por contaminación se entiende cualquier modificación desfavorable provocada como consecuencia de las actividades del hombre; en suma, ejerce un efecto perjudicial o molesto a los seres vivos y a las instalaciones construidas por él mismo.

Los contaminantes pueden ser biodegradables y no degradables; estos últimos no se descomponen por la acción de seres vivos; por ejemplo, los detergentes fosfóricos y los plásticos que tienden a acumularse con el tiempo.

F. Ramade (*Elements d'Ecologie appliqueé*, París, 1974) clasificó los contaminantes en:

1. **Físicos** (radiaciones, contaminantes térmicos, ruidos).
2. **Químicos** (derivados del carbono o hidrocarburos líquidos, detergentes, materiales plásticos, derivados del azufre y del nitrógeno, metales pesados, fluoruros, pesticidas sólidos y materias orgánicas fermentecibles).
3. **Biológicos** (bacterias, virus, hongos, parásitos, o la introducción intempestiva de animales o vegetales que modifiquen a las biocenosis).
4. **Elementos que dañan la estética** (degradación del paisaje y de sitios urbanos, implantación de industrias en lugares vírgenes).

Los diez principales agentes contaminantes

1. **Dióxido de carbono** Proviene de los procesos de combustión, la producción de energía, la industria y la combustión de aparatos domésticos. Este gas puede aumentar considerablemente la temperatura de la Tierra debido a que produce un "efecto de invernadero" cuando se acumula en la atmósfera.
2. **Monóxido de carbono** Procede de las combustiones incompletas, de las refinerías de petróleo y de los motores de los vehículos; reduce la capacidad de la sangre para transportar el oxígeno al combinarse íntimamente con la hemoglobina de los glóbulos rojos.
3. **Dióxido de azufre** Proviene de los automóviles, centrales eléctricas, fábricas y del combustible de uso doméstico; este gas, combinado con la humedad, forma ácido sulfúrico que destruye edificios, monumentos y favorece la aparición de enfermedades del sistema respiratorio.
4. **Óxidos de nitrógeno** Provienen de motores de combustión interna, aviones, hornos, incineradores, fertilizantes, incendios e instalaciones industriales. Forman parte del esmog de las grandes ciudades y favorecen las enfermedades respiratorias.
5. **Fosfatos** Provienen del uso de detergentes y fertilizantes.
6. **Mercurio** Lo eliminan las industrias, centrales de energía eléctrica, minas, fábricas de papel, pinturas,

etc., y contamina principalmente a los animales acuáticos; a su vez, al ser ingeridos por el hombre le ocasionan alteraciones graves en el sistema nervioso, o incluso la muerte.

7. **Plomo** Proviene del petróleo, fundiciones de plomo, industrias y pesticidas, y provoca alteraciones en el metabolismo celular (principalmente en las células nerviosas).

8. **Petróleo** Ha contaminado el agua produciendo la muerte de muchas especies y dañado lugares recreativos (playas) y zonas de cultivo.

9. **Pesticidas** Utilizados en la agricultura, contaminan los alimentos, adelgazan los cascarones de los huevos y se acumulan en los tejidos.

10. **Radiaciones** Originadas en la producción de energía atómica, pueden alterar el metabolismo celular, causar esterilidad, daño genético, favorecer la aparición de cáncer y provocar la muerte.

Los aspectos particulares de la contaminación del agua, el aire, el suelo y los alimentos se estudiarán en el capítulo "Higiene de la comunidad".

Actividades

1. Investiga cuáles son los principales contaminantes que se registran en tu comunidad, qué enfermedades pueden producir y analízalos con el resto del grupo para elaborar una serie de propuestas de solución.
2. Formen equipos para revisar las características del huésped (hospedero). Luego hagan una presentación donde cada equipo explique cada una.
3. Observa en el microscopio preparaciones de bacterias, hongos y parásitos, así como proyecciones de virus.
4. Elabora una lista de los agentes biológicos y anota qué enfermedades producen. Analízala con el grupo para sacar conclusiones.
5. Elabora un mapa conceptual de los agentes físicos que pueden causar enfermedades. Analízalo con el grupo y comenten qué enfermedades pueden causar.
6. Haz lo mismo con Los agentes químicos y los nutrimientos
7. Elabora un mapa conceptual del medio físico.
8. Revisa el concepto "ecosistema"; haz un cuadro sinóptico con los factores físicos, biológicos y sociales del medio ambiente, y cómo influyen en la salud y la enfermedad, y coméntalo con el grupo.
9. **Video** Comenten en el grupo el video que se proyectará sobre los agentes causales.

Capítulo 5

Mecanismos de defensa e inmunidad

Los glóbulos blancos son un conjunto de células mediante las cuales el cuerpo humano efectúa una respuesta inmunitaria en contra de sustancias extrañas o agentes infecciosos que amenazan la salud del organismo.

Existen en el huésped dos tipos de mecanismos que impiden la aparición de una infección (entrada y desarrollo o multiplicación de un agente patógeno biológico en el organismo de una persona o animal):

1. Mecanismos de resistencia inespecífica
2. Mecanismos específicos

Los **mecanismos de resistencia inespecífica** *actúan contra una gran cantidad de agentes causales biológicos, de tal forma que sólo unos cuantos son capaces de producir enfermedad* (patogenicidad), por ejemplo:

La piel intacta constituye una barrera mecánica que impide la entrada de muchos microorganismos por medio de la descamación constante de sus células, la desecación y la secreción de las glándulas sudoríferas (sudoríparas) y sebáceas; contiene ácidos grasos que eliminan bacterias y algunos hongos (después de la pubertad aumenta el contenido de ácidos grasos que impiden el desarrollo de algunos hongos, como los que producen la tiña de la cabeza).

La mucosa del tracto respiratorio está tapizada por un epitelio con moco que atrapa bacterias, hongos y virus; presenta además cilios o pestañas vibrátiles que llevan el moco hacia la faringe, donde es deglutido.

Cuando los microorganismos penetran en los tejidos, son englobados por unas células llamadas macró-fagos o macrofagocitos (fagocitosis) que los destruyen o los transportan a los vasos linfáticos; éstos, a su vez, los llevan a los nodos linfáticos o linfonodos (ganglios linfáticos) que actúan como barreras o filtros para eliminar muchas bacterias.

En el sistema digestivo, además de la saliva, el jugo gástrico, con ayuda del ácido clorhídrico, destruye muchos de estos agentes patógenos.

La vagina contiene lactobacilos normales (bacterias que producen la fermentación de los hidratos de carbono y fabrican ácidos, principalmente el láctico), que impiden el desarrollo de otros microorganismos. Algunas secreciones, como las lágrimas, contienen una enzima, la lisozima, que destruye las bacterias.

Los **mecanismos específicos** *se basan en la inmunidad, que es la capacidad que poseen los organismos vivos para resistir una enfermedad infecciosa o producida por la mordedura o picadura de algunos animales.*

Un individuo o un animal es inmune cuando resiste a determinado agente patógeno o sus toxinas. Esta condición es relativa, porque una protección comúnmente efectiva puede ser contrarrestada por una dosis excesiva del agente patógeno, por su exagerada virulencia o toxicidad.

La condición contraria a la inmunidad es la susceptibilidad. Es susceptible toda persona o animal que no ha desarrollado inmunidad frente a un agente patógeno determinado, o sus toxinas, y por esta razón está expuesto a contraer la enfermedad si entra en contacto con dicho agente o veneno.

Los mecanismos de la respuesta inmune se producen como respuesta a un estímulo definido (antígeno) que actúa provocando la reacción de ciertos tejidos capaces de generar principalmente sustancias específicas llamadas anticuerpos.

Antígeno (Ag) *es toda sustancia extraña que, al introducirse en el organismo, provoca la respuesta inmune* (humoral o celular); comprende una serie de fenómenos que fabrican anticuerpos o células que actúan por contacto o liberando compuestos en el sitio en que se efectúa la reacción.

Aunque hay muchas excepciones, un antígeno es una macromolécula soluble con una estructura química compleja, extraña al organismo.

Anticuerpo (Ac) *es la sustancia que produce el organismo como respuesta a la introducción de un antígeno y reacciona con él*; caen en las llamadas inmunoglobulinas (Ig) y en el ser humano hay cinco tipos: IgG, IgA, IgM, IgD e IgE, de acuerdo con sus propiedades fisicoquímicas.

Casi todas las proteínas de los agentes biológicos son antigénicas; es decir, provocan en el organismo la formación de anticuerpos.

Inmunidad celular e inmunidad humoral

La **inmunidad celular** *se manifiesta por la aparición de células del sistema linfoide con una mayor habilidad para matar y destruir a la célula que tiene el antígeno,* ya sea un microorganismo o la célula de un animal superior (células blanco).

Aproximadamente entre 60 y 70% de los linfocitos de la sangre (variedad de glóbulo blanco) están constituidos por unas células llamadas linfocitos T, que provienen del timo, con el que están relacionadas hormonalmente; estas células protegen contra infecciones por virus, hongos y algunas bacterias; además de rechazar células extrañas, también ayudan a la memoria inmunitaria o inmunológica, formando células de larga vida sensibles a los antígenos, algunas de las cuales se pueden convertir en "células asesinas" de células injertadas o de células tumorales, y colaboran con los linfocitos B en la respuesta de anticuerpos, aunque también pueden inhibir su formación.

Los linfocitos B existen en una proporción mucho menor en la sangre; la mayor parte de ellos está en el tejido linfoide y su tiempo de vida es corto. Al ponerse en contacto con el antígeno, se dividen y diferencian para convertirse en plasmocitos o células plasmáticas que sintetizan anticuerpos específicos responsables de la inmunidad humoral.

La **inmunidad humoral** *es la presencia o producción resultante de las inmunoglobulinas o anticuerpos contra antígenos de microorganismos o de sus productos,* y por sus características es la más importante.

La reacción Ag-Ac es una combinación que forma un complejo Ag-Ac (reacción primaria); además de esta reacción se observan otros fenómenos llamados reacciones secundarias, que dependen de factores físicos y característicos de Ag y Ac, de la presencia de complemento y de otros factores. Las reacciones secundarias más importantes son neutralización, precipitación, aglutinación, lisis, fijación del complemento e inmovilización de microorganismos.

Las reacciones secundarias se aprovechan para detectar Ag, descubrir Ac o en otro tipo de pruebas serológicas. Tanto el Ag como el Ac tienen sitios o valencias de combinación; si el Ag y el Ac sólo tienen un sitio de combinación (monovalentes), el resultado de la combinación no puede observarse a simple vista. Si el Ag tiene varios sitios de combinación (polivante), aun cuando el Ag sea monovalente, el Ag se unirá con varias moléculas de Ac. Otra posibilidad es que Ag y Ac sean polivalentes y, al combinarse, formen masas complejas que se precipitarán o aglutinarán. Por la forma de manifestarse, los Ac responsables de estas reacciones se denominan aglutininas, precipitinas y lisinas.

Algunas de estas reacciones como la lisis, neutralización, opsonización, etc., ocurren en el animal íntegro y cumplen un papel muy importante contra los microorganismos, productos tóxicos, etc.; por desgracia cuando estas reacciones se dan en los tejidos y órganos también pueden ser causa de daño o enfermedad.

Enfermedades alérgicas o inmunopatológicas

Son **alteraciones tisulares** *que se presentan como consecuencia de la respuesta inmune. Cuando la reacción Ag-Ac destruye las células o daña intensamente los tejidos,* se produce la alergia. Las células aumentan su permeabilidad, o son destruidas, y se liberan sustancias como la histamina, serotonina, calicreína, bradicinina, heparina, leucotaxina, etc. Los Ag que provocan la alergia se llaman alergenos y las reacciones alérgicas pueden ser localizadas (cuando la persona es alérgica a la lana presenta erupción en la piel que está en contacto con ella), o generalizadas (cuando se difunde por el

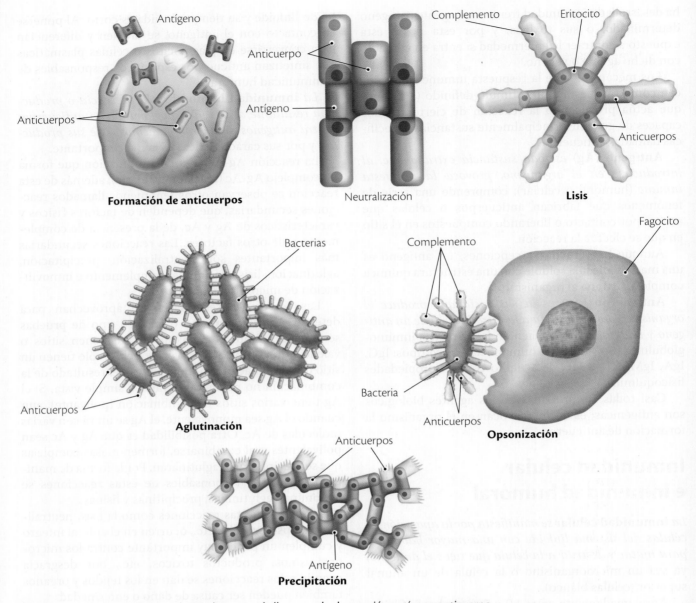

Figura 5.1 Mecanismos por los cuales se puede llevar a cabo la reacción antígeno-anticuerpo.

organismo el alergeno o la histamina). La reacción alérgica generalizada es ligera o tan grave que puede llevar a la muerte (shock anafiláctico). El alergeno puede ser cualquier sustancia (alimento, polvo, medicamento, etcétera).

Tipos de inmunidad

La inmunidad puede ser:

1. Natural o heredada
2. Adquirida

Inmunidad natural

Es la resistencia a la infección que no depende de algún contacto previo, espontáneo o experimental, con el agente infeccioso o sus anticuerpos. Depende de factores innatos genéticamente controlados.

Se ha observado que los individuos heredan como parte de su constitución, y en común con otros miembros de su raza y especie, diferentes grados de resistencia natural a la infección. La inmunidad natural se clasifica en:

• de especie

- de raza o de grupo
- individual

Inmunidad de especie Se ha observado que los animales de sangre fría (peces, ranas y tortugas) no son susceptibles a las infecciones propias de los animales de sangre caliente. La temperatura del cuerpo parece ser un factor de esa resistencia, pues las aves tienen una temperatura más elevada que el ser humano y son resistentes a enfermedades como la peste y el carbunco. Pasteur demostró que una gallina puede adquirir el carbunco si se hace descender su temperatura corporal. Los bacilos de la tuberculosis que producen esta enfermedad en los peces no infectan al hombre y, por su parte, los bacilos de la tuberculosis humana no infectan a los peces. Las aves padecen una enfermedad semejante a la tuberculosis, pero los bacilos que la provocan no infectan a los seres humanos. El hombre no es susceptible a enfermedades como el cólera de las gallinas; sin embargo, hay enfermedades que se presentan primero en los animales y luego pueden transmitirse al hombre:

- *ántrax, carbunco - vacunos, ovejas, caballos*
- *muermo - caballos*
- *peste - roedores*
- *brucelosis - cabras, vacunos, cerdos*
- *encefalitis - caballos*
- *leptospirosis - ratas, perros*
- *tuberculosis bovina - vacunos*
- *tularemia - conejos*
- *rabia - perros*

Por otra parte, hay enfermedades que padece el ser humano que no se presentan en los animales en forma natural, como la sífilis, la blenorragia o gonorrea, el sarampión, la fiebre tifoidea, la influenza, la parotiditis y la poliomielitis. Los animales más próximos al hombre en la escala de la evolución, como los monos antropoides y los chimpancés, son los más susceptibles a las enfermedades humanas.

Inmunidad de raza y de grupo La raza negra tiene más posibilidades de desarrollar la coccidioidomicosis que la raza blanca. Se ha visto también que las personas de raza negra pueden ser resistentes al paludismo producido por *Plasmodium vivax* si sus eritrocitos (glóbulos rojos) carecen del antígeno Duffy de superficie, que puede actuar como receptor del parásito.

Los habitantes de una región forman un grupo con ciertas características inmunológicas adecuadas a las enfermedades que padecen habitualmente; esta inmunidad es distintiva de determinada región, pero es independiente de la raza. Las enfermedades transmisibles tienen por lo general una incidencia constante en cada región o grupo social; esto se debe a que el ser humano tiende a mantener un equilibrio con los agentes patógenos que lo rodean.

Inmunidad individual La capacidad del individuo para resistir las enfermedades infecciosas comunes es variable; esta resistencia natural varía en un mismo individuo de una época a otra. Pueden aumentar la susceptibilidad factores como la fatiga, el exceso de trabajo, la angustia, la exposición prolongada al frío y a la humedad, el alcoholismo, ciertas enfermedades preexistentes (diabetes, sarampión, tuberculosis, etc.). La ingestión deficiente de proteínas y de ciertas vitaminas disminuye la resistencia inespecífica y la capacidad para sintetizar anticuerpos; sin embargo, la ingestión en exceso no aumenta la resistencia a las infecciones. La edad es un factor que debe tomarse en consideración pues la susceptibilidad es mayor en las edades extremas de la vida.

Muchas personas recurren a la **automedicación** (recetarse ellas mismas) con la idea equivocada de que los antibióticos previenen cualquier tipo de infección, sin saber que éstos no estimulan el mecanismo defensivo del individuo porque su acción es únicamente antibacteriana.

> Muchas personas se automedican con la idea equivocada de que los antibióticos los protegerán de cualquier infección, sin embargo, estos medicamentos no estimulan una respuesta inmune, sólo atacan determinados agentes patógenos.

Inmunidad adquirida

Como su nombre lo indica, *es la resistencia a la infección, engendrada por un ataque espontáneo de enfermedad infecciosa, una infección experimental, la vacunación o la introducción al organismo de Ac preformados*. La inmunidad adquirida está basada en los Ac, es la más eficiente y la más importante, y se clasifica en pasiva o activa.

Inmunidad adquirida pasiva *Es la que se adquiere por medio de la introducción al organismo de Ac preformados*: puede obtenerse en forma natural o artificial.

Cierto tiempo después del nacimiento muchos niños muestran resistencia a ciertas enfermedades debido a los Ac que adquieren de la madre a través de la placenta, durante su vida intrauterina; por ejemplo, si la madre tiene Ac protectores contra el sarampión y los transmite a su hijo, el recién nacido se encuentra protegido contra esa enfermedad. Este tipo de inmunidad desaparece transcurridos los primeros meses de vida.

Cuando el recién nacido es alimentado en forma natural, recibe Ac de la madre a través del calostro (el primer líquido secretado por la glándula mamaria antes y después del parto).

La **inmunidad pasiva** se obtiene en forma artificial introduciendo en el organismo antitoxinas, globulina gamma o suero hiperinmune. La inmunización pasiva se utiliza en individuos que están expuestos a una infección específica y necesitan protección inmediata, pues la **inmunidad activa** requiere un tiempo más prolongado para obtenerse. Se utiliza también para proteger al organismo contra aquellas enfermedades para las que no existen antígenos capaces de producir una inmunidad activa hasta este momento, como en el caso de la hepatitis infecciosa C.

La inmunidad pasiva artificial tiene la desventaja de su corta duración y el peligro de que produzca reacciones alérgicas.

Inmunidad adquirida activa *Es la habilidad o condición adquirida por los tejidos para producir Ac específicos a partir de contactos con agentes microbianos o sus toxinas (Ag).*

El organismo, después de padecer ciertas enfermedades, como la viruela, el sarampión, la parotiditis, la tos ferina, la poliomielitis, etc., queda inmune a ellas; a veces esta inmunidad persiste durante toda la vida.

Son portadores los individuos que albergan o diseminan agentes causales sin presentar síntomas de la enfermedad. Pueden padecer la enfermedad sin advertirlo o ser portadores sanos; en este caso, el agente penetra en los tejidos y estimula el desarrollo de Ac específicos sin llegar a provocar sintomatología alguna; por ejemplo, el portador de tifoidea elimina cantidades variables de *Salmonella typhi* por la materia fecal a pesar de que nunca tuvo síntomas de la enfermedad.

La exposición prolongada a dosis de gérmenes cuya cantidad no es suficiente para provocar una infección produce inmunidad latente; esta protección se desarrolla de manera natural. Los tejidos del organismo tienen la propiedad de desarrollar Ac contra enfermedades específicas como la difteria y la poliomielitis, cuando éstas predominan en una comunidad. Una vez que se ha logrado eliminar una enfermedad aumentan las posibilidades de contagio: menos personas adquieren inmunidad latente y, por lo tanto, aumenta el número de individuos susceptibles.

La inmunidad activa se adquiere también por medio de la inmunización activa, la cual consiste en la introducción en el organismo de un Ag, con el objeto de reforzar las defensas contra determinada enfermedad.

Los Ag se introducen por vía parenteral (vía distinta de la digestiva; por ejemplo, inyectados) o por vía oral (por la boca); pueden ser gérmenes vivos atenuados (debilitados especialmente en su toxicidad), inactivados o toxoides (toxinas bacterianas tratadas para destruir su poder patógeno pero sin afectar sus capacidades de estimular la producción de Ac).

La inmunización activa garantiza una protección más o menos duradera. El grado de inmunidad no es estable en todos los casos sino que disminuye con el tiempo, a menos que sea reforzada periódicamente.

Inmunización

*La **inmunización** consiste en la introducción de una sustancia extraña (Ag o Ac) en el organismo con el propósito de evitar la enfermedad durante largo tiempo, de conferir una protección temporal o de modificar sus características.* La inmunización puede ser activa o pasiva.

Inmunización activa *Tiene por objeto estimular el desarrollo de Ac específicos en el organismo y se adquiere como resultado de la propia actividad inmunológica del individuo.* Al escoger el antígeno que debe utilizarse para lograr la inmunización contra determinada enfermedad, es importante considerar tres factores: eficiencia, seguridad y utilidad.

- **Eficiencia** Es indispensable que el Ag sea eficaz; esto es, que produzca en el individuo sustancias inmunizantes, básicamente Ac, que lo protejan contra la enfermedad en cuestión.
- **Seguridad** El Ag no debe ser tóxico ni producir reacciones más graves que los síntomas de la propia enfermedad.
- **Utilidad** La inmunización debe proteger al organismo contra enfermedades graves o comunes; no se justifica la inmunización contra enfermedades benignas o raras.

En la inmunización activa se utilizan varios tipos de Ag:

1. **Gérmenes atenuados** Los gérmenes vivos pueden utilizarse como Ag; algunos de estos gérmenes cultivados en medios artificiales pierden su virulencia en cada generación sucesiva y no representan un peligro de enfermedad para el individuo; sin embargo, conservan inalterada su capacidad de despertar la formación de anticuerpos; por ejemplo, los agentes inmunizantes contra la poliomielitis (tipo Sabin), la fiebre amarilla y el sarampión.
2. **Gérmenes inactivados** La virulencia del germen se inactiva, como ocurre en la vacuna contra la poliomielitis (tipo Salk).

3. **Toxoides** *Algunas toxinas bacterianas tratadas con formol u otras sustancias pierden su poder patógeno, pero no se afecta su capacidad de estimular la producción de anticuerpos. El producto resultante se llama toxoide (toxoide diftérico, toxoide tetánico).*

4. **Proteínas** *En el caso de algunas enfermedades alérgicas, se utilizan como Ag soluciones diluidas de proteínas; pero la protección no es tan efectiva como la inmunización contra las enfermedades provocadas por bacterias o virus.*

Inmunización pasiva *Consiste en la introducción en el organismo de un suero que contenga Ac contra determinada enfermedad.* Su duración es breve; no obstante, se aplica a individuos no inmunes expuestos a una enfermedad específica y que necesitan protección inmediata. La inmunización pasiva puede producirse con:

1. **Antitoxinas** Son proteínas defensivas que existen normalmente en el cuerpo o se desarrollan en él como resultado de la introducción de un veneno; la antitoxina actúa como neutralizante del veneno. Las antitoxinas de varias enfermedades derivan del suero sanguíneo de los animales a los que se ha hecho sufrir la enfermedad. El suero del caballo contiene una proteína extraña al hombre que puede sensibilizarlo y ocasionarle reacciones alérgicas, por lo que es preferible inmunizar en forma activa; por ejemplo, las antitoxinas para proteger contra la difteria y el tétanos.

2. **Globulina gamma** Es una proteína del suero humano separada por electroforesis, muy útil para proteger contra las enfermedades producidas por virus; por ejemplo, el sarampión y la hepatitis infecciosa.

3. **Suero hiperinmune** *Es el suero de convaleciente que ha sido además inmunizado con el virus activo de la enfermedad.*

Principales productos inmunizantes

Cuidados básicos La utilización de productos biológicos requiere de la observación de una serie de procedimientos y técnicas sencillas pero rigurosas para evitar que se desnaturalicen y pierdan su capacidad inmunogénica o pongan en peligro la salud de la persona inmunizada o, incluso, la de la persona que los manipula.

1. Los productos deben colocarse en un refrigerador especial y mantenerse a temperatura constante, que varía para cada uno.

2. Deben leerse los datos (identificación del producto, forma de almacenamiento, lote, fecha de caducidad, dosis y vía de administración).

3. Deben utilizarse primero los productos cuya fecha de caducidad sea cercana para evitar que se desperdicien.

4. Deben observarse las reglas de asepsia y antisepsia.

Contraindicaciones Los productos biológicos pueden producir manifestaciones adversas o secundarias; por ello se debe limitar su uso o dejarlo a criterio del médico, que individualizará según el caso.

Vacuna antipoliomielítica Protege contra la poliomielitis, que es una infección producida por virus de tres tipos: I (Brunhilde), II (Lansing) y III (Leon), y se caracteriza por grados variables de lesión en el sistema nervioso, principalmente en los cuernos (astas) anteriores de la médula espinal y los núcleos motores del tallo encefálico (cerebral). Sus manifestaciones clínicas son muy variables, desde la infección inaparente hasta la parálisis flácida de muchos grupos musculares e incluso llevar a la muerte por asfixia y afección de los centros vitales del tallo encefálico (cerebral). Hay vacunas monovalentes (elaboradas con un tipo de virus) y trivalentes (elaboradas con los tres tipos).

Existen dos tipos de vacuna: la elaborada con virus inactivados (Salk) que se administra por vía parenteral, y la preparada con virus atenuados (Sabin) que se administra por vía oral.

Vacuna triple o DPT Protege contra la difteria (100%), tos ferina (alrededor de 60%) y tétanos (20 a 30%). Está elaborada con toxoide diftérico (D), *Bordetella pertussis* (P) y toxoide tetánico (T).

La **difteria** es una enfermedad producida por el *Corynebacterium diphteriae* y se manifiesta por fiebre y dolor en la faringe, que se enrojece y puede presentar membranas de color grisáceo que invaden las tonsilas (amígdalas) y tejidos vecinos; puede causar problemas respiratorios e intoxicación y provocar la muerte.

La **tos ferina** es una infección aguda producida por *Haemophilus pertussis* o bacilo de Bordet-Gengou; se manifiesta por accesos muy intensos de tos que terminan en una inspiración forzada y ruidosa, parecidos al "canto del gallo" (coqueluche), seguidos de vómito en muchas ocasiones.

El **tétanos** es producido por el *Clostridium tetani* que penetra al organismo a través de una herida o quemadura y se manifiesta por rigidez de los músculos de todo el cuerpo. Pueden presentarse también convulsiones y asfixia.

Esta vacuna puede producir dolor, calor y enrojecimiento en la zona donde se aplica y reacciones generales (fiebre y malestar general).

Vacuna contra la tuberculosis (BCG) Se produce a partir de un cultivo del bacilo de Calmette y Guérin y protege contra la tuberculosis, una enfermedad crónica producida por *Mycobacterium tuberculosis* que llega a afectar prácticamente a todos los órganos y tejidos, por lo que sus síntomas son muy variados, aunque su localización más frecuente es dentro del tórax.

Cuando su aplicación es correcta se forma inmediatamente una pápula (pequeña elevación de la piel) blanca de 6 a 8 mm de diámetro que desaparece 30 minutos después. Las reacciones se producen a partir de la primera semana de su aplicación: aparece una mácula (mancha) que se endurece y evoluciona a nódulo (pequeña eminencia o nudosidad). Entre la cuarta y quinta semanas se forma una costra y aumenta el volumen de los nódulos linfáticos (ganglios linfáticos) que se encuentran arriba de la clavícula y en la axila. Entre la sexta y séptima semanas se desprende la costra y se forma una úlcera que cicatriza entre la décima y la decimotercera semanas.

Vacuna antisarampionosa Contiene virus vivos del sarampión muy atenuados y protege contra el sarampión. Esta enfermedad es aguda y empieza a manifestarse con enantema (erupción de la mucosa de la boca y la faringe), fiebre, ligera inflamación de la conjuntiva del ojo (conjuntivitis), coriza (afección catarral de la mucosa de la nariz) y tos, seguidos de una erupción en la piel de tipo maculopapuloso (máculas y pápulas) que aparece en el cuello, cara, tronco y extremidades.

En algunos casos se observa que entre los cinco y dieciséis días posteriores a la vacunación aparecen signos y síntomas de la enfermedad, pero en forma muy benigna (duran aproximadamente tres días).

Vacuna antivariolosa Protege contra la viruela, una enfermedad producida por virus que ya se erradicó del mundo y que se podía manifestar en forma benigna (alastrim) o como viruela mayor, con dolor de cabeza, escalofrío, dolor en todo el cuerpo, fiebre e, incluso, somnolencia, convulsiones y coma. La erupción en la piel era de tipo papulovesiculopustuloso; es decir, con pápulas, vesículas (vejigas pequeñas) y pústulas (vesículas llenas de pus) principalmente en la cara y en las extremidades.

Cuando se vacunaban las personas por primera vez presentaban una lesión que evolucionaba de pápula a vesícula, pústula y costra en un lapso de quince a veintiún días (prendimiento típico primario). Cuando se revacunaban, la reacción duraba aproximadamente una semana (reacción acelerada) o únicamente presentaban una mácula-pápula en un término de 24 a 48 horas (reacción de inmunidad). En la actualidad ya no se aplica.

Toxoide tetánico Es una suspensión estéril del medio de cultivo del bacilo tetánico, al que se le ha quitado su toxicidad. Está indicado a niños mayores de seis años que no hayan recibido la vacuna triple (DPT) y a personas expuestas al tétanos, como los jardineros, estableros, tablajeros, curtidores, soldados, agricultores, veterinarios, toreros, recolectores de basura, granjeros y excursionistas, entre otros, aunque se debería aplicar a todas las personas. En regiones con una elevada incidencia de tétanos en los recién nacidos, debe aplicarse a las embarazadas durante el sexto o séptimo mes de embarazo.

Vacuna antirrábica Se aplica únicamente a personas que han sufrido lesiones o que han tenido contacto con saliva de animales de los que se sospecha o se ha comprobado rabia, con el objeto de obtener una respuesta inmunológica en menos tiempo que requiere el periodo de incubación (periodo de latencia que transcurre entre la exposición a un agente infeccioso y su manifestación).

La **rabia** altera el sistema nervioso y produce agitación, agresividad, contracciones de los músculos, principalmente de la faringe, que se desencadenan al intentar tragar líquidos, incluso saliva, y convulsiones.

En el caso de mordeduras en cabeza y cuello, lesiones múltiples o desgarrantes y penetrantes en sitios cercanos a trayectos nerviosos, algunas personas recomiendan aplicar, además, el suero antirrábico; esto último depende del criterio del médico.

Vacuna antitifoídica Protege contra la tifoidea y está indicada para quienes manejan alimentos, personas expuestas o en brotes epidémicos. Se elabora a partir de cultivos de *Salmonella typhi*.

Las manifestaciones de la tifoidea pueden ser muy variables, desde cursar asintomática (sin síntomas) hasta producir fiebre muy elevada, crecimiento del bazo, manchas rojizas en el tronco y las extremidades y diarrea en la mitad de los casos.

Las **antitoxinas tetánica y diftérica**, y los sueros antirrábico, antialacrán y antiviperino contienen concentraciones elevadas de anticuerpos obtenidos de especies animales (equinos y bovinos principalmente) y se utilizan sólo en casos de urgencia, debido a que pueden producir reacciones alérgicas graves.

La **vacuna contra la rubéola** se prepara con virus vivos atenuados y se administra a partir del año de edad; la dosis es única y se aplican 0.5 mL por vía subcutánea. Esta enfermedad producida por el virus de la rubéola es benigna, se manifiesta por fiebre, erupción en la piel, dolor de cabeza, malestar general, conjuntivitis y crecimiento de los linfonodos (ganglios linfáticos) retroauriculares (detrás de la oreja) y suboccipitales (debajo de la región occipital, en la nuca). A pesar de ser benigna, cuando afecta a una mujer durante el primer trimestre del embarazo, el bebé puede nacer con malformaciones congénitas: cataratas, malformaciones del corazón, sordera y otras más.

La **vacuna contra la parotiditis infecciosa** se prepara a partir de virus atenuados y se administra a partir del año de edad; la dosis es única y se aplican 0.5 mL por vía subcutánea. Esta enfermedad generalmente es benigna y se caracteriza por fiebre, aumento de volumen y dolor en las glándulas salivales, en particular la glándula parotídea (parótida). Puede producir inflamación de los testículos en 15 a 25% de los varones afectados o inflamación de los ovarios en 5% de las mujeres cuando se presenta después de la pubertad, por lo que su aplicación es recomendable, principalmente en el sexo masculino.

En 1988 se incorporó en México la vacuna triple viral (SRP), que protege contra sarampión, parotiditis y rubéola. En el nuevo esquema sustituye a la primera dosis de vacuna contra el sarampión. Se aplican 0.5 mL por vía subcutánea en la región deltoidea.

En 1999 la Secretaría de Salud propuso aplicar la vacuna pentavalente, que protege contra difteria, tos ferina, tétanos, infecciones graves por *Haemophilus influenzae B* y *hepatitis B*. Se aplican 0.5 mL en el músculo vasto lateral del muslo.

La **vacuna antihepatitis** A se aplica en las guarderías a los niños de dos a cuatro años, así como al personal que labora en ellas. Esta enfermedad se transmite por vía fecal-oral y puede cursar asintomática, pero se puede presentar fiebre, malestar, falta de apetito, náusea, molestias abdominales e ictericia. La dosis para los niños es de 0.5 mL; contiene un mínimo de 360 unidades ELISA de antígeno viral de la hepatitis A y se aplica por vía intramuscular en la región deltoidea. La dosis para los adultos es de 1 mL.

Nuevas vacunas

Existen nuevas vacunas contra rotavirus, enfermedad que produce fiebre, vómito, dolor abdominal y diarrea que puede llevar a la deshidratación grave. Se aplica por vía oral a los 2, 4 y 6 meses de edad.

La **vacuna contra la varicela**, enfermedad que se caracteriza por fiebre y erupción en la piel, que deja costras granulosas; generalmente es benigna, pero puede complicarse con neumonía y encefalitis.

La **vacuna contra la hepatitis B** se prepara a partir de antígeno de superficie del virus. Se aplican, por vía intramuscular, tres dosis. La primera, de 0.5 mL en niños menores de diez años y 1 mL en niños mayores y adultos. La segunda al mes y la tercera a los 180 días después de la primera. Esta enfermedad afecta al hígado y produce falta de apetito, molestias abdominales, náu-

sea, vómito y en ocasiones ictericia (coloración amarillenta de la piel y las mucosas). La hepatitis B se transmite por medio de jeringas, agujas y fluidos contaminados como la saliva, el esperma, la sangre y las secreciones vaginales.

La **vacuna antineumocócica** protege contra la neumonía neumocócica. Contiene polisacáridos de 23 tipos de neumococos y se aplica en una dosis de 0.5 mL por vía subcutánea o intramuscular. Esta enfermedad se caracteriza por escalofrío, fiebre, dolor en el tórax, dificultad para respirar y tos con expectoración "herrumbrosa". Con frecuencia ocasiona la muerte de niños pequeños, ancianos, así como de personas que padecen enfermedades respiratorias frecuentes, crónicas o tienen disminuida su respuesta inmunológica.

La **vacuna contra la influenza tipo B** se prepara con polisacáridos de *Haemophilus influenzae B* y se aplica de los dos a los 11 meses de edad, en tres dosis de 0.5 mL por vía intramuscular, una cada dos meses y un refuerzo al cabo de año y medio. En niños de uno a cuatro años se aplican dos dosis, una cada dos meses y un refuerzo a los cinco años de edad. Esta enfermedad es más frecuente entre las seis semanas y los tres años de edad. Puede afectar el sistema respiratorio, el oído y las articulaciones, pero su peligrosidad aumenta cuando daña las meninges, ya que produce fiebre, vómito, letargo y rigidez en nuca y espalda.

La **vacuna contra la hepatitis A**, una infección del hígado, producida por el virus de la hepatitis A, produce malestar, fiebre, falta de apetito, náuseas, molestias abdominales e ictericia; se transmite generalmente de una persona a otra por vía fecal-oral; es decir, al ingerir agua y alimentos contaminados con materia fecal de una persona que elimina los virus.

La vacuna contra el virus del papiloma humano, que puede infectar sin dar manifestaciones hasta producir verrugas; si afecta los órganos genitales, algunos tipos de este virus pueden producir cáncer más adelante. Se debe aplicar en adolescentes y mujeres adultas jóvenes, porque se transmite generalmente durante la relación sexual.

Respecto a la elaboración y dosificación de los productos inmunizantes, éstos han venido cambiando, sobre todo en los últimos años con el advenimiento de la ingeniería genética, que es un conjunto de metodologías que permite trasplantar genes de un sistema vivo a otro para generar compuestos con propiedades y funciones deseadas, en este caso, con la capacidad de producir antígenos que se usarán para vacunar a los animales o a los hombres.

Actualmente se aplica la **vacuna contra la influenza AH1N1**, que se caracteriza por fiebre, tos, dificultad para respirar. Está indicada en niños menores de seis años y adultos mayores de 60 años. Los adultos mayores deben recibir las vacunas que protegen contra la neumonía y la influenza b.

Una de las nuevas vacunas aplicadas en México es la que protege de la influenza AH1N1, epidemia que en 2009 infectó en México a alrededor de 1600 personas.

Esquemas de inmunizaciones Existen numerosos esquemas recomendados por organizaciones científicas y académicas cuyas variaciones se deben, principalmente, a las características epidemiológicas que tienen los padecimientos en cada lugar y a las facilidades técnicas o administrativas de que se disponga.

En términos generales, en México se trata de lograr la inmunización primaria activa durante el primer año de vida, aplicando las vacunas contra poliomielitis, difteria, tos ferina, tétanos, hepatitis B, infecciones graves por *Haemophilus influenzae B*, sarampión, rubéola, parotiditis y tuberculosis mediante el esquema básico; posteriormente, se procura administrar las dosis de refuerzo en los padecimientos que lo requieran.

En la actualidad, ya no se aplica la vacuna antivariolosa.

Sistema Cartilla Nacional de Vacunación

En 1959, la ONU, apoyándose en la Declaración de Ginebra de 1924 relativa a la protección y cuidados especiales que se requiere proporcionar a la niñez, decidió formular la Declaración de los Derechos del Niño, que incluía en sus principios el derecho a la salud; esto permitió que en el Año Internacional del Niño (1979), cuya sede fue México, se estableciera la Cartilla Nacional de Vacunación, cuyos antecedentes fueron

campañas de inmunización masiva contra poliomielitis, sarampión, difteria, tos ferina y tétanos. Estas campañas tuvieron como objetivo vacunar a todo el país en forma simultánea, en corto plazo y de acuerdo con el comportamiento epidemiológico de la enfermedad.

Desde el 1 de enero de 1979, cada niño que se registra antes de los seis años debe recibir su Cartilla Nacional de Vacunación. Este documento es un requisito que se debe exigir en guarderías, escuelas y para la obtención del pasaporte.

Desde el 1 de enero de 1982 cada niño tiene señalada en su cartilla una clave única de Registro de Población (CURP) que permite identificar y registrar a la población para evitar la multiplicidad de identificación.

La cartilla tiene además una tabla donde cada mes se debe anotar el peso del niño durante los primeros dos años y hasta el quinto año cada tres meses (cuadro 5.1).

Los objetivos de la cartilla son los siguientes:

- Mejorar la cobertura de la vacunación de la población infantil.
- Conocer las cifras reales de los niños vacunados.
- Conocer con anticipación la cantidad de producto biológico que se necesita.
- Ayudar al sistema de vigilancia epidemiológica respecto a casos de brotes de padecimientos.
- Conocer el número de niños registrados que no se vacunan o que no tienen completo su ciclo de vacunas.
- Evitar el desperdicio de productos biológicos.
- Dar a conocer el esquema oficial de vacunación y representar el elemento educativo que haga tomar conciencia a los padres de la necesidad de que cada niño menor de seis años complete sus inmunizaciones.

Cuando fallece el dueño de la cartilla, se debe dar aviso al sistema Cartilla Nacional de Vacunación para eliminarlo del control.

A partir de 2009 la Cartilla Nacional de Vacunación cambió, como se presenta en el cuadro 5.2.

Cuadro 5.1 Cartilla Nacional de Vacunación.

CARTILLA NACIONAL DE VACUNACIÓN		CURP	
DATOS GENERALES DEL NIÑO	Sexo	Masc.	Fem.
Nombre			
Domicilio — Primer apellido	Segundo apellido	Nombre (s)	
Fecha de nacimiento — Calle y número	Colonia Ciudad	Estado	
Lugar de nacimiento — Año	Mes	Día	
Fecha de registro — Ciudad o Población	Municipio	Estado	
Lugar de registro — Año	Mes	Día	
Ciudad o Población	Municipio	Estado	

ESQUEMA BÁSICO DE VACUNACIÓN				
Vacuna	ENFERMEDAD QUE PREVIENE	DOSIS	EDAD	FECHA DE VACUNACIÓN
BCG	TUBERCULOSIS	Única	Al nacer	
SABIN	POLIOMIELITIS	Preliminar	Al nacer	
		Primera	2 meses	
		Segunda	4 meses	
		Tercera	6 meses	
		Adicionales		
PENTAVALENTE DPT+HB+Hib	DIFTERIA TOS FERINA TÉTANOS HEPATITIS B INFECCIONES GRAVES por H. influenzae b	Primera	2 meses	
		Segunda	4 meses	
		Tercera	6 meses	
DPT	DIFTERIA TOS FERINA TÉTANOS	Refuerzo 1	2 años	
		Refuerzo 2	4 años	
TRIPLE VIRAL SRP	SARAMPIÓN RUBÉOLA PAROTIDITIS	Primera	1 año	
		Segunda	6 años	
ANTISARAMPIÓN	SARAMPIÓN	Adicionales		
Td	TÉTANOS	Refuerzo	12 años	
	DIFTERIA			
OTRAS VACUNAS				

Cuadro 5.2 Cartilla Nacional de Vacunación actual.

ESQUEMA DE VACUNACIÓN

VACUNA	ENFERMEDAD QUE PREVIENE	DOSIS	EDAD Y FRECUENCIA	FECHA DE VACUNACIÓN
B C G	TUBERCULOSIS	ÚNICA	AL NACER	
HEPATITIS B	HEPATITIS B	PRIMERA	AL NACER	
		SEGUNDA	2 MESES	
		TERCERA	6 MESES	
PENTAVALENTE ACELULAR DPaT+VPI+HiB	DIFTERIA TOSFERINA TÉTANOS POLIOMIELITIS INFECCIONES POR *H. influenzae* tipo B	PRIMERA	2 MESES	
		SEGUNDA	4 MESES	
		TERCERA	6 MESES	
		CUARTA	18 MESES	
DPT	DIFTERIA TOSFERINA TÉTANOS	REFUERZO	4 AÑOS	
ROTAVIRUS	DIARREA POR ROTAVIRUS	PRIMERA	2 MESES	
		SEGUNDA	4 MESES	

VACUNA	ENFERMEDAD QUE PREVIENE	DOSIS	EDAD Y FRECUENCIA	FECHA DE VACUNACIÓN
NEUMOCÓCICA CONJUGADA	INFECCIONES POR NEUMOCOCO	PRIMERA	2 MESES	
		SEGUNDA	4 MESES	
		OTRAS		
INFLUENZA	INFLUENZA	PRIMERA	6 MESES	
		SEGUNDA	7 MESES	
		REVACUNACIÓN	ANUAL HASTA LOS 35 MESES	
S R P	SARAMPIÓN RUBEOLA Y PAROTIDITIS	PRIMERA	1 AÑO	
		REFUERZO	6 AÑOS	
SABIN	POLIOMIELITIS	ADICIONALES		
S R	SARAMPIÓN Y RUBEOLA	ADICIONALES		
OTRAS VACUNAS				

Actividades

1. Revisa tu Cartilla Nacional de Vacunación y compárala con la que se utiliza en la actualidad. Analiza las diferencias y anótalas en tu cuaderno.
2. Investiga qué vacunas se deben aplicar a los adolescentes y contra qué enfermedades protegen. Pregunta en clase a quiénes de tus compañeros ya les aplicaron estas vacunas y a quiénes no y escribe un reporte.
3. Discute en clase el siguiente caso:

   Durante una excursión Pedro sufrió una herida con un objeto *oxidado*. En el centro de salud le preguntaron si completó su esquema de vacunación siendo niño y descubrió en su Cartilla Nacional de Vacunación que no se le aplicó la vacuna DPT. Ahora, ¿qué debe aplicársele a Pedro: toxoide tetánico o antitoxina tetánica? Discútelo con el grupo.
4. Revisa los conceptos de infección y agente patógeno biológico.

5. Hagan una lista de los mecanismos de defensa inespecíficos y analicen con el grupo cada uno.
6. Analicen el concepto de inmunidad y el de susceptibilidad entre antígeno y anticuerpo.
7. Elabora un mapa conceptual sobre la inmunidad celular y la inmunidad humoral.
8. Investiga en el grupo cuántos compañeros tienen alguna alergia y a qué se debe. Analicen los resultados.
9. En el pizarrón hagan un listado de los tipos de inmunidad y comenten los resultados.
10. Discutan en el grupo las ventajas y desventajas de la inmunización activa y de la inmunización pasiva.
11. Consulta el *Manual de Ciencias de la Salud* para comentarlas en el grupo.
12. Si la escuela y los padres lo permiten, participen en los días nacionales de vacunación y comenten en el grupo sus experiencias.

Capítulo 6

Historia natural de la enfermedad (génesis y evolución natural de la enfermedad) y niveles de prevención

El hombre de todas las épocas ha estado interesado en estudiar la evolución y desarrollo de las enfermedades. En la imagen, un dentista medieval representado en una capitular en un manuscrito del siglo XIV.

La historia natural de la enfermedad *es la relación ordenada de acontecimientos derivados de la interrelación del ser humano con su ambiente, que lo llevan del estado de salud (homeostasis) al de enfermedad, la cual se resuelve mediante diferentes opciones: regreso a la salud, cronicidad, agravamiento, secuelas invalidantes o muerte.*

Este concepto se basa en la idea ecológica de la salud y la enfermedad; como hemos visto, salud y enfermedad no son estados opuestos sino diferentes grados de adaptación (o desadaptación) del organismo al ambiente en que vive.

En el estudio de la historia natural, o génesis y evolución natural de la enfermedad, es indispensable considerar la tríada ecológica formada por agente causal, huésped (hospedero) y medio ambiente (*véase* "Factores ecológicos de la salud y la enfermedad").

La historia natural *o la* génesis y evolución de la enfermedad *se divide en dos periodos:*

I. Periodo de génesis o prepatogénico En este periodo interactúan el huésped, el agente y el ambiente (en muchas ocasiones el agente se encuentra en el ambiente), como factores potencialmente productores de enfermedad. El huésped (que en nuestra materia es el ser humano) se encuentra sano; pero, en determinado momento, alguno de los elementos de la tríada rom-

pe el equilibrio del sistema ecológico y origina a su vez la pérdida de la homeostasis del individuo, entonces se produce el estado que describimos como enfermedad. Esta pérdida del equilibrio rara vez comienza con un estímulo único desencadenante, y en realidad en la mayoría de los casos es el conjunto de varios cambios tanto del agente patógeno, como del huésped y del ambiente; a esto se le llama multicausalidad. (*Véase* el cuadro de la "Historia natural de la caries dental".)

La prevención primaria es muy importante porque se lleva a cabo durante el periodo prepatogénico, es decir, cuando estamos sanos y consiste en la promoción de la salud y la protección específica.

II. Periodo de evolución natural o patogénico Comprende el proceso evolutivo de la enfermedad en el hombre, desde la primera interacción de los estímulos que la provocan, las respuestas o reacciones del huésped (que pueden manifestarse por cambios bioquímicos, anatómicos y fisiológicos) que lo llevan a la recuperación del equilibrio o lo conducen al estado crónico (en el que se tiene que llevar a cabo una nueva homeostasis), a la aparición de secuelas, como la invali-

Cuadro 6.1 Historia natural de la enfermedad.

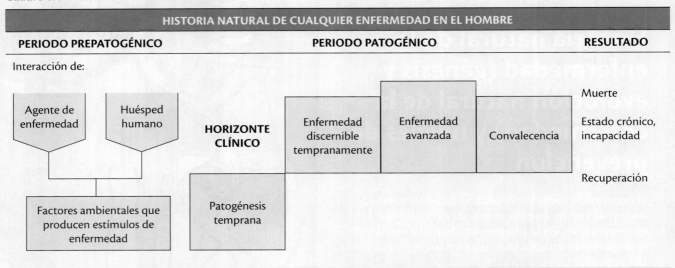

Traducido de: Leavel & Clarck. *Preventive Medicine for the Doctor in His Community.*

dez o a la muerte. Los diferentes caminos que siga una misma enfermedad dependen de la capacidad del huésped para reaccionar ante los estímulos.

Leavel y Clarck consideran que en el periodo patogénico hay un primer lapso de patogénesis temprana, durante el cual se producen cambios en los distintos niveles de organización: molécula, célula, tejido, órgano y sistema, que llegan a manifestarse en diferentes niveles: bioquímico, fisiológico o anatómico, pero que el individuo no percibe porque se encuentran debajo del horizonte clínico (cuadro 6.1).

El horizonte clínico se inicia en el momento en que las interacciones se manifiestan de tal manera que son percibidas por el huésped u otra persona; es decir, cuando aparecen los signos (fenómenos objetivos de una enfermedad que el médico reconoce o provoca), síntomas (manifestaciones de alteración orgánica o funcional apreciables por el paciente), o ambos. En infectología este momento sirve para determinar el periodo de incubación de la enfermedad.

La intensidad de los signos y síntomas no tiene relación con la gravedad de una enfermedad; se ha comprobado que los niños desnutridos pueden tener signos y síntomas leves aun cuando padezcan una enfermedad grave.

Posteriormente se puede encontrar el daño, que depende del tejido u órgano afectado, pues el hombre, en su evolución biológica, ha perdido la capacidad de regenerar algunos de sus tejidos; por ello hay órganos que se dañan permanentemente, mientras que otros pueden regenerarse. Si las características del huésped y del ambiente son desfavorables, la enfermedad evolu-

ciona a un estado llamado crónico, que puede causar la incapacidad (falta de capacidad o potencia, principalmente para el trabajo), esto es, limitaciones funcionales. Si el individuo no es capaz de reintegrarse a sus labores habituales se presenta la invalidez (limitación en el desarrollo integral de las actividades de la vida humana, tanto en el aspecto individual como familiar y social, consecuencia de daños irreversibles).

Si el individuo cesa en su lucha por restablecer el equilibrio, pierde la homeostasis en forma definitiva, sobreviene la muerte y, si logra restablecerlo, se produce la recuperación.

El curso de una enfermedad puede seguir distintos caminos:

1. Recuperación de la salud antes de que la enfermedad se manifieste en el horizonte clínico.
2. Recuperación después de que la enfermedad cruzó el horizonte clínico.
3. Evolución a la cronicidad.
4. Desarrollo de secuelas.
5. Recaídas.
6. La enfermedad como desencadenante o predisponente de otra enfermedad.
7. La muerte del individuo.

El doctor Eleuterio González Carbajal, profesor del Departamento de Salud Pública de la Facultad de Medicina de la UNAM, sugiere que si se desea estudiar en forma más dinámica la génesis y evolución de la enfermedad (historia natural de la enfermedad) hay que considerar la evolución del agente y del ambiente.

El **agente patógeno**, dependiendo de su tipo (biológico, físico y químico), calidad (infectividad, patogenicidad, virulencia, etc.) y cantidad (número, volumen o carga y tiempo de exposición) puede seguir dos caminos: proliferar o neutralizarse.

Una vez que ha proliferado se puede reforzar o regresar al equilibrio.

Cuando se neutraliza, puede regresar al equilibrio o eliminarse, permitiendo en el huésped la aparición de inmunidad o la cicatrización.

El medio ambiente debe considerarse desde los aspectos físico (geografía, centros de población, vivienda, contaminación), biológico (flora y fauna), social (demografía, escolaridad, ocupación, ingreso, vestido y vivienda, recreación, seguridad social y atención médica) y cultural (hábitos, creencias y costumbres). Sus características pueden ser favorables o desfavorables.

Niveles de aplicación de las medidas preventivas

Existen básicamente tres niveles de prevención: primaria, secundaria y terciaria; dentro de cada uno existen medidas preventivas generales que, como su nombre indica, sirven para cualquier enfermedad, y medidas preventivas específicas. Tanto unas como otras deben aplicarse considerando a los integrantes de la tríada ecológica.

Prevención primaria

Se lleva a cabo durante el periodo de génesis (prepatogénico), con el propósito de mantener la salud, promoverla y evitar la aparición de la enfermedad. Entre las medidas preventivas generales dirigidas al individuo se encuentran:

* La alimentación debe ser suficiente, completa, equilibrada, adecuada, variada e higiénica (véase "Nutrición").
* Debe impartirse educación higiénica como parte de la educación general, para que el individuo conozca las reglas de higiene y pueda crear o modificar valores y actitudes que le permitan conductas favorables para la salud.

La OMS *define la* **educación para la salud** *como el conocimiento e interés por todas aquellas experiencias del individuo, el grupo o la comunidad que influyen en las creencias, las actitudes y la conducta respecto a la salud, así como a los procesos y esfuerzos para producir cambios a fin de lograr un nivel óptimo en ella.*

Greene dice: "La educación para la salud es cualquier combinación de experiencias para facilitar adaptaciones voluntarias del comportamiento y que conducen a la salud".

La Secretaría de Salud expresa: "La educación para la salud tiene como propósito final la participación activa y consciente de los individuos en beneficio de su salud, la de su familia y la de su comunidad, fundada en el desarrollo de valores, actitudes, conocimientos y conductas".

Otros autores la definen como:

a) Un medio para mejorar la salud individual y colectiva, entendiéndose ésta como un sistema de vida que, por medio del control del ambiente y del uso adecuado de los recursos, asegure a todos la salud individual.
b) El desarrollo de un sentido de responsabilidad del individuo hacia su propia salud.
c) Una fase de los programas de instituciones de salud pública.

La educación para la salud se debe dar en dos niveles:

* para los que no tienen los conocimientos adecuados a fin de mantenerla y promoverla.
* para los que tienen los conocimientos, pero no los practican.

Para poder educar es necesario contar con especialistas en las ciencias sociales relacionadas con la salud (*véase* Aspectos multidisciplinarios de las ciencias de la salud) como el antropólogo social, el epidemiólogo, el psicólogo social, el sociólogo, etc. Esta educación debe empezar desde que el niño nace, fomentando hábitos favorables (educación informal) y debe continuar en la escuela (educación formal).

* Debe atenderse al desarrollo de la personalidad (higiene mental).
* Consejo genético; muy importante cuando la pareja desea tener hijos y hay antecedentes de alguna enfermedad hereditaria.
* Exámenes periódicos de salud; se practican en la embarazada y durante el primer año de vida, pero su práctica debería extenderse a toda la población pues hay enfermedades que es posible detectar antes de haber cruzado el horizonte clínico.

Medidas preventivas generales dirigidas al ambiente físico y biológico:

* El saneamiento (que permitiría la ruptura de alguno de los eslabones de la cadena ecológica y con esto evitar que se presente la enfermedad); está dirigido al agua, los alimentos, las excretas, la basura, los ruidos, la atmósfera, la flora y fauna (véase "Higiene de la comunidad").

Las medidas preventivas generales dirigidas al ambiente social se basan en la elevación del nivel de vida (aquel que indica las condiciones de un grupo humano, relacionadas con la satisfacción de necesidades y aspiraciones, desde las puramente materiales, como el bienestar físico y el consumo, hasta otras inmateriales, como la diversión, etc.). Las dirigidas al ambiente cultural consisten en los cambios de hábitos, creencias y costumbres desfavorables a la salud.

Las medidas preventivas generales dirigidas a los agentes patógenos consisten en alejar, atenuar o eliminar las fuentes, condiciones y actitudes potencialmente nocivas a la salud.

Medidas preventivas específicas dirigidas al individuo:

- Inmunizaciones específicas (si se desea proteger contra el sarampión hay que vacunar contra esta enfermedad).
- Aplicación de flúor para prevenir las caries dentales.
- Yodación de la sal para prevenir enfermedades que afectan a la glándula tiroidea (tiroides) (bocio simple).
- Aplicación de penicilina o quitar las amígdalas (tonsilas) a personas que se enferman con frecuencia de amigdalitis (tonsilitis) producida por el estreptococo beta hemolítico del grupo A para prevenir la fiebre reumática.

- Adiestramiento de las personas que manipulan material radiactivo.
- Protección contra los riesgos ocupacionales.
- Protección contra los accidentes.
- Uso de nutrimentos específicos (calcio, yodo, etc.).
- Protección contra carcinógenos (agentes que pueden favorecer el desarrollo de algún tipo de cáncer).
- Atención a la higiene personal (véase "Higiene").

Las medidas preventivas específicas dirigidas al agente se basan en la eliminación de agentes patógenos conocidos, carcinógenos, teratógenos (que pueden producir malformaciones congénitas).

Entre las medidas preventivas específicas dirigidas al ambiente se encuentran:

- Eliminación de fuentes productoras de carcinógenos, alergenos, radiación, etcétera.
- Eliminación de focos infecciosos (núcleos de donde se disemina la infección; por ejemplo, un núcleo familiar, un establecimiento o cambios ecológicos en determinada área geográfica).
- Eliminación de condiciones peligrosas (véase Higiene de la comunidad).

Cuadro 6.2 Niveles de aplicación de medidas preventivas en la historia natural de la enfermedad.

PERIODO PREPATOGÉNICO		PERIODO PATOGÉNICO		
Prevención primaria		**Prevención secundaria**		**Prevención terciaria**
PROMOCIÓN DE LA SALUD	PROTECCIÓN ESPECÍFICA	DIAGNÓSTICO Y TRATAMIENTO TEMPRANO	LIMITACIÓN DE LA INCAPACIDAD	REHABILITACIÓN
Educación sanitaria Buenos estándares de nutrición ajustados a las diferentes fases de desarrollo	Uso de inmunizaciones específicas Atención a la higiene personal	Medidas para encontrar casos, individuales y de masa Exámenes selectivos Encuestas de selección de casos	Adecuado tratamiento para detener la enfermedad y prevenir futuras complicaciones y secuelas Provisión de facilidades con el fin de limitar incapacidad y prevenir la muerte	Provisión de facilidades hospitalarias y comunitarias para adiestramiento y educación con el fin de usar al máximo las capacidades remanentes
Atención al desarrollo de la personalidad	Uso de saneamiento ambiental	Objetivos		Educación del público y de la industria para utilizar al rehabilitado
Provisión de condiciones adecuadas de casa, recreación y condiciones de trabajo	Protección contra los riesgos ocupacionales Protección contra accidentes	Curar y prevenir la enfermedad Prevenir la difusión de enfermedades comunicables		Trabajo como terapia en los hospitales Ubicación selectiva
Genética	Uso de nutrientes específicos	Prevenir complicaciones y secuelas		
Exámenes periódicos	Protección carcinógenos	Acortar el periodo de incapacidad		

Cuadro 6.2 *Continuación*

HISTORIA NATURAL DE LA CARIES DENTAL

Factores probables que originan la caries dental:

Factor del agente:
- Microorganismo (*Lactobacillus acidophilus*)
- Agentes químicos: fluoruro
- Residuos de alimentos
- Deficiencia de vitamina D
- Agentes físicos, fuerza
- Restos de hidratos de carbono

Factores del medio ambiente:
- Localización geográfica (claridad del sol, altitud, latitud, precipitación acuosa)
- Suministro de agua, calidad del suelo
- Desarrollo económico, agrícola e industrial
- Social (religión, cultural)

Factores del huésped:
- Edad, raza, sexo, país de origen
- Influencias genéticas, de desarrollo y de la dieta sobre la composición y estructura del diente, fisuras, etc.
- Patrones de dieta, elección del cepillado
- Estado de las glándulas salivales, calidad de la secreción salival

Función endocrina
- Eficiencia en la eliminación de restos de alimentos

La interacción entre estos factores produce el inicio del estímulo

Curso o evolución natural de la caries dental

Secuelas de caries avanzada: necrosis de la pulpa, abscesos periapicales, granuloma, quistes, osteomielitis y fístulas crónicas.
Destrucción completa o pérdida de los dientes.

Lesiones de caries moderadamente avanzadas con pulpitis (inflamación de la pulpa).

HORIZONTE CLÍNICO

Reconocimiento de la reacción: lesiones tempranas de caries en el esmalte y/o la dentina.

Estado latente: lesiones bioquímicas o lesiones tempranas lo suficientemente pequeñas para escapar a la detección; interacción preeruptiva.

Enfermedad potencial: susceptibilidad a la caries sin lesiones.

INTERACCIÓN DEL ESTÍMULO Y EL HUÉSPED ——— **REACCIÓN DEL HUÉSPED** ——

Estado óptimo: alta resistencia a la caries debida a factores genéticos, de desarrollo o de dieta además de buena higiene.

Periodo prepatogénico o de génesis | **Periodo patogénico o de evolución**

PROMOCIÓN DE LA SALUD	PROTECCIÓN ESPECÍFICA	DIAGNÓSTICO TEMPRANO Y TRATAMIENTO OPORTUNO	LIMITACIÓN DE LA INCAPACIDAD	REHABILITACIÓN
Educación en higiene de la boca. Buen estándar de nutrición. Dieta planeada. Examen periódico selectivo	Buena higiene de la boca. Fluoración de los abastecimientos públicos de agua. Aplicación tópica de fluoruros. Evitar alimentos que lesionen, principalmente entre comidas. Cepillado de los dientes después de comer. Tratamiento de las lesiones incipientes. Tratamiento de áreas altamente susceptibles pero no complicadas en personas susceptibles. Odontología preventiva	Examen periódico de la boca con rayos X. Tratamiento precoz de todas las lesiones. Extensión del tratamiento en la vecindad de las lesiones para prevenir lesiones secundarias. Atención a los defectos en el desarrollo. Examen obligatorio de los escolares	Tapar la pulpa. Tratamiento de la raíz y el canal. Restauraciones. Extracciones. Protección contra la formación de abscesos	Reemplazamiento de las estructuras perdidas. Puentes y dentaduras postizas para restaurar la armonía y la función de la dentadura

Prevención primaria | Prevención secundaria | Prevención terciaria

Prevención secundaria

Se aplica cuando la prevención primaria fracasó; es decir, cuando el individuo se enferma.

Las medidas preventivas dirigidas a los individuos se basan en exámenes médicos periódicos. Permiten el diagnóstico precoz de la enfermedad y su tratamiento oportuno para evitar su avance y difusión, además de complicaciones y secuelas. La incapacidad del individuo también se acorta.

Si el diagnóstico se hace tardíamente, pero el tratamiento es adecuado, es posible prevenir complicaciones o secuelas.

Las medidas preventivas dirigidas al agente consisten en el alejamiento, atenuación o eliminación de fuentes, condiciones y actitudes nocivas.

Las medidas preventivas dirigidas al ambiente consisten en el saneamiento (ambiente físico y biológico), la elevación del nivel de vida (ambiente social) y el cambio de hábitos, creencias y costumbres desfavorables a la salud (ambiente cultural).

Prevención terciaria

Se aplica cuando han fracasado los niveles anteriores. Las medidas preventivas dirigidas al individuo consisten en la práctica de exámenes médicos para:

a) Limitar el daño, diagnosticar y aplicar el tratamiento adecuado.

b) Limitar la invalidez; esto se obtiene luego de detectar y valorar el grado de invalidez física, mental o social, con un programa de rehabilitación que trate de recuperar la función y eficacia de los tejidos y órganos afectados por la enfermedad y, si es preciso, sus mecanismos de compensación para que sea independiente, se reintegre a la comunidad y pueda llevar una vida productiva.

Los programas de rehabilitación se basan en las capacidades que le quedan al individuo y toman en con-

sideración su capacidad de aprendizaje, las repercusiones emocionales y sociales; además, se trata de descubrir sus habilidades y destrezas. Se enseña al individuo a comer, vestirse, utilizar los instrumentos de la vida diaria, los sistemas de comunicación y de escritura y, si el paciente no puede desempeñar sus actividades anteriores, se le enseñan otras que le permitan tener otro tipo de ocupación compatible con sus capacidades residuales, su vocación y las fuentes de trabajo.

Las medidas preventivas dirigidas al agente y al ambiente son similares a las de la prevención secundaria.

Actividades

1. En un cuadro de Historia Natural de la enfermedad analiza con el grupo los periodos prepatogénico y patogénico.

2. Por equipos, pongan cartulinas en el pizarrón con los conceptos de Educación para la salud y analícenlas en el grupo.

3. La caries dental es un padecimiento muy frecuente. Investiga qué porcentaje del grupo tiene algunas caries no tratadas y cuántos de tus compañeros han tenido que acudir con el odontólogo para su tratamiento. Discute con el grupo los resultados y elaboren en grupo medidas preventivas para la caries dental.

4. Discute con el grupo qué aspectos hay que analizar de la siguiente situación: María tiene un resfriado común, pero su novio no se ha enfermado.

5. Elabora la historia natural de la influenza AH1N1, del sida y del alcoholismo. Discute en el grupo las características del huésped, el agente causal de la enfermedad y el medio ambiente.

6. Elaboren medidas preventivas (prevención primaria, secundaria y terciaria).

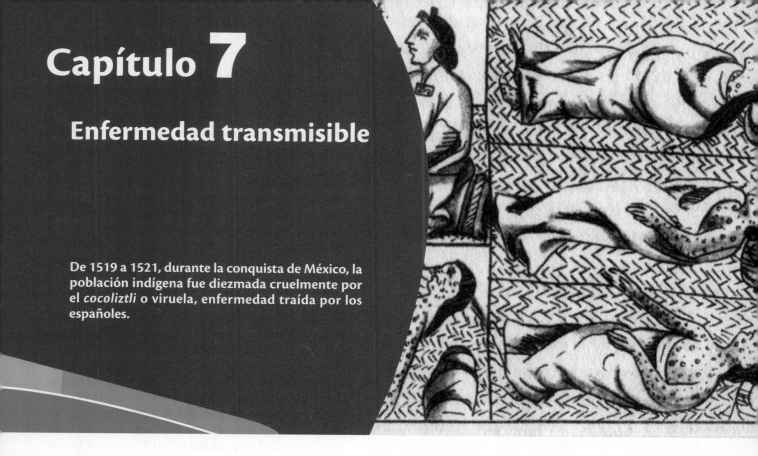

Capítulo 7

Enfermedad transmisible

De 1519 a 1521, durante la conquista de México, la población indígena fue diezmada cruelmente por el *cocoliztli* o viruela, enfermedad traída por los españoles.

Enfermedad es la pérdida de la adaptación al medio ambiente. Existen diversas formas de clasificar a la enfermedad, de acuerdo con su evolución, con los sistemas afectados, etcétera.

Las enfermedades —según una clasificación internacionalmente aceptada[1]— se dividen en:

- I. Enfermedades infecciosas y parasitarias.
- II. Tumores.
- III. Enfermedades de las glándulas endocrinas, de la nutrición y del metabolismo.
- IV. Enfermedades de la sangre y de los órganos, hematopoyéticos.
- V. Trastornos mentales.
- VI. Enfermedades del sistema nervioso y de los órganos de los sentidos.
- VII. Enfermedades del sistema circulatorio o angiológico.
- VIII. Enfermedades del sistema respiratorio.
- IX. Enfermedades del sistema digestivo.
- X. Enfermedades del sistema genitourinario.
- XI. Complicaciones del embarazo, del parto y del puerperio.
- XII. Enfermedades de la piel y del tejido celular subcutáneo.
- XIII. Enfermedades del sistema osteomuscular y del tejido conjuntivo.
- XIV. Anomalías congénitas.
- XV. Ciertas causas de mortalidad y morbilidad perinatales.
- XVI. Síntomas y estados morbosos mal definidos.
- XVII. Accidentes, envenenamientos y violencias (causa externa).
- XVIII. Accidentes, envenenamientos y violencias (naturaleza de la lesión).

Las enfermedades transmisibles ocupan los primeros lugares entre las causas de morbilidad en México, por lo cual a continuación se estudiarán algunos aspectos importantes de las mismas, y se emplearán las definiciones que la OMS ha dado a los siguientes términos:

Enfermedad infecciosa *es cualquier enfermedad consecutiva a una infección.* Infección es la entrada y desarrollo o multiplicación de un agente patógeno biológico en el organismo de una persona o de un animal. Hay que diferenciar la infección de la contaminación; esta última es la presencia de agentes infecciosos vivos en las partes exteriores del cuerpo o en objetos utilizados por las personas. Infestación es el desarrollo y reproducción de artrópodos en la superficie del cuerpo o la ropa.

---

[1] FUENTE: *Manual de la clasificación estadística internacional de enfermedades, traumatismos y causas de defunción.* Organización Panamericana de la Salud, OMS, 1972.

Enfermedad transmisible *es cualquier enfermedad causada por un agente infeccioso o sus productos tóxicos, que se transmite directa o indirectamente a una persona sana por una persona o animal enfermo o portador, o por conducto de un huésped intermediario, de un vector o del medio ambiente.*

Entre las enfermedades transmisibles más frecuentes en México se encuentran amibiasis, salmonelosis, shigelosis, gonorrea, sífilis, tuberculosis, infecciones respiratorias agudas, intestinales, resfriado común, amigdalitis (tonsilitis), neumonía, hepatitis infecciosa, entre otras.

Son condiciones necesarias para la transmisión de una enfermedad, la existencia de:

a) un agente causal,
b) un reservorio satisfactorio o foco de infección,
c) un huésped susceptible con puertas de entrada y salida accesibles para el parásito,
d) medios apropiados para que el agente se transmita a otros huéspedes.

> Una enfermedad trasmisible se puede adquirir por contacto directo a través de un vehículo (agua, alimentos, leche o sangre), por medio de un vector, o por el aire.

Agente causal

En este caso se trata de agentes biológicos: bacterias, virus, hongos, parásitos y/o sus toxinas (*véase* "Factores ecológicos de la salud y la enfermedad").

Reservorios de la infección

Son seres humanos, animales, plantas, el suelo o la materia orgánica inanimada donde el agente infeccioso vive y se multiplica. El **reservorio humano** puede ser un caso clínico, un caso subclínico o un portador asintomático. El caso clínico es el que presenta signos y síntomas de la enfermedad, y puede haberla transmitido antes, durante o después de que aparezcan los datos clínicos. Caso subclínico es el que no presenta síntomas o los presenta en su forma más leve; puede detectarse por medio de estudios especiales. El portador asintomático de una enfermedad infecciosa alberga en su organismo a los agentes causales y los disemina, sin presentar síntomas de la enfermedad, pero puede presentar nuevamente la enfermedad.

El reservorio puede ser animal; por ejemplo, el ganado bovino tuberculoso, el ganado porcino afectado de triquinosis, el perro con tenia, etc.

Huésped susceptible o comprometido

Es el organismo que no tiene defensas específicas contra determinado agente causal porque no ha estado en contacto con él o que por alguna causa se ha "debilitado" o carece de inmunidad (*véase* "Mecanismos de defensa e inmunidad").

Para que un agente biológico pueda pasar de un reservorio a otro huésped susceptible necesita encontrar una vía de salida del reservorio adecuada y una puerta accesible o vía de entrada en el huésped; generalmente las vías de salida y de entrada son similares, y son las siguientes:

1. **El tracto digestivo** Al ingerir alimentos contaminados con materia fecal que contenga agentes biológicos podemos contraer enfermedades como disentería, cólera, helmintiasis, poliomielitis, entre otras.
2. **El tracto respiratorio** (vías respiratorias). Al hablar, toser, o estornudar todas las personas diseminan gotitas pequeñísimas de saliva llamadas gotas de *Flügge*; si éstas proceden de un reservorio con alguna enfermedad respiratoria como difteria o tuberculosis, pueden caer en la cara del huésped y penetrar por el tracto respiratorio.
3. **La piel y las mucosas** Por contacto directo de piel o mucosas se contagian infecciones de transmisión sexual y enfermedades de la piel como la sarna y la tiña.
4. **La sangre** El mosquito Anopheles mediante su picadura transmite el paludismo.

Los agentes causales biológicos que se eliminan por el tracto digestivo y el tracto urinario entran generalmente por la boca, como en el caso de la fiebre tifoidea.

Las vías de entrada y de salida no siempre corresponden con el órgano afectado: por ejemplo, en la poliomielitis.

Medios apropiados para que el agente se transmita a otros huéspedes

Existen factores ambientales que favorecen la propagación de las enfermedades:

Físicos

La enfermedad puede transmitirse por contacto directo con la persona o, indirectamente, a través de vehículos de transmisión como el agua, la leche y otros alimentos. Vehículo de transmisión es cualquier sustancia u objeto que sirve de intermediario entre un reservorio y un huésped susceptible.

El agua contaminada propaga enfermedades como fiebre tifoidea, paratifoidea, disenterías y cólera.

La leche contaminada transmite enfermedades en el caso de que la vaca padezca una enfermedad o tenga alguna infección en la ubre o pezón, o porque se contamine durante el transporte o almacenamiento. Las enfermedades más frecuentes transmitidas por la leche son fiebre tifoidea, paratifoidea, tuberculosis y brucelosis.

Otros alimentos transmisores son los vegetales, sobre todo cuando se riegan con aguas negras, y los mariscos que crecen en aguas contaminadas. La carne proveniente de animales parasitados es un medio de propagación de enfermedades, como la triquinosis (cerdo) y la tularemia (conejo).

Algunos objetos como ropa, utensilios y juguetes pueden ser vehículos de transmisión de ciertas enfermedades (fómites).

El aire puede servir para transmitir enfermedades infecciosas por medio de la diseminación de las gotas de Flügge (sarampión, varicela, tuberculosis, infecciones producidas por estafilococos, etc).

El polvo y la tierra pueden contener agentes causales como *Clostridium tetani*, que produce el tétanos, o larvas de *Ancylostoma*, que penetran a través de la piel de las personas descalzas y producen la uncinariasis.

Biológicos

Los insectos pueden actuar como vectores (un vector es cualquier animal capaz de transportar y transmitir la enfermedad; la mayor parte de ellos son insectos y artrópodos como el piojo, la pulga, la chinche o la garrapata) que llevan al huésped agentes infecciosos a partir de un caso clínico, un portador asintomático o un reservorio. Actúan en diversas formas: transportando microorganismos (por ejemplo, la mosca que se posa en la materia fecal contaminada y luego lo hace en los alimentos o en la piel), o bien en forma de huéspedes intermediarios; esto último significa que el microorganismo tiene parte del ciclo de su desarrollo dentro del cuerpo del insecto y éste lo inocula al huésped (paludismo y fiebre amarilla).

En el caso del tifo, el huésped intermediario es el piojo que, al ser aplastado o al excretar, libera la rickett-

sia, que penetra en el huésped mediante alguna pequeña herida.

Otros huéspedes intermediarios son los peces, que transmiten la tenia del pescado (*Dibothriocephalus latus*); el cerdo, que es el huésped intermediario de *Trichinella spiralis* (agente causal de la triquinosis), entre otros.

Sociales

La pobreza, la falta de higiene personal, la vivienda inadecuada, la ignorancia y la falta de atención médica favorecen la transmisión de enfermedades.

Entre los factores accesorios se encuentran la densidad de población (cuando ésta aumenta también crecen las posibilidades de exponerse al agente causal).

Algunas costumbres incrementan las posibilidades de adquirir enfermedades (comer en sitios con poca higiene favorece una infección gastrointestinal).

La zona geográfica, la estación del año y el clima pueden favorecer la transmisión de ciertas enfermedades.

Modos de transmisión

Son los mecanismos por los cuales un agente infeccioso es transportado de un reservorio a un huésped susceptible.

Pueden ser:

1. Por contacto directo (excreciones o secreciones) o indirecto (al hablar, toser o estornudar se diseminan las gotas de Flügge que transmiten agentes biológicos) como en la difteria, infecciones por estafilococos, infecciones de transmisión sexual, infecciones respiratorias, meningitis, parotiditis, rabia, sarampión, tiña, tos ferina, varicela, tuberculosis.
2. Por medio de un vehículo (agua, alimentos, leche, sangre), como en la amibiasis, diarreas infecciosas, hepatitis infecciosas, parasitosis, salmonelosis, tuberculosis, triquinosis.
3. Por medio de un vector: fiebre amarilla, paludismo, rickettsiasis.
4. Por el aire: infecciones respiratorias, sarampión, varicela, tuberculosis, parasitosis.

Actividades

1. Revisa los conceptos de infección, contaminación e infestación y analízalos en el grupo.
2. Discute en el grupo las características de una enfermedad transmisible.
3. Elabora un mapa conceptual acerca de las condiciones necesarias para la transmisión de una enfermedad.
4. Escríbelo en el pizarrón para que el grupo lo analice y lo complemente.
5. Para que un agente biológico pueda pasar de un reservorio a un huésped susceptible necesita tener vías de entrada y salida. Discute en el grupo cuáles son y mencionen ejemplos.
6. Analicen los medios apropiados para que el agente se transmita a otros huéspedes (físicos, biológicos y sociales). Saquen conclusiones.
7. Elabora un mapa conceptual de los métodos de transmisión y discute con el grupo algunos ejemplos de enfermedades transmisibles.
8. Averigua en tu comunidad (en tu escuela, en tu colonia, entre tu grupo de amigos, etcétera) cuáles son las enfermedades transmisibles más frecuentes allí e investiga sus causas, características, efectos. Analiza las enfermedades y elabora junto con el grupo una lista de las principales medidas preventivas.

Capítulo 8

Invalidez o discapacidad

La pérdida de ciertas facultades o capacidades de una persona no invalida el desarrollo de otros aspectos físicos o intelectuales que pueden hacerla íntegra y autosuficiente.

La invalidez o discapacidad es la pérdida de las facultades o funciones físicas, psicológicas y/o sociales, que imposibilita el desarrollo de una actividad de manera permanente, consecuencia de daños irreversibles. Es diferente de la incapacidad, que consiste en la pérdida de las facultades físicas, psíquicas, o ambas, que alteran el desempeño normal del trabajador en su actividad, provocando el cese de éste por un lapso, ya sea temporal o parcial.

Entre las actividades de la vida humana se encuentran las de traslación (transporte), educativas, laborales, recreativas y de cuidado personal como vestirse, alimentarse, asearse, etc.

El XII Censo General de Población y Vivienda 2000 informó que 1.84% de los habitantes de los Estados Unidos Mexicanos sufría alguna discapacidad, y de éstos, 41.48% tenía más de 60 años.

La condición de discapacidad se distribuyó de la siguiente manera:

	Hombres	Mujeres	Total
Motriz	418 690	395 177	813 867
Auditiva	155 814	125 979	281 793
Del lenguaje	46 506	40 942	87 448
Visual	230 862	236 178	467 040
Mental	161 409	128 103	289 512
Otra	7 450	5 617	13 067
No especificada	4 414	2 705	7 119

Por grupos de edad, el tipo de discapacidad fue el siguiente:

Grupo de edad	Total	Motriz (%)	Auditiva (%)	Del lenguaje (%)	Visual (%)	Mental (%)	Otra (%)	No esp. (%)
0 a 9	133 788	6.7	5.3	16.2	3.4	14.7	21.7	5.6
10 a 19	193 577	6.6	8.6	22.4	7.7	25.0	17.8	10.9
20 a 29	172 055	7.0	6.6	19.5	6.2	21.1	10.2	13.3

(Continúa)

(*Continuación*)

Grupo de edad	Total	Motriz (%)	Auditiva (%)	Del lenguaje (%)	Visual (%)	Mental (%)	Otra (%)	No esp. (%)
30 a 39	165 584	8.0	6.7	14.0	7.2	15.1	8.9	13.8
40 a 49	174 833	9.4	7.2	9.0	11.0	8.9	9.2	12.3
50 a 59	195 339	11.1	8.8	5.6	14.8	5.0	9.6	12.1
60 a 69	238 737	15.0	13.4	4.8	17.0	3.5	9.1	11.7
70 y más	506 023	35.5	42.1	7.4	31.7	6.0	13.1	19.8
No esp.	15 364	0.8	1.2	1.1	0.9	0.8	0.4	0.5
Todas las edades	1 795 300	45.3	15.7	4.9	26.0	16.1	0.7	0.4

De los 1 795 300, la causa fue:

Edad	Nacimiento	Enfermedad	Accidente	Edad avanzada	Otra	No esp.
0 a 14	62.57%	16.51%	8.07%	0.00%	1.38%	11.47%
15 a 29	47.54	23.78	18.08	0.00	1.47	9.13
30 a 59	16.07	38.48	27.21	6.98	4.44	6.82
60 y más	1.80	33.36	13.63	46.01	0.54	4.66
No esp.	9.99	26.99	14.58	39.86	0.43	8.15

Los aspectos de invalidez e incapacidad en el trabajo se presentan dentro de la sección "Higiene del trabajo", en el capítulo "Higiene de la comunidad".

Se ha comprobado que la invalidez tiende a aumentar por los siguientes factores:

1. **Crecimiento demográfico y disminución de la tasa de mortalidad**. Una tasa es el número de veces que ocurre un acontecimiento; la mortalidad se expresa por 1000 habitantes sobre la población total en un periodo determinado, que generalmente es de un año (*véase* Tasas). Al haber mayor población, aumenta también el número de inválidos.

2. **Aumento en la expectativa de vida** (probabilidad de vivir). Este aspecto se relaciona con el avance de la ciencia. Muchas de las personas que antes morían por diversas enfermedades ahora sobreviven, lo que da lugar a la aparición de enfermedades degenerativas, propias de la senectud, que producen invalidez, como la arteriosclerosis, la enfermedad de Alzheimer, las enfermedades del corazón y la demencia senil.

3. **Incremento de la industrialización**. Una de sus consecuencias es el aumento de los accidentes de trabajo, de tránsito y en el hogar, que causan invalidez.

Las causas de invalidez son diferentes en el niño y en el adulto porque hay enfermedades propias o más frecuentes en cada etapa de la vida.

La invalidez en el niño puede ser consecuencia de accidentes, enfermedades infecciosas (sífilis congénita, tuberculosis, poliomielitis, fiebre reumática, etc.), malformaciones congénitas, defectos en la visión y la audición, parálisis cerebral, trastornos del lenguaje, deficiencia mental, por citar algunos. Las repercusiones son más graves que en el adulto porque el organismo del niño está desarrollándose en todos sus aspectos y necesita recibir más estímulos y atención para rehabilitarse. Por ello, la observación cuidadosa de los padres y maestros, así como el examen periódico de salud en los niños, ayuda a detectar algunos problemas; por ejemplo, si el pequeño no se sienta bien, si no camina o no habla a la edad adecuada, etc. Esto, aunado a los problemas físicos, también genera en el niño inseguridad emocional, angustia y limitación en el proceso de socialización, y como consecuencia, en la familia se da la sobreprotección o el rechazo; además que el niño a veces también adopta actitudes regresivas (conductas de una edad menor) o agresivas.

En el adulto, la invalidez más frecuente se debe a accidentes (amputación de extremidades, lesiones medulares, secuelas de fracturas), enfermedades de las articulaciones, tuberculosis, diabetes, alcoholismo y otras más.

En las personas mayores de 65 años las causas más frecuentes son la hemiplejia, amputaciones de extremidades, enfermedades degenerativas de las articulaciones, secuelas de fracturas, sordera, deterioro senil, etc.

Las repercusiones en el individuo son las siguientes:

a) Limitación física o mental.
b) En muchas ocasiones, puede producir desajustes psicológicos como consecuencia de la limitación física.
c) Limitación del desarrollo socioeconómico.
d) Limitaciones del desarrollo educativo-cultural.

Repercusiones en la estructura familiar:

a) Frustración, agresividad, angustia y falta de actitud positiva ante la vida; si esto sucede, cambian los valores y las normas de conducta.
b) Alteración de los papeles que desempeñan los miembros de la familia. Puede haber sobreprotección o rechazo.
c) Cambios en la comunicación familiar.
d) Trastornos en la dinámica de las emociones.
e) Problemas económicos.

Las repercusiones en la comunidad se traducen en desempleo, mendicidad, alcoholismo, farmacodependencia, prostitución, delincuencia o una combinación de ellas.

La comunidad, al no estar educada para aceptar al inválido, le niega inscripción en la escuela durante la niñez y trabajo en la edad adulta.

> La comunidad debe educarse para eliminar los prejuicios contra la educación o el empleo de las personas discapacitadas.

Prevención

1. Es necesario investigar todos los factores que interfieren en el crecimiento normal, el desarrollo físico y mental del individuo y su adaptación social útil.
2. Fomentar la salud; esto es, prevenir toda anormalidad, enfermedad o lesión que pudiera ser causa de invalidez (física y mental), debido a que muchos casos de invalidez se generan en la etapa prenatal; por el ejemplo, la sífilis congénita, la eritroblastosis fetal, las lesiones congénitas que produce la rubéola. Posteriormente, en las diferentes etapas de la vida pueden presentarse accidentes, otitis, por citar algunas.
3. Es muy importante el diagnóstico precoz y el tratamiento oportuno de los defectos físicos y mentales.
4. Debe haber una convalecencia apropiada, que incluya, dependiendo de cada caso en particular, el ejercicio, la recreación, una dieta adecuada, educación, atención psicológica, servicio social, etc.
5. Rehabilitación vocacional para ayudar al individuo a desarrollar al máximo las capacidades que le quedaron y devolverle la actividad hasta donde sea posible.
6. Educación a la comunidad, para eliminar los prejuicios contra la educación o el empleo de personas inválidas, que llegan a ser más útiles y efectivas que muchas personas "normales".

Actividades

1. Indaga al interior de tu comunidad qué porcentaje de personas tienen algún tipo de discapacidad o invalidez y qué la provocó. Analiza los resultados con tu grupo y elaboren medidas preventivas.
2. Discute con los compañeros del grupo las repercusiones de las discapacidades en el individuo, en la estructura familiar y en la comunidad.

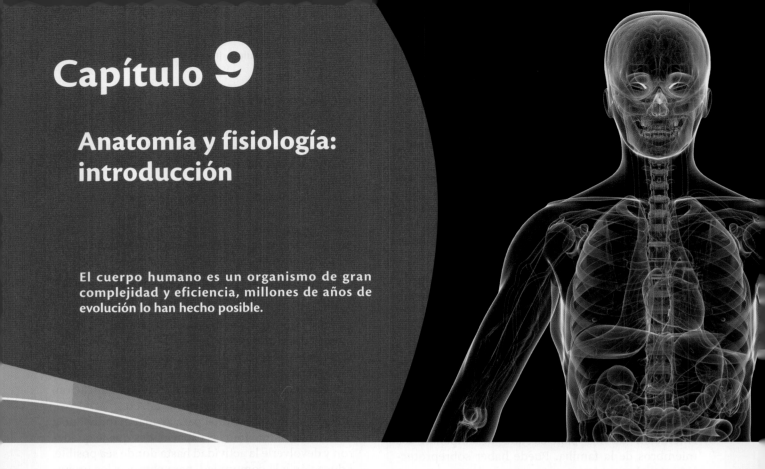

Capítulo 9

Anatomía y fisiología: introducción

El cuerpo humano es un organismo de gran complejidad y eficiencia, millones de años de evolución lo han hecho posible.

La anatomía y la fisiología son ramas de la biología (ciencia que estudia a los seres vivos).

La **anatomía** *es la ciencia que estudia la conformación y la estructura de los seres vivos* animales o vegetales, por lo cual hay anatomía vegetal, anatomía animal y, por su importancia, anatomía humana. La anatomía humana estudia la conformación y la estructura del cuerpo humano.

La anatomía humana tiene diversas ramas:

* **Anatomía descriptiva** Estudia la forma, la situación, la composición y las relaciones de las estructuras.
* **Anatomía topográfica** Estudia las regiones en que se divide el cuerpo humano, las estructuras de cada una y las relaciones que guardan entre sí.
* **Anatomía macroscópica** Estudia las estructuras que se observan a simple vista.
* **Anatomía microscópica** Estudia, con la ayuda de lentes especiales, las estructuras que no se aprecian a simple vista. El estudio de la estructura microscópica se llama histología y el de las células, citología.
* **Anatomía comparada** Compara las estructuras de los animales entre sí y con el ser humano.
* **Anatomía del desarrollo** Estudia las modificaciones que sufre el organismo desde la fecundación hasta la vejez. Los cambios por los que pasa el orga-

nismo desde la fecundación hasta el nacimiento constituyen materia de estudio de la embriología.

* **Anatomía patológica** Estudia las modificaciones macro y microscópicas que sufren las estructuras orgánicas por la acción de las enfermedades (la patología es la rama de la medicina que estudia las enfermedades: sus causas o etiología, su evolución y los trastornos que produce en el organismo).

La **morfología humana** *comprende la estructura del cuerpo en estado de salud a nivel subcelular, celular, tisular y sistémico*, desde la etapa embrionaria hasta la senectud, e identifica la forma en que los factores ambientales, internos y externos, pueden modificar la salud del individuo dentro del rango de la normalidad o lo afectan patológicamente.

La **fisiología** *es una parte de la biología que estudia las funciones de los componentes orgánicos de los seres vivos*; por ello hay fisiología vegetal, fisiología animal y fisiología humana.

La fisiología humana tiene diversas ramas:

* **Fisiología celular** Estudia las funciones de las células.
* **Fisiología tisular** Estudia las funciones de los tejidos.
* **Fisiología orgánica** *o especial* Estudia las funciones de los diferentes órganos; por ejemplo, la fisiología del corazón, del estómago, etc.

- **Fisiología sistémica** Estudia las funciones de los diferentes sistemas.
- **Fisiología comparada** Estudia comparativamente las funciones orgánicas de los animales y del hombre.
- **La fisiología patológica o fisiopatología** Estudia las modificaciones que sufren las funciones de las estructuras enfermas.

La anatomía y la fisiología están íntimamente relacionadas, porque si queremos conocer el funcionamiento de un órgano, necesitamos saber cómo está constituido, y viceversa.

Prefijos, sufijos o locuciones más usuales en la terminología de la materia

Generalmente se hace uso de prefijos y sufijos, así como de locuciones especializadas que nos ayudan a comprender y describir mejor la anatomía y la fisiología:

a, an	significa carencia; por ejemplo, analgesia es la carencia de la sensibilidad al dolor.
algia	dolor; odontalgia es el dolor de diente(s).
ante	adelante; anteversión es la desviación o desplazamiento de un órgano hacia adelante.
bradi	lentitud; bradicardia es una lentitud anormal en el pulso y los latidos cardiacos, bradipnea es la respiración lenta.
dis	dificultad; disnea es la dificultad para la respiración.
distal	lejos del centro, tronco o del sitio de origen; el sitio de origen de las extremidades se encuentra donde se unen al tronco; la mano es distal en relación con el tronco (*véase* proximal).
ecto	situación exterior o superficial; el ectodermo es la capa exterior del embrión.
endo	situación interior o profunda; el endocardio es la túnica interior del corazón.
epi	encima o sobre; la epidermis es la capa de la piel que está sobre la dermis.
exo	fuera; exoftalmía es la proyección o protusión anormal del bulbo (globo) ocular.
exterior	situado en la parte de afuera; el corazón tiene tres túnicas o capas: la interior o endocardio, la medida o miocardio y la exterior o pericardio (*véase* interior).
hiper	sobre o exceso; hipertermia es el aumento de la temperatura.
hipo	debajo o deficiencia; hipocromía es la disminución de la coloración o pigmentación.
infra	posición inferior; infraumbilical significa abajo del ombligo.
inter	entre; el líquido intercelular está entre las células.
interior	dentro o más cerca del centro del organismo o de alguna parte (*véase* exterior).
intra	dentro; intravenoso se refiere al interior de una vena.
itis	inflamación; faringitis es la inflamación de la faringe.
lateral o externo	lejano a la línea media; en el ojo, al unirse los párpados se forma una comisura o ángulo medial cercano a la línea media y una comisura o ángulo lateral alejado de la línea media.
medial o interno	cercano a la línea media (*véase* lateral o externo).
oma	tumor o crecimiento; fibroma es un tumor de tejido fibroso.
osis	sufijo que significa en muchos casos estado de enfermedad; tuberculosis, cirrosis.
peri	alrededor; el pericardio está alrededor del corazón.
poli	mucho(s); policitemia es el exceso de eritrocitos o glóbulos rojos.
post	detrás o después; posterior significa que está situado detrás de algo; *post partum* es el lapso que sigue del parto.
pre	antes, delante o anterior; preganglionar significa que ocurre o está antes de un ganglio; los premolares son piezas dentarias que están delante de los molares.
proximal	más cerca de un centro, tronco o del sitio de origen; el sitio de origen de las extremidades se encuentra donde se unen al tronco; el brazo es proximal al tronco (*véase* distal).
retro	detrás o hacia atrás; los riñones son órganos retroperitoneales porque se encuentran por detrás de una membrana llamada peritoneo.
sub	debajo o inferior; subcutáneo es lo que está abajo de la piel.
supra	indica posición superior, encima o sobre; las glándulas suprarrenales están localizadas arriba de los riñones.
taqui	rápido; taquicardia es la aceleración de los latidos cardiacos y taquipnea es la respiración acelerada.

Niveles de organización del cuerpo humano

El cuerpo humano está constituido por células que, a su vez, se agrupan para formar tejidos. Los tejidos se unen para constituir órganos y los órganos integran sistemas (o aparatos). Hay autores que consideran que el primer nivel de organización es el nivel químico, porque todos los seres vivos están constituidos por materia, y todas las formas de la materia están constituidas por elementos químicos (carbono, hidrógeno, oxígeno y nitrógeno constituyen 96% del peso del cuerpo) (figura 9.1).

Nivel celular

La **célula** *es la unidad anatómica y funcional del cuerpo humano, la estructura más pequeña capaz de desempeñar todas las funciones vitales* (figura 9.2). Los conceptos acerca de su estructura y función se modifican continuamente gracias a nuevos descubrimientos hechos con técnicas bioquímicas o de microscopía electrónica. Bási-camente, la célula está constituida por dos partes: citoplasma y núcleo.

En el citoplasma se llevan a cabo prácticamente todas las funciones celulares en unas estructuras especializadas llamadas organitos u organelos; cada uno de ellos realiza funciones específicas y, dependiendo de la célula, están más o menos desarrollados o poseen características especiales. Esto constituye una de las bases de la histología, ya que las cualidades específicas de estos organelos permiten identificarlos. Los componentes celulares clasificados como organelos (organitos) en una célula animal son los siguientes:

1. Organelos (organitos) membranosos que incluyen: *a)* membrana celular; *b)* retículo endoplásmico; *c)* aparato de Golgi; *d)* mitocondrias y *e)* lisosomas.
2. Ribosomas
3. Centríolos
4. Fibrillas, filamentos y túbulos
5. Inclusiones citoplásmicas
6. Núcleo

Se mencionarán brevemente algunas de sus características más importantes, su aspecto —sobre todo visto a través del microscopio electrónico— y algunas funciones. Si te interesa ampliar estos conceptos debes consultar una obra de citología o una de histología.

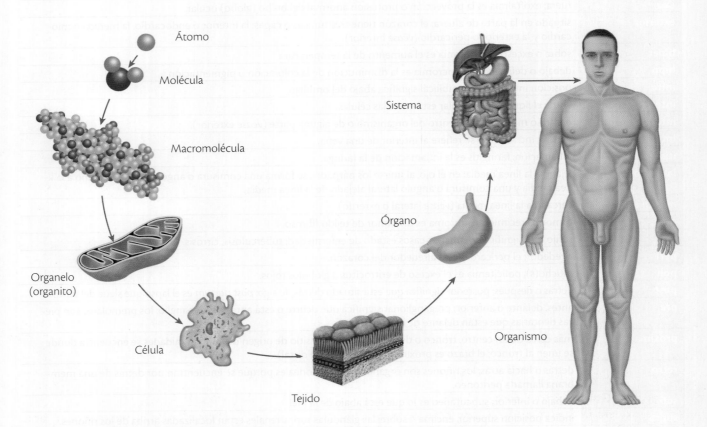

▶ **Figura 9.1** Niveles de organización del cuerpo humano.

Organelos (organitos) membranosos

Este tipo incluye todas las estructuras que tienen en común estar formadas por lo que se conoce como *unidad de membrana*; es decir, todos ellos están formados por un complejo lipoproteico característico. Estas estructuras no sólo limitan a la célula con su medio ambiente, sino que también limitan y separan partes de la célula para favorecer o evitar cierto tipo de reacciones.

Membrana celular o plasmática Protege y separa una célula de otra y la aísla del medio extracelular; presenta un sistema de pliegues que forma canales y compartimientos. El paso de sustancias a través de ella puede ser por simple transporte pasivo o mediante el consumo de energía para concentrar algún compuesto dentro de ella, lo que se conoce como transporte activo. Otra forma de incorporar sustancia al interior de la célula es por medio de la *pinocitosis* o *fagocitosis*. En este proceso, la membrana engloba una partícula que después se incorpora al interior de la célula; a esta vesícula membranosa resultante se le llama *fagosoma* o *vesícula pinocitótica*, según sea el caso, y se asocia con los lisosomas, especialmente en las células encargadas de la defensa del organismo como los neutrófilos y macrofagocitos (macrófagos). La membrana celular presenta también otro tipo de estructuras como las microvellosidades, que intervienen para aumentar la superficie de absorción de la célula, y los cilios, que con sus movimientos producen el desplazamiento de sustancias o estructuras en la superficie de las células que los tienen. Otra especialización son los desmosomas y complejos de unión que mantienen a las células epiteliales unidas firmemente entre sí.

Retículo endoplásmico (*RE*) Está formado por un sistema de vesículas o cisternas cuya pared es una membrana. El RE se subdivide en dos: el RE rugoso o granuloso y el RE liso.

El RE rugoso recibe este nombre por su aspecto de bordes irregulares debido a la presencia de ribosomas unidos a la membrana. El RE liso carece de los ribosomas, de ahí su nombre, por su aspecto regular. El RE rugoso tiene como función la síntesis de proteína que acabará siendo secretada al exterior de la célula, mientras que en el RE liso se llevan a cabo funciones de síntesis de hormonas, lípidos o carbohidratos, transmisión de impulsos y destoxificación de sustancias como hormonas o medicamentos.

Aparato de Golgi Sistema de vesículas membranosas; se le considera la continuación del RE rugoso, ya que entre sus funciones se encuentra la de concentrar los productos que provienen de este organelo (organito), almacenarlos momentáneamente y, en ocasiones, completar su síntesis agregándole el lípido o carbohidrato que necesita la proteína; también secreta carbohidratos. El aparato de Golgi continúa a su vez con los gránulos y glóbulos de secreción que vierten su contenido por mecanismos todavía no bien aclarados.

Mitocondrias Están constituidas por dos membranas: interna y externa. La interna tiene pliegues que se proyectan al exterior de la misma. Ambas membranas presentan subestructuras más pequeñas llamadas *corpúsculos elementales*. Su función es la producción de energía, ya que en ellas se lleva a cabo la respiración. Por su función, las características y la cantidad de mitocondrias presentes en una célula dependen de los requerimientos de energía de la célula correspondiente.

Lisosomas Son glóbulos o vesículas membranosas que contienen enzimas proteolíticas cuya función es digerir o destruir las partículas fagocitadas por la célula, así como algunas estructuras celulares; por ejemplo las mitocondrias.

Ribosomas

Son pequeñas estructuras celulares corpusculares que pueden estar asociadas con el RE o en libertad, formando en ocasiones pequeños grupos llamados *polirribosomas*. Su función está relacionada con la síntesis proteica pues en estas estructuras se une el RNA mensajero del núcleo (con la información genética) con el RNA de transferencia RNAt, que acarrea el aminoácido, produciendo las cadenas polipeptídicas o proteínicas. Si la asociación es con el RE, la proteína sintetizada seguramente va a ser secretada fuera de la célula, mientras que si se sintetiza en los polirribosomas, quedará en la célula para cumplir con alguna función dentro de ésta.

Centríolos

Son estructuras formadas por nueve haces tubulares dispuestos en forma cilíndrica. Su función es organizar la proteína fibrilar, que a su vez tiene una participación muy importante en la reproducción celular; en este caso dos centríolos se disponen perpendicularmente formando el *centrosoma* y los túbulos que forman, alcanzan a los cromosomas, y son los responsables de los movimientos anafásicos de las cromátides; a la estructura que forman los centrosomas con la proteína fibrilar o huso mitótico se le ha llamado *aparato mitótico*. También la proteína fibrilar de cilios y flagelos parece estar organizada por los centríolos que probablemente actúan como centro cinético.

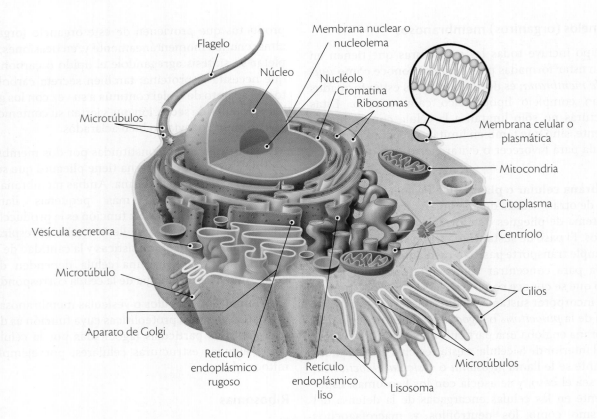

Flagelo
Núcleo
Membrana nuclear o
nucleolema
Nucléolo
Cromatina
Ribosomas
Microtúbulos
Membrana celular o
plasmática
Mitocondria
Citoplasma
Vesícula secretora
Centríolo
Microtúbulo
Cilios
Aparato de Golgi
Microtúbulos
Retículo
endoplásmico
rugoso
Retículo
endoplásmico
liso
Lisosoma

Figura 9.2 Diagrama de las estructuras y organelos encontrados en la mayor parte de las células del cuerpo humano.

Fibrillas, filamentos y túbulos

Son estructuras con diferentes funciones como sostén celular, capacidad contráctil o de transporte intracelular. Las fibrillas que dan sostén están constituidas básicamente por una proteína denominada *actina*, que se encuentra en continuo cambio formando lo que se conoce como *citoesqueleto*; las fibrillas forman también algunas estructuras como las microvellosidades del epitelio intestinal, que permiten aumentar la superficie de absorción de la célula.

Otro tipo de microfibrilla es la que se observa en el músculo. Recibe el nombre de *miofibrilla*, formada a su vez por *miofilamentos* que se distribuyen de manera longitudinal o transversal dando el aspecto característico al músculo: liso (longitudinal) o estriado (transversal). En el músculo estriado los filamentos son de dos tipos: los finos, formados principalmente por actina, y los gruesos, formados por miosina; su disposición varía según el estado de contracción o relajación en que se encuentre la célula muscular.

Hay túbulos sólo en unas cuantas células, como las nerviosas (neurotúbulos), y tal parece que su función es transportar sustancias de un sitio a otro de la célula.

Inclusiones citoplásmicas

Con este término se describen los materiales intracelulares que pueden ser de tres tipos: *a*) alimentos almacenados, como glucógeno, lípidos, etc.; *b*) gránulos y glóbulos de secreción, como enzimas, hormonas, etc., y *c*) pigmentos (hemoglobina, melanina).

Núcleo

En el núcleo se encuentra almacenada la información genética que en el transcurso de la vida de una célula regula las funciones que tienen lugar en el citoplasma. El núcleo de una célula modifica su estructura y de hecho desaparece durante el proceso de la división celular; a los cambios que sufre la célula para dividirse se les llama *mitosis*, y a los diferentes estados por los que atraviesa se les da el nombre de *profase, metafase, anafase* y *telofase*. Al periodo de vida celular comprendido entre una mitosis y la siguiente se le denomina *interfase*. Los núcleos de interfase presentan diferentes partes:

1. Membrana nuclear o nucleolema
2. Cromatina

3. Nucléolo
4. Jugo nuclear o nucleoplasma

Membrana nuclear La membrana nuclear presenta la misma estructura que el resto de las membranas de la célula, con la diferencia de que posee numerosos orificios llamados *poros nucleares* que permiten una comunicación relativamente libre y fácil entre el núcleo y el citoplasma. Esta membrana desaparece como tal al iniciarse la mitosis para volverse a formar cuando ésta termina.

Cromatina Está formada por el material genético que puede estar enrollado o desenrollado en mayor o menor grado, dependiendo del tipo de célula de que se trate y del momento de la vida en que se encuentre dicha célula. Por ello, hay dos tipos de cromatina: la *eucromatina*, que es la porción genéticamente activa, y la *heterocromatina*, que constituye las porciones no funcionales del material genético en forma de gránulos o partículas, a veces tan densas y compactas que impiden distinguir otras partes del núcleo. Durante la interfase, el DNA, o sea, el **material genético**, se duplica, y durante la mitosis y división celular se condensa formando pequeños bastoncillos que se distribuyen de manera uniforme en las dos células hijas. Estos bastoncillos se tiñen intensamente, por lo que reciben el nombre de cromosomas. Los cromosomas son característicos en número para cada especie. El humano tiene 46 en total, de los cuales dos de ellos se denominan *cromosomas sexuales* y son, como su nombre lo indica, los responsables de la determinación del sexo; al resto de los cromosomas se les llama *autosomas*. Los cromosomas se observan mejor al microscopio durante una de las fases de la mitosis: la llamada *metafase*, en ese momento los cromosomas muestran dos "brazos" llamados *cromátides*, que están unidos por una constricción llamada *centrómera*; en ocasiones existen pequeños fragmentos de material genético unidos a las cromátides que se llaman *satélites*. Los cromosomas se clasifican de acuerdo con su tamaño y longitud, con la posición de la centrómera (metacéntricos, submetacéntricos y acrocéntricos) y su estudio sistemático, ordenándolos según éstas y otras características, recibe el nombre de *cariotipo* o *cariograma*. Esto ha permitido el estudio y la identificación de numerosas enfermedades genéticas, al grado de que en la actualidad, sirve para lo que se denomina *consejo genético*, que permite saber las probabilidades de presentar una enfermedad de tipo hereditario.

A toda la información hereditaria almacenada en los cromosomas se le llama *genotipo*, pero sólo una parte de dicha información se presenta en el individuo para constituir las características "visibles o demostrables", el denominado fenotipo.

Entonces, cromosomas y cromatina no son más que estados funcionales diferentes de material hereditario que están compuestos por los genes, los cuales a su vez son cadenas de ácido desoxirribonucleico (DNA) y proteínas que forman un complejo. Como es bien sabido, el DNA es una doble hélice que tiene como bases adenina, guanina, citocina y timina, un azúcar que es la desoxirribosa, y un radical fosfato. Es en el DNA que se encuentra almacenada la información genética, pues la secuencia y el número de bases determinan a su vez otra secuencia complementaria en un tipo especial de RNA (ácido ribonucleico). El RNA mensajero (RNAm), al llegar al citoplasma y en presencia de ribosomas y RNA de transferencia (RNAt), sintetiza la proteína que de una u otra forma va a regular una función citoplásmica.

Nucléolos Son generalmente cuerpos basófilos redondeados en número variable de uno hasta cuatro o cinco según la célula de que se trate, y que a veces quedan enmascarados por la cromatina condensada; sólo se observan en el núcleo de interfase relacionados con cierto tipo de cromatina que recibe el nombre de *organizadores nucleolares*. El núcleo está formado principalmente por RNA y proteína, aunque hay algo de DNA que interviene en su organización. El nucléolo es el sitio donde al parecer se sintetizan los ribosomas.

Jugo nuclear o nucleoplasma Es la sustancia en la que están incluidos los nucléolos y la cromatina. Tanto su naturaleza como funciones precisas se desconocen o no están bien determinadas.

Las células comparten diversas características funcionales:

1. Irritabilidad
2. Conductibilidad
3. Contractilidad
4. Absorción y asimilación
5. Secreción
6. Excreción
7. Respiración
8. Crecimiento
9. Reproducción

La irritabilidad es la capacidad que tienen las células para responder a un estímulo.

La conductibilidad forma una onda de excitación que se inicia en el punto estimulado y sigue a lo largo de su superficie.

Por medio de la contractilidad la célula se puede acortar.

Mediante la absorción y la asimilación las células captan alimentos y ciertas sustancias a través de su superficie para utilizarlas en forma diversa.

La secreción consiste en la capacidad para elaborar y expulsar diversas sustancias útiles al organismo.

La excreción permite a la célula eliminar los productos de desecho que resultan de su metabolismo.

La respiración es el proceso mediante el cual la célula absorbe oxígeno que utiliza para oxidar en su interior sustancias alimentarias y obtener energía.

El crecimiento es la capacidad para aumentar su volumen sintetizando sustancias características de ella a partir de otras que toman del medio.

Por último, la reproducción, que se lleva a cabo en la mayor parte de las células, y puede ser por medio de mitosis (somática) y meiosis (sexual).

Nivel tisular

Un tejido es un conjunto de células con las mismas características, que desempeñan una función común. Existen cuatro tejidos básicos: epitelial, conectivo o conjuntivo, muscular y nervioso.

Tejido epitelial

Se divide en membranas de cubierta y revestimiento, y en glándulas. Sus funciones son protección, absorción, excreción, secreción y, a veces, captar estímulos sensoriales (figura 9.3).

Las membranas de cubierta y revestimiento están unidas por muy poca sustancia intercelular y pueden o no estar dispuestas en capas; cuando forman una sola capa, el epitelio es simple y, generalmente, está especializado en las funciones de **absorción o permeabilidad**. Si las células están expuestas a un efecto mecánico continuo o grave, se disponen en varias capas formando un epitelio estratificado, lo que les brinda mayor protección.

Las células del tejido epitelial tienen diferentes formas: planas o escamosas, cúbicas, columnares o cilíndricas, seudoestratificadas y de transición; la forma de estas últimas varía de acuerdo con la distensión del tejido, como se observa en el tracto urinario.

Las membranas de cubierta o el epitelio de revestimiento son simples o estratificados, como ya se explicó, según formen una o varias capas de células respectivamente.

El epitelio simple recibe diferentes nombres según la forma de sus células, al corte histológico:

a) **Plano escamoso o pavimentoso** Cuando está formado por una capa de células muy delgadas; se encuentra generalmente en sitios donde se llevan a cabo intercambios de líquidos u otras sustancias, como en la filtración, difusión y absorción; por ejem-

plo, en los alvéolos pulmonares, los glomérulos de los riñones y el endotelio de los vasos sanguíneos.

b) **Cúbico** Está formado por una capa de células cúbicas; se encuentra en los tejidos que llevan a cabo funciones de protección, absorción y secreción; por ejemplo, en la superficie del ovario, en los túbulos del riñón y en los conductos pequeños de ciertas glándulas.

c) **Columnar** o **cilíndrico** Está formado por una capa de células rectangulares; puede presentar cilios, como en las tubas uterinas (trompas de Falopio) o puede tener microvellosidades cuando lleva a cabo funciones de absorción, como el epitelio intestinal.

d) **Seudoestratificado** Se caracteriza por tener una sola capa de células, pero dispuestas de tal forma que algunas de ellas no llegan a la superficie, lo que le da el aspecto de un tejido con varias capas, de allí su nombre de seudoestratificado. Algunos de estos epitelios secretan moco, otros tienen células con cilios para desplazar el moco que secretan las células caliciformes; se encuentran en abundancia en el sistema respiratorio, de allí que se le llame epitelio respiratorio.

El epitelio estratificado puede ser:

a) **Plano, escamoso o pavimentoso** Cuando las capas profundas están formadas por células columnares o cúbicas y las superficiales por células planas. Cuando el epitelio tiene las células superficiales muertas y tiene una sustancia llamada queratina, se forma el epitelio plano estratificado con queratina, como la piel que sirve para proteger. En el humano, cuando el epitelio no está queratinizado, reviste superficies húmedas como la boca o la vagina, y también sirve para proteger.

b) **Cúbico** Cumple funciones de protección y recubre los conductos de algunas glándulas sudoríferas (sudoríparas) del adulto.

c) **Columnar** Se caracteriza porque su capa superficial es columnar y sus capas profundas están formadas por células poliédricas. Sirve para proteger y secretar; por ejemplo, el epitelio de la uretra masculina.

d) **De transición** Es parecido al tejido plano estratificado no queratinizado; su elasticidad permite que el tejido se distienda; por ejemplo, el epitelio del tracto urinario.

El epitelio glandular está constituido en sí por las glándulas que tienen como función secretar las sustancias que produce. Las secreciones glandulares pueden incorporarse directamente a la sangre, como sucede con las glándulas endocrinas que producen hormonas, o pasar a un conducto que se vacía en la superficie de

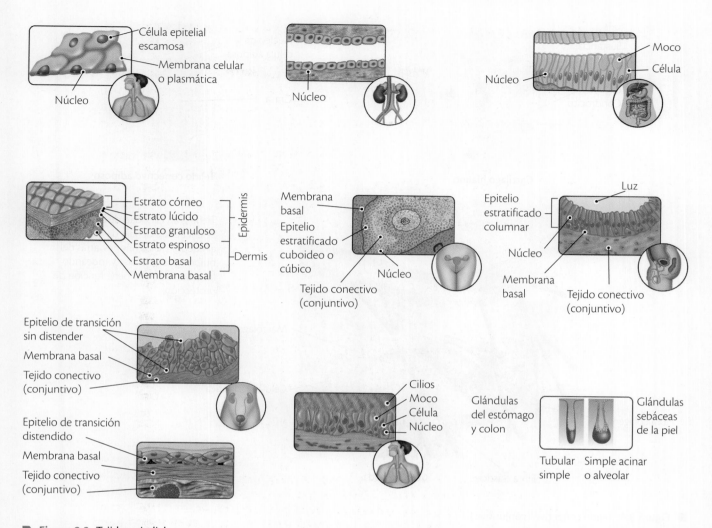

Figura 9.3 Tejido epitelial.

los epitelios de revestimiento, como sucede con el sudor, la saliva, las lágrimas, conectivo.

Tejido conjuntivo (conjuntivo)

El segundo tipo de tejido básico o fundamental es el tejido conectivo (conjuntivo); sus células pueden estar desde muy dispersas hasta muy unidas, porque la sustancia intercelular es muy variable tanto en cantidad como en propiedades: firme (tejido cartilaginoso), dura (tejido óseo), líquida (tejido hematopoyético), etc. El tejido conectivo (conjuntivo) puede ser ordinario y especial (figura 9.4).

El tejido conectivo o conjuntivo ordinario, a su vez, puede ser laxo y denso.

El tejido conectivo (conjuntivo) laxo o areolar se caracteriza porque tiene fibras y células incluidas en una sustancia fundamental amorfa.

Las fibras pueden ser:

a) Colágenas o blancas, muy duras y resistentes a la tensión, pero poco elásticas.
b) Elásticas o amarillas, que son pequeñas y, como su nombre lo indica, capaces de recuperar su longitud después de ser estiradas.
c) Reticulares, que son muy finas, se ramifican y dan sostén a las células de algunos órganos.

Las células presentes en el tejido conectivo (conjuntivo) laxo ordinario son:

1. **Fibroblastos** Son células grandes, fusiformes o con ramificaciones.
2. **Macrófagos, macrofagocitos o histiocitos** Nombre que se les da a los monocitos de la sangre cuando están en los tejidos periféricos; pueden ser alargados, redondos y ovalados o con ramificaciones

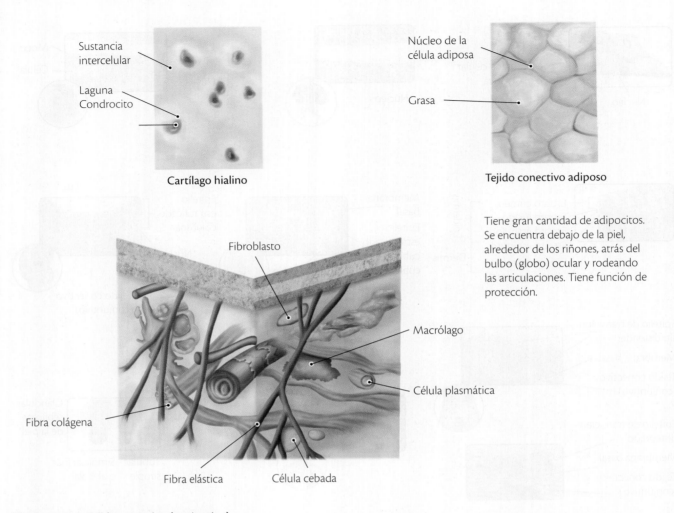

Sustancia intercelular

Laguna
Condrocito

Cartílago hialino

Núcleo de la célula adiposa

Grasa

Tejido conectivo adiposo

Tiene gran cantidad de adipocitos. Se encuentra debajo de la piel, alrededor de los riñones, atrás del bulbo (globo) ocular y rodeando las articulaciones. Tiene función de protección.

Fibroblasto

Macrólago

Célula plasmática

Fibra colágena

Fibra elástica   Célula cebada

▶ **Figura 9.4** Tejido conectivo (conjuntivo).

pequeñas; tienen la característica de poder englobar bacterias, desechos de otras células o partículas ajenas al organismo, por lo cual sirven de defensa; tienden a acumularse en sitios expuestos como el sistema respiratorio, digestivo, etcétera.

3. **Plasmocitos o células plasmáticas** Son células esféricas, de núcleo redondo excéntrico y citoplasma abundante, que producen los anticuerpos.

4. **Células cebadas o mastocitos** Tienen abundantes gránulos en su citoplasma con heparina, que impide que la sangre se coagule en el interior de los vasos sanguíneos, e histamina y serotonina, compuestos que actúan sobre los vasos sanguíneos y dan los cambios denominados alergia (*véase* "Inmunidad").

5. **Adipocitos o células adiposas** Son células grandes y citoplasma con una gran vacuola que almacena grasa y que rechaza al núcleo hacia un extremo.

La sustancia fundamental o amorfa, como se mencionó, es un gel en que quedan incluidas las fibras y las

células. Está formada por mucopolisacáridos que pueden ser sulfatados (condroitinsulfúrico, etc.) o no sulfatados (heparina, ácido hialurónico, etc.).

El tejido conectivo u ordinario o colágeno laxo tiene una distribución muy amplia, ya que se encuentra debajo de la piel formando el tejido celular subcutáneo, parte de la pared de los vasos sanguíneos, tracto digestivo, sistema respiratorio, etc. Sus funciones son de defensa, sostén, metabolismo y mediador entre los diferentes tejidos del organismo.

Cuando los adipocitos o células adiposas son muy abundantes, constituyen el tejido adiposo, que abunda en la tela subcutánea (el tejido celular subcutáneo), alrededor de los riñones, en el corazón, la médula ósea y alrededor de las articulaciones. Este tejido conserva la temperatura del cuerpo, sirve como reserva energética pues, al ingerir mayor cantidad de calorías que las necesarias, aumenta; también hace esto bajo efecto hormonal, y se acumula en algunos sitios como en la cadera o alrededor de las glándulas mamarias, dándole con ello forma al cuerpo.

Cuando en el tejido conectivo predominan las fibras colágenas agrupadas en haces y los fibroblastos, se tiene el tejido conectivo fibroso denso; su aspecto es blanco nacarado y sumamente resistente; se encuentra en los tendones, ligamentos de las articulaciones, en las aponeurosis (láminas que envuelven a los músculos o los unen con las partes que mueven), formando membranas que rodean ciertos órganos como los riñones, el corazón, el cerebro y las fascias, que son envolturas de los músculos.

Dentro del tejido conectivo (conjuntivo) especial hay cartilaginoso, óseo y sanguíneo.

En el tejido cartilaginoso predomina la sustancia intercelular; sus células se llaman condrocitos y se rodea de una capa de tejido conectivo (conjuntivo) llamada pericondrio. El cartílago es de tres tipos según las proporciones características de la fibra colágena y elástica:

a) **Hialino** Tiene aspecto brillante, es liso y flexible, y se encuentra en las articulaciones, la nariz, la laringe, la tráquea y los bronquios, los bronquiolos y los cartílagos costales.

b) **Fibrocartílago** Rígido y resistente, se encuentra en el pubis y en los discos intervertebrales.

c) **Elástico** Sirve para mantener la forma de algunos órganos como la tuba auditiva (trompa de Eustaquio), el pabellón de la oreja y la epiglotis.

Los tejidos óseo, muscular, nervioso y sanguíneo se estudiarán en sus respectivos temas.

Todos los órganos del cuerpo humano están cubiertos o recubiertos por las mucosas y las serosas.

Las mucosas son la asociación de alguna membrana de cubierta y revestimiento con tejido conectivo (conjuntivo) laxo ordinario y se encuentran tapizando el tracto digestivo, el sistema respiratorio y el reproductor; pueden tener diferente el epitelio superficial, pero siempre está húmedo porque producen moco.

Las membranas serosas cubren los órganos, tapizan las cavidades del cuerpo y secretan un líquido lubricante que facilita el deslizamiento de los órganos; se encuentran en la pleura que tapiza la cavidad torácica, el peritoneo que tapiza la cavidad abdominal y rodeando a la mayor parte de los órganos abdominales.

Nivel orgánico o sistémico

Órgano *es el conjunto de tejidos que constituyen una entidad anatómica y funcional*; por ejemplo: el corazón, el estómago, el ojo, etc.

Cuando un órgano se encuentra en el interior de alguna de las cavidades corporales recibe el nombre de víscera.

Nivel sistemático o sistémico

Sistema *es el conjunto de órganos que contribuyen a un mismo fin funcional*; por ejemplo los sistemas tegumentario, óseo, muscular, nervioso, endocrino, digestivo, angiológico (circulatorio), respiratorio, urinario y reproductor.

Hasta hace algunos años se diferenciaba un sistema de un aparato, pero en la actualidad se prefiere utilizar el nombre de sistema, indistintamente.

El cuerpo humano cumple tres grupos de funciones: relación, nutrición y reproducción.

En las funciones de relación intervienen los sistemas óseo, muscular, nervioso, endocrino, tegumentario, las articulaciones y los órganos de los sentidos.

En las funciones de nutrición intervienen básicamente los sistemas digestivo, circulatorio o angiológico, respiratorio y urinario (también participa el sistema endocrino).

En las funciones de reproducción intervienen básicamente los sistemas reproductor y endocrino.

Posición anatómica y planos anatómicos

La **posición anatómica** *es la postura convencional y universalmente aceptada para estudiar la anatomía*; considera al individuo de pie, frente al observador, con la cabeza erguida, la vista al frente, los miembros superiores pendientes y próximos al tronco, las palmas de las manos hacia el frente, los miembros inferiores juntos y los dedos gordos de los pies paralelos.

En esta posición es posible trazar tres cortes imaginarios o planos anatómicos, cada uno de los cuales divide al cuerpo en mitades.

El plano sagital divide al cuerpo en mitad derecha y mitad izquierda.

El plano frontal o coronal divide al cuerpo en anterior o ventral y posterior o dorsal.

El plano horizontal o transversal divide al cuerpo en mitad superior o cefálica y mitad inferior o caudal.

Estos planos nos permitirán comprender mejor la situación o la dirección que tienen las estructuras de nuestro cuerpo (figura 9.5).

Segmentos del cuerpo humano

Para su estudio, el cuerpo humano se divide en tres **segmentos**: *cabeza y cuello, tronco y extremidades o miembros* (figura 9.5).

La cabeza se divide en cráneo y cara, y está separada del tronco por el cuello.

El tronco se divide en tórax, abdomen y pelvis.

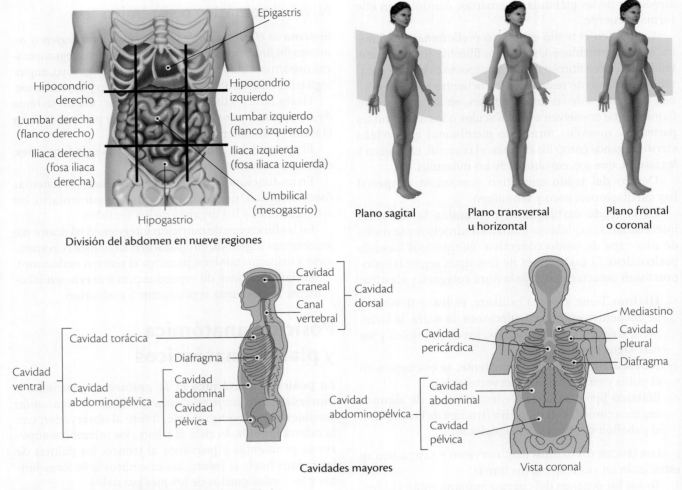

División del abdomen en nueve regiones

Epigastris

Hipocondrio derecho

Hipocondrio izquierdo

Lumbar derecha (flanco derecho)

Lumbar izquierdo (flanco izquierdo)

Iliaca derecha (fosa iliaca derecha)

Iliaca izquierda (fosa iliaca izquierda)

Umbilical (mesogastrio)

Hipogastrio

Plano sagital

Plano transversal u horizontal

Plano frontal o coronal

Cavidad craneal

Canal vertebral

Cavidad dorsal

Cavidad torácica

Diafragma

Cavidad ventral

Cavidad abdominopélvica

Cavidad abdominal

Cavidad pélvica

Cavidad abdominopélvica

Cavidades mayores

Mediastino

Cavidad pleural

Diafragma

Cavidad pericárdica

Cavidad abdominal

Cavidad pélvica

Vista coronal

▶ **Figura 9.5** Planos anatómicos, regiones y cavidades.

Los miembros son superiores e inferiores.

El miembro superior está constituido por brazo, antebrazo y mano y se une al tronco por medio del hombro; el codo une al brazo con el antebrazo, y la muñeca une a este último con la mano.

El miembro inferior está constituido por muslo, pierna y pie, y se une al tronco por medio de la cadera; el muslo y la pierna se unen en la articulación de la rodilla, y la pierna y el pie en el tobillo.

El tórax y el abdomen también se dividen en regiones. El abdomen puede dividirse en nueve regiones por medio de dos líneas imaginarias verticales paralelas y dos líneas horizontales; las regiones resultantes son hipocondrio derecho, epigastrio, hipocondrio izquierdo, lateral o lumbar derecha (flanco derecho), umbilical (mesogastrio); lateral o lumbar izquierda (flanco izquierdo), región iliaca derecha (fosa iliaca derecha), hipogastrio y región iliaca izquierda (fosa iliaca izquierda).

En el organismo hay varias cavidades[1]: la cavidad craneal que aloja al encéfalo y se continúa con el canal vertebral (conducto vertebral o raquídeo), que aloja a la médula espinal. En la parte anterior se encuentran la cavidad torácica, que contiene los pulmones, el corazón, el timo, la tráquea y el esófago; abajo del músculo diafragma se encuentra la cavidad abdominal, que contiene el páncreas, el hígado, la vesícula biliar, el estómago, el intestino delgado, la mayor parte del intestino grueso, los riñones, el bazo y los uréteres; por último, la cavidad pélvica, que se encuentra en la parte inferior del tronco, contiene la vejiga urinaria, el colon sigmoide, el recto y órganos reproductores.

[1] Una cavidad es un espacio o lugar hueco en el cuerpo o dentro de alguno de sus órganos.

El conocimiento de la posición anatómica, los planos anatómicos, los subsegmentos, las regiones y las cavidades mayores te permitirán una comprensión más cabal de la anatomía y la fisiología humanas.

Actividades

1. Elabora un mapa conceptual con las ramas de la anatomía y la fisiología.
2. Discute con el grupo si es posible estudiar la fisiología sin tener conocimientos de anatomía.
3. Sugerimos resuelvas las actividades sobre prefijos, sufijos y locuciones más usuales en la terminología, los planos anatómicos, las regiones del abdomen y las cavidades mayores en el *Manual de ciencias de la salud*.
4. Identifiquen los planos anatómicos del cuerpo humano, los segmentos y sus regiones respectivas. Para hacerlo, varios alumnos voluntarios se pararán al frente del salón, en posición anatómica para que el grupo identifique en ellos las partes, argumentando el por qué.
5. Da ejemplos de la localización de diferentes estructuras para que el grupo indique si están en algunas de las mitades que resultan de los planos anatómicos y de los términos direccionales.
6. En un esquema del cuerpo humano señala con un color los segmentos y con otro, los subsegmentos.
7. En el *Manual de ciencias de la salud* escribe el nombre de las partes de la célula. El grupo señalará cada función.
8. Elabora un mapa conceptual del tejido epitelial y otro del tejido conectivo.
9. En equipos, recorten rectángulos de cartulina y anoten en cada uno el nombre de cada tejido del cuerpo humano. Péguenlos en el pizarrón del salón de clases. Un equipo contrario deberá mencionar las funciones que realiza cada uno de los tejidos.
10. Reconozcan los diferentes órganos en un maniquí o en una diapositiva, si la escuela cuenta con este material.
11. Investiga en que órganos hay membranas serosas y en cuáles hay membranas mucosas. Coméntalo con el grupo.
12. Elabora un mapa conceptual con los sistemas del cuerpo humano. Comenta con el grupo sus funciones.

---

² Higashida. *Manual de ciencias de la salud, Prácticas de laboratorio y de campo*, McGraw-Hill, México, 2012.

Capítulo 10

Sistema óseo, osteología

A semejanza de un rascacielos, el cuerpo humano tiene estructuras que lo sostienen internamente; sin embargo, el esqueleto humano es extremadamente dinámico.

*La **osteología** es la rama de la anatomía que estudia los huesos, que son los órganos blanquecinos y duros que forman el esqueleto.*

Los huesos están constituidos por materia inorgánica y materia orgánica. La materia inorgánica (aproximadamente 67%) está compuesta básicamente por fosfato, carbonato y fluoruro de calcio, fosfato de magnesio y cloruro de sodio.

La materia orgánica (aproximadamente 33%) está compuesta por células, vasos sanguíneos y una sustancia intercelular, principalmente colágena que, a diferencia de la del cartílago, puede impregnarse por completo de sales de calcio sin que las células mueran al endurecerse dicha sustancia.

El hueso es de dos tipos: compacto o esponjoso. Está cubierto por una membrana, el periostio (excepto en los extremos que están cubiertos por cartílago) y algunos (los huesos largos) tienen otra membrana llamada endostio; contienen muchos vasos sanguíneos y también vasos linfáticos y nervios.

Si se observa al microscopio, el hueso compacto presenta una disposición concéntrica de sus elementos; esto no se ve en el hueso esponjoso. Los vasos y nervios entran perpendicularmente desde el periostio a través de unos túneles que los llevan hacia el interior —a los que se les llama canales perforantes o conductos de Volkmann— que se comunican con los vasos y nervios que hay en la cavidad medular y con los llamados canales de la osteona o sistema de Havers. La osteona o sistema de Havers corre a lo largo del hueso y, en su interior, tiene un conducto central llamado canal de la osteona o Havers, alrededor del cual se encuentran laminillas óseas dispuestas en capas concéntricas. Entre las laminillas hay unos espacios llamados lagunas óseas en los que están los osteocitos, que se originan de unas células llamadas osteoblastos; las lagunas a su vez se comunican entre sí por medio de pequeños canales llamados *canalículos*.

El tejido esponjoso no tiene osteona o sistema de Havers; está formado por placas de hueso llamadas trabéculas y dispuestas según el sentido de las fuerzas mecánicas que se ejercen sobre el hueso para darle más resistencia; entre las trabéculas hay médula ósea en la que hay lagunas con osteocitos.

*Según su forma, los **huesos** se clasifican en largos, planos y cortos.* Otras clasificaciones incluyen otro grupo, el de los huesos irregulares.

*Los **huesos largos** se caracterizan porque en ellos predomina su eje longitudinal*; es decir, son más largos que anchos; por ejemplo, el fémur, el húmero, la tibia, la fíbula o peroné, el radio, la ulna o cúbito y las falanges. Tienen una parte media o diáfisis y dos extremidades o epífisis.

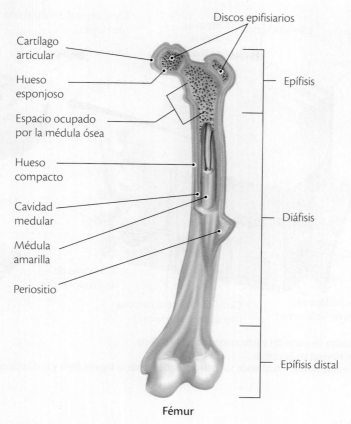

Discos epifisiarios

Cartílago
articular

Hueso
esponjoso

Espacio ocupado
por la médula ósea

Hueso
compacto

Cavidad
medular

Médula
amarilla

Periositio

Epífisis

Diáfisis

Epífisis distal

Fémur

▶ **Figura 10.1** Estructura de un hueso largo.

La diáfisis está formada por tejido óseo compacto y en su interior se encuentra el conducto o cavidad medular, tapizado por una membrana llamada endostio, que contiene osteoblastos. Dentro de la cavidad medular está la médula ósea, formada por células precursoras de la sangre.

Las epífisis están constituidas por tejido esponjoso, que tiene aspecto poroso; entre sus trabéculas también hay médula ósea y están cubiertas por cartílago articular.

En las personas jóvenes hay un disco epifisiario o cartílago de crecimiento entre la diáfisis y la epífisis.

> Si deseas saber si vas a seguir creciendo, investiga si tienes disco epifisiario o cartílago de crecimiento.

Al hueso viviente, excepto donde está cubierto por cartílago articular, lo cubre el periostio, que es una membrana formada por dos capas: una exterior, que contiene vasos sanguíneos, linfáticos y nervios, y otra interior con fibras elásticas, vasos sanguíneos y osteoblastos; estas últimas son las células capaces de formar nuevo tejido óseo; por ello, el periostio es indispensable para el crecimiento del hueso, su reparación y su nutrición.

En los **huesos planos** *predominan los ejes longitudinal y transversal*; son más largos y anchos que gruesos; por ejemplo, los parietales que se encuentran en el cráneo. Están constituidos por dos láminas o tablas de tejido compacto, una interna y otra externa, entre las cuales hay tejido esponjoso llamado diploe.

Los **huesos cortos** *miden aproximadamente lo mismo de largo, ancho y grosor*; por ejemplo, los huesos del carpo y del tarso, formados por tejido compacto en la periferia y tejido esponjoso en el interior.

Osificación *u* **osteogénesis** *es el proceso mediante el cual se forma el hueso*; el tejido óseo puede originarse en las membranas fibrosas (osificación intramembranosa), como sucede con los huesos de la bóveda del cráneo, o bien en los cartílagos (osificación u osteogénesis endocondral) como sucede con los huesos largos.

En el proceso de osificación u osteogénesis intramembranosa se van depositando sales de calcio en las

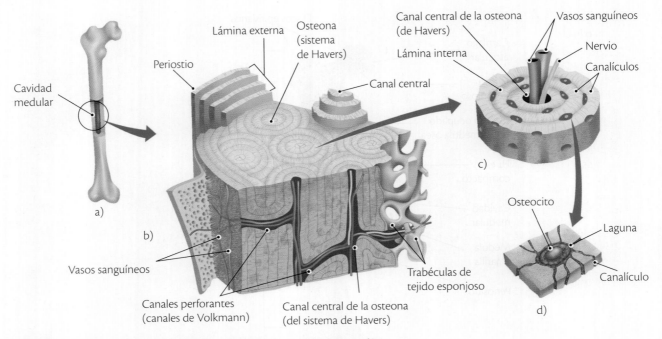

a) Diagrama del fémur en donde se muestra un corte del tejido compacto en la diáfisis.
b) Estructura de la osteona (sistema de Havers) en la diáfisis.
c) Amplificación de una osteona (sistema de Havers) mostrando los osteocitos dentro de la laguna ósea y la disposición concéntrica de las laminillas óseas.
d) Un osteocito dentro de una laguna.

▶ **Figura 10.2** Tejido óseo compacto.

membranas. El proceso de osificación (osteogénesis) endocondral comienza con la aparición de los centros de osificación, primero en la diáfisis y después en la epífisis; allí las células cartilaginosas dan origen a prolongaciones y forman una red donde se inicia el depósito de las sales de calcio; posteriormente, el condroblasto muere y desaparece, y su lugar es ocupado por el osteoblasto. En los huesos de una persona en crecimiento, entre la diáfisis y la epífisis hay una zona en la que no hay calcificación: el cartílago de crecimiento o disco epifisiario.

Una vez formado, el tejido óseo está sometido a una constante destrucción y formación; se trata de un proceso de remodelación que depende de muchos factores; las células que lo destruyen se llaman osteoclastocitos u osteoclastos y las que lo forman osteoblastocitos u osteoblastos y osteocitos. En los niños y jóvenes predomina la formación y en los ancianos, la destrucción; por ello, en estos últimos sus huesos se vuelven frágiles.

El esqueleto de un hombre adulto está constituido por **206 huesos**:

El esqueleto axial del adulto (alrededor del eje o centro del cuerpo) está constituido por los siguientes huesos:

Cabeza	cráneo	8
	cara	14
	huesecillos del oído	6
Cuello y tronco	hueso hioideo (hioides)	1
	columna vertebral	26
	costillas	24
	esternón	1
		80

El esqueleto apendicular está constituido por los huesos de las extremidades:

Miembro superior:

Clavícula	2
Escápula (omoplato)	2
Húmero	2
Ulna (cúbito)	2
Radio	2
Huesos carpianos	16
Huesos metacarpianos	10
Falanges	28

Miembro inferior:

Coxal o iliaco	2
Fémur	2
Tibia	2
Fíbula (peroné)	2
Rótula (patela)	2
Huesos del tarso	14
Huesos del metatarso	10
Falanges	28
	62

80 + 64 + 62 = **206**

Algunas personas tienen huesos supernumerarios que se llaman *wormianos* cuando se encuentran en la cabeza, y *sesamoideos* cuando se encuentran en las manos o los pies.

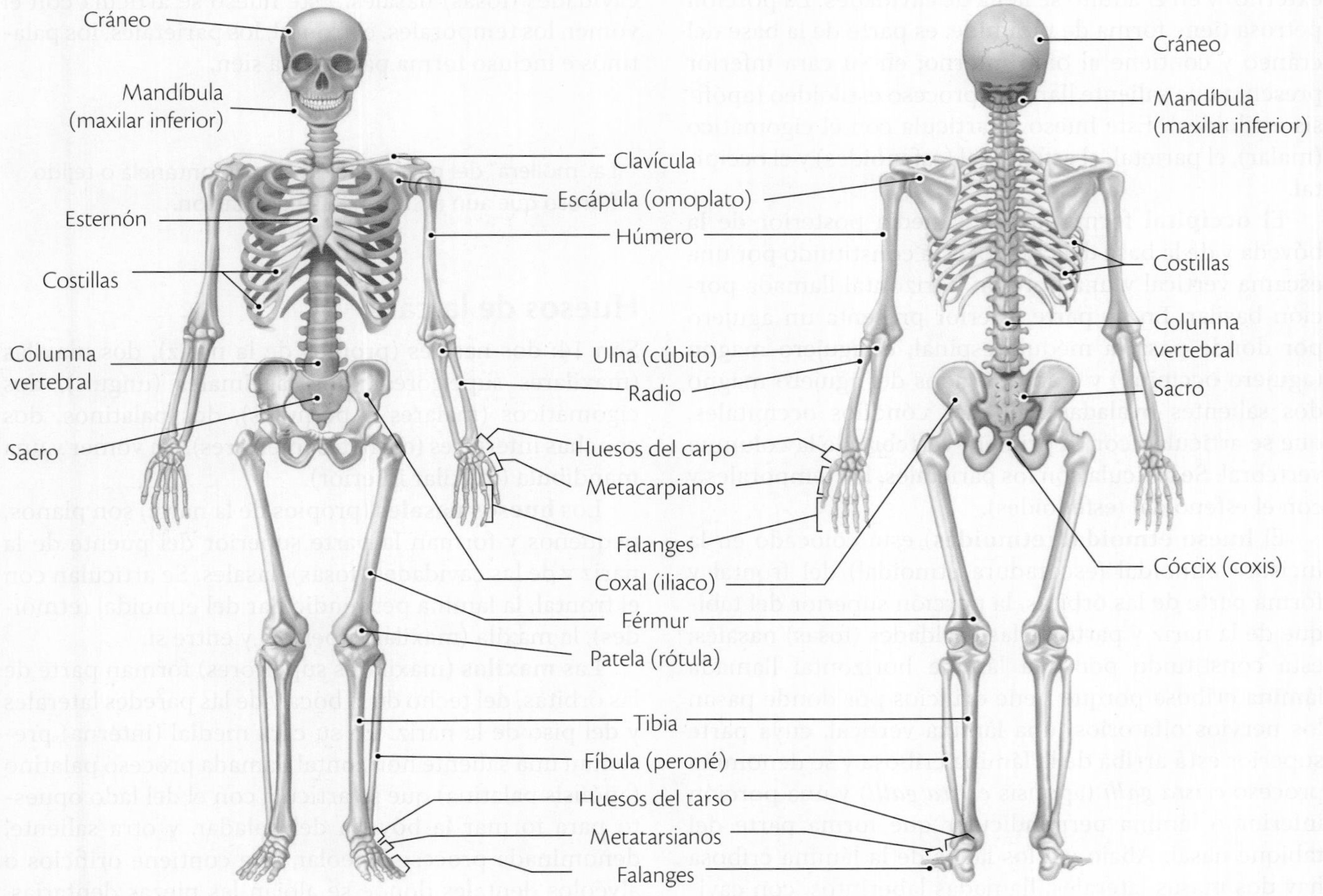

Cráneo
Mandíbula (maxilar inferior)
Clavícula
Escápula (omoplato)
Esternón
Húmero
Costillas
Columna vertebral
Ulna (cúbito)
Radio
Sacro
Huesos del carpo
Metacarpianos
Falanges
Coxal (iliaco)
Fémur
Patela (rótula)
Tibia
Fíbula (peroné)
Huesos del tarso
Metatarsianos
Falanges
Cráneo
Mandíbula (maxilar inferior)
Costillas
Columna vertebral
Sacro
Cóccix (coxis)

Figura 10.3 Esqueleto humano.

Características principales de los huesos

Huesos del cráneo

El **cráneo** está formado por una bóveda o techo y una base o piso. Los huesos de la bóveda son un frontal, dos parietales, dos temporales y un occipital. Los huesos de la base son un etmoidal (etmoides), un esfenoidal (esfenoides), parte del frontal, parte del occipital y parte de los temporales.

El **hueso frontal** se encuentra en la parte anterior del cráneo, tiene una porción vertical o escama que forma la frente, y una porción horizontal que forma parte de la base del cráneo y el techo de las órbitas oculares. En la parte media de su porción horizontal tiene una escotadura llamada incisura etmoidal (escotadura etmoidal) donde se articula el **hueso etmoidal (etmoides)** y a los lados los arcos orbitarios que coronan los párpados. Tiene dos cavidades llamadas senos frontales, y se articula con doce huesos: parietales, esfenoidal (esfenoides), etmoidal (etmoides), lagrimales (unguis), nasales (propios de la nariz), cigomáticos (malares) y maxilas (maxilares superiores).

Los **parietales** son dos huesos planos de forma cuadrilátera que forman la mayor parte del techo y los lados del cráneo; se articulan entre sí en el plano sagital, adelante con el frontal, atrás con el occipital y abajo con el temporal.

Los **temporales** forman la parte baja de los lados del cráneo y parte del piso; están constituidos por tres partes principales: escama, porción mastoidea y porción petrosa. La escama forma la parte anterior y superior de la sien y está limitada por abajo por una saliente llamada proceso cigomático (apófisis cigomática) que se une hacia adelante con otra saliente del hueso cigomático (malar o pómulo) para formar una especie de asa denominada arco cigomático. La porción mastoidea se localiza atrás del meato acústico externo (conducto auditivo externo) y en el adulto se llena de cavidades. La porción petrosa tiene forma de pirámide, es parte de la base del cráneo y contiene al oído interno; en su cara inferior presenta una saliente llamada proceso estiloideo (apófisis estiloides). Este hueso se articula con el cigomático (malar), el parietal, el esfenoidal (esfenoides) y el occipital.

El **occipital** forma la parte media posterior de la bóveda y de la base del cráneo; está constituido por una escama vertical y una porción horizontal llamada porción basilar. En su parte inferior presenta un agujero por donde pasa la médula espinal, el agujero magno (agujero occipital) y a ambos lados del agujero magno dos salientes ovaladas llamadas cóndilos occipitales, que se articulan con la primera vértebra de la columna vertebral. Se articula con los parietales, los temporales y con el esfenoidal (esfenoides).

El **hueso etmoidal (etmoides)** está colocado en la incisura etmoidal (escotadura etmoidal) del frontal y forma parte de las órbitas, la porción superior del tabique de la nariz y parte de las cavidades (fosas) nasales; está constituido por una lámina horizontal llamada lámina cribosa porque tiene orificios por donde pasan los nervios olfatorios; una lámina vertical, cuya parte superior está arriba de la lámina cribosa y se denomina proceso *crista galli* (apófisis *crista galli*) y una porción inferior o lámina perpendicular que forma parte del tabique nasal. Abajo y a los lados de la lámina cribosa hay dos masas laterales, llamadas laberintos, con cavidades llenas de aire o senos etmoidales. Cada laberinto (masa lateral) forma la pared lateral de las cavidades (fosas) nasales y tiene en su cara medial (interna) dos laminitas delgadas: la concha nasal superior (cornete superior) y la concha nasal media (cornete medio). Este hueso se articula con el frontal, la maxila (maxilar superior), el palatino, lagrimal (unguis) y con el esfenoidal (esfenoides).

El **hueso esfenoidal (esfenoides)** está colocado en la base del cráneo, entre los temporales que se encuentran a su lado, el etmoidal (etmoides) y el frontal hacia adelante y el occipital hacia atrás. Tiene forma parecida a la de un murciélago con las alas extendidas y está constituido por un cuerpo y tres prolongaciones a cada lado: alas menores, alas mayores y procesos pterigoideos (apófisis pterigoides). El cuerpo es de forma cúbica, voluminoso y también tiene en su interior cavidades, los senos esfenoidales; la parte superior del cuerpo presenta una depresión llamada silla turca. Las alas mayores, una a cada lado, forman parte del piso del cráneo; las alas menores forman parte de las órbitas oculares, y los procesos pterigoideos (apófisis pterigoides) que salen de la parte inferior del cuerpo forman parte de las cavidades (fosas) nasales. Este hueso se articula con el vómer, los temporales, el frontal, los parietales, los palatinos e incluso forma parte de la sien.

> La "mollera" del recién nacido es una fontanela o tejido fibroso que aun no termina su osificación.

Huesos de la cara

Son 14: dos nasales (propios de la nariz), dos maxilas (maxilares superiores), dos lagrimales (unguis), dos cigomáticos (malares o pómulos), dos palatinos, dos conchas inferiores (cornetes inferiores), un vómer y una mandíbula (maxilar inferior).

Los **huesos nasales** (propios de la nariz) son planos, pequeños y forman la parte superior del puente de la nariz y de las cavidades (fosas) nasales. Se articulan con el frontal, la lámina perpendicular del etmoidal (etmoides), la maxila (maxilar superior) y entre sí.

Las **maxilas** (maxilares superiores) forman parte de las órbitas, del techo de la boca y de las paredes laterales y del piso de la nariz. En su cara medial (interna) presentan una saliente horizontal llamada proceso palatino (apófisis palatina) que se articula con el del lado opuesto para formar la bóveda del paladar, y otra saliente, denominada proceso alveolar, que contiene orificios o alvéolos dentales donde se alojan las piezas dentarias. Estos huesos se articulan entre sí y con el vómer, el cigo-

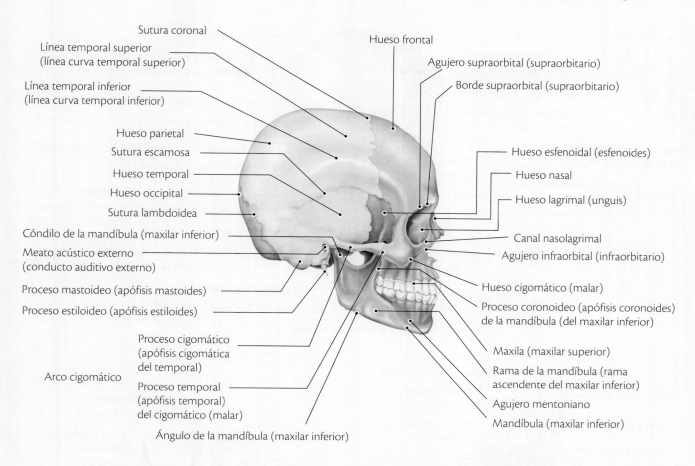

Sutura coronal

Línea temporal superior
(línea curva temporal superior)

Línea temporal inferior
(línea curva temporal inferior)

Hueso parietal

Sutura escamosa

Hueso temporal

Hueso occipital

Sutura lambdoidea

Cóndilo de la mandíbula (maxilar inferior)

Meato acústico externo
(conducto auditivo externo)

Proceso mastoideo (apófisis mastoides)

Proceso estiloideo (apófisis estiloides)

Arco cigomático

Proceso cigomático
(apófisis cigomática
del temporal)

Proceso temporal
(apófisis temporal)
del cigomático (malar)

Ángulo de la mandíbula (maxilar inferior)

Hueso frontal

Agujero supraorbital (supraorbitario)

Borde supraorbital (supraorbitario)

Hueso esfenoidal (esfenoides)

Hueso nasal

Hueso lagrimal (unguis)

Canal nasolagrimal

Agujero infraorbital (infraorbitario)

Hueso cigomático (malar)

Proceso coronoideo (apófisis coronoides)
de la mandíbula (del maxilar inferior)

Maxila (maxilar superior)

Rama de la mandíbula (rama
ascendente del maxilar inferior)

Agujero mentoniano

Mandíbula (maxilar inferior)

Visita lateral derecha del cráneo

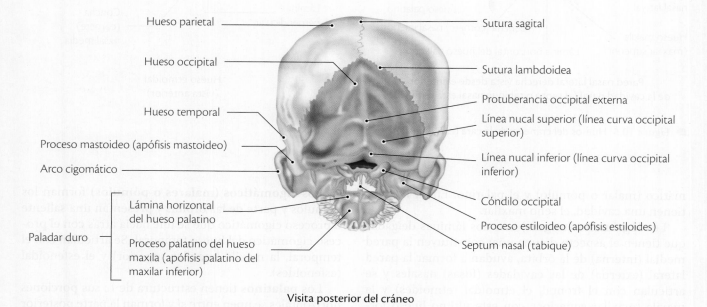

Hueso parietal

Hueso occipital

Hueso temporal

Proceso mastoideo (apófisis mastoideo)

Arco cigomático

Lámina horizontal
del hueso palatino

Paladar duro

Proceso palatino del hueso
maxila (apófisis palatino del
maxilar inferior)

Sutura sagital

Sutura lambdoidea

Protuberancia occipital externa

Línea nucal superior (línea curva occipital
superior)

Línea nucal inferior (línea curva occipital
inferior)

Cóndilo occipital

Proceso estiloideo (apófisis estiloides)

Septum nasal (tabique)

Visita posterior del cráneo

Figura 10.4 Huesos del cráneo y de la cara.

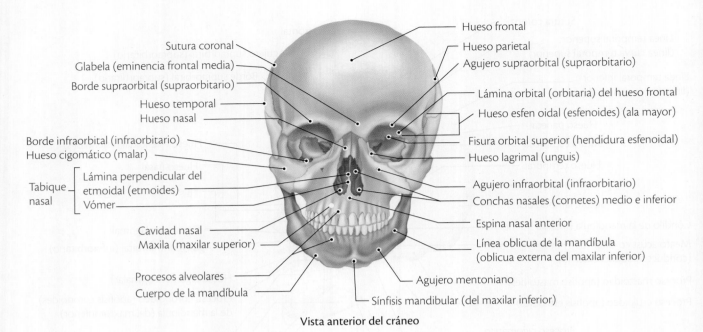

Vista anterior del cráneo

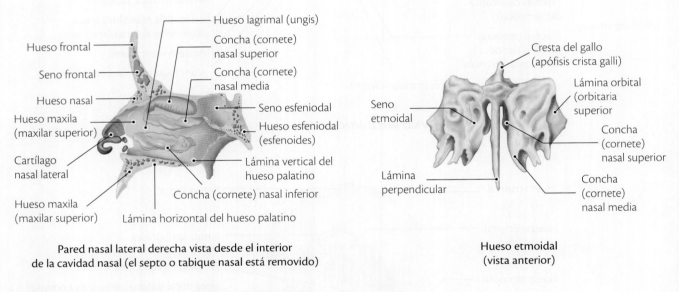

Pared nasal lateral derecha vista desde el interior
de la cavidad nasal (el septo o tabique nasal está removido)

Hueso etmoidal
(vista anterior)

▶ **Figura 10.5** Huesos del cráneo y de la cara (*continuación*).

mático (malar o pómulo) y el palatino. En su interior tienen una cavidad, el seno maxilar.

Los **lagrimales (unguis)** son dos láminas delgadas que tienen el aspecto de una uña; constituyen la pared medial (interna) de la órbita, ayudan a formar la pared lateral (externa) de las cavidades (fosas) nasales y se articulan con el frontal, el etmoidal (etmoides) y la maxila (maxilar superior); con este último hueso forman la parte superior del canal que lleva las lágrimas hacia la nariz (canal nasal).

Los **cigomáticos (malares o pómulos)** forman los pómulos y parte de las órbitas y presentan una saliente o proceso cigomático que se une hacia atrás con el proceso cigomático del hueso temporal. Se articulan con el temporal, la maxila (maxilar superior) y el esfenoidal (esfenoides).

Los **palatinos** tienen estructura de L; sus porciones horizontales se unen entre sí y forman la parte posterior del paladar y del piso de las cavidades (fosas) nasales; sus porciones verticales son parte de las paredes laterales de

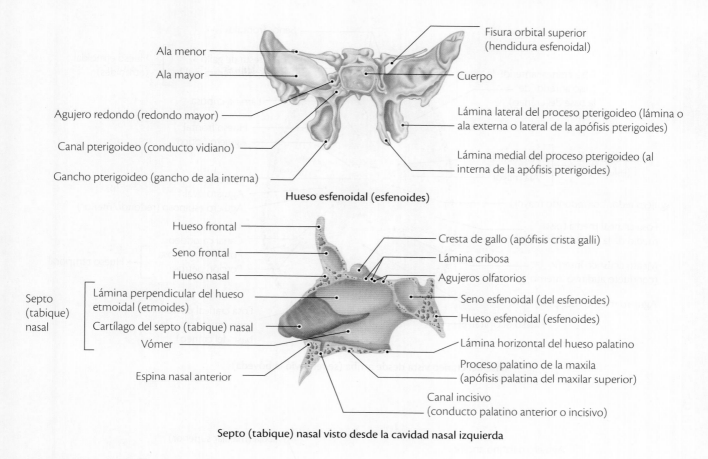

Ala menor

Ala mayor

Agujero redondo (redondo mayor)

Canal pterigoideo (conducto vidiano)

Gancho pterigoideo (gancho de ala interna)

Fisura orbital superior (hendidura esfenoidal)

Cuerpo

Lámina lateral del proceso pterigoideo (lámina o ala externa o lateral de la apófisis pterigoides)

Lámina medial del proceso pterigoideo (al interna de la apófisis pterigoides)

Hueso esfenoidal (esfenoides)

Hueso frontal

Seno frontal

Hueso nasal

Septo (tabique) nasal

Lámina perpendicular del hueso etmoidal (etmoides)

Cartílago del septo (tabique) nasal

Vómer

Espina nasal anterior

Cresta de gallo (apófisis crista galli)

Lámina cribosa

Agujeros olfatorios

Seno esfenoidal (del esfenoides)

Hueso esfenoidal (esfenoides)

Lámina horizontal del hueso palatino

Proceso palatino de la maxila (apófisis palatina del maxilar superior)

Canal incisivo (conducto palatino anterior o incisivo)

Septo (tabique) nasal visto desde la cavidad nasal izquierda

▶ **Figura 10.6** Huesos del cráneo y de la cara (*continuación*).

las cavidades (fosas) nasales y de las órbitas. Se articulan entre sí y con la maxila (maxilar superior), el vómer, el esfenoidal (esfenoides) y el etmoidal (etmoides).

Las **conchas inferiores (cornetes inferiores)** tienen el aspecto de láminas enrolladas y se encuentran en la cavidad nasal, debajo de las conchas nasales medias (cornetes medios) del etmoidal (etmoides). Se articulan con la maxila (maxilar superior) y el palatino, y ayudan a formar parte del canal nasal.

El **vómer** es plano y sus caras son parte de las cavidades (fosas) nasales. Se encuentra entre los palatinos y las maxilas (maxilares superiores) por abajo y el esfenoidal (esfenoides) por arriba; su borde posterior forma el borde posterior del tabique y su borde anterior se articula con la lámina perpendicular del etmoidal (etmoides) y con un cartílago para formar el tabique nasal.

La **mandíbula** (maxilar inferior) se encuentra en la parte inferior de la cara y presenta una porción horizontal llamada cuerpo y dos porciones verticales o ramas, cada una de las cuales tiene dos salientes: el proceso condilar (cóndilo), que se articula con el hueso

temporal y el proceso coronoideo (apófisis coronoides). En el borde superior del cuerpo tiene alveolos dentales.

Huesos del cuello

En la porción anterior del cuello, por encima de la laringe y debajo de la lengua, se encuentra el hueso hioideo (hioides), que es el único que no se articula con otro hueso, solamente se une al resto del esqueleto por ligamentos y músculos; tiene la forma de una herradura y presenta una porción horizontal media llamada cuerpo y cuatro salientes o cuernos (astas), dos mayores y dos menores.

En la porción posterior del cuello se encuentran las vértebras cervicales, que se estudiarán con la columna vertebral.

Huesos del tronco

La columna vertebral del niño está formada por una serie de huesos superpuestos, las vértebras, de las cuales hay

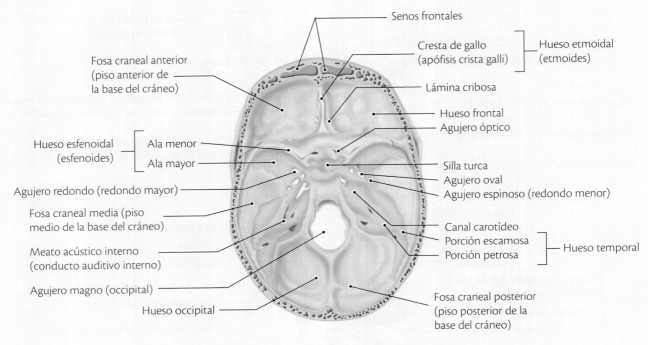

Base del cráneo vista desde arriba (se removió la bóveda)

Senos frontales

Cresta de gallo
(apófisis crista galli) — Hueso etmoidal
(etmoides)

Lámina cribosa

Hueso frontal

Agujero óptico

Silla turca

Agujero oval

Agujero espinoso (redondo menor)

Canal carotídeo
Porción escamosa — Hueso temporal
Porción petrosa

Fosa craneal posterior
(piso posterior de la
base del cráneo)

Fosa craneal anterior
(piso anterior de
la base del cráneo)

Hueso esfenoidal
(esfenoides) — Ala menor
Ala mayor

Agujero redondo (redondo mayor)

Fosa craneal media (piso
medio de la base del cráneo)

Meato acústico interno
(conducto auditivo interno)

Agujero magno (occipital)

Hueso occipital

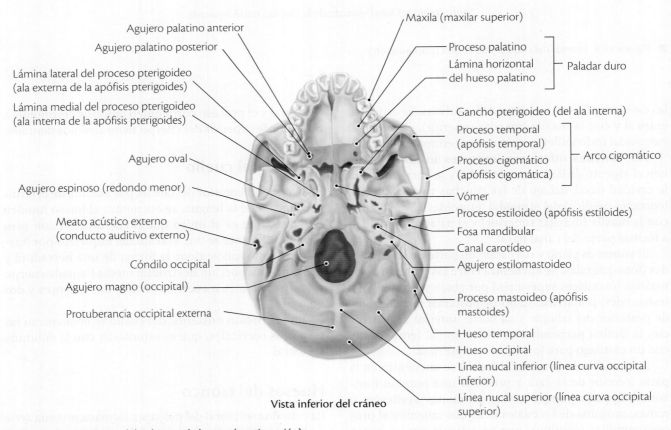

Vista inferior del cráneo

Maxila (maxilar superior)

Proceso palatino
Lámina horizontal
del hueso palatino — Paladar duro

Gancho pterigoideo (del ala interna)

Proceso temporal
(apófisis temporal)

Proceso cigomático
(apófisis cigomática) — Arco cigomático

Vómer

Proceso estiloideo (apófisis estiloides)

Fosa mandibular

Canal carotídeo

Agujero estilomastoideo

Proceso mastoideo (apófisis
mastoides)

Hueso temporal

Hueso occipital

Línea nucal inferior (línea curva occipital
inferior)

Línea nucal superior (línea curva occipital
superior)

Agujero palatino anterior

Agujero palatino posterior

Lámina lateral del proceso pterigoideo
(ala externa de la apófisis pterigoides)

Lámina medial del proceso pterigoideo
(ala interna de la apófisis pterigoides)

Agujero oval

Agujero espinoso (redondo menor)

Meato acústico externo
(conducto auditivo externo)

Cóndilo occipital

Agujero magno (occipital)

Protuberancia occipital externa

▶ **Figura 10.7 Huesos del cráneo y de la cara** (*continuación*).

siete cervicales, doce torácicas (dorsales), cinco lumbares, cinco sacras y cuatro o cinco coccígeas. A pesar de que las vértebras presentan diferencias, en términos generales se les pueden distinguir las siguientes partes:

a) **Un cuerpo** Tiene forma de cilindro y ocupa la porción anterior.

b) **Un arco vertebral** Situado detrás del cuerpo, está formado por dos porciones laterales, los pedículos, que se continúan hacia atrás con la lámina. Al unirse arco y cuerpo se forma un espacio llamado agujero vertebral. Los agujeros vertebrales superpuestos constituyen el canal vertebral (conducto vertebral o raquídeo) donde se aloja la médula espinal y, entre un pedículo y otro, se forma el agujero intervertebral por donde pasan los nervios espinales (raquídeos).

c) **Siete salientes, llamadas procesos (apófisis)** Entre el pedículo y la lámina hay un proceso transverso (apófisis transversa); en la parte posterior hay un proceso espinoso (apófisis espinosa) y cuatro procesos articulares (apófisis articulares), de los cuales dos son superiores y se articulan con los procesos articulares inferiores de la vértebra de arriba, y dos inferiores, que se articulan con los procesos articulares superiores de la vértebra que está abajo.

Las vértebras torácicas (dorsales) son un poco más grandes que las cervicales y tienen un proceso espinoso (apófisis espinosa) largo e inclinado hacia abajo y sus procesos transversos (apófisis transversas) presentan superficies articulares para las costillas.

Las vértebras lumbares tienen su cuerpo más grande y su proceso espinoso (apófisis espinosa) de forma cuadrangular.

Las vértebras sacras del adulto se sueldan para formar el hueso sacro, que tiene la forma de una pirámide rectangular con el vértice invertido, convexa hacia atrás y cóncava hacia adelante.

Las vértebras coccígeas se unen para formar un hueso triangular llamado cóccix (cóxis).

Algunas vértebras presentan características particulares:

La primera vértebra cervical, el *atlas*, tiene aspecto de anillo y está formada por dos masas laterales donde se apoyan los cóndilos del occipital, un arco anterior y uno posterior.

La segunda vértebra cervical, el *axis*, tiene una prolongación vertical llamada diente (apófisis odontoides) que se aloja en el anillo del atlas.

La séptima vértebra cervical tiene su proceso espinoso (apófisis espinosa) más grande que las otras y sin bifurcar, por lo cual también se denomina vértebra prominente.

Forman la caja torácica las vértebras torácicas (dorsales), articuladas con el esternón y las costillas.

El esternón es un hueso aplanado que se encuentra en la parte anterior del tórax y está constituido por tres partes: una superior llamada manubrio, que se articula con las clavículas, una media o cuerpo que se une a las costillas por medio de los cartílagos costales y una porción inferior denominada proceso xifoideo (apéndice xifoides).

Las costillas son huesos planos, en forma de arco, que están dispuestas por pares. Tienen un cuerpo, dos bordes y dos extremos, anterior y posterior. El cuerpo presenta un surco en su borde inferior por donde pasan los vasos sanguíneos y un nervio; en su extremo anterior hay una superficie cóncava donde se une al cartílago costal; en su extremo posterior tiene una saliente llamada cabeza, un estrechamiento o cuello y un tubérculo, que se encuentra debajo del cuello. La cabeza se articula con los cuerpos vertebrales y el tubérculo con el proceso transverso (apófisis transversa) de cada vértebra dorsal, con excepción de la decimoprimera y decimosegunda costillas. Los espacios entre las costillas se denominan espacios intercostales.

Los primeros siete pares (se cuentan de arriba abajo) se llaman costillas verdaderas porque cada una de ellas se une directamente al esternón por medio de un cartílago costal; las costillas octava, novena y décima se llaman falsas porque se unen al esternón indirectamente por medio de un cartílago común unido al cartílago de la séptima costilla; por último, las costillas decimoprimera y decimosegunda son las flotantes, muy cortas y se encuentran libres por su parte anterior en las paredes del tórax.

Huesos del miembro superior

Los huesos del hombro son dos: la **clavícula** y la **escápula (omoplato)**, y forman el cinturón del miembro superior que une los huesos de los miembros superiores libres al tórax.

Las clavículas son dos huesos largos en forma de S itálica unidos al esternón por medio de sus extremidades esternales, que son voluminosas, y a la escápula (omoplato) mediante sus extremidades acromiales, que son aplanadas de arriba abajo.

Las escápulas (omoplatos) son huesos planos, delgados, de forma triangular, colocados en la parte posterior del tórax; en su cara posterior presentan una saliente, la espina, que se continúa hacia afuera en una prolongación llamada acromion. Debajo del acromion hay una cavidad, la cavidad glenoidea, donde se articula el húmero. En la parte lateral de su borde superior presen-

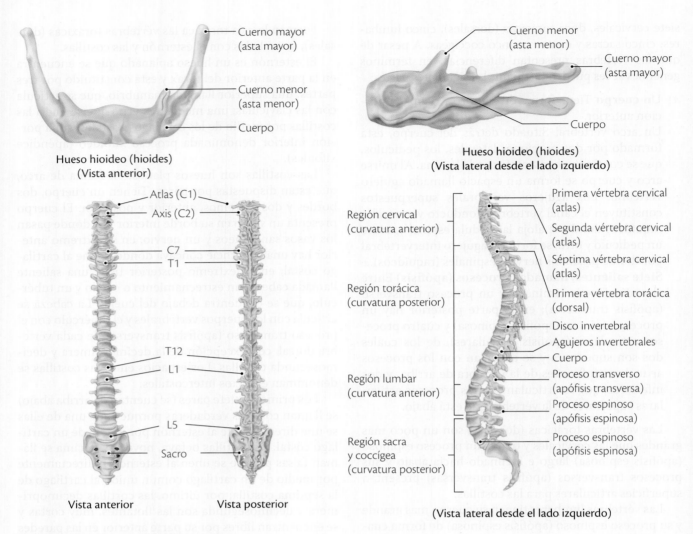

Figura 10.8 Huesos del cuello y tronco.

ta una saliente denominada proceso coracoideo o apófisis coracoides.

El húmero constituye el esqueleto del brazo; se trata de un hueso largo redondeado por arriba y triangular por abajo; está formado por una porción media llamada cuerpo y dos extremidades. En su extremidad proximal o superior presenta una porción redondeada denominada cabeza que se articula con la cavidad glenoidea de la escápula (omoplato) y se une a la diáfisis o cuerpo por medio de una porción más estrecha, el cuello anatómico, dos salientes, los tubérculos mayor y menor (troquín y troquíter) y abajo de éstos el cuello quirúrgico, nombrado así porque se fractura con frecuencia. Su extremidad distal o inferior está constituida por dos salientes anteriores, llamadas tróclea y cabecita (cóndilo), respectivamente, y una depresión posterior llamada fosa olecraneana donde se aloja el ulna (cúbito) cuando se

extiende el antebrazo. Se articula por medio de la cabecita (cóndilo) con el radio y de la tróclea con el ulna (cúbito).

Los huesos del antebrazo son el ulna (cúbito) y el radio.

El ulna (cúbito) es un hueso largo que se encuentra en la parte medial (interna) del antebrazo y está formado por un cuerpo y dos extremidades. Su extremidad proximal o superior es voluminosa y está constituida por una saliente superior llamada olécranon que es la prominencia del codo y una saliente anterior, el proceso coronoideo (apófisis coronoides); entre estas dos salientes queda una depresión donde se articula la tróclea del húmero; el proceso coronoideo (apófisis coronoides) tiene una pequeña depresión donde se articula con el radio. Su extremidad distal o inferior está constituida por una cabeza y una saliente llamada proceso estiloi-

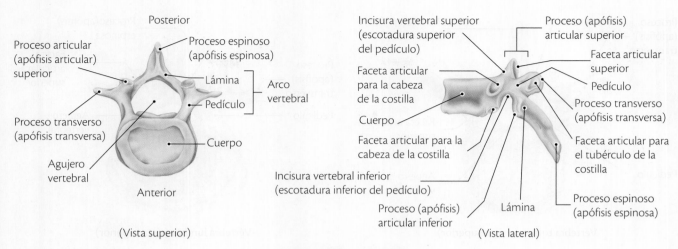

Partes de una vértebra

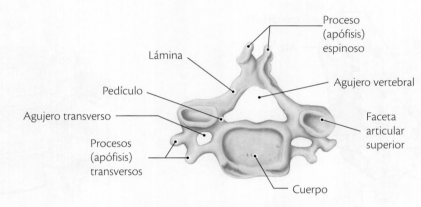

Quinta vértebra cervical (vista superior)

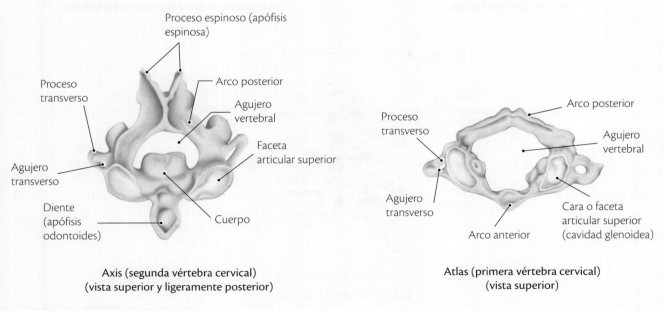

Figura 10.9 Partes de una vértebra.

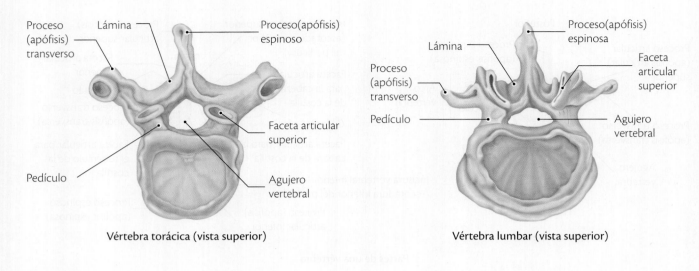

Vértebra torácica (vista superior)

Vértebra lumbar (vista superior)

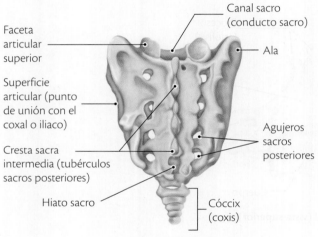

Vista del sacro y del cóccix

Articulaciones entre los cuerpos vertebrales

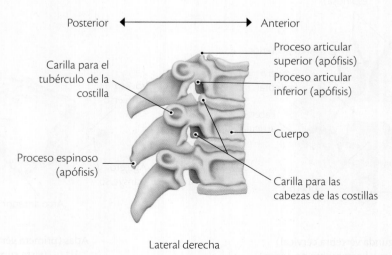

Vista de vértebras torácicas

Figura 10.10 Partes de una vértebra (*continuación*).

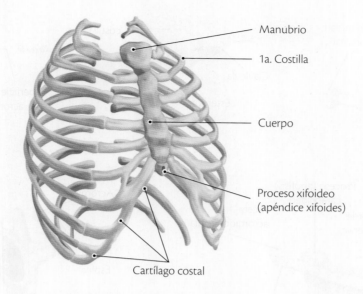

Manubrio

1a. Costilla

Cuerpo

Proceso xifoideo
(apéndice xifoides)

Cartílago costal

Costillas vistas desde arriba y atrás

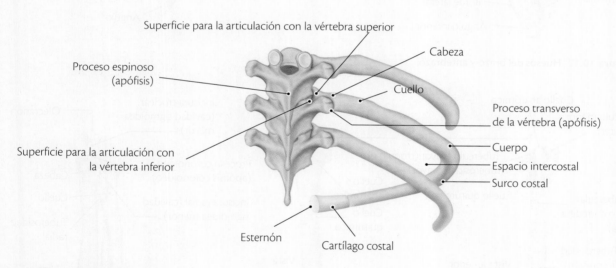

Superficie para la articulación con la vértebra superior

Cabeza

Proceso espinoso
(apófisis)

Cuello

Proceso transverso
de la vértebra (apófisis)

Cuerpo

Espacio intercostal

Surco costal

Superficie para la articulación con
la vértebra inferior

Esternón

Cartílago costal

Figura 10.11 Huesos del tórax.

deo (apófisis estiloides). Se articula con el radio por afuera y con el triquetro (piramidal) por abajo.

El radio es un hueso largo que se encuentra en la parte lateral (externa) del antebrazo y está formado por un cuerpo y dos extremidades. Su extremidad proximal o superior está constituida por una cabeza de forma cilíndrica que se articula con la cabecita (cóndilo) del húmero y se une al cuerpo mediante un cuello; por medio de la cabeza se articula también con el proceso coronoideo (apófisis coronoides) del ulna (cúbito). En su extremidad distal o inferior presenta una superficie

articular con la que se articula con el escafoideo (escafoides) y el semilunar del carpo y una saliente llamada proceso estiloideo (apófisis estiloides).

El esqueleto de la mano tiene tres partes: el carpo o muñeca, el metacarpo y las falanges.

El carpo está formado por ocho huesos cortos dispuestos en dos hileras: la hilera proximal o superior formada por los huesos escafoideo (escafoides), semilunar, triquetro (piramidal) y pisciforme; y la hilera distal o inferior formada por el trapecio, trapezoideo (trapezoide), el hueso grande y el hueso ganchoso. Se articulan

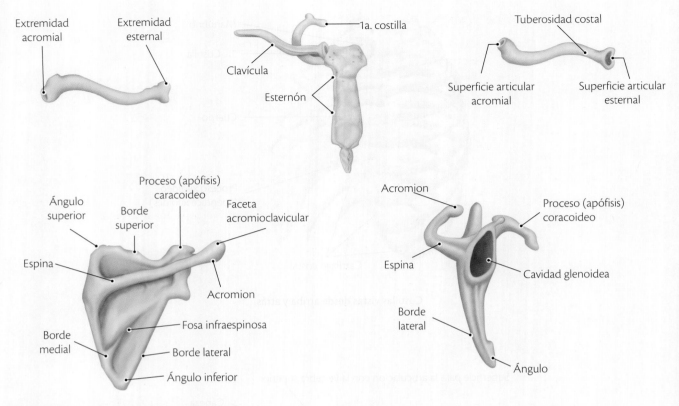

Figura 10.12 Huesos del brazo y antebrazo.

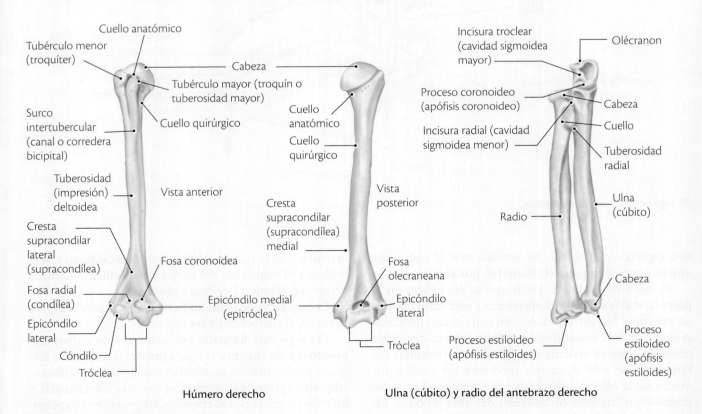

Figura 10.13 Huesos del brazo y antebrazo.

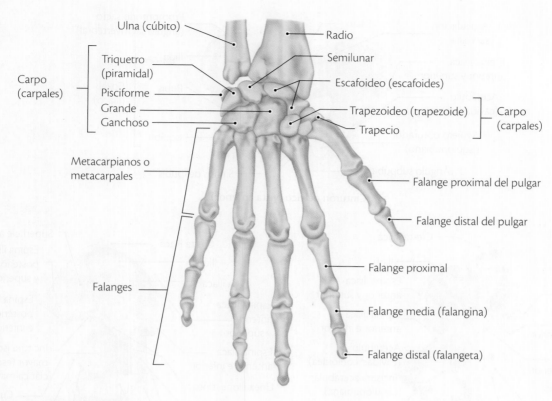

Figura 10.14 Esqueleto de la mano.

con los huesos del antebrazo, con los metacarpianos y entre sí.

El metacarpo está formado por cinco huesos largos llamados metacarpianos, que se numeran del uno al cinco de afuera adentro. Se articulan con los huesos del carpo y con las falanges proximales.

Las falanges de los dedos son catorce: tres para cada dedo, con excepción del pulgar que tiene dos. La falange que se articula con el metacarpiano se llama falange proximal; la que está en medio, falange media o falangina y la que está más alejada, falange distal o falangeta.

Huesos del miembro inferior

El miembro inferior tiene un cinturón formado por los huesos coxales (iliacos), que se articulan con el hueso sacro por atrás y entre sí por adelante, para formar el esqueleto de la pelvis.

El hueso coxal (iliaco) es un hueso grande parecido a una hélice torcida sobre su eje; en el recién nacido tiene tres partes: el ilion en la parte superior, el pubis hacia adelante y el isquion abajo y atrás; estas tres partes se unen posteriormente en el acetábulo o cavidad cotiloidea donde se articula el fémur. El ilion está en la parte

superior, es ancho y forma la prominencia de la cadera; el isquion constituye la parte baja y posterior del acetábulo (cavidad cotiloidea), presenta una prolongación hacia abajo limitada por una tuberosidad, la tuberosidad isquiática, en donde el cuerpo descansa cuando el individuo se sienta; el pubis forma la porción inferior y anterior y presenta una prolongación que se une con el isquion y otra que contribuye a formar el resto del acetábulo (cavidad cotiloidea); se articula con el pubis del lado opuesto. Los huesos coxales se articulan con las caras laterales del sacro.

El **fémur** es el hueso del muslo, *el más largo y pesado del cuerpo,* y está formado por un cuerpo y dos extremidades. En su extremidad proximal o superior presenta una porción redondeada llamada cabeza, una zona angosta o cuello y dos salientes denominadas trocánter mayor y trocánter menor; por medio de la cabeza se articula con el coxal (iliaco). Su extremidad distal o inferior está constituida por dos salientes redondeadas, los cóndilos, que se articulan con la tibia.

La patela (rótula) es un hueso triangular con su base superior y su vértice inferior situados en la parte anterior de la rodilla, en su cara posterior presenta dos depresiones en las cuales se articulan los cóndilos del fémur.

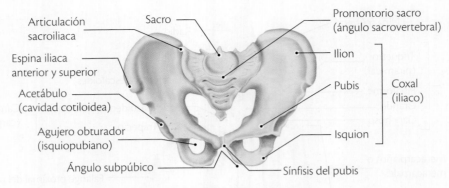

Cinturón pélvico (vista anterior)

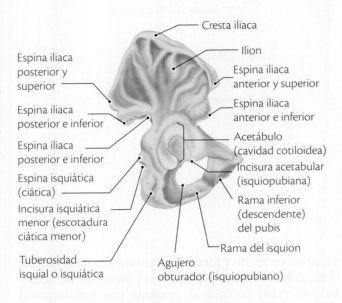

Coxal (iliaco) derecho (vista lateral)

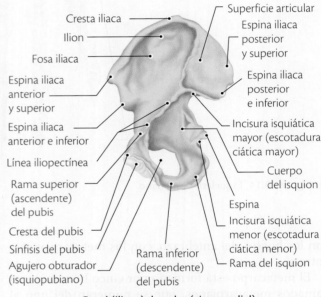

Coxal (iliaco) derecho (vista medial)

▶ **Figura 10.15** Esqueleto de la pelvis.

El esqueleto de la pierna está constituido por la **tibia** y la **fíbula (peroné)**.

La tibia es un hueso largo que se encuentra en la parte medial (interna) de la pierna. Está constituida por un cuerpo y dos extremidades; su extremidad proximal o superior presenta dos superficies articulares cóncavas que se articulan con los cóndilos del fémur y otra pequeña para la fíbula (peroné); su extremidad distal o inferior tiene una saliente, el maléolo medial (maléolo interno) y dos superficies articulares, una para la fíbula (peroné) y otra para el talus (astrágalo).

La fíbula (peroné) es el hueso lateral (externo) de la pierna; se trata de un hueso largo constituido por un cuerpo y dos extremidades; su extremidad proximal o superior tiene una porción o cabeza que se articula con

la tibia; su extremidad distal o inferior presenta una saliente, el maléolo lateral (maléolo externo) y superficies articulares para el talus (astrágalo) y la tibia.

Los huesos del pie se dividen en tres partes: tarso, metatarso y falanges.

La parte posterior del tarso está formada por dos huesos: el talus (astrágalo) y el calcáneo, que forma el talón del pie; la parte anterior tiene los huesos cuboideo (cuboides), navicular (escafoides) y los tres huesos cuneiformes: medial (primera cuña), intermedio (segunda cuña) y lateral (tercera cuña).

El metatarso está constituido por cinco huesos largos llamados metatarsianos numerados del uno al cinco, que empiezan por el medial y acaban con el lateral.

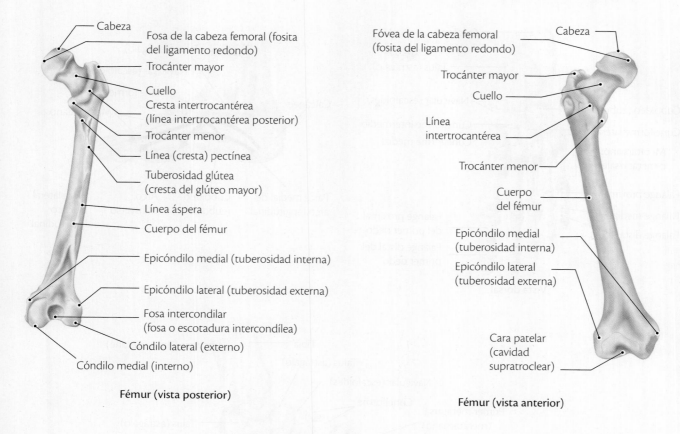

Cabeza

Fosa de la cabeza femoral (fosita del ligamento redondo)

Trocánter mayor

Cuello

Cresta intertrocantérea (línea intertrocantérea posterior)

Trocánter menor

Línea (cresta) pectínea

Tuberosidad glútea (cresta del glúteo mayor)

Línea áspera

Cuerpo del fémur

Epicóndilo medial (tuberosidad interna)

Epicóndilo lateral (tuberosidad externa)

Fosa intercondilar (fosa o escotadura intercondílea)

Cóndilo lateral (externo)

Cóndilo medial (interno)

Fémur (vista posterior)

Fóvea de la cabeza femoral (fosita del ligamento redondo)

Cabeza

Trocánter mayor

Cuello

Línea intertrocantérea

Trocánter menor

Cuerpo del fémur

Epicóndilo medial (tuberosidad interna)

Epicóndilo lateral (tuberosidad externa)

Cara patelar (cavidad supratroclear)

Fémur (vista anterior)

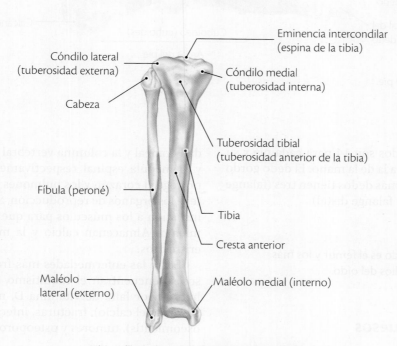

Eminencia intercondilar (espina de la tibia)

Cóndilo lateral (tuberosidad externa)

Cóndilo medial (tuberosidad interna)

Cabeza

Tuberosidad tibial (tuberosidad anterior de la tibia)

Fíbula (peroné)

Tibia

Cresta anterior

Maléolo lateral (externo)

Maléolo medial (interno)

Tibia y fíbula (peroné) derechas (vista anterior)

▶ **Figura 10.16** Esqueleto del muslo y la pierna.

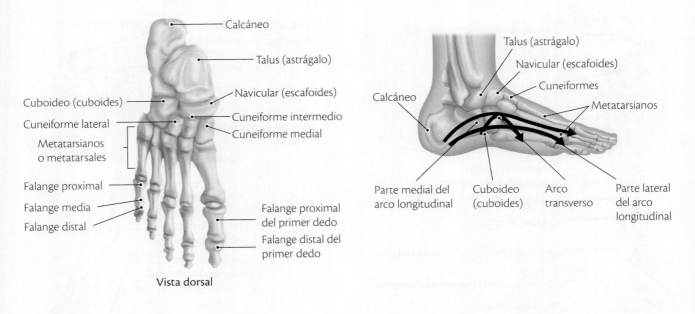

Vista dorsal

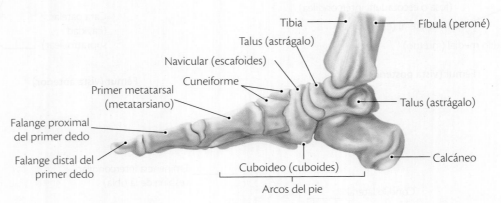

Figura 10.17 Esqueleto del pie.

Las falanges de los dedos son 14 para cada pie y su distribución es semejante a la de la mano. El dedo gordo tiene dos falanges y los demás dedos tienen tres (falange proximal, falange media y falange distal).

El hueso más largo y pesado es el fémur y los más pequeños son los huesecillos del oído.

Funciones de los huesos

Sirven para sostener al organismo, darle forma y para proteger órganos importantes. De esta manera, la cavi-

dad craneal y la columna vertebral protegen el encéfalo y la médula espinal respectivamente; la caja torácica protege el corazón y los pulmones y la caja pélvica protege los órganos de reproducción. Sirven como sitios de inserción a los músculos para que sea posible el movimiento. Almacenan calcio y la médula ósea produce eritrocitos.

Entre las enfermedades más frecuentes de los huesos se encuentran el raquitismo (deformación en los huesos por falta de vitamina D, necesaria para fijar o absorber el calcio), fracturas, infecciones (tuberculosis, osteomielitis), tumores y osteoporosis.

Actividades

1. Acude a un centro de salud, a un hospital o con tu médico familiar y solicita que te permitan observar algunas radiografías de huesos largos correspondientes a un niño, un adulto y varios adolescentes. Identifica si hay cartílago de crecimiento o disco epifisario. Comenta tus observaciones con tus compañeros y redacten una conclusión.
2. Cada alumno modelará con plastilina un hueso para que el grupo lo identifique. Se puede hacer un dibujo señalando sus partes principales.
3. Si la escuela cuenta con un esqueleto, organizados en equipos identifiquen los huesos.
4. Observa al microscopio un corte de tejido óseo y otro de tejido esponjoso. Haz un dibujo señalando sus partes. Si la escuela no cuenta con las preparaciones, se pueden proyectar.
5. Analicen las funciones de los huesos.

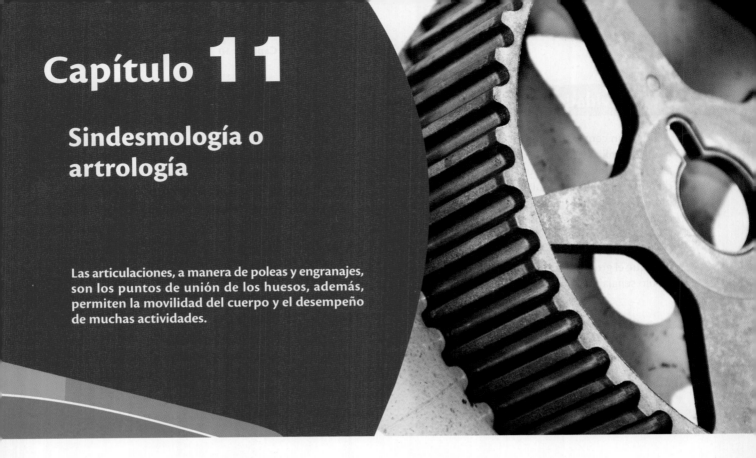

Capítulo 11

Sindesmología o artrología

Las articulaciones, a manera de poleas y engranajes, son los puntos de unión de los huesos, además, permiten la movilidad del cuerpo y el desempeño de muchas actividades.

La sindesmología es la rama de la anatomía que estudia las articulaciones. Una articulación es la unión de dos o más huesos próximos.

Las articulaciones se clasifican, con base en su estructura, en fibrosas, cartilaginosas y sinoviales. Con base en su función, en inmóviles (sinartrosis), semimóviles (anfiartrosis) y móviles (diartrosis)(figura 11.1).

Articulaciones fibrosas

Las **articulaciones fibrosas** se caracterizan porque las superficies articulares (superficie de los huesos que forman la articulación) se unen por tejido fibroso. Cuando la capa de tejido fibroso es delgada se llaman también suturas, y pueden ser las siguientes:

* **Armónicas**, cuando los bordes de los huesos son lineales o lisos; por ejemplo, la articulación de los huesos nasales (propios de la nariz).
* **Dentadas**, cuando las superficies se ensamblan por medio de picos o espigas; por ejemplo, la sutura biparietal.
* **Escamosas**, cuando los huesos están cortados en bisel; por ejemplo, la articulación temporoparietal.
* **Esquindelesis**, cuando una superficie tiene la forma de una horquilla y la otra de un pico que se adapta a

ella; por ejemplo, la articulación del vómer con las maxilas (maxilares superiores).
* **Gonfosis**, cuando un pico entra en una cavidad cónica; por ejemplo, la unión de las piezas dentales con los alveolos dentales.

Cuando la capa de tejido fibroso es gruesa, las articulaciones se llaman sindesmosis; por ejemplo, la articulación tibiofibular, donde se unen las superficies distales (inferiores) de la tibia y la fíbula (peroné).

Articulaciones cartilaginosas

Las **articulaciones cartilaginosas** tienen sus superficies articulares unidas por cartílago; pueden ser sincondrosis cuando hay cartílago hialino, como sucede en la unión de la diáfisis y la epífisis de los huesos largos cuando hay cartílago de crecimiento; y sínfisis cuando hay fibrocartílago; por ejemplo, en la sínfisis púbica que une a los dos huesos coxales (iliacos) y las articulaciones que existen entre los cuerpos de las vértebras.

Articulaciones sinoviales

Las **articulaciones sinoviales** se caracterizan porque tienen una cavidad articular o cavidad sinovial entre las

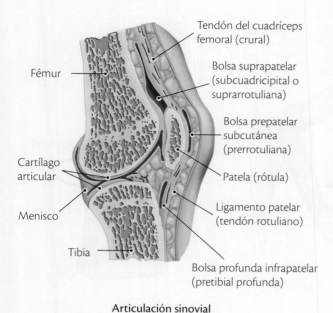

Articulación sinovial

Fémur

Tendón del cuadríceps femoral (crural)

Bolsa suprapatelar (subcuadricipital o suprarrotuliana)

Bolsa prepatelar subcutánea (prerrotuliana)

Patela (rótula)

Cartílago articular

Ligamento patelar (tendón rotuliano)

Menisco

Tibia

Bolsa profunda infrapatelar (pretibial profunda)

Fontanela anterior (bregmática)

Hueso frontal

Sutura coronal

Hueso parietal

Sutura escamosa

Fontanela esfenoidal o anterolateral (ptérica)

Fontanela posterior (occipital)

Hueso temporal

Hueso occipital

Sutura lambdoidea (parieto occipital)

Fontanela posterolateral o mastoidea (astérica)

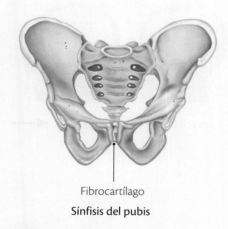

Fibrocartílago

Síntisis del pubis

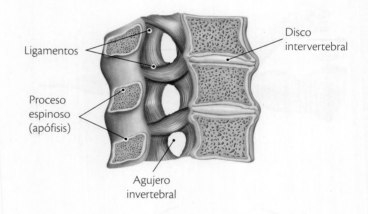

Ligamentos

Disco intervertebral

Proceso espinoso (apófisis)

Agujero invertebral

▶ **Figura 11.1 Tipos de articulaciones.**

superficies de los huesos que se articulan. Presentan las siguientes partes:

a) las superficies articulares o superficies de los huesos que forman la articulación, cubiertas por una capa de cartílago hialino.

b) entre las superficies articulares hay una cavidad sinovial o cavidad articular limitada por una cápsula articular que rodea como un manguito a las superficies articulares.

c) una membrana o estrato sinovial que tapiza las paredes de la cavidad sinovial y produce un líquido lubricante llamado líquido sinovial.

d) ligamentos o bandas de tejido fibroso que se fijan en los huesos y refuerzan la articulación.

e) en algunas articulaciones como la de la rodilla existen meniscos, que son piezas de fibrocartílago que ayudan a adaptar mejor las superficies articulares y a soportar el peso del cuerpo.

Articulaciones inmóviles o sinartrosis Comprenden a las suturas.

Las suturas del cráneo son articulaciones inmóviles o sinartrosis.

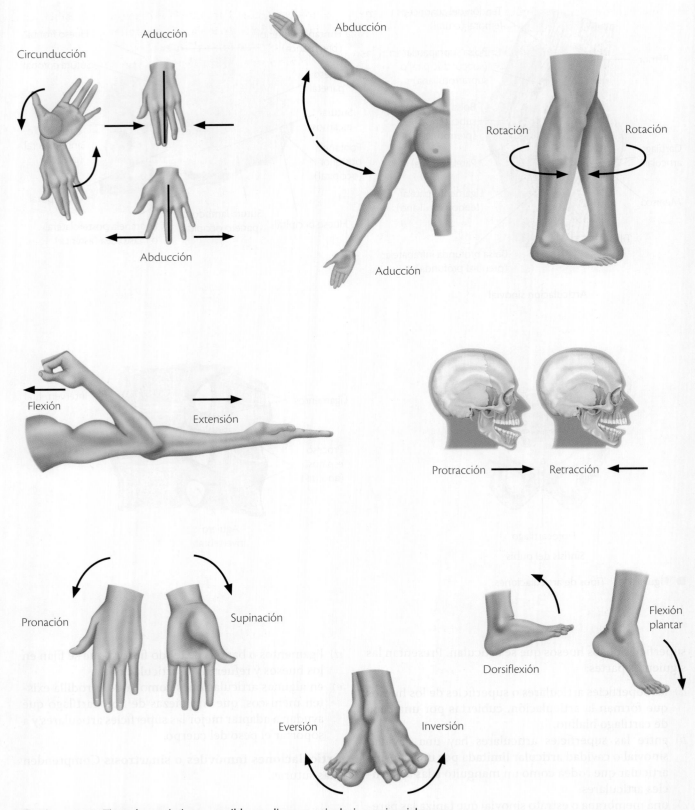

Figura 11.2 Tipos de movimientos posibles en diversas articulaciones sinoviales.

Articulaciones semimóviles o anfiartrosis Comprenden a las sindesmosis y las sínfisis.

Articulaciones móviles o diartrosis Comprenden a las sinoviales; los movimientos que llevan a cabo dependen de la forma de las superficies articulares (figura 11.2):

- De deslizamiento o artrodias cuando las superficies son planas, como en las articulaciones de los huesos del carpo.
- Enartrosis cuando las superficies son esféricas (una es cóncava y se adapta a la otra superficie que es convexa); por ejemplo, la articulación del hombro, que es la más móvil.
- Elipsoidales o condíleas cuando las superficies son ovoideas (una convexa dentro de la otra cóncava); por ejemplo, la articulación del temporal con la mandíbula (maxilar inferior) que permite a la mandíbula movimientos adelante, atrás y a los lados pero no de rotación.
- De encaje recíproco o en silla de montar, cuando una superficie cóncavo-convexa se adapta a una convexo-cóncava, como sucede en la articulación de la clavícula con el esternón, que tiene movimientos laterales y de adelante hacia atrás.
- Gínglimo, en bisagra o trocleares, cuando una superficie tiene el aspecto de polea y la otra se adapta a la garganta de la polea; por ejemplo, el codo y la rodilla.
- En pivote o trocoidea cuando una superficie queda como un anillo o parte de él y la otra está dentro como un eje alrededor del cual gira el anillo; por ejemplo, la articulación del atlas y del axis y la articulación de las porciones proximales (superiores) del radio y del ulna (cúbito).

El movimiento más simple que realizan las articulaciones sinoviales es el de deslizamiento, como puede observarse en las artrodias, en las cuales una superficie se mueve adelante, atrás o a los lados sobre la otra. Tienen este tipo de movimientos las articulaciones de los huesos del carpo, del tarso y de las costillas con los procesos (apófisis) transversos de las vértebras torácicas (dorsales).

Los movimientos de flexión, extensión, abducción y aducción aumentan o disminuyen el ángulo entre dos huesos. El de flexión disminuye el ángulo entre dos huesos; así, flexionamos el antebrazo sobre el brazo, la mano sobre el antebrazo, la pierna sobre el muslo, el pie sobre la pierna, la cabeza sobre la parte anterior del tórax, etcétera.

La extensión tiene lugar cuando se aumenta el ángulo entre dos huesos; por ejemplo, luego de una flexión, al regresar los huesos a su posición anatómica se produce una extensión. Para que la extensión sea posible, una de las superficies articulares debe tener la forma de una polea y la otra de una saliente.

Abducción es el movimiento que consiste en alejar el hueso de la línea media del cuerpo; por ejemplo, al separar los brazos o los muslos del cuerpo. Separar los dedos de las manos o de los pies es también un movimiento de abducción, aunque en estos casos la línea media no es la del cuerpo, sino la del dedo medio de la mano y la del segundo dedo del pie respectivamente.

El movimiento de aducción, por el contrario, consiste en acercar los huesos a la línea media del cuerpo.

Rotación es el movimiento del hueso alrededor de su propio eje; por ejemplo, la rotación del atlas alrededor del diente (apófisis odontoides) del axis (articulaciones trocoideas).

La circunducción es la combinación de los movimientos de flexión, extensión, abducción, aducción y rotación; por ejemplo, los movimientos de la articulación del hombro.

Al mover la articulación de la muñeca para que la mano quede con el dorso hacia adelante hacemos el movimiento de pronación y al regresarla a la posición anatómica, el movimiento de supinación. Estos dos movimientos se deben al desplazamiento del radio alrededor del ulna (cúbito).

> En las clases de danza clásica o de artes marciales debes cuidar las articulaciones coxofemorales, es decir, las que unen la cadera con el fémur. El *split* se logra con paciencia y perseverancia.

Las articulaciones pueden sufrir enfermedades, como los **esguinces**, en los cuales se distiende violentamente la articulación pudiendo llegar a romperse los ligamentos; en la **luxación** además se desplazan las superficies articulares. La **anquilosis** es la abolición o limitación de los movimientos de una articulación móvil. **Artritis** es la inflamación de una articulación y puede ser aguda, como consecuencia de una infección o un traumatismo (violencia exterior) o crónica, como la artritis reumatoide. En México es muy frecuente la fiebre reumática (*véase* "Enfermedades más frecuentes") que se caracteriza entre otras cosas por producir artritis con el consiguiente dolor (artralgia).

Actividades

1. Elabora un mapa conceptual con la clasificación de las articulaciones con base en su estructura.

2. En grupo, analicen las características de las articulaciones fibrosas, cartilaginosas y sinoviales. Si es necesario, consulten el capítulo anterior y hagan un esquema para discutirlo en el grupo.

3. Elabora un mapa conceptual, pero ahora con las articulaciones cartilaginosas y las articulaciones sinoviales.

4. Elabora un mapa conceptual con la clasificación funcional de las articulaciones y discútanlo en el grupo. Se proyectará un video sobre las articulaciones.

5. Haz un dibujo en una cartulina donde señales las partes de los huesos que se ponen en contacto, para que el grupo identifique el tipo de articulación.

6. Reúnanse en equipos pequeños: los integrantes de cada equipo pasarán al frente del salón donde harán movimientos con su cuerpo para que el resto del grupo identifique cuántas y cuáles articulaciones están involucradas en cada movimiento corporal.

Capítulo 12

Sistema muscular, miología

Los músculos le dan volumen y consistencia al cuerpo humano, están constituidos por millones de células distribuidas en diferentes arreglos de acuerdo con la función que realizan.

La **miología** es la parte de la anatomía que estudia los músculos. El tejido muscular constituye aproximadamente de 40 a 50% del peso del cuerpo; está formado por células alargadas llamadas fibras musculares que pueden ser de tres tipos:

1. Tejido muscular liso Recibe este nombre porque originalmente, con el microscopio de luz, en sus células fusiformes no se apreciaron estriaciones en su citoplasma, sino que se observaban lisas, con un núcleo central; pero en buenas preparaciones se ven fibras longitudinales: las miofibrillas.

A simple vista, el músculo es de color blanco, y se encuentra en los vasos sanguíneos, el estómago, el intestino, los bronquios, los uréteres, las tubas uterinas (trompas de Falopio) y el iris, entre otros; razón por la cual se le denomina también *músculo visceral*. Este tipo de músculo recibe además el nombre de *tejido muscular involuntario*, porque con excepción del músculo liso que se encuentra en los esfínteres (de la vejiga y del ano) y que se regula voluntariamente, su actividad es independiente de un control consciente, pues queda bajo la influencia del sistema nervioso autónomo.

2. Tejido muscular estriado Recibe este nombre porque sus células observadas mediante microscopio presentan en su citoplasma bandas claras y oscuras transversales al eje longitudinal y varios núcleos periféricos; se le llama también músculo esquelético porque por lo general se fija en los huesos; una excepción es el esófago, que tiene en su pared tejido estriado involuntario y voluntario porque casi siempre en su parte superior puede contraerse de manera voluntaria. Los músculos están cubiertos por una membrana llamada epimisio que emite prolongaciones que los dividen en fascículos; estas prolongaciones se llaman perimisio y, a su vez, emiten otras prolongaciones que separan a las células entre sí y se denominan endomisio. El epimisio, el perimisio y el endomisio son haces de fibra colágena que pueden continuarse con un tendón que permite al músculo fijarse al hueso o con una envoltura llamada aponeurosis (figura 12.1).

3. Tejido muscular cardiaco Tiene características de los dos tipos anteriores; observado mediante el microscopio presenta fibras estriadas, pero con forma rectangular que a menudo se bifurcan; hay un núcleo central aunque puede haber varios; la distribución de sus fibras es entrelazada en forma de sincicio (red) y se encuentra en el corazón. El músculo cardiaco es diferente de los anteriores debido a que, además de los estímulos nerviosos involuntarios, recibe estímulos automáticos de un tejido especializado que está en su interior. (*Véase* "Corazón".) (figura 12.1).

Las siguientes son las propiedades fisiológicas del tejido muscular:

a) **Excitabilidad o irritabilidad** Le permite recibir y responder a los estímulos.
b) **Contractilidad** Gracias a ella, el músculo responde, generalmente acortándose y haciéndose más grueso, conservando el mismo volumen.
c) **Extensibilidad** Le permite estirarse.
d) **Elasticidad** Es la propiedad que le permite recuperar su forma original después de haberse contraído o extendido.

Para contraerse, una fibra muscular necesita recibir un estímulo a través de los nervios; la contracción requiere energía que se obtiene del ATP (trifosfato de adenosina) que se transforma en ADP (difosfato de adenosina). Cuando el músculo está en reposo, sintetiza ATP a partir del ADP, de P y de la energía proveniente de la glucosa y del oxígeno que le llega a través de los vasos sanguíneos. Si el oxígeno falta, los músculos producen ácido láctico, que al acumularse provoca dolor y la sensación de fatiga muscular. El calcio también es muy importante para la contracción (figura 12.2).

Contracción del músculo esquelético

Al recibir un estímulo, la fibra nerviosa libera una sustancia llamada acetilcolina que pasa el estímulo del nervio a la fibra muscular a través de la placa neuromuscular (unión del nervio con el músculo). En las fibras musculares hay estructuras llamadas miofibrillas; cada una de ellas tiene dos filamentos, uno de actina, delgado, y el otro de miosina, grueso, y con una disposición especial determinada; estos dos filamentos se deslizan entre sí para producir el acortamiento de la fibra muscular; este proceso es el que requiere ATP y calcio para efectuarse normalmente.

Las fibras musculares obedecen a la ley del todo o nada; esto quiere decir que, al llegar un estímulo a la célula o se contrae o no se contrae. El estímulo que reúne las características mínimas para producir una contracción muscular se llama estímulo umbral o liminal.

Tono muscular es el estado de contracción fisiológica o contracción parcial y sostenida que tienen los músculos. Como ya sabemos que un músculo tiene muchas fibras, el individuo no siente cansancio porque sólo se contraen algunas mientras las otras descansan; después algunas de las que estaban en relajación se contraen y de esta forma se mantiene la postura del cuerpo. En condiciones normales, el tono muscular disminuye durante el sueño, aunque puede decrecer también por alguna alteración del nervio que lleva los estímulos al músculo; si tocamos este músculo se va a sentir blando, a esto se le llama hipotonía muscular; si aumenta el tono muscular se siente más duro de lo normal, e incluso puede haber dolor (hipertonía muscular).

Fases de una contracción muscular

El lapso que transcurre entre la aplicación de un estímulo y la respuesta se llama periodo de latencia; después viene un periodo de contracción y, finalmente, uno de relajación.

Existen dos tipos de contracción muscular: la isotónica y la isométrica.

En la primera, el músculo se acorta aproximando sus extremos; por ejemplo, jala al hueso o la piel conservando su tono muscular; en cambio, en la contracción isométrica el músculo conserva su longitud, pero aumenta el tono; en este caso no se observa movimiento.

Cuando un músculo recibe estímulos muy seguidos no se relaja y tiene una contracción sostenida que se llama contracción tetánica, por comparación con el tétanos, en que la toxina de la bacteria actúa sobre la placa neuromuscular produciendo la contracción permanente.

Contracción del músculo liso

Es similar a la del músculo esquelético, aunque puede contraerse si está estirado o cortado; el mediador químico entre el sistema nervioso y el músculo liso depende del tipo de inervación que tenga en general; puede ser acetilcolina, adrenalina o noradrenalina.

Funciones de los músculos

Los músculos sirven para llevar a cabo el movimiento. Los músculos esqueléticos, al contraerse, ponen en movimiento a los huesos y a las articulaciones móviles y semimóviles, ayudan a mantener la postura del cuerpo y liberan calor, lo que da la temperatura al cuerpo.

En los movimientos corporales, los huesos actúan como palancas y las articulaciones como punto de apoyo (figura 12.3). La contracción del músculo produce una fuerza que se aplica sobre el hueso y la resistencia es el objeto que se levanta o el peso del cuerpo en movimiento. Existen tres tipos de palancas:

a) **Palancas de primer grado** El punto de apoyo está entre la fuerza y la resistencia; por ejemplo, el punto de apoyo de la cabeza se encuentra en la articulación del atlas con el occipital; el peso de la parte anterior del cráneo y de la cara constituye la resistencia, y los

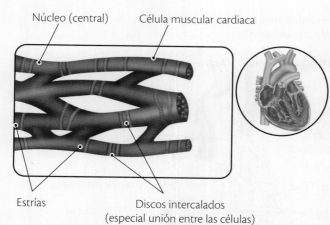

Núcleo (central)   Célula muscular cardiaca

Estrías

Discos intercalados
(especial unión entre las células)

Músculo cardiaco Sus células son cilíndricas y estriadas, con un núcleo central. Se ramifican y entrelazan.
Se localizan en el corazón, que bombea la sangre.

Músculo liso Sus células son fusiformes, el citoplasma es liso y tiene un núcleo central. Se localiza en órganos como el estómago y el intestino. Su función es involuntaria: regula el tamaño de órganos, permite el paso de fluidos por conductos, regula el paso de la luz en el ojo.

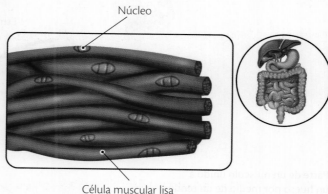

Núcleo

Célula muscular lisa

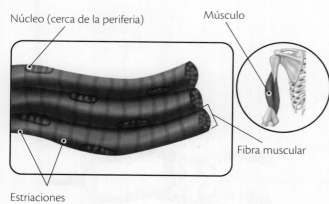

Núcleo (cerca de la periferia)   Músculo

Estriaciones

Fibra muscular

Músculo estriado o esquelético Sus células presentan bandas claras y oscuras en forma alterna, lo que les da un aspecto estriado, tiene forma cilíndrica y muchos núcleos localizados en la periferia. Se fijan a los huesos y realizan el movimiento del cuerpo. Su control es voluntario.

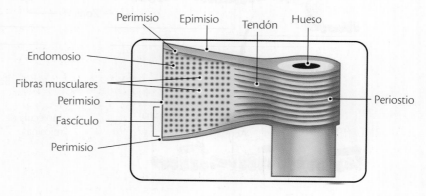

Perimisio   Epimisio   Tendón   Hueso

Endomosio

Fibras musculares

Perimisio

Fascículo

Perimisio

Periostio

▶ **Figura 12.1 Tejido muscular.**

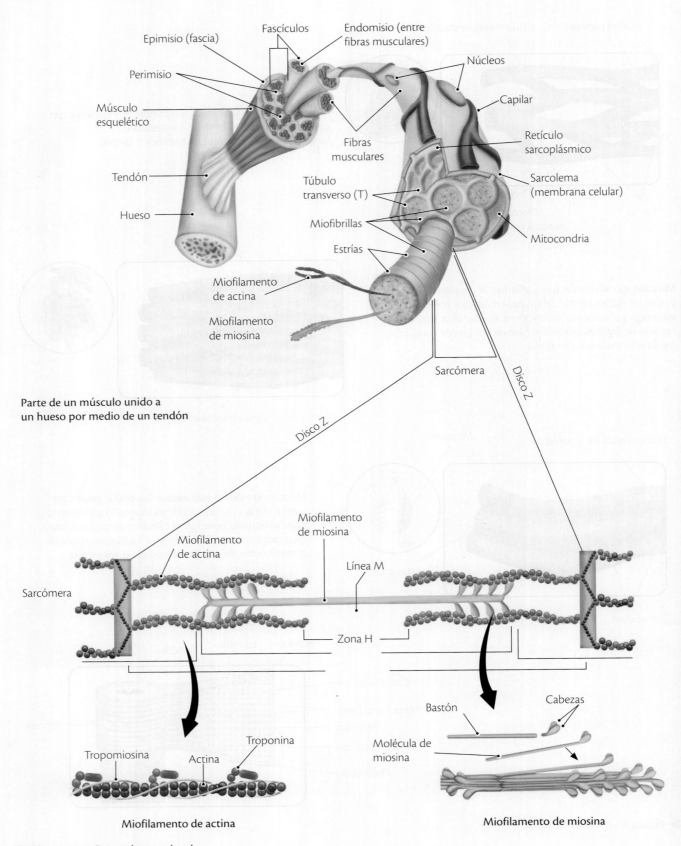

Epimisio (fascia)

Fascículos

Endomisio (entre fibras musculares)

Perimisio

Núcleos

Músculo esquelético

Capilar

Fibras musculares

Retículo sarcoplásmico

Tendón

Túbulo transverso (T)

Sarcolema (membrana celular)

Hueso

Miofibrillas

Estrías

Mitocondria

Miofilamento de actina

Miofilamento de miosina

Sarcómera

Disco Z

Disco Z

Parte de un músculo unido a un hueso por medio de un tendón

Miofilamento de miosina

Miofilamento de actina

Línea M

Sarcómera

Zona H

Bastón

Cabezas

Tropomiosina

Actina

Troponina

Molécula de miosina

Miofilamento de actina

Miofilamento de miosina

Figura 12.2 Partes de un músculo.

músculos de la nuca, cuando se contraen, representan la fuerza. El resultado es la extensión de la cabeza.

b) **Palancas de segundo grado** La resistencia está entre el punto de apoyo y la fuerza o potencia; por ejemplo, al ponernos de pie sobre las puntas de los dedos, el punto de apoyo está en los dedos, la resistencia en la articulación del tobillo y la fuerza en los músculos de la pierna.

c) **Palancas de tercer grado** La potencia está entre el punto de apoyo y la resistencia. Este tipo de palanca es el más común en el organismo; por ejemplo, al flexionar el antebrazo sobre el brazo la resistencia está en el antebrazo, el punto de apoyo en la articulación del codo y la potencia en el músculo bíceps.

Para que los músculos puedan realizar un movimiento al contraerse es necesario que los músculos que hacen el movimiento contrario se relajen; por ejemplo, si se contraen los flexores, los extensores se relajan y viceversa.

En el organismo hay aproximadamente 700 músculos (figuras 12.4 y 12.5); sólo mencionaremos algunos de ellos:

Músculos del cráneo

Entre los músculos del cráneo se cuentan el occipital y el frontal, que están unidos por una aponeurosis. El frontal eleva las cejas, frunce la frente y jala al cuero cabelludo hacia atrás (figura 12.6).

Músculos de la cara

Los músculos masticadores son el temporal, el masetero, el pterigoideo lateral (pterigoideo externo) y el pterigoideo medial (pterigoideo interno) (figura 12.6).

Los músculos que dan expresión a la cara se fijan en los huesos o en la piel:

- Alrededor de la órbita, el orbicular del ojo (orbicular de los párpados) permite cerrar el ojo.
- El orbicular de la boca (orbicular de los labios) cierra los labios, los comprime contra los dientes, permite su protrusión y les da forma cuando hablamos.
- El músculo corrugador de las cejas (superciliar) permite fruncir el entrecejo.
- El cigomático mayor lleva la comisura de los labios hacia arriba y afuera como cuando nos reímos.
- El elevador del labio superior eleva el labio superior.
- El depresor del labio inferior hace descender el labio inferior.

- El buccinador modifica las mejillas; por ejemplo, cuando soplamos o cuando succionamos.
- El músculo borla del mentón (o de la barba) eleva el labio inferior y la piel del mentón hacia arriba, como cuando se hacen pucheros.
- El músculo platisma (cutáneo del cuello) lleva las comisuras de los labios hacia abajo y atrás (expresión de tristeza), y eleva la piel del tórax.
- El músculo risorio (risorio de Santorini) lleva las comisuras de los labios hacia afuera (expresión de tensión).
- En la nariz se encuentra el músculo prócer (piramidal), que tiene acción contraria al frontal, y los músculos que dilatan y cierran las aletas de la nariz (dilatador del ala de la nariz y mirtiforme).

Los músculos que mueven los bulbos (globos) oculares son el recto superior (hacia arriba), el recto inferior (hacia abajo), el recto lateral o recto externo (hacia fuera), el recto medial o recto interno (hacia dentro), el oblicuo superior u oblicuo mayor (hacia arriba y afuera) y el oblicuo inferior u oblicuo menor (hacia abajo y afuera).

Los músculos que mueven la lengua son el genioglaso (hacia abajo y adelante), el estilogloso (hacia arriba y atrás), el estilohioideo (hacia arriba y atrás) y el hipogloso (hacia abajo).

Los músculos que mueven la cabeza son:

- El **esternocleidomastoideo**, que se encuentra en la parte anterior y lateral del cuello y al contraerse produce la rotación de la cabeza. Cuando ambos se contraen simultáneamente producen la flexión de la cabeza.
- El **semiespinoso**, que rota la cabeza y la sostiene.
- El **esplenio** de la cabeza y el **longísimo** (dorsal largo), que extienden la cabeza.

En la región anterior del cuello están los músculos suprahioideos e infrahioideos; los primeros forman el piso de la boca y elevan al hueso hioideo (hioides), los infrahioideos hacen descender al hioideo (hioides).

Delante de la columna vertebral hay músculos rectos anteriores (mayor y menor) que flexionan la cabeza; a los lados están los rectos laterales de la cabeza que la inclinan lateralmente cuando actúan de un solo lado.

Músculos del abdomen

Los músculos del abdomen son los siguientes: el recto anterior del abdomen, que flexiona la columna vertebral; los oblicuos externo (oblicuo mayor) e interno (oblicuo menor), que inclinan la columna vertebral hacia los lados y comprimen el abdomen y, más profundo, el transverso del abdomen, que también lo comprime.

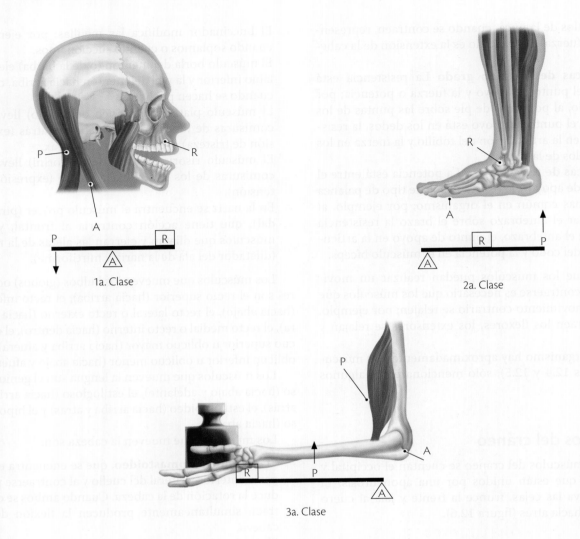

1a. Clase

2a. Clase

3a. Clase

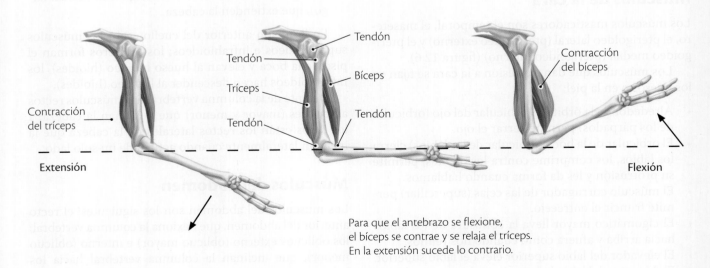

Contracción
del tríceps

Extensión

Tendón

Tendón

Tríceps

Bíceps

Tendón

Contracción
del bíceps

Flexión

Para que el antebrazo se flexione,
el bíceps se contrae y se relaja el tríceps.
En la extensión sucede lo contrario.

▶ **Figura 12.3** Palancas.

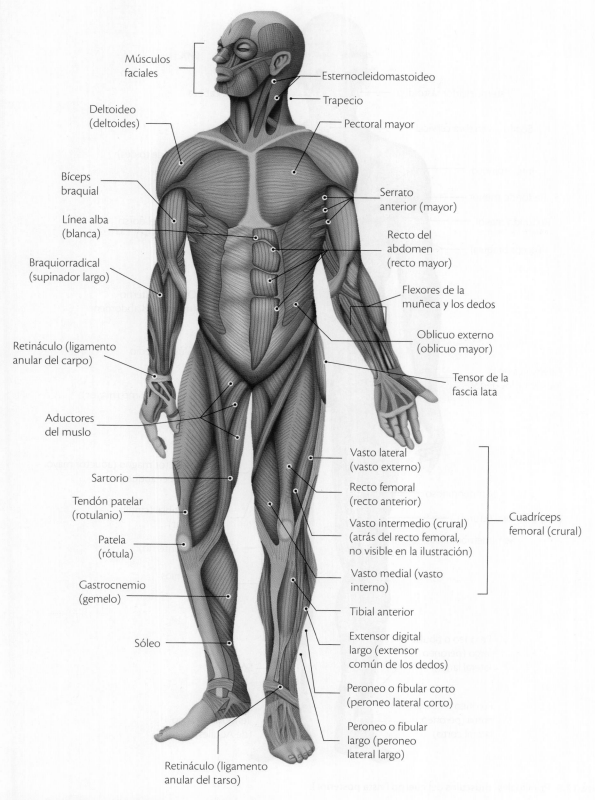

Músculos faciales

Esternocleidomastoideo

Trapecio

Deltoideo (deltoides)

Pectoral mayor

Bíceps braquial

Serrato anterior (mayor)

Línea alba (blanca)

Recto del abdomen (recto mayor)

Braquiorradical (supinador largo)

Flexores de la muñeca y los dedos

Oblicuo externo (oblicuo mayor)

Retináculo (ligamento anular del carpo)

Tensor de la fascia lata

Aductores del muslo

Vasto lateral (vasto externo)

Sartorio

Recto femoral (recto anterior)

Tendón patelar (rotulanio)

Vasto intermedio (crural) (atrás del recto femoral, no visible en la ilustración)

Cuadríceps femoral (crural)

Patela (rótula)

Vasto medial (vasto interno)

Gastrocnemio (gemelo)

Tibial anterior

Extensor digital largo (extensor común de los dedos)

Sóleo

Peroneo o fibular corto (peroneo lateral corto)

Peroneo o fibular largo (peroneo lateral largo)

Retináculo (ligamento anular del tarso)

Figura 12.4 Principales músculos del cuerpo (vista anterior).

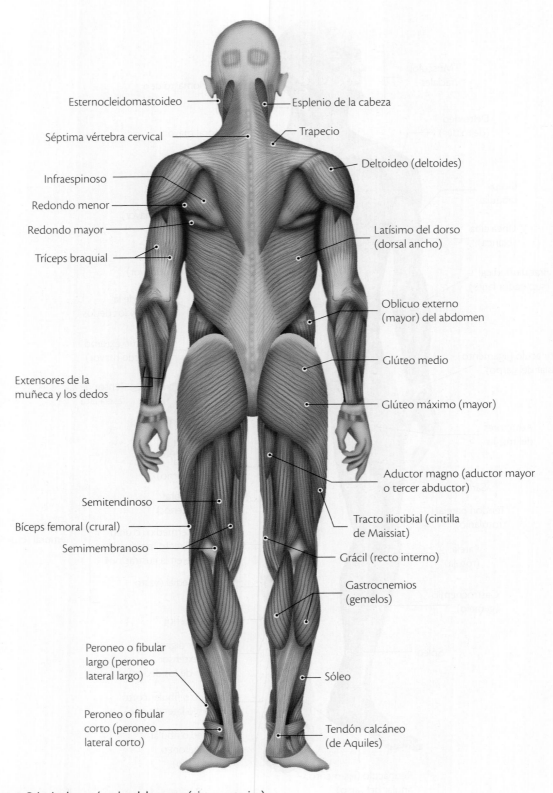

Esternocleidomastoideo

Séptima vértebra cervical

Infraespinoso

Redondo menor

Redondo mayor

Tríceps braquial

Extensores de la
muñeca y los dedos

Semitendinoso

Bíceps femoral (crural)

Semimembranoso

Peroneo o fibular
largo (peroneo
lateral largo)

Peroneo o fibular
corto (peroneo
lateral corto)

Esplenio de la cabeza

Trapecio

Deltoideo (deltoides)

Latísimo del dorso
(dorsal ancho)

Oblicuo externo
(mayor) del abdomen

Glúteo medio

Glúteo máximo (mayor)

Aductor magno (aductor mayor
o tercer abductor)

Tracto iliotibial (cintilla
de Maissiat)

Grácil (recto interno)

Gastrocnemios
(gemelos)

Sóleo

Tendón calcáneo
(de Aquiles)

Figura 12.5 Principales músculos del cuerpo (vista posterior).

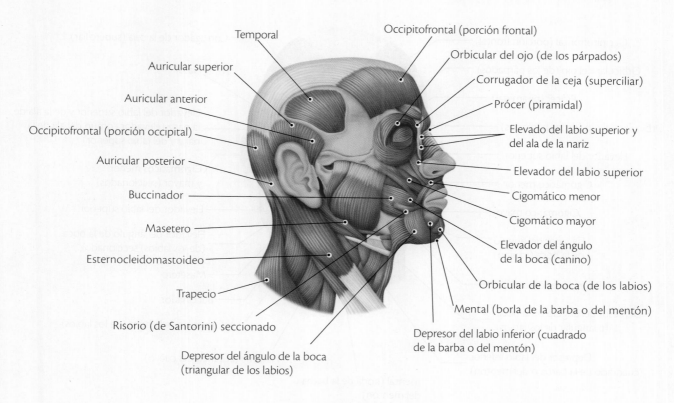

Temporal

Occipitofrontal (porción frontal)

Auricular superior

Orbicular del ojo (de los párpados)

Auricular anterior

Corrugador de la ceja (superciliar)

Occipitofrontal (porción occipital)

Prócer (piramidal)

Auricular posterior

Elevado del labio superior y del ala de la nariz

Buccinador

Elevador del labio superior

Masetero

Cigomático menor

Esternocleidomastoideo

Cigomático mayor

Trapecio

Elevador del ángulo de la boca (canino)

Risorio (de Santorini) seccionado

Orbicular de la boca (de los labios)

Depresor del ángulo de la boca (triangular de los labios)

Mental (borla de la barba o del mentón)

Depresor del labio inferior (cuadrado de la barba o del mentón)

Vista lateral

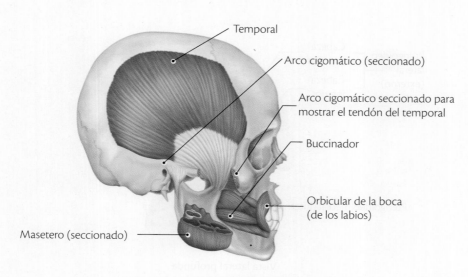

Temporal

Arco cigomático (seccionado)

Arco cigomático seccionado para mostrar el tendón del temporal

Buccinador

Orbicular de la boca (de los labios)

Masetero (seccionado)

Vista lateral superficial
Se seccionaron el masetero y el arco cigomático para exponer el temporal

Músculos masticadores

▶ **Figura 12.6 Músculos de la cabeza.**

Occipitofrontal (porción frontal)

Orbicular del ojo (de los párpados)

Prócer (piramidal)

Orbicular del ojo (de los párpados)

Elevador del labio superior

Cigomático menor

Cigomático mayor

Elevador del ángulo
de la boca (canino)

Risorio (de Santorini)

Depresor del ángulo de la boca
(triangular de los labios)

Depresor del labio inferior
(cuadrado de la barba o del mentón)

Mental (borla de la barba o
del mentón)

Corrugador de la ceja (superciliar)

Nasal

Elevador del labio superior y de la ala de
la nariz (elevador común del ala de la
nariz y del labio superior)

Cigomáticos menor
y mayor (seccionados)

Elevador del labio superior

Elevador del ángulo de la boca
(de los labios) seccionados

Masetero

Buccinador

Orbicular de la boca (de los labios)

Platisma (cutáneo del cuello)

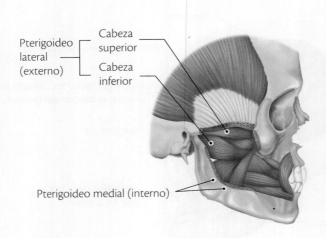

Pterigoideo
lateral
(externo)

Cabeza
superior

Cabeza
inferior

Pterigoideo medial (interno)

Vista lateral profunda
Se removieron el masetero y el temporal y se seccionaron el arco
cigomático y parte de la mandíbula (maxilar inferior)

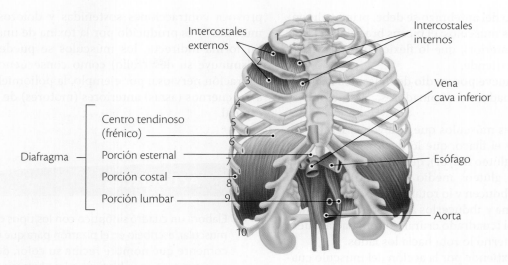

Vista anterior
seccionaron algunos músculos intercostales y el diafragma.

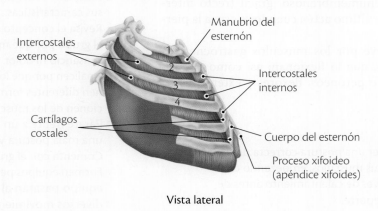

Vista lateral

▶ **Figura 12.7** Músculos empleados en la respiración.

Músculos empleados en la respiración

Los principales músculos que intervienen en los movimientos respiratorios (figura 12.7) son:

- El **diafragma**, que tiene el aspecto de una cúpula convexa hacia arriba y separa al tórax del abdomen; cuando se contrae, desciende, aumentando el tamaño de la cavidad torácica.
- Los **músculos intercostales** internos y externos, que elevan las costillas durante la inspiración aumentando las dimensiones del tórax; durante la espiración descienden las costillas y disminuyen las dimensiones del tórax.
- El **serrato anterior** (serrato mayor), los **serratos menores** posteriores, superior e inferior, y los **pectorales** mayor y menor, que ensanchan el tórax durante la inspiración.

Los principales músculos que mueven la columna vertebral son el recto anterior del abdomen, hacia adelante; el cuadrado lumbar hacia los lados y el longísimo (dorsal largo) la extienden.

Los principales músculos que mueven al hombro son el subclavio, que lleva la clavícula hacia abajo, el pectoral menor, que lo rota hacia arriba; el serrato anterior (serrato mayor), que lo dirige hacia adelante y arriba, y el trapecio, que mueve la escápula (omoplato).

En el brazo, los principales músculos que lo mueven son el pectoral mayor, que lo flexiona, aduce y rota; el latísimo del dorso (dorsal ancho), que lo extiende, aduce y rota; el deltoideo (deltoides) y el supraespinoso que lo aducen; el infraespinoso que lo rota hacia afuera; el redondo mayor, que lo extiende y rota hacia dentro, y el redondo menor, que lo rota hacia afuera.

El movimiento del antebrazo se debe, principalmente, a los siguientes músculos: el bíceps braquial y el braquial (braquial anterior), que lo flexionan, y el tríceps braquial, que lo extiende.

La mano se mueve por medio de músculos flexores, extensores, pronadores, supinadores, abductores y aductores.

Los principales músculos que mueven al fémur son el psoas mayor y el ilíaco, que lo flexionan y rotan; el glúteo máximo (glúteo mayor), que lo extiende y lo rota hacia afuera; los glúteos medio (mediano) y mínimo (menor), que lo abducen y lo rotan; el tensor de la fascia lata, que lo flexiona y abduce; los aductores lo aducen; el cuadrado femoral (cuadrado crural) lo rota hacia afuera y el obturador externo lo rota hacia los lados.

La rodilla se extiende por la acción del músculo cuadríceps femoral (cuadríceps crural) y se flexiona por medio de los músculos bíceps femoral (bíceps crural), semitendinoso, semimembranoso, grácil (recto interno) y sartorio; este último actúa cuando se cruza la pierna.

El pie se mueve por los músculos gastrocnemios (gemelos) y sóleo, que lo flexionan; así como por los tibiales, fibulares o peroneos, flexores y extensores de los dedos.

Si deseas mantener una postura correcta debes ejercitar periódicamente tus músculos, empezando con movimientos suaves de calentamiento antes de practicar algún deporte.

Entre las enfermedades más frecuentes de los músculos están las contusiones, las heridas y los desgarres producidos por algún movimiento brusco. El tétanos provoca contracciones sostenidas y dolorosas de los músculos y es producido por la toxina de una bacteria. En forma indirecta, los músculos se pueden atrofiar (disminuye su desarrollo) como consecuencia de una alteración nerviosa; por ejemplo, la poliomielitis afecta a los cuernos (astas) anteriores (motores) de la médula espinal.

Actividades

1. Elabora un cuadro sinóptico con los tipos de tejido muscular, escríbelo en el pizarrón para que el grupo comente qué nombre recibe su color, dónde se encuentra y si es voluntario o involuntario.
2. Observa al microscopio preparaciones de tejido muscular o identifícalas en una proyección, según sus características.
3. Revisa el concepto de tono muscular y analicen en el grupo por qué mantiene la postura sin producir cansancio ni dolor.
4. Analicen por qué los bailarines y los deportistas tienen diferentes formas de cuerpo. Analicen las funcionen de los músculos.
5. Párate frente a un espejo y obsérvate adoptando una mala postura y después una postura correcta. Comenta con el grupo tus observaciones.
6. Formen equipos pequeños. Los integrantes de cada equipo pasarán al frente del salón donde harán diversos movimientos con su cuerpo para que el resto del grupo identifique el (o los) músculo(s) que participan en dichos movimientos.
7. **Video** Se proyectará un video sobre las funciones de los músculos.

Capítulo 13

Sistema nervioso

El sistema nervioso es como una gran central telefónica, con la diferencia de que por sus redes se transmiten miles de millones de impulsos eléctricos útiles para el desempeño de todas las funciones -conscientes o inconscientes- de un organismo.

El sistema nervioso percibe los cambios que hay en el interior y en el exterior del organismo por medio de receptores especiales; estas modificaciones las capta el organismo, las interpreta, las almacena y coordina, activando o inhibiendo la actividad de músculos, vasos sanguíneos o cualquier otra estructura corporal con el objeto de mantener constante la homeostasis.

El tejido nervioso está conformado básicamente por dos clases de células: las *neuronas* y las *células de neuroglia*.

Las **neuronas** están formadas igual que cualquier célula, aunque se usan nombres específicos; al cuerpo celular se le llama pericarion o soma; a las prolongaciones del citoplasma: dendritas y cilindro eje o axón, según sus características.

El esquema de una neurona con fines didácticos muestra a las dendritas como prolongaciones cortas y ramificadas, pero no necesariamente es así, más bien depende del tipo de neurona. El axón es una prolongación más gruesa, de longitud y diámetro variables (algunos axones se prolongan desde la médula espinal hasta los dedos de los pies). El axón de todas las neuronas está rodeado por una capa blanca formada por fosfolípidos llamada vaina de mielina y por otra envoltura, el neurilema. En el trayecto del axón hay zonas estrechas con poca mielina denominadas nodos de Ranvier o de la neurofibra. Los axones, antiguamente llamados amielínicos, son de color grisáceo por tener este compuesto en menor cantidad. Durante su trayecto, el axón tiene una o dos ramas, llamadas colaterales que, al igual que el axón, terminan en una serie de ramificaciones, denominadas telodendron (figura 13.1).

Según su estructura las neuronas pueden clasificarse en:

a) **Unipolares** Se caracterizan por tener una sola prolongación dividida en una rama central, que sirve como axón, y una rama periférica, que funciona como dendrita; por ejemplo, las de los ganglios de los nervios espinales (raquídeos).
b) **Bipolares** Tienen una dendrita y un axón, como sucede con las neuronas de la retina del ojo y del oído interno.
c) **Multipolares** Poseen varias dendritas y axón, y abundan en el encéfalo y la médula espinal.

De acuerdo con su función, las neuronas pueden ser:

a) **Sensitivas o aferentes** Cuando llevan los impulsos de los receptores periféricos que están en la piel y los órganos de los sentidos al sistema nervioso central.

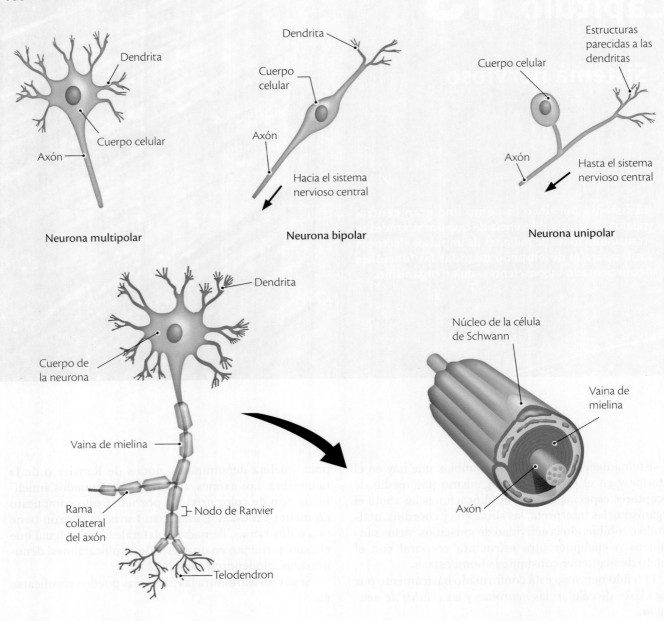

Figura 13.1 Neuronas.

b) **Motoras o eferentes** Son las que llevan los impulsos del sistema nervioso central a los efectores, que pueden ser músculos, glándulas u otros órganos.

c) **De asociación o internunciales o intercalares** Llevan los impulsos de la neurona sensitiva a la neurona motora.

Las neuronas tienen las siguientes propiedades fisiológicas desarrolladas al máximo:

1. **Excitabilidad o irritabilidad** Es la capacidad que tienen para responder a los estímulos y convertirlos en impulsos nerviosos.

2. **Conductibilidad** Gracias a ella, el estímulo pasa de una parte de la célula a otra; en este caso, de un sitio a otro de la neurona.

3. **Transmisibilidad** Permite que el impulso nervioso se transmita de una neurona a otra(s) neurona(s) o a otra estructura.

4. **Plasticidad** Propiedad del citoplasma para responder a un estímulo repetido en menos tiempo; es decir, se trata de la "memoria" celular.

Las células nerviosas del ser humano tienen la característica de que no se reproducen si se destruye su cuer-

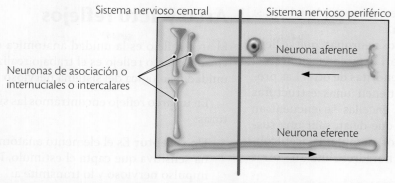

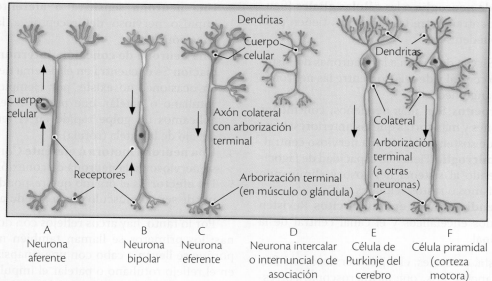

Figura 13.2 Dirección de los impulsos nerviosos.

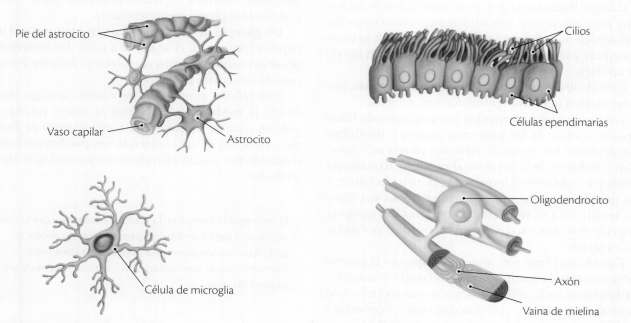

Figura 13.3 Células de neuroglia.

po celular, por lo que no pueden ser reemplazadas y, si se mueren, se pierde la función.

La **sinapsis** es la unión de dos neuronas, que se lleva a cabo al ponerse en contacto las prolongaciones del axón de una neurona con las dendritas de otra. Las prolongaciones del telodendron tienen unas estructuras llamadas botones terminales; en ellas se encuentran pequeñas vesículas sinápticas que dejan salir una sustancia química transmisora; por ejemplo, la acetilcolina, adrenalina, histamina, noradrenalina u otras sustancias.

Las **células de neuroglia** o las **células gliales** (figura 13.3) se encuentran entre las neuronas, tienen prolongaciones y pueden ser:

a) **Astrocitos** Sirven de sostén a las neuronas del sistema nervioso central y de relación entre las neuronas y los vasos sanguíneos.

b) **Oligodendrocitos** Son más pequeños, con menos prolongaciones y más cortas que las anteriores; también sirven de sostén en el sistema nervioso central.

c) **Células de microglia** Tienen la capacidad de fagocitar, protegiendo al sistema nervioso y eliminando microorganismos o restos celulares.

d) **Células ependimarias o ependimocitos** Revisten los ventrículos encefálicos y el canal central de la médula espinal.

A simple vista, en cortes, el tejido nervioso está formado por sustancias: gris, que al microscopio corresponde a los cuerpos de las neuronas, y blanca constituida por las prolongaciones de las neuronas y la mielina.

Cuando la sustancia gris se encuentra dentro del sistema nervioso central, constituye unas estructuras llamadas núcleos y centros. Los centros regulan funciones específicas y los núcleos pueden dar origen a un nervio o a un tracto.

Cuando los cuerpos de las neuronas se agrupan fuera del sistema nervioso central, forman ganglios.

Los nervios están formados por conjuntos de fibras (prolongaciones de las neuronas, axones o dendritas) que conducen los impulsos nerviosos en una sola dirección; si lo hacen de la periferia al centro se llaman sensitivos y si conducen el impulso del centro a la periferia son motores. Si el nervio es sensitivo, todas sus fibras son sensitivas; a su vez, si todas sus fibras son motoras, el nervio es motor, y si contiene fibras sensitivas y motoras, es mixto.

Cuando las fibras nerviosas se agrupan en el sistema nervioso central constituyen tractos (vías) y pueden llevar impulsos hacia arriba (tractos o vías ascendentes), hacia abajo (tractos o vías descendentes) o conectar a las diferentes partes del sistema nervioso central.

Arco y acto reflejos

El arco reflejo es la unidad anatómica del sistema nervioso y el acto reflejo es el trabajo realizado; es decir, la unidad fisiológica del sistema nervioso (figura 13.4).

En un arco reflejo encontramos las siguientes estructuras:

1. **Un receptor** Es el elemento anatómico de la neurona sensitiva que capta el estímulo, lo transforma en impulso nervioso y lo transmite a:
2. **Una neurona sensitiva o aferente** Conduce el impulso nervioso del receptor a la neurona de conexión.
3. **Una neurona de conexión, internuncial o de asociación** Se encuentra en el sistema nervioso central, en ocasiones no existe; por ejemplo, en el reflejo rotuliano o patelar, que puede observarse cuando aplicamos un golpe rápido en el tendón que está debajo de la patela (rótula).
4. **Una neurona motora o eferente** Conduce el impulso nervioso de la neurona de conexión al efector.
5. **Un efector** Es el órgano que responde al estímulo y puede ser un músculo o una glándula.

Por lo tanto, hay arcos reflejos con dos y tres neuronas; los primeros se llaman también monosinápticos porque se llevan a cabo con una sinapsis; por ejemplo, en el reflejo rotuliano o patelar el impulso pasa de una neurona sensitiva a una neurona motora, regresa por el músculo efector que está en la parte anterior del muslo (cuadríceps femoral o cuadríceps crural) que se contrae y extiende la pierna como respuesta.

Un ejemplo de arco reflejo con tres neuronas o bisináptico (porque en él se llevan a cabo dos sinapsis), se observa cuando tocamos algún objeto caliente y retiramos de inmediato la mano.

Hay reflejos simples en los cuales participa únicamente la médula espinal, como el reflejo rotuliano o patelar, cuando hacemos algún movimiento de flexión para alejarnos de estímulos que nos pueden perjudicar, o cuando nos rascamos (reflejo de rascado) ante alguna irritación.

> El arco reflejo simple es la unidad anatómica del sistema nervioso y está constituido por: un órgano receptor, una neurona sensitiva, una neurona de conexión, interuncial o de asociación una neurona motora y un órgano efector.

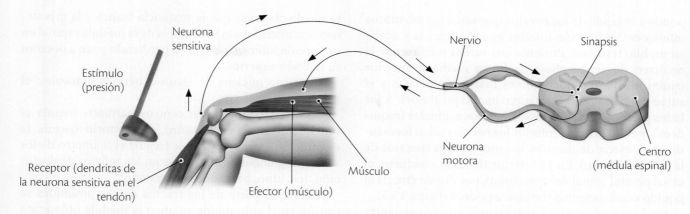

Reflejo con dos neuronas

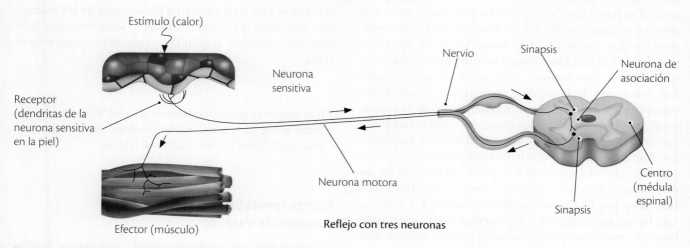

Reflejo con tres neuronas

▶ **Figura 13.4**   Estructuras que integran un arco reflejo.

Hay reflejos en los cuales intervienen estructuras más complejas como el tallo encefálico (cerebral) y cerebelo, por ejemplo, cuando caminamos o corremos o lanzamos un grito al quemarnos o picarnos; y por último, hay reflejos en los cuales participa la corteza cerebral, por ejemplo, cuando nos curamos una herida o una quemadura.

Hay reflejos adquiridos o condicionados que se logran por medio del adiestramiento, aunque algunos son funciones vegetativas y originalmente involuntarias; por ejemplo, cuando aprendemos a controlar el vaciamiento de la vejiga y del recto.

Clasificación del sistema nervioso

De acuerdo con su situación anatómica, el sistema nervioso se divide en sistema nervioso central (médula y encéfalo) y sistema nervioso periférico.

Según su función, el sistema nervioso se divide en sistema nervioso de la vida de relación y sistema nervioso de la vida vegetativa o autónomo.

Sistema nervioso central

Está constituido por la *médula espinal* y el *encéfalo*.

Médula espinal

Es un órgano que se encuentra alojado en el canal vertebral (conducto vertebral o raquídeo), desde el agujero magno (agujero occipital) hasta la segunda vértebra lumbar; se continúa hacia arriba con el encéfalo. Tiene el aspecto de un cordón ligeramente aplanado de adelante hacia atrás y presenta dos ensanchamientos: uno superior o intumescencia cervical (engrosamiento cervical), que corresponde a la salida de los nervios que van a los miembros superiores, y uno inferior o intumescencia lumbar (engrosamiento lumbar), que corresponde a la salida de los nervios que van a los miembros inferiores. Su porción inferior es más delgada y acaba en un hilo terminal. Presenta dos surcos medios que la recorren de arriba abajo: la fisura mediana anterior (surco medio anterior), que es más pronunciada, y el surco mediano posterior (surco medio posterior). A los lados presenta la salida de los nervios espinales (raquídeos), y en su porción inferior los nervios salen formando una especie de manojo, la cauda equina (nervios de la cola de caballo). En su interior tiene un conducto, el canal central (canal del epéndimo), por donde circula el líquido cerebroespinal (cefalorraquídeo) (figura 13.5).

En la médula espinal, la sustancia gris se encuentra en el centro y su distribución semeja a una H; su parte central se llama comisura gris y las porciones verticales o cuernos (astas) se dividen en dos cuernos (astas) anteriores y dos cuernos (astas) posteriores. La sustancia gris divide a la sustancia blanca en funículos (cordones): uno anterior, uno medio y otro posterior de cada lado. Las funciones de la médula espinal son conducir los estímulos en forma de impulsos nerviosos de la periferia al encéfalo a través de los funículos posteriores (cada funículo o cordón tiene tractos o fascículos formados por fibras nerviosas ascendentes o sensitivas); conducir los estímulos del encéfalo a la periferia a través de los funículos (cordones) anteriores, con tractos o fascículos formados por fibras nerviosas descendentes o motoras que llevan los impulsos a los nervios espinales (raquídeos). La médula espinal es una vía para los reflejos, que pueden ser simples o con participación de estructuras superiores del sistema nervioso central.

Encéfalo

Se encuentra en la cavidad craneal, arriba de la médula espinal, tiene el aspecto de una masa ovoidea constituida por el cerebelo y el cerebro, que se apoya sobre un eje: el tallo encefálico o cerebral, constituido por la médula oblongada (bulbo raquídeo), el puente (protuberancia anular o puente de Varolio), el mesencéfalo, el tálamo y el hipotálamo (figura 13.6).

Médula oblongada (bulbo raquídeo)

Es la continuación hacia arriba de la médula espinal; se encuentra arriba del agujero magno (agujero occipital) y abajo del puente (protuberancia anular). Su forma es parecida a la médula espinal, aunque un poco más ancha y corta. Su porción ventral o anterior está formada por dos estructuras, las pirámides, que contienen tractos. En su porción dorsal o posterior hay una cavidad llamada cuarto ventrículo, por donde circula líquido cerebroespinal (cefalorraquídeo). Al corte transversal

se puede observar que la sustancia blanca y la gris tienen una distribución similar a la de la médula espinal en su porción inferior, pero se va perdiendo poco a poco en su porción superior.

Contiene núcleos de algunos nervios craneales: el IX, el X, el XI y el XII.

También contiene los centros cardiaco (regula el funcionamiento del corazón), respiratorio (regula la respiración), vasoconstrictor (regula el diámetro de los vasos sanguíneos) e interviene en los reflejos de deglución, tos, hipo, parpadeo y estornudo.

La mayor parte de los tractos de sus pirámides se cruzan en el sitio donde se unen la médula oblongada (bulbo raquídeo) y la médula espinal pasando al lado contrario; este cruce se llama decusación de las pirámides; por ello, las áreas motoras y sensitivas del lado derecho controlan al lado izquierdo del cuerpo y viceversa.

> Hay personas que repentinamente se les "enchueca la boca" sobre todo al reír, hablar o comer. Esto se debe a una parálisis del VII nervio craneal o facial.

Puente (protuberancia anular o puente de Varolio)

Se encuentra arriba de la médula oblongada (bulbo raquídeo), abajo del mesencéfalo y adelante del cerebelo; tiene forma cuadrilátera, alargada en su eje transversal. Contiene al cuarto ventrículo; al corte transversal se puede observar que está constituido por sustancia blanca y núcleos de sustancia gris. Contiene los núcleos de los nervios craneales V, VI, VII y VIII. Como su nombre indica, sirve de puente entre los órganos con los que se relaciona por medio de sus fibras nerviosas.

Mesencéfalo

Es una estructura que une al puente y al cerebelo con el cerebro; en su porción anterior o ventral tiene dos grupos de fibras llamadas pedúnculos cerebrales; su porción dorsal está constituida por cuatro eminencias redondeadas, los colículos superiores e inferiores (tubérculos cuadrigéminos). En su interior se encuentra un conducto denominado acueducto del cerebro (acueducto de Silvio) que comunica al cuarto ventrículo con el tercero. Los pedúnculos cerebrales tienen sustancia gris en el centro (*locus niger*) y sustancia blanca, al igual que los colículos (tubérculos). Contiene los núcleos de los nervios craneales III y IV. Por medio de sus fibras

Vista posterior de la médula espinal

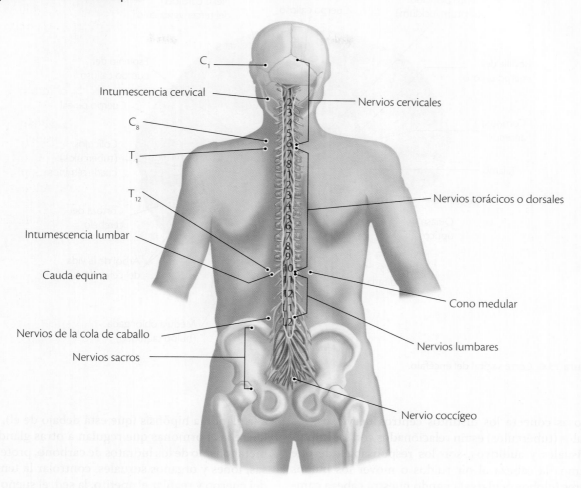

Vista transversal

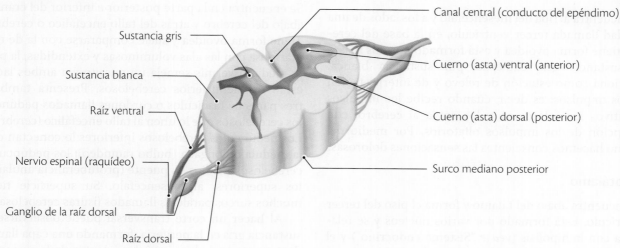

Figura 13.5 Médula espinal.

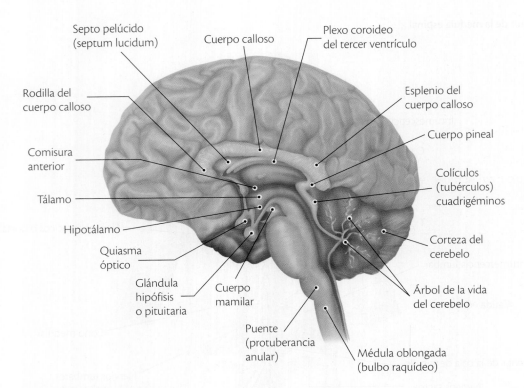

Septo pelúcido
(septum lucidum)

Cuerpo calloso

Plexo coroideo
del tercer ventrículo

Rodilla del
cuerpo calloso

Esplenio del
cuerpo calloso

Comisura
anterior

Cuerpo pineal

Tálamo

Colículos
(tubérculos)
cuadrigéminos

Hipotálamo

Corteza del
cerebelo

Quiasma
óptico

Glándula
hipófisis
o pituitaria

Cuerpo
mamilar

Árbol de la vida
del cerebelo

Puente
(protuberancia
anular)

Médula oblongada
(bulbo raquídeo)

Figura 13.6 Corte sagital del encéfalo.

nerviosas conecta los distintos centros nerviosos; los colículos (tubérculos) están relacionados con los impulsos visuales y auditivos, son los responsables de que movamos la cabeza al oír ruidos o mover los bulbos oculares (globos oculares) cuando nuestra cabeza cambia de posición.

Tálamo

Se encuentra arriba del mesencéfalo y a los lados de una cavidad llamada tercer ventrículo, en la base del cerebro; tiene forma ovoidea y está formado por dos masas de sustancia gris cubiertas por sustancia blanca. Funciona como estación de relevo y de interpretación de los impulsos; es decir, cuando recibe los impulsos sensitivos los selecciona y los envía al cerebro, con excepción de los impulsos olfatorios. Por medio del tálamo hacemos conscientes las sensaciones dolorosas.

Hipotálamo

Se encuentra abajo del tálamo y forma el piso del tercer ventrículo. Está formado por varios núcleos y se relaciona con la hipófisis (*véase* "Sistema endocrino") y el sistema nervioso vegetativo. Lleva a cabo funciones muy importantes, como regular el funcionamiento del sistema nervioso vegetativo y de las vísceras; estimular

a la glándula hipófisis (que está debajo de él), para que libere las hormonas que regulan a otras glándulas, y el metabolismo de los hidratos de carbono, proteínas, grasas, iones y órganos sexuales; controlar la temperatura del cuerpo y regular el apetito, la sed, el sueño y el estado de alerta.

Cerebelo

Se encuentra en la parte posterior e inferior del cráneo, abajo del cerebro y atrás del tallo encefálico o cerebral. Tiene forma ovoidea y suele compararse con la de una mariposa con las alas voluminosas y extendidas; la parte media o vermis semeja un gusano y a ambos lados están los hemisferios cerebelosos. Presenta también tres pares de fascículos o cordones llamados pedúnculos cerebelosos que lo unen al tallo encefálico (cerebral). Los pedúnculos cerebelosos inferiores lo conectan con la médula oblongada (bulbo raquídeo); los pedúnculos cerebelosos medios, al puente (protuberancia anular) y los superiores, al mesencéfalo. Su superficie tiene muchos surcos paralelos llamados fisuras cerebelosas.

Al hacer un corte transversal puede observarse la sustancia gris en la periferia, formando una capa llamada corteza cerebelosa y núcleos dentro de la sustancia blanca; ambas sustancias parecen entrelazarse como si fueran las ramas de un árbol (árbol de la vida).

El cerebelo tiene como funciones mantener el equilibrio, la postura, el tono muscular y ayudar a la coordinación de los movimientos finos.

Cerebro

Es el órgano más voluminoso del encéfalo, se encuentra en la parte anterior y superior del cráneo, arriba del tallo encefálico (cerebral) y arriba y adelante del cerebelo; tiene forma ovoidea, su superficie presenta salientes llamadas giros o circunvoluciones y surcos, algunos de los cuales son más profundos y reciben el nombre de fisuras (cisuras) (figura 13.7). Las fisuras son las siguientes:

* fisura longitudinal (cisura interhemisférica), que divide al cerebro en dos hemisferios cerebrales: derecho e izquierdo, unidos por un conjunto de fibras transversales llamado cuerpo calloso.
* surco central (cisura de Rolando)
* surco lateral (cisura de Silvio)
* surco occipital transverso (cisura perpendicular externa)
* fisura transversa

Los surcos lateral (cisura de Silvio), central (cisura de Rolando) y occipital transverso (cisura perpendicular externa) dividen a cada hemisferio en lóbulos: frontal, temporal, parietal y occipital. Existe otro lóbulo, el lóbulo de la ínsula, que se encuentra en el fondo del surco lateral (cisura de Silvio) y debajo de los lóbulos frontal, parietal y temporal, por lo que no puede verse desde el exterior.

En el interior de cada hemisferio hay una cavidad, el ventrículo lateral, por donde circula líquido cerebroespinal (cefalorraquídeo). Cada ventrículo lateral se comunica con el tercer ventrículo a través de un orificio llamado agujero interventricular y éste a su vez se comunica con el cuarto ventrículo (figura 13.8).

El cerebro está constituido también por sustancia gris y blanca. La sustancia gris forma una capa superficial llamada palio o corteza cerebral, y núcleos cerebrales ubicados entre la sustancia blanca. Por su parte, la sustancia blanca está formada por fibras, las cuales siguen diferentes direcciones: las fibras de asociación llevan sus impulsos de una parte a otra del hemisferio; las comisurales, llevan impulsos de un hemisferio a otro, y las fibras de proyección forman los tractos ascendentes y descendentes que llevan los impulsos al tallo encefálico (cerebral) y a la médula espinal(figura 13.8).

La corteza cerebral se divide en áreas, cada una de las cuales cumple una función determinada: el área motora se encuentra en el lóbulo frontal, adelante del surco central (cisura de Rolando); el área sensitiva está atrás del surco central, en el lóbulo parietal, nos permite reconocer el tamaño, la forma, el peso y la textura de los objetos, la posición de nuestro cuerpo e integrar los estímulos sensitivos; el área visual se asienta en el lóbulo occipital; el área del olfato en el lóbulo temporal y el área del gusto en la profundidad del surco lateral (cisura de Silvio). Los centros del lenguaje están en el fondo del surco central (cisura de Rolando) en el lóbulo frontal; generalmente, en las personas zurdas están en el hemisferio derecho y en las diestras, en el izquierdo.

En el cerebro se encuentran áreas de asociación que están relacionadas con la inteligencia, la personalidad, la memoria y el juicio.

Meninges y líquido cerebroespinal (cefalorraquídeo)

Como el sistema nervioso central es muy delicado, está protegido por huesos y membranas que reciben el nombre de meninges. La externa, o duramadre, es fibrosa y muy resistente; emite prolongaciones que son *a*) la tienda del cerebelo, que separa al cerebro del cerebelo y *b*) la falce del cerebro (hoz del cerebro) que se encuentra entre los hemisferios cerebrales.

La membrana media o aracnoidea (aracnoides) es fibrosa y delicada; la membrana interior o piamadre se adhiere a las superficies de los órganos del encéfalo y de la médula espinal.

Otra protección que tiene el sistema nervioso central es el líquido cerebroespinal (cefalorraquídeo); que es físicamente claro, transparente e incoloro; está formado por agua, glucosa, proteínas, urea, sales minerales y leucocitos o glóbulos blancos y se forma en unas redes de vasos capilares llamados plexos coroideos que se encuentran en los ventrículos. Desde los ventrículos laterales circula hacia el tercer ventrículo, pasa por los agujeros interventriculares; continúa por el acueducto del cerebro (acueducto de Silvio) llega al cuarto ventrículo y de ahí se dirige hacia el espacio subaracnoideo que está abajo de la membrana aracnoidea (aracnoides), alrededor del encéfalo y de la médula espinal y al canal central (canal del epéndimo) de la médula espinal. Este líquido se produce constantemente y se reabsorbe por medio de los senos venosos de la duramadre.

La función del líquido cerebroespinal (cefalorraquídeo), es la de protección, pues mantiene "flotando" al sistema nervioso y de esta manera evita los daños que se producirían con golpes o sacudidas.

Sistema nervioso periférico

Está constituido por estructuras que ponen en contacto al sistema nervioso central con otras estructuras del

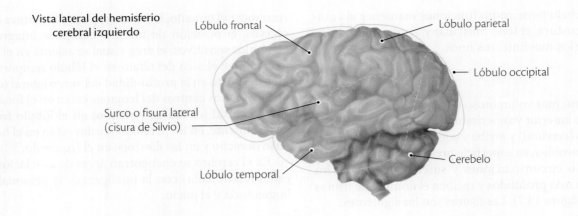

Vista lateral del hemisferio cerebral izquierdo

- Lóbulo frontal
- Lóbulo parietal
- Lóbulo occipital
- Cerebelo
- Surco o fisura lateral (cisura de Silvio)
- Lóbulo temporal

Vista superior

- Lóbulo frontal
- Lóbulo parietal
- Lóbulo occipital
- Hemisferio derecho
- Fisura longitudinal (interhemisférica)
- Hemisferio izquierdo
- Surcos
- Giros (circunvoluciones)
- Giro (circunvolución) precentral (perrolándica)
- Surco central (cisura de Rolando)
- Giro (circonvolución) poscentral

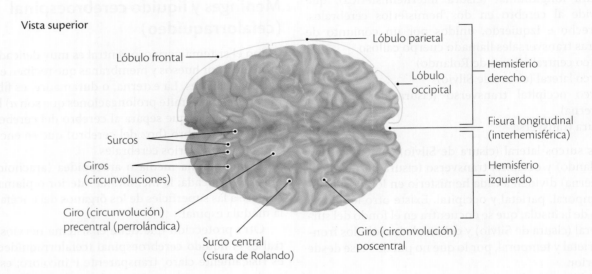

Figura 13.7 Cerebro.

cuerpo y con el medio ambiente. Puede dividirse en sistema nervioso somático y sistema nervioso vegetativo.

El sistema nervioso somático está formado por los nervios espinales (raquídeos) y los nervios craneales.

Nervios espinales (raquídeos)

Los nervios espinales (raquídeos) son 31 pares: ocho cervicales, doce dorsales o torácicos, cinco lumbares, cinco sacros y un coccígeo. Son nervios mixtos, por lo que se originan a partir de una raíz dorsal (posterior) y una raíz ventral (anterior). La raíz dorsal (posterior) es sensitiva y contiene un ganglio espinal; la raíz ventral (anterior) es motora y lleva los impulsos de la médula espinal a los diferentes músculos. Las dos raíces forman un tronco mixto que se divide a su vez en cuatro ramas que ya son mixtas: una dorsal o posterior que se dirige a

los músculos y la piel del organismo, una rama ventral o anterior que va a unirse con otras ramas ventrales (anteriores) de otros nervios espinales (raquídeos) formando manojos de nervios llamados plexos, una rama meníngea que va a las meninges y una rama relacionada con el sistema nervioso vegetativo (figura 13.10).

Los plexos son el plexo cervical, que se dirige a la parte posterior de la cabeza, al cuello y la parte superior de los hombros; el plexo braquial, que va a la extremidad superior; el plexo lumbar que va a la pared abdominal y a las porciones medial (interna), lateral (externa) y anterior de la extremidad inferior; el plexo sacro, que se dirige a la parte posterior de la extremidad inferior, ano y genitales externos; y el plexo coccígeo, que va a la región del cóccix (coxis). Las ramas dorsales o torácicas no forman plexos porque se distribuyen entre las costillas, formando los nervios intercostales.

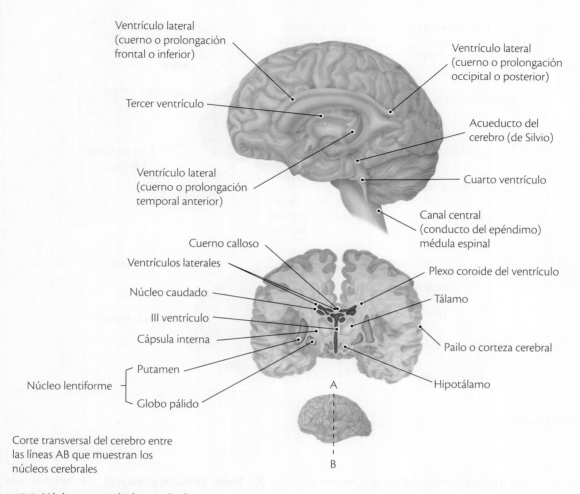

Ventrículo lateral (cuerno o prolongación frontal o inferior)

Tercer ventrículo

Ventrículo lateral (cuerno o prolongación temporal anterior)

Ventrículo lateral (cuerno o prolongación occipital o posterior)

Acueducto del cerebro (de Silvio)

Cuarto ventrículo

Canal central (conducto del epéndimo) médula espinal

Cuerno calloso

Ventrículos laterales

Núcleo caudado

III ventrículo

Cápsula interna

Putamen

Globo pálido

Núcleo lentiforme

Plexo coroide del ventrículo

Tálamo

Pailo o corteza cerebral

Hipotálamo

Corte transversal del cerebro entre las líneas AB que muestran los núcleos cerebrales

A

B

▶ **Figura 13.8** Núcleos y ventrículos cerebrales.

Nervios craneales

Se originan en el tallo encefálico (cerebral) y salen o entran a través de los orificios del cráneo y se distribuyen por pares sensitivos, motores o mixtos (contienen fibras sensitivas y motoras). Se reconocen también por medio de un número romano (figura 13.11):

I. **Olfatorio** Es sensitivo; se origina en la mucosa de la nariz y termina en el bulbo olfatorio que está en la porción inferior del cerebro. Es el nervio del olfato.

II. **Óptico** Es sensitivo; nace en la retina y termina en el tálamo y el mesencéfalo. Es el nervio de la vista.

III. **Oculomotor (motor ocular común)** Es motor, se origina en el mesencéfalo y termina en los músculos del ojo, recto superior, oblicuo inferior, recto medial, músculos ciliares y elevador del párpado superior.

IV. **Troclear (patético)** Es motor; se origina en el mesencéfalo y se dirige al músculo oblicuo superior (oblicuo mayor) del ojo.

V. **Trigémino** Es mixto; sus fibras motoras se originan en el puente (protuberancia anular) y se dirigen a los músculos masticadores. Sus ramas sensitivas son tres: la rama oftálmica, la rama maxilar (maxilar superior) y la rama mandibular (maxilar inferior). La rama oftálmica da la sensibilidad de la córnea, la frente y el cuero cabelludo; la rama maxilar (maxilar superior) recoge la sensibilidad de la parte superior de la mejilla, el techo de la boca, la mucosa de la nariz y los dientes superiores; la rama mandibular (maxilar inferior) da la sensibilidad a la piel del mentón, la región temporal, la boca, la parte inferior de la mejilla, la lengua y los dientes inferiores.

VI. **Abductor (motor ocular externo)** Es motor, se origina en el cuarto ventrículo y se dirige al múscu-

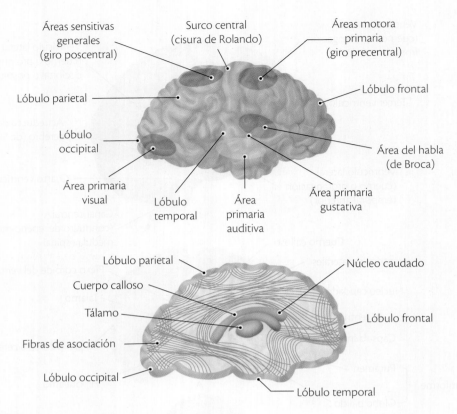

Áreas sensitivas generales (giro poscentral)
Surco central (cisura de Rolando)
Áreas motora primaria (giro precentral)
Lóbulo parietal
Lóbulo frontal
Lóbulo occipital
Área del habla (de Broca)
Área primaria visual
Lóbulo temporal
Área primaria auditiva
Área primaria gustativa

Lóbulo parietal
Núcleo caudado
Cuerpo calloso
Tálamo
Lóbulo frontal
Fibras de asociación
Lóbulo occipital
Lóbulo temporal

▶ **Figura 13.9** Cerebro.

lo recto lateral (recto externo) del ojo que mueve al bulbo (globo) ocular hacia afuera.

VII. **Facial** Es mixto, su porción motora se origina en el puente (protuberancia anular) y se dirige a los músculos que dan la expresión facial, y a las glándulas salivales sublingual y submandibular (submaxilar). Su porción sensitiva viene de las papilas de los dos tercios anteriores de la lengua, recoge las impresiones gustativas de esa zona.

VIII. **Vestíbulo coclear (auditivo)** Es sensitivo, tiene una rama coclear, se origina del órgano espiral o de Corti del oído, y una rama vestibular que proviene del oído interno; ambas ramas terminan en el puente (protuberancia anular). La rama coclear permite la audición y la vestibular, el equilibrio.

IX. **Glosofaríngeo** Es mixto; su porción motora se origina en la médula oblongada (bulbo raquídeo), de ahí se dirige a la glándula salival parotídea (parótida) y a los músculos de la faringe; su porción sensitiva se origina en la mucosa de la faringe y del tercio posterior de la lengua y termina en la médula oblongada (bulbo raquídeo). Da sensibilidad y movimiento a la faringe y el sentido del gusto en el tercio posterior de la lengua.

X. **Vago (neumogástrico)** Es mixto; sus fibras motoras se originan en la médula oblongada (bulbo raquídeo) y tienen una distribución muy amplia: en la faringe, tracto respiratorio, corazón, estómago, intestino delgado, intestino grueso, vesícula biliar, etc. En esos mismos sitios se originan las fibras sensitivas que llegan a la médula oblongada (bulbo raquídeo). Da sensibilidad y movimiento a las estructuras que inerva.

XI. **Accesorio (espinal)** Es motor; se origina en la médula oblongada y se dirige a los músculos esternocleidomastoideos, trapecio, de la faringe y de la laringe, permitiendo el movimiento de estos músculos.

XII. **Hipogloso** Es motor; se origina en la médula oblongada (bulbo raquídeo) y se dirige a los músculos de la lengua, permitiendo su movimiento.

Sistema nervioso vegetativo

El **sistema nervioso vegetativo** está constituido por nervios y ganglios. Las vías vegetativas están formadas por dos neuronas: una que se origina en el sistema nervioso central y se dirige a un ganglio (preganglionar) y

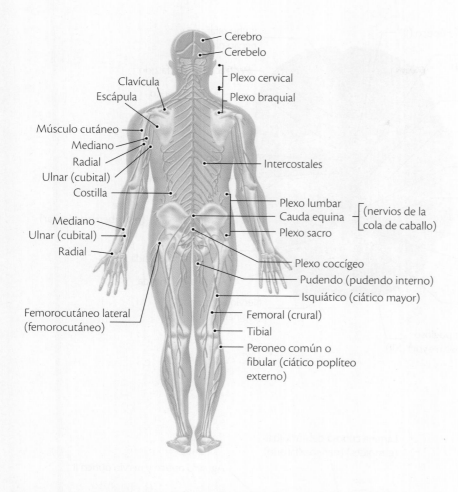

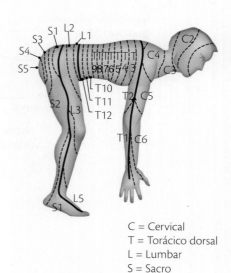

C = Cervical
T = Torácico dorsal
L = Lumbar
S = Sacro

▶ **Figura 13.10** Distribución de los nervios raquídeos.

otra que se dirige de un ganglio a las vísceras (posganglionar).

El sistema nervioso vegetativo se divide en dos grandes grupos: *simpático* y *parasimpático.*

El **sistema nervioso simpático** se llama también *toracolumbar* por la localización de sus neuronas, las cuales poseen sus fibras posganglionares largas.

El **sistema nervioso parasimpático** se denomina también *craneosacro* o *craneosacral* por la localización de sus neuronas, que tienen largas sus fibras preganglionares.

La mayor parte de los órganos viscerales reciben inervación simpática y parasimpática.

El sistema nervioso vegetativo trabaja fuera del control de nuestra voluntad, aunque está relacionado con el sistema nervioso somático. En las sinapsis y puntos de contacto con los efectores se libera un transmisor químico: la simpatina o norepinefrina en el sistema simpático, y la acetilconina en el sistema parasimpático.

El sistema nervioso simpático dilata la pupila, estimula la secreción de las glándulas sudoríferas o sudoríparas, dilata los bronquios, aumenta la fuerza y la frecuencia de las contracciones del corazón, produce vasoconstricción disminuyendo el diámetro de los vasos sanguíneos de la piel, reduce, también, la secreción de saliva y jugos digestivos y los movimientos del estómago, el intestino y demás órganos del sistema digestivo.

El sistema nervioso parasimpático disminuye el diámetro de la pupila, aumenta la secreción de saliva y los movimientos del estómago y el intestino, de igual forma reduce la fuerza y la frecuencia de las contracciones del corazón, estrecha los bronquios, etcétera.

El sistema nervioso, al igual que los otros sistemas, tiene vasos sanguíneos que le proporcionan sustancias y nutrimentos necesarios; sin embargo, el paso de éstos está condicionado a la selectividad del vaso sanguíneo, y de las células gliales que lo rodean, formando en conjunto lo que se conoce como la *barrera hematoencefálica.*

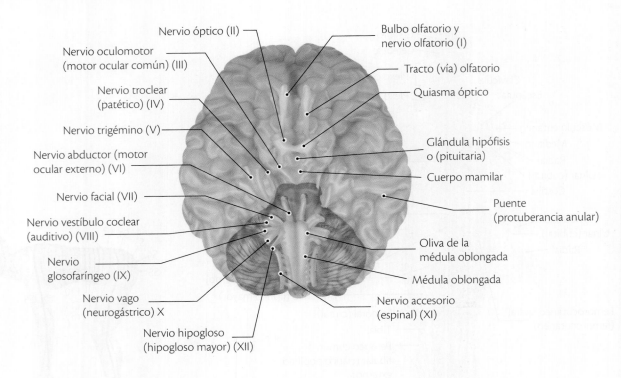

Nervio óptico (II)

Nervio oculomotor
(motor ocular común) (III)

Nervio troclear
(patético) (IV)

Nervio trigémino (V)

Nervio abductor (motor
ocular externo) (VI)

Nervio facial (VII)

Nervio vestíbulo coclear
(auditivo) (VIII)

Nervio
glosofaríngeo (IX)

Nervio vago
(neurogástrico) X

Nervio hipogloso
(hipogloso mayor) (XII)

Bulbo olfatorio y
nervio olfatorio (I)

Tracto (vía) olfatorio

Quiasma óptico

Glándula hipófisis
o (pituitaria)

Cuerpo mamilar

Puente
(protuberancia anular)

Oliva de la
médula oblongada

Médula oblongada

Nervio accesorio
(espinal) (XI)

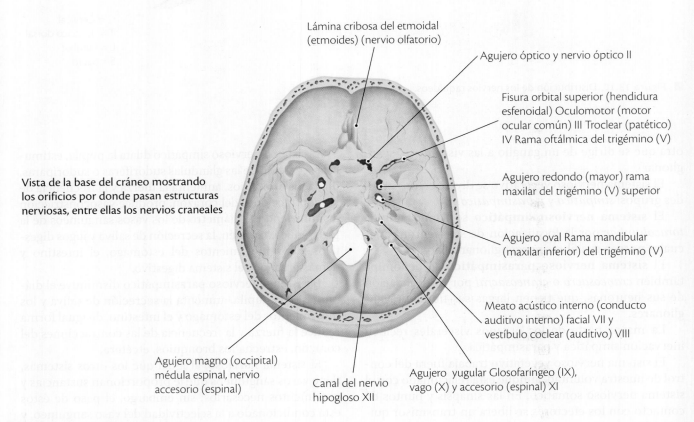

Lámina cribosa del etmoidal
(etmoides) (nervio olfatorio)

Agujero óptico y nervio óptico II

Fisura orbital superior (hendidura
esfenoidal) Oculomotor (motor
ocular común) III Troclear (patético)
IV Rama oftálmica del trigémino (V)

Agujero redondo (mayor) rama
maxilar del trigémino (V) superior

Agujero oval Rama mandibular
(maxilar inferior) del trigémino (V)

Meato acústico interno (conducto
auditivo interno) facial VII y
vestíbulo coclear (auditivo) VIII

Agujero yugular Glosofaríngeo (IX),
vago (X) y accesorio (espinal) XI

Vista de la base del cráneo mostrando
los orificios por donde pasan estructuras
nerviosas, entre ellas los nervios craneales

Agujero magno (occipital)
médula espinal, nervio
accesorio (espinal)

Canal del nervio
hipogloso XII

▶ **Figura 13.11** Nervios craneales.

Las neuronas son muy sensibles a las modificaciones de glucosa y oxígeno; si sus células dejan de recibir sangre durante aproximadamente cuatro minutos (este lapso puede variar), pueden sufrir lesiones irreversibles por la falta de oxígeno. Como la sangre es bombeada por el corazón, al haber un paro cardiaco, las primeras células que se dañan son las del sistema nervioso; de igual manera, si un niño tiene problemas con su abastecimiento de sangre durante su vida intrauterina (dentro del útero) o durante el parto, puede presentar poste-

riormente alteraciones en su funcionamiento. Después del nacimiento son frecuentes infecciones como meningitis (inflamación de las meninges), encefalitis inflamación del encéfalo), poliomielitis (infección en los cuernos o astas anteriores de la médula espinal), traumatismos en el cráneo (craneoencefálicos), tumores, o las consecuencias de la obstrucción de algún vaso sanguíneo del sistema nervioso (embolias, trombosis) o hemorragias.

Actividades

1. Realiza una encuesta entre tus compañeros; a cada uno deberás preguntarle si le gusta comer alguna fruta o verdura con limón, sal y chile. Enseguida comenten en grupo qué les sucedió al plantear la pregunta y al escuchar las respuestas, y analicen las estructuras que participaron en este reflejo y por qué es condicionado.

2. Elabora un cuadro sinóptico con las células del tejido nervioso. Preséntalo al grupo para que lo analicen, discutan y saquen conclusiones.

3. Por equipos, dibujen en una cartulina tipos de neuronas según su estructura.

4. Analiza las propiedades fisiológicas de las neuronas.

5. En equipos, identifiquen las células de neurología que se proyectarán en esquemas e indiquen su función.

6. Modela con plastilina blanca y gris neuronas para indicar cómo se forman la sustancia blanca y la sustancia gris.

7. Por equipos, dibujen un corte transversal de la médula espinal. Consigan estambre de color rojo, azul y amarillo. Peguen el estambre rojo en la neurona sensitiva, el estambre azul en la neurona motora y el estambre amarillo en la neurona intercalar. Señalen la sinapsis y peguen estambre verde en los órganos receptores y anaranjado en los efectores.

8. Por equipos exploren el reflejo rotuliano o patelar y comenten el recorrido del impulso nervioso.

9. Elaboren por equipos un mapa conceptual del sistema nervioso central. El grupo indicará cuáles son las funciones de sus estructuras.

10. Dibuja un corte sagital del encéfalo y señala las fisuras, los lóbulos resultantes y qué función tiene cada uno.

11. Por equipos iluminen en un esquema dónde se forma el líquido cerebroespinal y por dónde circula.

12. Elabora un mapa conceptual los nervios espinales y los nervios craneales y analícenlo en el grupo.

13. Revisa qué órganos dependen del sistema nervioso vegetativo.

Capítulo 14

Órganos de los sentidos y la piel

Los sentidos permiten al hombre interactuar con su entorno; en caso de la pérdida de algún sentido, los cuatro restantes se agudizan para contrarrestar al ausente.

Los **receptores** de los estímulos son de tres tipos: *exteroceptores*, *visceroceptores* y *propioceptores*.

Los **exteroceptores** captan la información del medio externo que nos permite ver, oír, saborear, oler y sentir el contacto, la presión, la temperatura y el dolor en la piel.

Los **visceroceptores** se encuentran en las vísceras y los vasos sanguíneos, captan la información del medio interno; por medio de ellos percibimos dolor, fatiga, hambre, náuseas y sed, entre otras sensaciones.

Los **propioceptores** se encuentran de manera primordial en los músculos, los tendones, las articulaciones y el oído, y nos permiten captar la posición, los movimientos y el equilibrio de las diferentes partes del cuerpo.

Sentido de la vista

Está constituido por el **bulbo (globo) ocular**, que se encuentra alojado en la órbita; tiene forma esférica y está formado por tres túnicas (capas), estructuras transparentes y órganos accesorios (figura 14.1).

La **túnica exterior** es fibrosa, su porción anterior o *córnea* es transparente y carece de vasos sanguíneos; el resto, que es de color blanco, recibe el nombre de *esclera* (esclerótica).

La córnea carece de vasos sanguíneos, lo que facilita su trasplante.

La **túnica media** o **capa uveal** está formada por una membrana que en su porción anterior es de color variable, el *iris*; tiene en el centro un orificio, la *pupila*, que al modificar su diámetro regula la entrada de los rayos luminosos. Hacia atrás, el iris se continúa con el *cuerpo ciliar* y posterior a este último se encuentra una membrana de color café oscuro, la *coroidea* (coroides), que tiene muchos vasos sanguíneos y pigmento (melanina).

La **túnica interior** o **retina** no llega a la parte anterior del ojo; ésta es la túnica (capa) nerviosa en la cual están las células fotorreceptoras: los conos y los bastones. Los conos se encuentran menos protegidos en una depresión llamada *fosita central* (*fóvea central*) localizada en la zona central posterior de la retina, la *mácula lútea*; por ello, en esta zona se tiene la máxima agudeza visual; es decir, el cerebro sólo percibe con nitidez las imágenes que se forman en esta parte.

Los conos y los bastones hacen sinapsis con neuronas bipolares y después con neuronas ganglionares, que salen por la parte posterior del bulbo (globo) ocular formando el nervio óptico. El sitio por donde penetran los vasos sanguíneos y se inicia el nervio óptico se llama disco del nervio óptico (papila óptica); es un punto ciego y en él no hay visión porque no hay conos ni bastones.

En el interior del bulbo (globo) ocular hay varias estructuras transparentes; una de ellas es la lente (cristalino) que tiene el aspecto de una lente biconvexa, la cual se une al cuerpo ciliar por la *zónula*, por tal motivo a veces se le considera un ligamento. Entre la córnea y la lente (cristalino) hay un espacio lleno de un líquido, denominado humor acuoso, dividido en dos por el iris: una *cámara anterior* (entre la córnea y el iris) y una *cámara posterior* (entre el iris y la zónula); el humor acuoso circula entre las dos cámaras por el orificio pupilar. Atrás de la lente (cristalino) está la *cavidad ocular* ocupada por una sustancia parecida a la clara de huevo: el humor vítreo o cuerpo vítreo.

Los órganos accesorios (anexos) del bulbo (globo) ocular son los párpados, las cejas, las pestañas, las conjuntivas, las glándulas tarsales (de Meibomio), las glándulas lagrimales y los músculos (ya estudiados en el capítulo 12).

Los párpados están adelante del bulbo (globo) ocular; son dos, superior e inferior, están formados por una cubierta de piel por su cara anterior, músculo, tejido fibroso denso, lámina tarsal y una membrana mucosa, llamada conjuntiva. La hendidura situada entre los párpados se denomina fisura o hendidura palpebral. En el borde libre de los párpados se encuentran los folículos pilosos con las pestañas, las glándulas sebáceas y sudoríferas (sudoríparas). Cerca del borde interno de los párpados están las glándulas tarsales: son glándulas sebáceas complejas que, si se infectan, crecen y son dolorosas; en condiciones normales lubrican los bordes y evitan que se derramen las lágrimas.

La conjuntiva ocular es una mucosa delgada y transparente que cubre la parte anterior de la esclera (esclerótica) y la córnea, y se continúa con la conjuntiva de los párpados.

La glándula lagrimal se encuentra en la porción lateral y superior de la órbita.

El bulbo (globo) ocular funciona como una cámara fotográfica automática, cuya forma es conservada por medio de la esclera (esclerótica). Su túnica (capa) receptora (retina) se mantiene por medio de nutrimentos que difunden desde la coroidea (coroides). Los estímulos llegan en forma de rayos luminosos que atraviesan la córnea, el humor acuoso, la pupila, la lente (cristalino) y el humor vítreo, y llegan a la retina donde los fotorreceptores (conos y bastones) los transforman en impulsos nerviosos que atraviesan las células bipolares y ganglionares, y salen del bulbo (globo) ocular por el nervio óptico hacia el cerebro.

El iris regula la entrada de la luz; cuando hay mucha luz, sus fibras musculares circulares se contraen disminuyendo el tamaño de la pupila. Si hay poca luz, se contraen sus fibras musculares radiales aumentando el tamaño de la pupila.

La lente (cristalino) permite enfocar los objetos a diferentes distancias; por ejemplo, cuando fijamos la vista en un objeto cercano, el cuerpo ciliar, que es un anillo de músculo liso, se contrae y disminuye la tensión de la zónula que hace más prominentes las curvaturas de la lente, pues se aplana al relajarse el músculo y permite la visión de un objeto lejano; cabe hacer notar que la visión cercana implica contracción muscular y, por lo mismo, "cansa".

Una persona normal distingue los colores cuando hay suficiente luz por medio de los conos; en cambio, cuando casi no hay luz utiliza los bastones y sólo distingue en blanco y negro. Los rayos luminosos convergen en la fosita central (fóvea central) y, en consecuencia, distinguen los objetos con claridad (ojo emétrope). Para captar la profundidad de los objetos, es decir, la tercera dimensión, las imágenes de las retinas se enciman.

Los dos nervios ópticos se dirigen hacia atrás, y algunas de sus fibras se cruzan al lado opuesto. A partir de este cruzamiento, llamado quiasma óptico, se inicia el *tracto óptico* (vía visual) que pasa a los colículos cuadrigéminos (tubérculos cuadrigéminos), el tálamo y la corteza cerebral.

Los párpados y la conjuntiva protegen al bulbo (globo) ocular del sudor, de las partículas extrañas y de la luz intensa; además, los párpados esparcen las lágrimas. Las glándulas sebáceas lubrican los bordes de los párpados, y las tarsales (de Meibomio) evitan que se derramen las lágrimas; éstas bañan la parte anterior del ojo, pasan a los canales lagrimales que se encuentran cerca del ángulo medial (interno), y de allí al saco lagrimal, una pequeña dilatación del conducto nasal que las lleva a la nariz. Las lágrimas mantienen húmedo y limpio al bulbo (globo) ocular.

Si el bulbo (globo) ocular se deforma alargándose de adelante hacia atrás o la lente (cristalino) es más gruesa de lo normal, las imágenes se forman delante de la retina y la visión lejana se torna borrosa; este defecto, la miopía, se soluciona con el uso de lentes bicóncavas.

Cuando el bulbo (globo) ocular disminuye su diámetro anteroposterior o la lente (cristalino) es muy delgada, las imágenes se forman atrás de la retina y la visión cercana se torna borrosa; esta alteración se llama hipermetropía y se corrige con el uso de lentes biconvexas.

El astigmatismo se produce cuando la curvatura de la córnea o de la lente no es uniforme; los rayos luminosos convergen en dos puntos diferentes de la retina y la

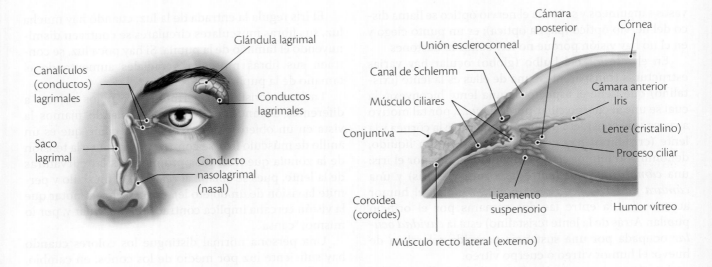

Glándula lagrimal
Canalículos (conductos) lagrimales
Conductos lagrimales
Saco lagrimal
Conducto nasolagrimal (nasal)

Cámara posterior
Córnea
Unión esclerocorneal
Canal de Schlemm
Músculo ciliares
Conjuntiva
Coroidea (coroides)
Músculo recto lateral (externo)
Cámara anterior
Iris
Lente (cristalino)
Proceso ciliar
Ligamento suspensorio
Humor vítreo

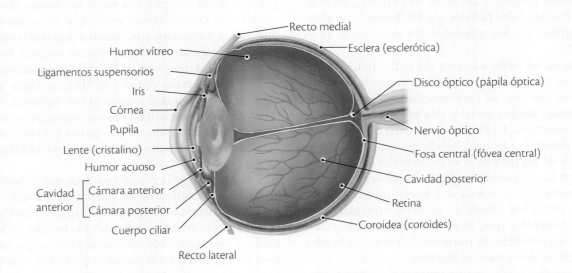

Recto medial
Humor vítreo
Ligamentos suspensorios
Iris
Córnea
Pupila
Lente (cristalino)
Humor acuoso
Cavidad anterior — Cámara anterior / Cámara posterior
Cuerpo ciliar
Recto lateral
Esclera (esclerótica)
Disco óptico (pápila óptica)
Nervio óptico
Fosa central (fóvea central)
Cavidad posterior
Retina
Coroidea (coroides)

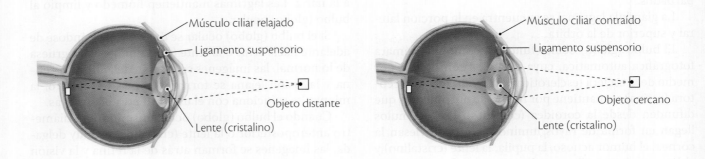

Músculo ciliar relajado
Ligamento suspensorio
Lente (cristalino)
Objeto distante

Músculo ciliar contraído
Ligamento suspensorio
Lente (cristalino)
Objeto cercano

Modificaciones de la lente (cristalino)

Figura 14.1 Sentido de la vista.

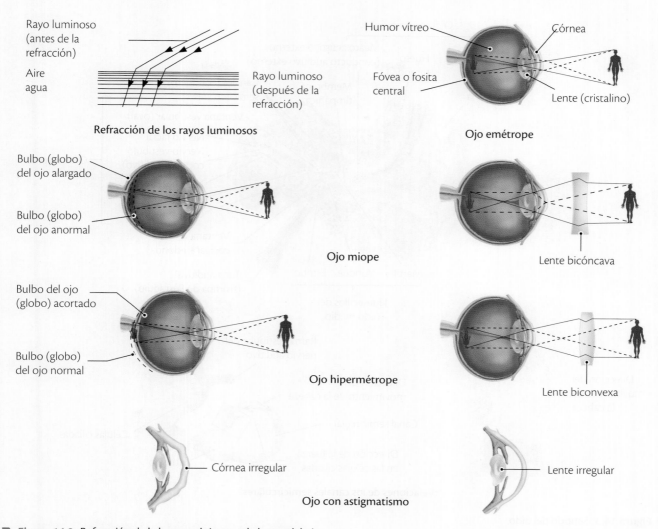

Refracción de los rayos luminosos

Ojo emétrope

Ojo miope

Ojo hipermétrope

Ojo con astigmatismo

▶ **Figura 14.2** Refracción de la luz por el sistema de lentes del ojo.

visión se torna borrosa o se distorsionan las imágenes. Esta alteración se corrige con el uso de lentes cilíndricas.

En la presbicia o presbiopía hay un defecto en la acomodación de la lente (cristalino) por la pérdida de elasticidad; los objetos lejanos se distinguen claramente pero los cercanos aparecen borrosos, este proceso es muy frecuente y se considera "normal" en edad avanzada (figura 14.2).

Ciertas personas tienen dificultad para distinguir los colores, especialmente el rojo; esta alteración llamada dicromatopsia o daltonismo afecta, por lo general, a las personas del sexo masculino.

Otras enfermedades que afectan a los ojos son las cataratas (opacidad de la lente o cristalino), la retinopatía diabética (alteración de los vasos sanguíneos de la retina) y la conjuntivitis (inflamación de la conjuntiva) que puede deberse a infecciones o a la presencia de sustancias irritativas en el ambiente.

> Las cataratas se deben a que la lente (cristalino) se opaca. Se tratan cambiándola por una lente (cristalino) artificial.

Sentido del oído

El oído se encuentra en las partes laterales de la cabeza y se divide en tres partes: *oído externo*, *oído medio* y *oído interno* (figura 14.3).

El **oído externo** está formado por el *pabellón de la oreja* y el meato *acústico* externo (conducto auditivo externo) es un conducto que termina en la membrana timpánica.

El pabellón de la oreja está constituido por piel y cartílago; su parte superior se llama hélice (hélix) y la inferior, lóbulo. El meato acústico externo (conducto

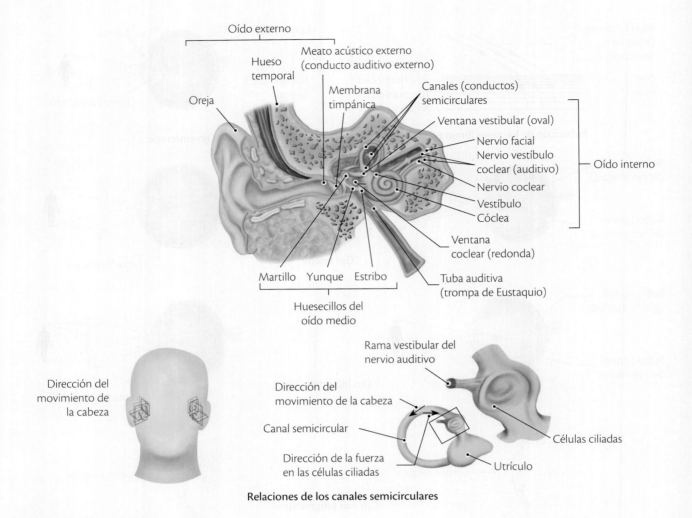

Oído externo

Hueso temporal

Oreja

Meato acústico externo (conducto auditivo externo)

Membrana timpánica

Canales (conductos) semicirculares

Ventana vestibular (oval)

Nervio facial

Nervio vestíbulo coclear (auditivo)

Nervio coclear

Vestíbulo

Cóclea

Oído interno

Ventana coclear (redonda)

Tuba auditiva (trompa de Eustaquio)

Martillo   Yunque   Estribo

Huesecillos del oído medio

Dirección del movimiento de la cabeza

Rama vestibular del nervio auditivo

Dirección del movimiento de la cabeza

Canal semicircular

Dirección de la fuerza en las células ciliadas

Células ciliadas

Utrículo

Relaciones de los canales semicirculares

▶ **Figura 14.3** Sentido del oído.

auditivo externo) es un conducto que se encuentra entre la oreja y el tímpano y, en su porción externa, tiene pelos y glándulas ceruminosas. El tímpano es una membrana delgada que separa al oído externo del oído medio.

El **oído medio** es una cavidad que se encuentra entre el tímpano y el oído interno, del cual está separado por una lámina de hueso con dos orificios llamados ventana vestibular (oval) y ventana coclear (redonda). Se comunica con las células mastoideas del hueso temporal por medio de un espacio, llamado antro mastoideo; se comunica también con la faringe a través de otro conducto, la tuba auditiva (trompa de Eustaquio). En el interior del oído medio hay una cadena de huesos muy pequeños o huesecillos que, debido a la forma que tienen, reciben los nombres de *martillo*, *yunque* y *estribo*; están articulados entre sí.

El **oído interno** está formado por el laberinto óseo que a su vez contiene en su interior el laberinto mem-

branoso; entre ambos hay un líquido, perilinfa, y adentro del laberinto membranoso se encuentra otro líquido llamado endolinfa. Los dos laberintos tienen la misma forma y están constituidos por las siguientes partes: una porción central, el vestíbulo, tres conductos, que por su forma se denominan canales semicirculares, y un conducto enrollado sobre un eje, el modiolo; este conducto se llama *cóclea* (caracol), el cual si se desenrolla es posible ver que en su interior tiene una membrana que lo recorre: la membrana basilar, en la cual está el *órgano espiral* (órgano de Corti) (figura 14.4).

Dentro del vestíbulo hay dos cavidades: utrículo y sáculo, que tienen cilios y unas piedritas de carbonato de calcio u *otolitos*. Está inervado por el VIII par craneal.

Los estímulos llegan al oído en forma de ondas sonoras captadas por la oreja, son conducidas por el meato acústico externo (conducto auditivo externo) hacia el

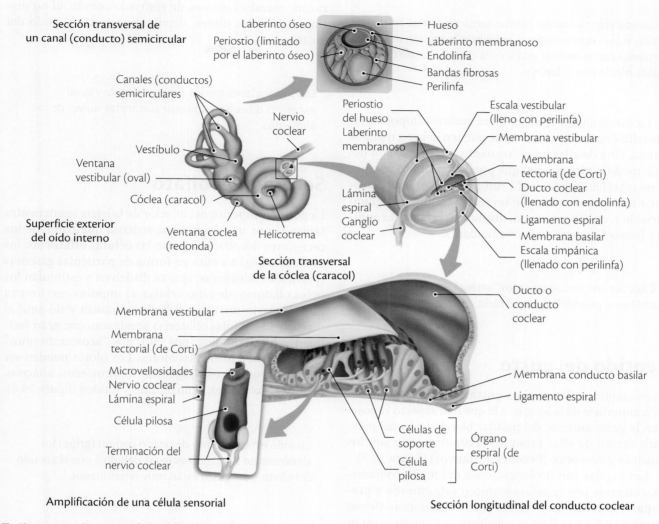

Sección transversal de un canal (conducto) semicircular

Laberinto óseo
Periostio (limitado por el laberinto óseo)

Hueso
Laberinto membranoso
Endolinfa
Bandas fibrosas
Perilinfa

Canales (conductos) semicirculares

Nervio coclear

Vestíbulo

Ventana vestibular (oval)

Cóclea (caracol)

Superficie exterior del oído interno

Ventana coclea (redonda)

Helicotrema

Lámina espiral
Ganglio coclear

Periostio del hueso
Laberinto membranoso

Escala vestibular (lleno con perilinfa)
Membrana vestibular
Membrana tectoria (de Corti)
Ducto coclear (llenado con endolinfa)
Ligamento espiral
Membrana basilar
Escala timpánica (llenado con perilinfa)

Sección transversal de la cóclea (caracol)

Membrana vestibular

Membrana tectorial (de Corti)

Microvellosidades
Nervio coclear
Lámina espiral

Célula pilosa

Terminación del nervio coclear

Ducto o conducto coclear

Membrana conducto basilar
Ligamento espiral

Células de soporte
Célula pilosa

Órgano espiral (de Corti)

Amplificación de una célula sensorial

Sección longitudinal del conducto coclear

▶ **Figura 14.4** Estructura de la cóclea (caracol).

tímpano; éste vibra y activa la cadena de huesecillos que amplifican las ondas sonoras y mueven la ventana vestibular (ventana oval); comienzan a formarse ondas en la perilinfa que aumenta la presión sobre la endolinfa para estimular al órgano espiral (órgano de Corti). Éste manda los impulsos a la rama coclear del VIII nervio craneal rumbo al área auditiva del cerebro que se encuentra en el lóbulo temporal.

Las glándulas ceruminosas y los pelos del meato acústico externo (conducto auditivo externo) sirven para proteger al resto del oído; las glándulas ceruminosas secretan una sustancia llamada cerumen que, junto con los pelos, detiene la entrada de polvo, bacterias y cuerpos extraños.

La tuba auditiva (trompa de Eustaquio) sirve para comunicar a la faringe con el oído medio e igualar la

presión a ambos lados del tímpano; permite el paso del aire durante la masticación y la deglución (paso de líquidos o sólidos de la boca al esófago); por esta razón, cuando hay cambios en la presión externa, al viajar o bucear, sentimos molestias en el oído; esto se soluciona equilibrando las presiones por medio de la masticación o de la deglución, que permiten el paso de aire más fácilmente del oído medio a la faringe.

El oído interno ayuda también a mantener el equilibrio; esta función se realiza por medio de los otolitos, que se mueven cuando la cabeza cambia de posición y estimulan a los cilios del utrículo y el sáculo para que las dendritas que están en la base de las células ciliadas envíen los impulsos al cerebro a través de la rama vestibular del nervio vestibulococlear (auditivo).

Cuando viajas o buceas puedes sentir molestias en el oído, si bostezas o deglutes equilibras la presión del exterior con la interior gracias a la comunicación del oído medio con la faringe.

La disminución de la agudeza auditiva (hipoacusia) o la falta de la misma (acusia) se pueden deber a muchas causas. Una de ellas, muy frecuente, es la infección del oído medio (otitis media) que puede perforar o romper la membrana timpánica. El ruido excesivo llega a producir un trauma acústico o un trauma sonoro de grado variable y, en consecuencia, disminuye la agudeza auditiva (*véase* "Higiene de la comunidad").

Si acudes con frecuencia a los "antros" o utilizas audífonos puedes lesionar el oído.

Sentido del gusto

Se encuentra en las **papilas gustativas** que se asientan en la superficie de la lengua, a la que dan aspecto rugoso, y en la parte anterior del paladar blando (velo del paladar); dentro de ellas están los receptores, que son los calículos gustatorios (botones gustativos) (figura 14.5).

Las papilas son prolongaciones del tejido conjuntivo, cubiertas por epitelio escamoso estratificado y presentan diferentes formas; las más voluminosas tienen forma de cáliz y se llaman caliciformes (valladas); están distribuidas formando una V invertida en la parte posterior de la lengua. Las fungiformes tienen forma de hongo y abundan en la punta y en los bordes de la lengua. Las filiformes (en forma de hilos) se asientan en la parte anterior de la lengua.

Para poder estimular a los calículos gustatorios (botones gustativos), las sustancias sápidas deben disolverse en la saliva o en agua y la superficie de la lengua debe estar húmeda. Los cuatro sabores fundamentales son: ácido, salado, dulce y amargo. Los sabores no se perciben con la misma intensidad en toda la superficie de la lengua; los ácidos se distinguen más en los bordes, lo salado y lo dulce en la punta y lo amargo en la parte posterior de la lengua. Los nervios craneales que llevan los impulsos al cerebro son el facial (VII) para los dos tercios anteriores y el glosofaríngeo (IX) para el tercio posterior de la lengua. El sentido del olfato está muy relacionado con el sentido del gusto; ciertos sabores no pueden distinguirse sin la ayuda del olfato. Por esta razón, cuando sufrimos de resfriado común, al no distinguir bien los olores, disminuye nuestro sentido del gusto.

Las sustancias como los cítricos, el chile y la sal excesivos dificultan saborear sustancias suaves de los alimentos.

Sentido del olfato

La porción superior del interior de la nariz se encuentra tapizada por una membrana mucosa que contiene los receptores del olfato, que son las **células olfatorias**; los estímulos llegan a ellas en forma de partículas gaseosas (partículas odoríferas) que se disuelven y estimulan los pelos olfatorios de estas células. El impulso nervioso va por el nervio olfatorio al bulbo olfatorio y de aquí al cerebro. Las células olfatorias se adaptan con gran facilidad a los estímulos; por ello, nos "acostumbramos" con facilidad a los malos olores. Los olores pueden ser etéreos, aromáticos, fragantes, ambrosiacos, aliáceos, picantes, excitantes, repugnantes y fétidos (figura 14.6).

Cuando estás enfermo de resfrío común (gripe) los alimentos no los saboreas igual, debido a que el sentido del olfato y del gusto están muy relacionados.

Piel y sentido del tacto

La **piel** o **cutis** es un órgano que forma una cubierta protectora y flexible sobre el exterior del cuerpo (figura 14.7). En los orificios de la superficie corporal como la boca, la nariz, el ano, la uretra y la vagina se continúa con las mucosas. La piel es más gruesa en las palmas de las manos, las plantas de los pies y la espalda, y más delgada en los párpados; su color varía entre los individuos y aun en el mismo individuo, ya que hay zonas más oscuras como los pezones, la areola y los genitales externos.

Presenta pliegues en los sitios donde hay más movilidad y en su superficie se pueden observar unas pequeñas salientes o crestas cutáneas (crestas papilares) limitadas por surcos, como sucede en las yemas de los dedos y orificios que corresponden a la desembocadura de glándulas sudoríferas (sudoríparas) y sebáceas.

La piel está constituida por dos capas: la *epidermis* y la *dermis*.

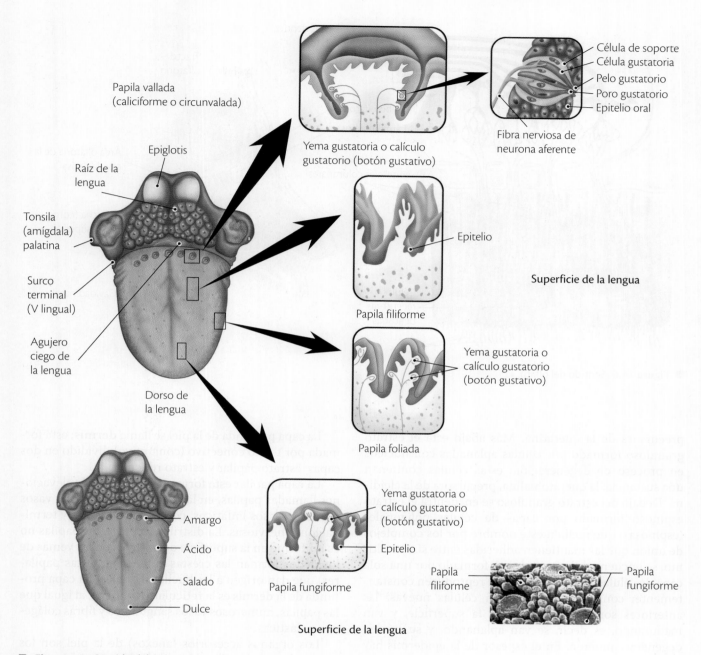

Papila vallada
(caliciforme o circunvalada)

Epiglotis

Raíz de la
lengua

Tonsila
(amígdala)
palatina

Surco
terminal
(V lingual)

Agujero
ciego de
la lengua

Dorso de
la lengua

Yema gustatoria o calículo
gustatorio (botón gustativo)

Célula de soporte
Célula gustatoria
Pelo gustatorio
Poro gustatorio
Epitelio oral

Fibra nerviosa de
neurona aferente

Epitelio

Superficie de la lengua

Papila filiforme

Yema gustatoria o
calículo gustatorio
(botón gustativo)

Papila foliada

Yema gustatoria o
calículo gustatorio
(botón gustativo)

Epitelio

Papila fungiforme

Amargo

Ácido

Salado

Dulce

Papila
filiforme

Papila
fungiforme

Superficie de la lengua

▶ **Figura 14.5** Sentido del gusto.

La **epidermis** es la capa superficial; se trata de un epitelio plano estratificado con queratina, y se divide en varias capas que son de la superficie hacia abajo: estrato córneo, estrato lúcido, estrato granuloso, estrato espinoso y estrato basal o germinativo.

El estrato córneo es la capa más superficial; está formado por células aplanadas, muertas, impregnadas de una sustancia llamada queratina que la hace impermeable al agua —y otras sustancias— y aumenta su función protectora; sus células se eliminan constantemente, pero son sustituidas por otras que proceden de las capas más profundas. Abajo del estrato córneo está el estrato lúcido, formado también por células muertas y planas, que contienen una sustancia llamada eleidina, que es

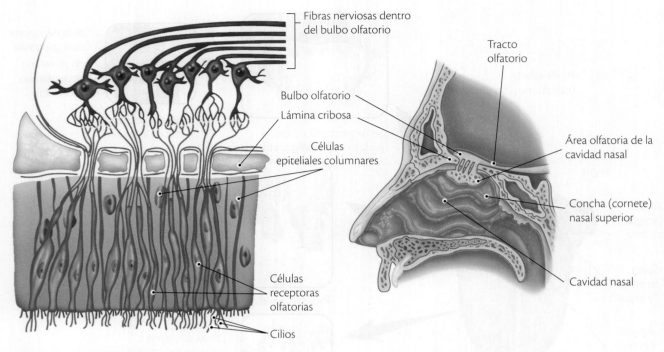

Fibras nerviosas dentro del bulbo olfatorio

Bulbo olfatorio

Lámina cribosa

Células epiteliales columnares

Células receptoras olfatorias

Cilios

Tracto olfatorio

Área olfatoria de la cavidad nasal

Concha (cornete) nasal superior

Cavidad nasal

▶ **Figura 14.6** Sentido del olfato.

precursora de la queratina. Más abajo está el estrato granuloso formado por células aplanadas con núcleos en proceso de degeneración; estas células contienen una sustancia: la queratohialina, precursora de la eleidina. Debajo del estrato granuloso se encuentra el estrato espinoso formado por capas de células poligonales (espinosas) que reciben este nombre por los complejos de unión que las mantienen adheridas entre sí. Por último, se encuentra el estrato basal, formado por una sola capa de células columnares que se reproducen constantemente; conforme se producen células nuevas, las anteriores son empujadas hacia la superficie, y van madurando; es decir, se van aplanando, y su núcleo degenera y mueren. En el espesor de la epidermis hay un pigmento, llamado melanina, producido y almacenado en las células llamadas melanocitos. La cantidad y disposición de la melanina en la epidermis es la causa del color de la piel; la piel blanca es más o menos rosada porque se puede ver la sangre de los vasos sanguíneos superficiales de la dermis.

Cuando te asoleas con frecuencia debes usar protector solar mínimo del número 30 para evitar el cáncer de piel.

La capa profunda de la piel se llama **dermis**; está formada por tejido conectivo (conjuntivo) dividido en dos capas: estrato papilar y estrato reticular.

La capa papilar está formada por pequeñas elevaciones llamadas papilas, en las cuales se encuentran vasos capilares, vasos linfáticos, corpúsculos táctiles y terminaciones nerviosas. La distribución de estas papilas no es uniforme en la superficie del cuerpo; en las yemas de los dedos forman las crestas cutáneas (crestas papilares) que dan origen a las huellas digitales. La capa profunda de la dermis es la reticular y contiene, al igual que las papilas, numerosos vasos sanguíneos y fibras colágenas y elásticas.

Los órganos accesorios (anexos) de la piel son los pelos, las uñas, las glándulas sudoríferas (sudoríparas) y las glándulas sebáceas.

Los pelos se encuentran distribuidos en diferentes partes del cuerpo: cejas, pestañas, cabellos y vellos. Un pelo tiene una parte libre, el tallo, y una raíz que se ubica en una cavidad o folículo piloso. La raíz se ensancha para formar un bulbo que está en contacto con una papila de la cual obtiene sus nutrimentos. Las células que forman el pelo están en el bulbo. En cada folículo se insertan pequeños músculos involuntarios, los piloerectores, que se originan en la capa papilar de la dermis y se contraen cuando hace frío o con una emoción, irguiendo a los pelos: son los que dan el aspecto de "carne de gallina".

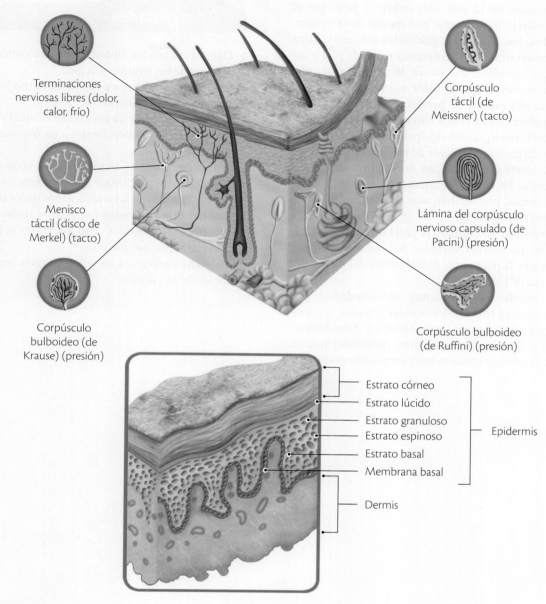

Terminaciones nerviosas libres (dolor, calor, frío)

Menisco táctil (disco de Merkel) (tacto)

Corpúsculo bulboideo (de Krause) (presión)

Corpúsculo táctil (de Meissner) (tacto)

Lámina del corpúsculo nervioso capsulado (de Pacini) (presión)

Corpúsculo bulboideo (de Ruffini) (presión)

Estrato córneo
Estrato lúcido
Estrato granuloso
Estrato espinoso
Estrato basal
Membrana basal
Epidermis

Dermis

Figura 14.7 Piel.

Las uñas son una cubierta laminar, dura, que se encuentra en el dorso de la falange distal de los dedos; tienen un cuerpo que es la porción que apreciamos a simple vista, una raíz que está en el espesor de la piel y una zona blanca con aspecto de media luna llamada lúnula. Las uñas crecen gracias a la multiplicación de células blandas del estrato germinativo de la raíz; las partes que distinguimos a simple vista están constituidas por células muertas impregnadas de queratina.

Las glándulas sudoríferas (sudoríparas) tienen el aspecto de un tubo enrollado, cuyo conducto excretor

desemboca en la superficie de la piel en un poro; producen el sudor.

Las glándulas sebáceas están formadas por varios acinos (unidades secretoras) y pueden desembocar en un folículo piloso o, directamente, en la superficie de la piel; no se encuentran en las palmas de las manos ni en las plantas de los pies. Su secreción es el sebo.

En la piel se encuentran los receptores del tacto: corpúsculos táctiles (de Meissner), laminosos (de Pacini), bulboideos (de Ruffini) y corpúsculos nerviosos terminales (terminaciones nerviosas libres) de neuronas sensitivas.

Las funciones de la piel son cubrir y proteger el organismo; esto lo lleva a cabo por medio de la epidermis, los pelos, las uñas y las glándulas sebáceas, cuya secreción forma una capa protectora sobre la piel y los pelos. La piel ayuda a mantener la temperatura del cuerpo; por ejemplo, con el calor aumenta la sudoración, el agua al evaporarse produce enfriamiento por pérdida de calor; cuando hace frío se contraen los músculos piloerectores irguiendo los pelos y dando el aspecto de "carne de gallina". A través de sus glándulas, la piel cumple funciones excretoras; es decir, elimina sustancias de desecho. En ella se sintetiza la vitamina D cuando nos asoleamos, y se reciben algunos estímulos como frío, calor, presión y dolor.

Si observamos con cuidado la piel también constituye uno de los caracteres sexuales secundarios por sus características y la particular distribución del pelo (*véase* "Adolescencia").

La piel puede sufrir muchas enfermedades: por microorganismos y tiñas (infecciones), heridas, quemaduras, alergias (dermatitis por contacto), hereditarias (albinismo) y de origen psicológico (neurodermatitis, vitiligo); en la adolescencia es muy frecuente el acné.

Actividades

1. Elabora un cuadro sinóptico de cada uno de los órganos de los sentidos y la piel.
2. En el grupo comenten y expliquen cómo funciona cada uno y cuáles son los receptores.
3. Consulta el *Manual de ciencias de la salud* y realiza las prácticas correspondientes a los órganos de los sentidos y la piel.
4. Realiza una encuesta en tu comunidad con el fin de investigar qué porcentaje de habitantes tiene problemas con alguno o varios órganos de los sentidos y de qué tipo y gravedad son. Analiza cuáles son los más frecuentes, qué los ocasiona, cuáles se pueden prevenir y con qué medidas.
5. **Video** Se proyectará un video de cada órgano de los sentidos y la piel.

Capítulo 15

Sistema endocrino

El crecimiento, la pigmentación de la piel, la presión arterial y las diferencias entre los sexos, son sólo una muestra de las incontables funciones que controla el sistema endocrino.

El sistema endocrino está formado por las glándulas endocrinas, que se caracterizan porque vierten sus secreciones en la sangre, a diferencia de las glándulas exocrinas, que vierten su secreción por medio de un conducto, a las cavidades del cuerpo o al exterior; por ejemplo, las glándulas sudoríferas (sudoríparas), sebáceas, digestivas, lagrimales, mamarias, por citar algunas (figura 15.1).

Las glándulas endocrinas son el *hipotálamo*, la *hipófisis* (glándula pituitaria), la *glándula tiroidea* (glándula tiroides), las *glándulas paratiroideas* (paratiroides), las *suprarrenales*, el *páncreas*, los *ovarios*, los *testículos*, el *timo*, el *cuerpo pineal* (glándula pineal), la *placenta*, y nosotros incluiremos el *hígado*, la *mucosa gástrica* y la *mucosa intestinal*. Hay glándulas que producen secreción interna y externa, por lo que se consideran glándulas mixtas o heterocrinas, por ejemplo, el páncreas y el hígado.

> Las glándulas endocrinas producen las hormonas y participan junto con el sistema nervioso en la regulación y control de las funciones del organismo.

Una secreción es una sustancia nueva que elaboran las células a partir de materiales obtenidos de la sangre o del líquido tisular. La secreción de las glándulas endocrinas recibe el nombre de hormona y participa junto con el sistema nervioso en la regulación y coordinación de las funciones del organismo.

Hipotálamo

Se encuentra en la base del cerebro, abajo del tálamo y arriba de la hipófisis (pituitaria) (*véase* "Sistema nervioso") y se le considera un transductor neuroendocrino; es decir, una estructura que traduce los impulsos nerviosos que le llegan a secreciones endocrinas. Tiene neuronas que sintetizan sustancias químicas llamadas neurosecreciones, liberadas hacia el sistema portahipofisiario, que es un conjunto de vasos sanguíneos que llevan las neurosecreciones al lóbulo anterior de la hipófisis (pituitaria), a la cual estimulan. Esta estimulación tiene las siguientes características: las neurosecreciones se consideran hormonas hipotalámicas que regulan la liberación de las hormonas hipofisiarias con especificidad; las más conocidas son las hormonas liberadoras de LH, FSH y TSH.

El hipotálamo es un transductor neuroendocrino porque traduce los impulsos nerviosos que le llegan a secreciones endocrinas.

Hipófisis (pituitaria)

Se encuentra localizada en la silla turca del hueso esfenoidal (esfenoides) y se une al hipotálamo por medio del tallo infundibular. Mide aproximadamente 1.5 cm de diámetro, está constituida por dos lóbulos: el anterior o adenohipófisis y el posterior o neurohipófisis.

El lóbulo anterior produce las siguientes hormonas[1]:

1. **GH hormona del crecimiento (hormona somatotrófica)** Permite el crecimiento de los tejidos por medio del aumento de la síntesis de proteínas; su efecto es muy notable sobre el cartílago, de ahí que cuando está presente el disco epifisiario, la GH actúa sobre él aumentando la longitud del individuo.
2. **TSH hormona tirotrófica** Regula la actividad de la glándula tiroidea (tiroides), así como su crecimiento.
3. **ACTH (hormona adrenocorticotrófica)** Regula el crecimiento y funcionamiento de la corteza suprarrenal.
4. **FSH (hormona folículo-estimulante)** Estimula los ovarios y los testículos. (Hormona estimulante de la espermatogénesis.)
5. **LH (hormona luteinizante) e ICSH (hormona estimulante de las células intersticiales)** Estimulan los ovarios y los testículos para la producción de hormonas, estrógenos, progesterona y andrógenos.
6. **LTH (hormona luteotrófica)** Su función no está bien determinada en el hombre. En la mujer estimula la producción de progesterona y estrógenos por el cuerpo amarillo (lúteo).
7. **Prolactina** Inicia y estimula la secreción de la leche en las glándulas mamarias.
8. **Hormona estimulante de los melanocitos** Interviene en la pigmentación de la piel.

El lóbulo posterior de la hípófisis (pituitaria) almacena y libera las siguientes hormonas:

1. **Oxitocina** Estimula las contracciones del músculo uterino durante el embarazo y el parto, así como la secreción de la leche.

2. **ADH (hormona antidiurética)** Regula la presión arterial y permite que el riñón reabsorba agua y sales para mantener el equilibrio hidroelectrólítico. Esta glándula estimula a otras (glándulas blanco) las cuales, a su vez, producen hormonas que actúan en diversas partes del organismo (órganos blanco). Cuando la cantidad de las hormonas de la glándula blanco es suficiente en la sangre, deja de estimularlas, y cuando disminuye, las estimula nuevamente; a estos mecanismos se les conoce como retroalimentación.

Dentro de las enfermedades más frecuentes tenemos la secreción excesiva de GH que cuando no ha terminado el proceso de osificación en los huesos largos provoca gigantismo; en cambio, si aumenta la secreción en la edad adulta, provoca una enfermedad llamada acromegalia, que consiste en el crecimiento anormal de los huesos cortos del cuerpo. La secreción insuficiente de esta hormona durante la infancia produce enanismo.

Si disminuye la secreción de ADH se presenta una enfermedad en la que se eliminan electrólitos y agua, dando los síntomas de la diabetes mellitus, pero sin que el metabolismo de la glucosa (diabetes insípida) se altere.

Glándula tiroidea (tiroides)

Se encuentra en la parte anterior del cuello y está formada por dos lóbulos que se unen entre sí por una porción más estrecha llamada istmo. Está formada por pequeñas unidades secretoras, los folículos tiroideos, en los cuales se produce la hormona tiroidea, que regula el metabolismo de las células del resto del organismo. Para su buen funcionamiento necesita que haya yodo, que es un componente indispensable para la síntesis de la hormona tiroidea; ésta puede ser de cuatro tipos, según la cantidad de yodo que contenga: mono, di, tri y tetrayodotironina; las más activas son la tri y la tetrayodotironina.

Si disminuye su secreción provoca el hipotiroidismo, que en la infancia recibe el nombre de cretinismo. El crecimiento del esqueleto se detiene, lo que genera baja estatura, la cabeza es de mayor proporción de lo normal, el abdomen prominente, los músculos débiles, tienen mucho tejido adiposo, la lengua muy grande y principalmente tienen un gran retraso mental.

El hipotiroidismo en los adultos se manifiesta por disminución del metabolismo, sus funciones son lentas, la temperatura de su cuerpo es baja, la piel y el cabello están secos, las uñas son quebradizas, aumenta el tejido adiposo junto con un material que se deposita en el tejido conectivo (mixedema).

---

[1] Nota: Debido a la generalización en el uso de la terminología inglesa usaremos las iniciales de las hormonas hipofisiarias como se emplean en inglés, asimismo, se dan los nombres más usados de las hormonas, ya que tienen numerosos sinónimos.

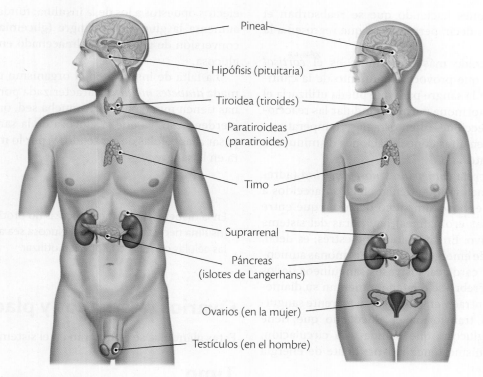

Figura 15.1 Principales glándulas endócrinas.

Pineal

Hipófisis (pituitaria)

Tiroidea (tiroides)

Paratiroideas (paratiroides)

Timo

Suprarrenal

Páncreas (islotes de Langerhans)

Ovarios (en la mujer)

Testículos (en el hombre)

Cuando aumenta la secreción de esta hormona se produce la condición conocida como hipertiroidismo, los ojos se vuelven prominentes (a esto se le llama exoftalmos), el metabolismo se acelera, por lo que las personas tienen aumentada la temperatura del cuerpo, son inquietas, su pulso está acelerado y son delgadas aunque coman mucho.

El bocio simple es el aumento de volumen de la glándula y generalmente se debe a la falta de yodo en la dieta, lo que provoca que la glándula crezca, tratando de compensar la deficiencia.

Recientemente se ha descrito otra hormona tiroidea, la *calcitonina*, que participa con la parathormona en la regulación del calcio y fósforo.

Glándulas paratiroideas (paratiroides)

Generalmente son cuatro, aunque pueden ser más o menos; están colocadas atrás de los lóbulos de la glándula tiroidea (tiroides) y miden unos 0.5 cm de diámetro. Producen la hormona paratiroidea o parathormona, que regula el metabolismo del calcio y del fósforo.

Cuando aumenta su secreción estimula a los osteoclastocitos (osteoclastos) (*véase* "Sistema óseo"),

con lo que se descalcifican los huesos; el calcio de éstos pasa a la sangre, aumentando su concentración. El calcio se puede acumular en algunos órganos como los riñones, lo que produce lesión o formación de cálculos.

Cuando disminuye su secreción, baja la concentración de calcio en la sangre y esto aumenta la irritabilidad del sistema nervioso y los músculos, pueden aparecer convulsiones y espasmos en los músculos (contracciones involuntarias persistentes), conocidas como tetania por su semejanza con el tétanos.

Glándulas suprarrenales

Son dos pequeñas estructuras que se encuentran colocadas arriba de los riñones. La glándula derecha tiene forma triangular y la izquierda, forma semilunar; están rodeadas por una cápsula delgada y tienen dos porciones: la exterior se llama corteza y la interior, médula.

La corteza es indispensable para la vida, produce hormonas llamadas *mineralocorticoides*, *glucocorticoides* y *hormonas sexuales*: andrógenos, principalmente.

Los mineralocorticoides regulan el metabolismo del agua y los electrólitos, sobre todo sodio y potasio (un electrólito es una solución que conduce electricidad por medio de iones con carga positiva o negativa); el mineralocorticoide más importante es la aldosterona, que actúa en los riñones haciendo que se reabsorban el sodio y el agua, es decir, permitiendo que regresen a la sangre.

El glucocorticoide más importante es el *cortisol* (hidrocortisona), que provoca el aumento de la cantidad de glucosa en la sangre para que pueda utilizarla el organismo. Esta hormona permite modular las reacciones ante las infecciones, hemorragias, temperaturas extremas, etc., y en altas concentraciones disminuye la respuesta inflamatoria.

La médula secreta *epinefrina* y *norepinefrina* (adrenalina y noradrenalina) que tienen efectos parecidos a los del sistema nervioso simpático debido a que entre sus células (células cromafines) hay fibras del sistema nervioso vegetativo. En situaciones de estrés; es decir, ante situaciones de emergencia, estas hormonas aumentan la frecuencia cardiaca, los vasos sanguíneos de los músculos y del cerebro se dilatan (aumentan su diámetro), el bazo se contrae y envía sangre al torrente sanguíneo y el hígado transforma el glucógeno que tiene almacenado en glucosa, que manda a la circulación, para que el organismo tenga mayor fuente de energía con qué reaccionar.

Cuando estás en situación de estrés te aumenta la frecuencia cardíaca, la frecuencia respiratoria, sientes la boca seca, debido a la secreción de epinefrina y norepinefrina de la médula suprarrenal.

Cuando aumenta la actividad de la corteza suprarrenal en el niño, produce desarrollo sexual precoz; en la mujer produce la aparición de caracteres sexuales secundarios masculinos.

Cuando disminuye su actividad, aparece la enfermedad de Addison: en ésta, la persona se siente débil, apática, aumenta la pigmentación de su piel y mucosas, pierde peso y disminuye sus funciones sexuales.

Páncreas

Sus características como glándula exocrina se estudian en el sistema digestivo.

Como glándula de secreción interna o endocrina tiene estructuras llamadas **islotes pancreáticos** (de Langerhans) en donde se encuentran células *alfa* y *beta*. Las células alfa secretan glucagon y las células beta, insulina.

La **insulina** permite que la glucosa pase de la sangre a las células, donde constituye la fuente energética más importante del organismo; en cambio, el glucagon tiene

efectos opuestos a los de la insulina; fundamentalmente aumenta la glucosa en sangre (glicemia) al provocar conversión de glucógeno, almacenado en el hígado, en glucosa.

La falta de insulina en el organismo provoca la llamada *diabetes mellitus*, caracterizada porque las personas tienen mucha hambre, mucha sed, orinan mucho y pierden peso, ya que la glucosa de la sangre no puede pasar a las células de sus tejidos y, por lo mismo, aumenta en la sangre.

En la diabetes mellitus el páncreas no produce la insulina necesaria para que la glucosa sea asimilada por las células o éstas no la pueden utilizar.

Ovarios, testículos y placenta

Estas glándulas se estudiarán en el sistema reproductor.

Timo

Está localizado en el mediastino (cavidad limitada por los pulmones, el esternón, la columna vertebral, el diafragma y la base del cuello), y formado por dos lóbulos, integrados por varios lobulillos. Los lobulillos tienen una corteza y una médula; en esta última hay estructuras llamadas corpúsculos tímicos (de Hasall). En el niño es muy voluminoso, pero después va disminuyendo de tamaño. Las células linfoides producidas en el timo son los linfocitos T, que adquieren al madurar en este órgano un antígeno específico en su membrana: el *antígeno theta*.

Regula el sistema inmune (*véase* "Inmunidad"), mediante la secreción de hormonas cuya función no está bien estudiada. Actualmente se reconocen como hormonas tímicas: la timosina, timopoyetina, timostatina, hormona estimulante de los linfocitos, etcétera.

Cuerpo (glándula) pineal

Se llama también epífisis y se localiza en el techo del tercer ventrículo; se desconoce su función aunque se ha relacionado con el crecimiento y desarrollo sexual en el varón. Deja de funcionar después del séptimo año de vida.

Hígado

El hígado es el gran laboratorio químico del organismo; sus funciones son múltiples, y tan variadas, que es difícil clasificarlas y separarlas de las correspondientes a otros órganos y sistemas. La función secretora exocrina, así como parte de sus funciones en la regulación metabólica, se verán en el tema del sistema digestivo. Su función de "filtración de sangre" se mencionará cuando nos refiramos a las células reticuloendoteliales fijas o macrofagocitos (células de Kupffer) que revisten a los sinusoides hepáticos. Por último, el hígado vierte a la sangre numerosos compuestos como la albúmina, el fibrinógeno, las enzimas, los factores de la coagulación, que cumplen con diferentes funciones en el organismo; así, dentro de las proteínas secretadas está el *angiotensinógeno*, que al ser transformado como tal por la *renina* (secretada a su vez por el riñón) tiene un efecto importante en la regulación de la presión arterial.

Mucosa gástrica e intestinal

La mucosa gástrica e intestinal produce compuestos que estimulan la motilidad, el vaciamiento o la secreción de glándulas y reservorios de sustancias que participan en la digestión. Así pues, la *colecistoquinina*, secretada por la mucosa duodenal, provoca el vaciamiento de la vesícula biliar; la secretina actúa sobre el páncreas estimulando su secreción y la *pancreozimina* favorece también la salida del jugo pancreático.

Actividades

1. Elabora un mapa conceptual de las glándulas exocrinas, endocrinas y heterocrinas. Analízalo con el grupo.
2. Comenten en el grupo la localización del hipótalamo, revisando los huesos y el sistema nervioso.
3. En equipos, elaboren un mapa conceptual de cada glándula para que el grupo lo integre y discuta sus alteraciones más frecuentes.
4. Elabora tu árbol genealógico sobre la diabetes y coméntalo con el grupo.
5. Investiga en tu escuela si hay algunos alumnos que padezcan diabetes mellitus o si tienen familiares con esta enfermedad; del total indaga cuántas de estas personas han tenido complicaciones por la enfermedad y cuáles son las más comunes.
6. Discute en grupo qué hacer si se tienen antecedentes familiares de esta enfermedad.
7. **Video** Se proyectará un video del sistema endocrino, que se comentará en el grupo.

Capítulo 16

Sistema digestivo

El sistema digestivo permite al cuerpo humano aprovechar las sustancias nutritivas contenidas en los alimentos.

Para poder usar las sustancias nutritivas necesarias para su subsistencia, el hombre tiene que degradar los compuestos complejos que sirven de alimento, en otros más simples a fin de que puedan ser absorbidos para su aprovechamiento. Estas funciones de degradación y absorción se llevan a cabo en el sistema digestivo, formado por un tracto, conducto o tubo que se divide en boca, faringe, esófago, estómago, intestino delgado, intestino grueso, ano, y por los órganos accesorios: dientes, glándulas salivales, hígado, vesícula biliar y páncreas (figura 16.1).

Boca

La **boca** se encuentra en la parte inferior de la cara, está circunscrita por el paladar duro (bóveda palatina), lengua, labios, mejillas, paladar blando (velo del paladar) y faringe. Los arcos alveolodentales la subdividen en una porción anterolateral; el vestíbulo y la porción interior: cavidad oral.

Los labios y las mejillas están formados por músculo estriado, tejido conectivo (conjuntivo) y una mucosa. El paladar es duro en su parte anterior porque contiene las porciones horizontales de los huesos maxilas (maxilares superiores) y palatinos, y blando en su porción pos-

terior porque está constituido por tejido muscular; tanto el paladar duro como el blando están cubiertos por una túnica mucosa.

La lengua forma parte del piso de la boca junto con el surco alveololingual. Es un órgano músculo-mucoso. Su base o raíz se inserta por numerosos músculos al hioideo, a la mandíbula y al proceso estiloideo del temporal; tiene un pequeño pliegue mucoso llamado frenillo que la une al piso de la boca por su cara inferior. En su porción superior se encuentran las *papilas linguales* (gustativas) y dentro del epitelio que las cubre, los receptores del gusto llamados *cálculos gustatorios* (botones gustativos).

En su porción posterior, la boca se comunica con la faringe por medio de un orificio llamado istmo de las fauces, en el que podemos observar una saliente que cuelga de la parte media del paladar blando, la úvula; a ambos lados de la úvula hay dos pliegues que se dirigen a los lados hacia la base de la lengua: los *arcos palatoglosos* (pilares anteriores del velo del paladar), y dos pliegues que se dirigen hacia los lados y hacia la faringe: los *arcos palatofaríngeos* (pilares posteriores del velo del paladar). Entre los arcos palatogloso (pilar anterior del velo del paladar) y palatofaríngeo (pilar posterior) están las *tonsilas palatinas* (amígdalas).

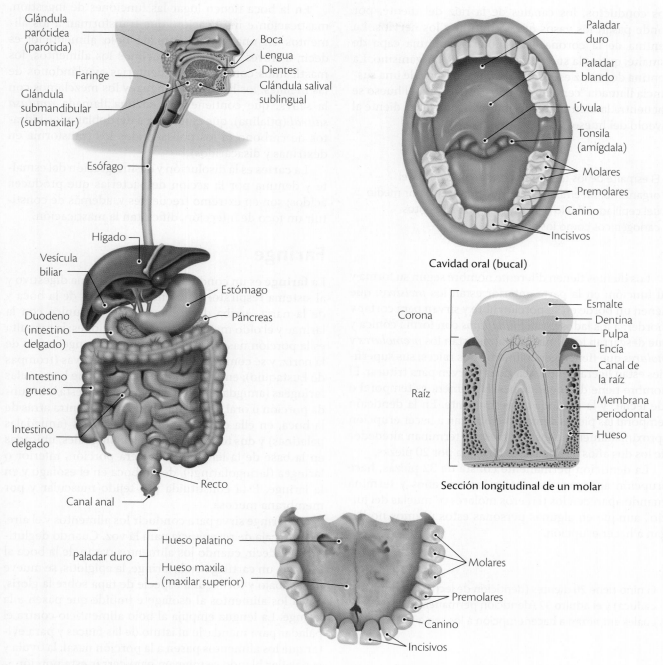

Glándula
parótidea
(parótida)

Boca
Lengua
Dientes
Glándula salival
sublingual

Faringe

Glándula
submandibular
(submaxilar)

Esófago

Hígado

Vesícula
biliar

Duodeno
(intestino
delgado)

Intestino
grueso

Intestino
delgado

Recto

Canal anal

Paladar duro

Hueso palatino

Hueso maxila
(maxilar superior)

Estómago

Páncreas

Molares

Premolares

Canino

Incisivos

Paladar
duro

Paladar
blando

Úvula

Tonsila
(amígdala)

Molares

Premolares

Canino

Incisivos

Cavidad oral (bucal)

Corona

Raíz

Esmalte
Dentina
Pulpa
Encía
Canal de
la raíz
Membrana
periodontal
Hueso

Sección longitudinal de un molar

▶ **Figura 16.1** Sistema digestivo.

Dientes

Dentro de los alveolos dentales de la *maxila* (maxilar superior) y la mandíbula (maxilar inferior) están los dientes. Las partes de una pieza dentaria son las siguientes:

a) *la corona*, que es la porción que sobresale de la encía,

b) *el cuello*, que es una porción más estrecha a nivel de la encía,

c) *la raíz*, que se aloja en el alveolo dental (alveolo dentario).

En el interior del diente hay un espacio llamado *cavidad pulpar*, lleno de tejido conectivo (conjuntivo) con características embrionarias (pulpa), vasos sanguíneos, vasos linfáticos y nervios. La pared de la cavidad pulpar está formada por la dentina, semejante al hueso pero más densa y más dura. De la cavidad pulpar salen uno o dos conductos, los canales de la raíz del diente, por donde pasan los vasos que lo nutren y los nervios. La dentina de la corona está cubierta por una capa de esmalte, que es la sustancia más dura del organismo. La dentina de la raíz está cubierta por una capa de una sustancia llamada "cemento" y entre esta capa y el hueso se encuentra la membrana periodontal, que fija el diente al alveolo del hueso.

El esmalte de los dientes es el tejido más duro del organismo, sin embargo, hay que protegerlo por medio del cepillado, el hilo dental y evitando alimentos cariogénicos como los dulces.

Los dientes tienen diferente nombre según su forma y su función: en la parte anterior están los *incisivos*, que tienen un borde en su porción libre y sirven para cortar y morder; a los lados están los *caninos* con forma cónica y que desgarran los alimentos; atrás están los *premolares* y *molares* que tienen generalmente dos raíces; sus superficies están ligeramente excavadas y sirven para triturar. El hombre tiene dos denticiones: la primera es temporal o "de leche" y la segunda es permanente. En la dentición temporal las piezas dentarias empiezan a hacer erupción aproximadamente a los seis meses y terminan alrededor de los dos años de edad, está formada por 20 piezas.

La dentición permanente consta de 32 piezas, hace erupción aproximadamente a los seis años y termina cuando aparecen los terceros molares o "muelas del juicio", aunque en algunas personas estos últimos no llegan a hacer erupción.

El niño tiene 20 dientes (dentición de leche, temporal o caduca) y el adulto 32 (dentición permanente), los cuales empiezan a hacer erupción a los seis años.

En la cavidad oral o bucal desembocan los conductos de las *glándulas salivales mayores*: dos *submandibulares* (submaxilares) y dos *sublinguales*. Las dos glándulas parotídeas (parótidas) están abajo y adelante de los oídos y su conducto excretor (de Stenon) desemboca en el interior de la mejilla a la altura del segundo molar superior. Las dos submandibulares (submaxilares) están en la parte posterior del piso de la boca y su conducto excretor termina abajo de la lengua. Las glándulas sublinguales están adelante de las submandibulares y también desembocan en el piso de la boca.

En la boca tienen lugar las funciones de ingestión, masticación e insalivación, que transforman a los alimentos en una papilla llamada bolo alimenticio; es decir, a través de ella introducimos los alimentos, los masticamos con las piezas dentarias ayudándonos de las mejillas, los labios y la lengua, y los mezclamos con la saliva, que contiene una enzima llamada *amilasa salival* (ptialina), que comienza a desdoblar a los hidratos de carbono (a los polisacáridos los transforma en dextrinas y disacáridos).

La **caries** es la disolución y desintegración del esmalte y dentina por la acción de bacterias que producen ácidos; son en extremo frecuentes y, además de constituir un foco de infección, dificultan la masticación.

Faringe

La **faringe** es un conducto común al sistema digestivo y al sistema respiratorio; se encuentra atrás de la boca y de la nariz, arriba del esófago, y se comunica con la laringe y el oído medio. Tiene tres porciones: la más alta es la porción nasal (rinofaringe o nasofaringe), atrás de la nariz, y se comunica con las tubas auditivas (trompas de Eustaquio); en su porción posterior tiene las tonsilas faríngeas (amígdalas faríngeas), más abajo está la segunda porción u oral (orofaringe) que se encuentra atrás de la boca, en ella están las tonsilas palatinas (amígdalas palatinas) y dos tonsilas (amígdalas) linguales, ubicadas en la base de la lengua. La tercera porción, inferior o laríngea (laringofaringe), desemboca en el esófago y en la laringe. Está constituida por tejido muscular y por membrana mucosa.

La faringe sirve para conducir los alimentos y el aire, y como caja de resonancia para la voz. Cuando deglutimos; es decir, cuando los alimentos pasan de la boca al esófago, un cartílago en la laringe, la epiglotis, se mueve hacia abajo y forma una especie de tapa sobre la glotis, envía los alimentos al esófago e impide que pasen a la laringe. La lengua empuja al bolo alimenticio contra el paladar para mandarlo al istmo de las fauces y para evitar que los alimentos pasen a la porción nasal; la úvula y el paladar blando se mueven para cerrar esta porción.

La enfermedad más frecuente de la faringe es la faringitis.

Disposición general del tracto digestivo

El esófago, el estómago, el intestino delgado y el grueso tienen una estructura microscópica común compuesta por cuatro túnicas o capas: la *mucosa*, la *submucosa*, la *muscular externa* y la *serosa*. Las características de cada una dependerán de la función específica que lleva a cabo cada órgano; por tanto, describiremos brevemente la estructura general del tracto (tubo) digestivo; después sólo se hará referencia a las características relevantes de dicho órgano.

La mucosa está formada por tres capas: el *epitelio,* la *lámina propia* de tejido conectivo (conjuntivo) de sostén y una capa de músculo liso denominada *muscularis mucosae.*

La submucosa está constituida por tejido conectivo laxo y elástico que da sostén a la mucosa y la une con la muscular externa. En su interior existen numerosos vasos sanguíneos que forman plexos; sus pliegues son el sostén de los que a su vez se observan en la superficie del tracto (tubo) digestivo; también contiene células ganglionares que forman el plexo submucoso (de *Meissner*) que corresponde al sistema nervioso autónomo.

La capa muscular externa está formada por dos capas de músculo liso. La interna dispone sus fibras circularmente, mientras que la externa las presenta longitudinalmente. La muscular externa es la responsable principal de los movimientos peristálticos que permiten el tránsito de los alimentos a lo largo del tracto (tubo) digestivo. La coordinación de las ondas peristálticas es proporcionada por el plexo mientérico (de *Auerbach*) que forma parte del sistema parasimpático.

La cuarta túnica es la más externa y corresponde a la serosa, que es una cubierta de células planas en las partes donde el tracto (tubo) digestivo está libre, lo que constituye el peritoneo; en los lugares donde el tracto (tubo) se fija a estructuras vecinas, el tejido conectivo (conjuntivo) se funde con éstas y forma una adventicia.

Esófago

El **esófago** conecta a la faringe con el estómago. Se encuentra abajo de la laringofaringe, atrás de la tráquea, atraviesa al diafragma, penetra en el abdomen y se abre en el estómago en un orificio llamado cardias.

La mucosa protege gracias a un epitelio plano estratificado y secreta algo de moco por medio de glándulas submucosas para facilitar el paso del alimento; en el esófago no se efectúan funciones de absorción ni digestión, su única función es conducir el bolo alimenticio al estómago.

Una enfermedad del esófago es la esofagitis, que puede ser producida por sustancias irritantes.

Estómago

El **estómago** se encuentra en la parte superior del abdomen, abajo del diafragma, entre el esófago y el intestino delgado. Es una dilatación del tracto digestivo con forma de J o de gaita.

Sus partes principales son el fondo, el cuerpo y el antro. El fondo es una porción redondeada que está arriba y a la izquierda, el cuerpo es la porción central, y la parte más delgada e inferior se llama antro pilórico. Tiene dos curvaturas que lo recorren a lo largo: la superior, más pequeña y cóncava, se llama curvatura menor, y la inferior, más grande y convexa, se denomina curvatura mayor. En la unión del esófago con el estómago hay un repliegue de la mucosa llamado cardias y en la unión del estómago con la primera porción del intestino delgado está el *píloro*, que es un esfínter; es decir, gran número de fibras de la túnica (capa) circular forman un "anillo".

La **mucosa del estómago** está constituida por epitelio cilíndrico simple y tiene además numerosas glándulas gástricas que secretan el jugo gástrico. Su capa (túnica) muscular externa tiene una tercera capa de fibras oblicuas por dentro de la capa de fibras circulares. Su túnica serosa forma parte del peritoneo, y las capas anterior y posterior se unen a la altura de la curvatura menor para formar una membrana que va hasta el hígado, la cual recibe el nombre de *omento menor* (epiplón menor); a nivel de la curvatura mayor forma otra membrana, el *omento mayor* (epiplón mayor) que cuelga delante de los intestinos.

Cuando el bolo alimenticio llega al estómago a través del cardias, se producen movimientos peristálticos que lo mezclan con el jugo gástrico; éste contiene ácido clorhídrico, moco, enzimas digestivas y el factor intrínseco, necesario para absorber la vitamina B_{12} (figura 16.2).

Las enzimas digestivas son la pepsina, que desdobla las proteínas en proteosas y peptonas; la renina, que coagula la leche principalmente en los niños y la lipasa gástrica que comienza a separar las moléculas de las grasas. El bolo alimenticio en el estómago se transforma en un líquido llamado quimo. En resumen, en el estómago se inicia la digestión y la absorción de algunos compuestos.

Las alteraciones más frecuentes son la gastritis y la úlcera gástrica.

Intestino delgado

El **intestino delgado** se encuentra en la cavidad abdominal y comunica al estómago con el intestino grueso; empieza en el píloro y termina en un anillo muscular, la valva (válvula) ileocecal. Se divide en dos partes: una fija, el *duodeno* y una móvil, el *yeyuno-íleon*. De los siete metros que aproximadamente mide el intestino delgado, el **duodeno** tiene más o menos 25 cm de largo y 3 o

4 cm de diámetro, durante su trayecto describe varias curvas que lo dividen en cuatro porciones; en la segunda porción tiene un pequeño repliegue: el *ámpula de Vater* (hepatopancreática), donde desembocan tanto el conducto pancreático (conducto de *Wirsung*) como el conducto biliar común (colédoco) que transporta la bilis que viene de la vesícula biliar (figura 16.2).

> El desdoblamiento final de los alimentos se lleva a cabo en el duodeno.

El **yeyuno-íleon** constituye el resto del intestino delgado, mide aproximadamente 6.5 m; presenta una serie de flexuosidades llamadas **asas intestinales**.

El intestino delgado está diseñado para completar la digestión y absorber las sustancias nutritivas que requiere el organismo. Para cumplir con esta última función el epitelio de la mucosa es cilíndrico con microvellosidades; la mucosa tiene proyecciones digitiformes que reciben el nombre de **vellosidades intestinales**; para aumentar la superficie de absorción, la submucosa forma pliegues semilunares denominados *plicas circulares* (de *Kerkring*). La mucosa tiene también numerosas glándulas, las criptas, que secretan enzimas.

Cuando el quimo pasa al duodeno, se pone en contacto con la bilis que llega a través del conducto biliar común (colédoco), con el jugo pancreático que es transportado por el conducto pancreático (de Wirsung) y con el jugo intestinal; por medio de movimientos pendulares, el quimo se mezcla con estos componentes y se transforma en quilo.

La **bilis** emulsiona las grasas; es decir, las descompone en glóbulos pequeños para que puedan ser desdobladas por medio de la lipasa pancreática. El jugo pancreático contiene numerosas enzimas, entre ellas destacan la tripsina, que continúa la digestión de las proteínas hasta aminoácidos simples; la lipasa pancreática, que desdobla las grasas en glicerol y ácidos grasos y la amilasa pancreática que termina de desdoblar a los hidratos de carbono; a las dextrinas las descompone en maltosa, sacarosa y lactosa para que después el jugo intestinal desdoble la maltosa en dos moléculas de glucosa por medio de la maltasa; a la sacarosa en una molécula de glucosa y una de fructosa y a la lactosa en una molécula de glucosa y otra de galactosa (todos son monosacáridos).

Los **movimientos peristálticos** hacen avanzar al quilo para que las vellosidades intestinales absorban las sustancias nutritivas. Los capilares de las vellosidades absorben monosacáridos y aminoácidos, y los llevan al hígado; el glicerol y los ácidos grasos son absorbidos principalmente por los vasos quilíferos, que pasan al conducto torácico que transporta la linfa del cuerpo para que se mezcle con la sangre antes de llegar al corazón.

La enfermedad más frecuente del intestino delgado es la enteritis, que generalmente es causada por microorganismos.

Intestino grueso

Como su nombre indica, es de mayor calibre que el intestino delgado; se encuentra en el abdomen y la pelvis, mide alrededor de 1.5 m de largo y va desde el íleon hasta el ano (figura 16.3). Las partes de que se compone son *ciego* y *apéndice vermiforme, colon, recto* y *canal anal.*

El **ciego** es una especie de bolsa que se encuentra en la región ilíaca derecha (fosa ilíaca derecha) del abdomen (*véase* "Regiones del abdomen"); en él se encuentra el apéndice vermiforme (vermicular) que mide de 7 a 8 cm de largo por 0.5 cm de diámetro. El ciego se continúa con el *colon ascendente*, que sube por el lado derecho hasta el hígado, luego se dirige hacia el bazo para formar el *colon transverso* y de allí desciende y forma el colon descendente, describe una curvatura en forma de S, llamada *colon sigmoideo* y cuando llega a la línea media desciende formando el recto, que se continúa con el canal anal que termina en el ano.

El intestino grueso tiene su mucosa revestida también por epitelio cilíndrico con abundantes células productoras de moco, no tiene vellosidades y las criptas son escasas; la *muscularis mucosae* es menos abundante y ausente en algunos sitios, por lo que la lámina propia y la submucosa se confunden. El plexo venoso de la submucosa se dilata con mucha frecuencia, lo que provoca las hemorroides, que elevan la mucosa y hacen protrusión en el ano. La muscular externa está formada principalmente por tres bandas longitudinales de músculo liso, llamadas *tenias del colon.*

En el intestino grueso se reabsorbe agua y se forma el bolo fecal o heces que avanzan por medio de movimientos peristálticos hasta el recto, de donde son vaciadas por la defecación. El contenido del intestino grueso no puede regresar en condiciones normales al intestino delgado porque lo impide la valva (válvula) ileocecal.

> En el intestino grueso se reabsorbe agua y se forma el bolo fecal. Las personas estreñidas deben ingerir alimentos con alto contenido de fibra y beber mucha agua.

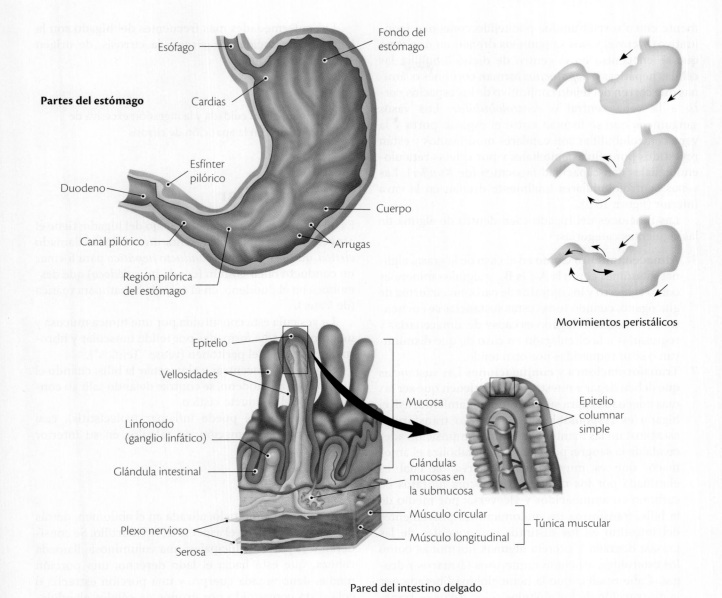

Figura 16.2 Sistema digestivo: partes del estómago e intestino delgado.

Entre las enfermedades más frecuentes del intestino grueso están la apendicitis (inflamación del apéndice) y la colitis (inflamación del colon), por parásitos como las amibas, por la ingestión de sustancias irritantes o por tensión emocional.

Hígado

Es una glándula que se encuentra en la porción superior derecha del abdomen abajo del diafragma, es el órgano más voluminoso del organismo (en el adulto pesa hasta 1500 g). Es de color rojo vinoso por la gran cantidad de sangre que contiene y está formado por cuatro lóbulos:

los dos principales son el derecho y el izquierdo en la cara superior, en la inferior están dos lóbulos pequeños llamados lóbulo cuadrado y lóbulo caudado (de *Spiegel*). Está cubierto por el peritoneo y además presenta una envoltura independiente del recubrimiento peritoneal: la *cápsula de Glisson* o túnica fibrosa del hígado, que penetra junto con los vasos sanguíneos y le da sostén a las células hepáticas. Junto con este árbol conjuntivo corren ramas de la vena porta, la arteria hepática, así como los linfáticos y los conductos biliares, estos cuatro elementos constituyen en conjunto un *espacio porta*.

Microscópicamente, el hígado está formado por *lobulillos* que constan de varios *espacios porta* (usualmente cinco o seis) unidos por tejido conectivo (conjuntivo) y cuyos vasos sanguíneos drenan en una vena que se encuentra en el centro de dicho lobulillo; las células hepáticas o *hepatocitos* forman cordones o láminas que corren del tejido conjuntivo de los espacios *porta* a la vena central o *centrolobulillar*. Los vasos sanguíneos que se forman entre el espacio porta y la vena centrolobulillar son capilares modificados y están revestidos por células epiteliales y por células reticuloendoteliales con capacidad fagocítica (de *Kupffer*). Las venas centrolobulillares finalmente drenan en la cava inferior (figura 16.3).

Las funciones del hígado caen dentro de alguna de las siguientes categorías:

1. **Almacenamiento** Como en el caso de la grasa, algunas vitaminas como la A y la B$_{12}$ y algunos minerales como el hierro y los hidratos de carbono en forma de glucógeno, cuando todas estas sustancias se encuentran en exceso, el hígado es capaz de almacenarlas y regresarlas a la circulación en caso de que disminuyan o sean requeridas por otro tejido.
2. **Transformaciones y conjugaciones** Las sustancias que deben llegar a nuestras células tienen que ser las más adecuadas para su buen funcionamiento; así, el hígado es responsable de eliminar o transformar estas sustancias manteniendo una composición adecuada de la sangre; por ejemplo, metaboliza el amoníaco, que es muy tóxico, en urea, la cual es eliminada por los riñones; transforma hidratos de carbono en aminoácidos y viceversa; por medio de la bilis, transforma los quilomicrones provenientes del intestino en los distintos componentes de las grasas; degrada y excreta algunas hormonas como los esteroides, así como numerosos fármacos y drogas. Cabe resaltar que la hemoglobina liberada por la destrucción de los glóbulos rojos viejos es transformada en la bilis y otros pigmentos que son excretados en la orina dándole su color característico.
3. **Síntesis** El hígado produce numerosas proteínas de la sangre cuya función puede ser muy variada: fibrinógeno y protrombina para la coagulación, y albúmina para el mantenimiento de la presión oncótica de la sangre.

Las enfermedades más frecuentes del hígado son la hepatitis producida por virus y la cirrosis, de origen alcoholonutricional.

> Una hepatitis mal cuidada y la ingestión excesiva de alcohol favorecen la aparición de cirrosis.

Vesícula biliar

Es un órgano que se encuentra abajo del hígado; tiene el aspecto de una bolsa y presenta un conducto llamado *cístico*, que se une con el *conducto hepático* para formar un conducto biliar común (conducto *colédoco*) que desemboca en el duodeno, en el ámpula hepatopancreática (de Vater).

La vesícula está constituida por una túnica mucosa y una túnica media formadas por tejido muscular y fibroso; la exterior es el peritoneo (*véase* "Tejidos").

Sirve para concentrar y almacenar la bilis; cuando el quimo llega al duodeno, se contrae dejando salir su contenido por el conducto cístico.

Este órgano se puede inflamar (colecistitis), casi siempre por la formación de cálculos en su interior (colelitiasis).

Páncreas

Es una glándula mixta localizada en el abdomen, detrás del estómago y tiene el aspecto de un martillo. Se consideran tres partes principales: una voluminosa, llamada cabeza, que está hacia el lado derecho; una porción media, denominada cuerpo, y una porción estrecha o cola. Está constituido por grupos de células glandulares, los acinos, que producen el jugo pancreático que sale por el conducto pancreático (de *Wirsung*). Entre los acinos se encuentran grupos de células que forman los islotes pancreáticos (de *Langerhans*) mencionados en el sistema endocrino.

Las enfermedades más frecuentes del páncreas son la pancreatitis y los tumores.

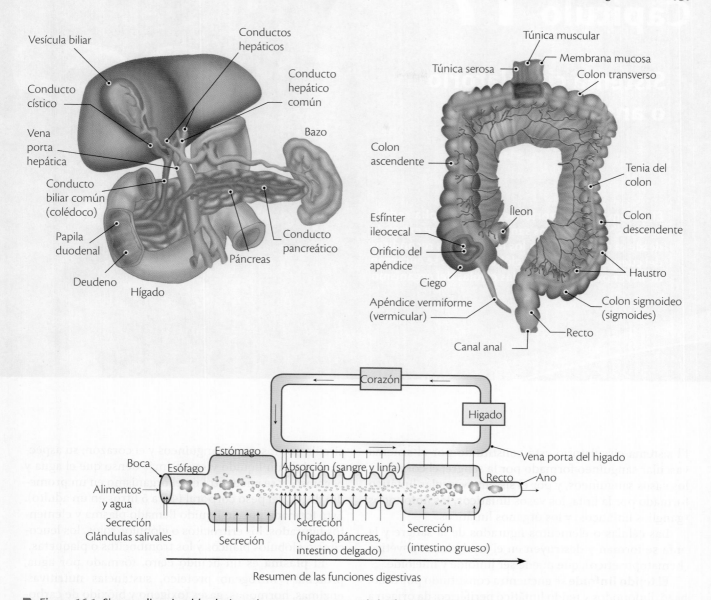

Figura 16.1 Sistema digestivo: hígado, intestino grueso y resumen de las funciones digestivas

Actividades

1. Por equipos elaboren un cuadro sinóptico con los órganos del sistema digestivo, los órganos accesorios y para qué sirven. Comenten en el grupo sus conclusiones.

2. Por equipos hagan un cubo con cartulina y pongan en cada cara las estructuras que limitan a la boca. Comparen sus cubos con los de los demás equipos, completen la información si se requiere y saquen conclusiones.

3. En un modelo anatómico o en esquemas identifica los órganos del sistema digestivo.

4. Discutan en el grupo cuáles son los productos de la digestión y en qué órganos se producen. Consulta el *Manual de ciencias de la salud.*

5. ¿Por qué si bebemos algún líquido y nos hacen reír, si cerramos la boca, éste sale por la nariz? Discútanlo con el grupo.

6. Investiga todas las formas posibles por las que se puede adquirir hepatitis viral y comenta con el grupo las medidas preventivas para cada una.

7. **Video** Se proyectará un video sobre el sistema digestivo que se comentará en el grupo.

Capítulo 17

Sistema circulatorio o angiológico

El sistema circulatorio tiene una amplia red de arterias, venas y vasos sanguíneos que se extiende desde el corazón hasta los lugares más recónditos del cuerpo humano. Los glóbulos rojos se encargan de llevar oxígeno a todas las células del organismo

El sistema circulatorio está constituido por el sistema vascular sanguíneo formado por la sangre, el corazón y los vasos sanguíneos, y por el sistema vascular linfático formado por la linfa, los vasos linfáticos, los linfonodos (ganglios linfáticos) y los órganos linfáticos.

Las células o elementos figurados de la sangre y la linfa se forman y destruyen en el tejido hemopoyético (hematopoyético), que puede ser linfoide y mieloide.

El **tejido linfoide** se encuentra constituido por timo, bazo, linfonodos y tejido linfático periférico; da origen a los linfocitos y anticuerpos.

El **tejido mieloide** se encuentra en la médula ósea y da origen al resto de los elementos sanguíneos como leucocitos granulosos, eritrocitos, plaquetas, etcétera.

Tanto el tejido linfoide como el mieloide tienen células reticuloendoteliales fijas con capacidad fagocítica que destruyen bacterias o elementos sanguíneos viejos o dañados, y actúan como filtros de la sangre o la linfa, según sea el caso.

Sistema vascular sanguíneo

Sangre

La **sangre** es un tejido fluido que constituye el medio interno que relaciona a todo el organismo. La sangre circula por los vasos sanguíneos y el corazón; su aspecto es el de un líquido viscoso (más denso que el agua y pegajoso) y se encuentra en el organismo en un promedio de 8% del peso corporal (4.5 a 5 litros en un adulto). Está formada por un líquido llamado plasma y elementos figurados: los eritrocitos o glóbulos rojos, los leucocitos o glóbulos blancos y los trombocitos o plaquetas.

El **plasma** es un líquido claro, formado por agua, proteínas, nitrógeno proteico, sustancias nutritivas, enzimas, hormonas, gases (oxígeno y bióxido de carbono) y electrólitos. Contiene tres clases de proteínas: albúmina y fibrinógeno, que son producidas por el hígado, y globulinas. El nitrógeno no proteico está constituido por sustancias que no son proteínas pero que resultan del metabolismo de las proteínas, como son la urea, el ácido úrico, la creatina, la creatinina y las sales de amonio. Las sustancias nutritivas provienen del sistema digestivo y las absorben los vasos sanguíneos para distribuirlas a todas las células del cuerpo, son grasas, aminoácidos que provienen de las proteínas y la glucosa que proviene de los hidratos de carbono. Los electrólitos (Na, K, Ca, Mg, Cl, PO_4, SO_4 y HCO_3) sirven para que tengan lugar algunas reacciones celulares y son necesarios para ciertas funciones, como transmisión de impulsos, reacciones enzimáticas, etcétera. La albúmina se relaciona con la tensión oncótica de la sangre (tensión que origina el paso de partículas y solventes entre soluciones coloidales; es decir, aquellas que tienen un solvente y partículas diminutas suspendidas); las globulinas están relacionadas con los mecanismos de defensa del organismo (anticuerpos), y el fibrinógeno, con la coagulación de la sangre (figura 17.1).

Los elementos figurados son los siguientes:

1. Eritrocitos o glóbulos rojos Son células de color amarillento, con la forma de un disco bicóncavo, sin núcleo y contienen un pigmento, la hemoglobina.

Los eritrocitos se forman de manera constante en la médula ósea de los huesos; en el adulto sólo en el cráneo, las costillas, el esternón, los cuerpos vertebrales y las epífisis del fémur y del húmero; cumplen con esta función mediante un proceso llamado eritropoyesis; viven en promedio 120 días y, cuando envejecen, son destruidos por las células reticuloendoteliales del hígado, la médula ósea y el bazo. La cantidad de eritrocitos que contiene la sangre de una persona normal varía según su edad y sexo; en un adulto es de 4 500 000 a 5 500 000/μL (microlitro o milímetro cúbico).

Cuando se destruyen o se pierde mayor cantidad de eritrocitos que lo normal, la médula ósea se estimula para reponerlos, produciendo y liberando a la circulación mayor cantidad.

Los eritrocitos sirven para transportar el oxígeno por medio de la hemoglobina; la disminución de su número o de la hemoglobina se conoce como anemia y se debe a muchas causas, como una alimentación deficiente en hierro o a la falta de vitamina B12. El aumento de eritrocitos se llama policitemia y puede presentarse en condiciones normales cuando la persona vive en un lugar de gran altitud, donde hay menor cantidad de oxígeno.

Los eritrocitos sirven para transportar el oxígeno por medio de la hemoglobina.

2. Leucocitos o glóbulos blancos Son más grandes que los eritrocitos y pueden tener diferentes aspectos: los neutrófilos, eosinófilos y basófilos tienen núcleos con lóbulos y gránulos en su citoplasma. Los linfocitos tienen núcleo más o menos esférico y los monocitos tienen núcleo irregular, ninguno de estos dos tipos tiene gránulos citoplásmicos.

Los neutrófilos, eosinófilos, basófilos y monocitos se forman en la médula ósea; los linfocitos son producidos, además, por el tejido linfático y pueden ser destruidos por el hígado, el bazo, la médula ósea o morir en los tejidos periféricos donde llevan a cabo muchas de sus funciones.

Hay en promedio de 5000 a 10 000 leucocitos/μL de sangre y gracias a sus propiedades sirven como defensa para combatir básicamente a los agentes infecciosos; una de ellas, la diapédesis, les permite atravesar las paredes de los vasos sanguíneos, por medio de movimientos parecidos a los de las amibas cuando entran bacterias al organismo; otra propiedad, la fagocitosis, les permite englobar a las bacterias o sustancias tóxicas. Cuando hay una lesión, los vasos sanguíneos se dilatan, llega más sangre a la zona afectada y produce enrojecimiento, dolor, calor y aumento de volumen; esta respuesta se llama inflamación y favorece la acumulación de leucocitos en la zona afectada; cuando además hay bacterias, se forma pus, que no es otra cosa más que muchos leucocitos con bacterias fagocitadas.

Los linfocitos están relacionados con la producción de anticuerpos porque se transforman en plasmocitos (células plasmáticas), llamadas linfocitos B, y producen anticuerpos. Por su parte, los linfocitos T son producidos en el timo y están relacionados con la inmunidad celular.

La disminución y el aumento del número de leucocitos se llaman leucopenia y leucocitosis respectivamente. Por lo general sólo circulan leucocitos maduros, pero cuando se producen en forma acelerada se pierde el control y se observan algunos con aspecto inmaduro.

Los leucocitos sirven como defensa para combatir las infecciones.

3. Trombocitos o plaquetas Se trata de fragmentos del citoplasma de células, son pequeños, sin núcleo y producidos por un tipo especial de célula de la médula ósea, llamado megacariocito; viven aproximadamente una semana y son destruidos por el bazo o la misma médula.

Normalmente hay de 150 000 a 450 000/μL de sangre; su función es la de ayudar a la formación de coágulos cuando se rompen o lesionan los vasos sanguíneos.

Los trombocitos o plaquetas ayudan a la formación del coágulo cuando se rompen o lesionan los vasos sanguíneos.

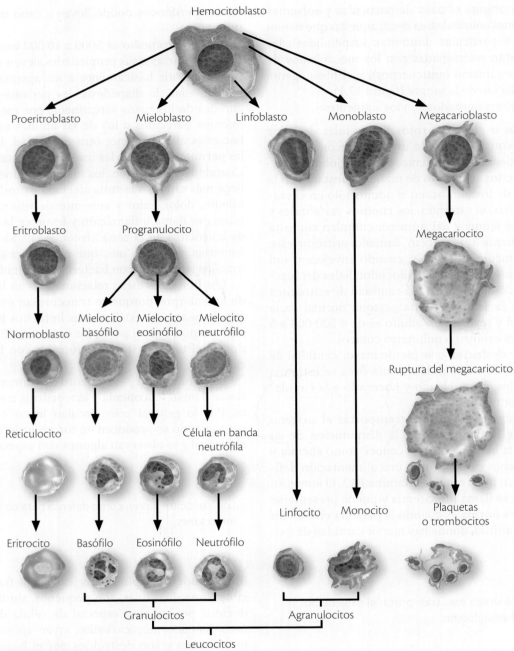

Figura 17.1 Elementos de la sangre.

Hemostasia y coagulación

Para llevar a cabo sus funciones, la sangre tiene que mantenerse líquida y en circulación dentro de los vasos sanguíneos. A fin de cumplir con estas condiciones, está en un equilibrio dinámico entre los mecanismos que impiden su pérdida excesiva cuando se rompe un vaso: *hemostasia* y *coagulación*, y los mecanismos que inhiben estos procesos con el objeto de mantenerla líquida: *anticoagulantes*.

Si por alguna circunstancia se rompe un vaso sanguíneo, se presenta la pérdida de sangre o *hemorragia*, de manera inmediata se desencadenan los eventos que restituyen la integridad del vaso afectado. Estos mecanismos pueden ser tisulares, vasculares e intravasculares, y al conjunto de todos ellos que actúan coordinadamente se le llama *hemostasia*, de tal manera que cuando se lesiona un vaso sanguíneo, de inmediato ocurre retracción y vasoconstricción que disminuye el flujo por el vaso y el tamaño de la lesión. La tensión del tejido circundante, que aumenta con la pérdida de sangre, detiene la salida de la misma y, mientras tanto, la lesión vascular y tisular inicia el proceso de coagulación que termina formando un tapón de fibrina que sella el orificio de la pared del vaso; luego se repara la pared vascular y el coágulo se disuelve.

La coagulación es una sucesión de eventos muy complejos que se han descrito como una "cascada" de transformaciones bioquímicas, esto significa que una vez iniciadas no se pueden detener.

Existen más de 15 factores que intervienen en la coagulación, algunos de ellos, como el calcio, son indispensables para que ésta se lleve a cabo. Aquí resumiremos la secuencia, que consiste en: liberación de *tromboplastina* del tejido lesionado o activación de la del plasma que actúa sobre la *protrombina* convirtiéndola en trombina; ésta, a su vez, cataliza la conversión de *fibrinógeno a fibrina*, que es una fina red de fibras en las que quedan atrapados elementos sanguíneos; la fibrina, junto con las plaquetas que se aglutinan son las partes fundamentales que refuerzan y consolidan el tapón hemostático; las plaquetas, posteriormente retraen el coágulo formado.

Los inhibidores fisiológicos de la coagulación son principalmente la *antitrombina*, *antitromboplastina* y la *heparina*. Salvo esta última, el papel de las otras no está bien dilucidado.

Cuando las paredes de los vasos sanguíneos tienen alteraciones como placas de colesterol en su interior, la sangre puede coagularse sin que se rompan las paredes de los vasos; al coágulo así formado se le llama *trombo* y la enfermedad recibe el nombre de trombosis, que afecta la circulación de la sangre. Si el trombo se desprende, forma un émbolo que, al ser arrastrado por el torrente sanguíneo, llega a obstruir algún otro vaso; la enfermedad resultante se llama embolia. La hemofilia es una enfermedad en que, por carencia de alguno de los factores de la coagulación, el coágulo se forma con lentitud o no se forma, con la consiguiente pérdida de sangre cuando hay una lesión. Esta enfermedad genética está ligada al sexo y se produce por una alteración en uno de los cromosomas X, de ahí que las mujeres generalmente la transmitan y los hombres la padezcan.

La sangre tiene como funciones transportar oxígeno, bióxido de carbono, sustancias nutritivas, sustancias de desecho, hormonas, enzimas y células que nos protegen, así como mantener la integridad de los vasos por medio de la coagulación.

Grupos sanguíneos y factor Rh

En 1900, Landsteiner describió la presencia de antígenos específicos en las membranas de los eritrocitos. La identificación de antígenos sanguíneos dio lugar a los grupos sanguíneos y al factor Rh. El sistema más conocido para determinar el grupo sanguíneo es el A, B y O, que distingue cuatro grupos: A, B, AB y O.

En un principio se consideró que existía el receptor universal o el donador universal, pero en la actualidad estos conceptos cada vez son menos utilizados, debido a que las transfusiones de sangre se han limitado porque pueden transmitir enfermedades como la hepatitis y el SIDA, o producir reacciones alérgicas por incompatibilidad con otros sistemas de grupos sanguíneos. En cualquier caso, la persona debe recibir, de preferencia, sangre de su mismo grupo y, si no se tiene a la mano, puede recibir sangre O; las personas del grupo AB pueden recibir de cualquier grupo, aunque, como se ha señalado, es preferible la sangre de su grupo.

En 1940 Landsteiner y Wiener descubrieron que 85% de los seres humanos tenía un antígeno semejante al de la sangre del *Macacus Rhesus* y le llamaron factor Rh; actualmente se sabe que la frecuencia del antígeno varía según la raza de que se trate.

Corazón

Es un órgano hueco que se encuentra en el mediastino (cavidad limitada por los pulmones, el esternón, la columna vertebral, el diafragma y la base del cuello), tiene el tamaño aproximado de un puño cerrado y la forma de un cono truncado, con su vértice hacia abajo y a la izquierda y su base dirigida hacia arriba, atrás y a la derecha (figura 17.2).

El interior del corazón está dividido en cavidades: las dos superiores o *atrios* (aurículas) se encuentran separadas entre sí por un tabique llamado septo interatrial (tabique interauricular); las dos cavidades inferiores o *ventrículos* están separadas entre sí por medio de un tabique denominado septo interventricular (tabique interventricular).

Entre los atrios (aurículas) y los ventrículos están los orificios atrioventriculares (auriculoventriculares), en cuyos bordes se fijan unas estructuras llamadas valvas atrioventriculares (válvulas auriculoventriculares) que permiten que la sangre pase de los atrios (aurículas) a los ventrículos, pero impiden que regrese porque están unidas a músculos y cuerdas tendinosas que hay en el interior del corazón. La valva atrioventricular derecha se llama *tricúspide* porque está formada por tres hojas (válvulas) de tejido fibroso; la valva atrioventricular izquierda se llama *mitral* o *bicúspide* porque tiene dos hojas (válvulas).

De los ventrículos salen dos arterias; del lado izquierdo sale la arteria aorta, separada del ventrículo por medio de una *valva aórtica*, y del ventrículo derecho sale la arteria pulmonar, separada del ventrículo por la *valva pulmonar*. El atrio derecho (aurícula derecha) tiene dos orificios donde desembocan la vena cava superior y la vena cava inferior; el atrio izquierdo (aurícula izquierda) tiene cuatro orificios donde desembocan las venas pulmonares.

El corazón tiene también, como cualquier órgano, sus vasos sanguíneos propios que le llevan oxígeno y sustancias nutritivas y recogen bióxido de carbono y sustancias de desecho; son las *arterias* y *venas coronarias del corazón*.

El corazón está constituido por tres túnicas (capas): la más gruesa es la capa media muscular, el miocardio; la capa interior, formada por células epiteliales planas, llamada endocardio, y la capa exterior es una membrana fibroelástica denominada pericardio. El pericardio está formado por dos capas, una exterior fibrosa y la interior serosa que a su vez tiene dos hojas: la hoja visceral o epicardio y la hoja que tapiza la cara interna de la capa fibrosa o parietal; entre estas dos hojas se encuentra una pequeña cantidad de líquido lubricante que evita que se rocen las dos hojas durante las contracciones del corazón.

El corazón bombea la sangre contrayendo los atrios (aurículas) para que pase a los ventrículos; éstos se contraen y envían la sangre al organismo a través de las arterias. La fase de contracción se llama *sístole* y la fase en que los músculos están relajados y las cavidades se llenan de sangre se llama *diástole*.

El corazón bombea la sangre por medio de sus cavidades dos atrios (aurículas) y dos ventrículos. El llenado de las cavidades es la diástole y su contracción es la sístole.

El ciclo cardiaco tiene:

1. Periodo de relajación
2. Periodo de llenado rápido de los ventrículos, que ocurre aproximadamente en el primer tercio de la diástole
3. Periodo de diástole o diastasis (segundo tercio de la diástole)
4. Periodo de contracción de los atrios (aurículas), que ocurre en el último tercio de la diástole
5. Periodo de contracción isométrica
6. Periodo de vaciamiento de los ventrículos
7. Protodiastole
8. Periodo de relajación isométrica

El ciclo cardiaco se repite entre 60 y 80 veces por minuto. Además de que los músculos necesitan recibir estímulos a través del sistema nervioso, el corazón tiene su propio sistema para generar y conducir sus impulsos mediante células musculares modificadas con este fin:

El *nódulo sinoatrial* (senoauricular, SA o marcapaso) que se encuentra en el atrio derecho genera los impulsos, aunque recibe influencia del sistema nervioso vegetativo y de hormonas como la epinefrina; de aquí pasa el impulso al *nódulo atrioventricular* (auriculoventricular) que está en la parte baja del tabique interatrial y continúa por el *fascículo atrioventricular* (haz de *His*) para distribuirse desde el tabique interventricular o septo interventricular a la superficie de los ventrículos y, finalmente, por el *plexo subendocárdico* (de *Purkinje*).

En cada ciclo cardiaco el corazón bombea alrededor de 70 mL de sangre, por lo que si hay 70 ciclos por minuto, bombeará durante ese lapso casi cinco litros de sangre, que es la cantidad aproximada que tenemos en el organismo.

Además del sistema nervioso vegetativo, existen quimiorreceptores y barorreceptores que ayudan también a regular la frecuencia cardiaca en función de los componentes químicos de la sangre y la presión arterial respectivamente; por ejemplo, en la arteria carótida interna hay una pequeña dilatación, llamada seno carotídeo, que tiene barorreceptores; cuando aumenta la presión de la sangre, los estimula y el impulso va a la médula oblongada (bulbo raquídeo) y de allí al centro cardioinhibidor, que es parasimpático, haciendo que disminuya el volumen y la presión de la sangre por vasodilatación; a este mecanismo se le denomina reflejo del seno carotídeo. Si disminuye la presión no se estimula el centro cardioinhibidor y predomina el centro cardioacelerador.

La frecuencia cardiaca está relacionada con la edad, el sexo y otros factores; es mayor en los niños, en el sexo femenino y cuando estamos ante alguna situación de estrés o reacción de alarma, que consiste en un conjunto de reacciones que preparan al individuo para la defensa o el ataque.

Entre las enfermedades más frecuentes del corazón están los infartos, y las infecciosas (pericarditis, endocarditis y miocarditis); en México es muy frecuente la fiebre reumática, que se presenta cuando la persona ha tenido infecciones repetidas en las tonsilas o amígdalas producidas por el estreptococo beta hemolítico; esta enfermedad con participación inmunológica daña en muchas ocasiones a la valva (válvula) bicúspide o mitral.

La presencia de un soplo cardiaco (sonido de soplo percibido por auscultación del corazón) requiere que se haga una valoración adecuada para investigar si es o no

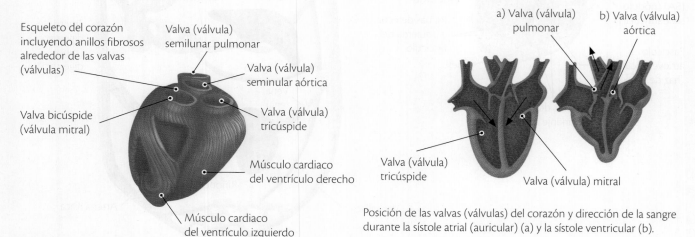

Conexión entre el ventrículo izquierdo y la aorta

Vena cava superior

Valva pulmonar (válvula pulmonar)

Valva aórtica (válvula aórtica)

Arteria pulmonar derecha

Ramas de las venas
pulmonares derechas

Atrio derecho (aurícula derecha)

Apertura del seno coronario

Valva tricúspide (válvula tricúspide)

Ventrículo derecho

Vena cava inferior

Aorta

Arteria pulmonar izquierda

Tronco pulmonar

Venas pulmonares izquierdas

Atrio izquierdo (aurícula izquierdo)

Valva bicúspide (válvula mitral)

Cuerda tendinosa

Músculo papilar

Ventrículo izquierdo

Septo (tabique) interventricular

Esqueleto del corazón
incluyendo anillos fibrosos
alrededor de las valvas
(válvulas)

Valva bicúspide
(válvula mitral)

Valva (válvula)
semilunar pulmonar

Valva (válvula)
seminular aórtica

Valva (válvula)
tricúspide

Músculo cardiaco
del ventrículo derecho

Músculo cardiaco
del ventrículo izquierdo

a) Valva (válvula)
pulmonar

b) Valva (válvula)
aórtica

Valva (válvula)
tricúspide

Valva (válvula) mitral

Posición de las valvas (válvulas) del corazón y dirección de la sangre
durante la sístole atrial (auricular) (a) y la sístole ventricular (b).

▶ **Figura 17.2** Corazón.

de importancia, es decir, si existe valvulopatía (enfermedad de las valvas o válvulas del corazón) o no.

Vasos sanguíneos

Los vasos sanguíneos conducen a la sangre, y se dividen en arterias, venas y capilares.

Las arterias son conductos que llevan la sangre del corazón a los tejidos; están constituidas por tres túnicas (capas): la túnica interior, formada por tejido endotelial, tejido conectivo (conjuntivo) areolar y tejido elástico; la

túnica media es de tejido muscular liso con fibras elásticas, y la túnica exterior o adventicia, formada por tejido conectivo (conjuntivo) fibroso. Esta constitución permite que se contraigan o dilaten disminuyendo o aumentando su diámetro; es decir, vasoconstricción y vasodilatación respectivamente. Si se corta una arteria, la sangre sale en forma de chorro intermitente que corresponde con los latidos del corazón.

Las venas son conductos que llevan la sangre de los tejidos al corazón; están constituidas por las mismas capas que las arterias, pero en la media tienen menor

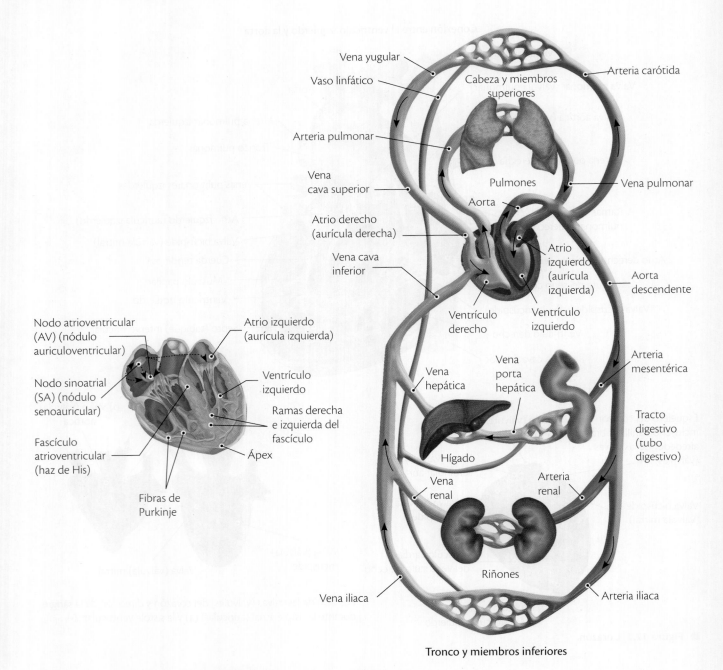

Figura 17.3 Sistema de conducción del corazón y circulación de la sangre.

cantidad de tejido muscular y de tejido elástico y la adventicia es más gruesa, por lo que soportan menos presión. Otra diferencia importante es que en su trayecto presentan válvulas que facilitan el regreso de la sangre al corazón.

Los capilares son conductos muy delgados que se entrelazan formando redes entre las arterias y las venas; están constituidos por una sola capa de células epiteliales planas (endotelio), que les permite ser muy permea-

bles al paso de sustancias nutritivas y oxígeno a los tejidos y el regreso a la sangre del bióxido de carbono y sustancias de desecho (figura 17.3).

Principales arterias del organismo

La aorta sale del ventrículo izquierdo para describir un trayecto ascendente, luego una curvatura llamada arco aórtico (cayado de la aorta) y después desciende y constituye la aorta descendente hasta llegar a la altura de la cuarta vértebra lumbar, donde se divide en dos ramas llamadas *arterias iliacas comunes* (iliacas primitivas), que a su vez se dividen en iliaca externa, que va a los miembros inferiores, y en iliaca interna, que va al útero, la próstata y los músculos glúteos (figura 17.4).

De la aorta ascendente salen las arterias coronarias.

Del arco aórtico (cayado de la aorta) salen:

a) *el tronco braquiocefálico,* que se divide en una carótida común derecha (carótida primitiva derecha), y lleva la sangre a la mitad derecha de la cabeza y el cuello, y una arteria subclavia derecha que va al miembro superior derecho.

b) *la carótida común izquierda (carótida primitiva izquierda),* que lleva la sangre a la mitad izquierda de la cabeza y el cuello.

c) *la arteria subclavia izquierda,* que lleva la sangre a la extremidad superior izquierda.

De la porción descendente de la aorta torácica salen las arterias:

a) *intercostales,* que van a los músculos intercostales del tórax y a la pleura.

b) *frénicas superiores e inferiores,* que van al músculo del diafragma.

c) *bronquiales,* que van a los bronquios.

d) *esofágicas,* que se dirigen al esófago.

De la aorta abdominal salen las siguientes ramas:

a) *el tronco celiaco,* que tiene tres ramas fundamentales: la arteria hepática que se dirige al hígado, la arteria gástrica izquierda que va al estómago y al esófago, y la arteria esplénica que irriga al bazo, al páncreas, al estómago y al epiplón.

b) *la arteria mesentérica superior,* que se dirige al intestino delgado, al ciego, al colon ascendente y al colon transverso.

c) *la arteria mesentérica inferior,* que se dirige al colon transverso, descendente, sigmoides y al recto.

d) *las arterias suprarrenales,* que van a las glándulas suprarrenales.

e) *las arterias renales,* que van a los riñones.

f) *las arterias testiculares* y *ováricas,* que van a los testículos o a los ovarios.

Antes de que la arteria subclavia pase a la axila sale una rama que va al cerebro: la arteria vertebral. La arteria vertebral derecha y la arteria vertebral izquierda se unen para formar la arteria basilar, que va al cerebro y al cerebelo y que, a su vez, se une con las carótidas internas derecha e izquierda para formar un círculo arterial cerebral (*polígono de Willis*).

En los miembros superiores las arterias subclavias pasan por las axilas (arterias axilares) y por el brazo (arterias braquiales o humerales). Al llegar al codo la arteria se divide en dos ramas, una ulnar (cubital) y otra radial, que en la palma de la mano se unen entre sí para formar los arcos palmares superficial y profundo; de estos arcos se originan las arterias digitales que van a los dedos.

En los miembros inferiores, la arteria iliaca interna de cada lado da nacimiento a ramas que van a los músculos glúteos, el lado medial (interno) de cada muslo, la vejiga urinaria, el recto, la próstata, el útero y la vagina.

La arteria iliaca externa se dirige al muslo, donde recibe el nombre de arteria femoral; de aquí salen ramas que van a los genitales, los músculos del muslo y la pared abdominal. Cuando la arteria femoral llega a la parte posterior de la articulación de la rodilla, se llama arteria poplítea, y se extiende a lo largo de la parte posterior de la pierna con el nombre de arteria tibial posterior para dividirse luego en arterias plantares. Debajo de la rodilla salen también la arteria peronea o fibular, que va por el lado externo de la pierna, y la arteria tibial anterior, que va por la porción dorsal del pie y se une después con las arterias plantares.

Venas principales

Tenemos venas superficiales que podemos ver bajo la piel y venas profundas (figura 17.5).

Venas de la cabeza y el cuello

Entre las capas de la duramadre hay una especie de canales llamados senos venosos que recogen la sangre del encéfalo; éstos desembocan en las venas yugulares internas que reciben la sangre de la cara y el cuello al mismo tiempo que pasan por atrás de las clavículas para unirse con las venas subclavias formando las venas braquiocefálicas.

Afuera de las venas yugulares internas están las yugulares externas que recogen la sangre de la glándula parotídea (parótida) la parte profunda de la cara, la región posterior del cráneo y se dirigen a las venas subclavias.

En el tronco, las venas braquiocefálicas que se forman al unirse las venas subclavias y yugulares internas se unen para formar la vena cava superior.

Hay tres venas ácigos que están comunicadas con la vena cava inferior y recogen la sangre del tórax.

La vena cava inferior es la vena más grande del cuerpo; se forma al unirse las venas iliacas comunes que recogen la sangre de los miembros inferiores y del abdomen.

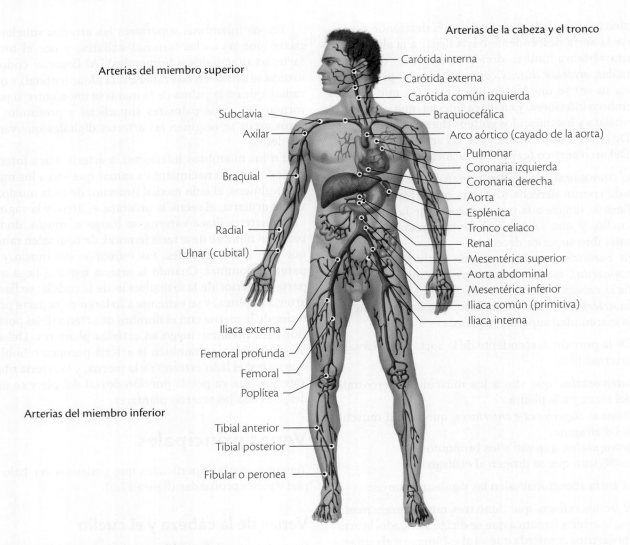

Arterias del miembro superior

Arterias de la cabeza y el tronco

Carótida interna
Carótida externa
Carótida común izquierda
Braquiocefálica
Arco aórtico (cayado de la aorta)
Pulmonar
Coronaria izquierda
Coronaria derecha
Aorta
Esplénica
Tronco celiaco
Renal
Mesentérica superior
Aorta abdominal
Mesentérica inferior
Iliaca común (primitiva)
Iliaca interna

Subclavia
Axilar
Braquial
Radial
Ulnar (cubital)
Iliaca externa
Femoral profunda
Femoral
Poplítea

Arterias del miembro inferior

Tibial anterior
Tibial posterior
Fibular o peronea

Figura 17.4 Principales arterias del organismo.

En los miembros superiores, la sangre regresa de los arcos dorsales por las venas profundas radial, ulnar (cubital), braquial (humeral), axilar y subclavia; estas venas son profundas y se unen o anastomosan con venas superficiales: la vena cefálica que viene por la porción lateral del antebrazo y la vena basílica que viene por el lado medial (interno) del antebrazo; esta última se continúa como vena axilar, se une con la cefálica y toma el nombre de vena subclavia.

Las dos venas subclavias (derecha e izquierda) se unen con las yugulares internas y forman las venas braquiocefálicas.

Las venas del miembro inferior son la safena magna (safena interna) y la safena parva (safena externa); la primera viene del arco venoso del dorso del pie, pasa por la parte medial o interna de la pierna y del muslo, y desemboca en la vena femoral, que es continuación de

la poplítea, la cual a su vez se formó de la unión de las venas profundas tibial anterior y tibial posterior. La safena parva (externa) se inicia también en el pie y desemboca en la vena poplítea.

La vena femoral, que es continuación de la vena poplítea, después de pasar por la región inguinal se llama vena iliaca externa; luego se une con la vena iliaca interna que lleva la sangre de la pelvis, genitales externos, glúteos y parte medial (interna) del muslo para formar la vena iliaca común (iliaca primitiva) que se une con la del otro lado para formar la vena cava inferior.

Presión arterial

La sangre circula por los vasos sanguíneos desde los sitios donde la presión es alta, hacia los sitios de presión baja; es decir, desde las arterias hacia los vasos capilares

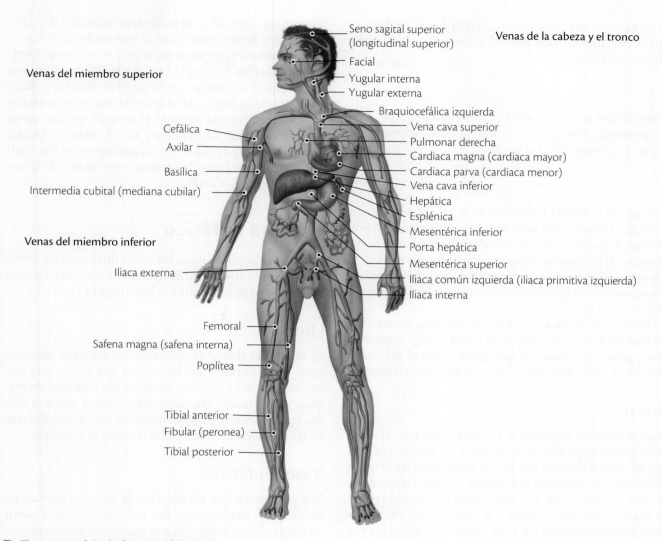

Venas de la cabeza y el tronco

Seno sagital superior
(longitudinal superior)
Facial
Yugular interna
Yugular externa
Braquiocefálica izquierda
Vena cava superior
Pulmonar derecha
Cardiaca magna (cardiaca mayor)
Cardiaca parva (cardiaca menor)
Vena cava inferior
Hepática
Esplénica
Mesentérica inferior
Porta hepática
Mesentérica superior
Iliaca común izquierda (iliaca primitiva izquierda)
Iliaca interna

Venas del miembro superior

Cefálica
Axilar
Basílica
Intermedia cubital (mediana cubilar)

Venas del miembro inferior

Iliaca externa

Femoral
Safena magna (safena interna)
Poplítea

Tibial anterior
Fibular (peronea)
Tibial posterior

▶ **Figura 17.5** Principales venas del organismo.

y de éstos a las venas; en estas últimas, el paso de la sangre es facilitado por medio de la contracción de los músculos esqueléticos cercanos, por la respiración, porque al respirar se atrae la circulación hacia el tórax y por las válvulas presentes en algunas venas.

La presión de la sangre se debe a:

1. **El diámetro del vaso sanguíneo** Mientras más estrecho es un vaso, va a ofrecer mayor resistencia al paso de la sangre (resistencia periférica).
2. **Elasticidad de la pared de los vasos** Ésta puede aumentar o disminuir. Normalmente las arterias se distienden durante la sístole del ventrículo, regresando luego a su posición original.
3. **El flujo sanguíneo** Es la cantidad de sangre que pasa por los vasos.

La presión de la sangre está regulada también por barorreceptores, que pueden estar en la arteria aorta, y otros en las venas cavas y el atrio derecho (aurícula derecha).

La presión arterial es la presión que ejerce la sangre en los vasos sanguíneos y se mide con un aparato llamado esfigmomanómetro o baumanómetro. Este aparato permite conocer la presión sistólica, que mide la fuerza con que la sangre es impulsada hacia las arterias por la contracción de los ventrículos, y la presión diastólica, que mide la fuerza de la sangre en las arterias durante la diástole, por lo cual nos da información sobre la resistencia de los vasos sanguíneos. Las cifras registradas se anotan separadas por una barra diagonal; en términos generales puede ser de *110/60* o *120/70*, depende de la edad, sexo y otras condiciones. Arriba de 140/90 la persona tiene hipertensión arterial y abajo de 110/60 tiene hipotensión arterial.

Una presión arterial superior a 140/90 indica hipertensión arterial si no se controla, puede acarrear graves consecuencias a la salud.

Cuando aumenta la presión de la sangre, el corazón tiene que trabajar más para vencer esa resistencia y, por lo mismo, necesita mayor cantidad de oxígeno; si no lo obtiene, se presentan complicaciones o enfermedades, además de que se pueden romper los vasos más frágiles; si esto sucede en el cerebro, la persona sufre una hemorragia cerebral.

Conforme avanza la edad, las arterias pierden su elasticidad y muchas veces en la pared se depositan lípidos y sales de colesterol, que disminuyen el diámetro interior; a esta alteración se le lama arterioesclerosis.

Pulso

Durante el ciclo cardiaco, la sangre circula por las arterias, que se expanden y regresan a su estado normal, dando origen al pulso que puede sentirse en las arterias cercanas a la superficie del cuerpo o sobre algún tejido duro; por ejemplo, en la muñeca haciendo presión sobre el hueso radio, en el cuello a lo largo de los músculos esternocleidomastoideos y en otros. La frecuencia del pulso es la frecuencia del corazón, su promedio es de 60 a 80 pulsaciones por minuto; si aumenta la frecuencia, hay taquicardia, si disminuye, hay bradicardia.

Circulación de la sangre

Existen dos tipos de circulación: mayor o sistémica y menor o pulmonar.

La circulación mayor o sistémica se inicia con el paso de la sangre del ventrículo izquierdo a la arteria aorta. Esta arteria se divide en arterias cada vez más delgadas conforme se alejan del corazón; al mismo tiempo, emite ramas cada vez más delgadas, que en los tejidos se ramifican en vasos microscópicos: los vasos capilares, que llevan a las células el oxígeno y las sustancias nutritivas, y recogen bióxido de carbono y sustancias de desecho. Antes de salir de los tejidos, los capilares se unen para formar pequeñas venas que se reúnen con otras conforme se acercan al corazón hasta conformar dos grandes venas: la cava superior y la cava inferior, que desembocan en el atrio (aurícula) derecho, de donde la sangre pasa luego al ventrículo derecho.

La circulación menor o pulmonar se inicia en el ventrículo derecho. La sangre sale por la arteria pulmonar que se divide en ramas y se dirige a los alveolos pulmonares donde se lleva a cabo la hematosis u oxigenación de la sangre; regresa después al corazón por las venas pulmonares que desembocan en el atrio (aurícula) izquierdo, de aquí pasa al ventrículo izquierdo y se vuelve a repartir por todo el organismo por medio de la circulación general o sistémica.

Sistema linfático

Está formado por la linfa, los vasos linfáticos, los linfonodos, o nódulos linfáticos (ganglios linfáticos), las tonsilas o amígdalas, el timo y el bazo (figura 17.6).

Linfa

Es el líquido tisular modificado; no contiene glóbulos rojos ni plaquetas y los leucocitos que transporta son principalmente linfocitos; tiene menor cantidad de oxígeno y la linfa que sale del intestino tiene muchos lípidos (que se absorbieron por medio de los vasos quilíferos de las vellosidades intestinales durante la digestión).

Vasos linfáticos

Son conductos que transportan la linfa; se forman en los espacios tisulares que hay entre las células a partir de los capilares linfáticos, son parecidos a los capilares sanguíneos, pero tienen uno de sus extremos ciego (cerrado); en su trayecto se unen para formar vasos linfáticos cada vez más gruesos hasta que constituyen dos conductos principales: el conducto torácico y el conducto linfático derecho o conducto torácico derecho (gran vena linfática o conducto linfático derecho).

El *conducto linfático derecho* (gran vena linfática) recoge la linfa de la parte superior derecha del cuerpo y desemboca en la vena subclavia derecha. El *conducto torácico* empieza en una dilatación que está a la altura de la segunda vértebra lumbar, llamada cisterna del quilo (cisterna de *Pecquet*), recibe la linfa del resto del cuerpo y desemboca en la vena subclavia izquierda.

Los *vasos linfáticos mayores* tienen una constitución semejante a la de las venas, sus paredes son más delgadas y suelen tener mayor diámetro que los vasos sanguíneos; además, presentan en su trayecto a los *linfonodos* (ganglios linfáticos).

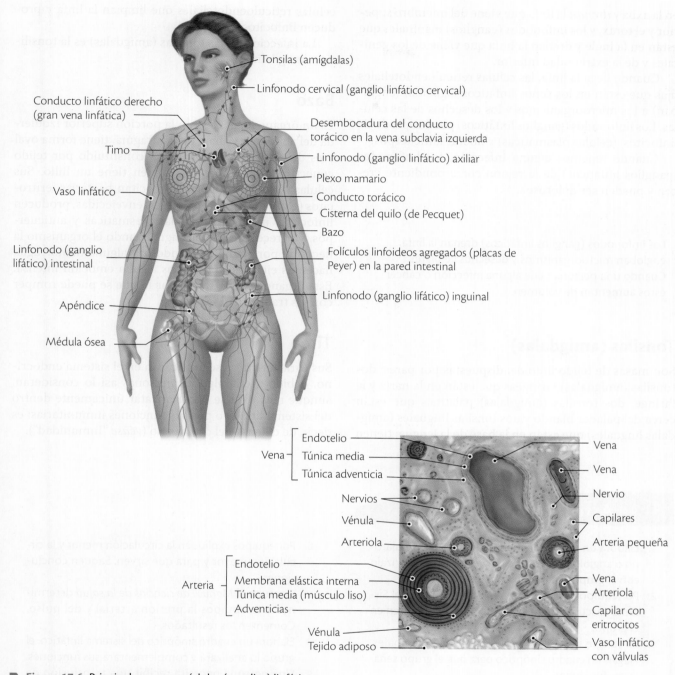

Figura 17.6 Principales vasos y nódulos (ganglios) linfáticos.

Linfonodos o nódulos (ganglios) linfáticos

Son estructuras ovaladas pequeñas que miden entre 1 y 25 mm de largo; tienen una pequeña depresión llamada hilio por donde pasan los vasos y están divididos en pequeños espacios, los senos linfáticos, ocupados por tejido linfoide.

Los linfonodos se agrupan en cadenas en el organismo; los más importantes son los linfonodos cervicales (ganglios cervicales) que están cerca de los músculos esternocleidomastoideos y drenan la linfa que viene de la cabeza y el cuello; los linfonodos submandibulares (ganglios submaxilares) que están abajo del piso de la boca y drenan la linfa que viene de la nariz, los labios y los dientes; los linfonodos (ganglios) axilares que están en la axila y *drenan* la linfa que viene del miembro superior y el tórax, y los linfonodos (ganglios) inguinales que están en la ingle y drenan la linfa que viene de los genitales y de la extremidad inferior.

Cuando llega la linfa, las células reticuloendoteliales fijas que están en los senos linfáticos fagocitan (engloban) a los microorganismos y los desechos de las células. Los linfonodos (ganglios linfáticos) pueden producir linfocitos, (células plasmáticas) y liberar anticuerpos.

Cuando tenemos alguna infección, los linfonodos (ganglios linfáticos) de la región correspondiente crecen y pueden ser dolorosos.

> Los linfonodos (ganglios linfáticos) drenan la linfa, engloban microorganismos y desechos celulares. Cuando una persona tiene alguna infección o cáncer éstos aumentan de volumen.

Tonsilas (amígdalas)

Son masas de tejido linfoide, dispuestas por pares: dos tonsilas (amígdalas) faríngeas que están en la nariz y la faringe, dos tonsilas (amígdalas) palatinas que están cerca del paladar blando y dos tonsilas linguales (amígdalas linguales) que están en la base de la lengua; tienen células reticuloendoteliales que limpian la linfa y producen linfocitos.

La infección de las tonsilas (amígdalas) es la tonsilitis o amigdalitis.

Bazo

Es un órgano localizado en la porción superior izquierda del abdomen y abajo del diafragma, tiene forma oval y es de color rojo vinoso. Está constituido por tejido conectivo (conjuntivo) y también tiene un hilio. Sus células reticuloendoteliales fagocitan bacterias, eritrocitos (glóbulos rojos) y plaquetas envejecidas, producen linfocitos, monocitos, células plasmáticas y anticuerpos, y parece que libera sangre cuando el organismo la necesita; por ejemplo, cuando hay alguna hemorragia, hacemos ejercicio o tenemos alguna emoción intensa. Este órgano es muy frágil, por lo que se puede romper con los traumatismos.

Timo

Sus características se explicaron en el sistema endocrino, debido a que algunas personas así lo consideran, aunque más bien se debería tratar únicamente dentro del sistema linfático por sus funciones inmunitarias; es decir, de defensa del organismo (*véase* "Inmunidad").

Actividades

1. Elabora un mapa conceptual del sistema circulatorio o angiológico. Escríbelo en el pizarrón, analízalo con el grupo y elaboren conclusiones.
2. Por equipos elaboren un cuadro sinóptico del Sistema vascular sanguíneo para que lo comenten en el grupo.
3. La sangre tiene células de tres tipos principales. Hagan un cuadro sinóptico para que el grupo señale sus funciones.
4. Observa al microscopio las células sanguíneas.
5. Acude a un centro de salud para que determinen tu grupo sanguíneo y el factor Rh. Compáralos con los de tus compañeros del grupo y saquen conclusiones.
6. Por equipos expliquen la circulación menor y la circulación mayor y para qué sirven. Saquen conclusiones.
7. Consulta el *Manual de ciencias de la salud* determinen por equipos la presión arterial y del pulso. Comenten los resultados.
8. Elabora un cuadro sinóptico del sistema linfático, el grupo lo analizará y complementará sus funciones.
9. Una persona necesita recibir una transfusión de sangre. Comenten en grupo qué tipo de grupo sanguíneo puede recibir si posee alguno de los siguientes tipos: A, B, AB y O. De igual forma, determinen quiénes pueden ser sus donadores.

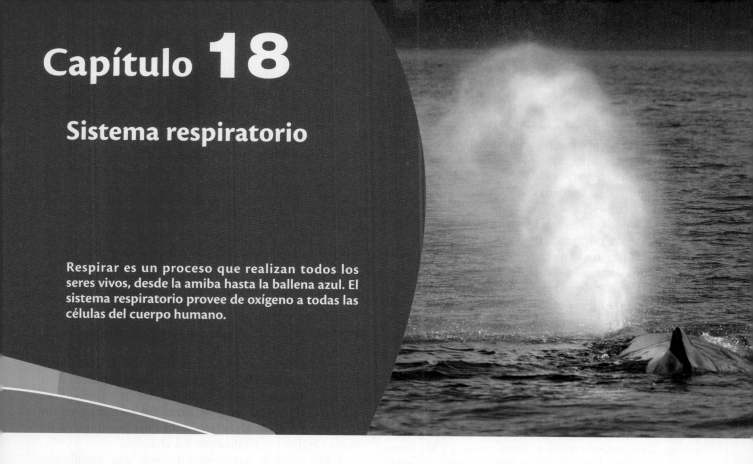

Capítulo **18**

Sistema respiratorio

Respirar es un proceso que realizan todos los seres vivos, desde la amiba hasta la ballena azul. El sistema respiratorio provee de oxígeno a todas las células del cuerpo humano.

El sistema respiratorio está constituido por la nariz, la faringe, la laringe, la tráquea, los bronquios, los bronquiolos y los pulmones (figura 18.1).

Nariz

La **nariz** se encuentra abajo de la base del cráneo y arriba del paladar; tiene una porción exterior y una interior.

La porción exterior se localiza en la parte central de la cara, abajo y en medio de las órbitas oculares, arriba de la boca y entre las mejillas; tiene forma piramidal y está constituida por los huesos nasales (propios de la nariz) y cartílago, y sus aberturas anteriores e inferiores se llaman nares (narinas).

La porción interior de la nariz está constituida por los huesos etmoidal (etmoides) que forma el techo, las maxilas (maxilares superiores) y los palatinos que forman el piso; sus paredes laterales están conformadas por el etmoidal (etmoides), la maxila (maxilar superior) y las conchas inferiores (cornetes inferiores). Su porción posterior se comunica con la nasofaringe por medio de sus orificios posteriores, llamados *coanas*. Los huesos de la porción interior limitan a las cavidades nasales (fosas nasales) derecha e izquierda, separadas entre sí por el septo nasal (tabique de la nariz). Cada

cavidad nasal (fosa nasal) está dividida en tres porciones denominadas: meato superior, meato medio y meato inferior por las conchas (cornetes).

La porción exterior de la nariz está cubierta por músculos y piel; está tapizada, al igual que los demás órganos del sistema respiratorio (excepto los pulmones), por una mucosa ciliada.

Las cavidades nasales (fosas nasales) están comunicadas con los senos paranasales, los cuales son cavidades que se encuentran en los huesos frontal, maxila (maxilar superior), esfenoidal (esfenoides), etmoidal (etmoides).

La nariz tiene como funciones filtrar, humedecer y calentar el aire que respiramos; también sirve para dar resonancia a la voz y recibir, en su porción superior, los estímulos olfatorios. El aire se calienta y humedece al pasar por los meatos.

La inflamación de la mucosa de las cavidades nasales (fosas nasales) se llama rinitis, que puede ser alérgica o producida por microorganismos. La inflamación de los senos paranasales es la sinusitis.

Faringe

Se estudió ampliamente en el sistema digestivo, pues se considera un órgano común a los dos sistemas.

Laringe

Es un órgano que se encuentra en la parte anterior del cuello, entre la faringe y la tráquea, cuyas paredes están constituidas por cartílagos, de los cuales los más grandes son: el cartílago tiroideo (tiroides), conocido comúnmente como la manzana de Adán; el cartílago cricoideo (cricoides), que tiene forma de un anillo, y el cartílago epiglotis que semeja una hoja y sirve como tapa de la laringe durante la deglución, impidiendo que los alimentos pasen a la tráquea. Si observamos su interior podemos distinguir dos pares de pliegues: el superior, que se llama pliegue vestibular (cuerda vocal falsa) y el inferior que forma el pliegue vocal (cuerda vocal verdadera). Entre los pliegues vocales (cuerdas vocales verdaderas) queda un orificio llamado glotis. Los pliegues vocales están unidos por cartílago a unos músculos que los mueven; cuando el aire pasa por la laringe, al vibrar, produce sonidos cuyo tono es regulado por los pliegues vocales (cuerdas vocales verdaderas). Para producir la voz, cuando hablamos, intervienen también la boca, los labios, los músculos de la cara, la lengua, la faringe, las cavidades nasales (fosas nasales) y los senos paranasales. Si se inflaman los pliegues vocales (cuerdas vocales verdaderas), la voz se oye ronca o no se oye (laringitis) (figura 18.2).

> Los pliegues (cuerdas) vocales verdaderos vibran al paso del aire para producir la voz.

Tráquea

Es un conducto localizado en el tórax, adelante del esófago, que se comunica hacia arriba con la laringe; en su porción inferior se divide en dos ramas o bronquios. Está constituida por herraduras cartilaginosas con su porción abierta hacia el esófago, por tejido muscular liso y tejido conectivo (conjuntivo) elástico. Sirve para conducir el aire.

Bronquios y bronquiolos

Los bronquios son dos; el derecho es corto y se dirige verticalmente al pulmón derecho, y el izquierdo va hacia el pulmón izquierdo. Al entrar en los pulmones, se dividen en bronquios más pequeños que a su vez se subdividen para formar los bronquiolos, que también se dividen hasta formar los bronquiolos terminales. Los bronquios son similares a la tráquea en su constitución, pero con menor cantidad de cartílago. Los bronquiolos, conforme se van ramificando, tienen menor cantidad de cartílago y mayor cantidad de músculo liso. En los bronquiolos terminales la túnica mucosa ya no tiene cilios (figura 18.2).

Sirven también para conducir el aire. Cuando se inflaman, se presenta la bronquitis.

Pulmones

Los **pulmones** son dos órganos localizados en el tórax; tienen la forma de un cono con su vértice superior truncado. El pulmón derecho es más corto y más ancho que el izquierdo. Se divide en tres lóbulos: superior, medio e inferior. En cambio, el pulmón izquierdo es más largo y angosto. Se divide en dos lóbulos: superior e inferior. Cada lóbulo se divide en lobulillos y cada uno de ellos tiene un bronquiolo terminal, un vaso linfático, una vénula y una arteriola. Cada bronquiolo terminal a su vez se divide en varios bronquiolos respiratorios, que se derivan en conductos alveolares que terminan en un conjunto de sacos alveolares rodeados por una red de vasos capilares y, finalmente, los alveolos.

Cada pulmón está envuelto por una membrana serosa llamada pleura, que está compuesta por dos hojas: la hoja parietal, unida a las paredes de la cavidad torácica y la hoja visceral, adherida a los pulmones. Entre las dos hojas hay una pequeña cantidad de líquido lubricante que evita la fricción cuando se realizan los movimientos respiratorios.

En los pulmones se lleva a cabo la respiración externa. Pueden afectarse por microorganismos como los que causan la tuberculosis y la neumonía.

Respiración

Por lo común se considera que la respiración es el conjunto de movimientos mediante los cuales el aire entra y sale del sistema respiratorio; sin embargo, en realidad, la respiración es una función que sirve para proporcionar oxígeno y eliminar bióxido de carbono de las células y puede dividirse en respiración externa, que comprende la ventilación y la hematosis, y en respiración interna, que es el intercambio de gases entre los capilares y los tejidos del cuerpo (figura 18.3).

Ventilación

El paso del aire por el tracto respiratorio (vías respiratorias) desde las cavidades nasales (fosas nasales) hasta los bronquiolos se llama ventilación; el aire entra durante la inspiración y sale durante la espiración.

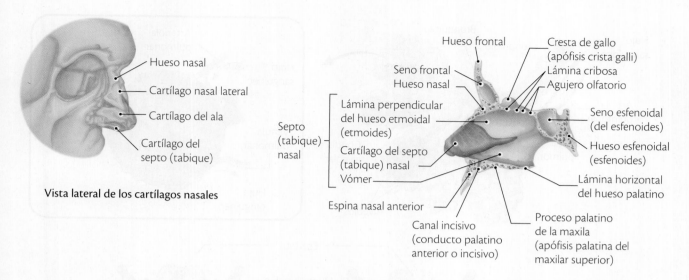

Vista lateral de los cartílagos nasales

Hueso nasal

Cartílago nasal lateral

Cartílago del ala

Cartílago del septo (tabique)

Septo (tabique) nasal

Hueso frontal
Seno frontal
Hueso nasal
Lámina perpendicular del hueso etmoidal (etmoides)
Cartílago del septo (tabique) nasal
Vómer
Espina nasal anterior
Canal incisivo (conducto palatino anterior o incisivo)
Cresta de gallo (apófisis crista galli)
Lámina cribosa
Agujero olfatorio
Seno esfenoidal (del esfenoides)
Hueso esfenoidal (esfenoides)
Lámina horizontal del hueso palatino
Proceso palatino de la maxila (apófisis palatina del maxilar superior)

Septo (tabique) nasal visto desde la cavidad nasal izquierda

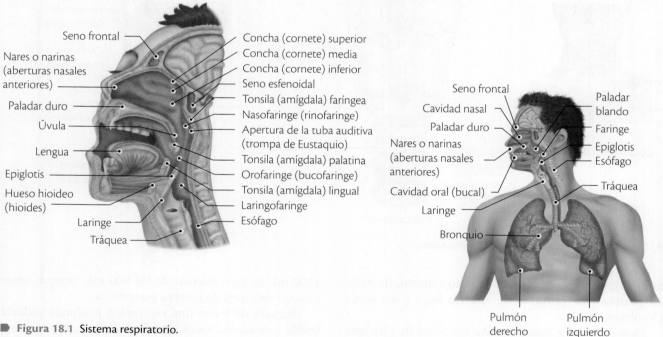

Seno frontal
Nares o narinas (aberturas nasales anteriores)
Paladar duro
Úvula
Lengua
Epiglotis
Hueso hioideo (hioides)
Laringe
Tráquea

Concha (cornete) superior
Concha (cornete) media
Concha (cornete) inferior
Seno esfenoidal
Tonsila (amígdala) faríngea
Nasofaringe (rinofaringe)
Apertura de la tuba auditiva (trompa de Eustaquio)
Tonsila (amígdala) palatina
Orofaringe (bucofaringe)
Tonsila (amígdala) lingual
Laringofaringe
Esófago

Seno frontal
Cavidad nasal
Paladar duro
Nares o narinas (aberturas nasales anteriores)
Cavidad oral (bucal)
Laringe
Bronquio
Pulmón derecho
Pulmón izquierdo

Paladar blando
Faringe
Epiglotis
Esófago
Tráquea

▶ **Figura 18.1** Sistema respiratorio.

La **inspiración** es un proceso activo que se lleva a cabo por la contracción de los músculos respiratorios; el diafragma desciende y los otros músculos jalan y rotan a las costillas hacia afuera aumentando las dimensiones del tórax; la pleura visceral se adhiere a la pleura parietal y aumenta el volumen de los pulmones para dar cabida al aire.

El principal músculo inspirador es el diafragma.

La **espiración** es un proceso pasivo que se produce cuando los músculos respiratorios se relajan disminuyendo las dimensiones del tórax y el volumen de los pulmones, lo que provoca la salida del aire.

El número de respiraciones por minuto (frecuencia respiratoria) es de 16 a 20 en el adulto y en los niños es mayor. Una respiración comprende una inspiración y una espiración.

En una respiración completa circulan aproximadamente 500 ml de aire, de los cuales 150 mL se quedan en la nariz, la faringe, la laringe, la tráquea y los bronquios;

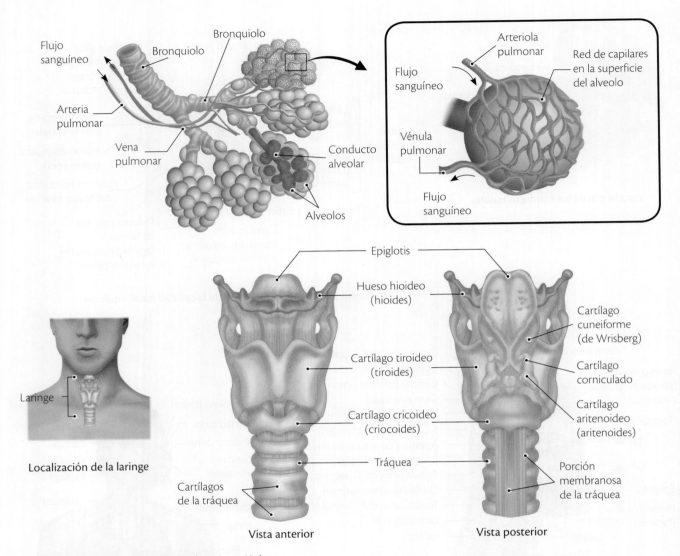

Figura 18.2 Sistema respiratorio (*continuación*).

estos órganos constituyen el espacio muerto, llamado así porque esta cantidad de aire no llega a los sacos alveolares.

Existe también una pequeña cantidad de aire que nunca puede salir de los sacos alveolares, incluso cuando se someten a la presión atmosférica (que los debería colapsar en su totalidad); es el aire mínimo, cuya presencia se puede demostrar colocando un fragmento de pulmón en agua. Si existe aire mínimo, el fragmento flota y esto indica que la persona respiró.

Si realizamos una inspiración profunda podemos hacer entrar más aire del que introducimos normalmente; este aire recibe el nombre de reserva inspiratoria; la cantidad de este aire de reserva oscila alrededor de 3000 mL.

Si hacemos una espiración profunda después de haber hecho una inspiración normal podemos expulsar 1100 mL de aire, además de los 500 mL, porque tenemos un volumen de reserva espiratoria.

Después de hacer una espiración profunda todavía queda aire en los sacos alveolares; este resto se llama volumen residual y aproximadamente es de 1200 mL.

El volumen de ventilación (500 mL) junto con el volumen de reserva inspiratoria (3000 mL) y el volumen de reserva espiratoria (1100 mL) nos dan la capacidad vital, que es de 4600 ml aproximadamente.

Hematosis

Consiste en el intercambio de bióxido de carbono y oxígeno entre los sacos alveolares y la sangre. El aire inspirado contiene aproximadamente 20% de oxígeno y el aire espirado, 16%; nuestro organismo retiene casi 4% del aire y elimina 0.4% de bióxido de carbono y vapor de agua a la temperatura del cuerpo, que oscila entre 36.5 y 37 grados centígrados.

La respiración externa comprende la ventilación y la hematosis. La ventilación es el paso del aire por el tracto respiratorio (inspiración y expiración). La hematosis es la oxigenación de la sangre.

Respiración interna

Una vez que se ha llevado a cabo la respiración externa, la sangre regresa al corazón por las venas pulmonares que desembocan en el atrio (aurícula) izquierdo, pasa al ventrículo izquierdo y de ahí llega a los tejidos. El oxíge-

no pasa al líquido tisular y de éste a las células, de la misma manera que el bióxido de carbono pasa de las células al líquido tisular y de éste a la sangre.

La respiración interna se lleva a cabo a nivel de las células, que se oxigenan y devuelven CO_2.

Es importante recordar que la sangre no libera todo el oxígeno en los tejidos y tampoco todo el bióxido de carbono en los pulmones, porque este último es tan importante para la vida como el oxígeno, ya que es un componente indispensable del equilibrio acidobásico (pH) del plasma.

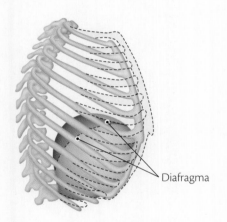

Movimiento de la pared torácica y del diafragma durante la respiración**

Diafragma

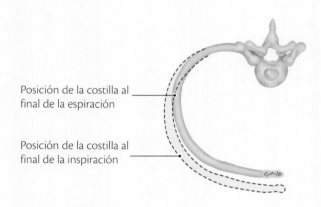

Posición de la costilla al final de la espiración

Posición de la costilla al final de la inspiración

Posición de una costilla final de la inspiración (línea punteada) y al final de la espiración (línea continua)

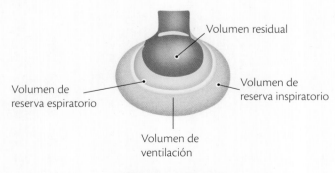

Volumen residual

Volumen de reserva espiratorio

Volumen de reserva inspiratorio

Volumen de ventilación

Volúmenes pulmonares

▶ **Figura 18.3** Respiración.

Actividades

1. Elabora un cuadro sinóptico con los órganos del sistema respiratorio y sus funciones. Se comentará en el grupo y se sacarán conclusiones.
2. Elabora un mapa conceptual de los tipos de respiración indicando las estructuras que participan en cada uno. Se discutirá en el grupo para sacar conclusiones.
3. Analicen por qué la inspiración es activa y cuál es el músculo más importante y por qué lo es.
4. Discutan la diferencia entre el volumen de ventilación y la capacidad vital.
5. Por equipos determinen la frecuencia respiratoria y comparen sus resultados con los del resto del grupo.
6. Consulta el *Manual de ciencias de la salud* y resuelve las prácticas del sistema respiratorio.
7. Respira con la boca cerrada sobre un espejo o una superficie de vidrio pulido. Analiza con el grupo tus observaciones.
8. Investiga qué órgano se afecta cuando una persona está ronca o afónica.
9. Acude con algún médico o al servicio de radiología de un hospital o centro de salud y pide que te permitan observar algunas radiografías de tórax e identifica su estructura.
10. **Video** Se proyectará un video del sistema respiratorio que se comentará en el grupo.

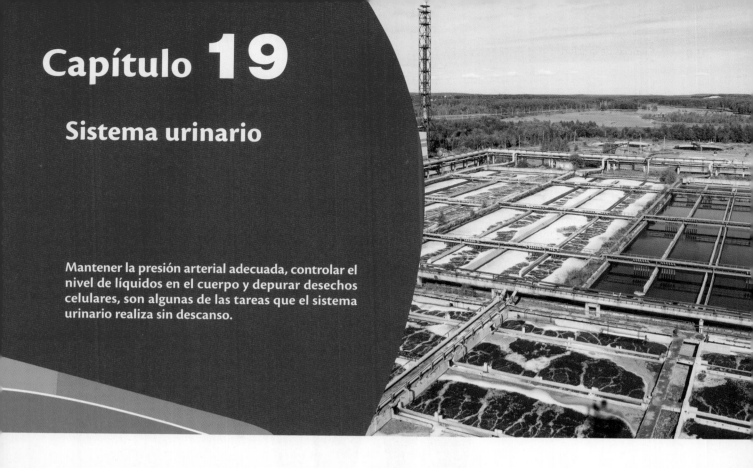

Capítulo 19

Sistema urinario

Mantener la presión arterial adecuada, controlar el nivel de líquidos en el cuerpo y depurar desechos celulares, son algunas de las tareas que el sistema urinario realiza sin descanso.

El sistema urinario está formado por dos riñones, dos uréteres, una vejiga urinaria y una uretra. Sirve para eliminar sustancias de desecho y sales, y mantener el equilibrio de los líquidos del organismo.

Riñones

Los **riñones** son dos órganos que se encuentran colocados a los lados de la columna vertebral, a la altura de las últimas costillas y atrás del peritoneo parietal, por lo cual se consideran órganos retroperitoneales. Tienen forma parecida a la de un frijol y son de color pardo rojizo; cada riñón mide aproximadamente 11.5 cm de largo, de 5 a 6 cm de ancho y 3 cm de espesor; en su borde cóncavo, que está dirigido hacia la columna vertebral, presenta una escotadura llamada hilio, a través de la cual pasan el uréter, los vasos sanguíneos, linfáticos y los nervios. Están rodeados por tejido adiposo y una envoltura fibrosa que los mantiene en su sitio, por lo que si una persona obesa adelgaza con rapidez, el riñón puede descender de su lugar (*ptosis renal*).

En un corte longitudinal del riñón se observan dos capas: una exterior, llamada *corteza*, y una interior denominada *médula*, formada por ocho a diez estructuras triangulares o pirámides renales, cuyo vértice apunta hacia una cavidad, la pelvis renal.

La unidad anatomofuncional del riñón se llama nefrona y está constituida por las siguientes estructuras:

a) **Un glomérulo o corpúsculo renal** (corpúsculo de Malpighi) Está formado por una cápsula glomerular (cápsula de Bowman) en cuyo interior se encuentra una red de vasos capilares en íntima relación con células epiteliales formando un ovillo.

b) **Un conjunto de pequeños tubos** (llamados túbulos) Son la continuación de los glomérulos y están formados por un túbulo (tubo) contorneado proximal, una rama descendente de Henle, el asa de la nefrona (de Henle) propiamente dicha, una rama ascendente de Henle y un túbulo (tubo) colector. Los túbulos (tubos) colectores desembocan en la pelvis renal.

Los riñones reciben una gran cantidad de sangre que, a diferencia de otros órganos, entra y sale del corpúsculo glomerular por arteriolas (arterias muy pequeñas) en lugar de entrar por arteriolas y salir por vénulas (*véase* "Angiología"), pasa a los capilares que están alrededor de los túbulos y regresa por venas.

Las nefronas regulan la concentración, el volumen y el pH de la sangre, y eliminan de los riñones sustancias de desecho formando la orina; para su estudio, se consideran tres procesos: filtración, resorción y excreción.

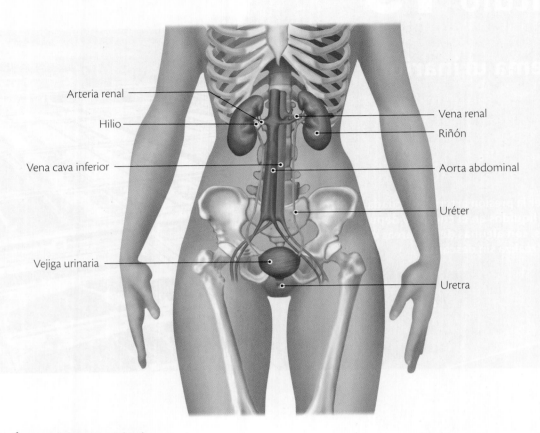

Figura 19.1 Órganos del sistema urinario.

Cuando la sangre entra al glomérulo se filtra; los elementos figurados y las proteínas no pueden, por su tamaño, atravesar el "filtro capilar" del glomérulo; luego, los túbulos reabsorben en forma selectiva agua, glucosa, aminoácidos, Na, K, Ca, Cl y HCO_3, regresándolos después a la sangre. Si hay demasiada glucosa en la sangre, no se reabsorbe toda sino que el excedente se elimina por la nefrona. A través de la nefrona se excretan sustancias como el potasio, ion hidrógeno, amoníaco, creatinina y otras, para controlar la hidratación y el pH de la sangre (la excreción también se lleva a cabo en los pulmones, la piel y el sistema digestivo).

La cantidad y la calidad de orina son variables; por lo general, se elimina entre un litro y litro y medio en 24 horas; pero, si no tomamos líquidos, disminuye su cantidad y se concentra; si, en cambio, tomamos líquidos en abundancia o hace frío, aumenta su cantidad y se diluye.

La orina es de aspecto claro, de color amarillo y con olor característico. Aunque generalmente es ácida su pH oscila entre 5 y 7.8. La orina está formada por agua, sustancias orgánicas como la urea, el ácido úrico, el ácido hipúrico (benzoilaminoacético), la creatinina, las purinas y el amoníaco, y sustancias inorgánicas como

los cloruros, sulfatos y fosfatos de sodio, potasio, magnesio y calcio. Cuando disminuye la cantidad de orina su color es más intenso; por ejemplo, cuando sudamos mucho y cuando comemos o tomamos en exceso algún alimento o compuesto con abundantes pigmentos.

La orina se forma en las nefronas que regulan la concentración, el volumen y el pH de la sangre.

En condiciones anormales, puede contener albúmina, glucosa, hemoglobina, pigmentos biliares, pus, cilindros, cálculos o microorganismos. Son enfermedades frecuentes del riñón la glomerulonefritis, la pielonefritis y la litiasis renal (cálculos renales).

Como los riñones se mantienen en su sitio por tejido adiposo y una envoltura fibrosa, si una persona adelgaza con rapidez, puede sufrir ptosis renal.

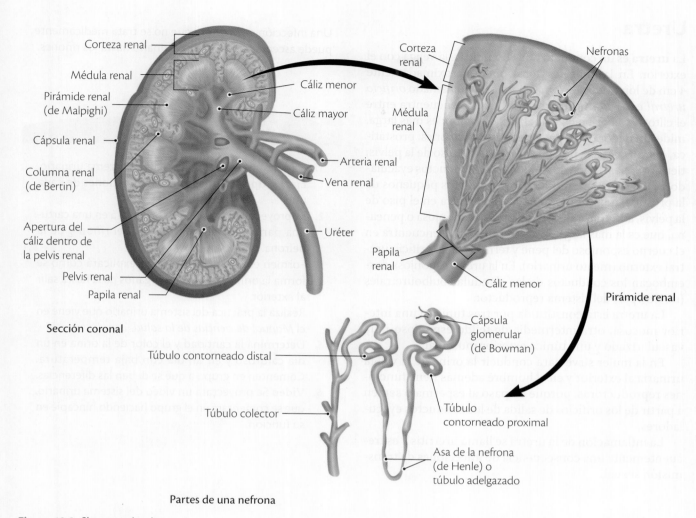

Sección coronal

Partes de una nefrona

Figura 19.2 Sistema urinario.

Uréteres

Los **uréteres** son dos conductos retroperitonales que se extienden desde los riñones hasta la vejiga urinaria; están constituidos por tres túnicas: mucosa, que está en el interior; muscular, que tiene fibras circulares y longitudinales, y una túnica exterior fibrosa (adventicia). Llevan la orina de la pelvis renal a la vejiga urinaria.

Vejiga urinaria

La **vejiga urinaria** es un órgano hueco localizado en la pelvis, atrás del pubis y adelante y por encima del recto en el hombre y adelante de la vagina y atrás del pubis en la mujer. Cuando está vacía tiene aspecto de una bolsa y se hace esférica cuando se llena. Tiene tres orificios, dos de los cuales corresponden al sitio donde desembocan

los uréteres; y el inferior y medio, corresponde al sitio donde se inicia la uretra; está constituida por una túnica mucosa interior, una túnica de tejido conectivo (conjuntivo) y una túnica muscular con fibras que la recorren a lo largo y fibras circulares; estas últimas forman un esfínter abajo del cual hay otro esfínter formado por músculo liso. En su porción superior tiene una túnica serosa que corresponde al peritoneo.

La vejiga tiene como función almacenar temporalmente la orina que va llegando por los uréteres; cuando la cantidad de orina sobrepasa los 400 o 500 mL se estimulan unos receptores que llevan el impulso a la médula espinal, que provoca el reflejo de la micción mediante el cual se expulsa la orina. Los niños menores de dos años no pueden controlar voluntariamente el esfínter externo y, en consecuencia, apenas se llena la vejiga, ésta se vacía. La inflamación de la vejiga se llama cistisis.

Uretra

La **uretra** es un conducto que comunica a la vejiga con el exterior. En la mujer es corta, mide aproximadamente 4 cm de longitud y termina en un orificio llamado *orificio uretral externo* (meato urinario) que se encuentra entre el clítoris y el orificio vaginal. En el hombre es más larga, mide alrededor de 20 cm y tiene tres porciones: prostática, que atraviesa la próstata y se dirige al piso de la pelvis; tiene orificios donde desembocan los conductos eyaculadores del sistema reproductor y conductos pequeños de la próstata; membranosa, que se encuentra en el piso de la pelvis, atrás de la sínfisis del pubis y esponjosa o peneana, que es la más larga de las tres partes, se encuentra en el cuerpo esponjoso del pene y termina en el orificio uretral externo (meato urinario). En la uretra esponjosa desembocan los conductos de las glándulas bulbouretrales (de Cowper) del sistema reproductor.

La uretra está constituida por tres túnicas: una interior mucosa, otra intermedia de tejido esponjoso muy vascularizado y una túnica exterior muscular.

En la mujer sirve para conducir la orina de la vejiga urinaria al exterior y en el hombre además tiene funciones reproductoras, porque da paso al esperma o semen a partir de los orificios de salida de los conductos eyaculadores.

La inflamación de la uretra se llama uretritis y es frecuentemente una consecuencia de infecciones de transmisión sexual.

Una infección en la uretra que no se trata médicamente puede ascender por el tracto urinario hasta los riñones.

Actividades

1. Elabora un mapa conceptual del sistema urinario. En el grupo se comentarán las funciones de cada uno.
2. Se proyectará la fig. 19.2 o se dibujará en una cartulina para identificar las partes del riñón y de la nefrona.
3. Formen equipos. Cada equipo explicará cómo se forma la orina y por cuáles órganos pasa hasta salir al exterior.
4. Realiza la práctica del sistema urinario que viene en el *Manual de ciencias de la salud*.
5. Determina la cantidad y el color de la orina en un día caluroso y en un día con baja temperatura. Comenten en grupo a qué se deben las diferencias.
6. **Video** Se proyectará un video del sistema urinario, que se comentará en el grupo haciendo hincapié en su función.

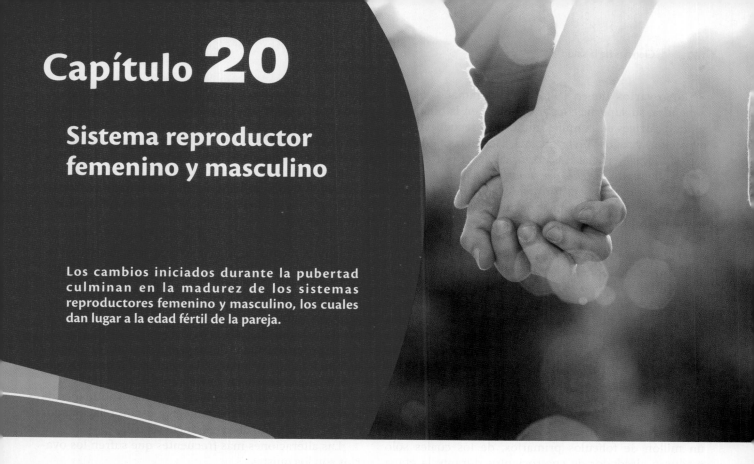

Capítulo 20

Sistema reproductor femenino y masculino

Los cambios iniciados durante la pubertad culminan en la madurez de los sistemas reproductores femenino y masculino, los cuales dan lugar a la edad fértil de la pareja.

Sistema reproductor femenino

El sistema reproductor femenino está formado por los genitales internos: dos gónadas femeninas u ovarios, las tubas uterinas (trompas de Falopio), el útero, la vagina, y los genitales externos que son una serie de estructuras que constituyen el pudendo femenino (vulva).

A partir de la **pubertad**, el organismo femenino experimenta modificaciones: se desarrollan los órganos reproductores y se inician los ciclos sexuales o menstruales, con los que aparecen la menstruación y una serie de cambios cíclicos en todo el organismo. La menstruación se manifiesta por el escurrimiento de un líquido serosanguinolento con tejido necrótico (muerto) a través de la vagina.

Los **ciclos menstruales** son muy variables en las diferentes mujeres e incluso en cada mujer (de 21 a 45 días), aunque para fines prácticos y de enseñanza, se considera que se repiten aproximadamente cada 28 días, a partir de la primera menstruación llamada menarca o menarquia (*véase* "Adolescencia") hasta su cese definitivo o menopausia, aunque se puede interrumpir, como en el caso del embarazo.

Para comprender estas modificaciones cíclicas es necesario recordar que el hipotálamo empieza a producir en un momento dado factores liberadores (GNRH, por sus siglas en inglés) a través de descargas pulsátiles que estimulan la hipófisis (pituitaria) y ésta, a su vez, produce las hormonas foliculoestimulante (FSH, por sus siglas inglés) y luteinizante (LH, por sus siglas en inglés) que estimulan a los ovarios. La FSH estimula al ovario durante la primera parte del ciclo; la LH empieza a producirse después de la menstruación y alcanza su nivel máximo durante la ovulación, que se estudiará más adelante.

> En la mujer el hipotálamo estimula a la hipófisis para que produzca FSH y LH que estimulan a los ovarios para liberen estrógenos y progesterona.

Ovarios

Así como el hombre tiene dos gónadas que son los dos testículos, la mujer también tiene dos gónadas, los ovarios, que son glándulas localizadas en la pelvis, a los lados del útero, y que se mantienen en su posición por medio de ligamentos: el ligamento ancho del útero, un pliegue del peritoneo llamado mesoovario, el ligamento ovárico, que une al ovario con el útero, y el ligamento suspensorio, que lo une a la pelvis.

Los **ovarios** tienen la forma y el tamaño de una almendra, su superficie exterior es lisa en la niña, presenta cicatrices en la mujer adulta (consecuencia de la ovulación) y rugoso en la anciana. Tienen las siguientes capas: una superficial o corteza, cubierta por epitelio simple llamado *epitelio germinativo*, debajo del cual está el estroma cortical formado por tejido conectivo (conjuntivo); entre las células del tejido conectivo (conjuntivo) se encuentran los óvulos rodeados de células foliculares. La porción superficial del estroma se condensa formando una túnica albugínea que se pone en contacto con el epitelio germinativo. La porción central, llamada *médula*, contiene principalmente tejido conectivo (conjuntivo) y vasos sanguíneos. Entre la quinta y sexta semanas de la vida embrionaria, las células germinales se dirigen desde su lugar de origen (endodermo del saco vitelino) a las gónadas, crecen y se transforman en ovogonias; éstas, a su vez, forman los ovocitos primarios que se rodean de una capa de células de tejido conectivo (conjuntivo) constituyendo los folículos primarios (primordiales o de Graaf jóvenes). Al nacer las niñas, sus ovarios contienen cada uno cerca de un millón de folículos primarios, de los cuales sólo maduran alrededor de cuatrocientos durante la etapa reproductiva (en cambio, en el sexo masculino la formación de espermatozoides se lleva a cabo durante casi toda la vida). Los ovarios producen los óvulos y las hormonas sexuales (estrógenos y progesterona).

Aproximadamente en los primeros cuatro días del ciclo menstrual (el primer día de menstruación se cuenta como el primer día del ciclo), un folículo primario, con el estímulo de la FSH, empieza a producir estrógenos, que se estudiarán a continuación, y sus células foliculares proliferan. Esto ocasiona el crecimiento del folículo, que se transforma en folículo secundario, las células de la zona pelúcida (que rodea al óvulo) forman un líquido llamado folicular, que empuja al óvulo al borde libre del folículo. Al terminar la menstruación, empieza una fase preovulatoria, que termina alrededor del día decimotercero; en esta fase madura un folículo secundario aumenta la producción de estrógenos por el estímulo de la FSH de la hipófisis (pituitaria) y, al final, la hipófisis incrementa la producción de LH.

Alrededor del día decimocuarto del ciclo ocurre la ovulación, que consiste en la ruptura del folículo con la consiguiente liberación del óvulo casi maduro. Después de la ovulación, el folículo se colapsa, el tejido roto sangra y comienza a cicatrizar formando un coágulo, llamado *cuerpo hemorrágico*, que se transforma posteriormente en cuerpo amarillo (*cuerpo lúteo*).

Del día decimoquinto hasta el vigésimo octavo ocurre la fase posovulatoria: la secreción de LH estimula el desarrollo del cuerpo amarillo que secreta cantidades cada vez mayores de progesterona. Si no hay embarazo, el cuerpo amarillo degenera y con el tiempo se transforma en cuerpo blanco, disminuyendo lentamente la producción de hormonas.

La LTH favorece la transformación de las células foliculares en células del cuerpo amarillo (luteínicas) y estimula a estas últimas para que secreten estrógenos y progesterona.

Los **estrógenos** son los responsables de la aparición y mantenimiento de los caracteres sexuales secundarios: ensanchamiento de la pelvis y la cadera, la distribución del vello, el desarrollo mamario y cambios en el comportamiento, entre otros, y preparan al resto de los genitales para la fecundación; también neutralizan el pH de la vagina durante la ovulación.

La **progesterona** influye en el desarrollo de la glándula mamaria y disminuye la contracción del músculo liso del útero durante el embarazo.

El ovario produce también pequeñas cantidades de andrógenos que, aparentemente, están relacionados con la modulación de la conducta sexual.

Las alteraciones más frecuentes que sufren los ovarios son los quistes.

Tubas urinarias (trompas de Falopio)

Las tubas urinarias o trompas de Falopio son dos conductos que se encuentran colocados en la pelvis, a los lados del útero en su porción superior y cerca de los ovarios. Tienen las siguientes porciones: la *intersticial* que se encuentra en el espesor de la pared del útero y es tan estrecha que su diámetro es como el de la cerda de un cepillo; el *istmo* es la porción angosta que sigue; la ampolla es la porción media, más ensanchada, y el *infundíbulo* (pabellón) es el extremo distal, que está rodeado por una serie de prolongaciones llamadas *fimbrias*. Cada tuba uterina (trompa de Falopio) está formada por tres túnicas o capas: la exterior es una membrana serosa, la media está constituida por músculo liso y la interior es una mucosa, cuyo epitelio es ciliado. En el epitelio también hay glándulas mucosas cuya secreción ayuda a la nutrición del óvulo.

Las tubas urinarias sirven para atrapar al óvulo con sus fimbrias y conducirlo al útero por medio de los movimientos peristálticos de su túnica (capa) muscular y de los cilios, que producen una corriente que ayuda a su transporte. Por lo general, la unión del óvulo y el espermatozoide se lleva a cabo en el tercio medio de la tuba uterina (trompa de Falopio).

La inflamación de las tubas uterinas (trompas de Falopio) se llama *salpingitis* y puede producir esterilidad.

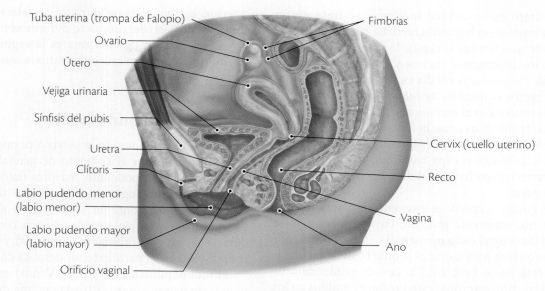

Vista sagital

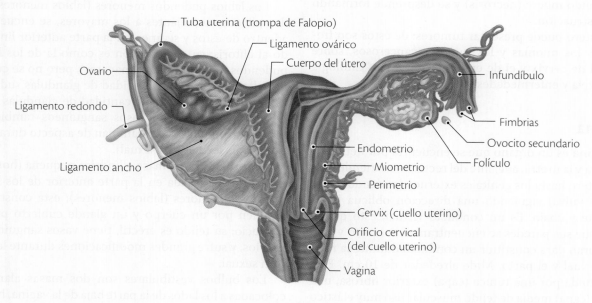

Vista frontal

▶ **Figura 20.1** Órganos del sistema reproductor femenino.

Útero

Es un órgano que se encuentra en la cavidad pélvica, atrás de la vejiga, adelante y abajo del recto. Tiene la forma de una pera invertida y mide aproximadamente 7.5 cm de largo, 5 cm de ancho y 1.75 cm de grosor. Es un órgano que sufre muchos cambios, tanto en su forma como en su volumen o en su posición. Se encuentra flexionado de manera ligera hacia adelante y arriba, y se mantiene en su sitio por medio de ligamentos: dos liga-

mentos anchos que lo fijan a la pared de la pelvis, dos ligamentos uterosacros que lo unen al sacro, un ligamento cardinal o cervical lateral que evita que descienda a la vagina y dos ligamentos redondos que se dirigen a los genitales externos. Por otra parte, estos ligamentos también permiten ciertos movimientos.

Para su estudio suele dividirse en varias partes: la superior recibe el nombre de *fondo*; la central se llama *cuerpo*, y la inferior, *cuello* o *cervix*; entre éste y el cuerpo se encuentra una zona denominada istmo. El interior del útero es la cavidad uterina y se trata de un espacio virtual si no hay embarazo. La pared está constituida por tres túnicas o capas: la exterior, serosa, da origen a los ligamentos anchos y cubre al útero, con excepción del cuello; la media es de músculo liso, más gruesa y recibe el nombre de *miometrio*; por último, la interior o mucosa es el *endometrio*, y está formada a su vez por dos túnicas o capas: la funcional, que se modifica por efecto hormonal y se desprende durante la menstruación y la túnica o capa basal que da origen a una nueva túnica o capa funcional después de la menstruación o el parto.

En el cuello o cervix se encuentran glándulas que secretan una sustancia mucosa, cuya consistencia se modifica durante el ciclo menstrual.

El útero sirve para alojar al producto de la fecundación. Si ésta no se lleva a cabo, cesa la producción de estrógenos y progesterona; esto produce cambios en los vasos sanguíneos de la túnica funcional del endometrio, cuyo tejido muere (necrosis) y se desprende formando la menstruación.

El útero puede presentar tumores; de éstos son frecuentes los miomas y los tumores cancerosos, sobre todo el de cervix y el de endometrio (*véase* "Citología exfoliativa y enfermedades más frecuentes").

Vagina

La **vagina** es un órgano que se encuentra por detrás de la vejiga y la uretra, adelante del recto, y se extiende desde el útero hasta los genitales externos (pudendo femenino o vulva) siguiendo una dirección oblicua hacia adelante y abajo. Es un conducto virtual; esto quiere decir que sus paredes se encuentran en contacto y sólo se separan para constituir un conducto durante la relación sexual y el parto. Mide alrededor de 10 cm. Está constituida por una túnica (capa) exterior fibrosa, una túnica (capa) media de tejido muscular liso muy elástico y una túnica (capa) interior mucosa con numerosos pliegues transversales llamados arrugas vaginales, que desaparecen cuando se distiende.

El diámetro de la vagina puede controlarse voluntariamente por medio de la contracción de los músculos del piso de la pelvis o perineo (periné), llamados bulbocavernoso, isquiocavernoso, perineales superficial y profundo, pubococcígeo, esfínter de la uretra y esfínter anal externo. En la túnica o capa mucosa hay receptores y terminaciones nerviosas así como numerosos vasos sanguíneos; estos últimos se congestionan de sangre durante la excitación sexual y, al parecer, permiten así la aparición de una sustancia lubricante.

La vagina sirve para conducir el flujo menstrual al exterior, recibir al pene durante la relación sexual y como vía de paso del producto durante el parto.

La inflamación de la vagina es la vaginitis y puede ser producida por microorganismos o sustancias irritantes.

Pudendo femenino (vulva)

Se encuentra en el piso de la pelvis o perineo (periné) y está constituido por el conjunto de genitales externos, que son los labios pudendos mayores (labios mayores), dos pliegues homólogos del escroto, que se dirigen del monte pubiano (monte de Venus) hacia abajo y atrás; están formados por piel y tejido adiposo, contienen glándulas sebáceas y sudoríferas (sudoríparas), y están cubiertos por vello en su parte exterior después de la pubertad.

El monte pubiano (monte de Venus) es una prominencia de tejido adiposo situada encima del pubis, que se cubre de vello durante la pubertad.

Los labios pudendos menores (labios menores) son dos pliegues semejantes a los mayores, se encuentran adentro de éstos y se unen en la parte anterior limitando al clítoris; su constitución es como la de los labios pudendos mayores (labios mayores), pero no se cubren de vello; tienen menor cantidad de glándulas sudoríferas (sudoríparas) y mayor cantidad de glándulas sebáceas; su contenido de vasos sanguíneos también es mayor, razón por la cual cambian de aspecto durante la excitación sexual (piel sexual).

El **clítoris** es una masa cilíndrica pequeña (homóloga del pene) situada en la parte anterior de los labios pudendos menores (labios menores); está constituida también por un cuerpo y un glande cubierto por un prepucio; su tejido es eréctil, tiene vasos sanguíneos y nervios, y sufre grandes modificaciones durante la relación sexual.

Los bulbos vestibulares son dos masas alargadas colocadas a los lados de la parte baja de la vagina, homólogos del cuerpo esponjoso del pene.

Las glándulas vestibulares mayores (glándulas de Bartholin) están colocadas a uno y otro lados del orificio de la vagina; cada una tiene un conducto que se abre entre el himen y el labio pudendo menor (labio menor); son homólogas a las glándulas bulbouretrales (de Cowper) del hombre y secretan una sustancia lubricante.

Las glándulas vestibulares menores (mucosas del vestíbulo) desembocan a los lados del orificio uretral y también secretan moco.

El vestíbulo de la vagina es un espacio limitado por los labios pudendos menores (labios menores), en el cual se encuentran el orificio uretral externo (meato urinario), el orificio de la vagina y la desembocadura de

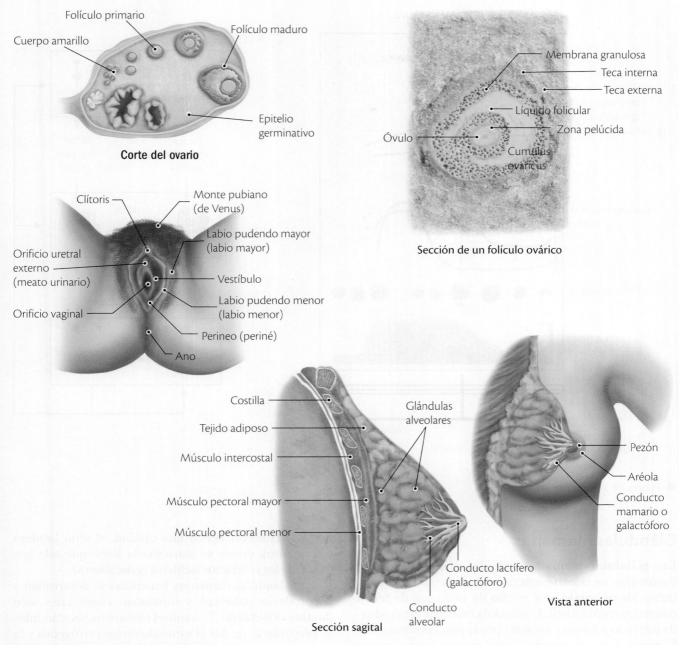

Corte del ovario

Sección de un folículo ovárico

Sección sagital

Vista anterior

Figura 20.2 Sistema reproductor femenino.

las glándulas vestibulares. En la mayoría de las vírgenes el orificio de la vagina está cerrado parcialmente por un anillo membranoso llamado *himen*, que generalmente se rompe durante la primera relación sexual produciendo en ocasiones un pequeño sangrado; sin embargo, a veces es sumamente elástico, lo que permite que el pene penetre en la vagina sin que se rompa el himen. El tipo de himen más frecuente es el semilunar, pero puede ser cribiforme, tabicado e incluso puede estar imperforado, en cuyo caso es necesario hacer una pequeña operación para que el flujo menstrual pueda salir al exterior.

El himen generalmente se rompe en la primera relación sexual pero puede ser muy elástico y no romperse. Si una niña nace con el himen imperforado requiere de una pequeña operación para que pueda salir el flujo menstrual.

CICLO MENSTRUAL

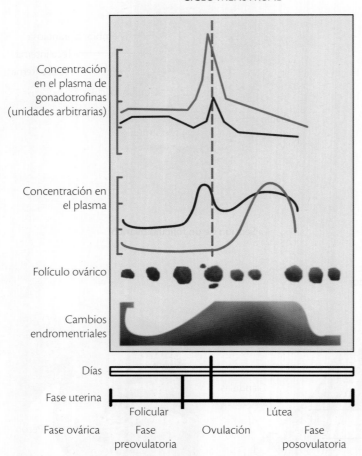

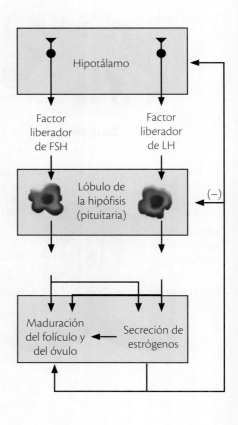

🔷 **Figura 20.3** Ciclo menstrual.

Glándulas mamarias

Las **glándulas mamarias** son dos glándulas que se encuentran en la parte anterior del tórax y se fijan a los músculos pectorales por medio de una capa de tejido conectivo (conjuntivo). La glándula mamaria está rodeada de tejido adiposo y cubierta por la piel, constituyendo la mama. Ésta en su parte central tiene al pezón, que es una prominencia cilíndrica de color más oscuro y de aspecto rugoso en cuyo alrededor se encuentra una zona también de color oscuro llamada areola.

Cada glándula está formada por 15 a 20 compartimientos llamados lóbulos, separados por tejido adiposo. En cada lóbulo existen compartimientos más pequeños, los lobulillos, formados por tejido conectivo (conjuntivo) que contienen a las células que producen la leche, denominadas alveolos, dispuestas en racimos. Cuando existe la secreción láctea, pasa a través de una serie de conductos mamarios (galactóforos) que desembocan en una prominencia llamada pezón. Antes de llegar al pezón, los conductos mama-

rios (galactóforos) tienen una cavidad, el seno lactífero (galactóforo), donde se almacena la leche que sale por medio de los conductos lactíferos (galactóforos).

Las glándulas mamarias femeninas se desarrollan a partir de la pubertad y funcionan como tales sólo durante la lactancia. Durante el embarazo, las glándulas se preparan al recibir el estímulo de los estrógenos y la progesterona; estas hormonas disminuyen al final del embarazo y la hormona prolactina estimula a las células de la glándula. La succión estimula a la hipófisis (pituitaria) por medio del hipotálamo.

Las glándulas mamarias pueden sufrir infecciones, principalmente durante la lactancia (mastitis). Independientemente de la lactancia, pueden presentar quistes o tumores.

En la mujer son frecuentes el cáncer de mama y el cervicouterino.

Placenta

La **placenta** es un órgano que existe dentro del útero únicamente durante el embarazo; al finalizar éste, tiene el aspecto de un disco. Sus medidas dependen del peso del producto (del bebé), aunque en términos generales son de 15 a 20 cm de diámetro y 3 cm de espesor; pesa entre 500 y 600 g. Tiene una cara o porción materna con la que se fija al útero y una porción fetal, donde se inserta el funículo (cordón) umbilical, cubierta por una membrana mucosa brillante, más o menos transparente, llamada amnios, a través de la cual se ven numerosos vasos sanguíneos. Cuando se desprende, después de su expulsión, en su cara materna se pueden observar unas estructuras de color vinoso (de 12 a 16) llamadas *cotiledones*.

La formación de estas estructuras se explicará más adelante.

Al principio del embarazo produce una hormona llamada gonadotrofina coriónica (GCH) y posteriormente estrógenos y progesterona.

La placenta relaciona al producto con la madre y funciona como el equivalente del sistema digestivo, respiratorio y urinario del producto; además, mantiene el embarazo y desarrolla las glándulas mamarias.

Menopausia

Se llama **menopausia** al cese definitivo de la menstruación, y ocurre entre los 45 y 50 años de edad; los ovarios ya no responden a los estímulos de la hipófisis (pituitaria) y los cambios hormonales provocan ocasionalmente que la mujer sienta los llamados bochornos (oleadas de calor), sudoración abundante, dolor de cabeza e inestabilidad emocional. Después de la menopausia, la mujer puede continuar con sus funciones sexuales, puesto que únicamente desaparece su capacidad reproductora, pero con la ventaja de que puede tener relaciones sexuales con la tranquilidad de que ya no va a presentarse un embarazo.

Sistema reproductor masculino

El sistema reproductor masculino está formado por dos gónadas masculinas o testículos, las vías espermáticas, el pene, la próstata y las glándulas bulbouretrales (de Cowper).

Testículos

Los **testículos** son dos glándulas de forma ovoidea; miden de 3.5 a 5 cm de largo y de 1.5 a 2.5 cm de ancho. Durante la mayor parte de la vida fetal se encuentran localizados en la cavidad abdominal, pero aproximadamente dos meses antes del nacimiento descienden al escroto. Cada testículo está alojado en un compartimiento del escroto; por lo general, el testículo izquierdo desciende un poco más que el derecho. Están cubiertos por varias envolturas, de la superficie hacia adentro:

a) El escroto, que es una prolongación de la piel de la pared abdominal en forma de bolsa, abajo del pene.
b) El dartos, que contiene fibras elásticas, conectivas (conjuntivas) y musculares lisas y forma, en la línea media, un tabique que separa a los dos testículos.
c) Una túnica celular subcutánea.
d) Una túnica aponeurótica.
e) Una túnica muscular.
f) Una túnica fibrosa profunda.
g) Una túnica vaginal, que es una membrana serosa.

El escroto, además de alojar a los testículos, los protege y, gracias a la musculatura del dartos, les proporciona una temperatura constante ligeramente inferior a la del resto del cuerpo para que puedan funcionar de manera adecuada; cuando hace frío se contraen las fibras musculares del dartos, acercando los testículos al abdomen y el escroto se ve más grueso y rugoso; cuando hace calor sucede lo contrario, es decir, los aleja.

Los testículos están constituidos por una capa exterior de tejido fibroso llamada túnica albugínea. En el interior del testículo hay compartimientos denominados lobulillos testiculares, cada uno de los cuales tiene uno o más conductos enrollados, llamados túbulos seminíferos. Entre los túbulos seminíferos se encuentran las células de Leydig que producen las hormonas masculinas (andrógenos), como la testosterona. En el interior de los túbulos seminíferos se encuentran las células espermáticas, que proliferan y maduran para formar los espermatozoides y las células de Sertoli; estas últimas dan sostén y son los mediadores de las sustancias que les llegan a los precursores de los espermatozoides.

> La actividad hormonal en el hombre es similar a la de la mujer, pero los testículos producen testosterona.

Cuando el niño nace con los testículos alojados en la cavidad pélvica, se dice que padece criptorquidia, anormalidad que necesita vigilancia médica, porque si los testículos no llegan a descender puede producirse esterilidad. Esto se debe a que los espermatozoides no pueden sobrevivir a la temperatura del resto del cuerpo y, más adelante, hay peligro de padecer algún cáncer.

Al llegar a la pubertad, el hipotálamo estimula a la hipófisis (pituitaria) para que produzca las hormonas

FSH e ICSH que, a su vez, estimulan a los testículos para que éstos secreten hormonas sexuales: andrógenos y una pequeña cantidad de hormonas femeninas. El andrógeno más importante es la testosterona, responsable de la aparición de los caracteres sexuales secundarios: mayor desarrollo de los huesos y músculos, cambio de la voz, distribución del vello, cambios en el comportamiento, etcétera.

La FSH actúa sobre los túbulos seminíferos para que se lleve a cabo la espermatogénesis (se estudiará posteriormente); por esta razón, en el hombre se denomina hormona estimulante de la espermiogénesis (ESH). Produce también la ICSH (hormona estimulante de las células intersticiales) que actúa en las células intersticiales de Leydig; éstas responden produciendo andrógenos.

Los espermatozoides ya formados se dirigen a las vías espermáticas.

Vías espermáticas

Están constituidas por los tubos rectos, la *rete testis*, los conductos eferentes, el epidídimo, el conducto deferente, las vesículas seminales y los conductos eyaculadores.

Tubos rectos (red testicular) y conductos eferentes

En el interior del testículo, los túbulos seminíferos que en su origen son tortuosos, se vuelven rectos y empiezan a converger para formar una especie de red, la *rete testis* o red testicular; de aquí vuelven a converger para formar los conductos eferentes, los cuales desembocan en el epidídimo. Conducen a los espermatozoides.

Epidídimo

Son dos conductos, uno derecho y otro izquierdo, que se encuentran arriba de cada testículo; cada epidídimo desciende a lo largo del borde superior del testículo, describe una curva y asciende para continuarse con el conducto deferente.

Cada epidídimo está rodeado por una cubierta fibrosa y contiene un tubo muy delgado y muy largo (de aproximadamente 6 m de longitud) pero con muchas curvaturas, formado por epitelio columnar, que descansa sobre una delgada membrana basal y una lámina propia que contiene músculo liso.

El epidídimo tiene como función almacenar a los espermatozoides antes de la eyaculación (emisión súbita del esperma); en este sitio los espermatozoides terminan su maduración; es decir, adquieren la movilidad que les permitirá fecundar al óvulo.

Conducto deferente

Este conducto es continuación del epidídimo, que asciende a lo largo del testículo y del epidídimo hacia la ingle, donde pasa a través del canal inguinal para dirigirse hacia la vejiga; a esta altura se une al conducto eyaculador, el cual desemboca en la uretra prostática.

Junto al conducto deferente se encuentran la arteria testicular, los nervios del sistema nervioso vegetativo, las venas que recogen la sangre de los testículos, los vasos linfáticos y el músculo cremáster, que eleva a los testículos durante la estimulación sexual; a todo este conjunto de estructuras se le llama funículo espermático (cordón espermático).

El conducto deferente está constituido por epitelio seudoestratificado y por tres capas de tejido muscular. Al igual que el resto de las vías espermáticas, su superficie interior presenta algunos pliegues, en los cuales pueden quedar "almacenados" algunos espermatozoides. El conducto deferente tiene como función conducir a los espermatozoides.

Vesículas seminales

Son estructuras localizadas atrás de la vejiga y adelante del recto; tienen el aspecto de una bolsa alargada y su extremidad anterior se funde con el conducto deferente para dar origen al conducto eyaculador. Tienen la misma constitución que los conductos deferentes y producen un líquido viscoso.

Conductos eyaculadores

Son dos conductos paralelos, situados en el centro de la próstata, que se extienden desde las vesículas seminales hasta la uretra prostática. Conducen el esperma.

Pene

Es un órgano eréctil (que tiene la propiedad de hacerse turgente y rígido) situado por encima del escroto y por delante de la sínfisis del pubis; está formado por una porción proximal llamada cuerpo y una porción distal denominada glande. El glande se encuentra cubierto por una piel delgada que puede retraerse, el prepucio. En la parte inferior o uretral, el glande se une al prepucio por el frenillo. La parte más saliente del glande recibe el nombre de corona. Entre la corona y el prepucio del glande se encuentran unas glándulas que producen una secreción grasosa, llamada esmegma, de olor característico, que tiene efectos carcinógenos (es decir, puede favorecer la aparición de cáncer).

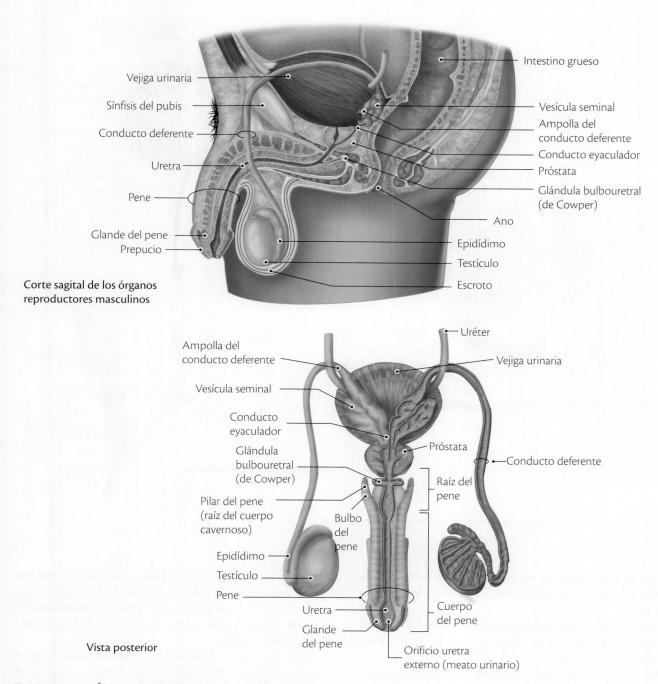

Corte sagital de los órganos
reproductores masculinos

Vista posterior

Figura 20.4 Órganos del sistema reproductor masculino.

El interior del pene está ocupado por tres cuerpos cilíndricos de tejido eréctil que lo recorren a lo largo; dos de ellos, los cuerpos cavernosos, están colocados en la mitad dorsal del órgano y un cuerpo más delgado en la porción uretral, llamado cuerpo esponjoso, más largo que los otros, que termina dilatándose en el glande; en el interior del cuerpo esponjoso se encuentra localizada la uretra.

Todos los órganos del sistema reproductor tienen vasos sanguíneos, pero aquí el riego sanguíneo es de dos tipos: las ramas de la arteria dorsal, que aseguran la nutrición de los tejidos, y la de otras arterias de mayor calibre, que llevan sangre al pene, lo que permite que llegue gran cantidad de sangre a los cuerpos cavernosos; éstos se expanden y comprimen las venas disminuyendo considerablemente la cantidad de sangre que sale

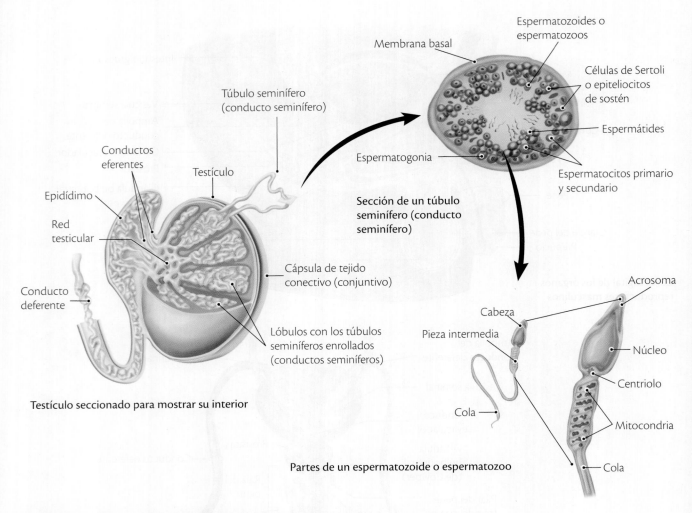

Testículo seccionado para mostrar su interior

Partes de un espermatozoide o espermatozoo

▶ **Figura 20.5** Órganos del sistema reproductor masculino (*continuación*).

del pene; éste aumenta su volumen y se pone rígido, produciéndose la erección, necesaria para la relación sexual.

Tiene función urinaria (micción) y reproductora; es el órgano copulador y se introduce en la vagina para depositar el esperma.

La erección impide la micción durante la relación sexual. Cuando dejan de contraerse los músculos isquiocavernosos y bulbocavernosos, que permiten los cambios circulatorios mencionados, se reanuda la circulación normal y el pene recupera su estado anterior (de flacidez).

El tamaño del pene es motivo de preocupación o de orgullo en algunos hombres; cuando está flácido mide por término medio 10 cm de longitud y 9 cm de circunferencia, y cuando está erecto mide alrededor de 15 cm de largo y 12 cm de circunferencia. Hay personas que creen que hay una relación directa entre el tamaño del

pene y la satisfacción producida durante la relación sexual; esto es falso, pues la vagina de la mujer es un conducto virtual que se adapta al pene y la estimulación surge del roce del pene contra las paredes de la abertura exterior de la vagina.

Algunos hombres tienen el prepucio muy largo y estrecho; esta anormalidad, llamada fimosis, dificulta el aseo; por ello, tanto el esmegma como la orina pueden producir irritación en el glande, en estos casos se practica una operación denominada circuncisión, que deja libre al glande.

Próstata

Es una glándula que rodea el cuello de la vejiga y una porción de la uretra; tiene el tamaño y la forma de una castaña y secreta un líquido alcalino que se mezcla con el líquido seminal en el momento de la eyaculación; al

Sección transversal de un túbulo seminífero
mostrando varios estadios de la espermatogénesis

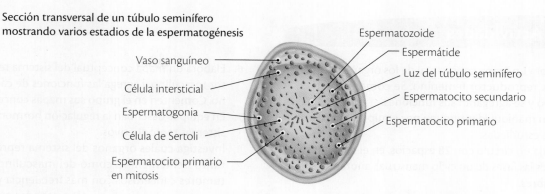

- Vaso sanguíneo
- Célula intersticial
- Espermatogonia
- Célula de Sertoli
- Espermatocito primario en mitosis
- Espermatozoide
- Espermátide
- Luz del túbulo seminífero
- Espermatocito secundario
- Espermatocito primario

Control hormonal de la función testicular

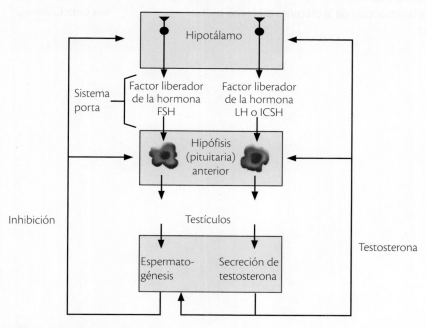

Figura 20.6 Órganos del sistema reproductor masculino (*continuación*).

llegar a una edad avanzada esta glándula puede aumentar de volumen produciendo dificultad para orinar. Es un sitio frecuente de cáncer.

La próstata puede sufrir cáncer en la edad adulta.

Glándulas bulbouretrales (de Cowper)

Son dos glándulas que se encuentran abajo de la próstata y a los lados de la uretra; tienen el tamaño y la forma de un chícharo y su conducto desemboca en la uretra. Producen una pequeña cantidad de líquido lubricante que se vierte en la uretra.

Esperma o semen

Es una mezcla de espermatozoides y secreciones de las vesículas seminales, próstata y glándulas bulbouretrales (de Cowper) tiene aspecto lechoso (secreción prostática, que es la más abundante) y mucoso (secreciones de las vesículas seminales y de las glándulas bulbouretrales (de Cowper), y su pH es ligeramente alcalino, lo cual le permite, además de servir de medio de transporte para los espermatozoides, neutralizar el medio ácido de la vagina. En cada eyaculación salen aproximadamente 2 mL o más de semen que contiene alrededor de 100 000 000 de espermatozoides por mL. Un hombre que eyacula menos de 50 000 000 de espermatozoides por mL puede tener problemas de fertilidad y aquellos cuya eyaculación contiene menos de 20 000 000 de espermatozoides por mL pueden ser considerados estériles.

Actividades

1. Elabora un mapa conceptual de los órganos del sistema reproductor femenino. Se comentará en el grupo y se agregarán sus funciones.
2. En un maniquí identifiquen por equipos las estructuras estudiadas.
3. Dibuja un círculo con 28 espacios, en el cual representes las fases de un ciclo menstrual, anotando sus nombres.
4. Comenten en el grupo las etapas por las que pasa un folículo ovárico.
5. Revisa la estructura de la placenta así como sus funciones.

6. Elabora un mapa conceptual del sistema reproductor masculino y agrega las funciones de cada órgano. Comenten en el grupo sus mapas conceptuales.
7. En equipos describan la regulación hormonal de los sistemas reproductivos.
8. Investiga cuáles órganos del sistema reproductor, tanto del femenino como del masculino, sufren tumores cancerosos con más frecuencia y de qué manera se pueden prevenir o atender cuando se encuentran en su etapa inicial. Discutan en grupo sus conclusiones.

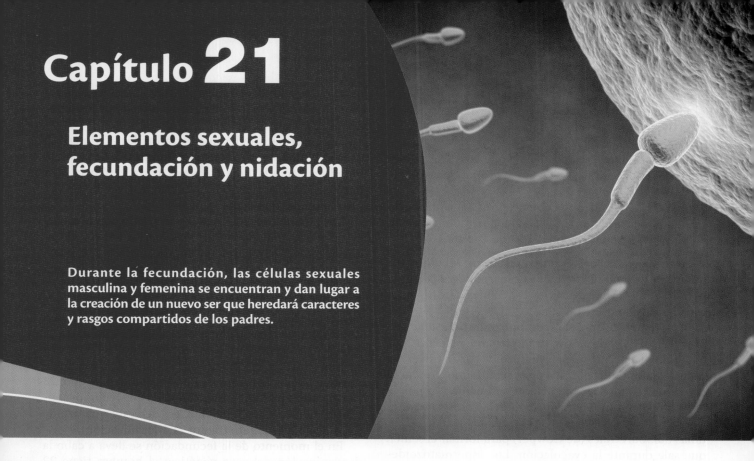

Capítulo 21

Elementos sexuales, fecundación y nidación

Durante la fecundación, las células sexuales masculina y femenina se encuentran y dan lugar a la creación de un nuevo ser que heredará caracteres y rasgos compartidos de los padres.

La formación de un nuevo ser requiere la unión de las células sexuales o gametos: espermatozoide y óvulo. Todas las células humanas contienen 46 cromosomas, excepto los gametos, que tienen 23 cada uno.

La gametogénesis es el proceso que dará lugar a los gametos, y ocurre tanto en el hombre: espermatogénesis, como en la mujer: ovogénesis; ambas se inician con una etapa de proliferación de las células primordiales de los gametos –ovogonias en la mujer y espermatogonias en el hombre–, las cuales se multiplican por medio de mitosis; algunas de ellas crecen hasta convertirse en ovocitos primarios o espermatocitos primarios, respectivamente. Cada una de estas células contiene 44 autosomas y dos cromosomas sexuales. Entre éste y el siguiente estadio se lleva a cabo la reducción cromática por medio de la meiosis o división meiótica.

En la **ovogénesis**, a partir del ovocito primario se origina un ovocito secundario con 23 cromosomas y un glóbulo polar que rara vez se divide y que no tiene ninguna función (figura 21.1 orogénesis). Dicho ovocito secundario se divide nuevamente da origen a otra célula con 23 cromosomas y a un segundo glóbulo polar también carente de importancia fisiológica. La célula resultante de estas dos divisiones meióticas, al madurar, da origen al óvulo con 22 autosomas y un cromosoma sexual X.

> Las células sexuales o gametos tienen 23 cromosomas.

En la **espermatogénesis** no existe eliminación de células como en el caso de los glóbulos polares. Partiendo del espermatocito primario con 44 autosomas y dos cromosomas sexuales, uno X y otro Y, se originan por medio de la meiosis dos espermatocitos secundarios con 22 autosomas cada uno y con diferente cromosoma sexual: X o Y. Los dos espermatocitos secundarios, por medio de la división meiótica, dan origen a cuatro espermátides que ya no se dividen y maduran hasta convertirse en espermatozoides, los cuales tendrán 22 autosomas cada uno y dos de ellos el cromosoma X y los otros dos el cromosoma Y (figura 21.1 Espermatogénesis).

Al llevarse a cabo la **fecundación**, el óvulo aporta 22 autosomas y un cromosoma X, y el espermatozoide, 22 autosomas y el cromosoma sexual X para dar origen a una mujer, o el Y que da origen a un varón, por lo que se restituye en el cigoto la fórmula cromosómica somática de 44 autosomas más los dos cromosomas sexuales, XX o XY.

El **espermatozoide** se constituye de:

a) una parte voluminosa llamada cabeza, que contiene el núcleo con el material cromosómico, y una parte anterior, denominada acrosoma, que produce una enzima, la hialuronidasa, que ayuda a su entrada en el óvulo durante la fecundación.

b) una porción estrecha o cuello.

c) una pieza intermedia o cuerpo que contiene numerosas mitocondrias, las cuales le proporcionan energía.

d) una cola larga y delgada que no es más que un flagelo que le permite desplazarse rápidamente por medio de sus movimientos ondulatorios.

Si se observa el corte transversal de un túbulo seminífero, es posible distinguir las espermatogonias en la periferia; conforme maduran las células se dirigen al centro del túbulo (figura 20.5).

Una vez eyaculado, el espermatozoide tiene una vida promedio de 48 a 72 horas. Es importante recordar que, para salir al exterior, el espermatozoide pasa a través del túbulo seminífero, continúa por el epidídimo, conducto deferente, conducto eyaculador y, finalmente, por la uretra; durante su recorrido se mezcla con secreciones de la próstata, de las vesículas seminales y de las glándulas bulbouretrales (de Cowper) para formar el semen que sale durante la eyaculación. Los espermatozoides son producidos continuamente.

El **óvulo** o **gameto femenino** es una célula grande, esférica, que almacena gran cantidad de sustancias nutritivas, sin movilidad, que se encuentra dentro del folículo ovárico.

Conforme el óvulo va madurando, también el folículo crece, hasta que se rompe dejando en libertad al óvulo; esto, que ocurre casi siempre a la mitad del ciclo menstrual, se llama **ovulación** (figura 21.1 Ovulación). El óvulo que todavía se encuentra en el estadio de ovocito secundario queda en la cavidad peritoneal y lo atrapan las fimbrias del infundíbulo de la tuba uterina (pabellón de la trompa de Falopio); de aquí es transportado hacia el útero por medio de los movimientos de los cilios de las células epiteliales y de las contracciones peristálticas de los músculos de la tuba (trompa). Una vez liberado, el óvulo tiene de 24 a 48 horas de vida.

Fecundación

Durante el coito se depositan en la vagina de 200 a 300 millones de espermatozoides que enfrentan una multitud de problemas: la vagina tiene un medio ácido y los espermatozoides necesitan estar en un medio alcalino; por esta razón, muchos mueren; los sobrevivientes tienen que ascender rápidamente por medio de los movimientos de sus colas a través de las barreras que ofrecen los genitales, como la densidad y la viscosidad del moco que se encuentra en el cuello del útero (el moco se hace más fluido en los días fértiles para facilitar el paso de los espermatozoides) y los pliegues del interior de los órganos genitales.

Los espermatozoides que lograron llegar al útero se dirigen hacia las tubas uterinas (trompas de Falopio), la mitad va hacia la tuba (trompa) vacía y sólo la otra mitad, que ya se redujo a unos cuantos, se dirige a la tuba (trompa) que ocupa el óvulo.

Los espermatozoides que llegan al sitio donde está el óvulo ya son muy pocos; los más fuertes y mejor dotados lo rodean y tratan de perforarlo. Parece que existe un lugar, llamado *cono de atracción de Fol*, que facilita la entrada de uno y se cierra después.

La unión del óvulo y el espermatozoide recibe el nombre de fecundación, se lleva cabo en el tercio medio de la tuba uterina (trompa de Falopio); sólo entra la cabeza del espermatozoide, receptáculo del material cromosómico, y se constituye una sola célula llamada cigoto o huevo. El cigoto lo forman, como ya se dijo, 23 cromosomas provenientes del núcleo del óvulo (pronúcleo femenino) y 23 del núcleo del espermatozoide (pronúcleo masculino) (figura 21.1 Fertilización).

En el momento de la fecundación se lleva a cabo la determinación del sexo genético; el hombre tiene 22 pares de cromosomas llamados autosomas y un par de cromosomas sexuales constituido por un cromosoma X y otro Y. Cuando concluye la división meiótica de las células sexuales, cada una recibe únicamente un cromosoma sexual: una recibe el cromosoma X y la otra el Y. La mujer tiene 22 pares de autosomas y un par de cromosomas iguales XX. Si un espermatozoide con un cromosoma X fecunda a un óvulo se formará un individuo del sexo femenino, y si el espermatozoide con cromosoma Y fecunda al óvulo se formará un individuo masculino XY. Como puede apreciarse, el sexo del individuo lo determina el padre.

> La determinación del sexo genético se lleva a cabo en el momento de la fecundación. Si un espermatozoide con un cromosoma X fecunda al óvulo con cromosoma X dará origen a una mujer. Si tiene cromosoma Y dará origen a un hombre.

Nidación o implantación

Durante su recorrido, el huevo o cigoto se nutre de las sustancias presentes en la tuba uterina (trompa de Falopio) y de su citoplasma; estas sustancias se agotan; por ello, el cigoto tiene que fijarse en el endometrio para continuar su nutrición; este proceso, llamado **nidación** o **implanta-**

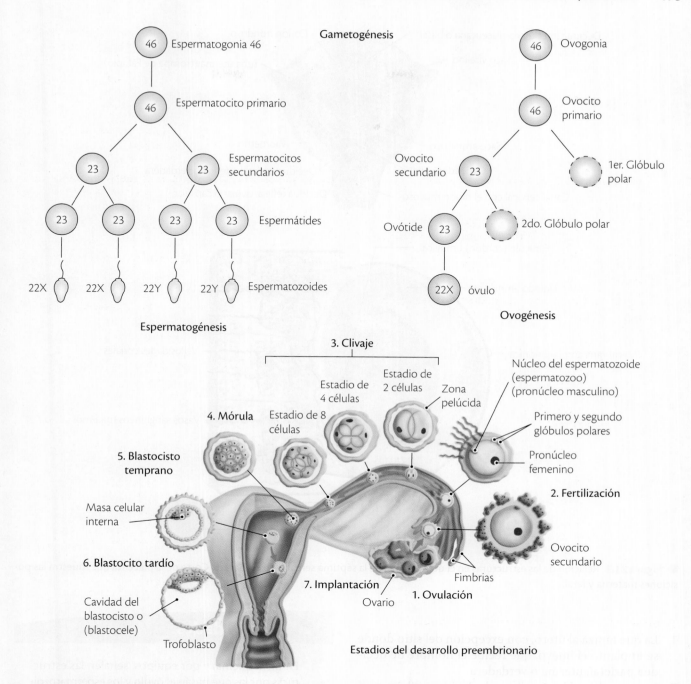

Figura 21.1 Maduración de los elementos sexuales, fecundación y nidación o implantación.

ción, ocurre por lo general en la parte alta del útero (figura 21.1 Implantación). Cuando la implantación es baja, puede ocasionar problemas posteriores, como aborto.

Desde el momento de la fecundación, el huevo sufre cambios que se estudiaran en el capítulo siguiente. Cuando llega al útero, lo constituye una capa superficial de células llamada *trofoblasto* y una masa celular interna. Las células del trofoblasto se desarrollan, perforan al endometrio (tienen la capacidad de destruir sus células superficiales) y rompen algunos vasos sanguíneos que le servirán de nutrición, lo cual en ocasiones produce un pequeño sangrado llamado de implantación.

Desde el momento de la fecundación, el endometrio se transforma: crece, se congestiona de sangre y recibe el nombre de decidua o caduca (figura 21.2). La decidua tiene tres zonas:

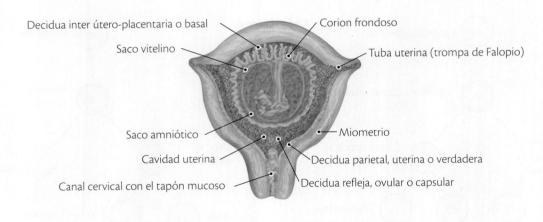

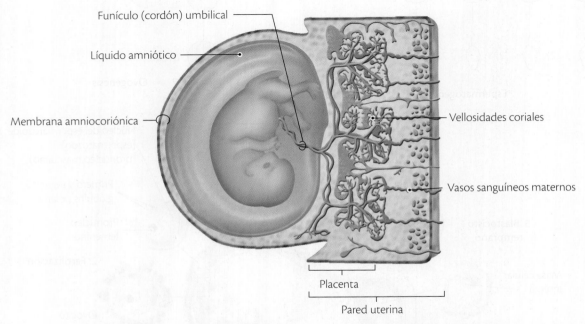

Figura 21.2 Relación de las estructuras en el útero al final de la séptima semana de embarazo. Corte de la placenta que muestra las posiciones materna y fetal.

1. La que tapiza al útero, con excepción del sitio donde se implantó el huevo, que recibe el nombre de decidua parietal, uterina o verdadera.
2. La que cubre al huevo, llamada decidua refleja, ovular o capsular.
3. La que se ubica entre el huevo y la pared del útero, llamada interútero-placentaria o basal, y que no es propiamente decidua o caduca, sino que corresponde a la base de la placenta.

Actividades

1. En un esquema, y por equipos, señalen las estructuras por las que pasan el óvulo y los espermatozoides para llevar a cabo la fecundación.
2. Observen al microscopio preparaciones de óvulos y espermatozoides.
3. Analicen en el grupo las diferencias entre la espermatogénesis y la ovogénesis.
4. Iluminen de un color diferente las partes del corion; señalen sus nombres. Se proyectará un video sobre la fecundación y enseguida se comentará.
5. Manuel está molesto con su esposa; él sostiene que ella sólo le ha dado hijas y por esa razón se quiere divorciar. Discutan el caso en el grupo.

Capítulo 22

Formación de la placenta y desarrollo embrionario

Luego de la fecundación, el óvulo fecundado se instala en las paredes del útero y da lugar a la placenta. Ésta se encarga de cubrir todos los requerimientos del embrión para desarrollarse.

En el transcurso del embarazo, al crecer el huevo, las deciduas parietal y capsular se unen formando una membrana que aísla el interior del útero de los órganos genitales inferiores; de esta manera, el producto de la concepción queda protegido de posibles alteraciones externas. La decidua interútero-placentaria o basal se congestiona, se llena de vasos sanguíneos, algunos de los cuales se unen entre sí formando lagos sanguíneos y constituyen la porción uterina (materna) de la placenta. La porción fetal de la placenta se constituye de las vellosidades coriales. Éstas son las prolongaciones de las células del trofoblasto que previamente penetraron en el endometrio.

Cada vellosidad tiene numerosos vasos sanguíneos que se unen hasta formar dos arterias y una vena, y se dirigen al embrión a través del funículo (cordón) umbilical. Las vellosidades absorben oxígeno y sustancias nutritivas de los lagos sanguíneos de la madre y los llevan al embrión a través de la vena umbilical; el bióxido de carbono y las sustancias de desecho del producto llegan por la arteria umbilical a los lagos maternos. Como se puede observar, no hay mezcla entre las sangres materna y la del producto, esto se conoce como *barrera placentaria*; sin embargo, algunos virus y sustancias pueden atravesarla.

La placenta se empieza formar en el endometrio a partir de las vellosidades coriales que absorben oxígeno y sustancias nutritivas de la madre para llevarlas al producto.

Inmediatamente después de la fecundación, el *huevo* o *cigoto* se divide en dos células llamadas *blastómeras*; luego, en 4, 8, 16, y así en forma sucesiva hasta formar un conjunto de células íntimamente unidas, que recibe el nombre de **mórula** (figura 21.1 Mórula). Cada blastómera tiene características de diferenciación muy amplias, porque de aquí se formarán todos los tejidos y órganos.

Las células continúan dividiéndose y se distribuyen en una capa periférica llamada *trofoblasto*, y un conjunto de células en el interior, denominada *masa celular interna* o *embrioblasto*. Entre el trofoblasto y el embrioblasto se forma una cavidad llena de líquido o *blastocele*. En este estadio, llamado **blástula**, **blastocisto** o *vesícula blastodérmica* (figura 21.1 Blastocisto temprano y tardío), llega a la cavidad uterina, aproximadamente siete días después de la fecundación. Las células del trofoblasto tienen diferente función que las del embrioblasto; las primeras nutren a la masa celular interna, intervienen en el proceso de nidación o implantación y, posteriormente, dan origen a las vellosidades coriales que constituyen parte de la placenta.

El *embrioblasto* o masa celular interna organiza sus células constituyendo el *disco embrionario*; esto sucede entre el octavo y el décimo días de implantación (figura 22.1 Formación del disco embrionario).

> Del disco embrionario se forman el ectodermo, el mesodermo y el endodermo que dan origen a todas las estructuras del organismo.

La blástula o blastocisto se transforma en **gástrula**. En el disco embrionario se forman inicialmente dos capas de células: una constituida por células columnares,

que recibe el nombre de **ectodermo**; la otra, formada por células más pequeñas, cúbicas, se denomina **endodermo**. El ectodermo queda separado de la pared del trofoblasto por una cavidad llena de líquido, la *cavidad amniótica*, que posteriormente crece y se extiende hasta rodear al embrión. Del otro lado del endodermo, el blastocele forma una cavidad que recibe el nombre de *saco vitelino*. Hacia el decimocuarto día, los extremos del disco embrionario se juntan y comprimen al saco vitelino dando origen al *intestino primitivo* o *arquenterón*.

Al final de la segunda semana se forma, entre la capa del trofoblasto y las células del saco vitelino, otra cavidad, la *cavidad coriónica*, también llena de líquido, que se extiende haciendo que el conjunto formado por el disco embrionario, el saco vitelino y la cavidad amniótica queden suspendidos, unidos al trofoblasto por un

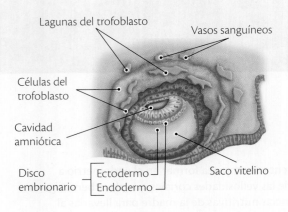

Formación del disco embrionario
(entre el 8o. y el 10o. día)

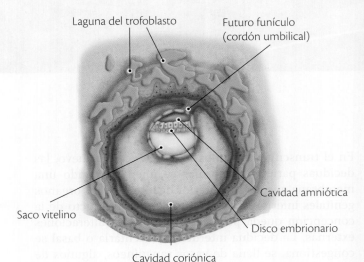

13o. día

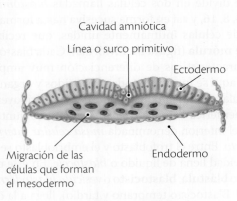

Formación del mesodermo

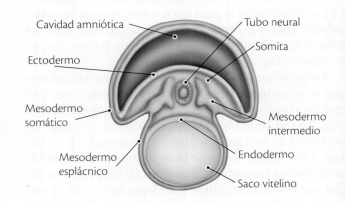

Organización del mesodermo
entre las 1a., 3a. y 5a. semanas

▶ **Figura 22.1** Desarrollo embrionario.

pequeño pedículo que luego se transforma en el *funículo umbilical* (cordón umbilical), que une al embrión con la placenta (figura 22.1 13a. día).

Al principio de la tercera semana aparece en el disco embrionario una estructura, la *notocorda*, que condiciona la migración de células para que formen una tercera capa de células: el **mesodermo** (figura 22.1 Formación del mesodrermo).

Cada capa germinativa contribuye al desarrollo morfogenético del embrión.

Del ectodermo deriva todo el sistema nervioso (a partir del tubo neural, que es un engrosamiento que se forma en la región dorsal y recorre longitudinalmente al embrión), la epidermis, el pelo, las uñas, las glándulas sudoríferas (sudoríparas) y sebáceas, las células receptoras de los órganos de los sentidos, la lente (cristalino) del ojo, el epitelio de la cavidad nasal, bucal, anal y el esmalte de los dientes. En términos generales, estas estructuras sirven para proteger otros tejidos, percibir y dar respuesta a los estímulos y enlazar el medio interno con el medio externo.

En el mesodermo, al final de la tercera semana, aparecen a los lados del tubo neural unas estructuras dispuestas por pares llamadas *somitas*. Las células emigran de las somitas a la parte anterior del tubo neural formando el *mesénquima*, que se va a diferenciar formando tejido conectivo (conjuntivo); algunas somitas forman la capa profunda de la piel (dermis) y otras conforman masas de tejido llamadas *miotomos*, que constituyen los músculos del cuerpo. El mesodermo origina así tejido muscular, cartílago, hueso, tejido adiposo, tejido hematopoyético, el epitelio de los riñones, los uréteres, la pleura, el peritoneo y el pericardio (cavidades esplácnicas o celómicas), el epitelio de las gónadas y sus conductos y el epitelio de la corteza suprarrenal. Estas estructuras tienen como funciones futuras el soporte y el movimiento, la circulación, la distribución de nutrimentos (sustancias nutritivas), la eliminación de sustancias de desecho y la reproducción.

El endodermo crece para cubrir el saco vitelino; durante la cuarta semana se forman dos espacios: la *cavidad celómica* delimitada por el mesodermo, que da origen a las cavidades torácica y abdominal, y el *intestino primitivo*, que se formó del saco vitelino. Persiste una parte del saco vitelino afuera del embrión que contiene los vasos sanguíneos del funículo (cordón) umbilical. El intestino primitivo da origen al tracto gastrointestinal, en un principio cerrado pero que después se abre. Del endodermo derivan también estructuras del tracto gastrointestinal como el hígado, la vesícula biliar, los conductos biliares y el páncreas; así como pulmones, laringe, tráquea, bronquios, tuba audi-

tiva (trompa de Eustaquio), tonsilas (amígdalas), el epitelio de las glándulas tiroideas (tiroides), paratiroideas (paratiroides), componentes epiteliales del timo, y el epitelio de la parte inferior de la vagina, de la uretra, etc. Estas estructuras sirven para llevar a cabo la respiración externa, la fonación y la eliminación de las sustancias de desecho (figura 22.1 Organización del melodermo).

Al finalizar el primer mes, el producto mide casi 5 mm de longitud; se empiezan a formar su columna vertebral, el corazón y las yemas, que más tarde darán lugar a las extremidades. Igualmente, comienzan a formarse los sistemas (figura 2.22 4a. semana).

Al finalizar el segundo mes, el producto mide aproximadamente 3 cm y pesa 10 g; su cuerpo se redondea porque comienzan a desarrollarse los músculos y los huesos; los miembros superiores e inferiores ya están diferenciados y se distinguen los dedos. Los órganos internos continúan desarrollándose, tienen una estructura llamada *surco urogenital*, que dará origen a las gónadas, y una pequeña elevación denominada *tubérculo* genital, que va a formar el glande del pene o el clítoris, según sea el caso. La cara ya tiene aspecto humano, aunque sus ojos están muy separados y sus párpados cerrados, unidos (figura 2.22 Modificaciónes embrionarias).

Al finalizar el tercer m2 es, el producto mide aproximadamente 7.5 cm y pesa alrededor de 30 g; sus ojos están casi completamente desarrollados, pero los párpados continúan fusionados. Se forma el puente de la nariz y se observan los pabellones auriculares (de la oreja); comienzan a formarse los dientes y los pliegues vocales, y ya pueden percibirse los latidos del corazón con aparatos de ultrasonido. Los riñones empiezan a funcionar. A pesar de su aspecto humano la cabeza es, proporcionalmente, muy grande.

Durante los tres primeros meses el producto se llama embrión, del cuarto al sexto, feto y del séptimo en adelante, producto viable.

Al finalizar el cuarto mes mide de 15 a 20 cm y pesa de 120 a 200 g; aparecen cejas, pestañas y pelo en la cabeza. La piel se ve rosada y comienza a cubrirse de un vello muy fino llamado *lanugo*, que desaparecerá entre el octavo y el noveno mes. El producto comienza a mover sus articulaciones.

Al finalizar el quinto mes, el producto mide de 25 a 30 cm y pesa entre 225 y 500 g; una capa de grasa llamada *vernix caseosa*, producida por las glándulas sebáceas, empieza a depositarse sobre su cuerpo; esta capa cumple una función protectora; su cuerpo se ve erguido y comienza el reflejo de succión.

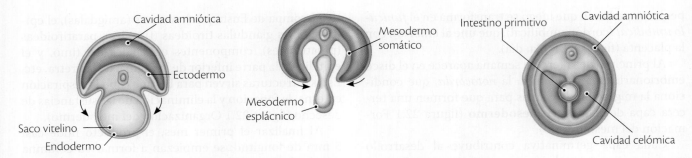

4a. semana (formación de la cavidad celómica y del intestino primitivo)

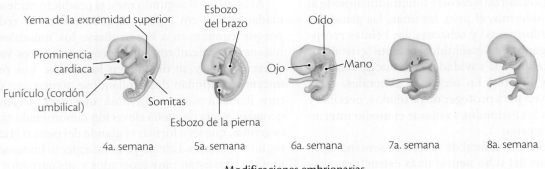

Modificaciones embrionarias

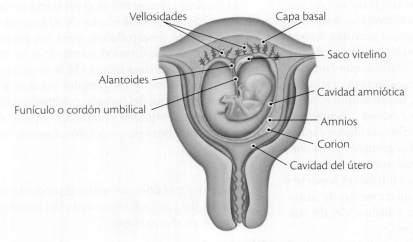

Membranas embrionarias

▶ **Figura 22.2** Desarrollo embrionario (*continuación*).

Al finalizar el sexto mes, el producto mide entre 27.5 y 35 cm y pesa entre 560 y 700 g; abre los párpados, aunque la pupila aún está cubierta por una membrana opaca que desaparecerá tiempo después.

Al finalizar el séptimo mes mide entre 31 y 42.5 cm y pesa entre 1050 y 1360 g; si nace en este momento tiene buenas posibilidades de vivir; ya puede diferenciar sabores, llorar, respirar y deglutir. Los testículos comienzan el descenso hacia el escroto.

Al finalizar el octavo mes el producto mide entre 32.5 y 45 cm y pesa entre 2038 y 2265 g; su piel se ve menos arrugada porque debajo de ella se está depositando tejido adiposo; los testículos ya descendieron.

Al finalizar el noveno mes, el producto mide 50 cm y pesa entre 3000 y 3500 g, se le cayó el lanugo, desapareció la *vernix caseosa*, las uñas cubren los extremos de sus dedos y tiene mayor cantidad de tejido adiposo.

Durante los tres primeros meses, el producto de la concepción se llama *embrión*; en esta etapa se lleva a cabo la embriogénesis; es decir, el desarrollo de tejidos y órganos a partir de tejidos embrionarios. Después del tercer mes, el producto se denomina *feto*; en esta etapa sus tejidos y órganos crecen y maduran.

Actividades

1. Se proyectará un video sobre el desarrollo embrionario y la formación de la placenta y después se comentará en el grupo.
2. Visiten un museo de anatomía o de medicina y observen embriones.
3. Yolanda tiene dos meses de embarazo, pero su esposo no le cree porque no le ha crecido el vientre. Analicen la situación y discútanla con el grupo.

Capítulo 23

Embarazo, modificaciones maternas

Durante el embarazo la mujer experimenta diversos cambios en su organismo, acordes con el desarrollo de su bebé, los cuales culminarán con el nacimiento del producto.

Cuando una mujer tiene relaciones sexuales y nota que la menstruación no se presenta (*amenorrea*), lo primero que debe pensar es que está embarazada. El embarazo es el periodo comprendido desde la fecundación del óvulo hasta el parto, que en términos generales dura aproximadamente 280 días, diez meses lunares (ciclos de 28 días), nueve meses solares (de 30 días) o cuarenta semanas. Por ejemplo, si la ovulación ocurrió el día decimocuarto del ciclo menstrual anterior, al esperar la menstruación tiene unas dos semanas de fecundada; sin embargo, con este dato aislado no puede hacerse un diagnóstico de embarazo, porque la amenorrea puede tener diversas causas; por ejemplo, tensión emocional, trastornos de las glándulas de secreción interna, etcétera.

Para fines prácticos, el embarazo se divide en trimestres.

Primer trimestre

El primer dato que generalmente se detecta es la amenorrea, aunque algunas mujeres tienen, como se mencionó, sangrado de implantación, que suele ser escaso y de corta duración. La amenorrea se debe a que inmediatamente después de que el trofoblasto erosiona al endometrio, comienza a producir una hormona, llamada *gonadotrofina coriónica* (GCH), que estimula la pro-

ducción de progesterona del ovario; la hipófisis o pituitaria deja de producir las hormonas foliculoestimulante y luteinizante, y su lugar lo toma la gonadotrofina coriónica (GCH), que estimula los ovarios. Al comienzo del embarazo, el cuerpo amarillo persiste para producir estrógenos y progesterona, que sostienen al endometrio; posteriormente la placenta continúa produciéndolos.

> Cuando una mujer tiene relaciones sexuales sin protección y presenta amenorrea debe sospechar que está embarazada, por lo que debe confirmar el embarazo.

Las manifestaciones que puede presentar la mujer son de presunción y de probabilidad (aunque no siempre se manifiestan): además de la amenorrea, náuseas (por lo general en la mañana), vómitos, mareos y aumento en la secreción de saliva. Aproximadamente durante la octava semana, las mamas, que la mujer sentía congestionadas, presentan oscurecida la areola. El pezón, además de estar más oscuro, es más irritable, se incrementó su erectibilidad, aparecen los *tubérculos de*

Montgomery (debido al desarrollo de las glándulas sebáceas) y se dilatan las venas que lo irrigan. El útero cambia de forma, se va haciendo esférico, aumenta el espesor de sus paredes y esto provoca en la mujer estreñimiento y deseos frecuentes de orinar. Si el médico explora a la mujer durante la sexta semana de embarazo, encontrará que la vagina ha tomado una coloración violácea (signo de Chadwick), que está más húmeda, y que el cuello y el istmo del útero están reblandecidos.

En este trimestre aparece el *calostro*, un líquido amarillento que puede extraerse exprimiendo la mama.

Segundo trimestre

Aproximadamente, durante la vigésima semana de embarazo se pigmenta la zona que rodea a la areola y aparece la areola secundaria. El útero continúa creciendo y, a través de la pared abdominal, pueden sentirse sus contracciones; éstas, que son intermitentes y no producen dolor, se llaman *contracciones de Braxton-Hicks*. Hay manifestaciones de certeza asociadas a la actividad fetal: a los cuatro meses o cuatro meses y medio se sienten los movimientos del feto y pueden auscultarse los latidos de su corazón con una frecuencia de 120 a 150 por minuto; ya puede identificarse el contorno fetal; es decir, se pueden palpar partes del producto, como la cabeza, la columna vertebral, la pelvis y partes más pequeñas como codos, hombros, manos y pies.

Durante este trimestre aumentan el metabolismo basal (gasto mínimo de energía necesario para mantener las funciones en estado de reposo completo) y la cantidad de grasa en la sangre y disminuye la concentración de proteínas; puede eliminarse glucosa por la orina en condiciones normales porque los riñones de la mujer han sufrido modificaciones funcionales y ésta requiere un buen aporte de calcio y hierro, sobre todo cuando se están constituyendo el esqueleto y la sangre del producto.

Esta etapa es la más agradable para la mujer, porque si hubo náuseas, vómitos o mareos, ya desaparecieron. La mujer tiene buen apetito, nota que su cintura y abdomen aumentan de volumen, su postura se modifica y la piel continúa su proceso de pigmentación; puede aparecer el *cloasma*, que es un aumento en la pigmentación en la frente, mejillas, nariz y labio superior, y se acumula tejido adiposo con facilidad.

Tercer trimestre

El producto y el útero continúan creciendo, lo cual puede provocar cuarteaduras en la capa profunda de la piel del abdomen, que dejan cicatrices llamadas *vívices*. El corazón de la mujer cambia de posición porque el útero lo empuja hacia arriba y trabaja más porque tiene que bombear mayor cantidad de sangre. Las venas de los miembros inferiores llegan a tener dificultad al conducir la sangre que regresa al corazón porque el útero ejerce compresión; esto favorece la aparición de várices y hemorroides. Los riñones también trabajan más porque deben eliminar las sustancias de desecho de la madre y del producto. Hay problemas con el vaciamiento de la vejiga: por un lado, dificultad para orinar, por el otro, incontinencia; es decir, sale un poco de orina al toser, reír o al hacer algún esfuerzo.

Al final del embarazo, la mujer puede tener dificultades para respirar, porque el útero empuja el diafragma hacia arriba y éste comprime los pulmones; las glándulas mamarias se preparan para la secreción de leche y pueden producirse cambios en el carácter.

Diagnóstico del embarazo

Cuando la mujer tiene los síntomas y signos que se han mencionado se puede hacer el diagnóstico; sin embargo, ella deseará saber si está o no embarazada a los pocos días de la amenorrea, sobre todo si ha tenido manifestaciones subjetivas. Existen pruebas que pueden realizarse a los diez días de la fecha en que esperaba su menstruación:

1. **Pruebas biológicas** Hace algunos años se hacían estas pruebas basándose en el principio de que la mujer, al comenzar el embarazo, producía una gran cantidad de hormona gonadotrofina coriónica. En 1927 se empezaron a utilizar ratas impúberes (reacción de Ascheim-Zondek) y más tarde conejas (reacción de Friedman); en 1930 Hogben utilizó el sapo bufo *Arenarum Hensel* macho. Estos animales presentaban cambios en sus organismos cuando se les inyectaba orina de embarazada.

2. **Pruebas terapéuticas** Están basadas en el funcionamiento del organismo femenino y consisten en la inyección de diferentes medicamentos que producen cambios en el endometrio; si no hay embarazo, la menstruación se presenta a los cuatro o cinco días siguientes; sin embargo, puede suceder que no haya embarazo y la menstruación no se presente. Hasta hace algunos años se pensaba que no lesionaban al producto, pero recientemente se ha observado que son capaces de producir malformaciones, masculinización o feminización.

3. **Pruebas inmunológicas** En la actualidad son las que por su rapidez y confiabilidad se utilizan con

mayor frecuencia. Existen varias, aunque las más aceptables son las de inhibición de aglutinación. Se pone en contacto la gonadotrofina coriónica con la orina de la mujer, o la fracción beta de la gonadotrofina con el suero; cuando hay aglutinación la prueba es negativa, y si no la hay, es positiva.

4. **Exámenes de gabinete** Puede hacerse el diagnóstico por medio de ultrasonido pélvico.

Conforme avanza el embarazo, el diagnóstico se realiza con más facilidad. En caso necesario, después de los seis meses se realiza un estudio radiológico para diagnosticar diferentes anomalías o variantes de lo normal; por ejemplo, si hay embarazo múltiple, y al final del embarazo el médico debe determinar la situación (si el producto está longitudinal, transversal u oblicuamente), la actitud (la relación que guardan las diferentes partes del producto); por ejemplo, si la cabeza está flexionada o extendida (normalmente tiene todos sus segmentos flexionados formando una especie de ovillo para ocupar el menor espacio) y, por último, la presentación; es decir, cuál es la parte del producto que va a salir primero. Ésta es, en la mayor parte de los casos, cefálica (la cabeza), aunque también puede ser pélvica o podálica, cuando el feto está invertido, o bien transversa, cuando está en sentido transversal.

Es falso que si la mujer no siente satisfacción en su primera relación sexual no se embaraza.

Actividades

1. Divididos en equipos, uno explicará las modificaciones maternas durante el primer trimestre del embarazo; otro, las modificaciones maternas durante el segundo trimestre; otro, las modificaciones durante el tercer trimestre; otro, cuándo se inicia el embarazo, qué duración tiene y en qué se basan las pruebas inmunológicas para hacer un diagnóstico temprano del embarazo; otro consigue un poco de orina de una mujer que curse con el primer trimestre de embarazo y hace la prueba de embarazo.

2. Se proyectará un video sobre el embarazo y se discutirán las actividades anteriores.

3. Josefina tiene amenorrea (es decir, no ha menstruado), náuseas y mareos. Sus amigos le recomiendan que se tome una radiografía. Analicen en grupo la recomendación de los amigos de Josefina y comenten qué pruebas se puede realizar ella para confirmar o descartar un embarazo.

Capítulo 24

Embarazo gemelar

El nacimiento de gemelos monocigóticos se presenta en una proporción de uno en cada ochenta/noventa nacimientos, una condición excepcional que produce dos seres idénticos, física y mentalmente.

Un *nacimiento múltiple* ocurre cada 80 o 90 nacimientos, los *gemelos* cada 80 o 90 nacimientos, los *trillizos* una vez en 80×80 (6400) o en 90×90 (8100) y los *cuatrillizos* una vez en $80 \times 80 \times 80$ (512 000) o en $90 \times 90 \times 90$ (729 000), etcétera.

Se ha observado que la edad de la madre, la herencia y los factores raciales tienen gran significado en el embarazo múltiple, que es como se denomina al que proviene de más de un óvulo, pues ocurren con más frecuencia en mujeres de aproximadamente 30 años de edad, en familias en las cuales, al parecer, la herencia se transmite a través de los parientes femeninos y en la raza negra.

El embarazo gemelar se caracteriza porque en la cavidad uterina se desarrollan dos productos en lugar de uno. Puede ser de dos tipos: proveniente de un óvulo o derivado de dos óvulos (figura 24.1).

Embarazo gemelar, monovular, monocigótico o univitelino

Proviene de un solo óvulo cuyas dos primeras blastómeras se separan e independizan en su desarrollo. En caso de que la masa celular no logre una separación completa, se trata de *gemelos siameses* o *gemelos unidos*.

El *embarazo monocigótico* es poco frecuente (33%) y los productos resultantes son idénticos. El peso y la talla son inferiores a los de un producto único, son del mismo sexo, tienen el mismo grupo sanguíneo y las huellas plantares y digitales son muy parecidas; sin embargo, uno puede ser de mayor peso y talla que el otro. El producto más pequeño se llama *feto transfusor*, y el más grande, *feto transfundido*.

La placenta es única, grande, común para los dos productos, y los dos funículos (cordones) umbilicales se insertan en ella; por ello, ambos tienen la misma circulación. Existe un solo corion; sin embargo, puede haber:

a) un solo amnios (para los dos).
b) dos amnios (uno para cada uno).

Embarazo gemelar biovular, dicigótico o bivitelino

Proviene de dos óvulos fecundados por diferentes espermatozoides, por ello los productos pueden ser del mismo o de diferente sexo. El parecido físico que pueden tener estos gemelos es similar al que existe entre hermanos de embarazos diferentes; pueden tener grupos sanguíneos diferentes y sus huellas plantares y digitales también son distintos.

Este tipo de embarazo es mucho más frecuente; cada producto tiene su propia placenta y ambas son independientes una de la otra; pueden localizarse en la misma zona del útero, dando la falsa impresión de una placenta grande, o ubicarse en diferentes partes del útero. De cada placenta sale un funículo (cordón) umbilical y cada producto tiene sus propias membranas; por lo tanto, hay dos corion y dos amnios.

> Hay dos tipos de embarazo gemelar: *a)* monovular, monocigótico o univitelino y *b)* biovular, dicigótico o bivitelino.

Diagnóstico

Durante el interrogatorio pueden obtenerse datos de antecedentes familiares de embarazo gemelar. La mujer puede referir náuseas y vómitos más intensos, mayor sensación de pesantez en la parte inferior del vientre, mayor crecimiento de éste y trastornos circulatorios más acentuados. Al hacer la exploración física, el volumen del útero no corresponde a la edad del embarazo

(es mucho mayor); se palpan tres o cuatro polos fetales (corresponden a las cabezas y a las pelvis) en lugar de dos, como ocurre en el embarazo único. En la auscultación se escuchan dos focos fetales; es decir, latidos fetales en sitios diferentes, y, si la frecuencia de los focos fetales es distinta, se puede asegurar que se trata de un embarazo gemelar.

Por medio de la *ultrasonografía pélvica* se confirma el diagnóstico temprano. Las diferentes combinaciones que pueden tener las presentaciones de los gemelos son las siguientes:

Dos cabezas	38%
Cabeza y pelvis	35%
Dos pelvis	10%
Cabeza y transversa	5%
Dos transversas	1%

Evolución

La evolución del embarazo gemelar es similar a la del embarazo único, aunque cursa con mayor riesgo, tanto para la madre como para los productos. Generalmente

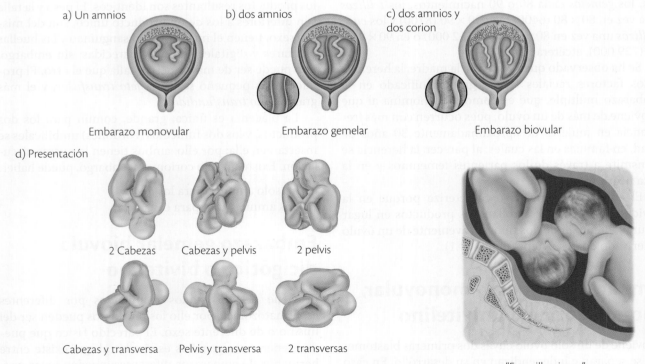

Figura 24.1 Embarazo gemelar.

el parto se presenta antes de la fecha esperada (parto prematuro) porque el útero tiene mayor volumen. Durante los primeros meses el aborto es más frecuente, sobre todo en el embarazo univitelino.

En el momento del parto hay distocias con más frecuencia (una *distocia* es cualquier anormalidad que rompa la armonía entre los factores que intervienen en el trabajo de parto) debido a que el útero ha estado más distendido que en el embarazo único. Se expulsa el primer producto en la presentación que tenía y el útero permanece en reposo durante unos 20 o 30 minutos para después continuar el trabajo de parto. En algunos casos se presenta el *engatillamiento* de los productos, cuando la cabeza de un producto queda junto al cuello del otro y la cabeza del segundo obstruye la salida del primero; en este caso es preciso hacer maniobras especiales para tratar de desengatillarlos; de lo contrario, el primer producto muere.

El *alumbramiento* es más largo, puede salir primero una placenta y después la otra, o bien las dos simultáneamente. Puede haber hemorragias debido a que el útero no siempre se contrae bien como consecuencia de la distensión tan exagerada que tenía, lo que aumenta la morbilidad y la mortalidad, tanto de la madre como de los productos.

Actividades

1. Elabora un cuadro sinóptico de los tipos de embarazo gemelar y discútanlo en el grupo.
2. Haz un dibujo comparando el amnios y el corion de un embarazo con un producto único y los tipos de embarazo gemelar; ilumina con color azul los amnios, y de rojo, los corion. Discútanlo en el grupo.
3. Mariana y Carlos son gemelos; Eva y Alicia también. Discutan en grupo qué características físicas deben tener; quiénes son monocigóticos y quiénes dicigóticos.

Capítulo 25

Problemas durante la gestación

Aunque el embarazo es un proceso que generalmente se desarrolla sin contratiempos, es indispensable que la mujer embarazada acuda al médico para revisar su estado de salud y el de su futuro bebé.

A pesar de que el embarazo o gestación es un proceso fisiológico que generalmente se desarrolla sin contratiempos, pueden presentarse algunas alteraciones como consecuencia de la incapacidad de adaptación a una nueva homeostasis. Las alteraciones o los problemas pueden ser el *embarazo ectópico* o *extrauterino*, la gestosis, la *hiperemesis gravídica*, la *preeclampsia*, la *eclampsia*, el *aborto* y las complicaciones infecciosas, cardiacas y endocrinas. Se pueden presentar hemorragias durante el último trimestre del embarazo debido a que la placenta se encuentra mal insertada (*placenta previa*) o a que se desprende prematuramente.

Las malformaciones congénitas pueden ser compatibles con la evolución del embarazo, al igual que la isoinmunización por factores sanguíneos, sobre todo por factor Rh.

Puede haber también alteraciones en el funículo (cordón) umbilical, en la cantidad de líquido amniótico (*polihidramnios*, cuando se encuentra en cantidad excesiva, y *oligohidramnios* si se presenta en menor cantidad de lo normal). Existen muchos problemas más; sin embargo, sólo se explicarán brevemente los más importantes. Respecto del aborto, este tema se tratará en otra unidad por sus implicaciones sociales.

Los problemas más importantes durante la gestación son: el embarazo extrauterino, la gestosis, las infecciones, las cardiopatías, la diabetes mellitus, la isoinmunización materno fetal por factores sanguíneos y el embarazo molar.

Embarazo extrauterino

Se caracteriza porque el huevo se implanta y se desarrolla fuera de la cavidad uterina; se le llama también *embarazo ectópico*, según el sitio donde se implanta el huevo puede ser:

1. **Tubario** El huevo se implanta en la tuba uterina (trompa de Falopio).
2. **Ovárico** El huevo se implanta en el ovario.
3. **Abdominal** El huevo se implanta en la cavidad peritoneal (cavidad abdominal tapizada por una membrana llamada *peritoneo*).

La frecuencia del embarazo extrauterino es de 2.5 a 3%. De las diferentes variedades, el más frecuente, en 96 a 98% de los casos, es el *tubárico ampular*; es decir, cuando el huevo se implanta en la ampolla, y el más raro es el ovárico.

Las causas del embarazo extrauterino o ectópico pueden ser todas aquellas que impiden que el huevo se implante y desarrolle antes de llegar a la cavidad uterina, como las infecciones locales agudas o crónicas de los genitales y sus secuelas (consecuencias) que producen obstrucción parcial en la luz (el interior) de la tuba (trompa), y que permiten que pase el espermatozoide y fecunde al óvulo, pero impiden que el huevo regrese debido a que tiene mayor diámetro. Recientemente se ha encontrado que el uso del dispositivo intrauterino puede favorecer este tipo de embarazos.

Otras causas pueden ser la alteración de los movimientos peristálticos de la tuba (trompa) y las lesiones de su mucosa, que inducen la desaparición de los cilios del epitelio, dificultando así el transporte del huevo. Las lesiones con productos químicos, introducidos con fines antisépticos o criminales en la cavidad uterina, pueden producir quemaduras en la desembocadura de la tuba uterina (trompa de Falopio), las cuales al cicatrizar causan una obstrucción. Otra eventual causa es el crecimiento excesivamente rápido del huevo. La *endometriosis* (afección en la cual se encuentra tejido parecido al endometrio fuera del útero) es una causa bastante frecuente de embarazo ectópico, debido a que el huevo, durante su recorrido, encuentra en la tuba (trompa) las condiciones óptimas para su implantación o nidación.

Cuando el huevo se implanta en la porción intersticial de la tuba (trompa) puede ir a la cavidad uterina, o bien, al aumentar de volumen muere, porque la tuba (trompa) no se puede distender; esto mismo sucede si se implanta en la ampolla o en el ovario; pero, si se lleva a cabo en la cavidad abdominal, el producto puede sobrevivir y, en caso de que muera, puede permanecer en la cavidad abdominal momificado o calcificado.

Cuando se inicia el embarazo extrauterino, el útero tiene las modificaciones características del embarazo debido a la actividad hormonal del trofoblasto. Si el embarazo intersticial pasa a la cavidad uterina, se produce el aborto. Cuando se rompe la tuba (trompa) hay dolor en la parte baja del vientre, sangrado por vía vaginal y puede haber estado de *shock* (disminuye la presión arterial, aumenta la frecuencia del pulso, sudoración, etcétera).

El embarazo abdominal sólo arroja datos en los últimos trimestres o en la segunda mitad del embarazo, cuando se palpan con muchísima facilidad las partes fetales y no se encuentran contracciones de Braxton-Hicks (contracciones intermitentes e indoloras del útero durante todo el embarazo). Si se practica un estudio radiológico llamado *histerosalpingografía*, se observa que el material de contraste llena toda la cavidad uterina, lo que no sucede en un embarazo normal o intrauterino, en el cual se ve una sombra arriba del cuello uterino en forma de media luna cóncava hacia arriba; esto indica que la sustancia radiopaca ha penetrado entre las membranas que rodean al producto y la pared del útero.

En caso de no hacerse el diagnóstico, la mujer puede experimentar dolores de parto, pero el cuello uterino no se dilata. A las pocas horas, el producto muere y desaparecen los dolores y los movimientos fetales.

El tratamiento del embarazo extrauterino es quirúrgico: dependiendo de su localización, se abre la tuba (trompa) y se saca el contenido, se quita el huevo tratando de respetar el ovario; en el embarazo abdominal, si el producto está vivo, se hace una operación llamada *laparotomía*, que consiste en abrir la cavidad abdominal, las membranas que rodean al producto (amnios y corion) y se extrae el producto.

Gestosis o toxemia del embarazo

Con estos nombres se designa un conjunto de padecimientos que complican el embarazo, que se derivan de éste y desaparecen con él. Se cree que se presentan como resultado de una falta de adaptación biológica entre el huevo y el organismo de la madre. Puede haber desde un exceso en la secreción de saliva (*sialorrea*), vómitos leves, vómitos graves (*hiperemesis gravídica*) hasta la preeclampsia y la eclampsia.

La preeclampsia y la eclampsia se presentan en el último trimestre del embarazo y son más frecuentes en *primigestas* (mujeres que se embarazan por primera vez) y en las mujeres jóvenes.

En la **preeclampsia** aparece edema (aumento de volumen por retención de líquidos), hipertensión arterial (aumento de la presión arterial) y albuminuria (eliminación de albúmina a través de la orina). El edema aparece por las mañanas, puede disminuir o aumentar en el transcurso del día y va precedido de una retención de líquidos que es subclínica (aumento súbito de peso). La presión arterial de más de 140/90 debe considerarse, al igual que una albuminuria mayor de 1 g por litro de orina. Puede haber alteraciones visuales e incluso ceguera completa.

Cuando en la mujer aumenta la temperatura, hay dolor de cabeza, alteraciones visuales, zumbidos, mareos, aceleración del pulso, dolor en la parte alta del abdomen, ligera coloración amarillenta de la piel y cambios en la oxigenación de la sangre, debe internarse en un hospital porque necesita reposo, vigilancia constante, diuréticos que le ayuden a eliminar el agua que está reteniendo su organismo y dieta sin sal. Si se observa que a pesar del tratamiento el cuadro clínico progresa, hay que interrumpir el embarazo; esto puede llevarse a cabo por medio de la inducción del parto o de la operación cesárea.

La **eclampsia** se caracteriza por la aparición de crisis convulsivas y estado de coma. Se desconocen las causas de la toxemia, pero entre las alteraciones que predisponen a la eclampsia están las deficiencias alimentarias (sobre todo de proteínas, complejo B y vitamina C), las intoxicaciones alimentarias, algunas agresiones microbianas como los abscesos dentarios, apendicitis crónica, amigdalitis (tonsilitis) crónica, infecciones urinarias y enfermedades endocrinas, entre otras. También hay quienes consideran que a nivel de la placenta se desprenden sustancias tóxicas.

En la eclampsia, el número promedio de crisis convulsivas es de 12 a 15 y la mujer puede recuperarse espontáneamente o morir en estado de coma. Si la eclampsia aparece antes del término del embarazo, hay parto prematuro. El producto puede nacer vivo o morir durante las convulsiones o el coma. La mortalidad materna es de 3 a 10% y la mortalidad fetal oscila entre 20 y 40%. Los productos pueden sufrir asfixia durante las convulsiones y quedar con lesiones en el hígado o en los riñones, por lo que el único tratamiento es la interrupción del embarazo.

Infecciones agudas

Las infecciones agudas pueden producir el aborto o el parto prematuro, debido a que las toxinas de los gérmenes y el aumento de la temperatura corporal estimulan las contracciones uterinas.

Por otra parte, estas infecciones pueden determinar anomalías en el desarrollo fetal y alteraciones en los vasos sanguíneos de la placenta: el virus del sarampión atraviesa la barrera placentaria y puede producir la muerte del producto en 50 a 75% de los casos cuando la infección ocurre en el primer trimestre de la gestación. La rubéola puede producir alteraciones en el producto como cardiopatías (enfermedades del corazón), cataratas, sordomudez o retraso mental en 25 a 35% de los casos. La tifoidea causa entre 40 a 60% de mortalidad fetal.

La infección gonocócica (blenorragia o gonorrea) contraída antes del embarazo o durante éste puede producir secuelas (obstrucción de las tubas uterinas [trompas de Falopio] o procesos adherenciales de los órganos genitales). Durante el embarazo, la infección de los órganos genitales se puede reactivar; y durante el parto, el gonococo puede afectar al recién nacido cuando pasa por la vagina, produciéndole una enfermedad llamada *conjuntivitis gonocócica* (oftalmía blenorrágica) del recién nacido y causarle ceguera.

Las infecciones o infestaciones (*parasitosis*) vaginales se favorecen durante el embarazo, principalmente la *moniliasis* (producida por un hongo: *Candida albicans*) debido a que en el epitelio vaginal aumenta la cantidad de glucógeno. Este hongo puede infectar el producto durante el parto, al igual que en los casos de que la mujer padezca condiloma acuminado o herpes genital (*véase* el tema "Infecciones de transmisión sexual (ITS) (Venéreas)" en el capítulo "Problemas sociales").

Infecciones crónicas

La *sífilis adquirida* antes de la fecundación es más peligrosa que cuando se contagia en fecha cercana al parto o cuando se trata de *sífilis latente* (*véase* "Infecciones de transmisión sexual (ITS) (Venéreas)"), debido a que puede provocar abortos después de cuatro o cinco meses de gestación. Una *sífilis antigua*, es decir, adquirida años antes, puede producir partos con productos muertos o productos con *estigmas sifilíticos* (signos de sífilis congénita).

Durante el parto, las contracciones del útero pueden ser poco eficaces, el producto puede estar macerado y la placenta presentar adherencias anormales que dificultan su expulsión.

La *tuberculosis pulmonar* parece aumentar ligeramente la incidencia de abortos y partos prematuros, aunque no debido a la infección, sino a las condiciones biológicas y sociales (mala nutrición, exceso de trabajo, falta de recursos para adquirir y aplicarse los medicamentos); durante el parto, la enfermedad dificulta las contracciones del útero, por lo que el parto puede ser prolongado. El bacilo de la tuberculosis no atraviesa la barrera placentaria, pero puede infectar la placenta.

Infecciones urinarias

La *uretero-pielitis* (infección del uréter y de la pelvis renal) es más frecuente durante el embarazo; por lo general, la produce el colibacilo (*Escherichia coli*). Se cree que hay causas predisponentes, como una uretra corta, aseo deficiente en la región perianal (alrededor del ano) o la orina residual; es decir, cuando la vejiga urinaria no se vacía totalmente durante la micción, y la acentuación de los acodamientos de los uréteres, que dificulta el tránsito de la orina y favorece la infección; ésta se manifiesta con fiebre, dolor a nivel de la zona de los riñones y los uréteres, y orina de aspecto turbio en la que se identifican los gérmenes.

Cardiopatías y embarazos

Cardiopatía es una enfermedad que afecta al corazón. El 92% de las cardiopatías es consecuencia de la fiebre reumática; 3% es de origen congénito, y 5% tiene diferentes orígenes.

En condiciones normales, durante el embarazo aumenta la cantidad de sangre circulante, el corazón bombea mayor cantidad de sangre, aumenta la presión venosa en los miembros inferiores y la circulación venosa se dificulta. Estas modificaciones usualmente no perturban un corazón sano; pero, si la mujer tiene una cardiopatía, debe someterse a una vigilancia médica más frecuente y, si es necesario, internarse en un hospital, ya que la sobrecarga del corazón llega a poner en peligro a la madre o al producto.

Diabetes y embarazo

En la mujer diabética no sometida a control médico son frecuentes el aborto y el parto prematuro. Los productos son más grandes que lo normal y esto puede ocasionar dificultades en el momento del parto. En este tipo de asociación se observan más casos de preeclampsia, eclampsia e infecciones urinarias. Se ha observado también que en productos de mujeres diabéticas hay, con frecuencia, malformaciones congénitas y muerte dentro del útero al final del embarazo.

Isoinmunización maternofetal por factores sanguíneos

Cuando una mujer con factor Rh negativo ha tenido con anterioridad un hijo Rh positivo, un aborto o una transfusión sanguínea y concibe un hijo de padre Rh positivo, el hijo puede heredar este factor (Rh positivo); es decir, tener el antígeno Rh.

La sangre Rh positiva del hijo, al pasar a la madre, hace que ésta forme anticuerpos contra el factor Rh del hijo; éstos, al atravesar la placenta, entran en el organismo del producto, destruyen sus glóbulos rojos (eritrocitos) y dan lugar a la aparición (en el organismo del hijo) de una serie de alteraciones que se conocen con el nombre de *eritroblastosis fetal* o enfermedad hemolítica del recién nacido. Al proceso que la origina se le llama *isoinmunización maternofetal al factor Rh.*

La transmisión hereditaria del factor Rh tiene muchas posibilidades, depende de que los padres sean homocigotos o heterocigotos respecto de la presencia o ausencia del factor Rh. Cuando la sangre de la madre produce anticuerpos contra los eritrocitos (glóbulos rojos) del producto, el hígado de éste aumenta anormalmente su actividad, tratando de formar más glóbulos rojos y se puede dañar. Los eritrocitos (glóbulos rojos) destruidos (*hemólisis*) liberan la hemoglobina que contienen, la cual es metabolizada, por lo general transformándose en bilirrubina; ésta, al aumentar por el exceso de destrucción de los eritrocitos, se deposita en los tejidos y aparece la *ictericia* (coloración amarillenta de la piel y las mucosas). En los casos graves, el producto sufre contracciones musculares, convulsiones y puede quedar con parálisis cerebral o morir.

Para evitar este problema, toda embarazada debe conocer su grupo sanguíneo y Rh y, si existen los antecedentes de hijo Rh positivo o aborto, se debe hacer una *exanguinotransfusión*, que consiste en sustituir la sangre del producto Rh positiva por sangre Rh negativa para evitar la hemólisis (destrucción de glóbulos rojos), consecuencia de la reacción de los anticuerpos anti-Rh de la madre contra los eritrocitos Rh positivos del hijo.

En la actualidad se puede prevenir la eritroblastosis fetal si se administra a la madre globulina gamma anti-Rh después del parto; así, cada embarazo sucesivo es como si fuese el primero y las posibilidades de sensibilización son más bajas.

En los casos ya sensibilizados, cuando no se puede administrar la globulina gamma anti-Rh, se practican transfusiones fetales intrauterinas en caso de que aumente mucho la cantidad de anticuerpos Rh en la sangre de la madre antes de que el producto llegue a las 36 semanas y sea viable.

Embarazo molar

Es aquel en el cual ocurre una degeneración quística de las vellosidades coriales que generan la formación de lo que se llama *mola hidatiforme*. Es más frecuente entre las multíparas (mujeres que han tenido varios hijos) y se presenta un caso por cada mil a tres mil embarazos.

Se cree que el embarazo molar se debe a alteraciones en la circulación de los vasos sanguíneos de las vellosidades coriales; esto produce la formación de una gran cantidad de vesículas que, unidas entre sí por medio de pequeños pedículos (uno para cada vesícula), forman racimos semejantes a los de las uvas ya que, además, tienen líquido en su interior y su pared es semitransparente. Cada vesícula mide entre 0.5 y 1.5 cm de diámetro. La mola es parcial cuando la degeneración se produce sólo en algunas vellosidades coriales, y es total cuando degeneran todas las vellosidades coriales. Puede haber molas con embrión y sin embrión.

En la mayor parte de los casos de embarazo molar, las náuseas y los vómitos que suelen presentarse en el primer trimestre del embarazo son más intensos; a partir del primero o segundo mes del embarazo, hay hemorragia continua por vía vaginal o escurrimiento de líquido sanguinolento, pero sin dolor. Puede haber preeclampsia y eclampsia, y asociarse con quistes en los ovarios.

En la exploración física, el útero casi siempre se encuentra de mayor tamaño de lo normal, se siente blando y, si se hace una determinación de gonadotrofina coriónica, ésta se encuentra muy aumentada, pues en un embarazo normal es de 2500 a 25 000 unidades, y en el embarazo molar es de 60 000 a 120 000 unidades.

Por lo general, el embarazo molar termina en un aborto molar: en el que se expulsa el contenido del útero parcial o totalmente; este embarazo puede causar una degeneración maligna de las vellosidades coriales llamada *coriocarcinoma*, que es uno de los tumores más malignos que se conocen, por lo que es necesario que la mujer se someta a vigilancia médica periódica durante los doce meses posteriores al aborto, durante los cuales se debe determinar la gonadotrofina coriónica.

Es importante que durante este lapso se evite un nuevo embarazo.

Recomendaciones

Como se puede observar, a pesar de que el embarazo es un estado fisiológico, puede poner en peligro la vida de la madre y del producto, de aquí la importancia de que la embarazada se someta a un control médico durante esta etapa. En caso de que se presenten los siguientes datos, debe acudir inmediatamente al hospital.

- Ruptura de las membranas que rodean al producto (corion y amnios), que se manifiesta por la salida de líquido amniótico a través de la vagina.
- Hipomotilidad fetal (el producto disminuye sus movimientos).
- Hemorragia vaginal.
- Actividad uterina anormal.

Si una embarazada tiene ruptura de las membranas que rodean al producto, disminución de las movimientos del producto, hemorragia vaginal o tiene actividad uterina anormal, debe acudir inmediatamente al hospital.

Actividades

1. Haz una lista de los principales problemas durante la gestación.
2. Comenta con el grupo qué es el embarazo extrauterino y sus causas.
3. Haz un mapa conceptual de las gestosis. Discutan en el grupo cuáles son las más peligrosas y cómo se diagnostican.
4. Discutan en el grupo qué peligros tiene la mujer diabética cuando se embaraza.
5. Por equipos, analicen el problema de la isoinmunización maternofetal al factor Rh y cómo se puede prevenir.
6. Por equipos, explicarán el embarazo molar y qué peligro corre la embarazada.
7. En el grupo se sacarán conclusiones del capítulo. Si es posible, se proyectará un video.
8. Martha está embarazada y actualmente cursa el séptimo mes; desde hace unos días notó que estaba hinchada y tenía alteraciones visuales. Su familia le dijo que era normal, pero en el examen médico se le detectó presión arterial de 150/100; asimismo, se le practicó un examen de orina que reportó albuminuria de 1.5 g/L.

   Analicen en grupo: ¿qué enfermedad puede tener y qué peligros corren ella y su hijo si no recibe atención médica oportuna?

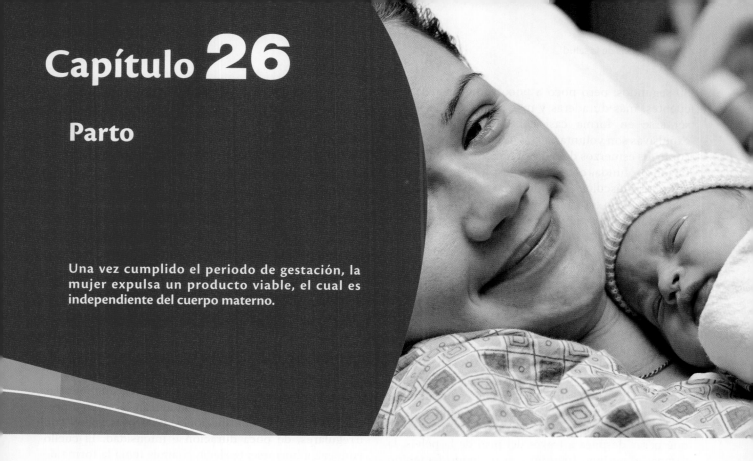

Capítulo 26

Parto

Una vez cumplido el periodo de gestación, la mujer expulsa un producto viable, el cual es independiente del cuerpo materno.

El parto es el acto fisiológico mediante el cual la mujer desaloja del útero, a través de la vagina, el producto ya viable de la concepción. Un **producto viable** es aquel capaz de sobrevivir fuera del organismo materno; generalmente se dice que esta viabilidad se alcanza entre las semanas 20 y 28 de gestación, aunque hay productos que sobreviven antes de esta fecha.

El parto es *eutócico* si se desarrolla por sí solo y los mecanismos por los cuales se efectúa no sufren perturbación. Si se alteran estos mecanismos, el parto se llama *distócico*.

Se han propuesto teorías para explicar las causas que desencadenan el parto, aunque en última instancia se ignora qué inicia el proceso:

a) A finales del embarazo, la placenta disminuye bruscamente su producción de estrógenos, pero sobre todo de progesterona. Los estrógenos tornan sensible el útero a la acción de otra hormona, la oxitocina, que el lóbulo posterior de la hipófisis (pituitaria) produce y estimula al músculo uterino para que se contraiga.

b) La placenta empieza a envejecer desde dos o tres meses antes del parto: se rompen algunas zonas de ella, se liberan sustancias que actúan como extrañas al organismo y sufre cambios degenerativos, calcificaciones e infartos, entre otros.

c) El útero se encuentra muy distendido, sus paredes se han adelgazado mucho, al grado de que ya no puede distenderse más.

d) El líquido amniótico empieza a disminuir entre el sexto y el séptimo mes, lo que permite que el producto estimule el útero en forma mecánica.

La fecha probable del parto no siempre se puede determinar, porque el día de la ovulación es variable; sin embargo, es útil la *regla de Nägele*: se suman siete días a la fecha en que comenzó la última menstruación y se restan tres meses; por ejemplo, si empezó el 14 de agosto: 14 VIII + 7 = 21 − 3 meses = 21 de mayo.

El parto puede ser eutócico y distócico. Dar a luz es únicamente la expulsión de la placenta.

Los factores que intervienen en el trabajo de parto son los siguientes:

1. **Las fuerzas expulsivas que dependen de la madre**
Por ejemplo, las contracciones involuntarias del útero, las cuales son intermitentes y regulares, al principio ocurren cada 20 minutos y duran alrededor de

30 segundos; pero poco a poco se hacen más frecuentes, más duraderas y más intensas, hasta presentarse en forma casi continua. Otras fuerzas expulsivas son voluntarias y ayudan a las anteriores, como los esfuerzos de pujo: la mujer hace una inspiración profunda, contiene su respiración y contrae tanto los músculos del abdomen como del músculo diafragma; con esto aumenta la presión sobre el útero. Los músculos elevadores del ano intervienen en forma secundaria, sobre todo durante la expulsión.

2. **El conducto del parto** La pelvis es la cavidad ósea que se localiza entre el abdomen y los miembros inferiores; necesita tener la forma y las dimensiones adecuadas para que pueda pasar el producto. Está constituida por los huesos coxales (iliacos), el hueso sacro y el hueso cóccix (coxis), unidos entre sí por medio de articulaciones. Durante el embarazo, la articulación del pubis (sínfisis púbica) se ensancha y se hace más móvil, y las articulaciones que unen al sacro con los coxales (iliacos) también aumentan un poco su movilidad con el objeto de aumentar la dimensión del conducto del parto. El producto tiene que pasar después a través del piso de la pelvis, la vagina, el perineo (periné) y el pudendo femenino (vulva).

3. **Los elementos del tránsito** Son aquellos que serán expulsados: el producto, los anexos ovulares (amnios, corion y funículo o cordón umbilical) y el líquido amniótico. En la mayoría de los casos, en el paso del producto influyen la cabeza, los hombros y la cadera.

Mecanismo y fases del parto

El mecanismo del parto es el conjunto de movimientos que tiene que realizar el producto en el curso del parto; comprende tres tiempos principales: encajamiento, descenso y desprendimiento.

En la mayor parte de los casos, el producto está en situación longitudinal, con la cabeza hacia abajo (presentación cefálica), flexionada (de vértice) y la espalda hacia la izquierda y adelante; lo primero que hace éste para encajarse es aumentar la flexión de su cabeza y orientarla para que el diámetro mayor de su cabeza quede a la altura del diámetro mayor de la pelvis. Una vez que se ha encajado, desciende por el conducto del parto y, al llegar al piso de la pelvis, se desprende; para esto tiene que girar con el fin de colocar su cabeza abajo de la sínfisis del pubis (la parte posterior de la cabeza), a este movimiento se le llama *rotación interna*. Después extiende su cabeza apoyando la nuca abajo del pubis. Una vez que ha salido la cabeza, viene un movimiento que se llama *de restitu-*

ción; es decir, gira para quedar en la posición que tenía originalmente, pero como tienen que salir los hombros, hace una rotación externa; o sea, gira para que los hombros queden en la misma dirección que tiene el pudendo femenino o vulva; sale el hombro anterior y después el hombro posterior. Por último, sale el resto del cuerpo.

El parto se puede dividir en tres fases:

a) dilatación
b) expulsión
c) placentaria o alumbramiento

Las escuelas latinas consideran que el alumbramiento o fase placentaria ya no corresponde al parto.

Dilatación

Antes de que se inicie el trabajo de parto, hay mujeres que sienten una sensación de aligeramiento en la parte superior del vientre, porque el producto ya está empezando a acomodarse, esto hace que aparezcan molestias en la parte baja del vientre; comienzan también a presentarse algunas contracciones dolorosas, pero son irregulares, de poca duración e intensidad. El cuello empieza a borrarse; es decir, si antes tenía la forma de un cilindro, se va acortando hasta quedar como un anillo. En las *primíparas* (las mujeres que van a tener su primer parto) se lleva a cabo primero el borramiento y después la dilatación; en cambio, en las *multíparas* ocurren en forma simultánea. La dilatación, como su nombre lo indica, consiste en que el borde del cuello uterino se empieza a dilatar hasta adquirir un diámetro de 9 o 10 cm para que pueda salir el producto.

Cuando termina el borramiento y empieza la dilatación, se expulsa el tapón mucoso que cerraba el cuello, y que se formó a expensas de la secreción de las glándulas del cuello del útero al inicio del embarazo con el objeto de proteger al producto.

En el periodo de dilatación, las contracciones se van haciendo cada vez más frecuentes, duraderas e intensas, casi siempre al final de este periodo se rompen las membranas que rodeaban al producto (bolsa de las aguas), luego sale líquido amniótico y el producto continúa su camino.

Expulsión

En esta etapa, la mujer siente necesidad de pujar para ayudar al desprendimiento del producto.

Placentaria o alumbramiento

Empieza cuando se ha expulsado el producto y termina cuando salen los anexos ovulares: la placenta, las membranas que rodeaban al producto y el funículo (cordón) umbilical. Poco tiempo después de la expulsión, la mujer empieza a sentir contracciones dolorosas durante unos minutos, la placenta se ha despegado de la pared uterina, que ya se retrajo, y sale.

Atención al parto

Cuando la mujer llega a la clínica en trabajo de parto, el médico debe hacer un examen completo; se le aplica un enema evacuante para vaciar el contenido del intestino, se rasura el vello del pubis, se asea la región vulvoperineal con agua y jabón estériles y se aplica alguna solución antiséptica (mercurocromo, Merthiolate, Benzal, etc.). Se vigila constantemente para estar seguros de que el parto está evolucionando satisfactoriamente y, cuando llega el periodo expulsivo, se traslada a la mujer a la sala de expulsión, donde se la coloca sobre una mesa obstétrica en posición ginecológica, se vuelve a repetir el aseo y la aplicación de la solución antiséptica, se vacía la vejiga y se espera la expulsión. En el caso de primíparas, es conveniente practicar una *episiotomía*; es decir, hacer un corte con unas tijeras partiendo de la horquilla (comisura formada por la unión posterior de los labios pudendos) y en dirección oblicua (hacia afuera y atrás), con el objeto de agrandar el orificio perineo vulvar; de esta forma se evita que se desgarren los tejidos del perineo y del pudendo femenino (vulva) debido al paso de la cabeza; luego se repara mediante la sutura por planos, procedimiento que recibe el nombre de *episiorrafia*. Cuando sale el producto, el médico corta el funículo o cordón umbilical entre dos pinzas, después de que deja de percibir latidos y espera la expulsión de la placenta. Es muy importante que revise que estén íntegras la placenta y las membranas para evitar hemorragias o infecciones posteriores.

La **duración del parto** tiene un promedio de 12 a 16 horas en las primigestas, y de 6 a 8 horas en las multíparas; en éstas dura menos porque sus tejidos ofrecen menos resistencia al paso del producto.

Después del parto, el médico debe cerciorarse de que el útero se encuentre en estado de contracción, y que se hallen en buen estado el pulso, la respiración, la presión arterial y los genitales inferiores.

Inmediatamente después del parto se debe vigilar que el recién nacido esté en buenas condiciones de salud; se le aspiran las secreciones mucosas de la nariz y de la boca, se liga el funículo o cordón umbilical con una cinta especial y se le coloca un collar o pulsera para identificarlo. Los demás aspectos se estudiarán en el tema "Higiene materno-infantil".

Después del alumbramiento viene el **puerperio**, etapa en la que el organismo inicia el regreso a las condiciones que presentaba antes del embarazo, y dura entre seis y ocho semanas.

Parto distócico

Cuando se altera alguno de los factores que intervienen en el trabajo de parto, se presenta una distocia; por ejemplo, puede suceder que el producto venga en presentación de cara, de pelvis o de hombros; que las contracciones uterinas tengan alguna anormalidad, y que el cuello uterino, la vagina, el pudendo femenino (vulva), el perineo (periné) o la pelvis ósea no sean normales. En cada caso la conducta que debe seguirse dependerá de la distocia. Si la mujer se encuentra en trabajo de parto, se hacen maniobras especiales para ayudar a salir al producto. Si ya descendió y está sufriendo, se puede hacer una aplicación de fórceps; éste es un instrumento en forma de pinza que sirve para tomar la cabeza del producto y ayudarlo a salir. La persona que aplica el fórceps debe tener mucho cuidado para no lastimar al producto.

Cesárea

Es una operación por medio de la cual se extrae el producto del interior del útero. Está indicada cuando a la madre se le practicó cesárea antes, en la toxemia gravídica que no responde al tratamiento médico, cuando hay alguna distocia; como la rigidez del cuello uterino, que impide su dilatación; la estrechez anormal de la vagina; los tumores; la alteración de la pelvis ósea; la desproporción feto-pélvica, es decir, que la cabeza del producto es más voluminosa y no puede pasar por la pelvis ósea; la presentación viciosa del producto, como cuando viene de cara, de frente o de hombro; cuando hay sufrimiento fetal; en embarazo prolongado; en isoinmunización maternofetal; en anormalidades en el cordón (funículo) umbilical, o cuando se trata de un producto valioso (por ejemplo, la mujer se embarazó después de mucho tiempo). Sin embargo, dada su comodidad se ha abusado de este procedimiento quirúrgico.

Hay dos tipos de **cesárea abdominal**: la *corporal* o *clásica* y la *segmentaria*. La corporal fue la primera que se realizó y consiste en hacer un corte longitudinal en el cuerpo del útero para extraer el producto; pero en la actualidad se prefiere la segmentaria, en la que se hace el corte en el segmento inferior del útero; ésta tiene la ventaja de que hay menor sangrado, cicatriza mejor y, en el caso de que se presente una infección, la repercusión es menor. La incisión en la piel puede ser vertical u horizontal; en la cesárea de tipo Kerr, el corte es horizontal, y en la de Beck, vertical.

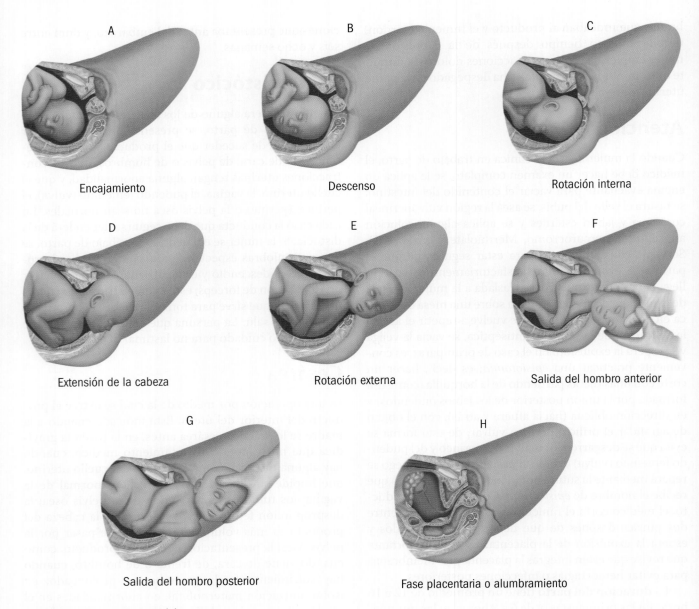

A — Encajamiento

B — Descenso

C — Rotación interna

D — Extensión de la cabeza

E — Rotación externa

F — Salida del hombro anterior

G — Salida del hombro posterior

H — Fase placentaria o alumbramiento

▶ **Figura 26.1** Mecanismo del parto.

Parto psicoprofiláctico

Se basa en que el parto, como comer, hablar o realizar cualquier otra actividad, es una función natural que en condiciones normales no se acompaña de dolor. Desde luego, su aplicación depende de la educación que se le imparte a la embarazada utilizando los reflejos condicionados: la mujer comprende cómo es el mecanismo del parto, participa activamente porque sabe lo que sucede, aprende a controlar las modificaciones que sufre su organismo y se olvida de los conceptos negativos, como que "el parto es muy doloroso".

El **método psicoprofiláctico** no utiliza medicamentos. Hace algunos años, el dolor que sufría la mujer durante el trabajo de parto se controlaba por medio de medicamentos que podían disminuir o suprimir la conciencia del dolor, o que impedían la transmisión de las sensaciones dolorosas al cerebro; algunas de estas sustancias requieren una persona especializada para su aplicación, y otras evitan que la mujer participe en uno de los acontecimientos más importantes de su vida. Pero todas ellas tienen mayor o menor efecto sobre el producto, de ahí que se aconseja evitarlas.

La primera lección se dirige a la pareja, para que compartan las experiencias; esto se puede lograr asistiendo al curso con la mujer o estudiando en casa con ella, verificando los resultados obtenidos por la mujer cuando hace los ejercicios, observando con ella las manifestaciones de vida de su hijo, como sus movimientos, escuchando los latidos de su corazón y analizando las contracciones del útero.

La segunda lección sirve para explicarle a la pareja cómo se lleva a cabo la fecundación y qué cambios experimenta el producto en los primeros tres meses de vida. La mujer aprende a realizar ejercicios respiratorios que le ayudarán, posteriormente, a mejorar el estado de sus músculos abdominales, de su columna vertebral y la circulación venosa de sus piernas.

Durante la tercera lección continúa la explicación del desarrollo del producto desde el cuarto mes hasta que llega a término, y las modificaciones que ocurren en el organismo de la madre. Se verifica también el avance en la realización de los ejercicios que debió haber practicado.

La cuarta lección se utiliza para enseñar los principios del método: Pavlov descubrió que el cerebro regula al sistema nervioso y que de él depende nuestro equilibrio funcional, que tenemos reflejos con los que nacemos, pero que podemos asociar el estímulo con palabras; así, una contracción uterina no implica dolor. Pavlov llamó **estímulos** a las informaciones que nos llegan tanto del ambiente externo como de nuestro medio interno; cuando llegan al cerebro, éste los recibe, los analiza y reacciona. Si hay estímulos externos desfavorables, el cerebro capta los estímulos que vienen de nuestro organismo, pero que no debían haber sido captados; por el contrario, si la persona se siente bien ante los estímulos externos, es posible que los estímulos que provienen del interior de nuestro organismo no lleguen al cerebro. Cuando la mujer tiene contracciones uterinas durante el trabajo de parto va a sentir dolor, pero ella va a hablar de contracciones y no de dolores.

La quinta lección destaca el músculo diafragma, que divide al tórax del abdomen; cuando inspiramos, el diafragma desciende y se aplana presionando el contenido abdominal y, por lo tanto, el útero. En esta lección también se explica que cuando se realiza una espiración forzada intervienen otros músculos.

En la sexta lección, la mujer aprende a relajar y controlar los músculos de su organismo; esto es muy importante porque durante el parto sólo se utilizan los músculos necesarios; por ejemplo, durante el periodo expulsivo va a relajar los del piso de la pelvis y a contraer los abdominales.

Por medio de la séptima lección aprende a responder adecuadamente durante las contracciones, para oxigenarse bien.

En la octava lección aprende a ayudar durante la expulsión del producto.

Por último, en la novena lección se miden los conocimientos adquiridos.

Este método no siempre es efectivo por completo; la preparación de la mujer tal vez sea incompleta, las influencias del medio ambiente pueden ser desfavorables y hacer que se desespere, olvidándose de relacionar la teoría con la práctica y al cuerpo físico con la mente; en muchas ocasiones es muy importante la presencia de la pareja y del instructor.

En los casos normales, el parto se lleva a cabo sin problemas, a menos que coincida con algún trastorno, por lo que el entrenamiento del parto psicoprofiláctico no debe impedir u oponerse a la realización de una cesárea si es necesario.

Actividades

1. Elabora un mapa conceptual con las fases del parto.
2. Discutan en el grupo la diferencia que existe entre parto y alumbramiento.
3. Revisa los conceptos de situación, posición y presentación que vienen en el capítulo 23 y aplícalos al producto cuando vaya a presentarse el parto.
4. Comenten en el grupo la diferencia que existe entre el parto eutócico y el distócico.
5. Analicen en el grupo las indicaciones para practicar la operación cesárea.
6. Proyectar videos de un parto eutócico, una operación cesárea y un parto psicoprofiláctico que se comentarán en el grupo.
7. Yazmín está embarazada. La fecha de su última menstruación fue el 15 de julio, sus ciclos menstruales son regulares, duran 28 días. Determina la fecha probable de su parto.
8. En compañia de su profesor, organicen una visita a la Sala de Embriologia del Museo de la Medicina Mexicana.

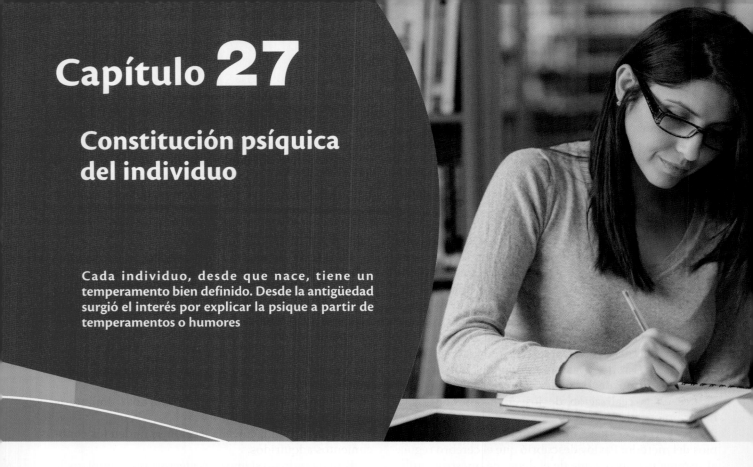

Capítulo 27

Constitución psíquica del individuo

Cada individuo, desde que nace, tiene un temperamento bien definido. Desde la antigüedad surgió el interés por explicar la psique a partir de temperamentos o humores

El hombre es único en todas sus características; es una entidad, pero toma sus decisiones en forma aislada cuando realiza sus actividades, a pesar de que necesita relacionarse con sus semejantes.

Al decir que el hombre es único, se considera que cada individuo tiene su propia personalidad, entendiendo ésta como el conjunto de cualidades psíquicas heredadas (*temperamento*) y adquiridas (*carácter*).

El temperamento es la predisposición a reaccionar de una manera determinada que tiene el individuo; se le considera inmodificable porque forma parte de la constitución genética. Existen diferentes clasificaciones del temperamento; las más utilizadas son las de E. Kretschmer, W. H. Sheldon y C. G. Jung.

Kretschmer distingue dos tipos principales de temperamento:

1. **El temperamento ciclotímico** Se caracteriza por la tendencia a alternar estados de ánimo; por ejemplo, júbilo y depresión, sin una causa externa; a pesar de los rápidos cambios en su estado afectivo, los individuos pueden ser tranquilos. Se impresionan mucho con estímulos del medio ambiente y, por lo general, son cordiales, muy activos y con capacidad de organización, aunque tienen etapas de apatía. Son prácticos, sociables, realistas y comprensivos.

2. **El temperamento esquizotímico** Se caracteriza porque el individuo tiende a la disociación, desorganización y desorientación mental; por lo general, se encierran en sí mismos, son reservados, tímidos, se sienten ofendidos con facilidad pero ocultan sus sentimientos; pueden aparentar indiferencia y difícilmente hacen amistades. Son fríos, distantes y teóricos.

Kretschmer encontró que las personas de temperamento ciclotímico tienen en muchos casos un *biotipo pícnico*: estatura mediana, huesos sólidos, cara ancha y redondeada, tórax ancho, abdomen voluminoso, extremidades cortas, manos cortas y anchas, y hombros angostos. En cambio, el temperamento esquizotímico se relaciona con los *biotipos leptosomático*, *atlético* y *displástico*. El **biotipo leptosomático** o **asténico** se caracteriza porque el individuo es alto, delgado, de cabeza estrecha y alargada, nariz prominente y afilada, cuello largo, tórax estrecho, abdomen aplanado, extremidades largas y delgadas, poca musculatura y poco tejido adiposo. El **biotipo atlético** tiene estatura elevada, mandíbula ancha, tórax ancho y fuerte, pelvis estrecha, abdomen plano y marcado desarrollo muscular. El **biotipo displástico** puede deberse a trastornos glandulares; por ejemplo, cuando hay poca actividad de las glándulas sexuales, el gigantismo, el enanismo, etcétera.

Sheldon clasificó a los individuos en tres tipos:

1. **Ectomórfico** Altos, delgados, inteligentes, con tendencias obsesivas.
2. **Mesomórfico** Con músculos y huesos bien desarrollados, inclinados a las actividades físicas, impulsivos y prácticos.
3. **Endomórficos** Gruesos, con inclinación a la vida social, con cambios en su estado afectivo.

Jung dividió al temperamento en *introversión* y *extroversión*.

En los **introvertidos**, su realidad deriva de acciones y reacciones de su mundo interior: pensamientos, emociones, sensaciones, etc., se caracterizan porque tienden al aislamiento y tienen dificultad para expresar sus emociones; en cambio, los **extrovertidos** conceden importancia a los objetos materiales y a las personas, son prácticos, activos y expresan sus emociones con facilidad.

La conducta del individuo puede explicarse de diferentes formas: McDougal afirma que la conducta tiene como base los instintos. Maslow habla de necesidades: *a)* necesidades fisiológicas como el hambre, la sed y la respiración para mantener en equilibrio el medio interno; *b)* necesidades de seguridad, como la conservación de la integridad del cuerpo, el amor, la aceptación y la necesidad de pertenecer a un grupo, y *c)* necesidades creadoras de autorrealización y de expresión.

No hay dos personas con la misma personalidad porque ésta resulta del temperamento (heredado) y del carácter, que está modificado por las experiencias del ambiente. Hay cuatro aspectos importantes en el desarrollo de la personalidad:

1. Desarrollo del yo y del sentimiento de identidad.
2. Desarrollo de una concepción significativa del mundo.
3. Desarrollo de la conciencia y del sentido moral.
4. Desarrollo de la autonomía y de la individualidad.

Carácter

El **Carácter** significa "algo que permanece y perdura; marca o señal distintiva". Es diferente del temperamento porque incluye la constitución y el temperamento modificado por la experiencia.

Freud habla de una *energía erótica* o *libido*. Para Freud todas las sensaciones placenteras del niño son de naturaleza erótica y esta energía se localiza en diferentes sitios:

1. **Carácter oral** En la fase oral temprana, el lactante se gratifica cuando succiona. Posteriormente se presenta la fase oral tardía, cuando muerde. Las personas que quedan en esta etapa tienen la idea de que todo les va a salir bien en la vida, que siempre van a encontrar personas que las van a cuidar. Estos individuos son pasivos, optimistas y confiados.
2. **Carácter anal** Se caracteriza por la satisfacción que provoca la expulsión del contenido fecal (anal temprana) y por la retención de la materia fecal (anal tardía). El niño sabe que la expulsión y la retención del bolo fecal llaman la atención de los padres: si no controla la defecación, genera su enojo, y si retiene mucho tiempo la materia fecal, los preocupa. Se da cuenta de que si se somete a los deseos de sus padres puede hacer que lo halaguen. Las personas que se quedan en esta etapa, posteriormente se caracterizan por limpieza exagerada, detallismo, meticulosidad, resistencia a separarse de cualquier posesión; son sádicas (gozan viendo o haciendo sufrir a los demás) crueles, hostiles, celosas e inaccesibles.
3. **Etapa o carácter genital** Se presenta entre los tres y nueve años; el niño siente atracción por el padre del sexo opuesto (complejo de Edipo en el niño y de Electra en la niña). En esta etapa, el niño ya es capaz de desarrollar sentimientos de afecto hacia los demás. Viene después una etapa de latencia (no hay expresión sexual) que termina con la pubertad, en la que ya se manifiesta claramente el instinto sexual. Son capaces de experimentar atracción heterosexual.

La teoría de la libido de Freud ha sido muy debatida porque la enfoca únicamente en el sexo.

Fromm define el carácter como la forma en que la energía humana es modelada en la adaptación dinámica de necesidades humanas al modo peculiar de existencia de una sociedad dada. El carácter resulta de la interacción entre la constitución biológica y el ambiente social.

Fromm está de acuerdo con Freud en que hay una naturaleza impulsiva en las tendencias del carácter; pero, a diferencia de éste, cree que el elemento compulsivo se debe a las formas de relación que se establecen en cada individuo como satisfacción de su necesidad de relacionarse, y que son determinantes las actitudes de las personas.

Para Freud, la etapa genital es la normal. Fromm acepta este término siempre que se lo use en forma simbólica; es decir, siempre que la productividad del individuo se lleve a cabo en cualquier aspecto, sin ninguna alteración de tipo emocional.

Según Fromm, la formación del carácter se lleva a cabo a partir de la necesidad del ser humano de vincularse consigo mismo y con los demás. Para vincularse consigo mismo necesita seguir un proceso de *asimilación*, y para relacionarse con los demás, un proceso de *socialización*, porque no puede vivir solo. El ambiente jamás es el mismo para dos individuos. Fromm distingue cinco formas de orientación, aunque en realidad el carácter de una persona generalmente es una combinación de todas o algunas de estas orientaciones, a pesar de que siempre predomine alguna.

Orientaciones improductivas

Carácter receptivo La persona espera que todo lo que necesita o desea venga del exterior, ya sean objetos materiales, conocimientos o amor. No se esfuerzan para alcanzar lo que desean, todo lo esperan; para ellos amor significa ser amado, conocer significa recibir conocimientos. Si se sienten solos no saben qué hacer; son cordiales, optimistas, confiados y les gusta la comida y la bebida; por ello tienden a compensar su ansiedad y su depresión comiendo y bebiendo.

Carácter explotador Al igual que el receptivo, el explotador considera que las necesidades o deseos están en el exterior, pero se diferencian en que buscan la forma de obtenerlos incluso por medio del engaño o la violencia. No tienen ideas originales, buscan a las personas por lo que pueden obtener de ellas, son envidiosos, cínicos, suspicaces. Sobrevaloran lo que otros tienen y subestiman lo que poseen.

Carácter acumulativo o atesorador El individuo se caracteriza por la tendencia a acumular y ahorrar, no solamente dinero sino sentimientos y conocimientos, son incapaces de crear. Amar es posesión. Piensan que el pasado fue mejor, no tienen fe en el futuro. No toleran que las cosas estén fuera de su sitio, son excesivamente limpios, porque sienten que en esta forma se separan del mundo exterior.

Carácter mercantilista Las personas se valoran sobre la base de su éxito, no le encuentran sentido a la vida, son oportunistas, vacías y se sienten como autómatas.

Orientación productiva

El individuo utiliza sus capacidades, se siente con libertad y usa la razón, se ve a sí mismo como es, comprende al mundo por medio del amor y la razón. El amor productivo tiene cuatro características: cuidado, responsabilidad, respeto y conocimiento. La persona puede estar sola cuando es necesario, es capaz de prestar atención a los demás, se siente a gusto consigo misma.

En el proceso de socialización se pueden distinguir las siguientes orientaciones caracterológicas:

1. **Masoquismo** La persona se siente insignificante, inferior a los demás y es incapaz de ser independiente, por lo que necesita depender de otros para sentirse relacionada; es leal, y se asocia por lo general con un sádico.

2. **Sadismo** Fromm distingue tres clases de sadismo:

   a) el individuo hace que las personas dependan de él, tiene poder sobre ellas;
   b) explota, roba y extrae de las personas que dependen de él;
   c) hace sufrir a los demás, o goza viéndolos sufrir, ya sea física o mentalmente.

   El sádico vive en simbiosis con el masoquista; esto generalmente sucede entre un receptivo y un explotador.

3. **Automatismo** Se origina en la indiferencia, es propio del mercantilista, que vive cambiando sus relaciones con los demás; son muy superficiales.

4. **Destructividad** La persona no se relaciona, la destructividad se refiere a las posibles amenazas que se le presentan, por lo que se aíslan; es una peculiaridad del carácter acumulativo.

5. **Productividad** El hombre productivo ejerce sus capacidades como la de amar, la de pensar independientemente y la de utilizar su razón, por lo que es capaz de relacionarse con los demás, pero conserva su autonomía.

Las orientaciones no se presentan como están descritas, porque los diferentes temperamentos y los distintos caracteres originan un número infinito de variaciones en la personalidad; cada ser humano es diferente de los demás, tiene su modo de ser, de sentir, de pensar y de resolver sus propios problemas.

La personalidad la determinan la herencia y el ambiente. Dos personas con la misma dotación genética tendrán diferente personalidad si se desarrollan en diferentes medios, porque las personas aprenden el lenguaje, las costumbres, las normas y la manera de enfrentarse a la vida de acuerdo con su grupo sociocultural. Dentro de cada grupo social hay subgrupos que dependen de la familia, el sexo, la ocupación y la religión, cada uno de los cuales tienen sus propios valores.

En la formación de su personalidad, el individuo tiene necesidades que satisfacer, pero debe adaptarse a los requisitos sociales de su grupo; en muchas ocasiones sufre fracasos para satisfacer sus aspiraciones. Las operaciones de la personalidad son la distinción entre los estímulos que vienen del exterior y del interior del organismo y la armonización entre los impulsos y las tendencias con la situación ambiental, para que el individuo satisfaga poco a poco sus necesidades hasta llegar a la meta deseada desarrollando sus potencialidades.

Los aspectos más importantes en el desarrollo de la personalidad son los siguientes:

1. **Desarrollo del yo y del sentimiento de identidad** Significa que el individuo se va a crear una imagen de sí mismo. El niño, al nacer, no se diferencia de los sujetos o de los objetos que lo rodean. Lo primero que conoce del yo es que las partes de su cuerpo son de él y que son diferentes de los objetos que lo rodean. Aproximadamente a los tres años de edad, el individuo diferencia el yo del tú. El yo unifica sus actos, sus ideas, sus memorias y permite que tenga una imagen de sí mismo.

2. **Desarrollo de una concepción significativa del mundo** El niño siente que necesita encontrar un lugar en el mundo, se orienta en relación con los objetos y las personas que lo rodean, empieza a escoger los objetos que le gustan para jugar. Cuando empieza a caminar, el mundo se ensancha para él. Alrededor de los tres años empieza a distinguir lo que es de lo que se imagina. Hacia los cuatro años intenta descubrir el porqué de las cosas, su pensamiento se va haciendo lógico y deja de ser mágico, los objetos ya no tienen vida; comienza a diferenciar entre lo animado y lo inanimado y esto progresa hasta entre los 7 y 10 años, cuando ya razona.

3. **Desarrollo de la conciencia y del sentido moral** La conciencia moral surge de la confrontación de los impulsos y las tendencias del individuo con las normas sociales, fundamentalmente lo que aprende de las imágenes paternas. Cuando la autoridad que ejercen los mayores sobre el niño es muy rígida, arbitraria o contradictoria, el niño bloquea su espontaneidad y puede desarrollar una conciencia tiránica o bien rechazar las normas. En cambio, una autoridad justa y adecuada a las potencialidades del niño impulsa que su conciencia se desarrolle con base en sus propias experiencias.

4. **Desarrollo de la autonomía y de la individualidad** El niño, durante el primer año de vida, se relaciona con los padres en forma receptiva; si sus necesidades fisiológicas y afectivas son satisfechas, siente confianza. A los tres años, el niño se ve forzado a afrontar actos que le resultan desagradables: comienza a enfrentar la autoridad de los padres, por lo cual se puede volver terco, al tratar de reafirmar su poder y su autonomía o bien aceptar la autoridad paterna y someterse.

A los 7 años aprende a considerar que las necesidades de otras personas son tan importantes como las suyas. Al empezar a romper vínculos con los padres, progresa hacia la autonomía; si logra madurar advertirá que, a pesar de su autonomía, se debe relacionar con todos los seres humanos mediante la razón y el amor.

La infancia es importantísima en el desarrollo psicológico. Durante su transcurso, el niño se adapta tanto a situaciones favorables como desfavorables y aprende a vivir dentro de su familia, en la que debe encontrar la satisfacción de sus necesidades: alimento, ropa, afecto, respuestas, valores y metas.

Actividades

1. Comenten en equipos pequeños cómo diferenciar temperamento, carácter y personalidad.
2. Organizados en equipos, elaboren cartulinas, en cada una registren una de las clasificaciones (Kretschmer, Sheldon y Jung) que se comentarán.
3. Hagan lo mismo con las clasificaciones del carácter.
4. Analicen en el grupo las orientaciones improductivas y las productivas.
5. Comenten en el grupo los aspectos más importantes del desarrollo de las personas.
6. Muchos alumnos comentan que el profesor Ricardo tiene una gran personalidad, a diferencia del profesor Juan, que carece de esta cualidad.
   Analiza si esta aseveración es correcta; toma como base la determinación de la personalidad.

Capítulo 28

El hombre como individuo social

Además de ser un ente único e independiente, el hombre es un ser social que necesita interactuar con sus semejantes, ya sea con su familia, sus amigos o incluso con su equipo de trabajo.

Un grupo social se puede definir como un número de personas cuyas relaciones se basan en un conjunto de papeles y posiciones sociales interrelacionados, que comparten ciertos valores y creencias, y que son suficientemente conscientes de sus valores semejantes y de sus relaciones recíprocas, así como también son capaces de diferenciarse a sí mismos frente a los demás. Enseguida se indican las características del grupo social: *a*) interacción, *b*) valores y creencias compartidas y semejantes, y *c*) conciencia particular de grupo.

Grupos primarios

El grupo primario se caracteriza porque tiene relaciones estrechas e íntimas; por ejemplo, la familia, el grupo de juego, los amigos y, en algunas ocasiones, los vecinos. A diferencia de la familia, cuya existencia y organización está institucionalizada, en los otros grupos las relaciones son espontáneas y personales. Del conjunto de obligaciones, expectativas, normas y valores compartidos surge el sentido de identidad colectiva, de lealtad, porque el individuo se identifica con los demás miembros; los lazos que mantienen al grupo son afectivos. Para sus integrantes, el grupo es un fin, una vez formado, el grupo subsistirá mientras proporcione satisfacciones personales a sus miembros.

El grupo primario influye en el desarrollo de la personalidad; proporciona al individuo afecto, seguridad e intimidad; sirve también para ejercer un control social, porque al individuo le interesa la opinión de las personas y se ajustará a las normas de éste para obtener su aprobación y respeto; por esa razón, el grupo primario sirve de moderador entre el individuo y la sociedad en que vive.

En el transcurso de la vida social, los grupos primarios se desarrollan, persisten algún tiempo y pueden cambiar; por ejemplo, cuando algún miembro lo abandona y llegan otros. Hay grupos que perduran, como el de los compañeros de escuela, el de los profesionales o el de los vecinos. El destino del grupo varía según el tipo de sociedad; si las personas cambian de residencia, de empleo o de nivel social, tendrán cambios constantes. Cuando los individuos se casan, ingresan en clubes, mejoran sus condiciones o desarrollan nuevos intereses tal vez su grupo primario ya no les satisfaga y traten de buscar otro.

La familia

La **familia** es la unidad básica en la estructura de la sociedad y se caracteriza por ser:

1. Un producto de la naturaleza, debido a que por medio de ella se continúa la especie.

2. Un producto de la sociedad, tanto en su estructura como en su dinámica, ya que cada sociedad crea su propio tipo de familia.
3. Un paso de lo animal a lo humano, porque hay diferencias entre los animales y los humanos; por ejemplo, en cuanto al incesto, los tabúes, etcétera.

Desde el punto de vista biológico, la familia se plantea como:

* La unidad de procreación para la continuación de la especie (en pocas ocasiones se aprueba que los hijos nazcan fuera del matrimonio).
* La unidad que brinda protección física y biológica.
* La unión por lazos de consanguinidad.

Desde el punto de vista psicológico:

* Es la unidad de protección emocional y afectiva.
* En ella se manifiestan las primeras emociones.
* En su seno se adquieren los elementos centrales de la personalidad. Las circunstancias que rodean a los individuos, particularmente en los primeros años de la vida, dejan huellas que más tarde influyen en la salud y la enfermedad.
* Forma los roles sexuales.

Desde el punto de vista social:

* Es la unidad que establece relaciones sociales con otras unidades sociales, con otras familias y con otros individuos de la sociedad; por ejemplo, la escuela.
* En el seno de la familia empieza la socialización.

Desde el punto de vista económico:

* Es la unidad de producción, consumo y reproducción de la fuerza de trabajo.

Desde el punto de vista cultural:

* Es la unidad en la que los hijos reciben el contenido de la cultura.
* Sirve para que el individuo adquiera los valores, la destreza y el conocimiento.

Hay muchos conceptos respecto de lo que es una familia:

* "Los padres y los hijos, ya sea que vivan o no juntos."
* "Cualquier grupo de personas estrechamente relacionadas por la sangre (padres, hijos, tíos, tías, primos, etc.)."
* "Todas aquellas personas que descienden de un antepasado común."
* "El grupo de personas que forman un hogar bajo una cabeza."
* "Adultos de ambos sexos, que mantienen una relación sexual socialmente aprobada, y uno o más hijos, propios o adoptados, de los adultos que cohabitan sexualmente."
* "Un sistema durable de interrelaciones humanas que opera como una banda de transmisión de la cultura y que presta a la sociedad servicios que le aseguran su supervivencia, facilita la reproducción de la especie y el mantenimiento físico de sus miembros, la localización social y la socialización de los niños."

En muchas sociedades se considera que debe haber matrimonio e hijos; en otras, el matrimonio no se considera consumado sino hasta que nacen los hijos; por ejemplo, en Irán.

Existen diferentes tipos de familias en las diversas sociedades:

1. **Nuclear elemental** La forman padre, madre e hijos; este tipo de familia es transitorio porque crece cuando nacen los hijos, disminuye cuando éstos se casan y crean sus propios hogares, y desaparece cuando muere alguno de los miembros de la pareja de casados.
2. **Familia extensa** Incluye más de una unidad nuclear; es decir, que en ella hay varias generaciones: abuelos, hijos, casados o solteros, hijos políticos y nietos.
3. **Familia compuesta** En ella puede haber poligamia o poliandria. En la poligamia, el hombre es esposo y padre de varias familias nucleares; en la poliandria (que es muy poco frecuente), la mujer es esposa de varios hombres; este tipo de familia no es aceptado en la sociedad occidental.

La autoridad puede recaer en el hombre (familia patriarcal), en la mujer (matriarcal) o en ambos (familia igualitaria), aunque en la práctica la autoridad depende de cada situación particular.

Otra clasificación de los tipos de familia es la siguiente:

Rígida tradicional Se caracteriza porque no puede modificar las reglas que considera adecuadas: la autoridad máxima es el padre, por lo que la mujer obedece; las relaciones de autoridad están escalonadas de acuerdo con la edad de sus integrantes; así, los más jóvenes tienen que obedecer a los de mayor edad. Hay desconfianza hacia el mundo exterior y conflicto para relacionarse con otros estratos sociales o grupos que tienen diferentes valores y normas de conducta, por lo que las relaciones interpersonales son exclusivas de la familia. El elemento productivo económico es el hombre, la mujer es proveedora asistencial: es decir, se dedica a atender el hogar. La relación sexual es permitida sólo dentro del matrimonio y con fines reproductivos; la virginidad y la fidelidad conyugal son obligatorias para la mujer, pero no para el hombre; el primogénito es importante. Cuando crecen los hijos hay conflictos porque no se acepta que ellos tengan otras necesidades e ideas, y pueden surgir dos alternativas: se someten llenos de frustración o se rebelan en forma drástica.

La familia rígida en transición Se caracteriza porque va modificando los roles tradicionales: la madre va teniendo autoridad, el primogénito ya no es tan importante; a pesar de que se relaciona con otros grupos sociales, siente desconfianza; la escuela se considera importante como medio de ascenso social, la relación sexual sólo se acepta en relación estable, por lo que se empieza a aceptar la unión libre.

Familia igualitaria Se caracteriza porque hombre y mujer tienen las mismas oportunidades de desarrollo personal; todos los miembros de la familia, sin importar su sexo y su posición dentro de la misma, tienen derecho a una distribución equitativa del trabajo y funciones, y a una conveniente satisfacción de sus necesidades; consideran que no debe existir opresión ni represión y que todos los integrantes tienen derecho a ser respetados, sin perder los valores humanos. Modifica las reglas establecidas conforme los hijos van creciendo.

Familia laxa En ella, los roles de sus integrantes son contradictorios, hay conflicto de autoridad y no existen valores.

Evolución de la familia

1. Lo primero que sucede es la **elección de la pareja**, considerando aspectos biológicos, psicológicos y sociales. Biológicamente, se considera la apariencia física y la edad (para algunas personas esto no tiene importancia, pero para otras sí).

   Desde el punto de vista psicológico, hay caracteres que se buscan; por ejemplo, una persona sádica (que goza haciendo sufrir) buscará a una persona masoquista (que le gusta sufrir).

   En el aspecto social, hay personas que consideran que deben buscar a su pareja dentro de su mismo nivel, y otras que piensan que esto no es necesario.

2. Una vez elegida la pareja viene el **noviazgo**, durante el cual hay una interacción personal, familiar y social; de esta interacción puede surgir la aceptación o el rechazo. Es importante considerar que tanto en esta etapa como en las otras, la pareja va modificándose dentro de una sociedad cambiante.

3. El **matrimonio** varía, puede ser religioso, civil, o ambos; boda en secreto, rapto, boda impuesta, etc. El tipo de matrimonio puede repercutir en la familia formada así.

4. En la **adaptación** a la vida matrimonial puede haber problemas biológicos, psicológicos (de afecto o rechazo) y sociales, porque la pareja puede vivir sola, con los padres; tal vez trabajen los dos o sólo uno de ellos.

5. El **nacimiento de los hijos** determina nuevos cambios en los individuos, porque se pueden hacer más o menos responsables, se modifican los hábitos y, más tarde, cuando los hijos empiezan a ir a la escuela, se presentan nuevas situaciones, al igual que cuando cambia el nivel de enseñanza o los hijos salen reprobados. Cuando éstos se casan quizá haya una crisis o puede afectarse la dinámica de la pareja.

6. La pareja queda sola de nuevo.

Situaciones que se presentan en el seno de la familia:

- Se aprende a obedecer y desobedecer.
- Aceptación del dominio o, por el contrario, desobediencia y rebelión.
- Se pueden presentar la productividad y la responsabilidad o la negación de ellas (flojera).
- Cariño, afecto, o negación del afecto, violencia, o ambas.
- Aceptación o rechazo.
- Solidaridad de la pareja o individualismo.
- Situación de respeto a las tradiciones o hacer innovaciones.
- Integración o desintegración familiar.
- Seguridad o inseguridad emocional.
- Estabilidad o inestabilidad.
- Flexibilidad o rigidez.
- Disciplina o rebeldía.
- Asentamiento o intimidación.
- Vida y muerte.

Consecuencias o manifestaciones patológicas que puede tener la familia:

Biológicas

- Las *enfermedades transmisibles* son más frecuentes en familias numerosas de nivel socioeconómico bajo.
- En las *enfermedades no transmisibles*, como las degenerativas, puede haber predisposición familiar, como en el caso de algunos cánceres y enfermedades metabólicas, como la diabetes.
- Los *accidentes* tienen una elevada morbilidad dentro del hogar; en el trabajo se ha observado que las personas casadas sufren más accidentes; esto se debe quizá a que padecen más presiones emocionales.

Psicológicas

- Se ha observado que si hay *antecedentes de suicidio* en una familia hay más posibilidades de repetición.
- Hay *enfermedades*, como la psicosis maniacodepresiva (trastorno bipolar) y la esquizofrenia, que tienen tendencias hereditarias.

Sociales

- *Desintegración de la familia* por abandono de alguno de los padres, ya sea real o no manifiesto; por ejemplo, cuando están físicamente presentes, pero no conviven con los demás o cuando las parejas se separan o se divorcian.
- La *delincuencia juvenil*, la *farmacodependencia* y el *alcoholismo* pueden originarse en la familia.

Grupos secundarios

Son asociaciones, grupos religiosos, sindicatos, corporaciones de negocios, fábricas, oficinas de gobierno, etc. Dentro de estos grupos se pueden distinguir tres tipos generales:

1. **La asociación** La forman individuos que buscan alguna finalidad semejante o defienden intereses comunes; por ejemplo, los sindicatos, las organizaciones de veteranos, los clubes, las sociedades profesionales y los partidos políticos.

   Este tipo de grupo se torna más frecuente a medida que la sociedad se desarrolla y aumenta la división del trabajo; cuando aparecen nuevos intereses, o cuando los individuos se van integrando en nuevos grupos con diferentes clases de organización.

2. **Los grupos étnicos** Los integran individuos que comparten una tradición cultural (creencias, religión, lenguaje, etcétera). En un país los individuos se asocian con aquellos que comparten su cultura, aunque la vinculación no siempre es la misma.

3. **Las clases sociales** Con frecuencia están relacionadas con el grupo étnico. La posición de clase implica valores, creencias y maneras de actuar semejantes.

Estos tres grupos secundarios se encuentran dentro de otro más amplio que es la comunidad, que se define por su localización física (urbana, suburbana, rural).

Básicamente, hay dos tipos de sociedades: comunal y asociativa.

La sociedad comunal es pequeña; en ella la familia resulta muy importante, las relaciones son más íntimas y existe más solidaridad de grupo.

La sociedad asociativa se observa en las grandes ciudades, en las que hay una clara división del trabajo, las relaciones son superficiales, impersonales o transitorias; en este tipo de sociedad la familia no es tan importante como el individuo en sí mismo; las costumbres interesan menos, hay muchos grupos, por lo que el individuo es básico.

Actividades

1. Analiza y reflexiona de qué tipo es tu familia (rígida, tradicional, rígida en transición, igualitaria o laxa). Haz tus comentarios con el grupo.
2. Discute en el grupo qué tipo de familia deseas formar a futuro y por qué.

3. En el grupo, divididos en equipos, realicen una dinámica en donde representen a parte de familia y personalidad de cada uno de los miembros.

Capítulo 29

Crecimiento y desarrollo del niño

El crecimiento y el desarrollo del niño dependen en gran medida de que mantenga una actividad física e intelectual constantes, además de recibir los cuidados en cuanto a alimentación y prevención de enfermedades.

E1 término crecimiento por lo general se emplea para determinar aquellos aspectos de la maduración que pueden quedar reducidos a las medidas del individuo; en cambio, desarrollo implica los cambios en la función de los órganos del cuerpo. A pesar de que tienen diferente significado, en muchas ocasiones no es posible separarlos, por lo que se utiliza la expresión crecimiento y desarrollo en un sentido unitario. El crecimiento se lleva a cabo por medio del aumento del número de células y por el incremento del volumen de éstas, y el desarrollo lo determina la capacidad de las células para llevar a cabo sus funciones. Existen cuatro leyes que rigen el crecimiento y el desarrollo del ser humano:

1a. Viola expuso la siguiente ley: "El aumento de la masa corporal está en relación inversa con el grado de evolución morfológica."

2a. Godin enunció la ley de la alternancia en el crecimiento, la cual expresa que "el organismo siempre aumenta en una sola dirección a la vez".

3a. Pende sostuvo que "existe una actividad rítmica y equilibrada entre las dos constelaciones hormónicas morfogenéticas"; esto quiere decir que hay dos grupos de glándulas: uno que favorece el anabolismo y la formación de sustancias de reserva, y otro que facilita el catabolismo y el consumo de las reservas; ambas actúan en forma armónica desde la vida fetal hasta la edad adulta, y condicionan el desarrollo y el crecimiento.

4a. Escudero afirma que "la posibilidad, el ritmo y la forma del crecimiento están supeditados a las características de la alimentación", porque el crecimiento y el desarrollo no son adecuados si hay desnutrición.

El **recién nacido** mide alrededor de 50 cm de longitud y tiene un peso promedio de 3 a 3.5 kg. En relación con su tronco, la cabeza es mayor que la del adulto, y sus miembros, más cortos. La cara es pequeña en relación con el cráneo, su mandíbula casi no se ha desarrollado, la tuba auditiva (trompa de Eustaquio) es más corta, y las tonsilas (amígdalas) están muy desarrolladas. Sus labios tienen más grande la parte media, que recibe el nombre de cojinete de succión. El contorno del tórax es casi circular, el corazón está en posición casi horizontal y su abdomen es prominente, porque sus músculos abdominales son débiles; duerme casi todo el tiempo y despierta sólo para alimentarse.

Las **características del niño** se modifican conforme crece y se desarrolla.

Respecto del crecimiento, existen tablas referentes al peso, la talla, las circunferencias de la cabeza y del tórax. En términos generales, aumenta 6 kg de peso en el primer año, 3 kg en el segundo y después un promedio de 2 kg por año.

Cuadro 29.1 Antropometría infantil.

Peso y talla

Edad	Niños				Niñas			
	Valores normales de peso (g)			Talla normal promedio (cm)	Valores normales de peso (g)			Talla normal promedio (cm)
	Inferior	Medio	Superior		Inferior	Medio	Superior	
Al nacer	2 900	3 250	3 600	50.0	2 750	3 100	3 450	49.5
1 mes	3 935	4 390	4 845	54.3	3 690	4 070	4 450	53.2
2 meses	4 710	5 240	5 770	57.9	4 400	4 850	5 295	56.7
3 meses	5 475	6 075	6 675	61.1	5 110	5 615	6 120	59.7
4 meses	6 080	6 725	7 370	63.6	5 675	6 225	6 775	62.1
5 meses	6 800	7 285	7 970	65.9	6 265	6 880	7 455	64.4
6 meses	7 080	7 800	8 520	67.9	6 765	7 490	8 035	66.3
7 meses	7 500	8 235	8 970	69.3	7 150	7 820	8 490	67.9
8 meses	7 935	8 690	9 445	70.8	7 570	8 275	8 980	69.5
9 meses	8 300	9 070	9 840	72.0	7 950	8 680	9 410	70.9
10 meses	8 640	9 430	10 220	73.3	8 275	9 025	9 775	72.1
11 meses	8 950	9 760	10 570	74.5	8 585	9 350	10 115	73.4
1 año	9 255	10 080	10 905	75.6	8 886	9 630	10 475	74.6
2 años	11 615	12 625	13 635	87.2	11 385	12 360	13 335	86.0
3 años	13 470	14 720	15 970	95.0	13 345	14 520	15 695	94.3
4 años	15 235	18 705	18 175	101.5	14 790	16 690	17 540	101.4
5 años	16 980	18 700	20 420	107.6	16 850	18 700	20 535	107.6
6 años	18 715	20 840	22 965	113.7	18 665	20 830	22 995	113.6
7 años	20 795	23 420	26 045	119.5	20 740	23 330	25 920	119.5
8 años	22 925	26 110	28 295	125.5	22 810	25 980	28 150	125.0
9 años	25 475	28 250	33 926	130.4	25 340	29 055	32 770	130.1
10 años	28 080	32 460	36 840	135.5	28 125	32 780	37 435	135.9
11 años	31 205	36 160	41 115	140.6	32 500	38 425	44 345	142.8
12 años	35 050	40 660	46 270	146.0	37 950	45 020	52 090	149.5
13 años	39 880	46 200	52 550	152.5	42 495	49 780	56 905	154.9

Fuente: Ramos Galván, *Somatometría médica. Archivo Investigación Médica*, vol. 6, supl. 1. Oficina Editorial de Investigación Científica del IMSS, México.

La talla aumenta 20 cm promedio en el primer año, 12 cm en el segundo, 8 cm durante el tercero, 6 cm en el cuarto y después 5 cm por año. Tanto en la talla como en el peso es preciso considerar raza, sexo, características genéticas, etcétera.

La *dentición temporal* se inicia entre los seis y los ocho meses y termina entre los dos y los tres años. La *dentición definitiva* empieza entre los seis y los siete años y termina casi siempre al final de la adolescencia.

Desarrollo neuromuscular

En el primer mes de vida, el recién nacido reacciona en forma generalizada a los estímulos, empieza a fijar la vista sobre los objetos y llora cuando se siente molesto.

Entre los dos y cuatro meses empieza a sonreír, sigue objetos con la vista, oye las voces, empieza a sostener su cabeza, trata de alcanzar objetos; aparece el lenguaje en forma de balbuceo, reconoce a su madre y se arrulla.

Entre el cuarto y sexto meses rueda sobre sí mismo, se sienta con algún apoyo, se mete la mano en la boca, juega con su mano y ríe en voz alta.

Entre los seis y siete meses se mantiene sentado sin ayuda, su mano puede hacer presión y asir los objetos, reconoce a los extraños, balbucea y trata de imitar sonidos.

Entre el octavo y el décimo meses se puede voltear, comienza a sentarse solo, a comprender el significado de ciertos sonidos, extiende los brazos, grita para llamar la atención, se arrastra, gatea, se puede poner de pie con ayuda, señala con el índice, busca a los adultos, expresa sus emociones, reconoce los nombres que oye con frecuencia, utiliza los dedos pulgar e índice para coger objetos pequeños e inicia juegos imitativos.

Entre los diez y los doce meses se mantiene de pie apoyándose en algún mueble, busca a los otros niños y los juguetes.

De los doce a los quince meses camina solo, repite palabras, abre cajas, reconoce sus objetos y obedece órdenes sencillas.

De los quince a los dieciocho meses sube escaleras, explora cajones y muebles, pide ayuda cuando se encuentra en apuros, y por lo general tiene un vocabulario de diez a quince palabras.

De los dieciocho a los veinticuatro meses corre, sube y baja escaleras, garabatea espontáneamente; al final de esta etapa es capaz de trazar una línea horizontal y empieza a controlar sus esfínteres durante el día.

Al cumplir los dos años termina la primera infancia y empieza la segunda o edad preescolar.

También a esta edad puede nombrar animales y objetos que le son familiares, corre, sube y baja escaleras, abre las puertas, ayuda a que le quiten la ropa, dice frases, elabora oraciones con sujeto, verbo y complemento; puede construir torres con dos o tres piezas, dobla papeles, le gustan los cuentos ilustrados, sus juegos son aún solitarios y ya controla bien sus esfínteres.

A los tres años sabe reconocer si es niño o niña, sabe su apellido, intenta cantar, bailar y saltar, ayuda a que lo vistan, se desabrocha la ropa, se lava las manos y puede empezar a cepillarse los dientes, se puede subir a un triciclo y dirigirlo, puede utilizar la cuchara para comer.

A los cuatro años brinca, puede usar tijeras para recortar dibujos, es capaz de tirar lejos una pelota, se viste y desviste casi sin ayuda, juega con varios niños e imita en juegos el papel de los adultos.

A los cinco años puede saltar alternando los pies, sostenerse en un pie, contar hasta diez, reconocer objetos en dibujos y trazar figuras con líneas oblicuas, como los triángulos.

A los seis años identifica vocales, distingue lo que es bonito y lo que es feo para él en una serie de dibujos, puede describir los objetos de algún dibujo que se le presente.

Desde esta edad hasta la pubertad, transcurre la etapa escolar; en ésta el crecimiento es constante, aunque más lento.

El crecimiento del tejido nervioso, en términos generales, es más acelerado en los primeros años de vida. El tejido linfoide crece muy rápido hasta los doce años y después disminuye; en cambio, el sistema reproductor se desarrolla básicamente a partir de la pubertad. El tejido adiposo se incrementa en los primeros meses de vida, después tiende a disminuir hasta la pubertad y aumenta de nuevo para disminuir posteriormente. Por lo general, las niñas alcanzan la pubertad antes que los niños.

> El *crecimiento* se lleva a cabo por medio del aumento del número de células y de su volumen. El *desarrollo* está dado por la capacidad que tienen las células para llevar a cabo sus funciones.

Factores que influyen en el crecimiento y desarrollo

Raza Los antropólogos han encontrado diferencias físicas entre grupos raciales; en algunos casos, estas diferencias se deben a costumbres sociales y alimentarias.

Factores endocrinos El buen funcionamiento de las glándulas endocrinas o de secreción interna es determinante en el crecimiento y el desarrollo, en especial las glándulas hipófisis y tirodea (tiroides).

Sexo El crecimiento y el desarrollo son diferentes en los niños y en las niñas.

Nutrición Cuando hay deficiencias en la nutrición, el crecimiento es menor y el desarrollo no siempre es el adecuado.

Enfermedades Ciertas enfermedades crónicas pueden demorar el crecimiento normal del niño. En cambio, hay otras que alteran el crecimiento de alguna parte del cuerpo; por ejemplo, la poliomielitis, la secreción defectuosa de hormonas que puede hacer que el crecimiento sea exagerado, insuficiente o desproporcionado y que la maduración se adelante o se atrase. Hay enfermedades producidas por la falta de alguna vitamina; por ejemplo, la carencia de vitamina D ocasiona raquitismo, que afecta el crecimiento y produce deformaciones en el organismo.

Clima Se han observado diferencias en el ritmo de crecimiento y en la maduración de los niños según las condiciones geográficas o climáticas. Como regla general, los individuos que nacen y viven cerca del ecuador son de menor estatura que los de regiones septentrionales, quienes inician su pubertad catorce a dieciséis meses después que los primeros.

Actividad El crecimiento y el desarrollo normales están muy relacionados con la actividad, tanto física como mental del niño.

El desarrollo mental y emocional dependen de los cuidados que reciba el niño. Cuando nace es un ser indefenso, que depende totalmente de los demás; nace con determinado temperamento; es decir, con una forma de reaccionar ante los estímulos y con impulsos instintivos con los que busca satisfacer sus necesidades; pero estos impulsos poco a poco los moldearán las normas que le dicta el ambiente sociocultural; el niño tendrá experiencias que formarán su carácter. Como resultado de todo esto adquiere una personalidad que evoluciona conforme va respondiendo a los cambios del ambiente. Si progresa en el proceso de adaptación se va logrando la madurez, gracias a la cual se adquieren nuevas potencialidades.

Para que el desarrollo de la personalidad sea adecua-

> Para que el desarrollo de la personalidad del niño sea adecuada, los padres deben satisfacer sus necesidades básicas: fisiológicas, afectivas y educativas.

do, los padres deben relacionarse en forma correcta con el niño y satisfacer sus necesidades básicas:

1. **Fisiológicas** Necesita de una alimentación suficiente, completa y equilibrada, adecuada a su edad; aseo, protección contra el clima, sueño y descanso durante el tiempo necesario. Antes se comentó que el recién nacido duerme durante mucho tiempo y que sólo despierta para alimentarse; pero, conforme crece y se desarrolla, disminuyen sus horas de sueño.
2. **Afectivas** Necesita vivir dentro de una familia en la que le transmitan valores y metas. La actitud de los padres o de las personas que están con él es muy

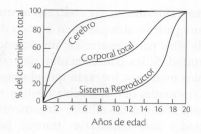
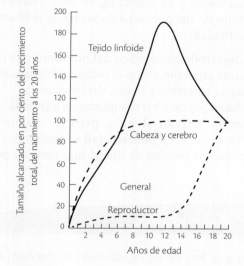
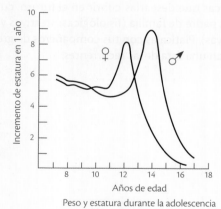

▶ Figura 29.1 Curvas de crecimiento de los principales componentes del cuerpo.

importante para su desarrollo; necesita recibir amor productivo, que significa cuidado, interés, conocimiento, aceptación y respeto para que adquiera confianza en sí mismo y en su hogar, también que se interesen en él, en lo que hace, en lo que logra, en sus fracasos, y en que se respete su individualidad, sus intereses y sus deseos. El rechazo, la indiferencia o la sobreprotección fomentan inseguridad y dependencia hacia los demás.

3. **Educativas** Durante su aprendizaje, al niño deben guiarlo sus padres, aunque poco a poco dependerá menos de ellos para desarrollar sus potencialidades y su voluntad. Si los padres actúan de acuerdo con sus propios intereses, lograrán que el niño se sienta débil e impotente, que se vuelva hostil y rebelde, o por el contrario, que los admire ciegamente al grado de no poder independizarse, porque perderá su espontaneidad y su voluntad. Se debe favorecer el desarrollo de sus potencialidades hacia la libertad y productividad.

En el desarrollo psicológico del niño son muy negativos algunos aspectos, como el rechazo, la posesividad, el dominio, la sumisión y la fijación incestuosa.

El **rechazo** puede o no manifestarse; hay padres que en apariencia aceptan al niño, pero se desinteresan efectivamente de él. La **posesividad** se caracteriza porque los padres se olvidan de que el hijo tiene su personalidad separada, lo sobreestiman, lo protegen exageradamente tratando de que no se relacione fuera del hogar. Los **padres dominantes** intentan que el hijo sea como ellos, lo cuidan de forma exagerada, tratan de resolver sus problemas y le piden a cambio afecto, sumisión y respeto, lo consideran como un objeto y lo hacen sentirse incapaz de ser independiente. La **sumisión** se caracteriza por consentimiento desmedido; los padres que actúan así acostumbran satisfacer todos los deseos de sus hijos, por lo que luego éstos no pueden soportar las frustraciones. La **fijación incestuosa** se refiere a que la madre o el padre, según sea el caso, hace que el niño fije su sexualidad en él, imposibilitándolo para que posteriormente sea capaz de establecer relaciones afectivas y eróticas fuera del hogar.

Los adultos angustiados crean en torno del niño un ambiente de inseguridad.

Actividades

1. Haz una lista de los satisfactores de necesidades básicas que desearías cubrir en el futuro, cuando seas padre de familia (fisiológicas, afectivas y educativas). Platícalas con tus compañeros de grupo y hagan una lista de las recurrentes.

2. Si la escuela lo permite, se puede invitar a niños de diferentes edades acompañados de algún adulto para revisar peso, estatura y desarrollo que se discutirán en el grupo.

Capítulo 30

Adolescencia, edad adulta, climaterio y tercera edad

A lo largo de la vida, el individuo atraviesa varias etapas en las que experimenta diversos cambios físicos y psicológicos. La persona debe estar preparada para vivir cada etapa en plenitud.

Adolescencia

Vocablo que viene del latín *adolecere*, crecer; se trata de la etapa de la vida del individuo que se inicia con la pubertad, culmina en la aptitud fisiológica para la reproducción y termina cuando está preparado de manera física, emocional y social para responsabilizarse por sí mismo y desempeñar su papel social de adulto.

Las *modificaciones fisiológicas y psicológicas* que ocurren en la adolescencia no siempre están relacionadas, por lo que es difícil determinar en qué edad se presentan, aunque en términos generales en el hombre se inicia entre los 11 y 12 años, y en la mujer, alrededor de los nueve y diez años. Aunque se ignoran las causas que la inician, la pubertad aparece más tempranamente en climas cálidos, pero también intervienen otros factores como la raza, el grado de nutrición y el estado de salud o enfermedad.

El **periodo de la adolescencia**, hasta hace algunos años, tendía a ser más corto; en muchas sociedades tribales no existe, porque el niño pasa a ser adulto cuando llega a la pubertad, lo que da lugar, incluso en algunas culturas, a ritos de iniciación.

Hasta hace algunos años, la simple adquisición de vello en el pubis era considerada como signo de pubertad; sin embargo, la pubertad en sentido fisiológico se refiere al crecimiento rápido y a la maduración de las **gónadas** (testículos y ovarios), los otros órganos genitales y a la capacidad reproductiva.

Los primeros cambios se manifiestan en el crecimiento, que se acelera muchísimo. En el sexo femenino, la pubertad ocurre entre los 9 y medio y los 13 años; en el sexo masculino se da entre los 11 y los 12 años. Paralelamente a este aumento de estatura, aumenta el peso, aunque el incremento de éste es mayor en proporción, y se empieza a modificar la configuración del cuerpo: las extremidades crecen con más rapidez que el tronco y los rasgos de la cara adquieren aspecto de adulto. Por alguna razón desconocida, el hipotálamo empieza a producir hormonas liberadoras que estimulan a la glándula hipófisis; ésta, a su vez, produce las *hormonas gonadotróficas*, que estimulan a las gónadas, para que, por su lado, secreten las hormonas respectivas.

En el hombre, los testículos empiezan a producir andrógenos, principalmente *testosterona*; ésta provoca la aparición de los caracteres sexuales secundarios: vello en el pubis, axilas y cara. El vello del pubis aparece primero como un vello muy fino que poco a poco se va haciendo más grueso y oscuro; su distribución depende de características raciales, aunque por lo regular va desde el ombligo hasta el pubis, la base del pene, el escroto, el perineo y el ano. Cuando aparece el vello en la axila, aumenta la actividad de las glándulas sudoríferas (sudoríparas). En la cara empieza a salir el vello en el labio superior y en la mandíbula. En muchos casos, al aumentar la actividad de las glándulas sebáceas, se agrega una infección y puede aparecer acné. El hombre presenta también aumento en la cantidad de vello en las extremidades y en el tórax. Las cejas se desarrollan más.

La laringe crece generalmente cuando el pene ha alcanzado su máximo desarrollo; uno de sus cartílagos, el tiroideo (tiroides), aumenta mucho su tamaño, formando la "manzana de Adán", y se modifica el tono de la voz, que se hace grave.

Alrededor de los diez años de edad aumenta el tamaño y el peso de los testículos debido a que aumenta el tamaño y el peso de los túbulos seminíferos; después crecen las células de Sertoli y aumentan y crecen las células intersticiales de Leydig que producen la testosterona; aproximadamente un año después empiezan a crecer la próstata, las vesículas seminales, las glándulas bulbouretrales y el pene. El escroto aumenta su superficie, por lo que presenta surcos y tiene más pigmentación.

Más o menos un año después del crecimiento del pene, ocurre la primera eyaculación, y entre los 11 y los 16 años empiezan a aparecer las poluciones nocturnas (*véase* "Educación sexual").

Paralelamente al crecimiento y a los cambios en las proporciones del cuerpo, aumenta el tamaño de los huesos y los músculos; los hombros se ensanchan y disminuye el tejido adiposo que está debajo de la piel.

En las mujeres, el crecimiento se acelera notablemente entre los nueve y medio y los 13 años (figura 30.1).

▶ **Figura 30.1** Entre los 9 y medio y 13 años de edad, el crecimiento de las adolescentes se acelera notablemente. Poco después, además de los cambios físicos, se inician cambios psicológicos determinantes en la formación de su personalidad.

Entre los 8 y los 13 años comienza el desarrollo mamario, que por lo general es anterior a la aparición del vello pubiano, que se caracteriza por ser un vello muy fino, de color claro, que posteriormente se va engrosando y oscureciendo; el cual cubre los genitales externos y en ocasiones puede extenderse a los muslos. Su distribución es similar a la de un triángulo de base superior. Aparece vello en las axilas, se incrementa la actividad de las glándulas sudoríferas (sudoríparas) y sebáceas, se producen modificaciones en los órganos genitales: el útero crece y empieza a responder al estímulo de los ovarios que producen estrógenos y progesterona, por el efecto de las hormonas gonadotróficas. La mucosa vaginal sufre estos mismos cambios y sobreviene la primera menstruación o menarca. En muchos casos las primeras menstruaciones se presentan antes de que haya maduración y liberación de óvulos.

Las proporciones del cuerpo también se modifican: la pelvis se ensancha y el tejido adiposo aumenta, dándole aspecto redondeado a las diferentes regiones del cuerpo, pero principalmente a la cadera y a las mamas. El tejido muscular también se desarrolla, pero menos que en el hombre.

Tanto en el hombre como en la mujer disminuye la frecuencia cardiaca y respiratoria, aunque la respiración se hace más profunda que en el niño porque la caja torácica está más desarrollada; la presión arterial aumenta, debido a que el sistema circulatorio igualmente está más desarrollado.

Los cambios psicológicos se presentan más tarde que los biológicos:

1. **Aceptación de los cambios físicos y de la sexualidad** Ante las modificaciones de su organismo, el adolescente puede manifestarse preocupado, interesado o indiferente. Por lo común, se llena de dudas e inquietudes, se preocupa por lo que los demás piensan de él, sobre todo si los cambios de peso, estatura o configuración sobrepasan a los que ocurren en sus compañeros de grupo; teme también tener un aspecto que no esté a la altura de las exigencias sociales y empieza a sentir atracción sexual, por lo que las palabras, los objetos, los valores adquieren un significado sexual. Biológicamente ya está maduro para la reproducción y puede sentir temor o irse al otro extremo y tener relaciones sexuales, ya sea por curiosidad, presiones de sus compañeros, por diversión, para no sentirse solo, tener afecto, mostrar independencia, buscar autonomía o para comunicarse con calidez.

2. **Siente la necesidad de un nuevo concepto del yo y de una nueva identidad,** porque entra en un mundo que parece no estar hecho para él; se siente gran-

de para realizar algunas actividades y chico para otras. Al no encontrar su lugar, integra su propio grupo con personas iguales a él, con los mismos gustos y los mismos problemas. Sus sentimientos cambian y pueden variar mucho, desde sentirse mal, desesperarse, volverse muy susceptible, hasta sentir una alegría inmensa; desde buscar la soledad hasta tratar de relacionarse con muchas personas; desde la superficialidad hasta la preocupación por la vida. Trata de encontrarse a sí mismo y encontrar su camino en la vida; sueña despierto e imagina su futuro porque sabe que necesita encontrar un lugar en la sociedad. Busca relaciones amorosas inestables porque tiene miedo de perder la libertad que comienza a obtener. También se identifica con modelos y levanta ídolos que cambia con frecuencia.

3. **Siente la necesidad de hallar un nuevo significado a su existencia;** cambia su marco de referencia familiar por otro externo al hogar; el mundo de los valores y las ideas ahora debe ser otro; se pregunta sobre la religión y puede rechazarla o caer en el dogmatismo, lucha entre la rigidez moral y la búsqueda del placer; puede ir desde la sumisión a los patrones sociales hasta la rebeldía total.

4. **Necesita sentirse autónomo;** por ello se rebela contra la autoridad y necesita ponerse a prueba constantemente; tiene conflictos con sus padres porque por un lado quiere independizarse, pero por el otro desea seguir bajo su protección.

Conforme resuelve estos problemas se adapta al medio familiar y social.

La adolescencia es una etapa en la que el individuo puede caer en la **depresión** que se manifiesta en diferentes áreas: pérdida del apetito, insomnio, disminución de la libido o deseo sexual, fatigabilidad, sentimientos negativos hacia sí mismo y conductas destructivas (exponerse al peligro; por ejemplo, a la velocidad excesiva). Los fracasos escolares, los padres carentes de afecto o sumamente exigentes, y la falta de firmeza en el carácter del individuo pueden aumentar la depresión y ser la causa de problemas como el tabaquismo, el alcoholismo, la farmacodependencia, la prostitución y el suicidio.

> En muchas personas la edad cronológica no coincide con sus características biopsicosociales, por lo que es difícil distinguir cada etapa de la vida.

Edad adulta, climaterio y adulto mayor (tercera edad)

La **edad adulta** es aquella en la cual el individuo se incorpora a las actividades que implican un compromiso con la comunidad y en las que se ejerce, por tanto, una influencia clave para la dirección y el rumbo de cada sociedad.

El ingreso a la vida adulta es más temprano en el medio rural que en el urbano; sin embargo, el Código Civil para el Distrito Federal establece, en su artículo 646, que la mayoría de edad se alcanza cuando el individuo adquiere el derecho a voto, la posibilidad de administrar sus bienes y de comprometerse en matrimonio sin requerir el consentimiento de sus padres.

En esta etapa de la vida, el individuo debe definir su escala de valores y planear su vida como una afirmación de su autonomía; sin embargo, se pueden dar dos situaciones: el individuo cae en su generatividad; es decir, se dedica a crear, generar, experimentar sensaciones placenteras y ampliar su vida personal y social o, por el contrario, se estanca y se conforma.

En muchos individuos, la edad cronológica no corresponde con sus características biopsicosociales, por lo que es sumamente difícil distinguir esta etapa de la vida y las subsecuentes (hay personas jóvenes que semejan ancianos y ancianos que semejan jóvenes). Por otra parte, el envejecimiento es un fenómeno vital común a todos los seres vivos, que empieza a presentarse en algunas células desde el inicio de la vida; por ejemplo, en las células de la piel que se renuevan constantemente. Las células nerviosas del cerebro, aunque se empiezan a perder desde la infancia, manifiestan deterioro a edad avanzada.

Alrededor de los **30 años**, el individuo puede notar la aparición de las primeras canas y arrugas, que aumentarán con el irremisible paso del tiempo; su piel empieza a perder lozanía y poco a poco pierde su aspecto juvenil; sin embargo, el individuo trata de mantener su estatus afectivo, su ajuste marital y su estatus económico. En la mujer se incrementa el interés sexual; en cambio, en el hombre puede empezar a disminuir; por otra parte, al bajar la rapidez de su respuesta sexual, es capaz de proporcionar mayor placer a su pareja y prolongar su propio placer.

Alrededor de los **45 años**, la mujer puede pasar por una etapa difícil, el **climaterio**. Los ovarios ya no responden al estímulo que envía la hipófisis (pituitaria) y disminuye la producción de estrógenos y progesterona, se presenta la **menopausia** (cese de la menstruación), empieza a declinar la belleza juvenil, disminuye la turgencia de la piel, se pierde la firmeza de las formas del cuerpo, hay tendencia al aumento de peso, aparecen los llamados "bochornos", que consisten en oleadas de calor, y puede sufrir nerviosismo, irritabilidad o insomnio. Si se agrega el hecho de que por lo regular al mismo tiempo los hijos están atravesando por la adolescencia y empiezan a alejarse del hogar, y los padres se encuentran enfermos o fallecen, la mujer puede llegar a tener estados de angustia, reacciones depresivas, apatía, inestabilidad emocional y sentimientos de minusvalía.

Es conveniente que la mujer acuda al médico para que le practique un examen médico minucioso y le dé terapia de reemplazo hormonal (THR), que consiste en administrarle las hormonas que ya no producen los ovarios (estrógenos y progesterona).

A esta edad, el hombre se encuentra en la cumbre de su desempeño profesional, aunque se puede angustiar también al notar cambios en su potencia sexual.

A partir de esta etapa, las expectativas hacia el futuro pueden tambalearse, por lo que la higiene mental cobra gran importancia, al permitir que se revisen y se valoren críticamente, al hacer sentir a la pareja que se pueden desarrollar nuevas potencialidades, que la menopausia puede incrementar la libertad sexual al desaparecer el temor al embarazo y que es posible dedicar más tiempo a otras personas y a encontrar nuevas satisfacciones en los logros de los hijos.

La **tercera edad** o **etapa de madurez permanente** (adulto mayor) ha cobrado gran importancia en los últimos años, debido a que el progreso científico y tecnológico ha llevado a un aumento en la esperanza de vida. Día con día aumenta la cantidad de personas que sobrepasan los 60 años.

En la **vejez** se manifiestan con más notoriedad las enfermedades y los procesos degenerativos que se iniciaron desde años atrás: los huesos pierden calcio, va disminuyendo el sentido del oído, del gusto, del olfato, la lente (cristalino) del ojo pierde su capacidad de acomodación y hay dificultad para enfocar objetos a diferentes distancias; el pelo se adelgaza, aparecen manchas en la piel, los movimientos se vuelven torpes y se pueden sufrir accidentes con más facilidad, los vasos sanguíneos se endurecen, la digestión es más difícil, etc. En cuanto al funcionamiento cerebral, aunque va decayendo, no necesariamente todas las personas padecen psicosis seniles.

A pesar de que algunos hombres y mujeres han destacado por realizar actividades a edad avanzada, como Goethe, Miguel Ángel, Picasso, Kant, etc., la sociedad, empezando por la familia, margina a los individuos adultos mayores (de la tercera edad), se les interna en algún asilo o se les ignora porque se les considera "objetos inservibles", que ya dieron lo mejor de sí mismos, se

▶ **Figura 30.2** A pesar de que muchos hombres y mujeres han destacado a lo largo de la historia por haber realizado en su madurez grandes obras en todos los campos del saber humano, hoy los adultos mayores son marginados o excluidos por considerarse improductivos. Miguel Ángel pintó el célebre fresco *El juicio final*, de la Capilla Sixtina, a los 60 años de edad.

les asignan determinados días y lugares para pagarles una pensión mínima, se les niega la posibilidad de otro tipo de trabajo, se les considera improductivos, por lo que les sobra tiempo y no saben en qué ocuparlo, sobre todo en el caso del hombre que no colabora con el cuidado de los niños o en las labores domésticas. Además, se les reprime sexualmente, aun cuando deben y están en posibilidad de funcionar como pareja, pues aunque su respuesta sexual es lenta e incluso pueden haber problemas con la erección, se puede recurrir a la masturbación y a las caricias para expresar su sexualidad.

Las principales causas de mortalidad en personas de 65 y más años de edad son las enfermedades del corazón, los tumores malignos, la diabetes mellitus, las enfermedades que afectan los vasos sanguíneos del cerebro, las enfermedades pulmonares obstructivas crónicas, la cirrosis hepática, la influenza y neumonía, los accidentes, las deficiencias de la nutrición, la bronquitis crónica, el enfisema y el asma.

Muchas de estas causas de mortalidad se pueden prevenir con un estilo de vida adecuado o un diagnóstico temprano si el individuo se somete periódicamente a exámenes médicos, por lo que una tercera edad sana se debe cultivar desde la juventud. Hay personas mayores de 60 años que se encuentran en mejor estado de salud que algunas que tienen la mitad de su edad. Una dieta desequilibrada, falta de ejercicio físico, el tabaco y el alcohol contribuyen a la aparición de enfermedades propias de esta etapa de la vida.

Algo importante es la **jubilación**, por lo cual el individuo se debe preparar unos 10 años antes. Una vez jubilado, debe seguir practicando ejercicio, cuidar su alimentación y ejercitar su capacidad intelectual mediante actividades de esparcimiento; todo esto sin llegar a la fatiga.

La pérdida de la pareja puede significar el fin de toda una vida, de la propia existencia e incluso el fin del mundo al cual se pertenece, por lo que en esta etapa la higiene mental sigue ocupando un lugar muy importante. Es frecuente el suicidio, cuando la vida en este periodo puede ser productiva y feliz, ya que el individuo tiene más tiempo que el resto de la gente para destinarlo a actividades que antes no podía realizar por falta de tiempo. La tercera edad debe transcurrir en un mar de satisfacción personal que nace del haber vivido una vida plena, con experiencias ricas, enseñanzas, tristezas y alegrías; en esto influyen el entorno y las relaciones con personas más jóvenes o contemporáneas, los hábitos y las enfermedades que se hayan padecido.

La sociedad debe cambiar su actitud para dar a las personas adultas mayores (de la tercera edad) no sólo el derecho a vivir, sino a disfrutar de los nuevos años de libertad conquistados, a comportarse hasta el último momento en una forma adecuada, digna y feliz, tomando en consideración que si bien no son individuos sanos, sí se encuentran llenos de experiencias, de recuerdos y con una capacidad física y humana suficiente para seguir enfrentando la vida de una forma satisfactoria y productiva.

> Si se lleva una vida saludable desde la niñez se pueden superar los conflictos de cada etapa de la vida, así los adultos mayores deben disfrutar la vida hasta el último momento.

Actividades

1. Revisa el concepto de adolescencia.
2. Diferencia adolescencia de pubertad y coméntalo en el grupo.
3. Elabora un mapa conceptual de los cambios biológicos de la adolescencia para que se comenten en el grupo.
4. De igual manera, elabora un mapa conceptual de los cambios psicológicos de la adolescencia para comentarlos en el grupo.
5. Investiga qué artículo del Código Civil establece la mayoría de edad y qué derechos se adquieren. Coméntalo con el grupo.
6. Por equipos, analicen las características del adulto mayor (tercera edad) y de qué se enferma con mayor frecuencia.

7. Escribe un ensayo que se titule "Mi adolescencia" y léelo en el grupo.
8. Comenta con el grupo qué piensas sobre los adultos mayores y cómo te gustaría ser al llegar a esta etapa de la vida.
9. Actualmente en nuestra sociedad se presenta una tendencia a marginar a los adultos mayores, a los cuales se les niega el cariño y el respeto. Analicen junto con un profesor a qué se debe esta tendencia y reflexionen sus posibles soluciones a este problema

Capítulo 31

Estadística médica

La estadística médica permite conocer el comportamiento de las variables involucradas en la salud de una población, como la fertilidad, la natalidad, la mortalidad o la frecuencia de algún padecimiento.

Croxton y Cowden definen la estadística como "el método científico que se usa para recolectar, elaborar, analizar e interpretar datos respecto de características susceptibles de ser expresadas numéricamente, de un conjunto de hechos, personas o cosas".

Yule y Kendall afirman que la estadística es "el método científico que sirve para la elucidación de datos cuantitativos que se deben a muchas causas".

Mainland opina que "la estadística es el método científico que se ocupa del estudio de la variación".

La estadística cada vez adquiere mayor importancia en todos los campos de la actividad humana, y la medicina no es la excepción, ya que nos permite medir y expresar en números los hechos; es decir, conocer cuantitativamente todo lo concerniente a un fenómeno dado. Así pues, la estadística tiene como funciones colectar, presentar e interpretar información numérica; además, dicha información debe ser pertinente, comparable, confiable, completa y actualizada.

Método estadístico

El **método estadístico** es el conjunto de procedimientos desarrollados para ordenar y analizar los datos numéricos afectados por una o múltiples causas; proporciona las técnicas para llevar a la práctica aquellas etapas del método científico que requieren recolección y análisis de información. Idealmente, comprende las siguientes etapas: *planificación del estudio* y *ejecución*.

Planificación

La **Planificación** consiste en el establecimiento de un plan de investigación; en esta etapa es crucial pensar en forma ordenada lo que se va a realizar.

1. **Plantear los objetivos que se pretenden alcanzar**
Por lo general, se trata de interrogantes basadas en el problema que se intenta resolver. Pueden ser preguntas surgidas de una investigación anterior o bien hipótesis que se plantean con base en determinado fenómeno. La hipótesis se debe plantear y expresar con exactitud, especificando qué se quiere probar, cómo se va a resolver el problema, los pasos que se seguirán durante la investigación, la medición, el tiempo y los recursos con que se cuenta.

    Los objetivos tienen que ser claros y precisos, deben justificarse y expresar la importancia de su evaluación.

2. **Definir la población que se va a estudiar** Es decir, el conjunto de individuos (personas, animales o cosas) que constituyen los objetos de la investigación, llamados también unidades de observación.

3. **Procedimientos para recolectar la información** Se tiene que precisar si las fuentes de información son primarias; es decir, si la información se va a obtener por medio de encuestas o experimentos. Si la fuente de información es secundaria, se va a obtener en forma indirecta por medio de registros o publicaciones.

    Los experimentos son situaciones creadas de manera artificial en los que se controlan, hasta donde es posible, los distintos factores que pueden intervenir, y sólo se modifican una o unas de las pocas variables que intervienen, lo que permite estudiarlas.

    Las encuestas se pueden llevar a cabo mediante la recolección de los datos de toda la población, como sucede con los censos generales de población, o bien recolectando los datos de una parte de ella; esto recibe el nombre de *muestra*. Las encuestas son muy útiles a la salud pública; pueden hacerse por medio de cuestionarios o entrevistas personales, que recogen información más flexible.

    Si se elige una muestra, ésta debe ser representativa de la población total. Su tamaño se calcula con fórmulas matemáticas de acuerdo con lo que se quiere estudiar y con el error que se pueda tolerar; debe especificarse también su tamaño; es decir, cuántas unidades de observación contendrá y cómo se elegirán; generalmente se seleccionan en forma aleatoria.

4. **El procedimiento que se va a utilizar para el registro de los datos debe ser lo más uniforme, completo y exacto posible** Hay que especificar qué datos serán registrados, cómo, etcétera.

5. **¿Con qué se va a comparar?** En medicina es importante comparar los resultados experimentales de tratamiento, vacunas, características de las enfermedades, si hay relación entre causa y efecto, etc.; por ello, se necesita tener un grupo de individuos con los cuales comparar los resultados obtenidos. A éstos se les llama grupo testigo o de control; estos individuos deben tener características similares a las del grupo en estudio; por ejemplo, edad, sexo, condiciones ambientales, características y evolución de la enfermedad, etc. El tratamiento o el procedimiento sólo se realiza en el grupo de estudio y, cuando sea posible, no debe darse a conocer cuál es el grupo testigo y cuál el de estudio, con el fin de evitar tendencias de cualquiera de los investigadores al momento del estudio; a esto se denomina estudio ciego.

6. **Se debe especificar con qué recursos se cuenta y el tiempo disponible.**

Ejecución

La **ejecución** esta fase consiste en cumplir acuciosamente el plan de trabajo que se elaboró, el cual no debe ser modificado en estos momentos, salvo causas de fuerza mayor; consta de los siguientes pasos:

1. **Recolección de los datos a través de los procedimientos estipulados, primarios o secundarios**
2. **Elaboración de los datos**
    a) Revisar la información obtenida para tratar de descubrir y corregir errores.
    b) Clasificar y organizar los datos; aquí se toman en cuenta diferentes variables, que pueden ser:
    *   *tiempo*; si fueron datos por años, meses o días,
    *   *geográficos*; si fue por hospitales, países, clínicas, etcétera,
    *   *datos cualitativos*; si fue por sexos, edades, estado civil, etcétera,
    *   *datos cuantitativos*; si fue según peso y talla, ingresos, número de hijos, etcétera,
    *   *codificación de los datos*; en esta fase se les asigna claves o códigos a los datos para facilitar su procesamiento y análisis,
    *   *tabulación de los datos*; es decir, recopilarlos para obtener los resultados.
3. **Presentación de los datos** Una vez elaborado, el material se debe presentar en forma adecuada; esto se consigue con un párrafo del texto, con cuadros o gráficas; estas últimas se prefieren pues presentan de golpe la información; y pueden ser en forma de:

    *   barras unidas
    *   perfil de barras
    *   polígonos de frecuencia (unión por medio de líneas de los puntos medios de las barras)
    *   barras separadas
    *   barra sola
    *   gráfica circular (de pastel)
    *   barras combinadas
    *   histograma (es el dibujo de un número de observaciones en que cada unidad tiene un área igual sobre un eje que representa los intervalos del parámetro estudiado)

4. **Análisis e interpretación de los datos** Los estudios estadísticos pueden ser descriptivos o comparativos. En los primeros se resume la información haciendo hincapié en los aspectos más importantes.

    Los estudios comparativos sirven para buscar diferencias entre dos o más grupos y analizar las causas que expliquen estas diferencias; en este último caso se debe considerar que:

- las observaciones o el muestreo sean adecuados
- se usen en los estudios los mismos métodos de cálculo, estimación y exactitud
- se hayan establecido los mismos términos y las mismas definiciones
- que se hayan evitado prejuicios u opiniones preconcebidas antes de establecer alguna conclusión

5. **Conclusiones** Para elegir la investigación se deben estimar los objetivos. Se pueden hacer dos tipos de estudios:

- estudios descriptivos
- investigación explicativa

Estudios descriptivos En estos casos, el investigador simplemente observa los hechos. Los estudios también pueden ser transversales y longitudinales. En los estudios transversales se mide una sola vez la o las variables para medir las características de uno o más grupos de unidades en un momento dado; se pueden establecer valores normales; por ejemplo, el peso y la estatura en niños de cierta edad.

En los estudios longitudinales se observa al grupo de individuos, durante cierto tiempo, para relacionar luego el tiempo con las variables. A su vez, estos estudios se dividen en prospectivos y retrospectivos.

Son prospectivos cuando se inicia la investigación a partir de determinado momento y se van registrando periódicamente los fenómenos. En los estudios retrospectivos se analizan las características a partir del material que ya se tenía registrado.

Investigaciones explicativas Pueden ser experimentales; por ejemplo, para probar la eficacia de determinado medicamento. Son siempre longitudinales y de tipo prospectivo; tienen más utilidad, pero son más difíciles de realizar.

Para reducir la variabilidad de las características de los individuos hay que considerar sólo a los que estén en situación similar de edad, avance de la enfermedad, etcétera.

Para evitar la sugestión, los observadores, como se mencionó, no deben saber a qué grupo pertenecen los sujetos de estudio (ya sea al grupo de estudio o al grupo de control), pero además deben hacer sus observaciones en forma individual, y los instrumentos de medición deben estar bien calibrados.

Para evitar la pérdida de casos, se deben obtener y comprobar los datos proporcionados por los sujetos de estudio, sobre todo su domicilio, lugar de residencia y datos de familiares y amigos.

Estadísticas usadas en salud pública

Estadísticas demográficas Proporcionan información numérica sobre los diferentes sucesos ocurridos en una población, según:

- zona geográfica; este dato permite conocer la frecuencia y el tipo de enfermedades por regiones urbanas y rurales, así como la facilidad de transporte de que disponen los individuos para aprovechar los servicios de salud pública
- sexo y edad
- estado conyugal
- lugar de nacimiento y nacionalidad legal
- alfabetismo, nivel educacional
- actividad económica e ingresos
- el tipo de agrupación familiar
- idioma
- religión y otros

Estos datos generalmente se obtienen a través de los censos de población. Un censo de población es el proceso de colectar, recopilar y publicar los datos demográficos, económicos y sociales de los habitantes de un país o territorio en un tiempo específico. Los censos nacionales se realizan cada diez años, a la mitad del año, en el mismo día y en forma simultánea.

Estadísticas vitales Constituyen el registro de los acontecimientos biológicos que ocurren en la población, como nacimientos, defunciones, matrimonios, etcétera.

Los nacimientos se tienen que declarar en el Registro Civil y debe hacerlo el jefe de familia, el médico o la partera que atendió el parto.

Si un niño nace sin haber respirado después del parto o cesárea, se considera como nacido muerto o mortinato. La mortinatalidad mide las pérdidas de vidas potenciales antes del nacimiento.

El **registro de un nacimiento** indica que ha habido un embarazo y que va a influir en el crecimiento de la población.

Los **certificados de nacimiento** sirven también para establecer el registro de la paternidad, el derecho a la herencia, para comprobar la edad y para establecer prueba de ciudadanía.

Los **datos de la mortalidad** también se obtienen del Registro Civil. Cuando una persona muere se debe extender un certificado de defunción para que pueda ser enterrada o incinerada; este certificado es de suma importancia porque especifica, además de los datos referentes al nombre, el sexo, la edad, el domicilio, la

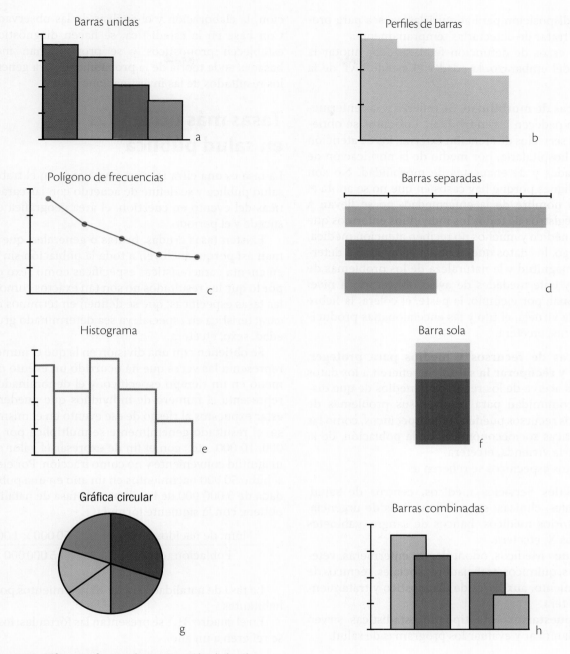

Figura 31.1 Diferentes formas de presentación de los datos.

ocupación, el lugar, la fecha y la hora del deceso, la causa que provocó la muerte, el tiempo que duró la enfermedad, la duración de la atención médica, el nombre de la enfermedad que produjo la muerte y las otras enfermedades que padecía.

La oms ha establecido una Clasificación Internacional de Enfermedades para uniformar los diagnósticos y que éstos sean completos; si se especifica el tipo de enfermedad, su localización, su grado de evolución,

etc., es posible utilizar los datos para planear los programas de salud y evaluar sus resultados. Por desgracia, en muchos casos no puede hacerse el diagnóstico adecuado, sobre todo cuando el individuo fallecido no recibió atención médica y se entierra sin que se haya practicado la autopsia.

Los certificados de defunción sirven además para cobrar pólizas de seguros o para orientar a la familia en casos de enfermedades hereditarias o en las que hay cierta predisposición para adquirirlas, ya sea para prevenirlas o tratar de detectarlas tempranamente.

En los casos de defunción fetal, se debe anotar la duración del embarazo, la edad y el estado civil de la madre.

Estadísticas de morbilidad Se refieren a las enfermedades que padecen los individuos. Los datos se obtienen de los servicios de atención externa, los de atención interna u hospitalaria, por medio de la notificación de enfermedades y de encuestas de morbilidad. No son muy fidedignas porque hay casos en que no se anota el verdadero nombre de la enfermedad, no se llevan a cabo los registros de todos los individuos enfermos que visitan al médico y muchos no reciben atención médica; sin embargo, los datos que se obtienen ayudan a determinar la magnitud y la naturaleza de los problemas de salud. Hay enfermedades de aviso obligatorio a nivel internacional; por ejemplo, la peste, el cólera, la fiebre amarilla, la viruela, el tifo y las encefalopatías producidas por virus, etcétera.

Estadísticas de recursos y medios para proteger, fomentar y recuperar la salud Se refieren a los datos numéricos acerca de los recursos o medios de que dispone la comunidad para resolver sus problemas de salud. Estos recursos pueden ser inespecíficos, como las características socioeconómicas de la población, de la familia, de la vivienda, etcétera.

Los datos específicos se refieren a:

a) **Materiales** Servicios médicos, centros de salud, hospitales, clínicas, servicios médicos de urgencia, laboratorios médicos, bancos de sangre, gabinetes de rayos X, etcétera.
b) **Humanos** Médicos, odontólogos, enfermeras, veterinarios, químicos, trabajadores sociales, técnicos de saneamiento, auxiliares de diagnóstico y tratamiento, etcétera.
c) **Presupuestarios** Este tipo de estadísticas sirven para planificar y evaluar los programas de salud.

Las atenciones son las prestaciones que se dan para promover, proteger, recuperar o rehabilitar la salud.

Los datos de este tipo de estadísticas se obtienen de los servicios de estadística y archivo clínico de las instituciones.

Las aplicaciones de la estadística en la medicina pueden ser las siguientes:

Proporcionar las técnicas para aplicar las reglas del método científico y aportar las técnicas para la recolección, la elaboración y el análisis de las observaciones. Con base en la estadística, se hacen diagnósticos, se establecen pronósticos y se proporcionan medidas basadas en la teoría de la probabilidad para generalizar los resultados de las investigaciones.

Tasas más utilizadas en salud pública

La tasa es una cifra relativa muy usada en el trabajo de salud pública y se define de acuerdo con las características del evento en cuestión, el área geográfica en que sucede y el periodo.

Existen tasas crudas, brutas o generales, que se llaman así porque incluyen a toda la población sin tomar en cuenta características específicas como sexo o raza, por lo que los resultados no son tan exactos como los de las tasas específicas, que se definen en términos de una característica en especial, ya sea determinado grupo de edad, sexo, etcétera.

Se obtienen con una división en la que el numerador representa las veces que ha ocurrido un evento o fenómeno en un tiempo específico, y el denominador, que representa el número de individuos que pueden o no estar expuestos al riesgo de ese evento en el mismo lapso; el resultado generalmente se multiplica por 100, 1 000, 10 000, etc., con el fin de expresar el valor en una magnitud conveniente y no como fracción. Por ejemplo, si hubo 50 000 nacimientos en un año en una población dada de 5 000 000 de habitantes, la tasa de natalidad se obtiene con la siguiente fórmula:

$$\frac{\text{Núm. de nacidos vivos}}{\text{Población total}} \times 1\,000 \quad \frac{50\,000 \times 1\,000}{5\,000\,000}$$

La tasa de natalidad será de 10 nacimientos por 1000 habitantes.

En el cuadro 31.1 se presentan las fórmulas; los datos se refieren a un año.

En Salud pública se usan tasas que son muy diversas: de mortalidad, morbilidad, letalidad, fertilidad, prevalencia, frecuencia, con todas sus variantes.

Cuadro 31.1 Tasas más utilizadas en salud pública

$$\text{natalidad general} = \frac{\text{Núm. de nacidos vivos}}{\text{Población total}} \times 1000$$

$$\text{mortalidad general} = \frac{\text{Defunciones en un área dada en un año}}{\text{Población en dicho lugar a mediados de año}} \times 1000$$

$$\text{mortalidad infantil} = \frac{\text{Defunciones de menores de un año en un área dada en un año}}{\text{Nacidos vivos en un año en dicho lugar}} \times 1000$$

$$\text{mortalidad perinatal} = \frac{\text{Muertes fetales (de 28 semanas o más) o defunciones de menores de siete días en un área dada en un año}}{\text{Nacidos vivos en un año en dicho lugar}} \times 1000$$

$$\text{mortalidad neonatal} = \frac{\text{Defunciones de menores de 28 días en un área dada en un año}}{\text{Nacidos vivos en un año en dicho lugar}} \times 1000$$

$$\text{mortalidad por edades} = \frac{\text{Defunciones de un grupo de determinada edad en un año}}{\text{Población de esa edad a mediados de año}} \times 1000$$

$$\text{mortalidad materna} = \frac{\text{Defunciones por causa de la maternidad en un área durante un año}}{\text{Nacidos vivos durante el mismo año}} \times 1000$$

$$\text{letalidad} = \frac{\text{Núm. de defunciones por una enfermedad x en una zona dada en 1 año}}{\text{Núm. de casos de la misma enfermedad de la misma zona en 1 año}} \times 1000$$

$$\text{fertilidad general} = \frac{\text{Núm. de nacidos vivos en 1 año}}{\text{Núm. de mujeres de 15 a 49 años}} \times 1000$$

$$\text{prevalencia} = \frac{\text{Núm. de enfermedades de una afección x existentes en una fecha dada en un área determinada}}{\text{Estimación de la población para la misma fecha en la misma área}} \times \begin{matrix} 100 \\ 1\,000 \\ 10\,000 \\ 100\,000 \end{matrix}$$

$$\text{fercuencia} = \frac{\text{Núm. de enfermos nuevos de una afección x aparecida en un tiempo dado en un área determinada}}{\text{Estimación de la población para la misma área para la mitad del periodo considerado}} \times \begin{matrix} 100 \\ 1\,000 \\ 10\,000 \\ 100\,000 \end{matrix}$$

Actividades

1. Revisa el concepto de estadística en otros libros de texto.
2. Elabora un mapa conceptual con las etapas del método estadístico para que en el grupo se comente cada una.
3. Discute en el grupo la diferencia entre un porcentaje y una tasa.
4. En el grupo analicen las tasas más utilizadas en salud pública.
5. En los capítulos 32 y 37 se pone al pie de muchos cuadros la palabra *tasa*, investiga por qué. Después investiga su definición en el libro.

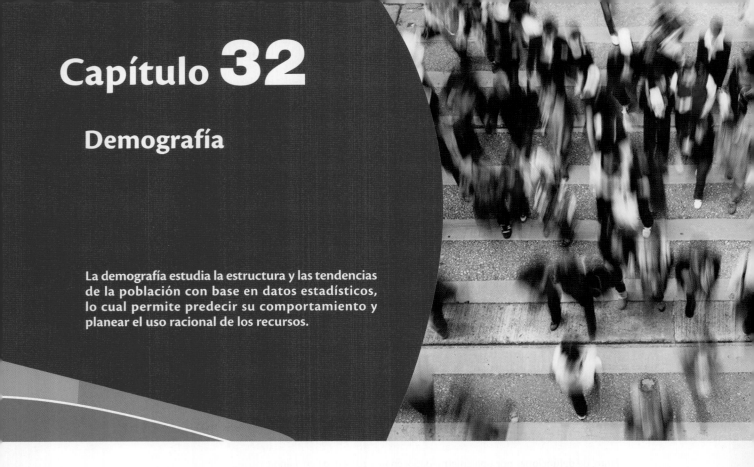

Capítulo 32

Demografía

La demografía estudia la estructura y las tendencias de la población con base en datos estadísticos, lo cual permite predecir su comportamiento y planear el uso racional de los recursos.

En el capítulo 3: "La medicina como ciencia natural y ciencia social. Aspectos multidisciplinarios de las ciencias de la salud" se expuso una pequeña introducción a este tema.

La **demografía** estudia las características de la población (composición, comportamiento y perspectivas en relación con la tecnología, la disponibilidad y el uso de los recursos naturales, la producción de alimentos, la ocupación, la extensión de la contaminación ambiental, etc.).

Población es el número de personas que vive en un lugar y tiempo determinados.

Lo importante en el estudio de una población es su composición y distribución por edad, sexo, raza, ocupación, educación, nivel socioeconómico, etc.; estos datos se obtienen por medio de los censos.

La palabra *censo* proviene de la palabra latina *census* con el significado de lista o padrón que confeccionaban los censores romanos cada cinco años, en el que dejaban constancia del nombre, la familia y los bienes de los ciudadanos; por medio del censo se determinaban las clases, las centurias (reclutamiento para el ejército) y los impuestos.

Las **tendencias de la población** las determinan las tasas de nacimiento, mortalidad, migración, densidad (número de habitantes por kilómetro cuadrado), salarios, costo de vida, educación, vivienda, alimentación, población femenina activa, etcétera.

En los países desarrollados prevalecen dos tendencias: por un lado, la población tiende a mantenerse *estacionaria*; es decir, aproximadamente 50% del total de las personas tiene entre 15 y 49 años; por el otro, también puede hacerse *regresiva*; o sea, cuando aumenta la proporción de personas de 50 años y más. En cambio, en los países subdesarrollados la población es *progresiva*, es decir, que hay muchos nacimientos, y la cantidad de habitantes entre 0 y 14 años es de casi 40% del total.

Una población puede hacerse regresiva o envejecer porque aumenta el porcentaje de ancianos; esto se debe a que disminuye la tasa de crecimiento, baja la tasa de mortalidad y se prolonga la vida media de la población.

Las tablas de vida se elaboran de acuerdo con un censo y con éste se sigue la duración de la vida de individuos nacidos al mismo tiempo, para determinar:

a) el número de individuos que sobreviven a una edad determinada,
b) el número de los que mueren en cada edad,
c) cuánto vivieron por término medio, etcétera.

Estos datos ayudan a obtener las *expectativas de vida*, que se refieren al promedio de años que le quedan de vida a una persona al cumplir cierta edad, o la probabilidad que tiene de vivir, tomando en cuenta los riesgos de morir dado el lugar en que nace y vive. También ayudan a obtener la vida media, que se refiere a la edad que por término medio alcanza la mitad de la población. La vida media al nacer corresponde a la expectativa de vida al nacimiento.

La industrialización favorece el aumento de la densidad en las zonas urbanas, y si bien por una parte hay un mejoramiento del nivel de vida, por la otra se presentan problemas de hacinamiento.

En los países en etapa de industrialización, como comunmente se conocen, hay migración de las zonas rurales a las ciudades, lo que modifica la composición de la población.

La **morbilidad** y la **mortalidad** van relacionadas con los cambios de la composición de la población; por ejemplo, en los países desarrollados son frecuentes las enfermedades crónicas y degenerativas que se presentan casi siempre en edades avanzadas (cuadros 32.1 y 32.2).

Teorías sobre población

En 1798, Thomas Robert Malthus escribió *Ensayo sobre el principio de la población y su efecto sobre el mejoramiento futuro de la sociedad*. Ahí afirmaba que la potencialidad de la población era mayor que la que poseía la tierra de producir medios de subsistencia para el hom-

Cuadro 32.1 Tasas de natalidad por cada 1000 habitantes por país, 1960-2002.

Área	Tasa					
	1960	1970	1985	1990	1995	2002
Argentina	23.7	21.2	21.0	21.0	20.3	19.0
Bolivia	28.1	17.8	43	37	36.4	30.5
Brasil	-	-	29	27	23.3	19.2
Canadá	26.7	17.4	14	15	14.2	10.9
Colombia	38.8	32.1	29	26	24	22.3
Costa Rica	46.9	33.3	28	29	26.3	21.9
Cuba	31.5	26.7	16	18	17.4	11.7
Chile	37.1	26.9	24	24	22.5	19.0
Dominica	47.1	35.3	29	-	26.0	17.3
Ecuador	47.3	37.8	35	32	29.7	23.2
El Salvador	49.5	40.0	36	35	33.5	25.3
Estados Unidos	23.7	18.3	15	16	15.9	12.8
Guatemala	48.9	40.9	41	41	38.7	34.2
Honduras	44.4	41.5	40	40	37.1	30.1
Jamaica	42.0	34.4	26	24	22.0	20.2
México	44.6	43.4	29	30	27.9	22.2
Nicaragua	45.3	42.2	42	44	40.5	32.2
Panamá	39.9	37.1	27	27	24.9	20.3
Paraguay	-	36.8	35	35	33.0	29.6
Perú	37.5	34.4	34	31	29.0	22.6
Puerto Rico	32.2	24.8	21	19	18.4	15.1
República Dominicana	36.3	40.1	31	31	28.3	23.3
Trinidad y Tobago	39.5	24.5	24	26	23.3	13.5
Uruguay	23.9	22.4	19	18	17.1	16.9
Venezuela	45.9	40.1	31	28	26.1	22.8
América del Norte	23.9	18.2	15	16	15.7	12.9
Mesoamérica	42.5	39.6	31	32	35.2	29.5
América del Sur	34.5	29.5	29	27	21.7	19.8

Tasas basadas en la población estimada por áreas de modificación. Fuente: *World Population*, 1992 (ONU), OPS *Las condiciones de salud en las Américas*, 1994, OPS, y *La salud en las Américas*, 2002, OPS.

Cuadro 32.2 Tasas de mortalidad por cada 1000 habitantes por país, 1960-2002.

Área	Tasa					
	1960	1970	1985	1990	1995	2002
Argentina	9.0	9.6	9	9	8.6	7.8
Bolivia	8.4	6.1	14	11	9.4	8.2
Brasil	-	-	8	8	7.4	7.0
Canadá	7.8	7.3	7	7	7.7	7.7
Colombia	11.9	8.5	7	6	6.0	6.4
Costa Rica	8.0	6.6	4	4	3.7	4.0
Cuba	6.3	6.3	7	6	6.7	7.2
Chile	12.3	8.6	6	6	6.4	5.7
Dominica	15.4	8.2	6	-	5.0	7.1
Ecuador	14.0	9.9	8	7	6.9	5.8
El Salvador	11.7	9.9	9	9	7.1	5.9
Estados Unidos	9.5	9.4	9	9	8.9	8.4
Guatemala	17.3	14.9	9	9	7.7	6.8
Honduras	9.7	7.9	8	8	7.2	6.5
Jamaica	8.8	7.3	6	7	6.2	5.7
México	11.2	9.9	6	6	5.5	5.1
Nicaragua	8.5	-	8	9	6.8	5.2
Panamá	8.3	7.1	5	5	5.2	5.1
Paraguay	10.5	9.8	7	7	6.4	5.1
Perú	11.4	8.2	9	9	7.6	6.2
Puerto Rico	6.7	6.6	7	7	6.9	7.8
República Dominicana	8.9	6.1	7	7	6.2	6.9
Trinidad y Tobago	8.0	6.8	6	7	6.2	6.0
Uruguay	8.7	9.2	10	10	10.3	9.3
Venezuela	7.5	7.0	5	5	5.3	4.7
América del Norte	9.4	9.2	9	9	8.8	8.3
Mesoamérica	10.4	9.2	6	6	6.7	6.0
América del Sur	10.4	8.6	8	8	8.0	7.2

Tasas basadas en la población estimada por áreas de modificación. Fuente: *World Population*, 1992, OPS, *Las condiciones de salud en las Américas*, 1994, OPS, y *La salud en las Américas*, 2002, OPS.

bre; que la población crecía en razón geométrica (1 – 2 – 4 – 8 – 16 – 32, etc.) mientras que los medios de subsistencia lo hacían sólo en razón aritmética (1 – 2 – 3 – 4 – 5 – 6, etc.) y que la tendencia de la población de crecer por encima de los medios de subsistencia disponibles era una causa de miseria. En su obra se expresaba mal de los pobres, por lo que escribió un segundo ensayo en el cual indica que podía haber alguna esperanza de mejora si los pobres posponían su matrimonio y el nacimiento de sus hijos hasta que estuvieran en condiciones de mantener a su familia.

Velhurst se opuso a Malthus al afirmar que el crecimiento de la población era regulado por los medios de subsistencia.

Marx y Engels atacaron a Malthus: Marx encomió a Malthus porque protestó contra la prolongación de la jornada de trabajo; sin embargo, señalaba que Malthus elaboraba sus conclusiones en favor de las clases gobernantes. Engels dijo que en cierto modo Malthus tenía razón al aseverar que siempre había más gente de la que se podía mantener con los medios de subsistencia de que se disponía.

Marx y Engels señalaron que Malthus no consideró el avance de la ciencia, que la capacidad de producción de que dispone la humanidad es ilimitada, que el capital, el trabajo y la ciencia podían potencializar hasta el infinito la capacidad de rendimiento de la tierra.

Situación demográfica en México

México ha experimentado índices de crecimiento económico, ha avanzado en su industrialización; pero el ingreso medio por habitante es bajo. La población económicamente activa en 2002 descendió a 55.27%; la mujer participa entre 19.8% y 39.7%, según la entidad federativa; la escolaridad ha aumentado a 90.5% en mayores de 15 años en el renglón de alfabetismo y los sistemas de seguridad social no son suficientes.

Las corrientes migratorias, además de indicar una redistribución de la población, muestran que hay desigualdad en el sistema económico del país.

En los últimos años se ha triplicado la población urbana, en parte debido a la migración del campo hacia la ciudad y por el crecimiento natural de la población (17 por mil). La tasa de urbanización es muy elevada.

El problema de la migración es que se dirige a unas cuantas ciudades. Entre 1960 y 1990, más de 50% de la migración tuvo como destino el área metropolitana de las ciudades de México, Monterrey y Guadalajara. En 1990, el Distrito Federal, Jalisco, Estado de México y Nuevo León albergaron a 32.5% de la población total.

Desde 1990 hasta 2000 hubo mayor migración a Baja California, Estado de México y Quintana Roo.

Respecto de la zona metropolitana de la Ciudad de México, el Conapo considera que está constituida por:

- La ciudad central, que comprende las delegaciones Benito Juárez, Cuauhtémoc, Miguel Hidalgo y Venustiano Carranza.
- Un primer contorno constituido por las delegaciones Azcapotzalco, Coyoacán, Cuajimalpa, Gustavo A. Madero, Iztacalco, Iztapalapa y Álvaro Obregón; así como por los municipios de Huixquilucan, Naucalpan, Nezahualcóyotl y Tlalnepantla, del Estado de México.
- Un segundo contorno lo integran las delegaciones Magdalena Contreras, Tláhuac, Tlalpan y Xochimilco; así como los municipios de Atenco, Coacalco, Cuautitlán Izcalli, Cuautitlán de Romero Rubio, Chimalhuacán, Ecatepec, La Paz, Tultitlán y Atizapán de Zaragoza, en el Estado de México.
- Un tercer contorno lo forman la delegación Milpa Alta y los municipios de Chalco, Chicoloapan, Chiconcuac, Ixtapaluca, Nicolás Romero, Tecámac y Texcoco.
- Un cuarto contorno lo representa el municipio de Chiautla.

En el 2000 se calcularon 17.8 millones de habitantes para el área metropolitana de la Ciudad de México.

En cuanto a las localidades rurales, en 1970 había 95 410 y en 2000 hubo 196 328. Al deteriorarse las condiciones del campo y al aumentar la población aumenta el desempleo; esto provoca que, alrededor de 50% de las personas que se dirigen de las zonas rurales a las urbanas, lo hagan con el objeto de buscar trabajo. Otras emigran hacia Estados Unidos.

Ha disminuido la mortalidad y, aunque la fecundidad ha descendido en menor grado, la tasa de crecimiento de la población, a pesar de haber bajado, aún es elevada en comparación con la de otros países, principalmente a expensas de la población urbana.

Esta dinámica ha traído como consecuencia:

- Aumento de la demanda en el sistema educativo.
- Aumento de las necesidades de alimentación, vivienda y atención para la salud.
- Aumento de la demanda de empleo.

Con base en esta dinámica se creyó que el problema podría solucionarse combinando la planificación familiar con el aumento de la productividad agrícola, la industrialización y el poder adquisitivo de las grandes masas trabajadoras.

Programas de paternidad responsable y planificación familiar

Las autoridades sanitarias han encontrado que a pesar de los embarazos seguidos, los niños desnutridos, los hijos de madres igualmente desnutridas, la carencia de recursos y la falta de atención médica adecuada, la población ha aumentado en muchos países de Latinoamérica, debido a que, pese a todo, han mejorado las medidas de salud pública con la consiguiente disminución de la mortalidad. Por otra parte, se sabe que la aplicación de los programas de planificación familiar ha disminuido el número de abortos inducidos (provocados) y, con esto, la mortalidad materna por esta causa. Argumentan también que al no haber concordancia entre el número de habitantes y los recursos materiales disponibles se provoca un retraso en el desarrollo social, cultural y económico de las naciones, y que si al mismo tiempo que disminuye el número de nacimientos se aumentan los recursos naturales con ayuda de la tecnología moderna, el futuro de las naciones se proyecta hacia la superación y que los recursos humanos y materiales para proporcionar atención médica eficaz pueden llegar con más facilidad a la población, disminuyendo la morbilidad y la mortalidad. En sus programas tienen también como objetivos respetar la vigencia del derecho humano que asegura que cada pareja pueda decidir libre y voluntariamente el número de hijos y la frecuencia para tenerlos; satisfacer las necesidades primordiales del ser humano como salud, alimentación, casa, vestido, educación, afecto paternal y facilitar la obtención de satisfactores secundarios para el núcleo familiar, así como promover que las fuentes de trabajo sean suficientes para toda la población. Cada hijo debe tener derecho a obtener de su medio todo lo necesario para su óptima formación (*véase* "Los derechos del niño").

Censo de población y vivienda

Los datos que se recogieron en el XII Censo de Población y Vivienda fueron los siguientes:

- Identificación geográfica
- Entidad federativa
- Municipio o delegación
- Clave del AGEB (Área Geoestadística Básica)
- Localidad
- Manzana
- Segmento
- Control de vivienda y cuestionarios
- Dirección de la vivienda
- Control de paquete (folio)
- Clase de vivienda

Una vivienda es un espacio delimitado normalmente por paredes y techos de cualquier material, con entrada independiente, que se utiliza para vivir; esto es, dormir, preparar los alimentos, comer y protegerse del ambiente. Se considera también cualquier espacio delimitado que en el momento del Censo se utilice para alojamiento, aunque haya sido construido para propósito distinto del de habitación (faros, escuelas, cuevas, bodegas, tiendas, fábricas o talleres).

La vivienda puede ser:

1. Particular Casa independiente, departamento en edificio, vivienda en vecindad, cuarto en azotea, local no construido para habitación, vivienda móvil o refugio.

2. Móvil

3. Colectiva Se destina al alojamiento de personas que por motivos de asistencia, salud, educación, religión, disciplina o servicio deben cumplir con reglamentos de convivencia y comportamiento, como hotel, pensión, casa de asistencia, hospital, orfanato, casa hogar, internado, convento, seminario, cárcel, campamento de trabajo, cuartel, albergue, campamento de refugiados, damnificados, burdel, etcétera.

- Nombre de los responsables (entrevistadores, etc.).
- Resultado de la validación.

Después se procede a investigar:

I. Características de la vivienda

1. **Paredes** Hay que anotar cuál es el material predominante de las paredes o muros: material de desecho, lámina de cartón, lámina de asbesto o metálica, carrizo, bambú o palma, embarro o bajareque, madera, adobe, tabique, ladrillo, block, piedra, cantera, cemento o concreto.

2. **Techos** ¿De qué material es la mayor parte del techo? Puede ser de material de desecho, lámina de cartón, lámina de asbesto o metálica, palma, tejamanil o madera, teja, losa de concreto, tabique, ladrillo o terrado con viguería.

3. **Pisos** ¿De qué material es la mayor parte del piso? Si el material es de tierra, cemento, mosaico u otros recubrimientos.

4. **Cocina** Si tiene un cuarto para cocinar y si también duermen en el cuarto donde se cocina.

5. **Número de cuartos** Se anota el número de cuartos que se usan para dormir, sin contar pasillos, y cuántos cuartos tiene, incluida la cocina, y sin contar el baño.

6. **Disponibilidad de agua** Se anota si disponen de agua entubada, de pipa, pozo, río, lago, arroyo u otra. En el caso de contar con agua entubada, se debe especificar si es dentro de la vivienda, fuera de ésta pero dentro del terreno, si es de llave pública o se lleva de otra vivienda.

7. **Dotación de agua** ¿Cuántos días a la semana llega el agua? ¿Llega todo el día o una parte del día?

8. **Servicio sanitario** Se especifica si la vivienda tiene excusado, fosa, letrina u hoyo negro.

9. **Uso exclusivo** ¿El servicio sanitario lo usan sólo las personas de esa vivienda?

10. **Conexión de agua** ¿El servicio sanitario tiene conexión de agua? ¿Le echan agua con cubeta? ¿No se le puede echar agua?

11. **Drenaje** Se investiga si la vivienda tiene drenaje o desagüe de aguas sucias conectado a la red pública, a una fosa séptica, a una tubería que va a dar a una barranca o grieta, a una tubería que va a dar a un río, lago o mar, o si carece de drenaje.

12. **Electricidad** Si hay luz eléctrica.

13. **Combustible** Se debe anotar el combustible más utilizado para cocinar: gas, leña, carbón, petróleo o electricidad.

14. **Tenencia** ¿La vivienda es propiedad de alguna persona que vive allí? ¿Está pagándose? ¿Está totalmen-

te pagada? ¿Está en otra situación? ¿Está alquilada? ¿Prestada?, etcétera.

15. **Antigüedad de la vivienda**
16. **Bienes de la vivienda** Si tiene radio o radiograbadora, televisor, videocasetera, reproductor de DVD, licuadora, refrigerador, lavadora, teléfono, calentador de agua, automóvil propio, computadora.
17. **Eliminación de basura** Si la basura la recoge un camión o carrito de basura, se deposita en un contenedor o depósito, se tira en la calle o baldío, barranca o grieta, se tira en el río, lago o mar o si se quema o entierra. ¿Cuántos días a la semana pasa el camión o carrito a recoger la basura?

II. Residentes, hogares y listas de personas

1. **Número de personas** ¿Cuántas personas viven normalmente en esa vivienda? Se incluyen niños, ancianos y sirvientes que duermen allí.
2. **Gasto común** ¿Todas las personas que habitan en esa vivienda comparten un mismo gasto para la comida?
3. **Número de hogares** ¿Cuántos hogares o grupos de personas tienen gasto separado para la comida?

Un hogar es la unidad formada por una o más personas, unidas o no por lazos de parentesco, que residen habitualmente en la misma vivienda y se sostienen de un gasto común para la comida, por lo que hay hogares familiares y no familiares. Si hay más de un hogar o grupo de personas, se aplica un cuestionario a cada hogar.

1. **Parentesco** Si es el jefe del hogar, esposo(a), compañero(a), hijo(a) u otro.
2. **Sexo** Si es hombre o mujer.
3. **Edad** Se anotan los años cumplidos.
4. **Lugar de nacimiento** Se anota si nació en ese estado, en otro estado o en otro país.
5. **Derechohabiencia** Si tiene derecho a servicio médico en el IMSS, ISSSTE, PEMEX, SDN o Secretaría de Marina.
6. **Tipo de discapacidad** Se investiga si la persona tiene dificultad para moverse, caminar, usar sus miembros superiores, oír, hablar, ver, si tiene algún retraso o deficiencia mental.
7. **Causa de la discapacidad** Si la discapacidad es de nacimiento, por alguna enfermedad, accidente, edad avanzada u otra causa.
8. **Usos de servicio de salud** Se anota el lugar donde atiende sus problemas de salud.
9. **Entidad o país de residencia en 1995** ¿En qué estado de la República o en qué país vivía la persona en 1995?

10. **Causa de emigración** Si fue a buscar trabajo, reunirse con la familia, cambió su lugar de trabajo, fue a estudiar, se casó o unió, por motivos de salud, violencia o inseguridad o por otra causa.
11. **Municipio de residencia en 1995** Se investiga el nombre del municipio o delegación.

En las personas de cinco años cumplidos o más se anota:

12. **Lengua indígena** Si habla algún dialecto o lengua indígena, ¿cuál?, y si habla también español.
13. **Alfabetismo** Si sabe leer y escribir un recado.
14. **Asistencia** Se pregunta si actualmente asiste a la escuela.

En las personas de 5 a 29 años se anota:

15. **Causa de abandono escolar** Si nunca ha ido a la escuela, no quiso o no le gustó estudiar, si faltó dinero o tenía que trabajar, si se casó o unió, si la escuela estaba muy lejos o no había, si su familia ya no lo(a) dejó o por ayudar en las tareas del hogar o porque terminó sus estudios.
16. **Escolaridad** ¿Hasta qué año o grado aprobó en la escuela?
17. **Antecedente escolar** ¿Qué estudios le pidieron como requisito para ingresar en la carrera (normal, técnica, comercial o profesional)?
18. **Nombre de la carrera**
19. **Religión** Si no la tiene, católica u otra.
20. **Pertenencia étnica** Si la persona es náhuatl, maya, zapoteca, mixteca o de otro grupo indígena.

En personas de 12 años cumplidos o más se anota:

21. **Estado conyugal** Si vive con su pareja en unión libre, está separado(a), divorciado(a), casado(a) o soltero(a). Si está casado(a), si es sólo por el civil, sólo religiosamente, o ambos.
22. **Condición de actividad** Se investiga si la semana pasada trabajó, tenía trabajo pero no trabajó, buscó trabajo, es estudiante, se dedica a los quehaceres del hogar, si es jubilado(a) o pensionado(a), si está incapacitado(a) permanentemente para trabajar o no trabaja.
23. **Verificación de actividad** En relación con la pregunta anterior, se anota si además ayudó en un negocio a un familiar, vendió algún producto, elaboró algún producto para vender, si ayudó trabajando en el campo o en la cría de animales, o a cambio de un pago realizó otro tipo de actividad.
24. **Ocupación u oficio** Se anota qué hizo en su trabajo la semana pasada y el nombre de la ocupación, el oficio o el puesto.

25. **Situación en el trabajo** Se anota si la semana pasada fue empleado, obrero, jornalero, peón, patrón, trabajador por su cuenta o trabajador sin pago en el negocio o predio familiar.

26. **Prestaciones laborales** Se anota si por su trabajo recibe vacaciones pagadas, aguinaldo, reparto de utilidades, servicio médico y ahorro para la jubilación.

27. **Horas trabajadas** La semana pasada, ¿cuántas horas trabajó?

28. **Ingresos por trabajo** Se anota cuánto gana.

29. **Actividad económica** Se anota dónde trabajó la semana pasada (campo, fábrica, taller mecánico, etc.) y a qué se dedica el negocio, la empresa o el lugar donde trabajó.

30. **Lugar de trabajo** Se anota el municipio, la delegación, el estado o país.

31. **Otros ingresos** Se anota cuánto dinero recibe y si es por jubilación o pensión, ayuda de familiares desde otro país, ayuda de familiares dentro del país, Procampo, Progresa, becas, renta o intereses bancarios.

En las mujeres de 12 años cumplidos o más se anota:

32. **Número de hijos** Se anota cuántos os(as) nacieron vivos.

33. **Hijos fallecidos** De las hijas e hijos que nacieron vivos, ¿cuántos han muerto?

34. **Hijos sobrevivientes** ¿Cuántos de los hijos e hijas viven actualmente?

35. **Fecha de nacimiento** ¿En qué mes y año nació la última hija o hijo nacido vivo?

36. **Sobrevivencia** ¿Vive actualmente esta última hija o hijo?

37. **Edad al morir** Si no vive, ¿qué edad tenía cuando murió?

II. Migración internacional

1. **Condición de emigración internacional** Durante los últimos cinco años, ¿alguna persona que vive o vivía con usted(es) en este hogar se fue a vivir a otro país?

2. **Número de personas** ¿Cuántas personas?

3. **Personas migrantes** Anote el nombre de las personas que se fueron a vivir a otro país en los últimos cinco años.

4. **Condición de residencia** Cuando se fue la última vez, ¿vivía con ustedes?

5. **Sexo** Es mujer u hombre.

6. **Edad** ¿Cuántos años cumplidos tenía cuando se fue la última vez?

7. **Lugar de origen** Anotar en qué estado de la República vivía cuando se fue la última vez.

8. **Fecha de emigración**

9. **País de destino** ¿A qué país se fue?

10. **País de residencia** ¿En qué país vive actualmente?

11. **Fecha de retorno** ¿En qué mes y año regresó a la República Mexicana?

Actividades

1. Si tu escuela y tus padres lo permiten, participa en un censo de población o por equipos. Hagan un simulacro.

2. Analiza los programas de paternidad responsable y planificación familiar de tu colonia o comunidad. ¿Son eficaces? ¿Deben eliminarse? ¿Cómo se pueden mejorar, en caso necesario? Comenta tus ideas con el grupo y juntos hagan una nueva propuesta que a su juicio sea la más completa.

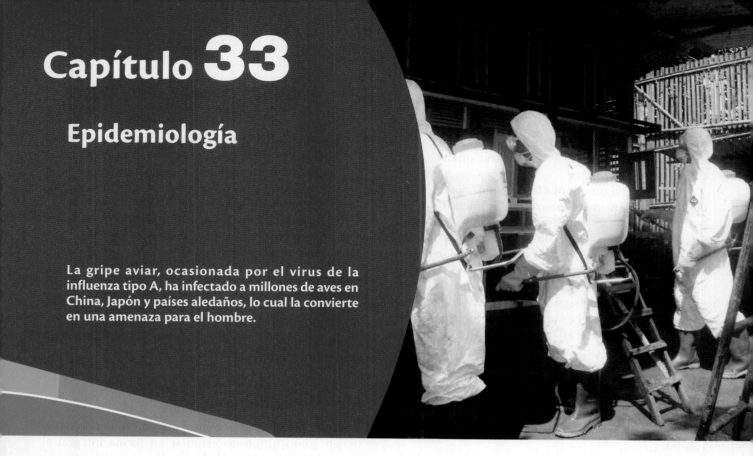

Capítulo 33

Epidemiología

La gripe aviar, ocasionada por el virus de la influenza tipo A, ha infectado a millones de aves en China, Japón y países aledaños, lo cual la convierte en una amenaza para el hombre.

El término **epidemiología** proviene del griego *epi*: sobre, *demos*: pueblo, y *logos*: tratado o estudio. Existen muchas definiciones de epidemiología:

Mac Mahon afirma: "Epidemiología es el estudio de la distribución de la enfermedad y de las determinantes de su prevalencia en el hombre."

Hirsh la define como: "La ciencia que se ocupa de la frecuencia, distribución y tipo de las enfermedades infecciosas en diferentes puntos de la Tierra y en diversas épocas y que, al mismo tiempo, estudia las relaciones del hombre y del ambiente que lo rodea."

Frost dice: "La epidemiología es la ciencia que estudia los fenómenos que la enfermedad provoca en una gran masa de población, tanto en sus formas usuales o endémicas, como en su carácter epidémico."

Gordon la define como: "El estudio de la enfermedad como fenómeno colectivo o de la masa", o también como: "Un amplio método biológico aplicable a toda enfermedad que envuelva a grupos humanos".

Para Maxcy: "La epidemiología es la rama de la ciencia médica que estudia las relaciones entre los diversos factores y las condiciones que determinan la frecuencia y distribución de un proceso infeccioso, una enfermedad o un estado fisiológico, en una comunidad humana."

La epidemiología permite hacer el diagnóstico de salud o de enfermedad en una comunidad; además, investiga las causas que llevan a la enfermedad para planear medidas preventivas.

Antecedentes históricos

Hipócrates fue el primero en establecer que la enfermedad tenía relación con el medio ambiente; esto sucedió hace 2400 años.

En 1662, John Graunt aportó métodos a la epidemiología para medir cuantitativamente los fenómenos. Luego, en 1839, William Farr hizo estudios relacionados con la mortalidad en diferentes lugares de trabajo y según los distintos estados civiles. En 1849, John Snow demostró que el cólera se propagaba por medio del agua contaminada con materia fecal.

Ha habido numerosos investigadores que hicieron experimentos con seres humanos: en 1747 Lind administró fruta fresca a las personas que tenían escorbuto (enfermedad que se presenta cuando falta vitamina C en la alimentación). En 1796 Jenner aplicó la vacuna contra la viruela. En 1811 Finlay demostró que un mosquito transmitía la fiebre amarilla, lo que verificaron en 1900 Reed y colaboradores. En 1915 Goldberger logró provocar pelagra, una enfermedad producida por la carencia de vitamina B_5, al administrar una dieta deficiente en esta vitamina.

Hasta hace algunos años los estudios epidemiológicos se utilizaban en las enfermedades infecciosas; pero en la actualidad se emplean tanto para enfermedades infecciosas como para las no infecciosas, por ejemplo: diabetes, cáncer, enfermedades cardiovasculares, abortos, accidentes, etcétera.

La epidemiología está muy relacionada con la clínica. El clínico hace el diagnóstico del individuo con base en el interrogatorio, el examen físico y los exámenes de laboratorio y gabinete; en ocasiones considera los datos epidemiológicos para hacer su diagnóstico. El epidemiólogo, a su vez, para emprender un estudio, parte de los casos notificados por el clínico, hace su diagnóstico epidemiológico y determina las medidas que deben aplicarse a la comunidad; por ejemplo, ante un caso de viruela habrá necesidad de vacunar a los individuos susceptibles.

La epidemiología puede ser:

1. **Descriptiva** Relata hechos o fenómenos que se recogen, sin explicar sus causas. Describe las características de la enfermedad en la comunidad:
   a) Cómo se distribuye en el lugar; es decir, en qué zonas o países se presenta.
   b) Cómo se distribuye en el tiempo, según la estación, los días de la semana, las horas del día, etcétera.
   c) Cómo se distribuye en las personas de acuerdo con la edad, el sexo, la raza, el estado civil, la ocupación, la escolaridad, el nivel socioeconómico, la religión, los hábitos de vida, el grado de nutrición, el tiempo de exposición al riesgo, etcétera.

2. **Analítica** Además de describir los datos, trata de explicar su frecuencia y distribución, así como las condiciones que permitieron que se presentara. El fenómeno se explica a partir de estudios comparativos o combinando el método experimental. Si se desea comparar, la explicación del fenómeno se realiza a partir de un hecho ocurrido investigando los antecedentes del fenómeno que se está estudiando; a este estudio se le llama *retrospectivo* o *transversal*. También es posible comparar por medio de un estudio *prospectivo* o *longitudinal*; éste se lleva a cabo a medida que ocurre; es decir, se va siguiendo la evolución de los casos expuestos a determinado acontecimiento; por ejemplo, para observar la frecuencia de cáncer pulmonar en las personas que fuman.

3. **Experimental** Puede ser planeada o accidental y llevarse a cabo en animales o en seres humanos. Cuando se planea la observación de un hecho, ya sea reproduciéndolo o haciendo alguna modificación, es necesario plantear una hipótesis respecto de la causa y el efecto. Para esto se necesita utilizar un grupo "testigo" y un grupo en observación que debe ser representativo. Este tipo de estudio no siempre se puede llevar a cabo en seres humanos porque se tiene que considerar la ética profesional y contar con un gran número de individuos que estén dispuestos a cooperar; sin embargo, la hipótesis puede ser válida para evaluar algunas medidas de prevención, como las vacunas, o para evaluar medidas de control.

En realidad, las tres constituyen fases del **método epidemiológico**.

Método epidemiológico

Tanto la epidemiología como el método epidemiológico tienen como propósito estudiar en forma integral el proceso salud-enfermedad: distribución del proceso salud-enfermedad en la población, los factores que determinan o intervienen en su presentación y distribución, con el fin de encontrar conocimientos técnicos para la eliminación o el control de las enfermedades en una comunidad. Por ello es necesario recurrir a las ciencias biológicas y sociales, además de evitar la separación de la epidemiología descriptiva, la analítica y la experimental.

Etapas y procedimientos del método epidemiológico.

1. **Identificación del problema** Se estudia la frecuencia del proceso salud-enfermedad y se compara en diferentes poblaciones de acuerdo con la epidemiología descriptiva. La observación puede ser: a) directa, según se vayan presentando los casos, o b) indirecta, cuando se utiliza la información registrada o procedente de la bibliografía.

   En esta etapa se obtienen, organizan y evalúan los datos sobre quién, dónde y cuándo se presenta determinada enfermedad (epidemiología descriptiva y epidemiología analítica).

2. **Formulación de la hipótesis** Se deben examinar con anterioridad las hipótesis existentes, formular nuevas hipótesis, tratando de establecer relaciones entre los posibles factores causales y su relación para solucionar el problema y aceptar las nuevas hipótesis.

   Un estudio epidemiológico demanda analizar las hipótesis existentes, formular nuevas hipótesis y buscar hechos que permitan aceptar las nuevas hipótesis.

En una hipótesis epidemiológica se deben especificar:

a) las características de la población;
b) la causa que se va a estudiar;
c) el efecto esperado;
d) la relación entre la causa y el efecto;
e) el tiempo necesario para que la causa produzca el efecto.

En caso de que se desconozcan las causas de enfermedad, es preciso averiguar todas las alteraciones que ésta produce, así como las circunstancias en que ocurre.

3. **Evaluación de la hipótesis**
   a) Se deben eliminar las hipótesis que no explican los hechos o que los invalidan.
   b) Comprobación de la hipótesis epidemiológica. Tiene como finalidad demostrar la asociación entre la causa supuesta y la enfermedad; esto se puede hacer de dos maneras:
   - Mediante la experimentación, cuando es posible.
   - Por medio de la observación comparativa (epidemiología analítica), cuando es imposible la experimentación. Este estudio puede ser prospectivo o retrospectivo.

4. **Reconstrucción científica** Las hipótesis no eliminables y las verificadas se incorporan al cuerpo de conocimientos.

Expresiones de uso frecuente en epidemiología

Algunas expresiones, como agente causal, huésped, reservorio, mecanismo de transmisión, frecuencia, prevalencia, se explicaron en capítulos anteriores. Hay otras importantes:

Enfermo clínico Es aquel que presenta signos y síntomas de la enfermedad. Su importancia en epidemiología es que si se trata de una enfermedad infecciosa, puede transmitirla aun antes de que ésta se manifieste; por ejemplo, en el caso del sarampión.

Enfermo subclínico Es el individuo que presenta signos y síntomas mínimos de la enfermedad, por lo que rara vez se hace el diagnóstico, a no ser que se sospeche y se confirme por medio de exámenes de laboratorio.

Infección inaparente Es aquella que se presenta en un individuo que se siente bien, pero que tiene en su orga-

nismo algún agente patógeno o anticuerpos. Tanto el enfermo subclínico como el individuo que tiene infección inaparente son muy importantes para la epidemiología porque diseminan los agentes causales de la enfermedad y se diagnostican en pocas ocasiones.

Caso índice Es el primer caso que llama la atención en una investigación. Puede ser primario o secundario, pero es el primero que se notifica ante las autoridades sanitarias y puede llevar hacia el foco de infección.

Foco de infección Es el núcleo de donde se disemina la infección; puede ser un núcleo familiar, un establecimiento o un área geográfica.

Fuente de infección Es la persona, objeto o sustancia de la cual el agente infeccioso pasa inmediatamente al huésped. Si la transmisión se hace directamente del reservorio al huésped, el reservorio es la fuente de infección.

Caso primario Es el primer caso que se presenta en un brote epidémico que da origen a infecciones en otros individuos.

Caso secundario Es aquel que se contagió del caso primario.

Caso coprimario Es el que se presenta después del caso primario, pero dentro de un periodo menor al de incubación; por ejemplo, si la enfermedad tiene un periodo de incubación de diez días, el caso coprimario se presenta antes de este tiempo, por lo que no se pudo haber contagiado del caso primario.

Tasa de ataque Se refiere al número de casos que sufren determinada enfermedad en el curso de un brote epidémico sobre la población que está expuesta a adquirir la enfermedad. A diferencia de la tasa de morbilidad, que se refiere a un año, la tasa de ataque se refiere al tiempo que duró el brote primario.

Epidemia o brote epidémico Este término se utiliza cuando se presenta un número de casos de determinada enfermedad fuera del acostumbrado, en determinado tiempo y en determinada región.

Endemia Se refiere al número más o menos constante de casos de determinada enfermedad a través de los años; por ejemplo, en México son enfermedades endémicas la tifoidea y las enfermedades diarreicas.

Pandemia Es una epidemia que alcanza grandes extensiones geográficas en forma casi simultánea.

Caso esporádico Se refiere a casos que aparecen rara vez en una población.

Epizootia Se refiere al aumento del número de casos de una enfermedad que afecta a los animales de determinada región en cierto periodo.

Enzootia Es la presencia de casos más o menos constantes de determinada enfermedad a través de los años, pero que ocurre en animales.

Portador Es todo individuo que lleva en su organismo algún agente patógeno y lo elimina, pero no está enfermo. Es muy importante para la epidemiología porque puede transmitir los agentes patógenos a otras personas.

Huésped susceptible Toda persona o animal que está expuesto a contraer la enfermedad si se pone en contacto con el agente patógeno.

Objetivos de un estudio epidemiológico

1. **Identificar el problema y buscar la causa;** es decir, el tipo de agente, la probable fuente de origen, así como el mecanismo de transmisión.
2. **Indicar la magnitud del problema en la población;** es decir, si se trata de un caso esporádico, un brote epidémico o un problema endémico, cuáles son los grupos de población afectada por sexo, edad, actividad, etc., y las tasas de incidencia, prevalencia, letalidad y mortalidad (véase el capítulo "Estadística médica").
3. **Ubicar el problema en tiempo y espacio;** es decir, la fecha de inicio, su variación en las estaciones del año, la zona afectada, los locales afectados (un hospital, una escuela, una fábrica, etcétera).
4. **Precisar las condiciones que favorecen su presentación,** como la situación socioeconómica, el estado de nutrición, etcétera.
5. **Recopilar los antecedentes del problema** revisando en archivos y publicaciones.
6. **Establecer un pronóstico epidemiológico,** con el objeto de valorar causas, efectos, reservorios, portadores, cálculos de causas con secuelas (consecuencias), de posibilidades de limitación del problema.
7. **Establecer un programa de actividades para controlar el problema.**

Usos de la epidemiología

1. Al conocer los antecedentes de determinada enfermedad en una comunidad puede predecirse su comportamiento futuro.

2. Investigación de enfermedades en la población, sobre todo de los grupos más expuestos; por ejemplo, cuando se toman radiografías de tórax a las personas que trabajan en sitios donde hay gran cantidad de gases tóxicos.
3. El diagnóstico epidemiológico indica la presencia de salud o enfermedad en la comunidad. En caso de enfermedad se puede saber si se trata de un caso esporádico, un brote epidémico o un problema endémico, cuál es el origen de la enfermedad, cómo se transmite y su repercusión en la comunidad (cuáles son los grupos más afectados y qué características tienen).
4. Estimación de las probabilidades que tiene cada individuo de enfermarse.
5. Ayuda a completar o modificar el conocimiento de las características de las enfermedades.
6. Investigación de las causas que llevan a la salud o la enfermedad para planear medidas preventivas.
7. Permite la evaluación de los resultados de algún tratamiento, de alguna campaña de vacunación o cualquier actividad de los programas de salud pública que se estén realizando.
8. En estudios experimentales permite investigar la efectividad de algunos tratamientos.

Actividades

1. En equipos, escriban en cartulinas las definiciones de *epidemiología* y discútanlas en el grupo.
2. En la actualidad se utiliza en el estudio de enfermedades no infecciosas. Investiga algunas.
3. Elabora un mapa conceptual de los tres tipos de Epidemiología y el grupo completará las características de cada una.
4. Elaboren cartulinas cada una con una infección frecuente, sin poner el nombre para que el grupo las identifique.
5. ¿Por qué se habla de la pandemia del sida y no de una epidemia? ¿En qué basan las autoridades sanitarias sus aseveraciones? Discute el tema con el grupo.
6. Realicen en el laboratorio una práctica con muestras fijas de diferentes bacterias para conocer sus bases epidemiológicas.

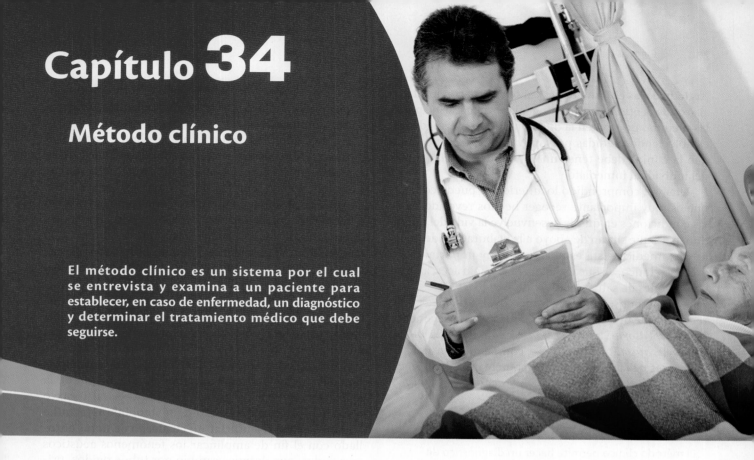

Capítulo 34

Método clínico

El método clínico es un sistema por el cual se entrevista y examina a un paciente para establecer, en caso de enfermedad, un diagnóstico y determinar el tratamiento médico que debe seguirse.

El método clínico es una forma de pensamiento aplicada al individuo sano o enfermo con el objeto de establecer un diagnóstico y, en caso de enfermedad, fundamentar un pronóstico e instituir un tratamiento para que el individuo pueda recuperar su salud.

El **diagnóstico** es la identificación de la enfermedad con base en los signos y síntomas; el **pronóstico** se refiere al juicio más o menos hipotético acerca de la evolución y terminación probable de la enfermedad; el **tratamiento**, que recibe el nombre de *terapéutica*, puede ser físico, psíquico, farmacológico, quirúrgico o la combinación de ellos.

Es preciso recordar que en estado de salud el individuo se encuentra en equilibrio con los posibles agentes causales de enfermedad y el medio ambiente; este último, con sus constantes variaciones, ejerce sobre el individuo una serie de acciones que tienden a romper dicho equilibrio, por lo que el individuo se ve obligado a realizar una serie de funciones de reajuste que, dentro de ciertos límites, tienden a conservarlo, pero este equilibrio es inestable, por lo que al perderse pueden presentarse dos hechos:

a) el individuo lucha por restablecer el equilibrio y se manifiesta la enfermedad.

b) el individuo cesa en su lucha y se presenta la muerte.

Cuando el individuo lucha para restablecer el equilibrio cambian sus funciones y luego puede modificarse su estructura.

Las **manifestaciones reveladoras** del estado de lucha del organismo ante las agresiones se conocen con el nombre de síntomas y signos, y pueden indicar alteración funcional o anatómica.

El **síntoma** es subjetivo, el paciente dice lo que siente; en cambio, el **signo** es objetivo, el médico lo reconoce. Varios síntomas, signos, o ambos, se pueden presentar estrechamente unidos constituyendo un **síndrome**; por ejemplo, el *síndrome febril*, que se caracteriza por signos como aumento de la temperatura corporal, elevación de la frecuencia del pulso y la respiración, incremento de la concentración de la orina, etc.; como síntomas puede haber malestar general, debilidad, cansancio, etc., y se puede presentar en muchas enfermedades.

Emitir un diagnóstico requiere dominar la anatomía y la fisiología normales, pues de lo contrario es imposible saber cuándo está alterado algún órgano. Se necesita conocer la **etiología**; es decir, las causas que producen la enfermedad y la patogenia, o sea, la forma en que estas causas obran para alterar la salud. Con el fin de que la clínica sirva también para evitar la difusión de las enfermedades y establecer las bases de la **patología** (tratado de las enfermedades), si se cuenta con los datos acerca de la etiología y la patogenia, es necesario aplicar las medidas que eviten la difusión de las enfermedades, estableciendo medidas preventivas adecuadas; de aquí que la clínica debe tener un contenido social, además del individual inmediato.

Una vez comprendido lo anterior, se puede concluir que es muy importante recoger hechos reveladores de las condiciones en que se desenvuelve la vida del individuo, para que sirvan de apoyo a la elaboración del diagnóstico médico. Ésta es una parte muy importante del método clínico, ya que establecerá el juicio acerca de las condiciones de salud del individuo.

Los métodos, los procedimientos, las técnicas o los recursos que utiliza el método clínico son, básicamente, el *interrogatorio*, la *inspección*, la *palpación*, la *percusión* y la *auscultación*, que se complementan con los exámenes de laboratorio y de gabinete cuando es necesario.

> El método clínico permite hacer un diagnóstico de salud o de enfermedad.

Con excepción de los exámenes de laboratorio y de gabinete, los demás procedimientos son conocidos desde épocas muy remotas.

En la antigüedad, el médico guiaba sus diagnósticos en gran parte con lo que le relataba el paciente y con lo que encontraba escrito en libros sobre casos semejantes, pero obtenía datos objetivos muy escasos mediante el examen visual.

Hipócrates fue el primero que buscó las leyes que regían las reacciones del organismo frente a las fuerzas de la naturaleza, experimentó los hechos y anotó los resultados, los estudió tanto en estado normal como de enfermedad. La base de sus conocimientos estribó en la observación directa del paciente; pero sus descripciones de las enfermedades fueron verdaderas historias clínicas en las que relataba no sólo la actitud del paciente, o su facies, sino también los ruidos, los olores y los movimientos. Posteriormente describió los signos que podían recogerse por la inspección, por la palpación y aun por auscultación. Él ya buscaba la relación entre el origen de la enfermedad con el pronóstico y el curso de la misma.

En el siglo II de nuestra era, Galeno demostró ser, entre otras cosas, un buen clínico; afirmaba que era necesario estudiar los síntomas y que por el examen

físico se debía encontrar el órgano enfermo; dio gran importancia al pulso y trató de reconocer las enfermedades simuladas.

A mediados del siglo XVIII, la clínica cambió al difundirse dos descubrimientos fundamentales de la exploración médica: el primero de éstos fue la percusión, descubierta por Leopold Auenbrügger en 1762, después de observar en una cervecería cómo era posible determinar, golpeando los barriles y percibiendo las diferencias de sonido, cuál y hasta qué nivel tenían de contenido. Auenbrügger escribió un libro sobre percusión; sin embargo, la difusión de este método se debió a Nicolás Corvisart, quien fue médico de Napoleón y tenía gran influencia en los establecimientos científicos franceses. El segundo descubrimiento fue la auscultación, que se basa en el conocimiento y la aplicación al cuerpo humano de las variaciones acústicas observadas en los recipientes sólidos o llenos de gas o de sustancias líquidas. Se llevó a cabo inicialmente por medio de la aplicación directa del pabellón de la oreja al tórax o abdomen por explorar, pero René Teophile Hyacinthe Laënnec empezó a utilizar un cuaderno de notas enrollado con el fin de amplificar los fenómenos acústicos percibidos, que después cambió por tubos rígidos, primero de madera y después metálicos, que son los más remotos antecedentes del estetoscopio que conocemos en la actualidad.

Al finalizar el siglo XIX, el médico utilizaba además el termómetro clínico (Traube, Wunderlich y Lorain), el oftalmoscopio (Helmholtz) para estudiar el fondo del ojo, el laringoscopio para estudiar el interior de la laringe (Manuel García), el esfigmómetro para tomar la presión arterial (Potain, Riva-Rocci), el polígrafo para conocer el sistema circulatorio (Mackenzie), los rayos X (Roentgen) y algunos métodos de laboratorio, que permitían elaborar con más precisión un diagnóstico. Todos estos métodos se encuentran en plena evolución y cada día se perfeccionan más; todos tienen su indicación, todos son útiles y se complementan unos a otros: lo que un método pone de manifiesto, otro lo confirma o viceversa; lo que uno no encuentra, otro lo descubre.

Procedimientos o métodos de exploración clínica

I. Interrogatorio o anamnesis

El interrogatorio o anamnesis es la primera parte de la exploración clínica; consiste en hacer al paciente o a terceras personas una serie de preguntas lógicas y ordenadas con el fin de investigar hechos, circunstancias y datos referentes al presente y pasado de la salud o de la enfermedad, tanto del individuo como de sus familiares.

Este método es difícil de llevar a cabo puesto que implica no sólo la habilidad mental para formular preguntas, sino conocimientos fundamentales de patología clínica y terapéutica. La persona que va a llevar a cabo un interrogatorio deberá utilizar la inteligencia, el raciocinio y la palabra; deberá tener el criterio para ser breve cuando se trata de un herido, tener paciencia si se está ante un anciano, prudente y precisa cuando está ante una mujer, etcétera.

El interrogatorio puede ser *directo* o *indirecto*:

Interrogatorio directo es cuando el clínico se dirige al paciente; es el más ilustrativo puesto que el paciente mismo explica sus síntomas y la evolución de su enfermedad.

Interrogatorio indirecto es aquel que se hace a terceras personas porque las condiciones del paciente son muy especiales; por ejemplo, si se trata de un niño de corta edad, un anciano, un demente, un herido grave, un sordo, un mudo, etc. Este tipo de interrogatorio es incompleto y muchas veces inexacto, porque las terceras personas modifican los datos, ya sea aumentándolos, disminuyéndolos o deformándolos.

Cualidades del interrogatorio

Debe ser ordenado, adecuado, prudente, amable y completo.

Cuando decimos ordenado es porque debe seguir una secuencia lógica que permita obtener toda la información; de esta manera, van surgiendo ideas acerca de la enfermedad del paciente.

Debe ser adecuado al tipo de paciente: si es desconfiado habrá necesidad de infundirle confianza; si habla mucho habrá que encauzarlo; si es tímido, hay que ser cordial; también hay que emplear un vocabulario acorde con la cultura del paciente; si el paciente es sensible a la sugestión hay que evitar afirmación o la negación de síntomas; debe adecuarse al estado civil, etcétera.

Al decir que debe ser prudente significa que si estamos ante un herido grave debe ser breve y si el paciente es del sexo femenino hay que respetar su pudor.

El interrogatorio amable gana la confianza del paciente e incluso puede facilitar que éste acepte luego determinadas técnicas de exploración.

Por último, debe ser completo para hacer un buen diagnóstico.

Reglas del interrogatorio

a) Presentación del medico con el paciente.
b) Usar un lenguaje claro y conciso.
c) Dejar hablar primero al paciente, concediéndole lo que se llama "tribuna libre". Regla muy importante que permite al clínico clasificar al paciente de acuerdo con su cultura, inteligencia, etc., y saber cómo va a continuar el interrogatorio; por otra parte, le inspira confianza; además, una vez que el paciente ha terminado de hablar, se sentirá más obligado a cooperar con el resto del interrogatorio.
d) Desarrollar el interrogatorio según el orden y las partes que se han establecido.

Partes que integran el interrogatorio

I. Estado actual

A. Padecimiento actual

Lo primero que se interroga es el padecimiento actual, es decir, los síntomas que presenta:

Noción de tiempo Es importante saber la fecha del inicio de la enfermedad. Muchas personas proporcionan una fecha aproximada, pero si se les pregunta: "¿Antes de esa fecha estaba completamente sano?", puede ser que el día se modifique. Desde ese momento el clínico sabrá si se trata de una enfermedad aguda o crónica.

Noción de sitio La localización del síntoma puede orientar en cuanto al órgano o al sistema afectado.

Noción de causa En algunas enfermedades se puede conocer; por ejemplo, en las heridas y en las quemaduras.

Mecanismo del traumatismo Si se conoce la posición del cuerpo al momento de sufrir una caída, la dirección de un balazo, etc., se puede ayudar al diagnóstico.

Agente traumático Completa el inciso anterior, ya que es importante conocer el calibre de la bala, si la quemadura fue producida por agua caliente, ácido, etcétera.

Tribuna libre El paciente relata con sus palabras las características y la evolución de su enfermedad.

Investigación de síntomas y signos Existen síntomas y signos que el paciente no ha mencionado, pero que pueden ayudar al diagnóstico; por esa razón deben ser investigados.

Semiología de los síntomas y signos Esta parte se refiere al conocimiento de las características detalladas de cada uno para darles categoría diagnóstica.

B. Estado de los demás órganos y sistemas

Es de vital importancia en muchas ocasiones, ya que traduce la reacción total del organismo ante una enfermedad. Se recomienda empezar por el sistema más relacionado con el padecimiento; por ejemplo, si hubo una herida en el tórax, habrá que empezar a interrogar sobre los sistemas respiratorio y circulatorio para conocer si se afectó su funcionamiento.

Sistema digestivo ¿Tiene apetito?, ¿pasa toda clase de alimentos?, ¿mastica bien?, ¿presenta vómito?, ¿se siente bien después de comer?, ¿siente dolor o alguna molestia?, ¿hay estreñimiento o diarrea?, ¿cómo son las evacuaciones?, ¿padece hemorroides?

Sistema respiratorio ¿Tiene tos?, ¿es aislada o por accesos?, ¿es tos seca o con expectoración?, ¿desgarra sangre o pus?, ¿con qué le aumenta?, ¿con qué le disminuye?, ¿desde que tiene tos ha adelgazado?, ¿tiene dificultad para respirar?, ¿desde cuándo?, ¿tiene dolor en el tórax?, ¿desde cuándo?, ¿cómo es el dolor?, ¿en qué parte?, ¿cómo se le quita o disminuye?, ¿con qué le aumenta?

Sistema angiológico o circulatorio ¿Tiene dificultad para respirar?, ¿desde cuándo?, ¿le viene cuando hace esfuerzo?, ¿cuando camina?, ¿padece dolor u opresión en el pecho?, ¿desde cuándo?, ¿se ha sentido morir por ese dolor?, ¿el dolor ha sido con angustia?, ¿ha sido moderado?, ¿cómo se le ha quitado?, ¿sufre palpitaciones?, ¿son muy seguidas?, ¿desde cuándo?, ¿se hincha su cuerpo?, ¿desde cuándo?, ¿mucho o poco?, ¿lo ha estado de todo el cuerpo alguna vez?, ¿con qué se le quita?, ¿amanece con dolor de cabeza?, ¿con qué se le quita?

Sistema genitourinario ¿Ha sufrido cólicos renales?, ¿cuándo?, ¿cuántos ha tenido?, ¿con qué se le quitaron?, ¿tiene dificultad para orinar?, ¿en qué consiste?, ¿orina de noche?, ¿qué cantidad en 24 horas?, ¿padece de dolor?, ¿ardor al orinar?, ¿se le ha detenido bruscamente la orina?, ¿ha orinado sangre o pus?, ¿cuándo?, ¿se le hinchan los párpados o la cara?, ¿alguna otra parte?

Sistema ósteo-muscular-articular ¿Tiene dolor en los huesos, músculos o articulaciones?, ¿sus movimientos son normales?, ¿padece alguna deformidad?

Sistema nervioso ¿Sufre ataques?, ¿convulsiones?, ¿ha perdido el conocimiento alguna vez?, ¿por qué causa?, ¿ha tenido delirio o alucinaciones?, ¿siente adormecimiento o parálisis en alguna parte de su cuerpo?, ¿siente el calor o el frío?, ¿se siente mareado?, ¿pierde el equilibrio?

Órganos de los sentidos ¿Ve bien?, ¿percibe los olores?, ¿los distingue?, ¿también los sabores?, ¿oye bien?, ¿tiene mareos?

Función psicointelectual y sexual ¿Tiene buena memoria?, ¿recuerda sucesos cuando niño?, ¿sabe el día, el mes y el año en que estamos?, ¿sabe en dónde está?, ¿hace lo que se propone?, ¿le causa indiferencia o le afecta demasiado el dolor o el sufrimiento de los demás?, ¿entiende lo que le dicen los demás?, ¿sus funciones sexuales son normales?

Sistema glandular o endocrino ¿Ha adelgazado sin motivo?, ¿se cansa demasiado?, ¿ha notado que sus pulsaciones son más rápidas que antes?, ¿nota que sus ojos se han ido saltando?, ¿le ha crecido el cuello por delante?, ¿se ha notado más grueso que antes?, ¿tiene torpeza para pensar o para hacer ejercicio?, ¿tiene frío constantemente?, ¿su piel está seca siempre?, ¿ha notado aumento en el tamaño de las manos y los pies?, ¿ve medias figuras?, ¿tiene demasiada sed?, ¿tiene apetito exagerado?, ¿orina mucho?, ¿está adelgazando rápidamente?

A las mujeres: ¿su menstruación es normal?

C. Síntomas generales

¿Ha tenido escalofrío?, ¿fiebre?, ¿desde cuándo?, ¿es constante?, ¿ha perdido sus fuerzas?, ¿desde cuándo?, ¿ha perdido peso desde que está enfermo?, ¿cuántos kilos ha bajado?

D. Terapéutica empleada

¿Qué le han hecho para curarlo?, ¿qué medicamentos ha tomado?, ¿por cuánto tiempo?, ¿mejoró con ellos?

La segunda parte del interrogatorio se refiere a los *antecedentes* (conocimiento de las condiciones de vida normal, patológicas y hereditarias del individuo); estos antecedentes pudieron o no haber influido o modificado el estado fisiológico del paciente. Es tan importante esta parte del interrogatorio que ayudará a hacer el diagnóstico. Los antecedentes pueden ser los siguientes:

Personales no patológicos Son todas las circunstancias o hechos comunes que existen en todos los individuos, y que por ser diferentes entre ellos actúan de un modo especial para preparar o modificar al organismo hacia ciertas enfermedades. La edad y el sexo pueden orientar hacia determinadas enfermedades, al igual que la raza. La ocupación es un dato de mucha trascendencia para el estudio clínico, pues hay enfermedades, llamadas profesionales, que se presentan como consecuencia del trabajo que realizan los individuos, ya sea por trabajar con sustancias químicas, con productos infectados, por estar expuestos a cierto tipo de accidentes, etcétera.

El lugar de nacimiento y los lugares de residencia desempeñan un papel muy importante en la predisposición hacia ciertas enfermedades, puesto que el medio ecológico puede favorecerlas.

El estado civil también es importante, al igual que los hábitos y las condiciones de higiene, ¿es casado?, ¿tiene familia?, ¿su casa es amplia?, ¿ventilada?, ¿tiene suficiente luz?, ¿cuántas personas viven allí?, ¿tiene drenaje?, ¿siempre ha usado calzado?, ¿usa ropa de acuerdo con la estación?, ¿cuántas comidas hace al día?, ¿le son suficientes?, ¿come de todo?, ¿acostumbra tomar bebidas alcohólicas?, ¿desde cuándo?, ¿fuma?, ¿cuántos cigarros o puros al día?, ¿acostumbra tomar tranquilizantes?, ¿otro tipo de sustancias?, ¿cuántas horas duerme?, ¿acostumbra bañarse?, ¿cada cuánto?, ¿se cambia de ropa con frecuencia?, ¿acostumbra cepillarse los dientes?, ¿cada cuánto?, ¿acostumbra tomar vacaciones?, ¿cada cuánto?, ¿practica deportes?, ¿desde cuándo?, ¿con qué frecuencia?, etcétera.

Personales patológicos Se refieren a todos los datos que se pueden obtener desde antes de su nacimiento: ¿antes de su nacimiento su madre tuvo enfermedades?, ¿cuáles?, ¿nació a término o fue prematuro?, ¿hubo que hacer operación cesárea o aplicar fórceps?, ¿se enfermaba con frecuencia de niño?, ¿de qué?, ¿se crió con leche materna?, ¿caminó a tiempo?, ¿tardó en hablar?, ¿le han practicado operaciones?, ¿por qué?, ¿ha sufrido accidentes?, ¿caídas?, ¿quemaduras?, ¿fracturas o luxaciones?, ¿intoxicaciones?, ¿qué enfermedades ha padecido? En caso de mujeres se interroga sobre abortos y niños nacidos muertos (óbitos).

En muchas ocasiones, el paciente no conoce el nombre de la enfermedad; sin embargo, el clínico puede hacer preguntas relativas a los síntomas o signos de enfermedades que pueden tener repercusión, como tuberculosis, sífilis, diabetes, cáncer, hipertensión arterial, fiebre reumática, hepatitis, etcétera.

Hereditarios y familiares Se refieren a las enfermedades o condiciones desfavorables que puede haber por parte de los progenitores para juzgar la transmisión de esos caracteres o aspectos irreversibles y transmisibles a los descendientes, la parte negativa de las leyes de la herencia. Existen muchas enfermedades de los padres que pueden ser transmitidas a los hijos, como la gota, la obesidad, la diabetes, la miopía, el daltonismo, la hemofilia, la polidactilia, la epilepsia y ciertas psicosis. Se puede heredar la predisposición a sufrir afecciones del corazón, de aquí que sea tan importante investigar si viven los padres y en qué condiciones de salud se encuentran. Si los padres fallecieron, hay que investigar de qué murieron y a qué edad. Esto mismo se debe investigar respecto de los abuelos, porque hay enfermedades hereditarias que se presentan después de una o

más generaciones. Hay padecimientos que se repiten en varios miembros de una familia, por lo que también hay que investigar en cuanto al estado de salud de tíos, hermanos, primos e hijos.

II. Examen físico

Con el nombre de **examen físico** *se denomina al conjunto de procedimientos o métodos de exploración clínica que se aplican al paciente una vez interrogado, con el objeto de adquirir mayor información o confirmar aquella que se obtuvo con el interrogatorio.* Consta de las siguientes partes:

A. Inspección

La **Inspección** es el método de exploración clínica que se practica en primer lugar y se hace por medio de la vista, con el objeto de percibir signos. La inspección se divide para su estudio y aplicación en:

1. **Inspección general** Es la exploración de conjunto que se hace de un individuo, por medio de la vista, sin ninguna preparación. Nos puede proporcionar datos referentes a:

El *estado de salud o enfermedad.*

La *edad aparente.* En ciertas enfermedades del sistema endocrino la edad aparente puede ser mayor o menor; la falta de piezas dentarias, el aspecto de la piel y del cabello también pueden ayudar.

El *sexo,* que la mayoría de los casos es fácil identificar.

La raza nos puede orientar hacia las enfermedades que tienen predilección por alguna de ellas.

El *estado de conciencia* es importante para hacer un diagnóstico y a veces emitir un pronóstico. Si el individuo no responde a estímulos sensoriales y sus músculos están completamente relajados, frecuentemente está grave.

La *actitud* o *postura* que guarda el individuo puede ser característica en determinados padecimientos; se debe observar la forma de sentarse, de ponerse de pie, así como la energía, el ritmo y la manera en que efectúa los movimientos, si tiene algún gesto y la relación que guardan los diferentes segmentos del cuerpo entre sí.

La *facies* es uno de los elementos de más valor para un diagnóstico, ya que constituye un sello característico en la cara respecto del estado de afectividad, del carácter, de la inteligencia y del estado de salud. Así, por ejemplo, cuando el individuo se encuentra en estado de choque (*shock*) tiene palidez intensa, mirada brillante, aumento en la abertura

A. Inspección

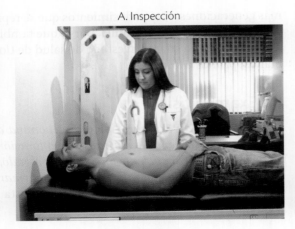

B. Palpación

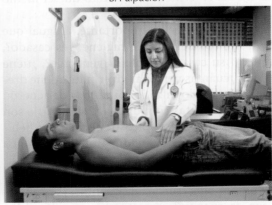

C. Percusión indirecta

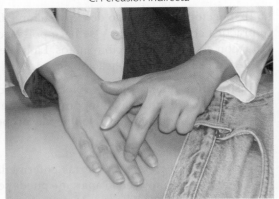

D. Percusión directa (con un martillo de reflejos)

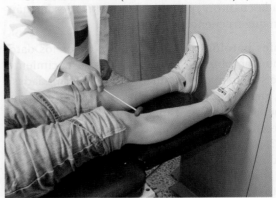

E. Auscultación

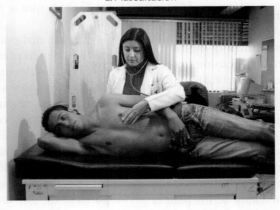

Figura 34.1 Examen físico.

palpebral; en la *facies dolorosa* se acentúan los pliegues de la cara, se arruga la frente, se empequeñecen los ojos, pueden salir lágrimas, las mandíbulas se encuentran apretadas, la cara se ve ligeramente demacrada y la mirada es inestable.

Las *heridas exteriores, contusiones* o *deformaciones de las extremidades* pueden mostrar el sitio de la lesión e incluso el órgano afectado.

La *conformación* indicará si la persona está o no proporcionada, puede tener el cráneo muy grande o muy pequeño, el cuello tal vez presente abultamientos, el tórax y el abdomen pueden haber aumentado de volumen, etc. Cuando hay alteraciones en la conformación, se puede empezar a sospechar de determinadas enfermedades.

La *constitución* se refiere al estado de nutrición o grado de robustez. En las enfermedades crónicas o producidas por exceso de trabajo físico o intelectual, infecciosas o febriles, el paciente tiene un aspecto de desnutrición; en cambio, si el paciente tiene aumento del panículo adiposo nos indica obesidad, de aquí que para poder hacer un buen juicio hay que observar el color y la elasticidad de los tegumentos, el panículo adiposo, el grado de desarrollo muscular, etcétera.

La *respiración* se modifica cuando hay causas que impiden la entrada del aire al tracto respiratorio, porque se afecta el tejido pulmonar o debido a que los elementos musculares respiratorios están afectados. Se debe observar si la respiración es lenta o rápida, superficial o profunda, si sigue un ritmo determinado, ya que éste puede ser característico de algún padecimiento.

Los *movimientos anormales*, como su nombre lo indica, son aquellos que solamente se presentan en estados patológicos; por ejemplo, los tics y las convulsiones.

Las *tumoraciones* o *prominencias óseas* exageradas indican que existe alguna patología.

Las *cicatrices* constituyen signos de antecedentes patológicos que pueden contribuir al diagnóstico, al igual que las alteraciones de la piel.

Los *vendajes*, *aparatos ortopédicos* y *elementos de curación* orientan al clínico acerca de la región afectada.

El *medio ambiente* también es importante, porque en gran número de casos el clínico tiene que llegar a la casa del enfermo o al sitio donde ha ocurrido un accidente y puede obtener datos valiosos de esta observación; por ejemplo, en caso de que haya hemorragia podrá observar la cantidad de sangre perdida, si se intoxicó pueden quedar restos del tóxico, etcétera.

La *marcha*, al igual que la facies, puede proporcionar datos clave de determinadas enfermedades.

2. **Inspección local** Como su nombre indica, es la exploración ocular de una región en particular del organismo. Proporciona nuevos datos, además de los obtenidos mediante el interrogatorio y la inspección general, por lo que se lleva a cabo primero en la región donde están los síntomas principales y luego en el resto del organismo.

Las reglas que deben seguirse para la inspección local son las siguientes:

1a. El individuo guardará una posición cómoda y adecuada.

2a. El clínico se colocará correcta y convenientemente.

3a. Debe existir una iluminación adecuada.

4a. La región por inspeccionar se descubrirá totalmente.

5a. La inspección deberá ser ordenada; es decir, del conjunto al detalle, de lo grande a lo pequeño, de la periferia al centro, de lo importante a lo superfluo y, siempre que sea posible, será comparativa, o sea, que es imperativo comparar un lado con otro, un miembro con el otro, y deberá ser completa para obtener conclusiones y deducciones exactas.

La inspección local proporciona datos acerca de la actitud del segmento o región, de su forma, de su volumen, del estado de la superficie; es decir, si hay heridas, ulceraciones, cicatrices, cambio de coloración, circulación anormal, padecimientos propios de la piel, movilidad o retractilidad de la piel, el estado de humedad o de sequedad de la piel, la lubricación de ésta o cambios en los órganos accesorios (anexos) de la piel, como los pelos, las uñas, las glándulas sudoríferas y las glándulas sebáceas y, por último, se puede observar si existen movimientos anormales.

3. **Inspección directa, inerme o simple** Es la que se lleva acabo sin interposición de instrumentos ópticos o de otra naturaleza entre el ojo y la región observada. A este grupo pertenecen la inspección local y la inspección general.

4. **Inspección indirecta, armada o instrumental** Es aquella que se lleva a cabo con la ayuda de algún instrumento que se interpone entre la vista y la región por observar. Se puede utilizar desde una lente de aumento hasta instrumentos dotados de lentes de aumento, espejos y fuentes de luz, como el otoscopio (para explorar el oído), rinoscopio (para explorar la nariz), laringoscopio (exploración de la laringe), rectoscopio (para la exploración del recto), oftalmoscopio (para explorar los ojos), colposcopio (para la exploración de la vagina), etcétera.

La inspección armada también requiere reglas:

1a. El paciente guardará una posición adecuada.

2a. El clínico se colocará en una posición correcta y conveniente.

3a. La iluminación habrá de ser suficiente y conveniente.

4a. El instrumento se esterilizará en caso necesario.

5a. Si se trata de explorar regiones sépticas, como el recto o la vagina, habrá que asearlas previamente.

6a. Las maniobras deberán hacerse con delicadeza para evitar lastimar al paciente.

7a. Deberá ser completa, ordenada y comparativa.

5. **Inspección estática** Es la que se lleva a cabo cuando el individuo está en reposo.
6. **Inspección dinámica** Es la que se lleva a cabo cuando el individuo realiza alguna actividad; por ejemplo, durante la marcha.

B. Palpación

La **palpación** es el método del examen físico que se lleva a cabo después de la inspección y que consiste en explorar por medio del tacto las partes exteriores del organismo y las cavidades accesibles para apreciar las cualidades físicas de los tejidos, así como su sensibilidad. Corrobora datos obtenidos por medio del interrogatorio y de la inspección, además de que puede provocar fenómenos nuevos que de otro modo no serían aparentes, como el dolor, los movimientos reflejos y movimientos anormales.

Para su estudio, la palpación se divide en:

1. **Palpación directa, simple o inerme** Es la que se efectúa directamente con el individuo utilizando una mano, las dos manos, uno o más dedos de una o de las dos manos, dependiendo de la amplitud de la región.
2. **Palpación indirecta, armada o instrumental** Es aquella que se lleva a cabo empleando cualquier instrumento; se practica cuando el clínico se ve imposibilitado para emplear sus manos o sus dedos dentro o sobre una región determinada, ya sea porque ésta se encuentra demasiado profunda o la vía de acceso es muy estrecha; por ejemplo, si se desea conocer la profundidad de una herida en el tórax o en el abdomen se puede recurrir a una sonda; para conocer el fondo del útero se usa un histerómetro. Se hace palpación armada cuando se emplea algún instrumento romo para buscar reflejos en la piel o cualquier instrumento con punta para provocar dolor y estudiar sus variantes.
3. **Palpación superficial.** La realiza el clínico sobre la periferia del cuerpo y se efectúa sobre la piel; esta palpación se debe realizar antes que los otros tipos.
4. **Palpación profunda** Se aplica a elementos colocados en regiones más o menos profundas, como los elementos viscerales, óseos, tendinosos, vasculares o nerviosos. Se lleva a cabo con una o con las dos manos y requiere mayor presión que la palpación superficial.
5. **Palpación de cavidades o tacto** En este tipo de palpación se introduce el dedo índice o el dedo medio, o los dos juntos (tacto digital) o la mano (tacto manual) para apreciar el estado de un órgano. En general el tacto digital se utiliza en exploraciones vaginales y rectales, y el manual en obstetricia.

Las reglas para la palpación manual son las siguientes:

1a. El paciente guardará una posición cómoda y conveniente.
2a. El clínico adoptará una posición adecuada y conveniente.
3a. Se buscará que la región por explorar tenga una relajación muscular completa.
4a. Las manos que palpan no deberán estar frías.
5a. La palpación se efectuará inmediatamente sobre la piel.
6a. La palpación deberá ser metódica, prudente, comparativa y completa. En caso de dolor es muy importante palpar primero las regiones no dolorosas y terminar en el punto doloroso.

Reglas para la palpación instrumental

1a. Posición adecuada de la región por explorar y en las mejores condiciones de asepsia.
2a. Posición cómoda y conveniente del clínico y manos cubiertas con guantes estériles.
3a. El instrumento deberá estar esterilizado.
4a. Ser metódica, prudente y completa.

Reglas para la palpación de cavidades o tacto

1a. Posición adecuada del paciente.
2a. Posición conveniente de clínico; cubrir el dedo o las manos con guantes estériles.
3a. Usar algún lubricante.
4a. Asear y evacuar la cavidad por explorar, así como las zonas vecinas.
5a. Se hará con delicadeza y suavidad evitando maniobras bruscas.

La palpación sirve para corroborar los datos obtenidos por los procedimientos anteriores en cuanto a forma, volumen, estado de la superficie y movimientos. Además, se obtienen datos respecto de la temperatura superficial, la sensibilidad de los tegumentos, la humedad y la untuosidad de la piel, la turgencia y la elasticidad de los tegumentos, la movilidad de los mismos sobre los planos subyacentes, el tono muscular, la existencia de líquido infiltrado en los tegumentos (edema), la presencia de líquido debajo de los mismos, la existencia de aire infiltrado bajo la piel (crepitación), si la movilidad es normal o anormal en las regiones del cuerpo y si hay algún estrechamiento, obstáculo, cuerpo extraño o cavidad en el organismo.

C. Percusión

La **percusión** es el método de exploración clínica que se practica golpeando levemente determinada región del cuerpo para obtener sonidos o ruidos, investigar el dolor o producir movimientos.

En este método o procedimiento intervienen los sentidos del tacto, del oído y de la vista. Se debe practicar después de la palpación y puede desencadenar fenómenos de movimiento por vía refleja, cuyo punto de partida será el lugar percutido.

Los órganos llenos de aire como el estómago, los intestinos y los pulmones dan sonidos de tonalidad alta o clara, a diferencia de los órganos macizos o llenos de líquido que dan sonidos oscuros; por ello, una alteración patológica de estos órganos se puede traducir por un cambio en el sonido. Si en los procedimientos anteriores se encontró algún aumento en el volumen de un órgano o un tumor, la percusión lo puede confirmar, delimitando sus áreas.

La percusión se divide en: *indirecta o mediata*, y *directa o inmediata*.

1. **Percusión indirecta o mediata** Es la percusión que hace el clínico interponiendo cualquier elemento entre la superficie del organismo y el elemento percutor. Por lo general, se emplea como elemento que se interpone un dedo del explorador, así que el clínico utiliza ambas manos, como en la palpación: se aplica uno o varios dedos de una mano sobre la superficie corporal y sobre éste o éstos se dan pequeños golpes con las yemas o puntas de uno, dos o más dedos de la otra mano.

   Las reglas de la percusión indirecta o mediata son las siguientes:

   la. La región por percutir deberá ser accesible al clínico.
   2a. El clínico guardará una posición cómoda y conveniente.
   3a. La región deberá encontrarse totalmente descubierta, sin interposición de ninguna ropa o tela.
   4a. Es necesario que haya una buena relajación muscular.
   5a. El dedo o dedos de la mano quedarán en íntimo contacto con la superficie de la piel, evitando dejar cavidades o puentes intermedios, en busca del mejor acomodo.
   6a. El dedo que percuta será el índice o el medio, y los dos juntos, flexionando las dos últimas articulaciones interfalángicas en un ángulo aproximado de 45 grados.
   7a. Los golpes o impactos se harán sobre el dedo índice o medio de la mano, inmediatamente

atrás de la uña y deberán ser secos, breves y de la misma intensidad.
   8a. El dedo o los dedos percutores caerán perpendicularmente sobre el dedo percutido.
   9a. Sólo intervendrá la articulación de la muñeca para producir los movimientos de percusión.
   10a. El oído del clínico que percibirá los sonidos producidos debe estar cerca para su mejor interpretación.
   lla. Deberá existir absoluto silencio.
   12a. La percusión será metódica, comparativa y completa.

2. **Percusión directa o inmediata** Es aquella que hace el clínico sin interponer ningún elemento entre la superficie del organismo y el elemento percutor. El elemento percutor puede ser la mano o un martillo especial. Se utiliza cuando se trata de investigar un dolor o para provocar los movimientos llamados reflejos tendinosos, como el reflejo patelar o rotuliano.

   En el caso de las reglas de la percusión directa o inmediata, las reglas la., 2a., 3a., 4a., 10a., lla. y 12a. son iguales que en el caso de la percusión indirecta, aunque se debe agregar lo siguiente:

   Se utiliza para percutir el dedo índice, el medio o ambos juntos, o bien el borde cubital o medial de la mano. Si se emplea el martillo de reflejos, se debe tomar firmemente, pero sin hacer mucha fuerza en su manejo; los golpes se deben dar con firmeza, perpendicularmente a la región, pausados y utilizando las articulaciones de la muñeca y del codo.

   La percusión sirve para recoger sonidos, despertar dolor o producir movimientos.

D. Auscultación

La **auscultación** es el método de examen físico que consiste en estudiar los ruidos normales o anormales que se producen en los diferentes órganos, principalmente del sistema circulatorio y del sistema respiratorio. En este método interviene el sentido del oído. La auscultación puede ser directa o inmediata, e indirecta o mediata.

1. **Auscultación directa o inmediata** Es la que hace el clínico aplicando directamente su oído a la región del organismo que desea explorar. Este procedimiento puede resultar molesto, incómodo o antihigiénico, por lo que es preferible practicar la auscultación indirecta o mediata.

2. **Auscultación indirecta o mediata** Es aquella que hace el clínico a través del estetoscopio. Las reglas de la auscultación indican que debe existir posición cómoda del paciente y del clínico, que se requiere

silencio absoluto, que la cápsula del estetoscopio quede en íntimo contacto con la región por estudiar y que debe ser metódica, comparativa, completa, y que se requiere una concentración mental absoluta.

Otros procedimientos

Además de los procedimientos mencionados, el clínico se puede ayudar con el olfato, porque hay olores característicos de algunas enfermedades; con la medición (peso, talla, perímetros, diámetros); con la punción exploradora, que consiste en la introducción de una aguja hueca, un trócar o cualquier instrumento con punta con el objeto de tomar una muestra de algún producto del organismo y enviarla al laboratorio; con la transiluminación, o sea, la detección de anormalidades utilizando una fuente luminosa más o menos intensa que se coloca detrás o delante de alguna región corporal cuyos tejidos no sean muy densos; con la termometría; con los exámenes de laboratorio, con la radiología; con exámenes eléctricos como el electrocardiograma y el electroencefalograma; con la biopsia, el ultrasonido y con las intervenciones quirúrgicas exploradoras.

La historia clínica

La **historia clínica** es un documento escrito que contiene todos los datos investigados por el médico acerca de la enfermedad de una persona.

Constituye una narración y exposición verdadera de los acontecimientos pasados y presentes del individuo; se dice que es la clave del diagnóstico por ser un registro de todos los síntomas y signos, con deducciones y posibilidades diagnósticas que marcarán la ruta a las deducciones finales de diagnóstico definitivo, y deducciones pronósticas y terapéuticas.

Una historia clínica hábilmente elaborada e interpretada con cuidado proporciona información importantísima respecto del aspecto emocional y psicológico del paciente, y es de gran valor en la solución de su problema. Al mismo tiempo, una entrevista interesante y agradable constituye la base para una relación satisfactoria entre el paciente y el médico.

En la actualidad, con los exámenes médicos periódicos necesarios para adquirir, empleos o seguros, el clínico debe ser un experto en la revisión de personas sanas, en quienes los métodos objetivos de estudio cobran más importancia, sobre todo cuando los individuos tienden a desfigurar diversos hechos según persigan un empleo, una pensión, una declaración de incapacidad o un seguro.

La historia clínica comprende las siguientes partes:

1. **Ficha de identificación** Como su nombre lo indica, incluye los datos generales del individuo: nombre, edad, sexo, estado civil, ocupación, domicilio, fecha de ingreso o de elaboración de la historia clínica y, en caso de estar hospitalizado, el número de cama. La importancia de estos datos ya se explicó al principio de este capítulo.

2. **Antecedentes hereditarios y familiares** Se anotan o mencionan los antecedentes y el estado de salud actual de padres, abuelos, hermanos, tíos, primos, hijos y otros familiares.

3. **Antecedentes personales no patológicos** Se refieren a las ocupaciones anteriores, a la raza, al lugar de nacimiento, sitios donde ha residido el individuo, hábitos y costumbres.

4. **Antecedentes personales patológicos** Enfermedades prenatales, de la infancia, juventud y adultez.

5. **Estado actual** Se anota el padecimiento actual (nociones, mecanismo, agente traumático), investigación y semiología (estudio) de los síntomas y de los signos.

   Se continúa con el estado de los demás órganos y sistemas: digestivo, respiratorio, circulatorio, genitourinario, osteomúsculo-articular, nervioso, glandular, órganos de los sentidos, función psicointelectual y sexual.

   Si hay síntomas generales se anotan a continuación.

6. **Terapéutica empleada** Si el paciente ha recibido algún tratamiento previo, especificar en qué consistió.

7. **En el examen físico se anota:**

   la inspección general
   la inspección local
   la inspección de las demás regiones corporales
   la palpación
   los resultados de la percusión
   la auscultación realizada
   los demás procedimientos y sus resultados

8. **Exámenes especiales de gabinete y laboratorio**

   radiológicos
   eléctricos
   endoscópicos
   de laboratorio
   operaciones quirúrgicas exploradoras
   métodos funcionales y experimentales
   métodos anatomopatológicos
   ultrasonido y otros estudios

9. **Conclusiones diagnósticas** El diagnóstico lleva a la identificación de la enfermedad o a descartarla. Se pueden hacer diferentes diagnósticos:

Diagnóstico anatomotopográfico. Se anota cuál o cuáles son las regiones del cuerpo afectadas.

Diagnóstico patológico. Se refiere a los trastornos que produce la enfermedad en el organismo.

Diagnóstico sindromático. En él se agrupan signos y síntomas que existen en determinado momento para definir un estado característico.

Diagnóstico fisiopatológico. Aquí se mencionan las funciones que se encontraron alteradas.

Diagnóstico etiológico. Se especifica la causa de la enfermedad.

Diagnóstico nosológico. Se da nombre a la enfermedad.

Diagnóstico diferencial. Se determina de qué enfermedades se debe diferenciar.

Diagnóstico integral. En él se incluyen todos los diagnósticos elaborados.

10. **Las conclusiones pronósticas se refieren a:**

la vida
la integridad anatómica o funcional
la intervención quirúrgica en caso de que sea necesario

11. **Conclusiones terapéuticas o especificación de tratamiento:**

farmacológicas
quirúrgicas
dietéticas
higiénicas
fisioterapéuticas
otras.

Exámenes periódicos de salud

Aun cuando el individuo se encuentra sano o se vea sano por no presentar síntomas de enfermedad, debe someterse periódicamente a un examen médico. El clínico sigue todos los procedimientos que utiliza en caso de enfermedad, aunque la exploración física requiere ser muy minuciosa con el objeto de buscar datos incipientes de enfermedad.

Los objetivos fundamentales de la práctica del examen periódico de salud son la verificación de su salud y, en caso de que sea necesario, dar educación higiénica, que constituye una medida de prevención primaria. Si se descubre alguna pequeña alteración que indique el inicio de una enfermedad, constituye una medida de prevención secundaria.

Entre las enfermedades que se pueden descubrir tempranamente se encuentran la tuberculosis pulmonar, la sífilis, problemas de agudeza visual y auditiva, caries dental, diabetes, algunos tumores, hipertensión arterial, etcétera.

> Los exámenes periódicos de salud permiten hacer el diagnóstico temprano de enfermedades como la diabetes, hipertensión arterial, caries dental, etcétera.

En términos generales, los niños menores de un año deben someterse a exámenes médicos mensuales; entre uno y cuatro años, dos veces al año; desde los 5 hasta los 19 años, una vez al año; entre los 20 y los 34 años, cada dos años; entre los 35 y los 49 años, una vez al año, y después de los 50 años, cada seis meses.

En pediatría, el clínico tiene que valorar adecuadamente los datos que obtiene por el interrogatorio; estos datos por lo general se recaban por interrogatorio indirecto, de aquí que el examen físico sea muy importante. El médico debe profundizar en aspectos referentes a alimentación, crecimiento, desarrollo e inmunizaciones.

En obstetricia el médico debe hacer hincapié en los antecedentes ginecoobstétricos. La primera visita es para confirmar el embarazo y verificar el estado de salud. La embarazada debe visitar al médico cada mes durante los primeros seis meses; cada dos semanas en los meses séptimo y octavo, y cada semana en el último mes, aunque la frecuencia se modifica en caso de complicaciones.

Actividades

1. Revisa la definición de método clínico.
2. Por equipos, establezcan la diferenciación entre síntoma, signo y síndrome.
3. Comenten los procedimientos de la exploración clínica.
4. Se invitará a algún médico para que haga una demostración de los procedimientos de exploración clínica.
5. En equipos del mismo sexo hagan el simulacro.
6. Comenta qué enfermedades se pueden detectar en un examen periódico de salud.
7. Comenta con tus amigos y compañeros qué procedimientos del método clínico se aplican al realizar un examen médico deportivo y cuáles aspectos se deben investigar.

Capítulo 35

Exámenes de laboratorio y de gabinete

Los exámenes de laboratorio o gabinete permiten al médico consolidar un diagnóstico, pues ofrecen información muy valiosa sobre la salud del paciente mediante la exploración indirecta.

Estos **exámenes** comenzaron a practicarse a fines del siglo XIX con el objeto de ayudar al médico a integrar su diagnóstico, después de aplicar el método clínico. Requieren personal especializado y se pueden llevar a cabo en un laboratorio (exámenes de sangre, orina, etc.) o en gabinetes especiales, como sucede con los estudios radiológicos y eléctricos (electrocardiograma, electroencefalograma), de ultrasonido, etc. Permiten la exploración indirecta del paciente, por lo que deben practicarse después de haber realizado el interrogatorio y la exploración física.

En la actualidad las **pruebas de laboratorio** son muy numerosas y existen muchas técnicas, incluso para estudiar un mismo parámetro. Todo ello se debe tomar en cuenta, ya que un valor encontrado sólo se puede interpretar con base en el conocimiento del método de laboratorio utilizado, los valores normales para esa edad, sexo, raza, etc., así, los estudios que se mencionarán a continuación son los que se realizan con más frecuencia, y los valores normales que se indican son los generalmente aceptados con los métodos más usuales.

Exámenes de sangre

El más común es la **biometría hemática**, que aporta datos acerca de la cantidad y el aspecto de los elementos figurados de la sangre (eritrocitos o glóbulos rojos, leucocitos o glóbulos blancos y trombocitos o plaquetas), así como de la cantidad de hemoglobina. Las cifras suelen variar de acuerdo con el laboratorio, aunque en términos generales la cifra promedio de eritrocitos es de 4500 000 a 5500 000/μL de sangre en la mujer y de 5000 000 a 6000 000/μL en el hombre. Cantidades menores generalmente indican *anemia*, que puede deberse a múltiples causas. La más frecuente es la *anemia nutricia*, producida por carencia de hierro o de vitamina B_{12}, y la *anemia perniciosa* por deficiencia del factor intrínseco que produce la mucosa del estómago y que permite que sea absorbida con el alimento. Cuando esta cifra aumenta, la persona tiene *poliglobulia*, que puede deberse a intoxicaciones por monóxido de carbono, enfermedades del corazón o del sistema respiratorio, o simplemente a que habita en lugares de gran altitud. La forma de los eritrocitos también es importante. La cantidad de hemoglobina que contienen los eritrocitos es

Las apariencias engañan: una persona puede tener anemia y tener sobrepeso u obesidad, por esta razón, los exámenes de laboratorio son útiles para el diagnóstico de alguna enfermedad.

un dato más fidedigno; la cifra aproximada es de 12 a 17 g/100 mL en el hombre, y de 11 a 15 g/100 mL en la mujer.

> Las manchas blanquecina en la piel conocidas comúnmente como "jiotes" no son manifestación de anemia.

El **hematocrito** representa la proporción que existe entre los eritrocitos y el plasma; se obtiene centrifugando la sangre hasta formar un paquete de células; la cifra promedio es alrededor de 45%, o sea, que en 100 mL de sangre hay 45 mL de células y 55 mL de plasma. Esta cifra disminuye con la anemia y aumenta cuando hay *policitemia* o *deshidratación*.

El **recuento reticulocitario** indica la cantidad de reticulocitos que hay en la sangre; éstos son eritrocitos inmaduros que normalmente existen en una cifra de 0.5% del número de eritrocitos maduros. Si la cifra es mayor de 2%, puede ser que se estén produciendo en forma acelerada debido a que la persona esté bajo tratamiento médico por tener una anemia nutricia o una anemia perniciosa, y que el tratamiento sea efectivo.

La **cantidad de leucocitos** oscila entre 5000 y 10 000/µL de sangre; de éstos, entre 60 y 70% son neutrófilos; entre 1 y 4%, eosinófilos; entre 0.5 y 1%, basófilos; entre 20 y 25%, linfocitos y entre 2 y 8%, monocitos. La cifra de leucocitos puede aumentar (*leucocitosis*) o disminuir (*leucopenia*). En la leucemia hay acumulación de leucocitos sin control, por lo que hay muchas células inmaduras. Generalmente, los neutrófilos aumentan cuando hay alguna infección por bacterias; los monocitos se incrementan con las infecciones crónicas (de larga duración) como la tuberculosis; hay más eosinófilos cuando se trata de enfermedades alérgicas o parasitarias; los linfocitos en las enfermedades producidas por virus, etcétera.

Los **trombocitos** o **plaquetas** existen en cantidades que oscilan entre 150 000 y 450 000/µL de sangre; cuando aumenta esta cifra hay *trombocitosis* (puede ser por respuesta a una hemorragia) y si disminuye hay *trombocitopenia* y el individuo puede tener hemorragias espontáneas.

Tiempo de sangrado

Es el tiempo que necesita una herida para que deje de sangrar. Por lo general se da un piquete con una lanceta estéril en el lóbulo de la oreja, cuando van saliendo las gotas de sangre se acerca un papel filtro para que las recoja hasta que llega el momento en que deja de sangrar; este tiempo varía de 1 a 4 minutos. Esta cifra depende del número y la eficiencia de las plaquetas y la capacidad que tienen los vasos capilares para contraerse cuando se produce alguna herida, así como del tiempo que tarda en formarse el coágulo.

Tiempo de coagulación

Es el tiempo que necesita la sangre para coagular. Para hacer esta prueba, se coloca 1 mL de sangre en tres tubos de vidrio que se sumergen en agua a 37°C. Cada 30 segundos se examinan para ver si ya se formó el coágulo; la cifra es de 2 a 8 minutos para algunos autores y de 5 a 10 minutos para otros, indica en qué estado se encuentran los factores que intervienen en el mecanismo de la coagulación.

Tiempo parcial de tromboplastina

Esta prueba ha sustituido al tiempo de sangrado y al tiempo de coagulación, y su cifra normal es de 30 a 50 segundos.

Tiempo de protrombina

Como se mencionó a propósito de la coagulación, la protrombina se transforma en trombina que convierte a su vez al fibrinógeno a fibrina. Su valor es de 10 a 20 segundos o se reporta con cifras que oscilan entre 85 y 110%.

Velocidad de sedimentación globular (VSG)

La velocidad de sedimentación globular (VSG) es de 3 a 10 mm en la primera hora; se acelera cuando hay enfermedades inflamatorias, infarto del miocardio, enfermedades del tejido colágeno, como la artritis reumatoide, en algunas enfermedades cancerosas, etcétera.

Determinación de grupo sanguíneo y del factor Rh

Se colocan tres gotas de sangre sobre un portaobjetos limpio; a una gota se le agrega una gota de suero anti-A; a otra, una gota de suero anti-B, y a la tercera, una gota de suero anti-Rh. Los grupos A, B y AB contienen en sus eritrocitos unos antígenos llamados aglutinógenos que se mezclan con los anticuerpos del suero, llamados aglutininas. El grupo puede ser A, B, AB u O y el factor Rh puede ser positivo o negativo.

Química sanguínea

En la **sangre** también se pueden investigar muchos datos químicos, pero sólo se verán los que se investigan con más frecuencia. La **cantidad de glucosa** en ayunas es de 75 a 100 mg/100 mL de sangre; aumenta en la diabetes mellitus y en otras alteraciones endocrinas. La cifra de **urea** es de 20 a 30 mg/100 mL, la de **creatinina** es de 1 a 2 mg/100 mL y pueden indicar anormalidades en el funcionamiento del riñón. El **ácido úrico** aumenta en una enfermedad llamada *gota*; normalmente es de 2 a 5 mg/100 mL.

Las **proteínas totales** son de 6 a 8 g/100 mL, y de éstas las **globulinas** son de 2 a 3 g/100 mL, y la **albúmina** de 4 a 5 g/100 mL.

Los **lípidos totales** son de 400 a 600 mg/100 mL, el **colesterol** oscila entre 150 y 200 mg/100 mL. Existen dos tipos de colesterol el "bueno" (HDL, *High-density lipoprotein* o lipoproteína de alta densidad) y el "malo" (LDL, *Low-density lipoprotein* o lipoproteína de baja densidad).

El colesterol "bueno" o HDL tiene la capacidad de retirar el colesterol "malo" de las arterias, que puede acumularse en las paredes y ocasionar ateroesclerosis e infarto al miocardio.

Cuando la persona tiene un infarto de miocardio aumentan mucho las cifras de una enzima llamada *transaminasa oxalacética*, que normalmente son de 10 a 40 U/mL, y de otra enzima, llamada *deshidrogenasa láctica*, que normalmente existe en cantidades de 200 a 680 U/mL.

Las alteraciones hepáticas provocan el aumento de las *transaminasas oxalacética* y la *pirúvica*.

La **cantidad de yodo proteico** es de 3.5 a 8 µg/100 mL, y aumenta cuando el individuo sufre *hipertiroidismo*, y disminuye cuando hay *hipotiroidismo*.

Exámenes de orina

La **orina** es de color amarillo ámbar, transparente y de olor característico; el riñón produce aproximadamente entre 1000 y 1500 mL en 24 horas, cantidad que varía según el volumen de líquido que se ingiera o se pierda. Cuando la persona está deshidratada, la producción de orina es menor y su color más intenso; en cambio, en pacientes con diabetes insípida y diabetes mellitus, la orina está diluida. La orina de enfermos de diabetes insípida es de baja densidad, a diferencia de la de las personas que padecen diabetes mellitus donde la densidad es alta.

En condiciones normales la densidad de la orina es de 1.010 a 1.025 en relación con el agua. Su reacción es ácida y su pH oscila alrededor de 6 y varía con la dieta, al igual que el color. Normalmente contiene urea, creatinina, ácido úrico, ácido hipúrico, NaCI, K, Mg, Ca, SO_4, PO_4 y NH_4. En condiciones anormales puede contener albúmina, glucosa, hemoglobina, pigmentos biliares, pus, cilindros, cálculos o microorganismos como el colibacilo y el bacilo de Koch. Cuando se sospecha que hay una infección, se puede hacer un cultivo cuantitativo de la orina y, si hay infección, habrá más de 100 000 bacterias por mililitro.

Examen de materia fecal

Sirve para investigar la presencia de bacterias (coprocultivo) o de parásitos (coproparasitoscópico en serie); en este último caso se debe practicar el estudio por lo menos durante tres días seguidos utilizando una muestra diaria, porque en algunas ocasiones el resultado es negativo a pesar de que existen parásitos.

El examen coproparasitoscópico sirve para detectar parásitos en la materia fecal pero se debe practicar con muestras de tres días seguidos.

Otros estudios

Los estudios de laboratorio pueden hacerse en cualquier secreción o líquido; por ejemplo, la secreción vaginal, la saliva, el sudor, el jugo gástrico, el esputo, el líquido cerebroespinal (cefalorraquídeo), el líquido sinovial, secreciones del oído, ocular, etc. Se realiza observación directa, cultivos o estudios de tipo inmunológico (por ejemplo, los que se practican para investigar la sífilis y la fiebre reumática). Hay **pruebas funcionales** que, como su nombre lo indica, sirven para investigar cómo funcionan en ese momento el hígado, el riñón, el intestino delgado, el páncreas, las glándulas suprarrenales, las gónadas, la hipófisis, la glándula tiroidea, las glándulas paratiroideas, etcétera.

La **citología exfoliativa** consiste en observar a través del microscopio las células del organismo que se descaman de una superficie epitelial; este estudio se ha utilizado mucho para investigar el cáncer en el cuello del útero, aunque también puede emplearse para estudiar las células de muchos órganos; por ejemplo, la boca, los bronquios, el estómago, el sistema urinario, etcétera.

Estudios radiológicos

Se practican tomando radiografías simples de los huesos, dientes, tórax, abdomen, etc., o se pueden estudiar estructuras en movimiento por medio de los rayos X; a este estudio se le llama *fluoroscopia*. En ciertos órganos se inyecta aire, que se ve de color oscuro en las radiografías; por ejemplo, en el encéfalo cuando se hace una encefalografía aérea.

También se administra al paciente alguna sustancia opaca a los rayos X para observar la vesícula biliar (*colecistografía*); esta sustancia puede indicarse para observar los riñones (*urografía descendente*) o introducirla directamente en los sitios que se desea estudiar; por ejemplo, en la urografía descendente, en el colon por enema, en las angiografías (vasos sanguíneos), etcétera.

Estudios eléctricos

Hay estudios eléctricos como el *electrocardiograma* y el *electroencefalograma*.

El **electrocardiograma (ECG)** es un registro de la actividad eléctrica del corazón en un papel milimétrico especial, llamado *papel electrocardiográfico*, que tiene cuadros grandes de 5 mm por lado y cuadros más pequeños. Este papel corre en un aparato llamado *electrocardiógrafo* a una velocidad de 25 mm/s. Los electrodos se colocan sobre la piel y se conectan a la aguja de registro que marca ondas llamadas *de deflexión*.

La primera, llamada *onda P*, es una onda pequeña que se traza arriba del nivel inicial, por lo que se considera positiva e indica la propagación del impulso del *nódulo* SA, *sinoatrial* o *marcapaso*, que se encuentra en el atrio (aurícula) derecho, que es el que pone a trabajar al corazón y su conducción por los atrios (aurículas) hasta que llega al *nodo AV* (atrioventricular o auriculoventricular) que está en la parte baja del tabique interatrial (interauricular).

Después de la onda P transcurre un periodo que indica el tiempo que pasa el estímulo en el nodo AV.

La *onda* o *complejo QRS* está compuesta por una *onda Q* que queda abajo del nivel inicial, y que se considera negativa, una *onda R*, que es positiva, y una *onda S*, que también es negativa. Este complejo indica la propagación del impulso eléctrico a través de los ventrículos.

La *onda T*, que es positiva, indica la repolarización de los ventrículos (relajación) que se inicia desde que termina el complejo QRS.

Los electrodos se colocan uno en el brazo izquierdo (VL), otro en el brazo derecho (VR) y el tercero en la pierna izquierda (VF), para trazar un triángulo imaginario.

Cada ángulo se llama derivación unipolar y registra diferentes partes del corazón:

VR ve hacia el interior del atrio (aurícula) y el ventrículo derechos.

VL ve hacia la pared libre del ventrículo izquierdo.

VF ve hacia la cara del corazón que está hacia abajo; es decir, hacia el diafragma.

Entre dos derivaciones unipolares se traza una línea imaginaria llamada *derivación bipolar*. Hay tres derivaciones bipolares:

D I Se encuentra entre VR y VL y da información de la actividad del ventrículo izquierdo.

D II Entre VR y VF; indica la actividad en los atrios (aurículas) y la parte del corazón que está hacia el diafragma (cara diafragmática).

D III Entre VL y VF; estudia la actividad del ventrículo izquierdo en su cara inferior o diafragmática.

En un electrocardiograma se estudia:

1. **El ritmo** Cuando el ritmo del corazón se inicia en el nódulo sinoatrial (marcapaso) se le llama ritmo sinusal; en este caso, antes del complejo QRS, debe haber una onda P positiva en D I, D II y D III.
2. **La frecuencia** Como un cuadro grande entre dos QRS equivale a 300 por minuto, se calcula observando el número de cuadros grandes que hay entre dos ondas QRS y se divide entre 300; por ejemplo, si hay tres cuadros grandes entre dos ondas QRS, se divide 300 entre tres y la frecuencia cardiaca será de 100 por minuto.
3. **El eje eléctrico** Indica la dirección que sigue la actividad del ventrículo, que generalmente es hacia la izquierda y abajo porque el ventrículo izquierdo es más fuerte que el derecho. Para esta dirección, el complejo QRS debe ser positivo en D I, D II y D III.
4. **Las medidas de las deflexiones** Las deflexiones se modifican cuando hay alteraciones en la actividad del corazón, ya sea porque crece alguna de sus partes o debido a que no trabajan en forma sincronizada. En las diferentes enfermedades del corazón se observan distintos trazos.

Hay ocasiones en que un ECG registra datos normales cuando el individuo está en reposo; pero, si éste hace algún esfuerzo como andar en bicicleta, subir escaleras o correr, pueden registrarse alteraciones; por ello es conveniente hacer pruebas de esfuerzo (figura 35.1).

El **electroencefalograma (EEG)** es el registro de la actividad eléctrica de las células de la corteza cerebral. Para hacerlo se colocan electrodos en la superficie de la

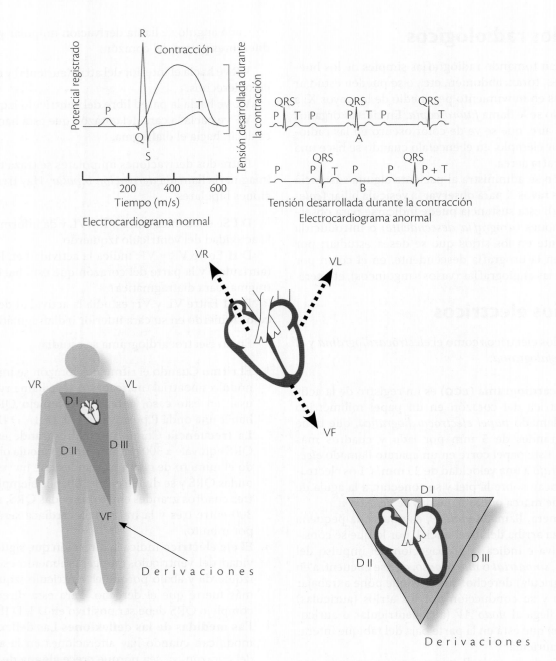

Figura 35.1 Electrocardiograma.

cabeza que se conectan a un aparato llamado electroencefalógrafo; éste amplifica y registra las ondas que indican la actividad, que se mide de manera parcial y se modifica con el sueño, el miedo, el dolor, la atención o cuando se altera el medio interno; por ejemplo, si aumenta considerablemente la frecuencia respiratoria.

Los registros indican:

1. **El ritmo** Resulta de la suma de las actividades sincronizadas de las neuronas.

2. **Los potenciales evocados o respuestas evocadas** Son actividades que se observan cuando se aplican estímulos a los órganos de los sentidos para conocer algunas formas de reacción del cerebro.

3. **Los sistemas de control** Porque el cerebro ejerce un control sobre las estructuras que están abajo de él. Básicamente hay dos sistemas: uno que al excitarse produce reacciones de alerta y otro que provoca depresión.

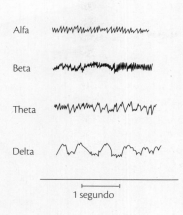

Tipos de ondas que se pueden
encontrar en un electroencefalograma

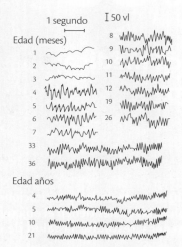

Electroencefalograma tomados en un mismo individuo

▶ **Figura 35.2** Electroencefalograma.

En un EEG podemos encontrar cuatro tipos de ondas:

1. **Alfa** Son ondas rítmicas, con una frecuencia de 8 a 13 por segundo que representan la actividad normal del cerebro cuando el individuo está despierto, en reposo, relajado y con los ojos cerrados. Esta actividad desaparece durante el sueño y se interrumpe si el individuo abre los ojos o fija su atención; pueden no aparecer en personas normales.
2. **Beta** Estas ondas son difíciles de registrar, son más frecuentes (de 14 a 50 por segundo) y se observan cuando el sistema nervioso está activo.
3. **Theta** Tienen una frecuencia de 4 a 7 por segundo, son normales en los niños, pero en los adultos se observan cuando existe depresión o frustración.
4. **Delta** Son ondas más lentas, su frecuencia es menor de 3 y medio por segundo y se pueden presentar incluso cada 2 o 3 segundos. Aparecen en el adulto cuando tiene sueño profundo y son normales en los niños cuando están despiertos; pero, si aparecen en un adulto despierto, indican daño cerebral.

Durante el sueño, se deprimen primero las ondas alfa, después las ondas theta y por último las ondas delta; cuando el sueño es muy profundo pueden no registrarse ondas (silencio eléctrico) (figura 35.2).

Ultrasonido

Es una vibración sonora de muy alta frecuencia que atraviesa los tejidos y se refleja en imágenes que pueden observarse en una pantalla e imprimir en una película fotográfica. Permite diagnosticar tumores, malformaciones, cálculos, etc., y tiene la ventaja de no dañar al producto en caso de embarazo.

Tomografía axial computarizada (TAC)

Consiste en una serie de estudios radiográficos que permiten conocer con mucha precisión el interior del organismo.

Actividades

1. Investiga y haz un reporte acerca de qué pruebas de laboratorio y gabinete se realizan en el examen médico prenupcial. ¿Cuáles son las enfermedades que se pretende investigar con éste y por qué?
2. Comenten en grupo respecto a la conveniencia de realizar pruebas para investigar la presencia del virus del VIH o sida, y el grupo sanguíneo y factor Rh en el examen médico prenupcial.
3. Consigue estudios de laboratorio de familiares y amigos para que se analicen y comenten en el grupo.

Capítulo 36

La práctica médica en México

En nuestro país se han creado diversas instituciones de atención a la salud, las cuales tienen el objetivo de mejorar, mantener y restaurar la salud de la población.

Se entiende por práctica médica el conjunto de acciones estructuradas de varios profesionales dirigidas a un individuo o grupo de individuos sanos o enfermos, con el propósito de mejorar, conservar o restaurar la salud.

En México existen básicamente tres sistemas de atención médica: *estatal o paraestatal, privada o liberal, medicina alternativa.*

Medicina estatal o paraestatal

Este tipo de atención médica la integran: *a*) las instituciones de seguridad social como el Instituto Mexicano del Seguro Social (IMSS), Instituto de Seguridad y Servicios Sociales de los Trabajadores del Estado (ISSSTE), Secretaría de la Defensa Nacional (SDN), Secretaría de Marina (SM) y Petróleos Mexicanos (PEMEX); *b*) instituciones de asistencia pública (antes Secretaría de Salubridad y Asistencia, ahora Secretaría de Salud) como el Hospital Juárez, el Hospital General y el Hospital de la Mujer, y los hospitales del Gobierno del Distrito Federal, antes Departamento del Distrito Federal; *c*) instituciones descentralizadas pero subvencionadas por el gobierno federal, como el Hospital Infantil, el Instituto Nacional de Cardiología, etcétera.

En todas ellas se practica la medicina institucional, que puede definirse como la forma organizada del ejercicio de la medicina que proporciona atención médica (selectiva) a grupos de acuerdo con su situación socioeconómica. El Estado dicta las políticas que la rigen, pero no ejerce necesariamente su control.

La medicina institucional forma parte de la seguridad social que tuvo su origen en Alemania, donde se creó en 1872 el "seguro de enfermedad"; posteriormente, entre 1883 y 1889, se implantó la seguridad social, que incluía seguro de vejez, de enfermedades, accidentes e incapacidades para los trabajadores, financiados por los patrones y empleados.

En México, la medicina institucional surgió a raíz de la Revolución. En 1906 se propusieron reformas a la Constitución de 1857 para que se protegiera a los obreros indemnizándolos por accidentes de trabajo, se les asignara un seguro de vida y se les pensionara cuando hubieran agotado sus energías en el trabajo. Estas reformas se aprobaron en 1911. Los seguros con que cuenta el trabajador son de enfermedades profesionales y accidentes de trabajo, que está a cargo del patrón, y de enfermedades no profesionales y maternidad que está financiado por el patrón, el trabajador y el Estado.

La atención médica para el trabajador, su esposa, hijos menores de edad, o de 25 años en caso de que estudien en planteles del sistema educativo nacional y que dependan económicamente del trabajador, y para los padres, en caso de que también dependan económicamente de él, comprende los servicios de consulta externa, hospitalización y provisión de medicamentos. La atención obstétrica para la esposa y la trabajadora se lleva a cabo durante el embarazo y el parto. En el caso de la trabajadora, ésta tiene una incapacidad de 42 días antes del parto y 42 días después.

Dentro de las prestaciones económicas y sociales se dan subsidios por invalidez, vejez, viudez, orfandad, funerales y lactancia. Existen guarderías, centros de orientación familiar, talleres, unidades habitacionales, tiendas de descuento y, en algunos casos, centros vacacionales.

En cada institución existen particularidades que se presentarán a continuación.

IMSS

En 1942 se promulgó la Ley Mexicana del Seguro Social, que entró en vigor el 19 de enero de 1943, y uno de sus principales objetivos era la protección de la vida humana. De acuerdo con esta ley, el Seguro Social es un servicio público nacional obligatorio para los trabajadores asalariados de todas las actividades económicas. En 1949, este servicio se extendió a los pensionados y a los beneficiarios. En agosto de 1954 se reglamentó la incorporación de los trabajadores del campo y de las pequeñas ciudades en las siguientes categorías:

1. Miembros de las sociedades locales de crédito ejidal.
2. Miembros de las sociedades locales de crédito agrícola.
3. Trabajadores del campo.

Años más tarde se modificó el reglamento de los trabajadores del campo y se establecieron las siguientes categorías:

1. Miembros de las sociedades locales de crédito ejidal (ejidatarios).
2. Miembros de las sociedades locales de crédito agrícola (pequeños propietarios agrícolas).
3. Asalariados de carácter permanente.
4. Trabajadores estacionales (o de temporada).

El sistema se caracteriza porque se pone en práctica a través de una institución descentralizada que se sostiene gracias a las aportaciones mencionadas (gobierno, patrón y trabajador) y por las prestaciones que brinda:

• Seguro contra accidentes de trabajo y enfermedad profesionales.

• Seguro de enfermedades no profesionales y de maternidad.
• Seguro de invalidez, vejez, cesantía en edad avanzada y muerte.
• Ayuda para gastos de matrimonio, entierro, traslado de cadáveres, ayuda a la viuda y a los huérfanos menores de edad.

Dentro de las prestaciones sociales, en 1956 se crearon las Casas de las Aseguradas, que son centros para que la población femenina desarrolle actividades culturales, estéticas y sociales, y obtenga la ayuda necesaria para elevar su nivel de vida y el de su familia. En estos centros se imparten cursos de educación higiénica materno-infantil y de primeros auxilios.

En 1960 los servicios sociales se ampliaron para todos los integrantes de la familia, se crearon los Centros de Seguridad Social para el Bienestar Familiar, en los que se aplican los programas de educación familiar que abarcan aspectos de paternidad responsable, alimentación e higiene general; se hace hincapié en la importancia del ejercicio, de la recreación y de la prevención de accidentes, y se les enseña a cuidar y modificar las situaciones de riesgo en el hogar, la vía pública y el trabajo.

La atención médica que se extiende a la compañera (cuando vive en unión libre) y a los familiares mencionados al principio de este tema, abarca los aspectos preventivos, curativos y de rehabilitación. En caso de que un paciente no pueda recibir la atención que necesita en el lugar donde reside, se le pagan viáticos y pasajes y, si se considera necesario que lo acompañe algún familiar, también a éste. En los servicios de medicina preventiva se imparte educación higiénica, orientación sobre nutrición, se protege contra la caries dental, contra las enfermedades transmisibles más frecuentes por medio de inmunizaciones, y hay campañas de descubrimiento y control de padecimientos como el cáncer y la diabetes. Algunos de los servicios de medicina preventiva y social se han hecho extensivos a toda la población que lo desee, aunque no sean derechohabientes.

El 9 de junio de 1987, el Ejecutivo Federal suscribió un acuerdo mediante el cual se incorporan al seguro facultativo del régimen del Seguro Social todas las personas que cursen estudios de nivel medio y superior en planteles públicos oficiales del sistema educativo nacional y que no cuenten con la misma o similar protección

> Todas las personas que cursan estudios de nivel medio y superior en planteles públicos oficiales del sistema educativo nacional cuentan con seguro social.

por parte de cualquier otra institución de seguridad social.

ISSSTE

Fue creado por decreto presidencial el 28 de diciembre de 1959 y entró en vigor el 1o. de enero de 1960. Se sostiene por las cuotas de los empleados federales. El Estado aporta para el seguro de enfermedad, de maternidad, accidentes de trabajo y enfermedades profesionales, así como para cubrir otras prestaciones.

La asistencia médica es similar a la del IMSS.

Como parte de las prestaciones sociales, proporciona servicios de mejoramiento técnico y cultural, arrendamiento y venta de habitaciones, así como servicios funerarios para los derechohabientes.

Las prestaciones económicas incluyen pensiones por vejez, invalidez y muerte, jubilaciones, préstamos a corto plazo y préstamos para habitación, compra de terrenos y automóviles.

La SDN, la SM y Pemex funcionan en forma similar y protegen a los trabajadores de dichas dependencias.

SS

A principios del siglo XX se establecieron instituciones de beneficencia para la atención médica a las personas que carecían de recursos económicos. De acuerdo con la Constitución, el Estado debía proporcionar atención médica al pueblo, por lo que el nombre de beneficencia cambió al de asistencia, creándose en 1937 la Secretaría de Asistencia Pública. El 15 de octubre de 1943 se fusionaron el Departamento de Salubridad Pública, fundado en 1931, y la Secretaría de Asistencia Pública dando origen a la SSA, que actualmente se llama Secretaría de Salud (ss).

Durante años las actividades de la SSA no estuvieron bien delimitadas porque la acción sanitaria estaba en manos del Consejo de Salubridad General, del Presidente de la República y de la Secretaría de Salubridad y Asistencia; por esta razón, el 23 de diciembre de 1958 se estableció, según el artículo 14 de la Ley de la Secretaría y Departamentos de Estado, que las funciones de la SSA serían las siguientes:

I.   Crear y administrar establecimientos de salubridad, de asistencia pública y de terapia social en cualquier lugar del territorio nacional.
II.   Organizar la asistencia pública en el Distrito y Territorio Federales.
III. Aplicar a la beneficencia pública los fondos que le proporcione la Lotería Nacional.
IV.   Organizar y vigilar las instituciones de beneficencia privada e integrar sus patronatos, respetando la voluntad de los fundadores.
V.   Administrar los bienes y fondos que el Gobierno Federal destine para la atención de los servicios de Asistencia Pública.
VI.   Impartir y vigilar la asistencia médica y social a la maternidad y la infancia.
VII. La prevención social a niños de hasta seis años, ejerciendo sobre ellos la tutela que corresponda al Estado.
VIII. Organizar y administrar servicios sanitarios generales en toda la República.
IX.   Dirigir la policía sanitaria general de la República.
X.   Dirigir la policía sanitaria especial en puertos, costas y fronteras.
XI.   El control higiénico e inspección sobre preparación, posesión, uso, suministro, importación, exportación y circulación de comestibles y bebidas.
XII. El control de la preparación, aplicación, importación y exportación de productos biológicos, con excepción de los de uso veterinario.
XIII. La higiene veterinaria exclusivamente en lo que se relacione con los alimentos que puedan afectar a la salud humana.
XIV. El control sobre preparación, posesión, uso, suministro, importación, exportación y destrucción de drogas y productos medicinales, con excepción de los de uso veterinario que no estén comprendidos en la Convención de Ginebra.
XV.   Estudiar, adaptar y poner en vigor las medidas necesarias para luchar contra las enfermedades transmisibles, contra las plagas sociales que afecten la salud, contra el alcoholismo, las toxicomanías y otros vicios sociales y contra la mendicidad.
XVI. Poner en práctica las medidas tendientes a conservar la salud y la vida de los trabajadores del campo y de la ciudad, así como la higiene industrial.
XVII. Administrar y controlar las escuelas, instituciones y servicios de higiene establecidos por la Federación en toda la República, exceptuando aquellas que se relacionan exclusivamente con la sanidad animal.
XVIII. Organizar congresos sanitarios y asistenciales.
XIX. Prestar los servicios de su competencia directamente o en coordinación con los gobiernos de los Estados y del Distrito o los Territorios Federales.
XX.   La vigilancia sobre el cumplimiento del Código Sanitario y de sus reglamentos.

La ss cuenta con diversas instituciones: centros de salud, hospitales generales, hospitales especializados, granjas para enfermos mentales, consultorios médicos, institutos especializados, guarderías infantiles, casas de cuna, comedores familiares, dormitorios y baños públicos.

Los centros de salud tienen como objetivos:

1. Mantener actualizado el conocimiento de los problemas de salud pública en el área y de los recursos para resolverlos.
2. Organizar los recursos de la comunidad para que, conjuntamente con los del centro, se promueva, proteja y restaure la salud en ella y se atiendan los servicios de rehabilitación.
3. Colaborar con las instituciones docentes en la enseñanza de la salud pública.
4. Disminuir la morbilidad y la mortalidad.
5. Contribuir al desarrollo y bienestar de la comunidad.

Los servicios médicos que presta la ss se dirigen a la población desprotegida, a las personas sin seguridad social y que carecen de recursos para pagar atención privada; el pago por estos servicios es simbólico en muchas ocasiones, porque se basa en los resultados del estudio socioeconómico que se le practica al paciente.

Servicios médicos del GDF (Secretaría de Salud del Gobierno del Distrito Federal, antes DDF)

También se consideran de asistencia social, los integran hospitales infantiles, servicios que se proporcionan en reclusorios, albergues, casas de protección, hospitales

◗ **Figura 36.1** Los accidentes de trabajo es uno de los rubros que cubren las instituciones de salud, sostenidas por aportaciones de los trabajadores, el patrón y el gobierno.

de emergencia como el Hospital Dr. Rubén Leñero, el Hospital de Balbuena y el Hospital de La Villa. Estos servicios de emergencia proporcionan servicios gratuitos a cualquier persona y a cualquier hora.

En términos generales, la medicina institucional puede superar las limitaciones instrumentales del médico que actúa solo, en forma liberal, porque en muchas ocasiones es imposible que el médico privado cuente con todos los aparatos de diagnóstico y de tratamiento existentes. Por otra parte, en muchas clínicas el médico tiene que atender a un volumen excesivo de pacientes en un límite de tiempo determinado, el paciente se siente incómodo porque quisiera que le dedicaran más tiempo y puede perder la confianza, tanto en el médico como en el tratamiento.

Niveles de atención médica

Los niveles de atención médica se refieren a la organización de los recursos para la salud, en estratos debidamente enlazados, con el fin de satisfacer eficaz, eficiente y oportunamente todas las necesidades de salud de una población en un área determinada. Con base en esta definición, la atención médica cuenta con tres niveles.

Primer nivel Conjunto de recursos organizados para satisfacer eficaz, eficiente y oportunamente las necesidades de salud más frecuentes y no complicadas de toda la población, en un área determinada; cuenta con actividades de promoción de la salud, protección específica, diagnóstico, tratamiento y rehabilitación, por lo que en este nivel intervienen médicos generales, enfermeras de campo (que salen a la comunidad), auxiliares de enfermería y técnicos. Se puede llevar a cabo en consultorios y con equipo mínimo para utilizar en curaciones y cirugía menor (operaciones muy sencillas).

Segundo nivel Conjunto de recursos para la salud, organizado para satisfacer eficaz, eficiente y oportunamente las necesidades de salud poco frecuentes o complicadas de toda la población, en un área determinada; cuenta con actividades de diagnóstico, tratamiento, hospitalización y rehabilitación. A diferencia del nivel anterior, sus actividades de promoción de la salud y de prevención son limitadas. Se practica en consultorios u hospitales y existen cuatro especialidades básicas: medicina interna, cirugía, obstetricia y pediatría, además de atender urgencias, por lo que debe contar también con servicios auxiliares para el diagnóstico, como laboratorio y radiología.

Tercer nivel Conjunto de recursos para la salud organizado para satisfacer eficaz, eficiente y oportunamente las necesidades de salud raras o muy complicadas de toda la población en un área determinada, por lo que recibe pacientes que necesitan una atención altamente especializada. Se practica en hospitales de especialidad.

Medicina privada o liberal

Este tipo de práctica médica nació con la revolución Industrial y con el capitalismo. Con la revolución Industrial, el centro de la economía se desplazó del campo a las ciudades, los campesinos se dirigieron a la ciudad, pero tenían dificultad para adaptarse a una nueva forma de vida, lo que causó un aumento en la morbilidad y en la mortalidad. Durante el siglo XIX los industriales necesitaban mayor número de obreros sanos, por lo que aumentó la demanda de médicos que se convirtieron en profesionales particulares. En esta época aparecieron las especialidades.

La medicina privada se define como la práctica profesional médica caracterizada por su relación personal y directa, establecida mediante convenio mutuo a título oneroso y que utiliza casi exclusivamente tecnología médica, como el diagnóstico clínico y la terapéutica farmacológica (basada en fármacos). Por lo general su enfoque es biologicista e individual.

Los principios de la medicina liberal son los siguientes:

1. Se debe mantener el secreto profesional, con excepción de aquellos casos que indica la ley.
2. El individuo tiene libertad para elegir su médico.
3. El médico tiene libertad de prescripción.
4. Los honorarios se fijan mediante acuerdo directo entre el médico y el paciente.
5. Los honorarios se pagan directamente al médico.

A pesar de que muchas personas consideran que la medicina privada solamente está al alcance de personas con altos recursos económicos, los honorarios de los médicos varían mucho. La medicina privada se puede ejercer en consultorios, clínicas o en hospitales y los recursos con que cuentan los médicos también varían.

> Hay personas que prefieren la medicina privada porque tienen libertad para elegir a su médico.

Medicina alternativa

En este grupo de práctica médica se incluyen todas aquellas que se practican en forma independiente de la medicina científica o alopática, por ejemplo: acupuntura, homeopatía, medicina tradicional, naturismo, herbolaria, etcétera.

Acupuntura

Las bases de la acupuntura se encuentran en el Huang di Neijing, una recopilación de escritos chinos realizada en el periodo 770 a.C.-221 a.C. Considera la existencia de energías extracorporales (celeste, terrestre, cósmica y patógena) y energías corporales: el organismo tiene una energía hereditaria o ancestral que se adquiere desde el momento de la fecundación y va disminuyendo en el transcurso de la vida, capta energía del medio externo a través de la respiración y los alimentos; además, posee una energía defensiva contra los agentes patógenos.

La acupuntura se basa en diferentes teorías:

1. **Yin yang** En el universo existen dos fuerzas: el yin y el yang; pueden ser opuestas, como lo positivo y lo negativo, alternantes como el día y la noche, complementarias como el hombre y la mujer. Constituyen un todo en el cual existe un movimiento constante de energía con periodicidad tanto en el transcurso del día como en las estaciones: del inicio del día hasta mediodía predomina el yang, que va declinando poco a poco conforme crece el yin que alcanza su máximo en la noche; así, durante el día florece el yang en el cuerpo, y la persona está despierta y activa; en cambio, durante la noche la persona duerme por predominio del yin. En cuanto a las estaciones, en la primavera y el verano predomina el yang, y en otoño e invierno el yin.

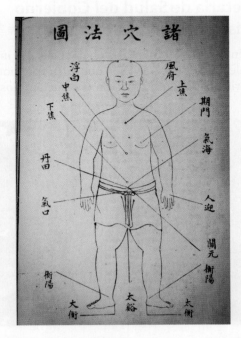

▶ **Figura 36.2** El principio curativo de la acupuntura se basa en el equilibrio de dos clases de energía: la energía interna del hombre y la que proviene de su entorno.

El yin corresponde a la mujer, el frío, la oscuridad, la noche, la tierra, la materia, la pasividad, el vacío, el órgano, lo negativo, etcétera.

El yang corresponde al hombre, el calor, la luminosidad, el día, el cielo, la energía, la actividad, la plenitud, la víscera o entraña, lo positivo, etcétera.

Cuando el hombre está sano, el yin y el yang están en armonía, por lo que la energía vital se produce y circula por los canales corporales. El exceso o la deficiencia del yin o yang altera este balance y se presenta la enfermedad.

La energía llamada esencial se forma a partir de tres calentadores o fogones, que son funciones destinadas a elaborar sangre-energía, pues según esta teoría la energía tiene dos aspectos: uno material que es la sangre y el otro energético.

2. **Las seis energías celestes** Corresponden a seis meridianos que a su vez se dividen en dos; cada meridiano está acoplado con un elemento y corresponde a una función.

3. **Sistema de meridianos** La energía se acumula en los órganos y circula por canales o meridianos.

4. **Órganos y vísceras** Los órganos almacenan energía y las vísceras o entrañas la transforman, pero no la almacenan.

5. **Teoría de los cinco elementos** Se considera la existencia de cinco fases de la energía o elementos, que se representan por madera, fuego, tierra, metal y agua. Cada elemento está en relación con un punto cardinal, una estación, un planeta, un clima, un órgano, una víscera o entraña, una cobertura corporal, un órgano de los sentidos, una secreción, una reacción psíquica, un sabor y un color; cada elemento se transforma o da lugar al siguiente; por ejemplo, la madera al fuego, éste a la tierra, etcétera.

Las causas de las enfermedades se atribuyen a energías perversas cósmicas (viento, calor, humedad, fuego, sequedad y frío), energías psíquicas patógenas y energías alimentarias patógenas.

El diagnóstico de enfermedad se basa en el interrogatorio, la inspección, la palpación del pulso y la auscultación. Las enfermedades se manifiestan por alteración de la energía, ya sea del yin yang, de los cinco elementos, los órganos y entrañas, los meridianos o la dualidad sangre-energía.

El tratamiento se lleva a cabo mediante la aplicación de agujas elaboradas con acero inoxidable o con aleaciones de oro o plata. Puede ser para estimular o tonificar o, por el contrario, para sedar, por lo que se aplican en los puntos acupunturales, que son sitios precisos que se localizan en los meridianos y se caracterizan por presentar menor resistencia al paso de la corriente eléctrica.

Con frecuencia se asocia con la moxibustión, que consiste en la aplicación de calor en los puntos acupunturales utilizando hojas secas y pulverizadas de artemisa mexicana; puede ser directa, indirecta y combinada con acupuntura.

Homeopatía

Se basa en el principio de que "lo similar puede curar lo similar"; es decir, que una enfermedad debe tratarse con una sustancia que produzca efectos parecidos a los síntomas de la enfermedad.

Sus orígenes más remotos se encuentran en los estudios de Hipócrates, quien decía que el paciente tiene su propio poder de curación y utilizó la raíz de *Veratrum album* para tratar el cólera, a pesar de que puede producir diarrea. El fundador de la homeopatía fue Samuel Christian Hahnemann, médico alemán que no estaba de acuerdo con los tratamientos de su época; experimentó con él mismo y en 1796 publicó su obra *A new principles of acertaining the curative power of drugs and some examination of previous principles.* Como algunos de los medicamentos utilizados eran venenosos, los recetaba en dosis muy pequeñas y tan diluidas que ya no contenían las moléculas de la sustancia original utilizada para su elaboración, estimulando la respuesta defensiva del organismo.

Se considera la existencia de una energía o fuerza vital que se encarga del funcionamiento normal del organismo y de defenderlo de la enfermedad, y que esta fuerza se puede afectar por la tensión emocional, una dieta inadecuada, la falta de ejercicio, los problemas hereditarios o cambios en el ambiente.

Los medicamentos homeopáticos estimulan esta fuerza vital y se preparan a partir de extractos vegetales y animales que se disuelven en alcohol y agua; la mezcla se deja reposar de dos a cuatro semanas y se agita de cuando en cuando para formar una tintura. Si se utilizan sólidos, se trituran. Las diluciones pueden ser en dos escalas: decimal y centesimal, y mientras haya una mayor dilución, habrá mayor potencia.

Naturismo

Se basa en la doctrina térmica: la salud se debe al equilibrio de las temperaturas externa e interna del cuerpo; a esta última la regula la sangre y la acciona una fuerza energética proveniente del sistema nervioso. Para el naturista la función del organismo es la conservación de la vida, por lo que comprende la alimentación, la eliminación y la reproducción. Cuando hay enfermedad se altera la función, por lo que se debe utilizar la fuerza vital del individuo y, por consiguiente, evitar el uso de medicamentos, vacunas, sueros y operaciones.

Para mantener la normalidad del organismo se siguen varios lineamientos:

- Respirar aire puro, por lo que se recomienda dormir con la ventana abierta y, si es posible, al aire libre en época de calor. Por la mañana respirar profundamente.
- Comer exclusivamente productos naturales como frutas, verduras, leguminosas y cereales. Hay naturistas menos estrictos que comen huevo y queso fresco. Evitan comer carne porque consideran que ocasiona putrefacción en el organismo. También evitan alimentos industrializados. Ser sobrios en la ingestión de alimentos; esto significa que deben comer poco y masticar muy bien.
- Beber únicamente agua natural y fuera de las comidas.
- Vivir en una casa limpia. Asear el cuerpo con lienzos mojados en agua fría.
- Dominar las pasiones, procurando la mayor castidad en la juventud.
- Evitar la ociosidad.
- Descansar y dormir sólo lo necesario. Usar cama dura.
- Vestir con holgura, de preferencia ropa de algodón.
- Procurar estar alegres.

El diagnóstico de las enfermedades se realiza por medio de la observación de la expresión, el iris, la lengua, la palpación del pulso y el interrogatorio de las características de las evacuaciones.

Al considerar que la enfermedad es una alteración térmica, los tratamientos se basan en el uso del lodo o barro, laxantes naturales o enemas de agua fría y ayunos, ya sea a base de agua sola o jugos.

Quiropráctica

Se basa en que una alineación deficiente de la columna vertebral produce alteraciones en el organismo; para curar se realizan masajes terapéuticos.

Herbolaria

Se basa en la utilización de plantas medicinales. En México se han realizado publicaciones desde que llegaron los españoles respecto de la clasificación y uso de estas plantas: el *Códice Florentino*, de fray Bernardino de Sahagún, el *Libellus de Medicinalibus Indorum Herbis*, de Martín de la Cruz, traducido del latín por Juan Badiano y la *Historia General de las cosas de la Nueva España*.

Iridología

El iridólogo observa el iris de ambos ojos a través de una lupa, los fotografía y, con base en sus características, determina la constitución y el estado de salud o de enfermedad de la persona. Postula que el iris tiene miles de terminaciones nerviosas conectadas con cada tejido y órgano del cuerpo, por lo que cualquier anormalidad se refleja en él. El tratamiento de las enfermedades se basa en hierbas y alimentos naturales.

Medicina tradicional popular

Recibe también el nombre de medicina folclórica y es una forma no oficial de práctica médica que se origina, se mantiene e incluso progresa por razones económicas, sociales y culturales. La constituye un conjunto de creencias, conceptos e ideas que han pasado a través de generaciones acerca de la enfermedad y la curación, basados en tradiciones culturales y no en teorías científicas.

En México este tipo de medicina, producto de la unión de las experiencias médicas precortesianas con las traídas por los conquistadores, se ejerce en todo el país, aun en colonias populares y de la clase media de la Ciudad de México.

La enfermedad se puede deber a fenómenos empíricos o racionales; por ejemplo, si una persona come mucho se enferma de "empacho", se enfermó porque hizo algo; en cambio, si la persona está enferma porque le hicieron "brujería" consideran que la enfermedad se debe a fenómenos mágicos o sobrenaturales.

▶ **Figura 36.3** Al lado de las instituciones de salud, en México sigue vigente la medicina tradicional que, con base en creencias y prácticas heredadas desde tiempos prehispánicos, es muy recurrida por la población.

Las personas que ejercen la medicina tradicional son los curanderos, que se consideran dotados de algún poder especial que les permite curar; sus diagnósticos se basan en la práctica y rara vez interrogan al paciente; en lugar de preguntar, ellos van diciendo qué síntomas tiene el paciente porque afirman que ellos saben lo que tiene y que lo van a curar. Entre los curanderos hay espiritistas, conocedores de remedios, hueseros, que dan tratamiento basado en la experiencia que han adquirido por medio de la tradición.

Recursos para la salud en México

Los recursos para la salud comprenden: *a*) las instituciones para la salud; *b*) las unidades médicas; *c*) el personal, y *d*) el presupuesto.

a) Las instituciones para la salud son las de seguridad social, la Secretaría de Salud y medicina privada, aunque esta última atiende un pequeño porcentaje de la población.
b) En el 2001 había 19 748 unidades médicas en el Sistema Nacional de Salud del país, cuya distribución puede observarse en el cuadro 36.1.
c) En el 2008 había 132 176 médicos laborando en las instituciones del sector salud encardas de atender a 108 396 211 habitantes; sin embargo, su distribución no es uniforme porque hay zonas con muchos médicos y zonas rurales que cuentan con un médico por cada 10 000 o 15 000 habitantes.

Existen poblaciones en donde el problema no es únicamente la falta de médicos, sino también de enfermeras, trabajadoras sociales, higienistas, promotores de salud y recursos materiales. En el cuadro de recursos humanos (personal médico y paramédico) se puede observar su distribución.

La Secretaría de Salud tiene dentro de sus objetivos la extensión de la cobertura de servicios sanitarios asistenciales a toda la República; sin embargo, sus objetivos sólo se han podido lograr en forma limitada porque los recursos humanos, físicos y económicos son insuficientes.

Ley General de Salud

El 15 de julio de 1891 Porfirio Díaz expidió el primer Código Sanitario, el cual impulsó el funcionamiento del Consejo Superior de Salubridad que operaba en el D.F. Con el paso de los años se fueron modificando los Códigos, de manera que en 1982 el panorama de la legislación sanitaria lo formaban el Artículo 73, fracción XVI de la Constitución federal, el VIII Código Sanitario de los Estados Unidos Mexicanos de 1973 y un conjunto de disposiciones reglamentarias.

En diciembre de 1983 el Congreso de la Unión aprobó la Ley General de Salud, que fue publicada en el Diario Oficial el 7 de febrero de 1984 y entró en vigor el lo. de julio de ese año.

Reglamenta el párrafo 3o. del Artículo 4o. de la Constitución Política de los Estados Unidos Mexicanos: "Toda persona tiene derecho a la protección de la salud. La Ley definirá las bases y modalidades para el acceso a los servicios y establecerá la concurrencia de la Federación y las entidades federativas en materia de

Entidad	Núm. de médicos por cada 100 000 habitantes	Entidad	Núm. de médicos por cada 100 000 habitantes
Aguascalientes	186.8	Morelos	143.3
Baja California	113.2	Nayarit	207.2
Baja California Sur	209.4	Nuevo León	135.0
Campeche	217.6	Oaxaca	125.7
Coahuila	158.5	Puebla	125.7
Colima	228.8	Querétaro	142.2
Chiapas	93.7	Quintana Roo	116.7
Chihuahua	112.1	San Luis Potosí	134.4
Distrito Federal	242.6	Sinaloa	172.5
Durango	184.5	Sonora	174.1
Guanajuato	118.8	Tabasco	212.5
Guerrero	133.8	Tamaulipas	156.8
Hidalgo	145.5	Tlaxcala	137.4
Jalisco	150.0	Veracruz	146.7
Estado de México	93.0	Yucatán	161.2
Michoacán	134.7	Zacatecas	152.6

Cuadro 36.1 Unidades médicas en servicio, según tipo de unidad por institución de seguridad y de asistencia, 2008.

Instituciones	Unidades médicas				
	Total	Generales	Especialidades	Unidades médicas	Camas
Estados Unidos Mexicanos	20 001	48674	73987	20 001	78 920
Instituciones de Seguridad Social	7 318	464	126	6 791	43 708
Instituto Mexicano del Seguro Social (Incluye imss-Solidaridad)	5 378	288	40	5 050	31 132
Instituto de Seguridad y Servicios Sociales de los Trabajadores del Estado	1 247	91	11	1 145	6 730
Petróleos Mexicanos	215	15	8	192	980
Secretaría de la Defensa Nacional	341	39	3	299	4 136
Secretaría de Marina	137	31	1	105	730
Instituciones de Asistencia Social	12 041	361	117	11 563	34 343
Secretaría de Salud[1]	11 835	332	101	11 402	31 914
Estatal[2]	206	29	16	161	2 429

[1] Incluye el Instituto de Servicios de Salud del Distrito Federal (antes DDF).
[2] Fuente: Sistema Nacional de Salud. *Boletín de Información Estadística*, núm. 21, vol. I, 2001.

Cuadro 36.2 Población derechohabiente de la seguridad social, según institución, 1950-2004.

Años	Población total[(1)]	Población derechohabiente				
		IMSS	ISSSTE	Pemex	SDN y SM	Total
		Número	Número	Número	Número	Número
1950	25 800 540	973 085	—	137 429	126 116	1 236 630
1960	36 046 000	3 360 389	487 742	188 431	180 166	4 216 728
1965	42 689 000	6 815 685	1 070 971	232 636	375 544	8 707 547
1970	49 090 000	9 895 629	1 347 470	327 184	522 005	12 370 457
1976	62 329 189	16 631 542	3 918 514	546 876	641 916	22 239 005
1984	76 292 872	29 388 434	6 080 470	1 024 908	549 823	37 043 635
1993	81 249 645	36 737 601	8 919 041	792 724	761 965	48 134 828
2000	97 483 412	45 872 403	10 236 523	664 938	724 059	57 497 923
2008		35 332 773	77 36 343	727 676	217 655	

[1] Población calculada al 30 de julio de cada año.
Fuente: INEGI. *Anuario Estadístico, 1998*. Sistema Nacional de la Salud. *Boletín de Información Estadística*, núm. 21, vol. I, 2000. *Agenda Estadística* 2006 (INEGI).

salubridad general, conforme a lo que dispone la fracción XVI del Artículo 73 de esta Constitución". Con esta publicación se elevó a rango constitucional la protección de la salud y la asignación de los recursos necesarios para la acción sanitaria.

Esta ley está estructurada en 18 títulos, 59 capítulos, 472 artículos y 7 artículos transitorios. Tiene como objetivos definir el contenido y las finalidades del derecho a la protección de la salud, establecer las bases jurídicas para hacer efectivo este derecho, definir la participación y responsabilidad de los sectores públicos,

social y privado, establecer las bases de operación del Sistema Nacional de Salud, reglamentar la prestación de servicios, actualizar y completar la normatividad en materia de salubridad general y clarificar la distribución de competencias entre las autoridades sanitarias.

En el título primero se definen las finalidades del derecho a la protección de la salud, y el contenido básico de la salubridad general, y se determinan las autoridades sanitarias que son el Presidente de la República, la Secretaría de Salud, el Consejo de Salubridad General y los gobiernos de las entidades federativas.

Cuadro 36.3 Recursos para la atención médica, 2008.

Institución	Total	Médicos generales	Médicos especialistas	Pasantes[1]	Otras labores médicas
Secretaría de Salud[2]	56 113	51 443	15 824	10 031	4 670
imss[3]	61 383	15 614	17 550	5 431	14 996
issste	15 574	3 728	7 741	1 204	768
Petróleos Mexicanos	2 392	900	1 247	0	125
sdn	1 859	1 776	516	36	83
sm	978	248	349	72	110
Estatal[4]	4 446	1 093	2 022	186	359
total	142 765	37 113	45 249	16 960	21 111
		48 674	73 987	37 283	17 888

[1] Se incluye residentes y becarios.
[2] Incluye el Instituto de Servicios de Salud (antes DDF).
[3] Incluye imss-Solidaridad.
[4] Incluye Cruz Roja y Sistema de Transporte Colectivo (Metro).
Fuente: Sistema Nacional de Salud. *Boletín de Información Estadística*, núm. 20, vol. I, 2001.

Cuadro 36.4 Personal médico y paramédico según institución, 2001.

Institución	Médico	Enfermera general	Enfermera especializada	Auxiliar de enfermería	Otras enfermeras	Otro personal paramédico
Secretaría de Salud[1]	56 113	33 281	4 791	22 323	14 080	4 656
imss[2]	61 383	32 877	9 983	34 719	8 983	24 436
issste	15 574	7 829	4 653	6 716	701	1 872
sdn	1 859	1 041	359	904	154	3 969
sm	978	396	49	610	47	182
Pemex	2 392	1 155	380	1 034	104	1 022
Estatal[3]	4 466	2 189	769	1 311	608	513
Total	142 765	78 768	20 984	67 617	24 677	36 650

[1] Incluye el Instituto de Servicios de Salud (antes DDF).
[2] Incluye imss-Solidaridad.
[3] Incluye Cruz Roja y Sistema de Transporte Colectivo (Metro).
Fuente: Sistema Nacional de Salud. *Boletín de Información Estadística*, núm. 21, vol. I, 2001.

El título segundo determina la conformación del Sistema Nacional de Salud, sus objetivos y su operación a través de mecanismos obligatorios de coordinación, de concertación e inducción que se establecen en el Sistema Nacional de Planeación Democrática con los sectores público, social y privado, que están bajo la responsabilidad de la Secretaría de Salud. También se establece la distribución de competencias en materia de salubridad general entre el Ejecutivo Federal, por conducto de la Secretaría de Salud y los gobiernos de los estados.

El título tercero define la naturaleza de los servicios de salud: atención médica, salud pública y asistencia social. Asimismo, se determinan los prestadores de servicios de salud pública, ya sea a la población en general (población abierta) o a derechohabientes de las instituciones de seguridad social.

Los **servicios de salud** comprenden los establecimientos de salud y toda acción realizada en beneficio del individuo y de la sociedad en general, dirigida a proteger, promover y restaurar la salud de la persona y de la colectividad, como la educación para la salud y la promoción del saneamiento básico, la prevención y control de las enfermedades, la atención médica, la atención maternoinfantil, la planificación familiar, la prevención y control de las enfermedades bucodentales, la disponibilidad de medicamentos, la promoción del mejoramiento de la nutrición y la asistencia social a los grupos más vulnerables.

La **promoción de la salud** tiene por objeto crear, conservar y mejorar las condiciones deseables de salud para toda la población y propiciar en el individuo las actitudes, los valores y las conductas adecuadas para motivar su participación en beneficio de la salud individual y colectiva, por lo que comprende los servicios de educación para la salud, nutrición, control de los efectos nocivos del ambiente en la salud, la salud ocupacional, la prevención y el control de enfermedades y accidentes, así como el fomento sanitario.

La **asistencia social** abarca el conjunto de acciones tendientes a modificar y mejorar las circunstancias de carácter social que impiden al individuo su desarrollo integral, así como la protección física, mental y social de personas en estado de necesidad, desprotección o desventaja física y mental, hasta lograr su incorporación a una vida plena y productiva. Las actividades básicas de la asistencia social incluyen la atención a personas que por sus carencias socioeconómicas, o por problemas de invalidez, se vean impedidas para satisfacer sus requerimientos básicos de asistencia y desarrollo; la atención a menores y ancianos en estado de abandono o desamparo o inválidos sin recursos; la promoción del bienestar de las personas de la tercera edad; la tutela de los menores; la asistencia jurídica y de orientación social, especialmente de menores, ancianos o inválidos sin recursos; la participación de la población en acciones de promoción, asistencia y desarrollo social, así como la educación y capacitación para el trabajo de personas con carencias socioeconómicas.

Señala también las modalidades de participación de la comunidad en los servicios de salud y de las personas que prestan servicios de salud en todos los niveles.

En el título cuarto se caracteriza a los recursos humanos de los servicios de salud y se establecen las bases para la interacción de los sectores educativo y de salud para su adecuada formación, capacitación y actualización.

El título quinto establece la naturaleza y el propósito de la investigación para la salud. En este sentido, la investigación para la salud busca promover nuevos métodos y mayores conocimientos con el fin de hacer más efectiva la prestación de servicios. Se señala también la obligación de establecer en las instituciones de salud comisiones de investigación, de ética y de bioseguridad.

En el título sexto se contempla la información para la salud y se establecen las reglas para integrar las estadísticas de salud.

El título séptimo define los objetivos de la promoción de la salud, que comprende los ámbitos de educación para la salud, nutrición, control de los efectos nocivos del ambiente en la salud y la salud ocupacional.

El título octavo define las actividades de prevención y control de enfermedades y accidentes, y establece, entre otras, un sistema de vigilancia epidemiológica.

El título noveno define las acciones de asistencia social, de prevención de invalidez y de rehabilitación de inválidos. Aquí cabe mencionar la emisión de la Ley del Sistema Nacional de Asistencia Social, que se publicó en el Diario Oficial el 19 de enero de 1986 y que formalizó la responsabilidad operativa de esa materia, que se ha asignado al Sistema Nacional para el Desarrollo Integral de la Familia.

El título décimo se refiere a la acción extraordinaria en materia de salubridad general en casos de epidemia, emergencia o catástrofe.

El título decimoprimero establece los programas contra las adicciones: alcoholismo, tabaquismo y farmacodependencia.

En el título decimosegundo se incorporan los elementos básicos para el control de alimentos y bebidas no alcohólicas, bebidas alcohólicas, medicamentos, estupefacientes, sustancias psicotrópicas, establecimientos dedicados al proceso de medicamentos, equipos, prótesis (órganos o partes de órganos artificiales), ayudas funcionales, agentes de diagnóstico, insumos de uso odontológico, materiales quirúrgicos, de curación y productos higiénicos, productos de perfumería y belleza, productos de aseo, tabaco, plaguicidas, fertilizantes y sustancias tóxicas, así como el control sanitario para la importación y exportación.

El título decimotercero se refiere al control sanitario de la publicidad.

En el título decimocuarto se estipulan los lineamientos básicos para el control sanitario de la disposición de órganos, tejidos y cadáveres de seres humanos.

El título decimoquinto sistematiza y moderniza las disposiciones en materia de sanidad internacional: migración, sanidad marítima, aérea y terrestre.

En el título decimosexto se establecen las facilidades para la autorización y certificación sanitarias.

El título decimoséptimo se refiere a las facultades en materia de vigilancia sanitaria.

En el título decimoctavo se precisan medidas de seguridad, sanciones y delitos, destinados a proteger la salud de la población.

Reglamentos y normas

La Ley General de Salud, a diferencia de los Códigos Sanitarios, ha simplificado sus reglamentos, ya que de más de 50 que existían, ahora sólo contempla la expedición de seis:

1. De atención médica.
2. De disposición de órganos, tejidos y cadáveres de seres humanos.
3. De sanidad internacional.
4. De control de la publicidad.
5. De control sanitario de actividades, locales, establecimientos, productos y servicios.
6. De investigación en salud.

El Reglamento sobre la Prestación de Servicios, de Atención Médica (Diario Oficial del 14 de mayo de 1986) pretende reordenar, homogeneizar y modernizar el ejercicio y la protección de este tipo de servicios, tratando de resguardar los derechos de los usuarios, propiciar la mejoría de la calidad en la atención y estimular el ejercicio de la medicina. De esta manera, este reglamento precisa los derechos y obligaciones de los usuarios y la participación de la comunidad, así como las disposiciones para la prestación de servicios en consultorios y hospitales, en relación con la atención materno-infantil, planificación familiar, salud mental, rehabilitación y servicios auxiliares de diagnóstico y tratamiento.

El Reglamento sobre el Control Sanitario de la Disposición de Órganos, Tejidos y Cadáveres de Seres Humanos (Diario Oficial del 20 de febrero de 1986) tiene como propósitos reordenar, homogeneizar y modernizar la actividad y los criterios de operación en la materia, tanto para fines terapéuticos como para la docencia e investigación.

El Reglamento de Sanidad Internacional (Diario Oficial del 18 de febrero de 1986) tiene por objeto definir la acción de la Secretaría de Salud a lo largo de costas y fronteras, en apoyo al sistema de vigilancia epidemiológica para la prevención y control de enfermedades infecciosas y contagiosas.

El Reglamento sobre el Control de la Publicidad (Diario Oficial del 26 de septiembre de 1986) alude a los elementos para regular esta actividad en materia de protección de servicios de salud, alimentos y bebidas no alcohólicas, bebidas alcohólicas y tabaco, medicamentos y plantas medicinales, estupefacientes y sustancias psicotrópicas, equipos médicos, prótesis, ayudas funcionales, agentes de diagnóstico, insumos de uso odontológico, materiales quirúrgicos y de curación, productos higiénicos, productos de aseo, de perfumería y de belleza, servicios y procedimientos de embellecimiento, plaguicidas, fertilizantes y sustancias tóxicas.

El Reglamento de Investigación en Salud (Diario Oficial del 6 de enero de 1987) tiene por objeto facilitar el acoplamiento de la Ley general de Salud en esta materia. De esta manera se precisan disposiciones en relación con los aspectos éticos de la investigación en seres humanos, a la investigación en comunidades, en menores de edad o personas incapacitadas, en mujeres en edad fértil, durante el periodo gestacional y de la etapa perinatal, en grupos subordinados, así como la relacionada con nuevos recursos profilácticos, de diagnóstico, terapéuticos y de rehabilitación. También regula la investigación farmacológica, lo que incluye la construcción y manejo de ácidos nucleicos recombinantes y la investigación con isótopos radiactivos y dispositivos que emiten radiaciones ionizantes y electromagnéticas. Asimismo, precisa el papel de las comisiones internas de investigación y la ejecución de las tareas de investigación en las instituciones de salud.

En la actualidad se encuentra en proceso de emisión el reglamento de control sanitario de actividades, locales y establecimientos, productos y servicios.

Normas técnicas

Respecto de las normas técnicas, la Ley General de Salud le confiere a la Secretaría de Salud la competencia para dictar las normas técnicas en materia de salubridad general a que queda sujeta la prestación de servicios en todo el país, así como verificar su cumplimiento. Las normas se definen mediante el conjunto de reglas técnicas o científicas de carácter obligatorio que deben satisfacerse en la organización y prestación de servicios. También regula el desarrollo de actividades en materia de salubridad general con el objeto de uniformar principios, criterios, políticas y estrategias.

Las normas técnicas están presentes como instrumentos jurídicos fáciles, ágiles y sencillos de realizar, de tal manera que el avance científico y tecnológico no las rebase y exista la posibilidad de renovación constante. De acuerdo con esto, desde junio hasta diciembre de 1986 se publicaron en el *Diario Oficial de la Federación* 77 normas técnicas relativas a la atención médica, a la salud pública, a la asistencia social y a la regulación sanitaria de insumos médicos.

Regulación sanitaria

Respecto de la regulación sanitaria, se incorporaron en la nueva Ley General de Salud disposiciones referidas a la salud pública para el control de autoridades, establecimientos, productos, servicios, publicidad, sanidad internacional y recursos de investigación de carácter sanitario.

Por otra parte, la Secretaría de Salud ha promovido acuerdos para el desarrollo sanitario del país con la Organización Panamericana de la Salud (OPS), la Organización para la Agricultura y la Alimentación (FAO) y la Oficina para el Programa del Medio Ambiente.

Política sanitaria

Al reformarse el Artículo 4o. de la Constitución Política de los Estados Unidos Mexicanos, en el que se establece el derecho a la protección de la salud (*véase* "Ley General de Salud") el Plan Nacional de Desarrollo definió los siguientes objetivos:

* Tender hacia una cobertura nacional de los servicios de salud, garantizando un mínimo razonable de calidad para todos los habitantes del país.
* Mejorar el nivel de salud de la población, particularmente de los sectores rurales y urbanos rezagados y con especial preocupación por los grupos más vulnerables.
* Contribuir con respeto íntegro a la voluntad de la pareja, a un crecimiento demográfico concordante con el desarrollo económico y social del país.
* Promover la protección social que permita fomentar el bienestar de la población de escasos recursos, especialmente a los menores, ancianos y discapacitados.

Con el fin de mejorar el bienestar de la población y el nivel de vida, propuso los siguientes puntos:

* Promover acciones que permitan que la totalidad de la población con una relación formal de trabajo se incorpore al sistema de seguridad social.
* Fomentar el mejoramiento de las condiciones de seguridad e higiene en el trabajo.
* Ampliar la cobertura de los servicios para que se incorpore a los trabajadores no asalariados a los beneficios de la seguridad social.

Programa Nacional de Salud

El 7 de agosto de 1984 se aprobó el Programa Nacional de Salud 1984-1988, que tuvo como propósito hacer efectivo el derecho a la protección de la salud mediante el establecimiento y la consolidación del Sistema Nacional de Salud, que tiende a brindar a la población el acceso a estos servicios y el uso más eficiente de los recursos.

Los objetivos del Programa Nacional de Salud son los siguientes:

1. Proporcionar servicios médicos a la población, con especial énfasis en el primer nivel de atención y mejorar y homogeneizar su calidad básica, atendiendo los problemas más importantes y los factores que causan y condicionan los daños a la salud.
2. Abatir la incidencia de las enfermedades transmisibles y limitar las no transmisibles, así como los accidentes, otorgando prioridad a las acciones de carácter preventivo y la detección oportuna.
3. Promover la salud de la población disminuyendo la incidencia de los factores que la ponen en peligro y fomentando el autocuidado de la salud, particularmente de los sectores rurales y urbanos rezagados y con marcada preocupación por los grupos más vulnerables.
4. Coadyuvar al mejoramiento de las condiciones sanitarias y del medio ambiente, proporcionando niveles satisfactorios de salud en la población en general.
5. Contribuir a la disminución de los niveles de fecundidad con pleno respeto a la decisión y dignidad de la pareja, con el fin de colaborar en lo social y en lo familiar a un mayor equilibrio entre el desarrollo económico y el crecimiento demográfico, coadyuvando al mejoramiento de las condiciones de salud maternoinfantil.
6. Contribuir al bienestar social de la población al proporcionar asistencia social principalmente a menores en estado de abandono, ancianos desamparados, minusválidos, madres gestantes de escasos recursos,

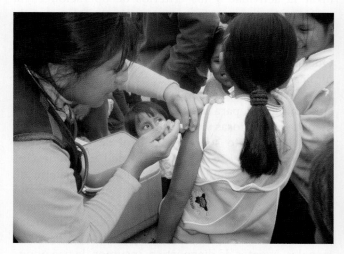

► **Figura 36.4** Las campañas de vacunación a lo largo y ancho del país son parte del Programa Nacional de Salud, encaminadas a prevenir enfermedades en la población.

así como a indigentes, para proporcionar su reincorporación a una vida equilibrada en lo económico y social, y a apoyar el desarrollo de la familia y la comunidad, fomentando la educación para la integración social.

Para consolidar el Sistema Nacional de Salud se establecieron cinco estrategias:

1. **Sectorización** El sector salud se divide en cuatro subsectores:

   a) En el primero se encuentran los Servicios Coordinados de Salud Pública en las entidades federativas.
   b) En el segundo se encuentran el IMSS, el ISSSTE y organismos similares, que han tenido que modificar sus leyes específicas para incluir al secretario de Salud dentro de sus órganos de gobierno, debido a que la Secretaría de Salud debe establecer y conducir la política nacional en materia de asistencia social, servicios médicos y salubridad general; coordinar los programas y servicios públicos de salud; planear, normar, coordinar y evaluar el Sistema Nacional de Salud y promover la adecuada participación de las dependencias y entidades públicas que presten servicios de salud con el fin de asegurar el cumplimiento del derecho a la protección de la salud.
   c) El tercer subsector lo constituyen los Institutos Nacionales de Salud (Instituto de Cardiología, de Cancerología, de Enfermedades Respiratorias, de Nutrición, de Neurología y Neurocirugía, de Pediatría, de Perinatología, el Hospital Infantil de México, el Instituto Mexicano de Psiquiatría y el de Salud Pública, formado al fusionarse la Escuela de Salud Pública, el Centro de Investigaciones en Salud Pública y el Centro de Investigaciones sobre Enfermedades Infecciosas, entre otros). Este subsector se caracteriza por su apoyo a la investigación, la enseñanza y sus servicios de tercer nivel.
   d) El cuarto subsector es el de asistencia social, que se preocupa por el cuidado de los grupos más necesitados de la población, además de fomentar la integración familiar y comunitaria. Está constituido por el Sistema Nacional para el Desarrollo Integral de la Familia (DIF) y el Instituto Nacional de las Personas Adultas Mayores (INAPAM, antes INSEN) y los Centros de Integración Juvenil.

   Arriba de la Secretaría de Salud se encuentran el Consejo de Salubridad General y el Gabinete de Salud.

2. **Descentralización** Pretende extender la cobertura y elevar la calidad de los servicios, transfiriendo a los estados la dirección, coordinación y conducción de la atención médica, la salud pública y el control sanitario.

3. **Modernización** El 24 de enero de 1985 la Secretaría de Salubridad y Asistencia cambió a Secretaría de Salud; se encarga de normar, planear, evaluar y supervisar los servicios de salud, deja la operación de los servicios a los estados y a otras instituciones federales.

4. **Coordinación intersectorial** Tiene como objetivo la formación de recursos humanos que requiere el Sistema Nacional de Salud, orientar la investigación, la atención del problema de abastecimiento de insumos médicos (medicamentos, materiales de curación y prótesis, material, reactivos y medios de diagnóstico para laboratorios, instrumental y equipo médico), el refuerzo de los programas contra la farmacodependencia, el alcoholismo, el tabaquismo, así como la acción sanitaria referente a los problemas del medio ambiente, de la nutrición y de la prevención de accidentes.

5. **Participación comunitaria** La comunidad se puede organizar; por ejemplo, para participar durante las campañas sanitarias, los Días Nacionales de Vacunación, formando comités de salud, patronatos de unidades hospitalarias, etcétera.

   El Sistema Nacional de Salud pretende armonizar los programas de los servicios de salud que realiza el gobierno federal y con los que llevan a cabo los gobiernos de los estados, los sectores social y privado, con el fin de aumentar la efectividad del derecho a la protección de la salud, buscando coherencia, armonía y flexibilidad, para establecer y brindar el acceso a la salud, así como dar un uso más eficiente a los recursos, por lo que lo integran entidades del sector salud, por los gobiernos de las entidades federativas y los sectores social y privado.

   Sus funciones son las siguientes:

1. **Atención médica** Incluye actividades preventivas, curativas y de rehabilitación.
2. **Servicios de Salud Pública** Tienen por objeto crear, corregir y mejorar las condiciones deseables de salud de la población y propiciar en el individuo actitudes, valores y conductas adecuadas para motivar su participación en tareas que redunden en beneficio de la salud individual y colectiva.
3. **Asistencia social** Como ya se mencionó en el título tercero, comprende las acciones tendientes

a superar las circunstancias de carácter social que impiden el desarrollo integral del individuo, así como la protección física, mental y social en personas en estado de necesidad, desprotección o desventaja física o mental hasta lograr su reincorporación a una vida plena y productiva.

Actividades

1. Comenten en el grupo las diferencias entre seguridad social y asistencia social.
2. Comenta en el aula con tus compañeros si existen ventajas y/o desventajas de estar afiliados a un sistema de seguridad social. Investiga qué niveles de atención tienen las instituciones de salud de tu comunidad, y comparte tus propias experiencias con el grupo.
3. Investiga cuántas personas de tu familia han recurrido a la medicina alternativa o a la medicina tradicional y qué resultados obtuvieron en la recuperación de sus enfermedades.

Capítulo 37

Diagnóstico de la salud en México

El Censo General de Población y Vivienda permite conocer las características de la población mexicana para realizar un diagnóstico de diferentes factores económicos y sociales, entre ellos, la salud.

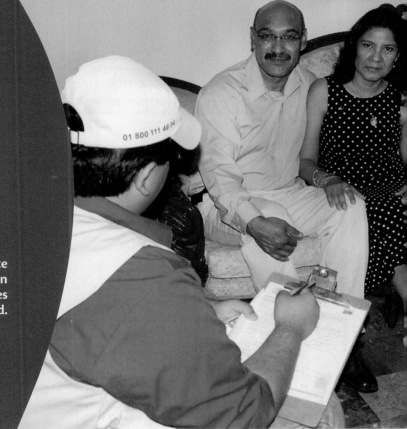

Para poder realizar el diagnóstico de la salud de una comunidad o de un país se deben tener en consideración los siguientes aspectos:

I. La población
   a) características demográficas
   b) estadísticas vitales
      - nacimientos
      - defunciones
      - nupcialidad
   c) morbilidad
   d) saneamiento ambiental
II. Recursos para la salud
   a) política sanitaria
   b) recursos materiales
   c) recursos humanos
   d) atención médica
   e) presupuesto
III. Características socioeconómicas
   a) alimentación
   b) vivienda
   c) educación
   d) recreación
   e) vestimenta

IV. Infraestructura
   - disponibilidad de caminos, vías férreas, teléfonos, telégrafos
   - medios de transporte
V. Economía
   - salario
   - población ocupada

Características de la población

La **población de México** estimada en el año 2010 fue de 108 396 211 habitantes, de los cuales 53 229 849 pertenecía al sexo masculino y 55 1866 362 al femenino.

La **densidad de población** ha aumentado desde 6.9 habitantes por km^2 en 1900 hasta 57 habitantes por km^2 en el 2010 (cuadro 37.1).

Respecto al crecimiento natural, el ritmo de **crecimiento de la población** aumentó hasta 1960, a partir de ese año ha venido disminuyendo hasta 0.8, en el año 2010 (cuadros 37.2 y 37.4); a pesar de esta tasa, México se encuentra todavía entre los países con elevado crecimiento demográfico; esto es resultado de una disminución de la mortalidad. En 2005, el flujo migratorio documentado indicó 25 093 877 entradas y 19 927 275 salidas.

Cuadro 37.1 Densidad de la población 1900-2008.

Años	Densidad de la población habitantes por km²
1900	6.9
1910	7.7
1920	7.3
1930	8.4
1940	10.0
1950	13.1
1960	17.7
1970	24.4
1980	34.0
1990	41.0
2000	50.0
2005	53.0
2008	55.0

Fuente: SPP, INEGI, Agenda Estadística 1993, 2006 y 2010. INEGI, XII Censo General de Población y Vivienda 2010.

Cuadro 37.2 Crecimiento de la población 1921-2010.

Años	Población	Tasa de incremento anual*
1921	14 334 780	1.7
1930	16 552 722	1.8
1940	19 653 552	2.4
1950	25 791 071	2.8
1960	34 923 129	3.4
1970	48 225 238	3.2
1980	66 846 833	2.9
1990	81 249 645	2.6
2000	97 483 412	1.7
2005	103 263 388	1.1
2010	108 396 211	0.8

* Calculada al 30 de junio de cada año.
Fuente: Censos Generales de Población, SPP, INEGI. Agenda estadística 1993, 1999, 2000, 2003 y 2006, 2010.

La **migración** de la población rural a las áreas urbanas (que tienen como mínimo una población de más de 2500 habitantes) también ha crecido. En el 2010 la población rural era de 22.2% y la urbana de 77.8%.

Por otra parte, 29.3% de la población corresponde a menores de 15 años, que dependen de sus padres y necesitan educación; la población está envejeciendo.

En cuanto a las estadísticas vitales, la natalidad ha descendido.

Respecto de la mortalidad

La **mortalidad general** también ha disminuido, de 33.2 por cada mil habitantes que había en 1900, hasta 5.0 por cada mil habitantes en 2010. Esto se debe a las actividades preventivas, sobre todo las referidas a inmunizacio-

nes, alimentación, uso del suero oral y diagnóstico y tratamientos oportunos de las diversas enfermedades.

La evolución que han tenido las principales causas de mortalidad en el país desde 1922 puede observarse en el cuadro 37.9; por ejemplo, la viruela, la poliomielitis y el paludismo han desaparecido como causa de muerte. Las enfermedades transmisibles, como neumonías, gastroenteritis y colitis, bronquitis, tuberculosis, tifoidea, tosferina, tétanos y sarampión, han disminuido; en cambio, han aumentado las enfermedades del corazón, los tumores malignos, las lesiones vasculares del sistema nervioso central y la diabetes. Estas enfermedades tienen una relación directa con el aumento de la esperanza de vida. Los accidentes también han aumentado, esto es consecuencia de la industrialización y la urbanización. Los homicidios, que habían disminuido en 1970, se incrementaron de nuevo (parece ser que están relacionados con las condiciones colectivas de salud mental). La mortalidad materna, o sea, aquella relacionada con la maternidad (embarazo, parto o puerperio) también ha disminuido.

Principales causas de mortalidad general

En 2010, las diez principales causas de mortalidad general en México fueron:

Orden de importancia	Causas	Defunciones
1	Diabetes mellitus	82 964
2	Enfermedades isquémicas del corazón	70 888
3	Tumores malignos	32 348
4	Enfermedades cerebrovasculares	32 306
5	Enfermedades del hígado	28 369
6	Agresiones (homicidios)	25 757
7	Enfermedades pulmonares obstructivas crónicas	23 797
8	Enfermedades hipertensivas	17 695
9	Infecciones respiratorias agudas bajas	17 131
10	Accidentes de transporte	17 098

Fuentes: Secretaría de Salud/Dirección General de Información en Salud. Elaborado a partir de la base de dartos de defunciones 1979-2010 INEGI/SS. SINAIS Sistema Nacional de Información en Salud. Tabla Dinámica de Defunciones, 1979-2010. INEGI Consulta Interactiva de Datos, Defunciones generales, Causas detalladas CIE y Lista Mexicana de Enfermedades.

Si se analizan estas diez principales causas de mortalidad general, se observa que las primeras están relacio-

Cuadro 37.3 Natalidad, mortalidad general y crecimiento natural, 1900-2010.

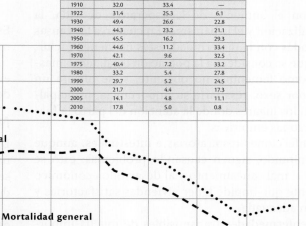

Año	Natalidad	Mortalidad general	Crecimiento natural
1900	36.6	33.7	2.8
1910	32.0	33.4	—
1922	31.4	25.3	6.1
1930	49.4	26.6	22.8
1940	44.3	23.2	21.1
1950	45.5	16.2	29.3
1960	44.6	11.2	33.4
1970	42.1	9.6	32.5
1975	40.4	7.2	33.2
1980	33.2	5.4	27.8
1990	29.7	5.2	24.5
2000	21.7	4.4	17.3
2005	14.1	4.8	11.1
2010	17.8	5.0	0.8

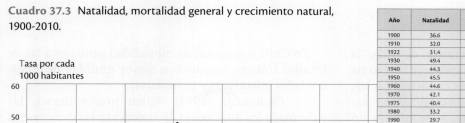

Fuente: *Anuarios Estadísticos* , SPP (1900-1960). *Agenda Estadística* 1976, SPP (1970-1974). *Compendio de Estadísticas Vitales de México*, 1975, SSA. *Agenda Estadística*, 1993, 1999, 2000, 2003 y 2006, INEGI.

Cuadro 37.4 Crecimiento de la población, 1910-2010.

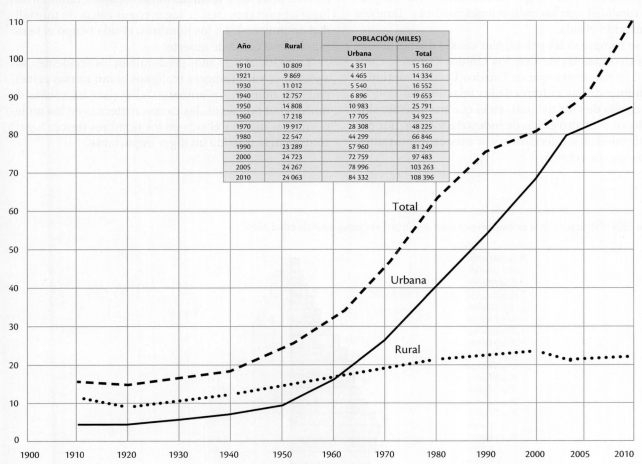

Año	Rural	POBLACIÓN (MILES)	
		Urbana	Total
1910	10 809	4 351	15 160
1921	9 869	4 465	14 334
1930	11 012	5 540	16 552
1940	12 757	6 896	19 653
1950	14 808	10 983	25 791
1960	17 218	17 705	34 923
1970	19 917	28 308	48 225
1980	22 547	44 299	66 846
1990	23 289	57 960	81 249
2000	24 723	72 759	97 483
2005	24 267	78 996	103 263
2010	24 063	84 332	108 396

Fuente: *Anuarios Estadísticos* , SPP. *INEGI*, X Censo de Población y Vivienda, 1984. *INEGI*, XI Censo de Población y Vivienda, 1990. *INEGI*, XII Censo de Población y Vivienda, 2000. *INEGI*, *Agenda Estadística* 2006.

nadas con el aumento de la esperanza de vida, la industrialización y el urbanismo. En cuanto a las causas relacionadas con la maternidad, éstas no vienen incluidas porque se considera a la población total, tanto masculina como femenina; no obstante, si se hiciera un análisis por sexo, resaltaría su importancia, principalmente en los lugares donde la atención del parto la realizan personas empíricas.

Las infecciones respiratorias e intestinales, aunque han disminuido, siguen causando problemas; esto se atribuye al mal saneamiento y al desarrollo económico insuficiente que impide tener viviendas satisfactorias y nutrición adecuada.

Hay enfermedades transmisibles de mucha importancia, como la fiebre tifoidea, la hepatitis, el cólera y la tuberculosis, que siguen teniendo repercusiones en la población, debidas al mal saneamiento, independientemente de que la comunidad o los individuos participan poco en el cuidado o la atención de su salud, pues tienen hábitos alimentarios inadecuados, buscan la atención médica cuando la enfermedad está muy avanzada, no cooperan con las campañas sanitarias y no cumplen en su totalidad con las indicaciones médicas. También ha aparecido el sida.

Si se comparan las principales causas de mortalidad de México con las de Estados Unidos (1990) y Cuba (1990), se encuentra que en Estados Unidos continúan predominando las enfermedades relacionadas con las condiciones de vida del país, en el que hay más tensión emocional y un alto grado de industrialización; por ello las enfermedades infecciosas son menos importantes, con excepción del sida.

En Cuba hay causas de mortalidad similares a las de Estados Unidos, aunque con mayor cantidad de enfermedades infecciosas y parasitarias.

En Guatemala (1984) siguen predominando las enfermedades infecciosas, la violencia y las deficiencias de nutrición.

Mortalidad por grupos de edad

Durante 2007, en los niños menores de un año predominaron las afecciones originadas en el periodo perinatal, seguidas por las anomalías congénitas, las enfermedades de tipo infeccioso y los accidentes (figura 37.1).

En los niños de edad preescolar, los primeros lugares estuvieron ocupados por los accidentes, las malformaciones congénitas y las infecciones respiratorias e intestinales.

Entre los 5 y 14 años de edad, además de los accidentes, predominaron los tumores malignos y las anomalías congénitas.

De los 15 a los 24 años preponderan las muertes violentas y los tumores malignos. Las causas mortuorias relacionadas con la maternidad ocupan también un lugar importante (tercer lugar como causa de mortalidad en mujeres). En los hombres, el sida ocupó el sexto lugar como causa de muerte.

Entre los 25 y 34 años predominan los accidentes, las agresiones y los tumores malignos como causas principales de muerte; sin embargo, al revisar las causas de mortalidad por sexos, las causas maternas en las mujeres (tercer lugar) y el sida en los hombres (tercer lugar) continúan ocupando un lugar importante.

Cuadro 37.5 Estructura de la población por sexo según grupo quinquenal de edad 2005.

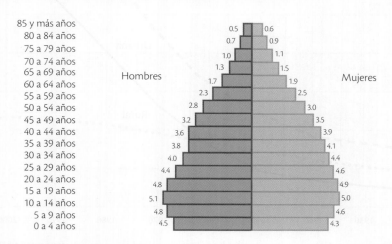

Fuente: INEGI. II *Conteo de Población y Vivienda*, México, 2005. INEGI, Agenda estadística 2010.

Cuadro 37.6 Mortalidad general 1900-2005.

Años	Número de defunciones	Tasa por 1000 habitantes
1910	505 131	33.4
1922	364 832	25.3
1930	441 717	26.6
1940	458 906	23.2
1950	418 430	16.2
1960	402 545	11.2
1970	485 656	9.6
1980	434 465	6.5
1990	422 803	5.2
2001	441 004	4.4
2005	495 240	4.8
2010	437 667	5.0

Fuente: Tabulaciones y Anuarios DGE/SPP. *Anuario de Estadísticas Vitales*, SSA. INEGI, Dirección de Estadísticas Demográficas y Sociales. INEGI, Agenda estadística, 2010.

De los 35 a los 44 años, predominan los accidentes, la enfermedad alcohólica y las enfermedades crónicas del hígado, los tumores malignos, las enfermedades del corazón y las agresiones.

De los 45 a los 64 años las enfermedades degenerativas y los accidentes son muy importantes, además de que como causa de muerte vuelven a aparecer las enfermedades respiratorias (cuadro 37.8).

Morbilidad

La morbilidad por enfermedades transmisibles ha disminuido, sobre todo por las que se pueden prevenir mediante la vacunación; sin embargo, en la década de 1970 ocurrieron varios brotes epidémicos que plantearon serias dificultades al Sistema Nacional de Salud.

Entre éstos, hubo uno de fiebre tifoidea resistente a los antibióticos utilizados para tratar esta enfermedad, una epidemia por bacilo de Shiga en el sureste de la República Mexicana y, en 1978, reapareció el dengue, que se extendió a todo el país; se ha recrudecido el paludismo producido por *P vivax* desde 1983, y en 1982 hubo un brote epidémico de conjuntivitis hemorrágica que abarcó los estados del Golfo de México y la península de Yucatán.

Cabe destacar que la morbilidad es diferente en hospitales que en consulta externa.

En 2002, la Secretaría de Salud informó acerca de las siguientes causas de enfermedad:

Orden de importancia	Padecimiento	Número
1	Desnutrición leve	45 623 916
2	Infecciones respiratorias agudas	29 560 794
3	Infecciones intestinales	5 374 980
4	Infecciones del tracto urinario	3 353 912
5	Úlceras, gastritis y duodenitis	1 447 260
6	Amibiasis intestinal	1 151 507
7	Otitis media aguda	710 416
8	Otras helmintiasis	594 412
9	Hipertensión arterial	428 730
10	Candidiasis urogenital	363 196
11	Diabetes mellitus	315 948
12	Varicela	289 374
13	Asma	281 098
14	Ascariasis	264 845
15	Insuficiencia venosa periférica	263 079

(*continúa*)

Cuadro 37.7 Mortalidad por grupos de edad* 1900-2000.

Grupos de edad	1900	1921	1930	1940	1950	1960	1970	1982	1991	2000
Menores de 1 año	284.7	223.1	131.6	125.7	96.2	74.2	68.5	37.0	20.9	13.8
De 1 a 4	71.1	48.7	55.4	48.2	27.8	14.5	11.6	2.6	1.8	0.8
De 5 a 14	9.8	5.3	9.0	6.1	3.5	2.1	1.6	0.6	0.5	3.2
De 15 a 44	17.3	12.0	11.5	10.2	6.3	4.2	3.5	2.8	1.9	1.5
De 45 a 64	31.7	29.9	27.0	25.0	18.0	14.2	13.5	10.5	9.0	7.8
De 65 y mayores	122.0	116.3	95.1	101.2	80.0	66.8	62.9	55.8	51.9	45.7
Todas las edades	33.7	25.3	26.6	23.2	16.2	11.2	9.9	5.6	5.0	4.48

* Tasa por 1000 habitantes, excepto en menores de un año, que es por 1000 nacidos vivos registrados.
Fuente: DGE/SPP. INEGI: Información Estadística Sector Salud y Seguridad Social, Cuadernos núm. 5, 1986, núm. 15, 1999 y núm. 19, 2002. INEGI.Agenda Estadística 1993, 1999 y 2003.

(Continuación)

16	Intoxicación por picadura de alacrán	237 176
17	Neumonías y bronconeumonías	214 040
18	Tricomoniasis urogenital	210 091
19	Conjuntivitis mucopurulenta	203 811
20	Angina estreptocócica	180 402

En 1982 se llevó a cabo una reunión de expertos en psiquiatría y salud mental de las diversas instituciones de salud del país y de la Facultad de Medicina de la UNAM, en la que se definieron como problemas prioritarios de salud mental con base en su frecuencia y repercusión los siguientes:

1. Trastornos del aprendizaje, emocionales, o ambos, en los niños
2. Alcoholismo
3. Neurosis
4. Trastornos afectivos
5. Trastornos psicofisiológicos
6. Psicosis
7. Trastornos cerebrales orgánicos
8. Farmacodependencia
9. Retraso mental

En cuanto a los **accidentes**, en los niños de edad preescolar, los más frecuentes son caídas, heridas y quemaduras. En el trabajo son heridas, contusiones, esguinces y quemaduras. En la vía pública, ocurren con más frecuencia aquellos producidos por vehículos de motor.

La e**xpectativa de vida** ha aumentado. En 1900 era de 27 años y en 2005 fue de 79 años; esto se debe a que han aumentado la tecnología, el nivel de vida, así como la prestación y la cobertura de los servicios públicos, en especial el número de los médicos.

Respecto al **saneamiento**, en el año 2000, 84.3% de las viviendas tenían agua entubada, 78.1% tenían conexión con el drenaje público y 95.03% disponían de energía eléctrica.

Recursos para la salud. Aspectos socioeconómicos

Los datos referentes a los recursos para la salud con que cuenta el país se presentan en el capítulo que trata sobre la práctica médica en México.

En 2001, el porcentaje de la población con seguridad social integral fue de 59.43% (IMSS 47.73%, ISSSTE 10.35% y las demás instituciones 1.35%). El presupuesto ejercido para acciones de salud y seguridad social fue de 138 096 millones de pesos.

Aspectos socioeconómicos

La nutrición es deficiente en el país. El Instituto Nacional de Ciencias Médicas y de la Nutrición INCMN ha dividido a la población en diferentes regiones y niveles:

a) Buena nutrición: corresponde al norte del país.
b) Nutrición mediana: en el altiplano, el occidente del país y la zona del Golfo.
c) Mala nutrición: se encuentra en la periferia del D.F.

En cuanto a la vivienda, el XII Censo General de Población y Vivienda realizado en 2000 informó que el promedio de personas por vivienda fue de 4.42, lo que indica una disminución en el hacinamiento (en 1990 era de 5). El promedio de ocupantes por cuarto disminuyó ligeramente de 1.5 a 1.3.

Referente a la tenencia, según el XII Censo de Población y Vivienda, 78.3% son casas propias, en las cuales habita 80.2% de la población.

El 13.2% de las viviendas tiene piso de tierra y el resto tiene cemento firme, madera, mosaico u otros recubrimientos. En las paredes, los materiales predominantes fueron tabique, ladrillo, block, piedra, cantera o cemento (78.9%). El 21.1% tiene materiales ligeros, naturales y precarios. En los techos predominan los materiales sólidos (63.9%).

Cuadro 37.8 Distribución porcentual de defunciones 1990-2000.

Grupos de edad	1900	1921	1930	1940	1950	1960	1970	1983	1991	2000
Menores de 1 año	31.1	27.7	24.4	24.0	27.0	29.6	30.1	18.9	13.9	8.8
De 1 a 4	19.0	19.9	25.1	24.4	21.0	16.7	14.5	5.3	3.4	1.6
De 5 a 14	7.8	5.2	8.1	7.0	5.7	5.1	4.8	3.0	2.4	1.6
De 15 a 44	23.3	22.0	20.1	19.5	16.8	15.1	14.1	17.8	17.7	16.0
De 45 a 64	10.4	13.2	11.5	12.0	12.8	13.6	13.2	18.0	19.7	21.8
De 65 y mayores	8.3	12.0	10.5	13.0	16.5	18.8	23.3	35.0	42.7	49.7
Todas las edades	100.0	100.0	100.0	100.0	100.0	100.0	100.0	100.0	100.0	100.0

Fuente: Dirección de Estadísticas SPP. INEGI: Agenda Estadística, 1993, 2000 y 2003. INEGI. Agenda Estadística 1993, 1999 y 2003.

Cuadro 37.9 Evolución de algunas causas de defunción en Estados Unidos Mexicanos 1922-2000.

Causas	1922	1930	1940	1950	1960	1970	1984	1993	1999-2000
Accidentes	4 311	5 342	10 138	11 994	14 486	25 780	60 903	37 024	35472
Bocio	13	14	45	40	32	48	240	234	—
Bronquitis	7 946	9 167	13 127	9 561	10 562	14 361	6 282	9 882	6 942
Brucelosis	—	15	194	228	161	52	22	20	16
Cirrosis hepática	1 139	3 431	4 860	12 978	7 678	11 182	16 515	20 490	27 856
Diabetes mellitus	368	444	819	1 228	2 787	7 486	19 418	29 581	49 954
Difteria	1 082	889	1 070	538	438	158	18	3	0
Enfermedades cerebrovasculares	3 730	4 809	4 116	3 176	6 999	12 107	17 177	21 571	25 731
Enfermedades del corazón	4 677	6 559	10 666	18 506	24 166	32 744	51 328	64 636	70 510
Fiebre tifoidea	4 792	3 954	5 367	3 967	2 627	2 837	948	298	126
Gastroenteritis y colitis	50 170	76 141	96 485	72 386	60 098	70 397	33 538	24 851	4 902
Gripe e influenza	7 254	3 964	4 937	4 190	7 395	11 582	1 030	243	11 390
Hipertensión arterial	—	—	—	575	2 001	2 832	4 095	11 618	9 371
Homicidios	5 071	12 811	13 175	12 403	11 158	8 440	12 473	16 044	10 285
Lepra	130	154	195	117	65	32	31	33	0
Mortalidad perinatal	11 269	11 569	19 798	25 256	47 081	25 222	23 398	20 954	18 202
Neumonías	43 168	58 162	70 022	65 781	49 329	72 094	26 319	18 365	13 893
Paludismo	25 035	27 243	23 917	22 996	7 064	33	50	—	1
Poliomielitis	—	38	91	134	221	275	60	—	0
Rabia	31	34	23	43	78	84	57	16	7
Sarampión	2 164	15 341	17 928	7 687	6 096	11 891	350	20	0
Sífilis	1 438	1 867	3 771	1 072	678	167	107	33	13
SIDA	—	—	—	—	—	—	—	3 164	4 324
Suicidios	158	118	207	259	668	554	940	2 359	3 811
Tétanos	1 594	2 348	2 351	2 127	2 617	1 816	525	139	82
Tifo	669	894	609	723	140	25	63	22	0
Tosferina	14 383	18 585	8 336	11 888	4 741	3 458	797	67	9
Tuberculosis. Sistema respiratorio	9 800	10 186	9 420	9 229	8 243	8 628	6 910	4 253	3 229
Tumores malignos	2 058	2 413	4 553	7 432	12 516	18 415	33 459	44 951	56 201
Viruela	11 966	17 405	1 341	153	—	—	—	—	0

Fuente: Dirección General de Estadística, Informatica y Evaluación, ss. Dirección General de Estadística, spp, Dirección General de Epidemiología, ssa.

Cuadro 37.10 Mortalidad materna, 1922-2005.

Años	Número de funciones	Tasa por 1000 nacidos vivos registrados
1922	4898	10.8
1930	4632	5.4
1940	4692	5.4
1950	3235	2.8
1960	3102	1.9
1970	3050	1.4
1982	2102	0.8
1993	268	0.4
2001	1225	0.5
2005	1270	0.5

Fuente: Dirección General de Estadística, spp. inegi. Dirección General de Epidemiología. inegi, Agenda estadística 2006.

Cuadro 37.11 Principales causas de mortalidad en Estados Unidos (final de la década de 1990).

Causa	Tasa por 100 000 habitantes	
	Mujeres	Hombres
Neoplasias	108.9	155.0
Enfermedades Cardiovasculares	136.1	223.1
Enfermedades transmisibles	22.0	38.2
Perinatal	7.9	10.5
Causa externa	25.2	70.2
Las demás	87.60	119.35

Fuente: La Salud en las Américas, 2002.

Cuadro 37.12 Distribución porcentual de las defunciones pro grupos de edad y sexo según las principales causas de muerte en 2007.

Principales causas de muerte en hombres	Principales causas de muerte en mujeres
Infantil (menores de 1 año) 100.0 Trastornos respiratorios y cardiovasculares específicos del periodo perinatal 29.8 Malformaciones congénitas del sistema circulatorio 10.6 Infecciones específicas del periodo perinatal 8.5 Las demás causas 51.1	**Infantil (menores de 1 año) 100.0** Trastornos respiratorios y cardiovasculares específicos del periodo perinatal 28.3 Malformaciones congénitas del sistema circulatorio 10.6 Infecciones específicas del periodo perinatal 8.3 Las demás causas 52.9
Preescolar (1 a 4 años) 100.0 Otras causas externas de traumatismos accidentales 17.9 Accidentes de transporte 9.1 Enfermedades infecciosas intestinales 8.0 Las demás causas 65.0	**Preescolar (1 a 4 años) 100.0** Otras causas externas de traumatismos accidentales 14.2 Malformaciones congénitas del sistema circulatorio 8.7 Enfermedades infecciosas intestinales 7.9 Las demás causas 69.2
Escolar (5 a 14 años) 100.0 Otras causas externas de traumatismos accidentales 20.5 Accidentes de transporte 15.1 Tumores (neoplasias) malignos 14.8 Las demás causas 49.6	**Escolar (5 a 14 años) 100.0** Tumores (neoplasias) malignos 17.1 Otras causas externas de traumatismos accidentales 13.4 Accidentes de transporte 10.7 Las demás causas 58.8
Jóvenes (15 a 29 años) 100.0 Otras causas externas de traumatismos accidentales 20.3 Accidentes de transporte 20.1 Agresiones 12.4 Las demás causas 47.2	**Jóvenes (15 a 29 años) 100.0** Accidentes de transporte 12.1 Tumores (neoplasias) malignos 11.9 Otras causas externas de traumatismos accidentales 9.5 Las demás causas 66.5
Adultos (30 a 59 años) 100.0 Enfermedades del hígado 15.2 Diabetes mellitus 12.5 Tumores (neoplasias) malignos 9.1 Las demás causas 63.2	**Adultos (30 a 59 años) 100.0** Tumores (neoplasias) malignos 25.9 Diabetes mellitus 18.1 Enfermedades del hígado 6.0 Las demás causas 49.9
Adultos mayores (60 años y más) 100.0 Enfermedades isquémicas del corazón 15.2 Diabetes mellitus 14.6 Tumores (neoplasias) malignos 14.0 Las demás causas 56.2	**Adultos mayores (60 años y más) 100.0** Diabetes mellitus 18.3 Enfermedades isquémicas del corazón 13.9 Tumores (neoplasias) malignos 12.7 Las demás causas 55.1

Fuente: INEGI, Estadísticas Vitales, 2007. Base de datos.

Cuadro 37.13 Clasificación de la población económicamente activa por actividad económica.

	Total	Hombres	Mujeres
Primaria[a]	5 594 767	5 037 130	557 637
Secundaria[b]	10 619 359	7 983 393	2 635 966
Terciaria[c]	27 131 200	14 003 045	13 128 155
No especificado	288 433	190 449	97 838

[a] Comprende agricultura, ganadería, silvicultura, caza y pesca.
[b] Comprende industria exctactiva y de la electricidad, industria manufactuirera y construcción.
[c] Comprende comercio, restaurantes y servicios de alojamiento, transportes, comunicaciones, correo y almacenamiento, servicios sociales, servicios diversos y gobierno y organizaciones internacionales.

En cuanto a la educación, el grado promedio de escolaridad es de 7.7 años y la tasa de analfabetismo, de 9.5. Este mejoramiento es más notable entre las personas jóvenes y de zonas urbanas.

Del total de habitantes mayores de 5 años que hablan alguna lengua indígena, 81.46% también habla español, mientras que 18.54% es monolingüe.

Ha descendido el promedio de la religión católica a 80.22%.

El promedio de hijos nacidos vivos en mujeres de 12 años y mayores recientemente es de 2.4.

Infraestructura

La disponibilidad de caminos, vías férreas, teléfonos, telégrafos y medios de transporte ha aumentado en los últimos años.

Economía

La población económicamente activa de 14 años y nmás en 2010 fue de 46 092 460 (28 761 839 hombres y 17 330 621 mujeres).

La población ocupada fue de 43 633 759 (27 214 013 hombres y 16 419 746 mujeres).

Por sector de actividad económica la población se clasifica como aparece en el cuadro 37.13.

Actividades

Investiga las diez primeras causas de mortalidad en personas de 15 a 24 años, en el país. Con base en la información que obtengas, elabora un programa de medidas preventivas y exponlo frente al grupo, con las conclusiones de todos elaboren uno definitivo y difúndanlo entre sus vecinos y conocidos.

Capítulo 38

Higiene, salud pública y medicina preventiva

La dotación de servicios como agua, luz, electricidad, drenaje y vías de comunicación a una comunidad es un factor clave para el desarrollo económico y la salud pública.

Higiene es el conjunto de conocimientos y técnicas que deben aplicar los individuos para el control de los factores que ejercen o pudieran ejercer efectos nocivos sobre su salud. Deben aplicarla todos los individuos para ellos mismos, su familia y su grupo social. Sus objetivos son mejorar la salud, conservarla y prevenir las enfermedades.

Winslow definió la salud pública como la ciencia y el arte de: 1) prevenir la enfermedad, 2) prolongar la vida, y 3) promover la salud y la eficiencia mediante el esfuerzo organizado de la comunidad para:

a) el saneamiento del medio,
b) el control de las enfermedades transmisibles,
c) la educación de los individuos en higiene personal,
d) la organización de los servicios médicos y de enfermería para el diagnóstico oportuno y el tratamiento preventivo de las enfermedades,
e) el desarrollo de los mecanismos sociales que aseguren al individuo y a la comunidad un nivel de vida adecuado para la conservación de la salud.

Se debe buscar que estos beneficios lleguen a cada ciudadano para que esté en condiciones de gozar su derecho a la salud y a la longevidad.

La salud pública se considera ciencia y arte porque necesita fundamentos teóricos y concepciones científicas aceptadas y comprobadas, pero también requiere habilidad y capacidad para el manejo de técnicas y procedimientos que permitan aplicar las ideas.

Algunos autores consideran que al hablar de salud pública es conveniente agregar la rehabilitación, pues se considera que tiene funciones de:

1. Protección de la salud.
2. Fomento de la salud.
3. Restauración de la salud.
4. Funciones técnicas generales y de servicios auxiliares.

Hanlon ha agrupado las actividades de la salud pública en siete categorías:

1. Las que deben efectuarse de manera colectiva.
2. Las dirigidas a prevenir la enfermedad, la incapacidad y la muerte prematura.
3. Las relacionadas con la provisión de la atención médica.
4. Las relacionadas con la recolección y el análisis de estadísticas vitales.

5. Las de educación sanitaria del público, ya sea individual o colectiva.
6. Las de planeación y evaluación de los programas de salud.
7. Las de investigación, ya sea científica, técnica o administrativa.

Las actividades comunitarias en las que el médico no interviene personalmente son las siguientes:

1. El control sanitario de alimentos y bebidas.
2. El control de insectos, roedores y otros vectores.
3. El control de la contaminación de la atmósfera, el suelo, el agua y la prevención de los peligros de las radiaciones y el ruido.

En las actividades para sanear el medio ambiente intervienen ingenieros sanitarios, ingenieros industriales, químicos, técnicos en saneamiento, antropólogos, educadores, etc. Para abastecer de agua potable y drenaje, controlar la calidad de los alimentos y bebidas y combatir los insectos, roedores y otros vectores también intervienen muchas personas que no son médicos.

En cambio, para controlar los padecimientos transmisibles, dar educación higiénica, participar en la organización de servicios médicos y de enfermería, para el diagnóstico oportuno y el tratamiento de las enfermedades se necesita personal médico y paramédico (que trabaja al lado del médico) y, por lo tanto, de la medicina preventiva, por lo que ésta se puede considerar parte de la salud pública.

Leavell y Clarck definen la medicina preventiva como la ciencia y el arte de prevenir las enfermedades, prolongar la vida y promover la salud y la eficiencia física y mental ejercida con el fin de interceptar las enfermedades en cualquier fase de su evolución.

> La higiene puede ser aplicada por todos los individuos, la medicina preventiva requiere de atención médica y en la salud pública intervienen además ingenieros sanitarios, ingenieros industriales, técnicos en saneamiento, antropólogos, educadores, etcétera.

Niveles de prevención

Prevención primaria Tiene como objetivo evitar que se presente la enfermedad, por lo que se lleva a cabo en el periodo prepatogénico o de génesis de la enfermedad mediante la promoción de la salud y la protección específica; por ejemplo, protección contra accidentes, inmunizaciones (vacunas), etcétera.

Prevención secundaria Se realiza cuando la enfermedad se presenta, es decir, en el periodo patogénico o de evolución de la enfermedad, por medio de un diagnóstico temprano y el tratamiento oportuno.

Prevención terciaria Tiene como objetivo limitar las secuelas o rehabilitar física, mental y socialmente a las personas que han quedado inválidas. También intenta evitar la repetición de un nuevo proceso patológico en el individuo por medio de vigilancia posterior y, en algunas ocasiones, mediante el consejo genético.

Por tanto, las actividades de la *medicina preventiva* son aquellas que tienden a fomentar y promover la salud, prevenir específicamente la aparición de algunas enfermedades, incrementar la detección y favorecer el diagnóstico y el tratamiento oportunos de los procesos patológicos, limitar o impedir la aparición y el progreso de las lesiones o secuelas y reintegrar al paciente al estado de salud, incrementando la rehabilitación y la readaptación, tanto durante el proceso de la enfermedad como al final de ésta.

Ubicación de las disciplinas de la salud

Si partimos del binomio salud-enfermedad, éste se puede estudiar en el marco de la historia natural de la enfermedad o de la génesis y la evolución de la enfermedad que ya se estudió. Alrededor de estos conceptos está la *medicina* con su tecnología.

El siguiente marco es el de la *higiene*, que pueden aplicar todos los individuos puesto que los conocimientos y las técnicas se aplican en el periodo de génesis o prepatogénico; es decir, cuando el individuo está sano.

Después se encuentra el campo de la *medicina preventiva*, que tiene un enorme componente de higiene.

El siguiente campo es el de la *salud pública*, que abarca todos los anteriores, y en el que participa la comunidad.

Alrededor de la salud pública hay otro campo: el que forman la *seguridad social*, la *previsión social* y la *asistencia social*. La seguridad social satisface una serie de necesidades y se basa en la solidaridad; la previsión social ayuda a evitar problemas económicos, como la falta de trabajo, y la asistencia social se basa en la aportación de la colectividad, sin obligar a los beneficiarios a dar colaboración o aportación; por ejemplo, la SSA.

El siguiente campo es el de la medicina social, que se dedica al estudio de la interrelación entre la salud y la sociedad, así como las respuestas que tiene la sociedad para la atención de la salud.

Por último están las disciplinas auxiliares, como la *anatomía*, la *fisiología*, la *bioquímica*, la *cirugía*, etc. La higiene se enriquece además de las anteriores con el aporte de la psicología y la antropología sociales. La medicina preventiva cuenta con el auxilio de la estadística y la educación para la salud. La seguridad social, la prevención social y la asistencia social se sirven de la estadística, la epidemiología, las ciencias sociales, la administración, el saneamiento del medio ambiente y la educación para la salud.

Divisiones de la higiene

La **higiene** es la rama de la medicina que se refiere a la salud y su conservación; según su nivel de acción, se divide en individual, de grupo (familiar sobre todo) y de la comunidad.

La *higiene individual* se dirige específicamente a las distintas etapas de la vida: lactante, preescolar, escolar, adolescente, adulto y anciano. En cada periodo deben considerarse los aspectos biológicos, psicológicos y sociales específicos; por ejemplo, dentro de los biológicos hay factores estructurales (higiene de los huesos, articulaciones, músculos, órganos de los sentidos, piel, etc.) y factores funcionales (sueño, nutrición, sexual, etc.). El aspecto psicológico se estudia por medio de la higiene mental, y en el aspecto social, se analizan la educación y el trabajo. En el aspecto cultural se estudian los hábitos y las costumbres.

La *higiene de la familia* también se estudia considerando los aspectos biológico, psicológico y social.

En cuanto a la **higiene de la comunidad**, ésta se puede dividir básicamente en microambiente, ambiente medio y macroambiente. Dentro del microambiente se estudia el que rodea al individuo, como el agua, el suelo y el aire. En el ambiente medio se consideran la vivienda, la alimentación y el transporte y, por último, dentro del macroambiente se analiza la dinámica de la comunidad, por lo que aquí es importante el estudio de la vía pública y los centros de reunión.

Cada etapa de la vida posee sus propias características, por lo que el valor de cada aspecto también varía; por ejemplo, en los lactantes (menores de un año) la alimentación y las inmunizaciones son fundamentales; en cambio, la higiene sexual es más importante en la adolescencia, al igual que la alimentación y la higiene mental.

Actividades

1. Comenta con tus compañeros de clase acerca de las diferencias entre medicina preventiva y salud pública. Aparte, elabora una lista de las principales actividades de cada una.

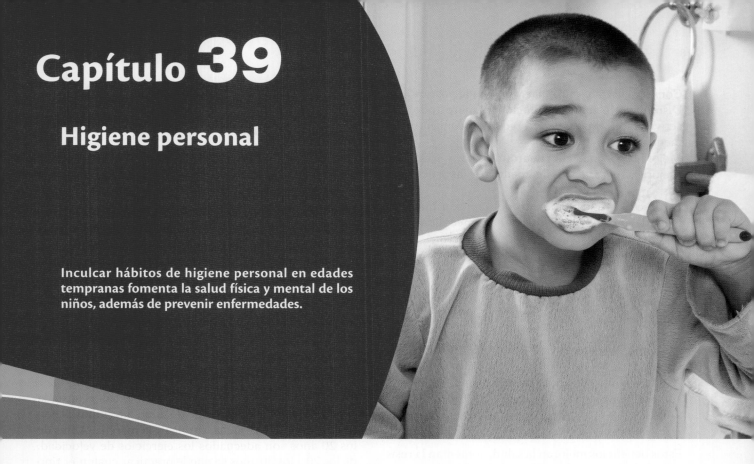

Capítulo 39

Higiene personal

Inculcar hábitos de higiene personal en edades tempranas fomenta la salud física y mental de los niños, además de prevenir enfermedades.

La higiene personal es el conjunto de prácticas, técnicas y hábitos que el individuo debe seguir de manera habitual para fomentar la salud física y mental, mantenerla y prevenir las enfermedades.

Aunque siempre deben considerarse las reglas de la higiene, cada etapa de la vida tiene aspectos higiénicos específicos: durante la lactancia y el primer año de vida son más importantes el aseo, la alimentación, la higiene mental y las inmunizaciones; en la edad preescolar (de 1 a 4 años) son valiosos también estos aspectos, pero se inicia la educación sexual y la formación de hábitos; durante la edad escolar (de 5 a 14 años, aproximadamente), se fundamentan los hábitos, se da mayor importancia a la higiene sexual, y en cambio a las inmunizaciones ya menos. En la adolescencia (15 a 19 años promedio) son fundamentales la higiene sexual, la higiene mental y la alimentación. A partir de la edad adulta es esencial prevenir las enfermedades degenerativas, las cardiovasculares y el cáncer.

> La higiene personal implica la aptitud física, ejercicio, postura, evitar la fatiga, dormir bien, higiene de la piel, dental, de los órganos de los sentidos.

Aptitud física

La vida moderna y la tecnología han hecho que muchas personas, principalmente adultos y ancianos, y en especial las mujeres, lleven una vida sedentaria; es decir, con poco movimiento, lo que ocasiona debilidad muscular, deficiencia circulatoria, menor cantidad de oxígeno en los tejidos, rigidez articular, aumento en las posibilidades de padecer enfermedades del corazón, diabetes, úlcera péptica, dolor lumbar, falta de resistencia, de coordinación muscular, entre otros.

Para algunos autores, la aptitud física es la capacidad de realizar un trabajo que exija gran esfuerzo. Otros opinan que la aptitud física para la vida consiste en tener buena salud, fuerza, agilidad, resistencia, capacidad para satisfacer las exigencias de la vida diaria y despertar sin fatiga.

Para tener aptitud física debe haber determinación, alimentación adecuada y ejercicio físico.

El ejercicio físico es el conjunto de fenómenos mecánicos musculares que determinan la actividad armónica útil del organismo. Proporciona muchos beneficios:

* Aumenta el desarrollo de los músculos. Si un músculo no se ejercita se atrofia; es decir, disminuye su volumen y se debilita.

- Conserva el tono muscular y mejora la postura.
- Disminuye la tensión emocional, sobre todo si la actividad es agradable y requiere concentración mental.
- Mejora la coordinación neuromuscular y la agilidad.
- Mejora la fuerza de los ligamentos de las articulaciones.
- Favorece el funcionamiento del corazón que, después de un ejercicio, satisface las necesidades de sangre del organismo con menos esfuerzo.
- Mejora la capacidad respiratoria.
- Ayuda a la circulación de la sangre y previene cambios degenerativos circulatorios.
- Evita la pérdida de calcio en los huesos.
- Mantiene la capacidad del organismo para afrontar situaciones de urgencia.
- Aumenta la secreción de las glándulas sudoríferas (sudoríparas).
- Ayuda al control del peso porque disminuye el tejido adiposo y favorece la eliminación de los lípidos de la sangre.
- Ayuda a dormir mejor.

Estos beneficios mejoran la salud, aumentan la resistencia a la fatiga y ayudan a soportar esfuerzos sostenidos.

El ejercicio debe empezar a hacerse desde los primeros días de vida, por ello los padres deben mover suavemente los miembros del recién nacido. Más adelante, antes de practicarlo, el individuo debe someterse a un examen médico para evitar que alguna alteración no detectada se agrave o incluso ponga en peligro su vida. Los ejercicios más adecuados deben dar a los músculos elasticidad, poder de contracción y menor posibilidad

de fatiga. Hay diferentes tipos de ejercicio y, aunque todos requieren agilidad, fuerza y destreza, se dividen según el predominio de alguna de estas características en:

1. **De agilidad y destreza** En ellos, después de un calentamiento, se llevan a cabo movimientos combinados para que el organismo tenga un desarrollo armónico sin utilizar mucha energía, como la gimnasia sueca, que se practica sin aparatos; la gimnasia rítmica, que se acompaña de música; la marcha; la natación; el excursionismo; las carreras cortas; el tenis (si se usan las dos manos para evitar que se desarrolle más una extremidad que la otra), y la equitación.
2. **De agilidad, destreza y fuerza** Por ejemplo, el basquetbol, el futbol, el béisbol y el frontón.
3. **De fuerza muscular** En este caso, el levantamiento de pesas, las paralelas, las barras y las argollas.

El ejercicio debe ser adecuado a la edad, el sexo, la constitución física y el estado de salud. Los niños deben practicar gimnasia sueca, rítmica y la marcha. Antes de los 20 años son adecuados los ejercicios de velocidad; de los 20 a los 30 años se puede practicar cualquier tipo de ejercicio y al ir envejeciendo se recomiendan los de resistencia, con un trabajo muscular de mediana o prolongada duración, pero de poca intensidad.

Si una persona tiene 30 años y comienza a practicar ejercicio, debe hacerlo en forma sistematizada; por ejemplo, empezar con la calistenia y la marcha durante 20 minutos diarios y cuando pueda caminar aprisa sin sentirse mal, practicar el trote o la carrera lenta, aumentando paulatinamente la distancia recorrida y la velocidad.

Postura

La **postura** ésta es la posición o manera de mantener el cuerpo durante las actividades o el reposo y que permite el desarrollo de las capacidades del individuo. La postura correcta cuando nos ponemos de pie debe ser con la cabeza erguida (pero no extendida), el abdomen plano y la espalda recta. Si trazáramos una línea recta a lo largo de nuestro cuerpo, ésta debería pasar por la base de la oreja, la parte media del hombro, las articulaciones de la cadera y la rodilla, y adelante del tobillo.

Al caminar, el cuerpo debe estar en esta posición, desplazado ligeramente hacia adelante, los miembros superiores se deben mover con soltura, las puntas de los pies deben ir hacia adelante y, al pisar, el borde medial (interno) del pie debe quedar despegado del suelo en su porción central (en el caso de pie plano toda la planta del pie queda en contacto con el suelo). El calzado es

▶ **Figura 39.1** La práctica de algún deporte o ejercicio beneficia la salud de las personas; además, es fuente de bienestar pues contrarresta los efectos nocivos del estrés.

importante porque el tacón muy alto puede acentuar la curvatura lumbar y producir dolor; si comprime el pie nos impedirá apoyarlo correctamente, y provoca las uñas enterradas y los callos; estas alteraciones dificultan la marcha adecuada.

Para sentarse, la espalda debe estar recta, los pies apoyados totalmente en el suelo y los muslos paralelos al asiento; no debe comprimirse la región poplítea (parte posterior de la rodilla) y, si se trata de escribir, no hay que romper la línea recta de la espalda; además, los antebrazos deben apoyarse con facilidad sobre la mesa sin que se alcen los hombros.

Cuando se levanta del suelo algún objeto pesado, debe colocarse un pie más adelante del otro y flexionar las articulaciones de la cadera y las rodillas (posición en cuclillas) porque la espalda debe permanecer recta; en esa posición hay que ponerse de pie poco a poco.

A la hora de dormir, la cama debe ser plana y de almohada baja.

Una mala postura o postura viciosa se puede deber a descuido, ignorancia, debilidad muscular o a defectos en la estructura del organismo; por ejemplo, cuando se exagera alguna de las curvaturas normales de la columna vertebral. Si esto sucede a nivel de la región dorsal, se llama *xifosis*; cuando ocurre en la región lumbar recibe el nombre de *lordosis*, y cuando se exagera alguna de las curvaturas laterales, *escoliosis*. También se puede deber a malos hábitos; por ejemplo, cuando se lleva alguna carga pesada siempre del mismo lado, se sienta uno en sillas muy altas o muy bajas, existen problemas visuales o auditivos o se usa calzado inapropiado.

Las consecuencias de una mala postura son el cansancio, la fatiga, el dolor, la respiración inadecuada, porque disminuye la amplitud de los movimientos respiratorios y la relajación de la pared abdominal.

Fatiga

La fatiga puede ser física, psicológica o por enfermedad. La fatiga física es normal después de haber realizado excesivo ejercicio físico, por falta de sueño o cuando se presenta al final del día y desaparece con el sueño. La fatiga psicológica se caracteriza porque la persona despierta cansada, durante el día se va sintiendo bien y al llegar la noche está descansada, o porque aparece cuando hay alguna obligación que nos incomoda y desaparece cuando se elimina. Cuando se debe a enfermedad o hay fatiga crónica, la persona despierta cansada y sigue así durante el día, sin recuperarse.

Las causas de la fatiga pueden ser ruido excesivo, temperatura y humedad extremas, aumento de la tensión muscular, sentimientos contradictorios, enferme-

dades, preocupación o aburrimiento, postura inadecuada, trabajo mental o ejercicio físico excesivo.

Los efectos de la fatiga son: descenso de la atención, somnolencia, aumento de la irritabilidad, depresión, incremento de la susceptibilidad a enfermedades como el resfrío común (gripe), neumonía o tuberculosis y aumento en la frecuencia de accidentes.

Cuando una persona tiene fatiga es necesario investigar la causa, eliminarla y mejorar la aptitud física.

Sueño

La cantidad de sueño varía con la edad y en cada individuo; por ejemplo, el recién nacido duerme alrededor de 22 horas al día, el lactante de 18 a 20 horas, del sexto al décimo mes de 16 a 18 horas, a los dos años de 14 a 16 horas, y así disminuye paulatinamente hasta la edad adulta, en la que la necesidad de sueño se reduce de 7 a 9 horas diarias.

Al dormir existen periodos llamados REM (por sus siglas en inglés: *Rapid Eye balls Movement*) que se caracterizan porque hay movimientos rápidos de los bulbos (globos) oculares con ensueños vívidos; y existen periodos NREM (por sus siglas en inglés: *Non Rapid Eye balls Movements)* durante los cuales no hay ensueño; éstos tienen cuatro etapas: 1, 2, 3 y 4, las cuales dependen de la profundidad del sueño; en los ancianos disminuye la etapa 4 y las horas de sueño.

Es frecuente que las personas ronquen; esto se debe a que el paladar blando tiene vibraciones o la lengua se va hacia atrás; también porque la persona tiene: la nariz tapada, las tonsilas o las amígdalas grandes, el tabique nasal desviado, alergias, resfriado, tabaquismo excesivo, fatiga o exceso de trabajo.

Para dormir mejor debemos olvidarnos de las preocupaciones, tomar leche caliente o hacer un poco de ejercicio antes de dormir; es importante establecer hábitos para dormir que refuercen la calidad del sueño; por ejemplo, un mismo horario para acostarse y levantarse, tratar de hacerlo sin hambre o después de una comida abundante, etcétera.

Higiene de la piel

La piel es un órgano que puede sufrir enfermedades hereditarias, infecciosas, parasitarias, degenerativas; producidas por sustancias químicas, radiaciones, rayos solares, temperaturas extremas. A pesar de que estos padecimientos tienen una elevada morbilidad no son tan importantes en cuanto a la mortalidad.

Son muy frecuentes las dermatosis producidas por parásitos animales, como la escabiasis o la sarna (debida al *Sarcoptes scabiei);* la pediculosis de la cabeza, causada por el *Pediculus capitis* (piojo negro), la pediculosis del cuerpo, originada por *Pediculus vestimenta* (piojo blanco); la pediculosis del pubis *(Pediculus pubis* o "ladilla"); la cimiaciasis producida por el *Cimex lectularius* o chinche de la cama; la puliciasis causada por el *Pulex irritans* (pulga); las micosis o las tiñas por hongos o infecciones generadas por el estreptococo y el estafilococo.

Dentro de las dermatosis reaccionales están las dermatitis por contacto que se pueden deber a cosméticos, plantas, ropa, detergentes, medicamentos, el sol o la tensión emocional.

Muchas de las enfermedades infecciosas y parasitarias se presentan con más frecuencia en personas con hábitos higiénicos deficientes, aunque también puede favorecerlas el trabajo (cuando una persona trabaja en el manejo de ropa sucia); este tipo de enfermedades afecta a quienes habitan en viviendas con problemas de saneamiento, de hacinamiento, duermen en la misma cama o usan las mismas prendas de ropa y en las zonas suburbanas con condiciones de higiene desfavorables.

Las medidas preventivas generales deben encaminarse hacia la limpieza personal, la educación higiénica, el saneamiento del medio y la elevación del nivel de vida.

Las medidas preventivas específicas dependen de cada enfermedad; por ejemplo, si las personas están expuestas a adquirir la enfermedad por manejar ropa sucia o contaminada deben usar guantes; prevenir las heridas y las quemaduras requiere evitar los accidentes; las personas en contacto con sustancias químicas o radiaciones deben de protegerse adecuadamente y, si la enfermedad es de origen psicológico, recurrir a la higiene mental.

Para mejorar y mantener la salud, el individuo debe bañarse diariamente; el baño sirve para eliminar células muertas, secreciones de las glándulas sebáceas y sudoríferas (sudoríparas) y polvo; también puede servir como estimulante o sedante básicamente por efecto vascular. El agua fría sirve como estimulante, por lo que no es recomendable para las personas enfermas del corazón o nerviosas; además, el baño debe ser breve; el agua caliente es sedante, pero es inconveniente para las personas debilitadas y después de él no se debe salir al aire libre, a menos que se tome una ducha con agua fría al final.

El baño más adecuado es el de regadera porque arrastra el agua sucia de la cabeza a los pies y ocupa menos agua y espacio; conviene usar agua a una temperatura de 35 a 38 °C para facilitar la eliminación del exceso de grasa.

La limpieza de las manos es uno de los hábitos de higiene personal más importantes, porque sucias transmiten enfermedades infecciosas y parasitarias, principalmente cuando se manipulan alimentos. Por esa razón se deben lavar antes de comer o manipular alimentos y después de ir al baño o exponerse a cualquier elemento contaminante.

El cabello tiene que asearse para evitar los piojos, y los pies se deben secar muy bien después del baño, cubrirse con calcetines hechos de algún material que absorba la humedad, como el algodón o la lana, y con zapatos que permitan una ventilación adecuada para evitar el desarrollo de hongos.

La exposición a los rayos solares directos durante unos minutos sirve para que la piel sintetice vitamina D. La piel se oscurece porque aumenta la cantidad de melanina; pero, si deseamos que se vea bronceada, es preciso aumentar poco a poco el tiempo de exposición para evitar las quemaduras y utilizar un bloqueador solar del número 30 o mayor. Se ha observado que el cáncer de la piel es más frecuente en quienes se exponen durante largos periodos a los rayos solares.

La ropa sirve para mantener la temperatura del cuerpo y protegerlo contra el viento, el sol, la lluvia, los traumatismos e incluso tiene un fin estético. Debe usarse de acuerdo con la estación, la edad y el estado de salud. El poder abrigador de la tela depende de la cantidad de aire que pueden guardar sus fibras entre sí; por esta razón, el algodón, más poroso, se prefiere en clima caluroso; en cambio, la lana, que guarda mucho aire y evita así los cambios bruscos de temperatura, se prefiere en clima frío. El color negro absorbe más los rayos solares y el blanco es el que más los refleja; por ello, cuando hay mucho sol se deben usar ropas blancas o de colores claros.

Higiene dental

La caries y la enfermedad periodontal son muy frecuentes en toda la población. Se dice que la caries es la enfermedad más común en el hombre y puede llegar a afectar las articulaciones, el corazón, el riñón, etc. Esto sucede porque son focos de infección a partir de los cuales pueden diseminarse las bacterias, además de repercutir en la digestión pues la masticación puede ser defectuosa.

La caries es un proceso destructivo y progresivo del diente que se inicia donde se forma una placa bacteriana; esto sucede generalmente en los sitios donde se ponen en contacto una pieza con otra, ya sea mediante algún orificio, alguna grieta o donde existe alguna imperfección del esmalte; así, todos estos lugares presentan problemas para su limpieza, de ahí que las bac-

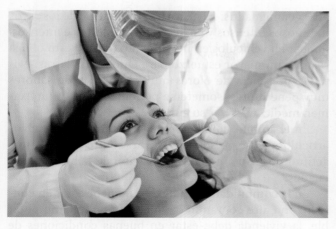

▶ **Figura 39.2** Además del hábito de cepillarse los dientes diariamente, es indispensable visitar al dentista al menos dos veces por año.

terias que actúan sobre el azúcar y otros hidratos de carbono producen ácido que afecta el esmalte (caries de 1er. grado), la dentina (2o. grado), la pulpa dental (3er. grado) y luego forman abscesos.

Las encías se pueden infectar debido al uso inadecuado del cepillo, a lesiones ocasionadas por el palillo, al tabaco y a restos de alimentos; si la infección avanza, las encías se inflaman, sangran y se aflojan las piezas dentarias.

Algunas personas son más susceptibles que otras, característica que se atribuye a la herencia, la estructura y la composición de los dientes, trastornos del sistema endocrino y la composición de la saliva.

La prevención de estas enfermedades empieza desde el segundo mes de vida intrauterino, cuando están en formación las piezas dentarias: la madre debe tener una alimentación suficiente en proteínas, calcio, fósforo y vitaminas A, D y C. Después del nacimiento, la alimentación sigue siendo importante, tanto en el aspecto de la calcificación como en la proliferación de los lactobacilos, cuyo desarrollo favorecen las dietas ricas en azúcares. Cuando los alimentos son blandos se adhieren a las piezas dentarias.

Al empezar la erupción de los dientes deben limpiarse con una gasa limpia, y más adelante se cepillan; pero es imperativo evitar el uso de pasta dental antes de los dos años de edad.

La pasta dental no es tan importante como el cepillado y aun éste es insuficiente, por lo que se debe emplear el hilo dental, pasándolo entre las piezas dentarias, y visitar periódicamente al odontólogo para que haga una buena limpieza –que elimine la mucina y los minerales procedentes de la saliva– y examine el estado de la dentadura y las encías.

La caries se puede prevenir disminuyendo la ingestión de dulces, caramelos, chocolates y sustancias ácidas, cepillando los dientes después de ingerir alimentos, llevando una dieta adecuada durante el embarazo, aumentando la resistencia del diente por medio del flúor que se ingiere con el agua y la sal, o aplicando fluoruro de sodio, de estaño o acidulado directamente sobre los dientes en forma periódica.

Higiene de los órganos de los sentidos

Las enfermedades que afectan los órganos de los sentidos tienen una elevada morbilidad. Aunque no constituyen por sí mismas un problema en cuanto a la mortalidad, son muy importantes porque llegan a producir invalidez. En el XII Censo General de Población y Vivienda 2000 se registraron 467 040 personas con discapacidad visual y 281 793 con discapacidad auditiva.

Las enfermedades que afectan los órganos de los sentidos se presentan en cualquier sexo y a cualquier edad. Algunas de éstas son hereditarias, por ejemplo, la miopía, que se presenta con carácter recesivo o dominante; la hipermetropía, el astigmatismo y el glaucoma que son dominantes; el daltonismo está ligado al sexo; pueden ser congénitas, como sucede cuando la madre se enferma de rubéola durante el primer trimestre del embarazo, por lo que el niño puede nacer con cataratas (opacidad en la lente o cristalino) o sordera; la nutrición inadecuada puede producir ceguera nocturna por falta de vitamina A o favorecer las infecciones. Algunos trastornos de los órganos de los sentidos se deben a problemas psicológicos. Otras enfermedades las causan hábitos higiénicos inadecuados. Afectan a todas las clases sociales y pueden provocarlas trabajos insalubres; por ejemplo, cuando el individuo labora en lugares donde hay mucho ruido, luz intensa, olores penetrantes, etcétera.

Los agentes causales pueden ser virus, bacterias, parásitos, los rayos solares, el ruido intenso, las radiaciones, las sustancias químicas; entre ellas hay algunos medicamentos como la kanamicina y la estreptomicina que dañan de manera irreversible el nervio vestíbulo coclear (auditivo); traumatismos, cuerpos extraños, etc. Hay relación entre la infectividad, la virulencia, la cantidad del agente causal y el tiempo de exposición al riesgo para que se presente o no la enfermedad.

El medio ambiente es importante. En determinadas regiones son frecuentes algunas enfermedades, como la oncocercosis, frecuente en Chiapas y Oaxaca, que produce un gusano nematodo; el tracoma o conjuntivitis granulosa lo produce una bedsonia difundida en el Medio Oriente, Asia, a lo largo del litoral del Mediterráneo, África y Sudamérica; las conjuntivitis, frecuentes en lugares donde hay mucho polvo. También son importantes la falta de atención médica, la baja escolaridad, el ingreso insuficiente, el hacinamiento y la pobreza, las condiciones inadecuadas de la vivienda y del trabajo, los hábitos y las costumbres inadecuados.

En lugares donde hay mucho ruido, como fábricas y discotecas, disminuye la agudeza auditiva; en las albercas se pueden adquirir infecciones en los ojos y los oídos.

Medidas preventivas generales

El individuo debe tener una alimentación adecuada, recibir educación higiénica y, en caso necesario, acudir al consejo genético. Se deben eliminar las fuentes de los agentes causales y también los estados patológicos; por ejemplo, una infección en la faringe o en las tonsilas o amígdalas puede pasar al oído medio y causar una otitis media, que si no se trata adecuadamente originará una disminución de la agudeza auditiva y, por último, se debe sanear el ambiente.

Dentro de las medidas preventivas específicas, las personas expuestas a ruido, luz intensa o polvos deben utilizar equipo preventivo; es necesario eliminar los agentes causales cuando esto sea posible. En el ambiente se debe tratar de disminuir el ruido, los focos de infección y la presencia de sustancias irritantes.

Las medidas higiénicas que puede seguir el individuo para mejorar su salud, mantenerla y prevenir las enfermedades de los órganos de los sentidos son las siguientes:

Hacer ejercicios visuales, tratar de dirigir de vez en cuando la vista hacia los objetos lejanos, de oír música lo más bajo que sea posible, tratar de distinguir los olores y sabores más suaves. No introducirse objetos extraños en los oídos o la nariz, evitar frotarse los ojos con las manos sucias o con objetos contaminados, descansar periódicamente cuando se lee, no prestar artículos de uso personal, evitar la natación cuando se tiene resfrío común (gripe), aprender a sonarse la nariz, leer a distancia adecuada (el libro o el cuaderno deben estar a 30 cm), la tinta debe ser de color negro o azul oscuro, evitar el papel brillante, buscar la iluminación apropiada, para que sea suficiente y la luz no se refleje en los ojos, eludir el contacto con personas enfermas, evitar los estados patológicos, por ejemplo, en el caso de las

faringoamigdalitis. Es necesario protegerse de los rayos luminosos intensos y de los ruidos molestos e intensos; no leer en vehículos en movimiento porque esto obliga realizar un mayor esfuerzo para enfocar las letras; evitar la presencia de olores muy intensos o de sabores muy penetrantes; someterse periódicamente a un examen médico y elevar su cultura.

En el ámbito familiar se debe tratar de respetar los artículos de uso personal, respetarse entre sí y tener una actitud positiva ante la modificación de hábitos inadecuados.

En la comunidad, el individuo no debe estar en contacto con aire contaminado o consumir agua no potable, la vivienda debe estar en buenas condiciones de iluminación y ventilación, es indispensable evitar el hacinamiento y tiene que estar limpia. También es crucial alejarse del ruido intenso, instalar una iluminación adecuada y tratar de obtener agua potable.

Actividades

1. Revisa la definición de higiene personal.
2. Comenta en el grupo las consecuencias de una vida sedentaria.
3. Realiza la práctica de aptitud física que viene en el *Manual de prácticas de laboratorio y de campo*.
4. Un grupo de voluntarios se sentará adoptando diferentes posturas para que el grupo identifique la correcta.
5. Comenta con tus compañeros los efectos de la fatiga.
6. Comenta con el grupo algunas recomendaciones para dormir mejor.
7. Haz una lista de medidas de higiene para la piel.
8. Analiza con el grupo desde qué edad se debe de llevar a cabo la higiene de los dientes y cómo se puede evitar la caries dental.
9. Examina en el grupo qué peligros se corren al escuchar música a gran intensidad.
10. Investiga cuántos de tus compañeros de clase realizan ejercicio de manera periódica; más tarde, elabora una lista de los ejercicios que practican y anota las ventajas y desventajas de cada uno. Investiguen y analicen en grupo: ¿qué tipo de ejercicio deben practicar los adolescentes?

Capítulo 40

Nutrición y problemas de la nutrición

Una dieta balanceada consiste en combinar adecuadamente los tres grupos de alimentos: frutas y verduras, cereales, y leguminosas y alimentos de origen animal.

Antes de hablar de nutrición es imperativo diferenciar alimentación de nutrición.

La alimentación *es la acción voluntaria por medio de la cual el individuo ingiere comestibles.* La alimentación varía según la cultura, la situación económica, el gusto y el estado de ánimo.

La nutrición *es el conjunto de procesos químicos que realiza el organismo digiriendo, absorbiendo y utilizando los nutrimentos contenidos en los alimentos para su crecimiento, mantenimiento y reparación.*

Un **nutrimento (nutriente)** *es una sustancia química que contienen los alimentos y que el organismo utiliza para la formación de nuevos tejidos durante el crecimiento, para reemplazar los tejidos que se desgastan o destruyen, para la reproducción y como fuente de energía para llenar las necesidades calóricas del organismo.*

El conjunto de procesos químicos que ocurre en los tejidos recibe el nombre de **metabolismo** y tiene dos aspectos: *anabolismo* y *catabolismo*. El **anabolismo** es la suma de los procesos que intervienen en la construcción o asimilación, y el **catabolismo** comprende los procesos de desasimilación. La cantidad mínima de

calor o energía que necesita el organismo sano para mantener sus funciones se llama *metabolismo basal.*

Si quemamos los alimentos en un recipiente, producen calor, que se mide en unidades denominadas *calorías*. Una caloría es la cantidad de calor necesaria para elevar la temperatura de un gramo de agua de 14.5 a 15.5 °C. Para los fines de la nutrición se utiliza la kilocaloría al nivel del mar. Los alimentos contienen nutrimentos, que son las proteínas, las grasas, los hidratos de carbono, las vitaminas y los minerales o nutrimentos inorgánicos; de éstos, sólo los hidratos de carbono, las grasas y las proteínas proporcionan calorías.

Los **hidratos de carbono** se constituyen de carbono, hidrógeno y oxígeno; pueden presentarse en forma de polisacáridos (almidones), disacáridos o monosacáridos, que se desdoblan en el tracto digestivo hasta formar **glucosa**, que es la fuente de energía por excelencia. Los hidratos de carbono proporcionan la energía y el calor necesarios para realizar las actividades corporales. Cuando se ingieren en exceso, se almacenan como glucógeno en el hígado y en los músculos, aunque si los depósitos están llenos, se transforman en lípidos o grasas que se acumulan en el tejido adiposo. Cuando baja el nivel de glucosa en la sangre, el glucógeno del hígado se transforma en glucosa. Un gramo de hidrato de carbono proporciona 4 kilocalorías. Abundan en el pan, la tortilla, las pastas, los cereales, las leguminosas, los dulces y las frutas.

Las **grasas** también están constituidas por carbono, hidrógeno y oxígeno, este último en menor cantidad; suministran más calorías que los hidratos de carbono: 1 g de grasa aporta 9 kilocalorías, pero su utilización es más lenta; las grasas, tal como los hidratos de carbono, son energéticas y su función es indispensable para el aprovechamiento de las vitaminas A, D, E y K. Si se acumulan, forman colchones de grasa en el organismo. El **colesterol** es un lípido o grasa que aumenta cuando ingerimos *grasas saturadas*, así llamadas porque en sus átomos de carbono están fijados el número máximo de átomos de hidrógeno; este tipo de grasas abunda en el tocino, la manteca, la mantequilla y algunos quesos. Las *grasas no saturadas* tienen enlaces dobles entre algunos átomos de carbono y abundan en las grasas vegetales (aceite de oliva, linaza, cacahuate, almendras, cacao, etc.) y no producen tanto colesterol.

Las **proteínas** —formadas por carbono, hidrógeno, oxígeno, nitrógeno, azufre y fósforo— se consideran alimentos plásticos porque son necesarias en la formación de tejido en el niño y adolescente y para reemplazar las células que se van gastando en los tejidos del adulto. Un gramo de proteína proporciona 4 kilocalorías. Están formadas por la unión de aminoácidos, de los cuales hay nueve que se consideran indispensables porque el organismo no puede sintetizarlos: histidina, leucina, isoleucina, lisina, metionina, fenilalanina, treonina, triptófano y valina; sin ellos, el organismo no puede sintetizar las proteínas en las que intervienen estos aminoácidos y los tejidos sufren alteraciones. Las *proteínas animales* abundan en la carne, el pescado, los huevos, la leche y sus derivados; e incluyen, aproximadamente por mitades, aminoácidos indispensables y aminoácidos no indispensables que el organismo puede sintetizar; en cambio, las *proteínas vegetales* presentes en las leguminosas y los cereales contienen una tercera parte de aminoácidos indispensables.

Vitaminas

Estas sustancias actúan como coenzimas; es decir, ayudan a las enzimas a dirigir y controlar las reacciones químicas necesarias para la utilización adecuada de los nutrimentos, no producen energía ni forman tejidos. Pueden ser *hidrosolubles* y *liposolubles*. Las hidrosolubles se disuelven en agua y son el complejo B y la vitamina C. Las liposolubles son solubles en grasa y son la A, D, E y K.

Vitamina A Abunda en zanahorias, jitomates, remolachas, duraznos, chabacanos, camotes, leche, mantequilla, yema de huevo, hígado y verduras de hoja. El adulto normal necesita 5 000 U.I. diarias. La carencia de vitamina A provoca alteraciones en la piel y mucosas; ceguera nocturna (dificultad para ver con luz tenue) y xeroftalmia, que es una alteración de la córnea que dificulta la visión.

Vitaminas que forman el complejo B

B1 o tiamina Es una coenzima vital en el metabolismo de los hidratos de carbono; se llama también antineurítica porque su carencia afecta el sistema nervioso, el tracto gastrointestinal y el sistema circulatorio, lo que produce una enfermedad llamada beriberi. Abunda en los cereales sin refinar, el hígado, el riñón, la leche, el huevo, el pescado, la levadura de cerveza, las nueces, las verduras y leguminosas. El organismo humano requiere 1 a 2 mg diarios de esta vitamina.

B2 o riboflavina Interviene en la respiración celular, se encuentra en la leche, el hígado, los riñones, el huevo, la carne, las verduras de hoja verde y el pescado. El organismo la requiere en cantidad de 1.5 a 2 mg diarios y su carencia provoca queilosis (descamación de los labios y las comisuras) y alteraciones en la piel.

B5 o niacina Ácido nicotínico o factor preventivo de la pelagra (P.P.). Interviene en la respiración celular y se encuentra en el hígado, el huevo, la leche, las leguminosas, las carnes y el maíz nixtamalizado. Se requieren 9 meq por cada 1000 kcal ingeridas. Su carencia origina una enfermedad llamada pelagra, que se manifiesta por alteraciones en la piel y mucosas, el tracto gastrointestinal y en el sistema nervioso.

B6 o piridoxina Interviene en el metabolismo de los aminoácidos y se encuentra en el hígado, el plátano, el aguacate, las oleaginosas y leguminosas, la leche y derivados, así como en tejidos animales. El adulto debe consumir 2 mg diarios. Su carencia produce depresión, dermatitis seborreica, irritabilidad y glositis (inflamación de la lengua).

B12 o cobalamina También interviene en el metabolismo de los aminoácidos. La sintetiza la flora intestinal y se encuentra en el hígado, el riñón y la carne. Los adultos requieren de 5 a 6 microgramos diarios y su deficiencia produce anemia.

Ácido fólico Interviene en la síntesis de los ácidos nucleicos y de la hemoglobina; se encuentra en las verduras de hoja verde, las leguminosas y el hígado; el adulto requiere 0.4 mg diarios. Su deficiencia produce anemia y glositis; si es insuficiente en el momento de la fecundación o al principio del embarazo, el producto puede nacer con problemas en la médula espinal (espina bífida), en el encéfalo (anencefalia), o ambos.

Ácido pantoténico Interviene en el metabolismo de los hidratos de carbono y la síntesis de ácidos grasos. Se encuentra en la mayoría de los alimentos, independientemente de que lo sintetiza la flora intestinal.

Vitamina C Es antioxidante e interviene en la síntesis de la colágena y la absorción del hierro. Abunda en frutas y verduras frescas. El adulto requiere 50 mg diarios. Su carencia provoca el escorbuto, disminuye la resistencia de los vasos sanguíneos, retrasa la cicatrización y produce debilidad y dolor en los huesos.

Vitamina D Indispensable en la absorción del calcio y del fósforo. Indirectamente interviene en la mineralización de los huesos y dientes, se produce en la piel por la exposición al sol y se presenta en escasa cantidad en la yema de huevo y el pescado. Los niños necesitan 400 U.I. diarias. En niños, su carencia provoca raquitismo, deformaciones en los huesos de las extremidades inferiores (se hacen curvos), aumento de volumen en la unión de las costillas con los cartílagos costales, deformaciones del esternón y zonas de la cabeza sin osificar; puede haber también deformaciones en la columna vertebral y retraso en la dentición.

En los adultos la carencia de vitamina D se llama *osteomalacia* y se manifiesta por debilidad, dolores en los huesos y descalcificación.

Vitamina E Actúa como antioxidante y favorece la sobrevida de los eritrocitos. Se encuentra en los granos enteros ricos en aceites (maíz, cártamo, ajonjolí, etc.), nueces, almendras, vegetales de hojas verdes y germen de trigo. Se requieren 5 a 15 U.I. en los niños y 20 a 30 U.I. en los adultos. Su deficiencia produce anemia hemolítica del recién nacido y, si se consume en exceso, provoca hipertensión arterial, alteraciones en la mineralización del hueso y la coagulación de la sangre.

Vitamina K Es indispensable en la formación de protrombina, sustancia necesaria para la coagulación de la sangre; se encuentra en las hojas verdes (espinaca, acelga, brócoli, coliflor, etc.), es difícil que falte en el organismo porque se sintetiza en el intestino por medio de la flora bacteriana.

Minerales (nutrimentos inorgánicos)

Estas sustancias inorgánicas sirven para que el organismo lleve a cabo sus funciones. Los esenciales para la vida son calcio, fósforo, sodio, cloro, potasio, magnesio, hierro, yodo, zinc y oxígeno.

Sodio y cloro Se ingieren en la sal y sirven para mantener el equilibrio de los líquidos del organismo, pero deben consumirse con moderación.

Hierro Interviene en la respiración celular y es el elemento básico de la hemoglobina de la sangre que transporta el oxígeno; se almacena en el hígado y en menor proporción en el tejido linfático. Abunda en la moronga, el hígado, la carne de res, la yema de huevo, las leguminosas, los cereales y las oleaginosas (como la pepita de calabaza). Su deficiencia produce anemia, retardo en el crecimiento, prematurez y aumenta la susceptibilidad a infecciones.

Yodo Es indispensable para que funcione bien la glándula tiroidea; se ingiere con la sal yodatada y los productos del mar. Su deficiencia produce el bocio.

Calcio y fósforo Son indispensables para el desarrollo de los huesos y dientes y el funcionamiento adecuado de los sistemas nervioso y muscular. El calcio sirve además para la coagulación de la sangre y un sinnúmero de funciones. Abundan en la leche, las tortillas de maíz, los charales, las sardinas, el queso y los vegetales de hojas verdes.

Cobre Interviene en la síntesis de hemoglobina y la absorción del hierro, se almacena en el hígado y en el bazo, abunda en los huevos, el trigo, los frijoles, el hígado, el pescado, la espinaca y el espárrago.

Potasio Se encuentra en equilibrio con el cloro y el fósforo y en parte con las proteínas; se encuentra en leguminosas, frutas, verduras, carnes y cereales. Ayuda al transporte de nutrimentos.

Cobalto Interviene en el crecimiento del niño, en el apetito, la conservación de la normalidad de la piel y en la formación de elementos figurados de la sangre. Se encuentra en el hígado y los mariscos.

Magnesio Ayuda a la síntesis proteica y la transmisión neuromuscular, se encuentra en pescados, mariscos, habas, frijoles, maíz y avena.

Oxígeno Se encuentra en el aire e interviene como receptor de electrones para generar energía (ATP).

Agua Es indispensable para la vida, constituye dos terceras partes del peso corporal y forma parte de los tejidos; es la base de la sangre y la linfa, por lo que si una persona deja de tomar agua, muere.

Grupos de alimentos

El Instituto Nacional de la Nutrición clasifica los alimentos en cuatro grupos:

I. **Verduras y frutas** Contienen vitaminas, nutrimentos inorgánicos (minerales), antioxidantes (vitaminas A y C) y fibra; muchas de ellas ayudan a reducir los niveles de colesterol y protegen de la aparición de algunos tipos de cáncer.

II. **Granos y sus derivados** Los cereales integrales son mejores porque sus cubiertas tienen nutrimentos, además de que proporcionan la fibra que mejora el funcionamiento del intestino y disminuye la frecuencia de cáncer. Los cereales son energéticos y, si se combinan con las leguminosas, pueden incluso sustituir el valor proteínico de la carne o el huevo.

III. **Leguminosas y productos animales** Las leguminosas (frijol, garbanzo, lenteja, alverja, haba, soya, guaje, mezquite, guamúchil y ayocote) aportan proteínas (15 a 30 g por c/100 g de producto), además de hidratos de carbono, lípidos, hierro, tiamina y niacina. La carne, la leche y sus derivados y el huevo contienen principalmente proteínas, hierro, calcio y vitaminas. Se recomiendan tres raciones al día, pero el adulto debe consumir los productos con menos grasa, porque las grasas saturadas son perjudiciales.

IV. **Grasas y azúcares** Son importantes, pero su consumo máximo debe corresponder de 25 a 35% de las calorías, y sólo 10% de grasas saturadas.

Si se elabora una pirámide con estos grupos, en el nivel más bajo se colocan los alimentos del grupo I, y en la cúspide, los del grupo IV, esto significa que se debe ingerir mayor proporción de verduras y frutas (por lo menos dos raciones en cada comida), granos y sus derivados en cantidad suficiente, alimentos animales en poca cantidad y grasas y azúcares lo menos posible.

Una nutrición adecuada implica salud, crecimiento, desarrollo, capacidad mental y fortaleza física adecuados, actividad, eficiencia y optimismo.

Recientemente se ha diseñado el "plato del bien comer", que se divide en tres porciones:

a) verduras y frutas (muchas)
b) cereales (suficientes)
c) leguminosas (combinadas) y alimentos de origen animal (pocos)

Aparentemente, excluye grasas y azúcares, pero éstos son componentes naturales de la mayoría de los alimentos de los tres grupos anteriores, o se agregan al preparar platillos y productos industrializados.

> El plato del "bien comer" nos orienta acerca de la cantidad adecuada de alimentos que debemos consumir diariamente.

El estado nutricio depende de varios factores:

1. **De la disponibilidad de alimentos** Esto se relaciona con la geografía, el clima, la producción, la distribución (importación, exportación y transporte) y su almacenamiento y saneamiento.
2. **Del consumo de alimentos** Esto comprende diferentes aspectos:
   a) económicos: salario, valor adquisitivo y precio de los alimentos;

Figura 40.1 Plato del bien comer.

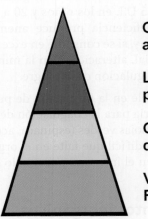

Pirámide de alimentos de México

b) *culturales: costumbres, hábitos alimentarios del individuo;*

c) psicológicos: la angustia, las tensiones, las preocupaciones y el ritmo de vida pueden inducir el consumo inadecuado.

3. **Del aprovechamiento de los alimentos** Será adecuado si el individuo está sano e inadecuado cuando está enfermo.

La nutrición en México no es uniforme; en términos generales es buena en la frontera norte, Baja California y Sinaloa; en el resto del norte del país y las costas, regular, y en el sureste, muy deficiente. Es muy diferente en comunidades urbanas en buenas condiciones socioeconómicas y en comunidades rurales o suburbanas económica y socialmente débiles.

Existen básicamente tres tipos de dietas:

1. **Dieta de tipo indígena** Básicamente maíz, frijol y pequeñas cantidades de otros alimentos.
2. **Dieta mestiza** Contiene, además, café con leche y pan en las mañanas y sopa de pasta o arroz y carne a mediodía.
3. **Dieta con influencia occidental** Incluye también jugos de frutas, huevos, ensalada y postre.

Se calcula que un poco menos de la mitad de la población consume la dieta de tipo "indígena", y que muchas personas seleccionan los alimentos de acuerdo con sus costumbres; en ocasiones comen lo que les gusta, aunque no las nutra. Se calcula que aproximadamente 53% de la población padece desnutrición.

En las zonas rurales el niño es alimentado con la leche materna durante el primer año, pero en las zonas urbanas se tiende cada vez más a acortar el periodo de lactancia materna para sustituirlo por la lactancia artificial y, si la madre desconoce las reglas de higiene, puede contaminar la leche o los biberones. Cuando se lleva a cabo la ablactación; es decir, la introducción de alimentos no lácteos en la dieta, les dan sopas, caldo de frijol, pulque, tortilla, pan, etc., que son inadecuados y en muchas ocasiones mal manejados desde el punto de vista higiénico.

Si ingieren las calorías necesarias, éstas provienen principalmente de los hidratos de carbono y las grasas, por lo que en muchos casos la cantidad de proteínas es insuficiente.

Reglas de la alimentación

La dieta es el conjunto de alimentos y platillos que se consumen cada día.

Una dieta recomendable debe ser suficiente, completa, equilibrada y adecuada. Algunos autores consideran que, además, debe ser variada e higiénica.

Dieta es el conjunto de alimentos que se consumen cada día. Una dieta recomendable debe ser suficiente, completa, equilibrada, adecuada, variada e higiénica.

Suficiente

Tiene que ser suficiente en cantidad y calidad. Desde el punto de vista energético debe tener la cantidad suficiente de calorías; es decir, la persona que realiza poca actividad deberá ingerir menos calorías, y que a mayor actividad necesitará mayor cantidad de éstas. Se considera que un adulto normal necesita de 2 a 3 mil calorías por día.

Completa

Esto significa que debe contener alimentos de todos los grupos.

Equilibrada

Cerca de 60 a 70% del contenido energético debe provenir de hidratos de carbono, básicamente de polisacáridos; de 10 a 15% de proteínas y de 20 a 25% de grasas. Es muy importante tener cuidado de que no haya más de una tercera parte de ácidos grasos saturados y no más de 300 mg de colesterol; además, debe ser baja en sodio y alta en fibras dietéticas.

Adecuada

Debe estar de acuerdo con la edad, el sexo, la constitución física, el estado fisiológico, la actividad y el clima; en caso necesario, adecuarse al estado patológico; por ejemplo, si hay diabetes o hipertensión arterial.

La nutrición del niño requiere vigilarse desde que se encuentra en el seno materno; la madre debe aumentar un poco la ingestión de calorías y consumir alimentos nutritivos, pero no tiene que comer por dos personas. Durante la lactancia es conveniente aumentar la ingestión de leche, carne, huevo, vegetales y frutas.

La lactancia materna tiene ventajas sobre la artificial porque ofrece protección al niño y permite el acercamiento afectivo entre la madre y el hijo. La leche materna siempre está a la temperatura ideal, es más fácil de digerir, estéril y no tiene costo adicional.

A pesar de que desde hace años se consideraba que al mes de edad la leche ya no era suficiente, por lo que se debía llevar a cabo la ablactación –que consiste en dar al niño otro tipo de alimento además de la leche–, en la actualidad se recomienda iniciarla a partir del cuarto mes, cuando el niño pese 6 kg, aproximadamente, debido a que se han detectado problemas alérgicos;

los cítricos y el huevo se administran después del año de edad, por lo que es conveniente que la madre reciba las indicaciones por parte del pediatra. Conforme se introducen nuevos alimentos se disminuye el número de comidas, para que al año de edad el niño se pueda integrar a las comidas familiares.

Los preescolares y escolares llegan a tener problemas nutricios porque la madre no les da la atención adecuada, el saneamiento del medio es deficiente, tienen alguna enfermedad o eligen sus propios alimentos, que en muchas ocasiones son inadecuados. La actitud que adopten los padres hacia los hijos también es de gran importancia.

Las personas que llevan una vida sedentaria necesitan ingerir menos calorías frente a las que realizan actividad física intensa, y las que habitan regiones con climas cálidos requieren mayor cantidad de líquidos.

Variada

Significa que debe estar integrada por la mayor variedad de los grupos de alimentos.

Higiénica o inocua

Los alimentos deben prepararse con las manos limpias y los utensilios bien lavados; y los alimentos que se ingieren crudos, como frutas y verduras, deben desinfectarse debido a que frecuentemente las verduras son regadas con aguas negras; por ello, se lavan hoja por hoja bajo el chorro del agua de la llave y después se dejan en un recipiente que contenga agua limpia y algunas gotas de yodo como germicida. Los alimentos deben estar frescos o bien conservados; la refrigeración disminuye la acción de los agentes que producen la fermentación y la putrefacción, pero como no los destruye, una vez que se sacan del refrigerador se deben consumir de inmediato. Otras formas de conservar los alimentos son el enlatado y el envasado (pero hay que tener cuidado, pues si no se conservan bien, estos alimentos pueden producir una enfermedad llamada botulismo); también conservan los alimentos la ebullición, la desecación, el salado, el ahumado y el enchilado.

Los alimentos se deben preparar adecuadamente; por ejemplo, las carnes de cerdo y de res se deben cocer bien porque pueden estar parasitadas.

El horario debe ser fijo, la masticación correcta y adecuada y, en cuanto al estado emocional, hay que evitar las preocupaciones y los disgustos a la hora de tomar los alimentos porque pueden inhibir el apetito y los procesos digestivos.

La contaminación de los alimentos puede deberse a diferentes factores:

1. **Físicos** El viento o el polvo transportan agentes patógenos.
2. **Químicos** Por ejemplo, los detergentes, insecticidas y fertilizantes, desechos industriales.
3. **Biológicos** Como las bacterias, los virus, los parásitos y la fauna nociva debida a una falta de higiene en los locales donde se distribuyen y almacenan, como moscas, ratas y cucarachas.

El hombre es un factor muy importante en la contaminación; por ejemplo, falta de precaución e higiene al momento de preparar los alimentos si tiene las manos sucias, tose, estornuda o sopla sobre ellos, usa recipientes mal lavados o con restos de alimentos.

Algunas recomendaciones son las siguientes: lavarse las manos antes de manipular o ingerir alimentos y después de ir al baño; cuando se manipulan alimentos no se debe saludar de mano ni contar dinero; evitar toser, estornudar o soplar sobre los alimentos. La persona que los prepara debe cubrirse la cabeza y de preferencia la boca, usar ropa limpia, asear el sitio donde se preparan y consumen los alimentos, mantener bien tapados los recipientes de basura y desperdicios, para evitar la proliferación de insectos y roedores que posteriormente contaminan; lavar bien los utensilios, los vegetales, frutas y carne; hervir la leche, refrigerar los alimentos que así lo requieran y mantenerlos tapados.

A pesar de la importancia de una dieta recomendable, con frecuencia la alimentación se vuelve un hábito al que no se le da el valor que debería; así, siempre es indispensable satisfacer los requerimientos nutritivos implica salud, crecimiento y desarrollo adecuados, capacidad mental, fortaleza física, actividad, eficiencia y optimismo.

Consecuencias de una alimentación incorrecta

Las consecuencias de una alimentación incorrecta pueden ser desnutrición, anemia, avitaminosis y obesidad.

La desnutrición es una deficiencia de la nutrición, que puede deberse a la falta de ingestión, absorción o utilización de nutrimentos, a una pérdida exagerada de calorías o a malos hábitos nutricios.

La desnutrición primaria se debe a la ausencia de ingestión de nutrimentos; la secundaria puede obedecer a enfermedades infecciosas y parasitarias, deficiencia enzimática, por ejemplo de lactasa, e incluso a la misma desnutrición, que modifica el epitelio del intestino disminuyendo la absorción de nutrimentos.

En la desnutrición hay disminución en el peso y la talla, avitaminosis, falta de nutrimentos inorgánicos

Figura 40.2 Entre los factores que fomentan una mala nutrición está la comida *chatarra* que, a pesar de ser fácil de conseguir, a largo plazo ocasiona muchos problemas de salud.

(minerales) y alteraciones en los diferentes sistemas del organismo. Su repercusión es muy grave porque puede presentarse desde antes de nacer; los niños provenientes de madres desnutridas desde el nacimiento tienen menor peso y problemas de salud, crecimiento y desarrollo, ya que el organismo necesita formar nuevos tejidos y renovar constantemente sus componentes, así como obtener energía de los nutrimentos para llevar a cabo sus funciones. El desarrollo psicológico también se altera; el niño desnutrido queda rezagado, en relación con los niños sanos, es más propenso a contraer enfermedades infecciosas, que en ellos tienen una evolución más larga. En 1982, se calculó que 9 de cada 10 niños menores de 4 años que morían tenían como causa directa o indirecta la desnutrición. Los efectos de ésta trascienden a la comunidad: baja la eficiencia del trabajo colectivo, aumenta el ausentismo en el trabajo, disminuye la creatividad, el espíritu de cooperación, y provoca inseguridad y desconfianza.

Génesis de la desnutrición

Afecta a individuos de cualquier sexo y edad, aunque tiene mayor repercusión en los niños. En algunos casos está relacionada con la constitución física; por ejemplo, con la herencia, los hábitos alimentarios y el estado previo de salud. La ocupación puede influir también cuando la persona no tiene tiempo disponible para comer, etc. El agente causal es la ausencia de los nutrimentos.

En el ambiente es preciso considerar que los requerimientos varían según el clima y que en términos generales la nutrición es más deficiente en el sureste de la República Mexicana, aunque se puede encontrar en cualquier sitio, como las zonas suburbanas; por ejemplo, alrededor del D.F., en un medio socioeconómico bajo donde el ambiente familiar no es estable. Es más frecuente cuando el nivel socioeconómico es bajo, cuando hay saneamiento inadecuado de la comunidad y la vivienda, cuando no hay atención médica o porque debido a sus costumbres no acuden al médico. Además, los hábitos alimentarios en muchas ocasiones son inadecuados porque prefieren comer lo que les gusta, aunque no sea nutritivo.

Evolución

Hay diferentes grados de desnutrición:

1er. grado	El individuo pesa de 10 a 25% menos de lo normal.
2do. grado	El individuo pesa de 26 a 40% menos del peso normal.
3er. grado	El individuo pesa menos de 40% del peso normal.

En la desnutrición de primer grado el niño no sube de peso, después se detiene su crecimiento, el tejido adiposo está flácido; si se trata de un niño pequeño, llora mucho, y si es mayor, no juega y disminuye un poco su fuerza muscular.

En la desnutrición de segundo grado se detienen el peso y la estatura, los músculos se vuelven flácidos, el niño se siente débil, sin fuerza, puede tener trastornos digestivos y diarrea, su piel se vuelve seca y puede tener grietas en las comisuras de la boca. También en la piel se observan manchas de color café rojizo; puede tener alteraciones en el corazón, los ojos o el sistema nervioso, porque generalmente tiene deficiencias vitamínicas y anemia, se vuelve perezoso y se duerme con facilidad durante el día.

La desnutrición de tercer grado puede tener dos presentaciones: el marasmo en los lactantes y el kwashiorkor en los preescolares.

Evolución

Su causa principal es la inanición. Los doctores F. Gómez, R. Ramos Galván, J. Cravioto y S. Frenck han clasificado sus signos en: universales, circunstanciales y agregados.

Signos universales: falta de crecimiento, fundamentalmente debido al peso, falta de desarrollo del tejido muscular y del tejido adiposo.

Signos circunstanciales: alteraciones en la piel, la textura y el color del cabello y anemia.

Signos agregados: enfermedades diarreicas y bronconeumonía.

Kwashiorkor

Se presenta con más frecuencia en preescolares con una dieta muy baja en proteínas, sobre todo de origen animal. Los signos universales, que siempre se presentan, son talla y peso bajos, retención de líquidos en los tejidos, atrofia muscular (disminución en el desarrollo de los músculos) aunque se conserva el tejido adiposo, y alteraciones psicológicas; el niño se niega a comer, puede permanecer varios días sin moverse, sin expresión o estar irritable.

Signos circunstanciales: edema (retención de líquidos que hace aumentar el volumen), alteraciones en el cabello, en la pigmentación de la piel y anemia.

Signos agregados: alteraciones en la piel, signos de deficiencia de vitaminas y minerales, crecimiento del hígado, bazo y diarrea, que se acentúa cuando hay trastornos en la digestión y absorción de hidratos de carbono.

Medidas preventivas

El individuo debe recibir educación para la salud, acudir a los servicios médicos; si hay alguna enfermedad hereditaria que afecte el metabolismo de hidratos de carbono, grasas o proteínas, debe acudir al consejo genético, así como eliminar los procesos patológicos; es decir, tratar las enfermedades que puedan traer consigo desnutrición.

Se debe educar al público respecto a la limpieza y la conservación de los alimentos, al aprovechamiento del clima para cultivar los alimentos, al valor nutritivo de los alimentos y al saneamiento del agua y los alimentos, así como para evitar la contaminación con excretas y basuras. La elevación del nivel de vida es muy importante.

Si las personas tienen deficiencias en su nutrición, deberán consumir los nutrimentos que les haga falta; los alcohólicos deben acudir a los servicios médicos y los padres aprender a nutrir a sus hijos.

Las personas deben administrar adecuadamente el gasto familiar; hay gastos indispensables, necesarios y secundarios.

Los gastos indispensables se dedican a la alimentación, la ropa y la vivienda y deben insumir de 60 a 90% del presupuesto familiar.

Los gastos necesarios, como los de educación, deben insumir de 10 a 50% del presupuesto.

Los gastos secundarios, como los destinados al esparcimiento y diversión deben insumir 10% del presupuesto.

Para aprovechar mejor el presupuesto hay que elaborar una lista de las necesidades y comprar únicamente lo planeado; adquirir artículos en los lugares donde se vendan más baratos; no comprar todas las ofertas de las tiendas, sino sólo las que se necesitan; no dejarse influir por las campañas publicitarias de productos que no se necesitan, no comprar en abonos (porque con el tiempo resultan más caros) y consumir frutas y alimentos de estación, por ser más baratos y fáciles de obtener.

Obesidad

La **obesidad** es un estado patológico caracterizado por el aumento excesivo de tejido adiposo debido a un incremento en la ingestión de alimentos o a una disminución de su utilización por el organismo.

Dentro de la génesis de la obesidad está la tendencia a ella en algunas personas, aunque muchos autores consideran que más bien es debida a los hábitos de la familia; por ejemplo, si los padres son obesos porque tienen malos hábitos alimentarios, los hijos también los tendrán, y un hijo obeso puede ser un adulto obeso. En ciertos casos, la obesidad se debe a una alteración hormonal, como una deficiencia del funcionamiento de la glándula tiroidea, pero es poco frecuente. Entre las causas psicológicas que llevan a la persona a ingerir mayor cantidad de alimentos se hallan la ansiedad, la depresión, la hostilidad; así, el individuo encuentra en los alimentos gratificación ante la frustración. Hay personas que en sus actividades sociales ingieren alimentos con muchas calorías, pero que no nutren, por lo que están obesas y con problemas de avitaminosis, falta de proteínas y de minerales (nutrimentos inorgánicos).

La obesidad es más frecuente en las zonas urbanas que en las rurales en proporción de 4.9%, más generalizada entre el sexo femenino, aunque entre estudiantes se ha encontrado que es más frecuente en los hombres (esto puede deberse a que a cierta edad la mujer se preocupa más por controlar su peso o a los cambios hormonales propios de la pubertad).

En la obesidad existen cinco grados:

Grado I	Cuando existe un sobrepeso de 10 a 25%.
Grado II	Cuando existe un sobrepeso de 26 a 50%.

Grado III	Cuando existe un sobrepeso de 51 a 75%.
Grado IV	Cuando existe un sobrepeso de 76 a 100%.
Grado V	Cuando existe un sobrepaso mayor de 100%.

A mayor grado existe más desarrollo del tejido adiposo y menor desarrollo muscular, disminución de la capacidad para el ejercicio, puede haber dificultad respiratoria, constipación (estreñimiento), así como disminución de la resistencia a las infecciones. La obesidad también expone más al individuo a sufrir accidentes y se relaciona con enfermedades como la arteriosclerosis, las enfermedades de las arterias coronarias –como la angina de pecho y el infarto del miocardio–, la hipertensión arterial, la diabetes, los cálculos biliares, várices, pie plano y con la caries dental cuando el individuo ingiere muchos azúcares; finalmente, acorta la vida y aumenta la mortalidad.

La obesidad tiene además repercusiones psicológicas y sociales, porque las personas se vuelven más susceptibles, retraídas, tienen sentimientos de inferioridad relacionados con su aspecto físico, porque no pueden usar prendas atractivas ni incorporarse a actividades deportivas o, en algunos empleos, enfrentan el rechazo.

Indicadores del grado de nutrición

Son datos que permiten suponer cuál es el balance nutrimental de una persona. Pueden ser directos e indirectos.

Indicadores directos:

peso
estatura
hemoglobina
proporción de grasa corporal

Indicadores indirectos:

mortalidad infantil
mortalidad por enfermedades infecciosas
mortalidad por enfermedades crónicas
ingreso *per cápita*
encuesta de consumo de alimentos

Índice de masa corporal (IMC)

Permite diagnosticar peso bajo o sobrepeso para la estatura. Se le conoce también como índice de Quetelet y se obtiene al dividir el peso corporal expresado en kilogramos (kg) entre la estatura expresada en metros (m) elevada al cuadrado. Por ejemplo, para una persona con 60.25 kg de peso y estatura de 1.65 m, el índice es de 22.12.

$$IMC = \frac{Peso\ (kg)}{(estatura\ (m))^2}$$

De acuerdo con estos datos se puede elaborar la siguiente tabla:

Grado		Índice de masa corporal
Sobrepeso	III	>40.00
	II	30-39.99
	I	25-29.99
Normal		18.5-24.99
Desnutrición	I	17.00-18.49
	II	16.99-16.00
	III	< 16.00

Fuente: OMS. *El estado físico: interpretación de la antropometría.* Informe de un comité de expertos de la OMS, Ginebra. Organización Mundial de la Salud. Serie de Informes Técnicos 854, 1995.

> El índice de masa corporal (IMC) normal debe ser de 18.5 a 24.99.

Índice cintura/cadera

La grasa corporal se puede distribuir en la parte superior del tronco (en forma de manzana) o en la parte inferior, predominantemente en la cadera (en forma de pera). Para conocer la distribución de la grasa corporal se determina el índice cintura/cadera:

$$Índice\ cintura/cadera = \frac{cintura\ (cm)}{cadera\ (cm)} \times 100$$

En la población mexicana, las cifras normales son de 0.71 a 0.84 para las mujeres, y de 0.78 a 0.93 para los hombres. Cifras más altas indican distribución androide, que se relaciona con mayor riesgo de padecer diabetes mellitus, enfermedades del corazón, hipertensión arterial, cálculos en la vesícula biliar, cáncer de mama y gota, entre otros.

> El índice cintura/cadera normal es de 0.71 a 0.84 para las mujeres y de 0.78 a 0.93 para los hombres.

En el Instituto Nacional de la Nutrición se consideran los pesos adecuados los que aparecen en los cuadros 40.1 y 40.2.

Medidas preventivas

Se debe educar al individuo y, si se descubre alguna alteración metabólica, es necesario corregirla; en cuanto al valor nutritivo de los alimentos, con mucha frecuencia

Cuadro 40.1 Peso y talla para adultos mexicanos: hombres.

Talla en cm	Límite inferior (5)	Límite inferior recomendado (25)	Peso promedio en kg (50)	Límite superior recomendado (75)	Límite superior (95)
152	39.10	45.99	50.87	55.74	62.10
153	39.63	46.60	51.48	56.36	63.06
154	40.16	47.20	52.09	56.97	64.10
155	40.95	47.80	52.70	57.58	54.63
156	41.74	48.40	53.30	58.19	65.24
157	42.35	49.01	53.96	58.91	65.37
158	42.95	49.61	54.62	59.42	66.49
159	43.45	50.22	55.18	60.04	67.11
160	43.74	50.82	55.74	60.65	67.73
161	44.34	51.43	56.35	61.27	68.36
162	44.93	52.03	56.96	61.88	68.98
163	45.53	52.63	57.57	62.49	69.55
164	46.12	53.23	58.17	63.10	70.12
165	46.73	53.84	58.78	63.72	70.73
166	47.33	54.44	59.39	64.33	71.44
167	47.92	55.05	60.00	64.94	72.07
168	48.51	55.65	60.61	65.55	72.70
169	49.12	56.26	61.22	66.17	73.52
170	49.72	56.86	61.83	66.79	73.93
171	50.82	57.47	62.44	67.40	74.32
172	51.91	58.07	63.04	68.00	75.10
173	52.01	58.67	63.66	68.62	75.73
174	52.10	59.27	64.26	69.24	76.45
175	52.70	59.88	64.39	69.85	77.05
176	53.30	60.49	65.48	70.46	77.65
177	53.89	61.09	66.09	71.08	78.27
178	54.48	61.68	66.69	71.69	78.89
179	55.09	62.29	67.30	72.30	79.51
180	55.68	62.90	67.91	72.91	80.13
181	56.29	63.51	68.52	73.53	80.99
182	56.89	64.11	69.13	74.14	81.36
183	57.57	64.72	69.74	74.53	81.75
184	58.25	65.32	70.35	75.37	82.62

Fuente: Casillas, L. E. y Vargas, L. A. (1980), *Cuadros de peso y talla para adultos mexicanos,* Archivo de investigaciones médicas (México) 11:157.

algunas personas que comen poco tienen obesidad, esto se puede deber a que no eligen adecuadamente sus alimentos, a que no hacen ejercicio ni acuden al médico. Hay quienes recurren al uso de masajes o vibradores que son inefectivos, al igual que la ingestión de limón o vinagre, el tabaco, los laxantes o los baños de vapor.

Anorexia y bulimia

El concepto de belleza varía de acuerdo con el momento histórico y la cultura: entre los griegos se admiraba un cuerpo bien desarrollado; Rubens pintaba mujeres y angelitos "gorditos"; en la actualidad, en muchas culturas occidentales se prefiere la esbeltez al grado de que muchas adolescentes padecen trastornos de la conducta alimentaría que pueden llevarlas hasta la muerte. La *anorexia nervosa primaria* y la *bulimia* se caracterizan por un miedo intenso a la obesidad, aunque son entidades diferentes.

Anorexia nervosa primaria

La Asociación Americana de Psiquiatría reconoce a W. Gull, de Inglaterra, y a C. H. Lasegue, de Francia, como

Cuadro 40.2 Peso y talla para adultos mexicanos: mujeres.

Talla en cm	Límite inferior (5)	Límite inferior recomendado (25)	Peso promedio en kg (50)	Límite superior recomendado (75)	Límite superior (95)
142	36.25	41.48	45.11	48.73	53.96
143	36.62	41.96	45.67	49.37	54.70
144	37.00	42.44	46.23	50.01	55.45
145	37.36	42.92	46.78	50.64	56.20
146	37.71	43.39	47.34	51.28	56.96
147	38.08	43.88	47.90	51.92	57.71
148	38.45	44.36	48.46	52.55	58.46
149	38.82	44.84	49.02	53.19	59.23
150	39.18	45.32	49.58	53.83	59.97
151	39.53	45.79	50.14	54.47	60.72
152	39.89	46.26	50.69	55.11	61.48
153	40.26	46.74	51.25	55.74	62.22
154	40.64	47.23	51.81	56.38	62.97
155	40.83	47.70	52.36	57.02	63.72
156	41.02	48.18	52.92	57.65	64.48
157	41.18	48.69	53.48	58.29	65.24
158	41.35	49.14	54.04	58.93	66.00
159	42.08	49.58	54.60	59.57	66.74
160	42.82	50.01	55.16	60.21	67.49
161	43.18	50.53	55.72	60.84	68.24
162	43.53	51.05	56.27	61.48	69.00
163	43.90	51.53	56.83	62.08	69.75
164	44.27	52.01	57.39	62.67	70.50
165	44.63	52.48	57.94	63.35	71.25
166	44.99	52.96	58.50	64.03	72.00
167	45.35	53.44	59.06	64.67	72.76
168	45.71	53.92	59.62	65.31	73.52
169	46.08	54.40	60.18	65.95	74.26
170	46.46	54.88	60.74	66.59	75.01

Fuente: Casillas, L. E. y Vargas, L. A. (1980), *Cuadros de peso y talla para adultos mexicanos*, Archivo de investigaciones médicas (México) 11:157.

los primeros científicos que describieron esta enfermedad. El término *anorexia* proviene del latín: *an*, significa 'ausencia', y *orexia*, 'apetito'; el adjetivo *nervosa* expresa su origen psicológico.

Existen dos tipos de anorexia: la primaria, que es únicamente *el miedo obsesivo a subir de peso*, y la secundaria, que es consecuencia de alguna enfermedad psiquiátrica, como la esquizofrenia o la depresión, en la que la anorexia se debe a una interpretación falsa de la alimentación.

La anorexia nerviosa primaria es más frecuente en mujeres de 15 a 26 años, con baja autoestima, obedientes, tranquilas, con limitación en sus respuestas afectivas; por lo general provienen de familias sobreprotectoras, rígidas, aparentemente muy unidas y con

gran espíritu de sacrificio, que dificultan el proceso de separación-individualización; esto produce en la adolescente un miedo intenso de ser adulta y separarse de sus padres. La rigidez de la familia se refiere a que no les gustan los cambios y son muy apegados a las normas morales y religiosas, además de que no permiten que sus integrantes expresen sus conflictos.

A pesar del término utilizado para esta enfermedad, las pacientes sí sienten hambre, pero debido a que tienen una distorsión en la percepción de su persona se sienten obesas aunque estén desnutridas; se obsesionan por una imagen inalcanzable de esbeltez "perfecta", y lo peor del caso: no reconocen que están enfermas.

Al principio eliminan alimentos como refrescos, frituras y golosinas, aumentan frenéticamente su actividad física y consumen agua en forma excesiva, pero después ponen pretextos para ir eliminando alimentos indispensables para la salud; con el fin de lograr sus propósitos evitan comer con la familia o los amigos, esconden la comida, se la dan a la mascota o la tiran.

Conforme avanza la desnutrición, va disminuyendo su metabolismo, baja la presión arterial y la temperatura corporal, y se altera el funcionamiento del sistema endocrino, lo cual ocasiona amenorrea (ausencia de menstruación). Si además se provoca el vómito, se afecta el funcionamiento del estómago debido a que pierden jugo gástrico y calcio. Cuando utilizan laxantes y diuréticos, pierden bicarbonato.

Psicológicamente se nota que en estas pacientes disminuyen los sentimientos y las emociones, e incluso llegan a la indiferencia; algunas tienen alteraciones del sueño y, conforme avanza la enfermedad, van perdiendo el contacto con la realidad porque su principal preocupación es la comida.

Si se deja evolucionar la enfermedad, se puede llegar a la muerte, pues hay complicaciones graves en el corazón, las glándulas endocrinas, la sangre, el sistema respiratorio y el sistema urinario.

Existen dos teorías acerca de la inanición:

1. Del escape de la sexualidad, que se refiere a la existencia de un proceso inconsciente de bloquear la sexualidad.

▶ **Figura 40.3** Los trastornos alimentarios como la anorexia y la bulimia son enfermedades muy frecuentes en mujeres jóvenes debidas a factores como inseguridad y desintegración familiar.

2. De la espiral, que dice que la adolescente pretende eludir la vivencia de esta etapa de la vida por medio de la inhibición de la sexualidad, el aplanamiento de los afectos y la simplificación de las ideas.

> La anorexia nerviosa primaria se caracteriza por el miedo obsesivo a subir de peso que si se deja evolucionar puede llevar a la muerte.

Bulimia

Este término proviene del griego *bous*, que significa 'buey', y *limos*, 'hambre'. Aunque esta enfermedad se describió por primera vez en 1907 se reconoció como tal en 1940, y se distinguió de la anorexia nerviosa primaria en 1980.

Se caracteriza por episodios de voracidad seguidos de la inducción del vómito y, en muchas ocasiones, del uso de laxantes y diuréticos en cantidades exageradas.

También es más frecuente en mujeres adolescentes, aunque se presenta en edades mayores (18 y 28 años).

A pesar de que las pacientes aparentan ser amistosas y competentes, con frecuencia sufren depresión; suelen ser repulsivas, tienen poca capacidad de adaptación social, inhiben sus sentimientos y tienen muy baja su autoestima, por lo que creen que sólo estando muy delgadas las aceptarán los demás.

> La bulimia se caracteriza por episodios de voracidad seguidos de la inducción del vómito y en ocasiones del uso de laxantes y diuréticos en forma exagerada.

Provienen de familias conflictivas, muchas de ellas con antecedentes de alcoholismo, depresiones y suicidios, que se comunican poco y cuando lo hacen son contradictorias; los padres devalúan a los hijos.

Las personas con bulimia carecen de autocontrol, por lo que prefieren comer a solas para poder ingerir grandes cantidades de alimento fáciles de deglutir y de alto contenido energético como pasteles, chocolates, etc. Sin embargo, pueden tener el peso adecuado a su estatura porque después de comer se sienten culpables, se provocan el vómito e incluso utilizan laxantes y diuréticos en grandes cantidades.

El vómito constante puede dañar el esmalte de los dientes, aumentar el tamaño de las glándulas salivales, irritar el esófago y, en casos más graves, producir su ruptura y hemorragia o neumonía por aspiración del contenido del estómago. Hay adolescentes que utilizan medicamentos como la ipecacuana para provocar el vómito, por lo que pueden tener arritmias cardiacas.

Como sufren alteraciones hormonales suelen presentar irregularidades menstruales y, si abusan de los diuréticos, pueden tener trastornos metabólicos, por lo que también corren el peligro de morir, independientemente de que algunas se suicidan.

El diagnóstico y el tratamiento oportunos son muy importantes en estos trastornos. Deben participar un psiquiatra, un nutriólogo, un endocrinólogo y un médico internista.

Prevención

- Los padres deben ser capaces de percibir y comprender las necesidades afectivas de los hijos.
- Todos los miembros de la familia deben aprender a expresar sus emociones, pero sin lastimar a los demás.
- Hay que reconocer los logros y triunfos de los hijos en lugar de considerarlos como algo esperado.
- Procurar hacer comidas en familia para estrechar lazos y dar un sentido de pertenencia a sus miembros.
- Evitar ridiculizar a las personas que no tengan la figura y el peso adecuados.

Actividades

1. Anota en tu cuaderno las diferencias que entre alimentación, dieta y nutrición y discútelas en el grupo.
2. Elabora un mapa conceptual con los nutrimentos para discutirlo en el grupo. Se comentará en cuáles alimentos abundan y para qué sirven.
3. Por equipos, hagan un mapa conceptual de los grupos de alimentos para que el grupo complete qué aportan.
4. Por equipos, elaboren cartulinas con cada una de las reglas de la alimentación para que se discutan en el grupo.
5. Realiza las prácticas sobre alimentos que vienen en el *Manual de ciencias de la salud*.
6. Realiza una investigación acerca de los peligros que producen en la salud la obesidad, la anorexia nerviosa y la bulimia. En el reporte de tu investigación plantea cómo se pueden prevenir esos trastornos.

Capítulo 41

Higiene materno-infantil

Asistir regularmente al servicio médico durante el embarazo y en los primeros meses posteriores al parto, evitan enfermedades en madre e hijo, además, fomentan útiles prácticas de higiene durante toda la vida.

Las enfermedades relacionadas con el embarazo, el parto y el puerperio son muy frecuentes como causa de muerte en las personas de 15 a 24 años. Los problemas son más comunes en las edades extremas del periodo de fertilidad, que en términos generales se considera entre los 15 y los 44 años; en el primer embarazo y después del cuarto; en zonas rurales y en niveles socioeconómicos bajos; donde no haya atención médica o donde las personas no acuden al servicio médico por factores culturales.

Las causas de mortalidad materna más frecuentes son la infección puerperal (el puerperio es la etapa posterior al parto), las toxemias o gestosis y la hemorragia, principalmente la que se relaciona con el aborto, el embarazo ectópico, la mola hidatidiforme (embarazo molar), el desprendimiento prematuro de la placenta, la ruptura del útero o cuando se retienen fragmentos de placenta o quedan heridas en los tejidos después del parto (*véase* "Problemas durante la gestación").

La mortalidad en el recién nacido es muy elevada. Puede ser por hipoxia, asfixia, tétanos neonatal, prematurez debida a que nacen antes del tiempo adecuado, o falta de peso (menos de 2500 g), que favorece las infecciones respiratorias o generalizadas, como la septicemia por inmadurez inmunológica, o llevar a la muerte.

Para mejorar la salud, mantenerla y evitar estos problemas, la pareja debe planificar los embarazos, evitando los extremos de la vida reproductiva de la mujer, sabiendo que hay mayor riesgo después del cuarto embarazo y cuando el periodo intergenésico (entre dos embarazos) es menor de dos años. Es importante que la mujer se someta a un examen médico periódico durante el embarazo; en el primer examen se elabora una historia clínica completa haciendo hincapié en los antecedentes ginecobstétricos, principalmente en los embarazos y partos anteriores, así como en los abortos, los hábitos alimentarios, la dieta y las condiciones físicas, mentales y sociales. Este examen debe complementarse con estudios de laboratorio para confirmar el embarazo, saber en qué estado se encuentra e investigar enfermedades que puedan interferir con el embarazo o repercutir en el producto; por ejemplo, si hay sífilis, blenorragia, alcoholismo, tuberculosis, enfermedades del sistema urinario, mentales, etc. Por medio del examen de sangre se puede investigar la cantidad de glóbulos rojos y hemoglobina, si hay sífilis, diabetes, el grupo y el Rh sanguíneos y, mediante un examen de orina, se conoce cómo está funcionando el riñón.

Las revisiones posteriores se deben practicar cada mes, durante los primeros seis meses, cada 15 días en los meses séptimo y octavo y cada ocho días en el último mes. En cada consulta con el médico se controla el peso (porque la mujer no debe aumentar más de 11 kg ni menos de 9 en todo el embarazo), la presión arterial, se revisa la dieta, la dentadura y el desarrollo del producto; al final del embarazo se debe establecer incluso un pronóstico.

> Durante el primer trimestre del embarazo es importante la administración de ácido fólico para evitar defectos de desarrollo del producto.

Es importante la administración de ácido fólico en el primer trimestre del embarazo para prevenir defectos de cierre del tubo neural en el producto: espina bífida, anencefalia (falta de desarrollo cerebral) o ambas. En caso necesario se le administra hierro.

La ropa debe ser amplia para que facilite los movimientos y no dificulte la circulación, estar de acuerdo con la estación y si la pared abdominal es flácida hay que usar una faja obstétrica en los últimos meses. Los zapatos deben ser cómodos.

Los viajes prolongados no son aconsejables al principio del embarazo, sobre todo si el camino está en mal estado.

El aseo es muy importante, en especial en los genitales, y al pezón se le debe dar un ligero masaje para prepararlo para la lactancia.

Se deben evitar las aglomeraciones.

Como el embarazo es un estado fisiológico y no de enfermedad, la mujer debe hacer ejercicio moderado o el que acostumbraba antes de embarazarse, aunque hay que prescindir de los ejercicios violentos; la actividad sexual se permite cuando el embarazo evoluciona normalmente.

Durante el embarazo se deben evitar todas las sustancias perjudiciales, incluidos el alcohol y el tabaco; este último puede hacer que el producto nazca con menor peso.

El parto debe ser atendido adecuadamente para evitar problemas en el puerperio.

Después del nacimiento, el recién nacido debe ser examinado para detectar a tiempo alguna anormalidad, permanecer a una temperatura no menor de 24 °C y ser aseado con agua tibia y jabón; el funículo (cordón) umbilical se protege con gasa estéril. Se aplica el método de Credé para evitar la oftalmía gonocócica; esta enfermedad la puede adquirir al pasar por los genitales infectados por el gonococo; el método tradicional consiste en aplicar dos gotas de nitrato de plata al 1% en los

ojos y después lavarlos con suero fisiológico o argirol al 10%. Actualmente se usan antibióticos como la eritromicina o la tetraciclina.

Entre las 24 y 48 horas de nacido es conveniente practicar un análisis llamado tamiz neonatal: se extraen unas gotas de sangre del talón del recién nacido que se colocan en un papel especial y se envían al laboratorio para detectar enfermedades como:

- Hipotiroidismo congénito, que consiste en la disminución de la actividad de la glándula tiroidea (tiroides) y por consiguiente de hormonas esenciales para el crecimiento físico y el desarrollo mental.
- Galactosemia, que es la ausencia de una enzima hepática que digiere la galactosa, que se encuentra en la leche y sus derivados.
- Fenilcetonuria, que se caracteriza por la ausencia de una enzima hepática esencial para metabolizar la fenilalanina, un aminoácido que se encuentra en la leche materna, de vaca, carne, soya, etc.
- Hiperplasia adrenal congénita, en la cual hay demasiada producción de hormonas masculinas.

Al principio, el recién nacido toma líquidos, después debe tomar el calostro y la leche materna que lo protegen contra enfermedades, sobre todo el calostro, pues contiene anticuerpos.

Como ya se comentó, la leche materna es más fácil de digerir, está libre de contaminantes porque no se manipula, está siempre fresca, a la temperatura adecuada y lista para administrarse, es económica porque no tiene que comprarse, no hay que adquirir utensilios para su administración, no tiene que prepararse, ni hervir el agua ni adicionarle azúcar o miel, proporciona los nutrimentos necesarios durante los primeros meses; la lactancia materna ayuda a que la madre tenga mayor acercamiento con el hijo además de que la estimulación del pezón por el niño favorece las contracciones del útero y su recuperación. Es muy importante el aseo de la madre antes de darle de comer al niño.

Para evitar el raquitismo, el niño debe recibir baños de sol durante 15 a 20 minutos diarios.

Después del primer mes de vida, el niño deja de ser recién nacido y se le llama lactante hasta el año de edad. Según la escuela sajona, la infancia tiene tres épocas: *lactancia* de 1 hasta los 18 o 24 meses, *preescolar* de los dos a los seis años y *escolar* desde los siete años hasta la adolescencia. La escuela francesa considera *primera infancia* desde el nacimiento hasta los 30 meses, *segunda infancia* hasta los 6 1/2 años y *tercera infancia* desde los 7 años hasta la pubertad.

Sin importar la clasificación que se utilice, el niño debe someterse periódicamente a un examen médico, protegerse contra las enfermedades transmisibles por medio de las inmunizaciones, dormir solo en su cama, sin luz directa sobre los ojos, en un lugar tranquilo, bien ventilado y con poco ruido. Al principio debe tomar leche materna y, conforme crece, en los exámenes médicos periódicos, la madre va recibiendo educación respecto de su alimentación, aseo e higiene mental.

La correspondencia entre los hechos y las palabras de los padres ayudan al niño a adquirir una sensación de seguridad, a entender qué se puede esperar de las personas en las relaciones humanas y a desarrollar un sentido claro de lo que está bien o está mal.

En cuanto a la estimulación temprana, desde los primeros meses el niño necesita oír palabras, recibir caricias y sonrisas, que se le escuche y se le estimule a responder con sentidos y movimientos.

Cuando el niño aprende a través de la acción, a medida que crece necesita gozar de libertad para explorar y jugar. El juego favorece el desarrollo de las habilidades físicas, mentales y sociales, entre las cuales se encuentran la capacidad de hablar y la de caminar.

Hay que retar al niño a resolver problemas; por ejemplo, alcanzar algún juguete. A los dos años se debe favorecer el dibujo, a los tres años hay que ayudarlo a armar rompecabezas y, a partir de los cinco años, a tocar algún instrumento musical.

Para estimular la creatividad, los juguetes deben ser sencillos y estar elaborados con diferentes colores, texturas y sonidos, pero hay que tener cuidado de que no sean perjudiciales a su salud.

En la etapa preescolar son frecuentes los defectos visuales, los problemas de las tonsilas (amígdalas), las caries, los defectos en el desarrollo del esqueleto y los accidentes; son importantes la alimentación, la higiene mental, las inmunizaciones y la formación de hábitos.

> Durante la etapa preescolar es necesario que los padres estén atentos a identificar defectos visuales, problemas de amígdalas o defectos en el desarrollo del esqueleto del niño.

En la etapa escolar sigue siendo importante la alimentación, se debe atender la educación física, la recreación, la salud mental, las actividades de grupo y la fundamentación de los hábitos.

El edificio escolar debe estar bien ubicado tomando en cuenta la orientación, el ruido, el polvo, los peligros del tránsito, los olores desagradables y las zonas de recreo. Los salones deben estar bien orientados, ventilados, con espacio suficiente (cada alumno debe disponer al menos de 3 m^2) mobiliario adecuado para que el niño mantenga una buena postura, iluminación apropiada, patio de recreo para juegos y educación física, servicios sanitarios con agua suficiente, excusados, lavabos, baño y bebederos higiénicos, servicio médico para examinarlos periódicamente y detectar a tiempo las enfermedades.

Los profesores deben estar capacitados para captar cambios en la conducta y la apariencia de los niños con el fin de percibir la necesidad de atención médica.

Cuando el niño llega a la adolescencia, la higiene sexual y la higiene mental son de gran importancia; en esta etapa son frecuentes el tabaquismo, el alcoholismo, la farmacodependencia, las infecciones de transmisión sexual y el embarazo no deseado.

Actividades

1. Investiga por qué es importante que las mujeres embarazadas reciban atención médica periódica.
2. Acude a algún centro de salud de tu comunidad y platica con un médico acerca de las enfermedades que deben detectarse en la mujer embarazada para evitar problemas en el producto.
3. Comenta los resultados de las dos actividades anteriores con tus compañeros del grupo.
4. Elaboren en el grupo un mapa conceptual del tamiz neonatal, ¿qué enfermedades se detectan y por qué son importantes?
5. Comenten las ventajas de la leche materna.

Capítulo 42

Educación sexual

La sexualidad tiene importantes implicaciones en el desarrollo psicosocial de una persona, con base en ella se definen las relaciones entre hombres y mujeres y con el entorno social.

La sexualidad, en sus múltiples manifestaciones, está intrínsecamente relacionada con la vida humana, con independencia de la educación, la cultura o el medio socioeconómico del individuo; más aún, hay que considerar que el género implica un proceso de evolución y madurez tanto biológico como psicológico y social, de tal manera que como seres humanos, pensamos, sentimos y reaccionamos como hombres o como mujeres. Considerada desde esta perspectiva, la sexualidad humana abarca un campo muy amplio, y muchas de sus partes se tratan en otros capítulos, como anatomía, prostitución, infecciones de transmisión sexual, etc. Así pues, en este capítulo nos referiremos al sexo en su sentido del desarrollo individual psicológico y biológico, con alusiones a las repercusiones sociales. A este respecto, la actitud hacia la sexualidad y sus problemas abarca todas las posibilidades; hay sociedades en las que su importancia y valor ha sido abiertamente admitido mientras que en otras los aspectos sexuales se ocultan e incluso se eliminan.

Esta última actitud se ha ido modificando en nuestra sociedad y aunque los criterios individuales siguen siendo muy variados, actualmente la tendencia es considerar la sexualidad como parte fundamental de la naturaleza humana y como tal debemos esforzarnos en conocerla y comprenderla mejor, no sólo para orientar

o resolver los problemas de otras personas, sino porque hay que considerar que una mejor y más adecuada educación sexual será esencial en la maduración de las generaciones que formarán nuestra sociedad del futuro.

Por desgracia, todavía hay que luchar contra tabúes, consejos y mala información, que en conjunto son la causa de ansiedad, pues salvo excepciones, la información sexual generalmente es recibida de los amigos y pocas veces de los padres y los maestros; esto resulta crítico en el adolescente, pues cuando recibe información acerca del sexo, por parte de una persona adecuada, ya ha tenido experiencias al respecto. Éste es un grave error porque la educación sexual debe empezar desde el nacimiento y formar parte de la vida familiar y de la educación integral. La sexualidad es un potencial con que se nace, que se requiere desarrollar y perfeccionar, por lo que necesita un medio favorable y contactos adecuados con las personas, se debe aceptar e incorporar a la estructura de la personalidad del niño para obtener una adaptación sexual conveniente.

Antes de describir el desarrollo sexual humano hay que reconocer varios aspectos: 1. Es imposible definir un concepto de "normal" y debemos aceptar que cada individuo tiene su propia "normalidad", por lo que existe el problema de establecer si ciertas actitudes o conductas son perjudiciales para el individuo o para la sociedad. 2. La familia es la influencia predominante en el niño, las primeras impresiones provienen de los padres y, en consecuencia, la valoración de uno u otro sexo, el trato, la actitud, etc., van a depender de estos contactos iniciales; tanto el potencial como las consecuencias del factor familiar repercuten en el adolescente y en el adulto. 3. El papel femenino o masculino establecido por la sociedad está modificándose continuamente; por ejemplo, la forma de comportarse o de vestir se está reajustando todo el tiempo, por lo que son necesarias modificaciones en cuanto a la actitud que se tiene en relación con el sexo, lo cual con frecuencia acarrea tensiones y desajustes, en especial entre diferentes generaciones.

La **sexualidad** se puede definir como el conjunto de manifestaciones y expresiones de tipo biológico, psicológicas y socioculturales que diferencia a cada individuo como hombre y como mujer en su grupo social, que poseen en cada momento de su evolución y desarrollo, que impregna y penetra lo más íntimo de la persona, que por lo mismo comprende, abarca, difunde y se proyecta en todas las actividades y el comportamiento de la existencia de cada individuo. Se inicia con la vida, termina con la muerte y constituye un elemento muy importante para el desarrollo de la personalidad.

La sexualidad implica el sexo biológico, el sexo de asignación (social) y la identidad de género o sexo de identidad (psicológico).

1. **Sexo biológico** Es la suma total del perfil genotípico y fenotípico del individuo, y comprende varios aspectos:

   a) **El sexo cromosómico** Se establece en el momento mismo de la fecundación cuando el óvulo se une al espermatozoide X o Y, si el espermatozoide X fecunda al óvulo dará origen a una mujer XX y si el espermatozoide Y fecunda al óvulo dará origen a un hombre XY.

   b) **El sexo gonadal** Depende de la presencia o ausencia del cromosoma Y, que es indispensable para que la gónada primitiva se diferencie hacia el testículo a partir de la 6a. a 7a. semanas de la vida embrionaria; si hay ausencia de cromosoma Y se desarrollarán gónadas femeninas.

   c) **Sexo hormonal** Depende de las hormonas sexuales predominantes.

   d) **Sexo fenotípico** Empieza a desarrollarse alrededor de la 8a. semana de la vida embrionaria. Cuando existen testículos, se producen hormonas masculinas que desarrollarán un organismo masculino pero, si están ausentes, se desarrollará un organismo femenino.

2. **Sexo de asignación** Es el sexo que se le asigna al niño, generalmente de acuerdo con sus genitales externos y con base en las actitudes y conductas de los que lo rodean, lo que condiciona a su vez en él actitudes y conductas esperadas. La cultura va moldeando al individuo desde que nace acerca de lo que es adecuado en el comportamiento como hombre y como mujer, va determinando la manera en que se debe educar al niño, por lo que el concepto de masculinidad o de feminidad depende del grupo sociocultural.

3. **Sexo de identidad o identidad de género** Es la íntima conciencia, convicción y sentimiento de pertenecer a determinado sexo, que se desarrolla a través de la incorporación de vivencias psíquicas y emocionales. Por lo general se obtiene entre los dos y tres años de edad. La actitud de conducta sexual es la actividad con reconocimiento de masculinidad o feminidad, acompañada de actividad sexual física.

> La sexualidad implica el sexo biológico, el sexo de asignación y el sexo de identidad o identidad de género.

Eusebio Rubio Aurioles propone conceptualizar la sexualidad con base en la Teoría del Sistema General, utilizando el modelo de los cuatro holones sexuales: la reproductividad, el género, el erotismo y la vinculación afectiva. Estas potencialidades se refieren a la capacidad de procrear, pertenecer a una especie dimórfica, experimentar placer físico durante la respuesta sexual y desarrollar vínculos afectivos con otras personas. Cada holón es parte de un sistema, por lo que se encuentra en interacción con los demás, pero constituye a su vez un sistema.

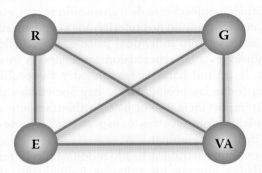

R	Reproductividad
G	Género
E	Erotismo
VA	Vinculación afectiva

La **reproductividad** es la posibilidad de producir individuos que en gran medida sean similares a los que los produjeron, como las construcciones mentales que se generan acerca de esa posibilidad; esta potencialidad se refiere también a la maternidad y la paternidad (también en hijos adoptados), así como a los procesos sociales de la reproducción.

El **género** se refiere a la serie de construcciones mentales respecto de la pertenencia o no del individuo a las categorías dimórficas del individuo: masculino o femenino. Aunque tiene su aspecto biológico basado en las características anatómicas y fisiológicas, comprende el aspecto psicológico: soy hombre o soy mujer; socialmente el papel sexual, que es todo aquello que una persona dice o hace para indicar a los demás que es hombre o mujer, varía dependiendo de la época y la cultura. Hasta hace algunos años se decía que el hombre debía ser rudo, fuerte, proveedor de la casa, etc., y que la mujer debía dedicarse al hogar y a los hijos, ser sumisa y obediente.

La nueva masculinidad plantea que el hombre debe:

- Ser más respetuoso y honesto.
- Hacer públicas sus creencias y emociones.
- Cuidarse por sí solo en la edad adulta.
- Asumir una paternidad plena y responsable.
- Promover la modificación de leyes y conductas que discriminen a la mujer.
- Ser consciente de la necesidad de dar atención al dolor experimentado por los hombres, el cual aún se oculta para aparentar una imagen de fortaleza.
- Transformarse en un ser más sensible y espiritual.

La nueva feminidad establece que la mujer debe:

- Saber lo que quiere hacer de su vida y luchar para lograrlo.
- Reconocer sus necesidades y subsanarlas por sí misma.
- Tener seguridad en sí misma al momento de enfrentar retos y responsabilidades.
- Desarrollarse como profesional o trabajadora y como mujer.
- Ser justa y equilibrada con los demás sin importar si son hombres o mujeres.
- Ser independiente de su pareja y sus padres, aunque también debe tomar decisiones en conjunto cuando sea necesario.
- Asumir la responsabilidad que le corresponda como madre y esposa.
- Evitar que los demás sean intolerantes y represivos con ella.

En su relación con el hombre debe:

- Cooperar, en lugar de competir.
- Ser compañera para compartir responsabilidades, gustos y placeres comunes.

El **erotismo** es el componente placentero de las experiencias corporales y se define como el conjunto de procesos humanos en torno al apetito por la excitación sexual, la excitación misma y el orgasmo, sus resultantes en la calidad placentera de esas vivencias humanas, así como las construcciones mentales alrededor de estas experiencias.

Por **vinculación afectiva** se entiende la capacidad humana de desarrollar afectos intensos ante la presencia o ausencia, disponibilidad o indisponibilidad de otro ser humano en específico, así como las construcciones mentales, individuales y sociales que de ellos se derivan. La forma más reconocida de vinculación afectiva es el amor.

A continuación se describirá brevemente lo que se considera el desarrollo psicosexual normal en distintas etapas de la vida, así como algunas anormalidades que pueden llegar a presentarse; una vez más hay que recordar que existen numerosas variaciones de este patrón dependiendo del medio social, cultural, climatológico, etcétera.

> La Teoría del Sistema General considera la sexualidad con base en cuatro holones: *reproductividad, género, erotismo* y *vinculación afectiva*.

Desarrollo prepuberal

Este periodo comprende básicamente la infancia, pues en la actualidad se acepta que todos los niños experimentan diversas formas de placer físico que se consideran sexuales; por ejemplo, en el hombre se llega a presentar erección desde las primeras semanas de vida y en algunos niños puede haber signos de orgasmos, aunque sin eyaculación. La actividad sexual infantil no es heterosexual en el sentido adulto, sino que básicamente es referida al propio individuo. Casi todos los niños manipulan sus genitales y pueden llegar a ser regañados por este motivo; esto constituye su primera lección de educación sexual negativa, puesto que se le enseña que el sexo es sucio y vergonzoso.

La siguiente etapa es el desarrollo y la resolución de los conflictos por fijación paterna. El niño enfoca sus fantasías sexuales en el padre del sexo opuesto y establece hostilidad y rivalidad con el padre del propio sexo. En ocasiones, esta etapa con tanto contenido sexual disminuye, las fantasías son reprimidas y se presenta una especie de regresión con aumento en la identificación con el padre del mismo sexo y aparente disminución de la atención o indiferencia para con el otro padre; ambos padres son amados, pero de diferente manera y el niño sigue el patrón de conducta del padre del mismo sexo que él; excepcionalmente restos de esta etapa y esta actitud pueden prevalecer hasta la edad adulta.

Hasta los cinco o seis años, el sexo de los amigos de juego no es importante, pero desde esta edad hasta cerca de la pubertad, los niños tienen actitudes francamente hostiles hacia el sexo opuesto. Se considera este periodo como un cambio de dirección y no como de latencia de la actividad sexual.

Entre los cinco y los once años se desarrollan intereses hacia el mundo exterior, que son favorecidos, mientras que la curiosidad sexual es usualmente desalentada y hasta reprimida. Sin embargo, se continúa con intereses hacia el sexo opuesto, aunque dicho interés queda enmascarado.

La OMS ha establecido que la **salud sexual** es una integración de los aspectos biológicos, emocionales e intelectuales del ser sexual, que enriquece la personalidad para la comunicación y el amor; para lograrlo se necesitan tres aspectos:

a) la capacidad de disfrutar las conductas sexual y reproductiva, de acuerdo con una ética social y personal
b) estar libre de temores, vergüenza y culpa; de factores psicológicos que inhiban la respuesta sexual y limiten las relaciones sociosexuales y
c) estar libre de perturbaciones, enfermedades y deficiencias orgánicas que interfieran con las funciones sexual y reproductiva

Con base en lo anterior, la sexualidad se debe educar de manera que el individuo vaya dando sentido, valor y trascendencia a todos los actos que realiza con y ante sus semejantes, para que viva con plenitud cada momento de su vida en su contexto histórico, económico y cultural.

Si la sexualidad se inicia desde que nace el individuo, todo intento de mejorar la educación sexual debe enfocarse desde un principio hacia los padres, pues casi siempre los niños tienen problemas en las mismas áreas que los padres que los educaron. El primer canal de socialización, proceso mediante el cual el individuo adquiere normas, pautas de conducta, creencias y valores de su grupo sociocultural, está constituido por la familia. Los padres deben tratar de entablar una primera relación humana fuerte y positiva desde que nace el niño; estos lazos afectivos se deben extender hacia personas de ambos sexos: hermanos, abuelos, primos, etc.,

con el objeto de estimular su desarrollo afectivo, social, cognoscitivo (de conocimientos) y psicomotor. El niño debe aprender a conocer su propio cuerpo y distinguirlo del mundo que lo rodea. Más adelante, es deseable que tenga modelos adecuados para imitar, que favorezcan su autoestima, su identidad y papel sexual; es decir, el comportamiento, las palabras y acciones que manifiestan el grado de conformidad de la persona en su expresión social, con lo que la cultura propia considera adecuados al sexo de asignación. Cuando el niño pregunta, los padres deben responderle con la verdad, en forma concreta de acuerdo con lo que pregunta y con una actitud coherente, con imágenes positivas de hombre, mujer y pareja, pues el niño también aprende por medio de las reacciones de sus padres. Cuando ha interiorizado y convertido en modelo las imágenes de sus padres, cobran importancia figuras diferentes: maestros, tíos, primos, amigos, personajes de la televisión, de las historietas, etc., por lo que se le debe inculcar el sentido crítico en cuanto a los mensajes de la propaganda, revistas pornográficas, ideas de sus amigos, etc. En esta época los padres deben combinar la autoridad y la firmeza con el amor, la seguridad y el respeto hacia el hijo. Más adelante hay que darle información adecuada sobre la pubertad, para prepararlo en lo que pronto le va a ocurrir.

Las pláticas francas, abiertas y sin vergüenza son fundamentales para evitar los problemas sexuales no sólo en esta etapa, sino también en las subsecuentes. Es importante recalcar que en este periodo los niños no pueden comprobar objetivamente lo que los padres les dicen acerca del sexo, en comparación con la corroboración posible en otros temas, por lo que las actitudes sexuales no pueden llegar a mortificarse sino hasta la adolescencia. Se sabe que los hijos que han recibido educación sexual adecuada a menudo superan sus temores y ambivalencias simultáneamente.

Las anormalidades más frecuentes de esta etapa se deben a problemas en el desarrollo sexual, en general por alteraciones en los cromosomas sexuales; por ejemplo, la ausencia de un cromosoma X (fórmula XO) se conoce como el síndrome de Turner y son individuos fenotípicamente mujeres con falta de desarrollo de los genitales internos y externos, cuello membranoso, etc.; el síndrome de Klinefelter (usualmente fórmula XXY) son individuos fenotípicamente masculinos con testículos pequeños y con frecuencia estériles.

Pubertad y adolescencia

Durante la preadolescencia la curiosidad sexual aparece abiertamente aunque a veces reviste formas de agresión. Existe gran interés en el examen de los genitales. Puede haber conflictos entre independencia y dependencia con la familia y el preadolescente puede llegar a actuar de manera desafiante, desorganizada y rebelde.

Las características del crecimiento puberal están moduladas por factores genéticos, hormonales, ambientales, psicológicos, etc.; habitualmente se presenta entre los nueve y los quince años de edad, cuando la hipófisis estimula a la gónada respectiva para producir andrógenos o estrógenos, así como para la producción de espermatozoides u óvulos.

La pubertad se describe como una etapa de inspección e introspección. El desarrollo sexual pasa por cuatro etapas:

a) Aislamiento.
b) Orientación incierta de la sexualidad.
c) Orientación estable de la sexualidad.
d) Consolidación.

Antes de entrar en estas etapas, el niño debe haber logrado el desarrollo biológico que le permita independencia y control del ambiente; en lo social, capacidad para dar y recibir, y en lo psicológico, comprensión de sí mismo y de su medio ambiente. Esto se logra mediante el juicio, la generalización, la lógica y, por último, la capacidad del yo para resolver por sí mismo, en forma efectiva, problemas de la vida cotidiana.

El **aislamiento** se caracteriza porque el individuo se retrae, en especial de su familia; siente una necesidad imperativa de saber qué está pasando; su impulso sexual lo angustia; hay preocupación por el crecimiento de algunas partes de su cuerpo como el pene o los senos; para la mujer, la primera menstruación tiene un profundo significado simbólico. En el varón aparecen las poluciones nocturnas, que son eyaculaciones que alivian la tensión sexual, inconscientes y normales.

Los sentimientos sexuales en el adolescente tienen una aparición súbita y lo sorprenden, reprime las fases infantiles por la presión de sus necesidades e inquietudes, ve la disparidad con que se presenta el desarrollo de los adolescentes y el ideal de belleza física; todo esto contribuye a su crisis de identidad: ¿quién soy?, ¿cómo me percibo a mí mismo?, ¿cómo me percibe el mundo?, ¿qué quiero hacer en el mundo? Si su cuerpo es desproporcionado, se asusta, baja la autoestima y la confianza en sí mismo. Los sentimientos sexuales le producen un estado confuso de culpabilidad y placer que es incapaz de expresar, por lo que alterna periodos de caos y calma, y cae sucesivamente en sentimientos de odio o amor en el lapso de unas horas.

Durante la etapa de **orientación incierta de la sexualidad**, el adolescente trata de identificarse con personas ajenas al hogar y surge un sentimiento de incomprensión.

Uno de los temas más controvertidos es el de las relaciones homosexuales entre los adolescentes. Se entiende por homosexualidad la atracción con o sin relaciones físicas por individuos del mismo sexo; sorprendentemente esta práctica es muy frecuente en este periodo, aunque desde el punto de vista social se acepte poco. Sin embargo, debido a la carga emocional del joven, su curiosidad natural, su necesidad de identidad con amigos, etc., esta conducta en el adolescente es usualmente temporal y producto de una necesidad psicosexual que si el joven y sus padres o consejeros la manejan correctamente, no tiene trascendencia, a no ser por el grado de ansiedad y culpabilidad que ocasiona, ya que genera un profundo miedo a la anormalidad y a la crítica social.

Cuando la conducta se orienta hacia la heterosexualidad –**orientación estable de la sexualidad**–, surge gran preocupación por los problemas políticos, filosóficos y sociales; el adolescente se vuelve narcisista, tiene fantasías y surge el "amor romántico" que implica una gran ternura y devoción, así como una fuerte preocupación por preservar al ser amado; para pertenecerse mutuamente, se idealiza el objeto de amor, de tal manera que ese sentimiento de pertenencia se manifiesta a nivel espiritual.

Finalmente, se llega a la **consolidación**, la identidad sexual se define, el adolescente canaliza su energía hacia la vida productiva, ya tiene más claro el tipo de pareja que desea e incluso se pueden formalizar relaciones amorosas.

Opciones para liberar la tensión sexual

Puede acudirse a la abstinencia (evitar cualquier contacto sexual). Como se comentó, en el varón aparecen las poluciones nocturnas que son eyaculaciones que alivian la tensión sexual, inconscientes y normales.

En este periodo se inicia la masturbación, la cual consiste en la excitación de los genitales o de las zonas erógenas por medio de la mano o cualquier objeto; esta actividad es normal y nunca se ha demostrado que haya sido perjudicial ni física ni mentalmente, aunque puede producir sentimientos de culpa. La masturbación recibe también el nombre de autoerotismo y el de onanismo (aunque Onán no se masturbaba, practicaba el *coitus interruptus)* y es parte del proceso normal del desarrollo sexual, constituye una fuente importante acerca de la propia sexualidad, reduce tensiones y proporciona placer sexual y psíquico al individuo; en muchas ocasiones se acompaña también de fantasías que facilitan el desarrollo psicosexual, por lo que no debe acompañarse de sentimientos de culpabilidad.

Las relaciones sexuales no maritales son un área muy difícil de manejar por toda la problemática que encierran; por una parte, ayudan al adolescente a afirmarse sexualmente; es decir, ponen a prueba su desempeño sexual y le permiten experimentar la emoción, la ternura y la sexualidad. Por la otra, los jóvenes deben estar conscientes de las consecuencias y responsabilidades que se pueden adquirir, con el objeto de que se tome la decisión más conveniente para cada individuo. Existe el peligro de adquirir alguna infección de transmisión sexual, desajuste emocional, sentimientos de culpa y la posibilidad de embarazo con todas sus consecuencias.

Otra opción es acudir a la prostitución, la cual es frustrante, y puede llegar a producir disfunciones sexuales, se puede adquirir alguna infección de transmisión sexual (ITS), además de que se separa el sentido de ternura, amor y comunicación profunda del placer corporal.

La actitud hacia la adolescencia varía de cultura a cultura y de sociedad a sociedad. En nuestro medio actual, la situación es muy contradictoria ya que al adolescente se le exige obediencia, dependencia y abstinencia sexual en un ambiente lleno de rebeldía, independencia y saturado de sexo, hasta en los más pequeños detalles. Dicha ambigüedad tiene un precio muy alto, pues el adolescente resuelve su angustia y sus conflictos por medio de matrimonios tempranos, rebeldía sexual, rechazo o aceptación de la "moralidad" o supresión neurótica de los sentimientos sexuales; los extremos de algunas de estas actitudes se traducen en delincuencia o en algún otro problema social.

Para los padres, la adolescencia constituye un problema, la mayor parte de las veces por sus propios conflictos sexuales, así como por la atracción hacia sus hijos.

Los padres dominantes y represivos destruyen el proceso de identidad haciendo que se repita el modelo familiar sin ningún tipo de cuestionamiento, o por el contrario, el hijo sigue el modelo opuesto por contrariar.

Si los padres se desentienden del hijo, no le van a dar el apoyo y la guía que necesita, lo que favorece una crisis de identidad; si no tienen límites que enmarquen su conducta, pueden caer con facilidad en la delincuencia juvenil.

En muchas ocasiones la madre se limita a hablar únicamente con las hijas y sólo de temas limitados como la menstruación, mientras que el padre hace algo equivalente con el hijo.

Tomando en cuenta la carga emocional y sexual del adolescente, idealmente debe haber conversaciones abiertas entre padres e hijos, comentarios sinceros acerca de los problemas que se tuvieron cuando les llegó a los padres la pubertad, etc. Todo esto puede ser fundamental en el establecimiento de la relación con el adolescente; si dicha relación no es posible, el consejo o pláticas con un especialista o un médico serán de utilidad, sobre todo cuando hay tanta curiosidad e inquietud acerca de temas como la maduración sexual, las relaciones sexuales, el orgasmo, las infecciones de transmisión sexual, la planificación familiar, la prostitución, etcétera.

Los problemas más frecuentes de la pubertad y la adolescencia son adelantos o retrasos en la aparición de la pubertad que si sobrepasa cierto límite, deben ser tratados por un médico especialista. También hay que considerar que ante la conducta homosexual significativamente orientada y permanente es conveniente revisar la relación y situación familiar, ya que ésta es la causa más frecuente.

Todo adulto necesita reconocer al adolescente como persona que merece respeto, incluidas su forma de pensar y de sentir. Hay que orientarlo para esclarecer situaciones a fin de que elija la más conveniente y asuma la responsabilidad que implica su decisión.

Por su parte, el adolescente necesita reconocer el respeto que su familia merece y ajustarse lo más posible a las normas y reglas establecidas, de cuyo cumplimiento depende la armonía familiar.

Adulto

La cumbre máxima de la conducta sexual es diferente en el hombre que en la mujer y seguramente esto se debe tanto a factores fisiológicos como culturales y sociales; estos últimos en nuestra sociedad son usualmente irracionales y llenos de tabúes y restricciones por un "código moral" que casi nadie respeta, pero que genera numerosos sentimientos de culpabilidad. Aunque la mayoría de los adultos casados con hijos tienen una actitud conservadora acerca de lo que debe ser la conducta sexual, los estándares se están modificando debido a la abundancia de los divorcios, hijos extramatrimoniales o de madres solteras, etc. De hecho, en algunos países el matrimonio ha dejado de ser el ideal de la relación heterosexual.

En este periodo de la vida, adquieren gran importancia la planificación familiar, los problemas ocasionados por el embarazo, por infertilidad de la pareja, así como por infidelidad.

El adulto necesita tomar conciencia de la realidad y de las contradicciones de la sexualidad, del grado de influencia que ejerce en la sexualidad de las nuevas generaciones y de los grupos con que interactúa; analizar la función esencial del contacto íntimo y sus valoraciones sociales y psicológicas, así como la situación de los roles (papeles) sexuales y su relación con su pareja, su familia y la sociedad.

El adulto de mayor edad no está impedido en cuanto a su actividad sexual; de hecho se consideran actualmente como un mito las limitaciones que puede llegar a tener y se las atribuye a factores socioculturales, y al miedo a fallar sexualmente que con frecuencia se presenta en esta etapa.

Una de las metas principales de la educación sexual es la integración del amor y la sexualidad. En cuanto al concepto de amor, hay muchas definiciones.

Los griegos diferenciaban el amor erótico hacia una persona del amor que se tiene a la humanidad.

Alexander Magoun (*Love and Marriage*, Harper and Row, Nueva York, 1948) define el amor de la siguiente manera: "Amor es el deseo apasionado y permanente por parte de dos o más personas de producir juntas las condiciones en las que cada uno pueda encontrarse y expresar espontáneamente su yo real, para producir juntas un campo intelectual y un clima emocional en el que cada uno pueda florecer, muy superior a lo que una u otra podría alcanzar sola".

Paul Bohannan afirma: "Como la vida en general, en el amor se encarna lo que parece ser una contradicción: la satisfacción del yo por medio de la satisfacción de las necesidades y deseos de otros. Lejos de ser desinteresado, el amor proporciona una doble satisfacción y aun una triple satisfacción al yo: una al yo porque usted puede amar y ser amado; una al yo cuando el amor es correspondido y usted es amado; y una al yo porque usted sabe que, puesto que ama y es amado, debe tener un yo amable. Cuando se produce todo esto, se encuentra usted verdaderamente 'encerrado'. Nadie desea salir".

El doctor Joseph Trainer (*Physiologic Foundations of Marriage Counseling*, C. V. Mosby St. Louis, 1965) dice: "La capacidad para amar es la capacidad para escapar del aprisionamiento del yo propio y buscar nutrir otro. Una persona con esta capacidad bien desarrollada puede dar amor libremente a cualquiera otra. En su mejor ejemplo, es como una inundación de luz. Cuanta más energía pone en ella, tanto más puede la persona alumbrar o calentar. En correspondencia, más luz y calor se proyecta sobre el donante, y es característico de quienes poseen esta capacidad ser tan capaces de recibir como de dar. En su relación general con el mundo, son personas dadivosas, extrovertidas y amistosas, los que se proyectan automáticamente hacia el mundo que les rodea".

Erich Fromm, en *El arte de amar*, escribió: "Si el deseo de unión física no es estimulado por el amor, si el amor erótico no es también amor fraternal, nunca conduce a la unión en más de un sentido orgástico, transitorio. La atracción sexual crea, por el momento, la ilusión de unión, aunque sin amor esta unión deja a los extraños tan separados como lo estaban antes. El amor es la respuesta satisfactoria al problema de la existencia humana".

Según este autor, para amar a otra persona primero se debe amar a sí mismo, sin confundir este concepto con el de egoísmo (una persona egoísta no se ama a sí misma porque dice "todo es para mí", pero no tiene dinamismo hacia los demás).

El amor implica los siguientes aspectos:

1. **Cuidado** La persona debe preocuparse por la vida de lo que ama, desea trabajar para quienes ama y darle su persona; en educación sexual es importante que la persona se entregue a la que dice amar.
2. **Responsabilidad ante las necesidades psíquicas de la otra persona** Se deben evaluar constantemente las consecuencias de la propia conducta y prepararse para ayudar a la persona que se ama cuando lo necesite.
3. **Respeto** Se debe aceptar a la persona tal como es, y no cambiarla sin que esto signifique que se le acepte pasivamente. "Si amo a la otra persona, me siento uno con ella pero tal cual es, no como yo necesito que sea, no como un objeto para mí". No se debe explotar a las personas.
4. **Conocimiento** Es el proceso de conocer profundamente a la otra persona, esto no es sólo intelectual, hay que entender y sentir a la otra persona. En el acto de amor, de entregarse, me encuentro a mí mismo, me descubro, no me pierdo en la otra persona porque así puedo compartir con ella.

> El amor implica cuidado, responsabilidad ante las necesidades psíquicas de la otra persona, respeto y conocimiento.

Según Sternberg, en un vínculo amoroso deben existir tres componentes: intimidad, pasión y decisión-compromiso.

La intimidad, que comprende a la amistad, implica:

* Deseo de promover el bienestar de la persona amada.
* Sentimientos de felicidad junto a la persona amada.
* Gran respeto por el ser amado.

- Capacidad de contar con la persona amada en momentos de necesidad.
- Entendimiento mutuo con la persona amada.
- Entrega de uno mismo y de sus posesiones a la persona amada.
- Recepción de apoyo emocional por parte de la persona amada.
- Entrega de apoyo emocional a la persona amada
- Comunicación íntima con la persona amada.
- Valoración de la persona amada.

La pasión se refiere a la necesidad de sexualidad, pertenencia y al deseo intenso de unión con el otro.

La decisión-compromiso se refiere a la decisión consciente de amar y al compromiso de mantener ese amor.

La moral sexual ha tenido varios enfoques:

A. No exponer a los jóvenes a un código de conducta sexual y dejar que ellos decidan con base en sus conocimientos.
B. Apoyar a los jóvenes en su código.
C. Adoctrinación sobre determinada conducta sexual.
D. Enfoque de relaciones interpersonales; es decir, evaluar la conducta sexual en cuanto a sus efectos en las relaciones humanas.

Algunos códigos se pueden expresar de la siguiente manera:

1. Los jóvenes deben abstenerse de tener relaciones sexuales prematrimoniales porque son malas.
2. El sexo prematrimonial es perjudicial porque tengo mis razones que son las siguientes...
3. La mujer no debe tener relaciones prematrimoniales, pero el hombre sí.
4. Es aceptable la relación sexual prematrimonial si la relación es estable y hay amor.
5. Tanto el hombre como la mujer pueden tener relaciones sexuales siempre que ninguno salga perjudicado.

Si pensamos que un código de conducta sexual tiene como meta la superación del individuo, se deben de tomar en consideración los siguientes aspectos:

1. La pareja debe estar segura de que no padece infecciones de transmisión sexual.
2. La pareja debe reconocer su responsabilidad en cuanto a amar y cuidar a los hijos que puedan resultar de dichas relaciones. Hay que recordar que los métodos anticonceptivos no son cien por ciento eficaces.
3. La pareja debe conocer cuáles son sus metas en la vida y cómo van a participar las relaciones sexuales en la consecución de las metas de ambos.

4. No debe haber explotación de la pareja. Hay explotación cuando se busca únicamente satisfacción personal, se desea conservar a alguien, ganar popularidad, demostrar masculinidad, etc. Si no hay amor, se está explotando a la pareja.

Las finalidades de la relación sexual son dos: proporcionar satisfacción sexual y la reproducción.

El acto sexual se puede dividir en dos fases principales: el juego erótico o conjunto de caricias, besos y manipulaciones de las zonas erógenas (áreas del cuerpo donde se siente excitación sexual, como el pezón, el ano, los genitales, etc.), y el coito propiamente dicho, que se inicia con la introducción del pene en la vagina.

Para poder comprender cómo responde el organismo humano ante un estímulo sexual efectivo (aquel que pone al individuo en condiciones óptimas para la unión física), es necesario conocer la anatomía y la fisiología del sistema reproductor.

La respuesta sexual humana es una secuencia única y ordenada de acontecimientos fisiológicos, ante estímulos efectivos, que tiene la potencialidad del orgasmo (figura 42.1).

Masters y Johnson han dividido la respuesta sexual en cuatro fases.

La **primera es la fase de excitación** y aparece cuando llega el estímulo sexual adecuado, que se origina a partir de estímulos psicológicos y fisiológicos, su duración es variable y en el hombre se presenta la erección del pene, el escroto se pone tenso y los testículos se acercan ligeramente al cuerpo. En la mujer se ponen en erección los pezones y aumentan las dimensiones de la mama, la vagina y el clítoris, aparece la lubricación de la vagina debida a un fenómeno llamado "sudación", los labios pudendos mayores y menores se congestionan de sangre y las glándulas vestibulares mayores (de Bartholin) producen algunas gotas de su secreción. Conforme avanza esta fase, el útero se empieza a verticalizar y aparece el "bochorno sexual", llamado así por los cambios que sufren los vasos sanguíneos al dilatarse, los cuales se manifiesta por enrojecimiento de la piel. En ambos sexos empieza a aumentar la tensión de los músculos, a este fenómeno se le llama miotonía, así como la frecuencia cardiaca y la presión arterial.

Si el estímulo continúa, aumenta el nivel de tensión sexual y se pasa a la **segunda fase** que es la **de meseta**, en la cual siguen aumentando la congestión de los vasos sanguíneos, el bochorno sexual, la tensión muscular, la frecuencia del pulso y la presión arterial. En el hombre aumenta la circunferencia de la corona del glande y se elevan al máximo los testículos al mismo tiempo que aumentan de volumen, las glándulas bulbouretales (de Cowper) pueden producir algunas gotas de líquido que puede contener espermatozoides. En la mujer el clítoris se retrae y los labios pudendos menores toman un color rojo vivo o vinoso (piel sexual), la mama aumenta de volumen y en el tercio inferior de la vagina la congestión de sangre forma la llamada "plataforma orgásmica", el útero alcanza su máxima verticalidad formando una especie de "tienda de campaña" en el fondo de la vagina y, si continúa aumentando la excitación sexual, se pasa a la siguiente fase.

La **tercera fase** o **de orgasmo** es muy importante, deseable en toda respuesta sexual para que sea completa, puesto que en ella se obtiene el máximo placer y se liberan tanto la tensión como la congestión. En esta etapa participa todo el organismo al máximo. La mujer presenta contracciones del útero, la vagina y el ano. El hombre presenta contracciones del ano y de los conductos por donde pasa el esperma o semen, y hay emisión de esperma o semen llamada eyaculación.

Recientemente se ha observado que algunos hombres tienen todas las manifestaciones del orgasmo sin presentar eyaculación (orgasmos secos) y que algunas mujeres presentan la emisión de un líquido similar al prostático, cuando se estimula el llamado punto "G" (Gräfenberg) que se localiza en la porción inferior y anterior de la vagina; esto hace suponer que existen pequeñas cantidades de tejido similar al prostático.

La **cuarta fase** es la **de resolución** y en ella disminuye la tensión sexual; todos los órganos regresan a su estado anterior. Aparece una capa fina de sudor en todo el cuerpo. En esta fase, la mujer desea recibir manifestaciones de cariño por parte de la pareja.

Existen autores que agregan una primera fase llamada de deseo y consideran una fase vasocongestiva que, como su nombre lo indica, se caracteriza por la congestión de sangre en los vasos sanguíneos de los órganos que participan en la respuesta sexual, y una fase mioclónica, en la que se pueden observar principalmente cambios en la tensión muscular.

La respuesta sexual implica emocionalmente que tanto el hombre como la mujer se preocupen por hacer que la respuesta sexual de la pareja sea lo más intensa y agradable posible, por lo que debe haber una relación muy profunda, respeto, comprensión y amor.

El patrón de respuesta sexual es diferente en el hombre y en la mujer; por lo general ésta tarda más en excitarse, y, si el hombre retarda la eyaculación en forma voluntaria, brindará más satisfacción sexual, además de extender el periodo de su propio goce. En el orgasmo hay un periodo durante el cual no hay respuesta a los estímulos sexuales: se llama periodo refractario y puede tener duración muy variable. La mujer puede tener orgasmos repetidos.

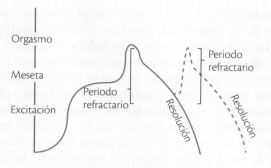

Respuesta sexual masculina

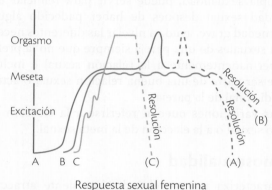

Respuesta sexual femenina

▶ **Figura 42.1** *a*) Respuesta sexual masculina. *b*) Respuesta sexual femenina.

La respuesta sexual de las personas de edad avanzada no está impedida aunque es más lenta en las primeras fases y la fase de resolución es rápida, las modificaciones que sufre el organismo son menos aparentes y puede faltar lubricación vaginal, que se soluciona aplicando lubricantes; sin embargo, desde el punto de vista psicológico, las personas que mantienen su conducta sexual tienen actitudes más positivas que las que no lo hacen, y una pareja que todavía tiene relaciones está comunicando signos de que sigue existiendo amor.

Variaciones de la sexualidad

Todo individuo desde que nace empieza a ser moldeado por la cultura a través de los canales de socialización (familia, escuela, religión, los medios de comunicación masiva, las leyes y los amigos); adquiere los conocimientos acerca de lo que es adecuado en el comportamiento como hombre, mujer, padre, madre, hijo, jefe, etc. Como existen gran variedad de culturas, no hay ninguna conducta sexual universalmente prohibida, la aceptación depende del condicionamiento existente dentro del grupo cultural.

Mucho se ha discutido acerca de si todas las variaciones de la sexualidad, llamadas también parafilias, son o no desviaciones, pero no ha habido ningún acuerdo al respecto. Algunos autores consideran que debe tomarse en cuenta el grado en que se utilicen: fantasía, mínimo, preferente, predominante o exclusivo, pues algunas de ellas son utilizadas para lograr excitación y no como algo exclusivo, que sustituya a la relación heterosexual en la que el objeto es la pareja deseosa del otro sexo y la meta la relación sexual; por ejemplo, la masturbación, que constituye una fuente de aprendizaje de la propia sexualidad, puede servir para reiniciar una actividad sexual después de haber padecido alguna enfermedad grave, ayuda a nivelar las diferentes necesidades sexuales de una pareja siempre que no la prefieran permanentemente a la relación sexual e incluso puede ser parte de una buena relación sexual o actividad adicional de la pareja.

Las variaciones pueden referirse a la elección del objeto sexual o a la elección de la meta sexual.

Homosexualidad

Se caracteriza porque el individuo siente atracción sexual por otra persona de su mismo sexo, por lo que puede ser masculina o femenina (lesbianismo).

Los homosexuales pueden estar casados, ser padres y tener relaciones homosexuales y heterosexuales (homosexuales encubiertos) o ser homosexuales manifiestos. A pesar de que los exámenes físicos y cromosómicos son normales en la mayoría de los casos, Dean H. Hamer y colaboradores, encontraron que en algunos casos había anormalidad en la región Xq 28 del cromosoma X; sin embargo, hacen falta estudios similares. Se cree que puede haber cierta predisposición y que las experiencias que va teniendo el individuo son muy importantes. Algunos son conscientes de su orientación desde antes de la pubertad, pero otros toman conciencia hasta que llegan a la vida adulta.

Hay conductas homosexuales situacionales; por ejemplo, cuando existe privación, cuando no se tiene acceso a la pareja o son obligados, como en las cárceles, aunque la mayoría de estas personas prefieren las relaciones heterosexuales. Hay que recordar que el adolescente puede tener alguna relación homosexual dentro de la búsqueda de su orientación sexual, sin que esto signifique que sea homosexual.

Contrariamente a lo que se cree, el aspecto y los modales de los homosexuales son normales; es más, algunos hombres exageran su masculinidad, por lo que los modales finos pueden observarse en heterosexuales.

El homosexual es activo cuando representa el papel del hombre, es pasivo cuando representa el papel femenino y mixto cuando manifiesta ambos papeles. Pueden practicar el coito anal, friccionar el pene entre los muslos de la pareja, la masturbación y el contacto orogenital. Las lesbianas tienen predominio del apego afectivo y en ellas el interés no reside en introducir algo dentro de la vagina, sino en el placer. La homosexualidad es más frecuente cuando la persona está recluida con otras de su mismo sexo o cuando ha tenido relaciones sexuales poco satisfactorias con personas del otro sexo, cuando los padres o maestros no saben orientar bien a los hijos, cuando desean tener un hijo y resulta hija, la educan como a un hombre y viceversa. En muchos homosexuales hay el antecedente de un padre pasivo y de una madre dominante, sobreprotectora y muy apegada al hijo que prohíbe la expresión de impulsos heterosexuales a menos que se dirijan hacia ella misma; en ese caso el niño carece de una figura masculina con quien identificarse.

Existen diferentes posiciones de la sociedad ante la homosexualidad:

a) represiva, porque la consideran perjudicial a la sociedad
b) tolerante, siempre que no realicen proselitismo
c) de aceptación, porque consideran que simplemente es un cambio de orientación de la preferencia sexual.

Desde 1973 la Asociación Americana de Psiquiatría, después de un gran debate, retiró la homosexualidad de la lista de enfermedades mentales, a fin de garantizar a los homosexuales sus derechos como ciudadanos.

La **bisexualidad** se refiere a los individuos que sienten atracción sexual hacia ambos sexos.

La **transexualidad** es diferente, porque en este caso existe pérdida de la identidad de género, el individuo siente que se encuentra dentro de un cuerpo del otro sexo, por lo que se comporta y viste de acuerdo con el sexo que quiere tener. Generalmente se trata de personas del sexo masculino; como sienten que su cuerpo no les corresponde se visten y comportan como mujeres, buscan relaciones con hombres, pero no se les considera homosexuales porque psicológicamente son heterosexuales, tampoco son travestistas. Muchos de ellos se someten a tratamiento hormonal y quirúrgico para obtener un cuerpo de acuerdo con su identidad.

El **travestismo** se caracteriza porque el individuo experimenta una necesidad compulsiva de vestirse con ropa del otro sexo, generalmente son hombres convencidos de pertenecer a su sexo biológico por lo que desean tener su pene y sus testículos. Algunos quieren modificar su cuerpo, pero sin sacrificar sus genitales (travestistas intermedios), pero otros no (travestistas nucleares). Algo importante es que su único placer es vestirse de mujer, y que con frecuencia pasan por un periodo fetichista durante la adolescencia.

Hay que distinguir el travestismo del hecho de ponerse ropa del otro sexo (sin tendencia obsesiva) que es un fenómeno normal en muchas culturas.

La **paidofilia** y la **pederastia** la practican las personas que utilizan a los niños para satisfacer su tensión sexual, casi siempre son hombres y pueden ser homo o heterosexuales. Giraldo Neira diferencia a la paidofilia cuando el hecho se satisface con niñas y pederastia cuando lo hace con niños. Pueden acariciarle sus genitales, masturbarlos, hacerles felación (*fellatio*) o *cunnilingus*, es decir, estimular sus genitales con su boca o tener coito ya sea vaginal o anal. Muchos de ellos son incapaces de entablar relaciones heterosexuales con adultos; en muchas ocasiones son conocidos por el niño quien puede actuar por su propio interés: cariño especial por un adulto en particular, hambre de afecto por los adultos, interés por los regalos o el dinero, interés por la aventura y lo prohibido o búsqueda del placer sexual.

El **incesto** se refiere a las relaciones sexuales entre los padres y sus hijos, aunque se considera también cuando hay relaciones con otros parientes cercanos, como tíos, abuelos y hermanos.

La **zoofilia** o **bestialismo** consiste en que el individuo tiene relaciones sexuales con animales.

En el **fetichismo** la persona busca algún objeto inanimado para su satisfacción sexual, algunos hombres eyaculan dentro o sobre el objeto o fetiche.

La **necrofilia** se caracteriza porque el individuo busca cadáveres para tener relaciones sexuales.

El **voyeurismo** consiste en que el individuo se estimula viendo cuerpos desnudos, generalmente de personas extrañas a él y con frecuencia se masturba mientras observa o inmediatamente después.

En el **exhibicionismo** el individuo obtiene gratificación sexual enseñando sus genitales y viendo la reacción de la gente, en especial las del sexo opuesto.

La **saliromanía** es el deseo de dañar o ensuciar el cuerpo o la ropa de una mujer o una representación de ella (estatua, pintura, fotografía, etcétera).

En el **troilismo** la persona comparte a la pareja sexual con otra y obtiene satisfacción al observar su relación.

La **cleptomanía** y la **piromanía** son patrones fetichistas. En la cleptomanía el individuo siente gratificación sexual mediante el suspenso y la excitación del acto de robar algún objeto de gran simbolismo para él, y en la piromanía la excitación y gratificación sexual se obtienen al prender fuego o a medida que se observan las primeras señales del incendio.

El **frotamiento, frotismo** o **froteurismo** consiste en que el individuo obtiene placer sexual al estrujar o rozar a otra persona; esta conducta puede pasar inadvertida porque el frotador escoge lugares donde hay aglomeraciones, como algunos medios de transporte.

La **gerontosexualidad** se caracteriza porque una persona joven tiene preferencia sexual por personas de edad avanzada.

El **sadismo** consiste en que el individuo necesita producir dolor físico o psicológico en la pareja para sentir satisfacción sexual. Para el sádico, los actos de crueldad hacia la pareja pueden deberse a que experimente sentimientos de inferioridad o de hostilidad reprimida, pueden morder, pellizcar, abofetear o azotar; es más frecuente en los hombres.

El **masoquismo,** al igual que el sadismo, puede tener su origen en venganza o repugnancia hacia las relaciones sexuales, por lo que el individuo necesita sentir dolor para lograr satisfacción sexual.

La **violación** se refiere al uso de la violencia física o moral para que la persona tenga relaciones sexuales con alguna víctima no dispuesta; esto es frecuente en las prisiones y en la vía pública (*véase* Problemas sociales).

Disfunciones sexuales

Con este nombre se designa a la incapacidad para lograr relaciones sexuales completas y satisfactorias a pesar de que exista una relación establecida; es decir, cuando el individuo presenta dificultades en el acto sexual; pueden tener origen orgánico, psicológico o social.

Durante la fase de deseo o de estímulo sexual efectivo se pueden presentar:

a) **Apatía sexual o inhibición del deseo sexual** Consiste en la falta de interés en la relación sexual. Puede ser selectiva; es decir, presentarse con la pareja permanente pero no con otras parejas; esto puede deberse a falta de comunicación, tedio e indiferencia, o a que el individuo conciba la relación sexual únicamente como medio para la reproducción.

b) **Disritmia sexual** Se caracteriza porque existen diferencias en la pareja en cuanto a su deseo de tener relaciones sexuales.

Durante la fase vasocongestiva (de excitación y meseta) se pueden presentar:

a) **Disfunción lubricativa o falta de lubricación vaginal** Puede deberse a la disminución en la producción de estrógenos o a que la mujer no está excitada sexualmente. Hay mujeres con esta disfunción que pueden presentar las otras fases de la respuesta sexual.

b) **Incompetencia eréctil o disfunción eréctil** Anteriormente llamada impotencia; es la incapacidad del hombre para realizar el acto sexual, ya sea porque la erección es débil o parcial, o porque no puede mantener la erección el tiempo necesario para realizar el coito. Puede ser primaria cuando nunca ha habido erección. Esto se puede deber a varias causas psicológicas: que haya tenido una madre dominante que lo masturbaba o que haya tenido otro tipo de contacto sexual; porque pudo ser educado con la idea de que la sexualidad era pecaminosa o porque haya sufrido alguna humillación durante sus primeras experiencias con prostitutas que le produjeran desconfianza en él mismo.

La impotencia secundaria se presenta después de que se ha tenido cuando menos una erección con anterioridad: en estas personas puede haber un trauma psicológico; por ejemplo, que hayan sufrido alguna enfermedad y después sientan temor a fracasar. En otras personas hay el antecedente de eyaculación precoz o de ingestión de bebidas alcohólicas, de determinados medicamentos, de haber tenido padres excesivamente severos, restricciones religiosas o porque tienen alguna enfermedad como la diabetes, aunque esto no significa que todos los diabéticos sean impotentes.

También puede ser selectiva cuando solamente se presenta ante determinada pareja, aunque exista deseo.

a) **La incompetencia eyaculatoria** Se caracteriza porque el individuo es incapaz de eyacular, a pesar de que tiene deseo y erección adecuada. Es sumamente rara y tiene antecedentes de trauma psicológico.

b) **La eyaculación precoz** Es la disfunción más frecuente en el sexo masculino; su diagnóstico se ha discutido en cuanto a lo que se considera fuera de lo "normal", desde la eyaculación involuntaria antes de penetrar en la vagina; algunos autores opinan que es la incapacidad para retrasar la eyaculación más de 30 segundos una vez introducido el pene en la vagina; Masters y Johnson afirman que se debe considerar cuando el hombre no logra llevar a su pareja permanente al orgasmo en más de 50% de las relaciones sexuales siendo ésta orgásmica. Esta disfunción puede repercutir en la mujer porque no obtiene su satisfacción sexual y, si no entiende el problema, puede separarse de su pareja. Para el hombre es angustiante y, si se agrava, puede producir pérdida de la erección. Como antecedentes se tiene que se han llevado a cabo relaciones sexuales en situaciones de mucha prisa, ya sea porque fueron con prostitutas, en el coche o en un sitio público.

Durante la fase de orgasmo (mioclónica) se puede presentar la anorgasmia o disfunción orgásmica. Se caracteriza porque en la mujer no se presenta el orgasmo a pesar de que pueda satisfacer al compañero; puede ser selectiva; es decir, presentarse con una pareja pero no con otra. Hasta hace algunos años se le llamaba frigidez y se puede deber a prohibiciones culturales respecto de la sexualidad, porque el hombre tenga problemas sexuales o porque haya sentimientos de culpabilidad. Como se mencionó, hay hombres que tienen orgasmo pero sin eyaculación.

Existen disfunciones que no son específicas de alguna fase. La dispareunia es el acto sexual doloroso, más frecuente en la mujer y rara en el hombre. En la mujer se puede deber a factores psicológicos: si hay falta de lubricación en la vagina se puede deber a que no está excitada sexualmente, porque no sienta afecto por la pareja, nerviosismo, temor al embarazo, o que sienta que la sexualidad es sucia y degradante; puede deberse también a alguna infección, alguna cicatriz vaginal o irritación producida por anticonceptivos locales. En el hombre puede deberse a fimosis, o problemas de la uretra o la próstata. En las personas ancianas se puede deber a que las paredes de la vagina se atrofian con la edad.

Vaginismo

El **vaginismo** es una contracción intensa de los músculos de la vagina, que produce dolor cuando se intenta el coito e impide la penetración del pene; puede ser producido por miedo, sentimientos de culpa, temor al embarazo o porque la persona se haya educado con la idea de que la sexualidad es pecaminosa y sucia.

Planificación familiar

Cuando nace, el niño trae consigo características heredadas, es un ser indefenso que necesita que lo alimenten, lo bañen, le cambien la ropa y le brinden cariño y seguridad; si los padres deseaban el embarazo, lo más seguro es que van a hacer todo lo posible por satisfacer las necesidades del niño a fin de que en el futuro tenga una actitud positiva ante la sociedad.

Cuando el hijo es producto de un embarazo no deseado en una adolescente que cree estar al corriente de las relaciones sexuales, pero por su misma inmadurez psicológica se olvida de las consecuencias de dichas relaciones, va a ser recibido con indiferencia o rechazo por parte de los padres cuando éstos se ven obligados a contraer matrimonio para que la sociedad los acepte, o en caso de que la adolescente se convierta en madre soltera. Muchos matrimonios precoces, forzados, terminan en divorcio; los adolescentes tienen que vivir con sus padres y someterse a las reglas establecidas, además de que van a modificar los roles (papeles) familiares: los abuelos van a asumir el papel de abuelos-padres y el producto va a establecer su primera relación con una madre-hermana y un padre-hermano.

En muchas sociedades se repudia a la madre soltera pero no al hombre, aun sabiendo que para que se produzca un embarazo se necesita de la participación de la pareja; esto produce en la adolescente sentimientos de minusvalía y baja autoestima.

Cuando el hijo no deseado pertenece a una familia numerosa puede carecer de nutrición, habitación, ropa, asistencia médica, diversiones adecuadas, educación, y/o afecto, dependiendo del nivel socioeconómico. Hay padres que quieren a sus hijos, pero su condición económica no les permite la satisfacción de sus necesidades básicas; estos niños pueden tener experiencias negativas en el transcurso de su vida que los pueden hacer hostiles, desconfiados e inseguros.

Los programas de Medicina Preventiva han hecho hincapié en los últimos años en los programas de Planificación Familiar y Paternidad Responsable, entendiéndose por **paternidad responsable** la actitud consciente frente al fenómeno de la reproducción, íntimamente relacionada con aspectos jurídicos, económicos, psicológicos y médicos. Tanto el hombre como la mujer deben decidir el futuro de sus hijos y el tamaño de su familia, para que, de acuerdo con sus posibilidades, proporcionen a sus hijos habitación, vestido, alimentos, educación, asistencia médica y diversiones; el embarazo se produce cuando la pareja lo desea, evitando desajustes sociales y daños a la salud tanto de la madre como del hijo. Planificación familiar es el hecho de decidir si se espacian o limitan los hijos.

Para evitar los hijos no deseados algunas personas recurren al aborto; este tema se estudiará en otro capítulo con todas sus implicaciones. Otra forma de evitar el embarazo es la abstinencia sexual; es decir, la pareja no tiene relaciones sexuales, pero en el matrimonio esto no es posible ni adecuado ya que puede ocasionar desajustes emocionales en la pareja.

La búsqueda y el uso de métodos capaces de impedir el embarazo son casi tan antiguos como la humanidad. Los egipcios utilizaban tapones de excremento de cocodrilo colocados en la vagina; posteriormente estos tapones se elaboraron a partir de diferentes sustancias: trozos de algas, hierbas, telas empapadas con aceites aromatizantes o miel. Más tarde se utilizaron vainas en el pene elaboradas con membranas de animales como vejigas o fragmentos de intestino, etc.

Conforme se fue conociendo la anatomía y la fisiología del sistema reproductor se perfeccionaron los métodos conocidos y se descubrieron otros que actualmente conocemos. Los métodos anticonceptivos permiten a la pareja tener relaciones sexuales con un riesgo mínimo de embarazo y deben reunir las siguientes características:

1. **Aceptabilidad** Un método puede ser muy efectivo; sin embargo debe ser aceptado por la pareja de acuerdo con sus características raciales, culturales y socioeconómicas.
2. **Inocuidad** No debe atentar contra la salud tanto de la pareja como del hijo, en caso de que se produzca el embarazo.
3. **Reversibilidad** Debe permitir a la pareja tener hijos cuando lo desee.
4. **Eficacia** Es la capacidad para evitar el embarazo por el lapso deseado por la pareja; pueden ser desde temporales hasta definitivos e irreversibles.
5. **Facilidad de aplicación** Un método difícil de aplicar no sería utilizado por la población.
6. **Bajo costo**

Los métodos anticonceptivos se pueden clasificar de varias maneras, una de éstas es la que aparece en el cuadro 42.1.

Cuadro 42.1 Métodos anticonceptivos.

		Ritmo
I. Temporales	Métodos naturales	Temperatura basal
		Método de Billings
		Lactancia
	Métodos mecánicos	Preservativos o condones
		Diafragmas
		Dispositivos intrauterinos
	Barreras químicas	Óvulos, espumas, etc.
	Métodos hormonales	
II. Definitivos o quirúrgicos	Salpingoclasia	
	Vasectomia	
III. Otros	Coitus interruptus	
	Ducha vaginal	

Métodos naturales

Método del ritmo

Este método se llama también abstinencia sexual periódica y se basa en el principio de que en condiciones normales cada mes se libera un óvulo, que se mantiene vivo generalmente entre 24 y 48 horas y en que el espermatozoide también tiene pocas horas de vida en el interior del organismo femenino después de la unión sexual.

Fue descubierto por Kyusaku Ogino y Herman Knaus en 1920. Ellos encontraron que la ovulación se presenta entre los días 12 a 16 del ciclo en una mujer con ciclos menstruales de 28 días. Tomando en consideración que la capacidad de fecundar del espermatozoide dura alrededor de 48 a 72 horas, postularon que la mujer debe evitar las relaciones sexuales del día 11 al 18 del ciclo. Es muy importante que la mujer aprenda a contar los días del ciclo: el primer día de sangrado menstrual se cuenta como primer día del ciclo. Cuando la mujer tiene ciclos menstruales más largos o más cortos se debe conocer la duración de dichos ciclos durante un año por lo menos para poder calcular los días fértiles.

Además de la variabilidad individual, hay otras circunstancias como las operaciones, algunas enfermedades o tensión emocional que pueden hacer que la ovulación se adelante o se atrase, por lo que este método no es muy recomendable en la actualidad. Si la pareja desea seguridad, debe pensar en utilizar cualquier otro método.

Medición de la temperatura basal

Desde 1904 Van de Velde demostró que la temperatura del cuerpo no era igual durante todo el ciclo menstrual: disminuye algunas décimas de grado antes de la ovulación, aumenta un poco después de la misma y así permanece el resto del ciclo menstrual, esto es debido a la acción de los estrógenos y la progesterona.

La mujer debe tomarse la temperatura diariamente en condiciones basales; es decir, al despertar, antes de levantarse y realizar cualquier actividad. El termómetro se lo puede colocar en la boca, la vagina o el ano y debe anotar inmediatamente en un calendario la temperatura registrada. Si la mujer tiene 36.6 °C en los primeros días del ciclo, notará que disminuye a 36.4 °C antes de la ovulación y aumenta a 37 °C después de la misma. Este método tiene la ventaja de que permite conocer cuándo ocurrió la ovulación, pero no cuándo va a ovular, por lo que debe asociarse al método del ritmo en caso de que se desee utilizar, pero a sabiendas de que tampoco es muy seguro pues hay que tomar en cuenta que los padecimientos febriles pueden interferir en el registro diario de la temperatura basal.

Método de Billings

Este método se basa en las características del moco cervical, que proviene del cuello del útero. Después de la menstruación, la mujer nota que sus genitales externos están más o menos secos, pero la aparición de un moco claro, parecido a la clara de huevo durante uno o dos días, que forma hilos si se toma entre los dedos índice y pulgar y éstos se separan indica que se va a ovular. Después de la ovulación el moco cervical se vuelve espeso y ya no forma hilos. Para que funcione este método, se debe evitar la relación sexual los dos días anteriores y los tres posteriores a la máxima filancia, además de asociarse al método del ritmo.

Lactancia

Se ha observado que muchas mujeres no ovulan mientras están amamantando a sus hijos, pero no tiene mucha efectividad como método anticonceptivo.

Métodos mecánicos

Pueden colocarse en el pene, fuera del útero (extrauterinos), en el interior del útero (intrauterinos) o de la vagina.

Preservativo o condón

Consiste en una vaina o tubo de látex que se coloca en el pene como una funda. Es uno de los dispositivos más utilizados en el mundo y durante muchos años se ha empleado también para evitar el contagio de las infecciones de transmisión sexual. Actúa como una barrera física impidiendo la unión del óvulo con el espermatozoide; durante la eyaculación, el semen queda depositado en el interior del condón. Algunos preservativos tienen un pequeño receptáculo en la punta para que se deposite el semen. Los preservativos se venden enrollados en forma de anillo, y se debe comprobar antes de utilizarlos que se encuentren en buen estado, para lo cual hay que verificar su vigencia. Las siglas MDF indican la fecha de elaboración y si se guardan en un lugar fresco, protegidos de la luz, pueden conservarse en buen estado durante cuatro o cinco años. Algunos tienen impresa la fecha de caducidad. Independientemente de estas fechas, si su envoltura está bien sellada, se siente una burbuja de aire en su interior, el preservativo se puede usar. El sobre presenta una pequeña muesca para abrirlo, pero hay que tener cuidado de no utilizar los dientes o de evitar rasgarlo con las uñas. Si el preservativo está seco o pegajoso, es preferible desecharlo.

El condón debe colocarse antes del coito, cuando el pene está en erección. Es conveniente dejar espacio de unos 2 cm entre el glande y la punta del preservativo para evitar que se derrame el esperma o semen y se va desenrrollando con cuidado hasta la base del pene, cerciorándose de que no queden burbujas de aire debido a que éstas pueden romperlo o facilitar que el semen salga de sus bordes. Después de la eyaculación se debe retirar el pene, sosteniendo la base del preservativo o condón y hacer un nudo para evitar que salga el contenido. Se tira en el cesto de basura (no en el excusado).

Si el condón se rompe, debe retirarse inmediatamente del pene y colocar otro. En cada coito se recomienda utilizar un condón nuevo y, se utiliza algún lubricante, que sea una jalea elaborada a base de agua, ya que las sustancias grasosas lo deterioran.

Este preservativo tiene la ventaja de que su costo es muy bajo e incluso se puede obtener gratuitamente en las instituciones de salud, no necesita prescripción médica y protege contra las infecciones de transmisión sexual.

Algunas personas se resisten al uso del preservativo porque notan que disminuye su sensibilidad, pero esto es únicamente cuando se empieza a utilizar (es importante no inflarlos ni llenarlos de agua).

Si la vagina no estuviere bien lubricada para facilitar la introducción del pene cubierto por el preservativo, se debe lubricar, de preferencia con alguna jalea anticonceptiva para tener mayor protección.

Condón femenino

Consiste en una funda de látex, similar al masculino pero de mayor tamaño debido a que protege, además los genitales externos. Presenta en sus extremos dos anillos flexibles: el interno, que se presiona con los dedos para introducirlo hasta el fondo de la vagina, y el externo, que queda en el exterior. Para facilitar su introducción se utiliza algún lubricante elaborado a base de agua y una vez realizada la eyaculación debe sacarse con suavidad después de haber apretado y torcido el anillo externo para evitar que se derrame el esperma o el semen (figura 42.2). Al igual que en el caso del condón masculino, se anuda más o menos en su parte media y se deposita en el cesto de la basura.

Al cubrir los genitales externos, tiene la ventaja de protegerlos contra un mayor número de infecciones de transmisión sexual.

Diafragma vaginal

Consiste en una cúpula de látex de contorno flexible, pero con un anillo o resorte de metal que se coloca en el fondo de la vagina cubriendo el cuello del útero; actúa como barrera mecánica impidiendo el paso de los espermatozoides. Para poder utilizarlo, la mujer debe

acudir al ginecólogo a fin de que le practique un examen médico, determine la medida del diafragma que debe utilizar (hay desde 4.5 cm hasta 10.5 cm de diámetro) y le dé instrucciones para que aprenda a colocárselo, ya que después de hacerlo, se cerciorará de que está en su sitio; la mujer aprende a tocar con sus dedos el cuello del útero.

El diafragma por sí solo puede fallar, pero su efectividad aumenta considerablemente cuando se le aplica alguna crema espermaticida que, además de actuar como barrera química, facilita su colocación. Se debe colocar antes de la relación sexual y no debe retirarse antes de las siguientes 6 a 8 horas posteriores.

Cuando la pareja tiene relaciones sexuales, no se siente el diafragma; sin embargo, la cantidad de fracasos de este método se puede deber a que la mujer no utiliza el tamaño adecuado o a que no se lo coloca correctamente. Después de un embarazo o cuando la mujer aumenta de peso debe acudir con el ginecólogo para que éste determine nuevamente la medida del diafragma.

Existe un capuchón o tapón cervical que es semejante al diafragma, pero más pequeño, se adapta al cuello del útero, requiere del ginecólogo para su colocación y

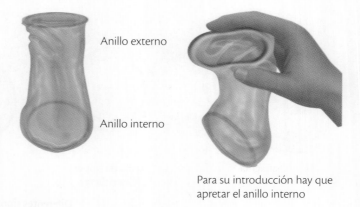

Anillo externo

Anillo interno

Para su introducción hay que apretar el anillo interno

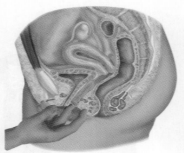

Se coloca dentro de la vagina.

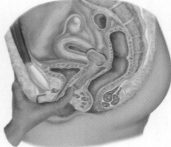

Se verifica que el anillo interno esté en el fondo de la vagina

▶ **Figura 42.2** Condón femenino.

puede producir irritación, por lo que prácticamente ya no se utiliza.

Dispositivo intrauterino

A principios del siglo xx, Richter empezó a colocar en el interior del útero un cordón de seda con fines anticonceptivos y 30 años después Gräfenberg utilizó un alambre de plata; posteriormente se emplearon diferentes formas de dispositivos de plástico como la espiral de Marguilies, el lazo de Birnberg, el asa de Lippes y el escudo de Dalton. En los últimos años se les ha agregado a algunos un hilo de cobre, como en la "T de cobre" o el "Siete de cobre" o Gravigard para aumentar su eficacia anticonceptiva (figura 42.3).

Los dispositivos intrauterinos (DIU) deben ser colocados por el médico, quien se asegura que la persona no tiene procesos inflamatorios o infecciosos en el sistema reproductor; la mujer debe acudir al servicio médico durante los días que tiene la menstruación porque en ese momento no está embarazada y el cuello uterino se encuentra ligeramente dilatado para permitir la salida del flujo menstrual, esta dilatación se debe aprovechar para la introducción del DIU. Antes de introducirlo, el médico debe medir la profundidad del útero con un instrumento llamado histerómetro, para conocer hasta dónde debe meter el introductor que contiene al dispositivo desenrollado, también debe saber qué dirección tiene el útero, todo esto con el objeto de evitar que éste se vaya a perforar. Como el DIU es muy flexible, se estira

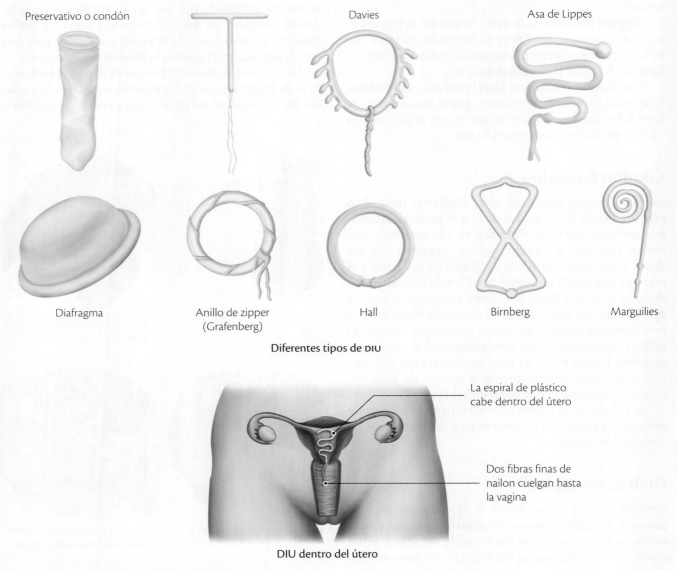

Preservativo o condón

Davies

Asa de Lippes

Diafragma

Anillo de zipper (Grafenberg)

Hall

Birnberg

Marguilies

Diferentes tipos de DIU

La espiral de plástico cabe dentro del útero

Dos fibras finas de nailon cuelgan hasta la vagina

DIU dentro del útero

▶ **Figura 42.3** Métodos anticonceptivos: condón, diafragma.

con facilidad, se coloca en el aplicador o introductor, que es un tubo hueco y largo de plástico con un émbolo que sirve para empujar y dejar salir al dispositivo; cuando éste queda libre en la cavidad del útero, recupera su forma normal (figura 42.4).

Algunas mujeres pueden presentar después de su aplicación dolor tipo cólico en la parte baja del vientre, pequeños sangrados o menstruaciones más abundantes, estas alteraciones disminuyen con el tiempo. Si no toleran el DIU, se debe extraer.

Cada mes, después de la menstruación, la mujer debe cerciorarse si todavía tiene el dispositivo; el cual cuenta con unos hilos de nylon muy finos que quedan fuera del útero, en el interior de la vagina, para que los pueda tocar introduciendo los dedos índice y medio. Cada seis meses o máximo cada año, la mujer debe acudir con el médico tanto para su revisión como para su renovación en caso de que lo considere necesario.

El mecanismo de acción del DIU aún es tema de debate; se cree que actúa como un cuerpo extraño que impide que el óvulo fecundado se implante en el endometrio del útero y que aumenta la movilidad del tracto reproductor. En forma secundaria, el cobre modifica el medio interno del útero para hacerlo desfavorable a los espermatozoides. En caso de que hubiera embarazo después de aplicar un DIU, generalmente se deja, pues al quitarlo puede provocarse el aborto.

Es posible que la mujer expulse el dispositivo porque el útero reacciona ante ese cuerpo extraño por medio de contracciones. Si ha tenido muchos hijos, el cuello del útero puede quedar entreabierto y se puede expulsar durante la micción, la defecación o la menstruación.

El uso del DIU puede favorecer el embarazo ectópico o una enfermedad inflamatoria pélvica, por lo que en caso de que la mujer note alguna anormalidad en su organismo, debe acudir inmediatamente al médico.

Barreras químicas

Existen en forma de cremas, jaleas, óvulos o supositorios vaginales, tabletas espumosas o de aerosoles, y se basan en su contenido ácido, que generalmente es de acetato fenilmercúrico o polietoxietanol. Los óvulos vaginales pueden contener como base jabón, gelatina o manteca de cacao; las cremas se elaboran con una base jabonosa y las jaleas, con una gelatinosa; las tabletas espumosas hacen efervescencia al introducirlas en la vagina y las espumas en aerosol contienen gas butano. Las tabletas y los óvulos vaginales se deben disolver, por lo que se introducen en el fondo de la vagina aproximadamente unos 15 minutos antes de la unión sexual y su efecto dura alrededor de una o dos horas, por lo que si no se eyacula en ese tiempo, hay que hacer una segunda

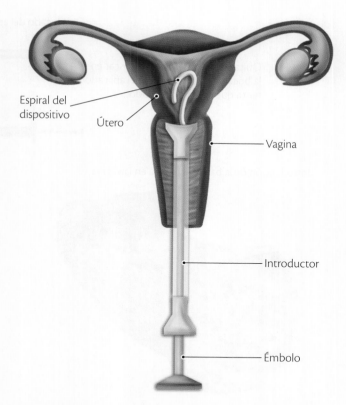

Espiral del dispositivo

Útero

Vagina

Introductor

Émbolo

▶ **Figura 42.4** Introducción de un dispositivo intrauterino (DIU).

aplicación. Si se lleva a cabo una segunda relación sexual también se deben volver a aplicar. Las cremas, jaleas y espumas en aerosol se introducen por medio de un aplicador que se llena colocándolo directamente en la entrada del frasco o tubo que contiene el anticonceptivo, posteriormente se deposita en la vagina empujando el émbolo para que el contenido quede en el fondo de ésta (figura 42.5).

Las barreras químicas actúan matando o inmovilizando a los espermatozoides y, en forma secundaria, formando una especie de barrera física. Parece ser que las espumas en aerosol son las más efectivas porque son capaces de recubrir una mayor superficie rápida y uniformemente, tiene mayor consistencia, además de que la pareja no percibe sensación de falta de higiene, a diferencia de las otras barreras químicas. En algunas personas suelen producir ardor.

Cuando la mujer utiliza alguna barrera química debe evitar los lavados vaginales durante las 6 a 8 horas siguientes.

Métodos hormonales

En 1921 Haberlandt descubrió que la mujer no ovula durante el embarazo, debido a que la placenta produce progesterona en dosis suficiente como para impedirla.

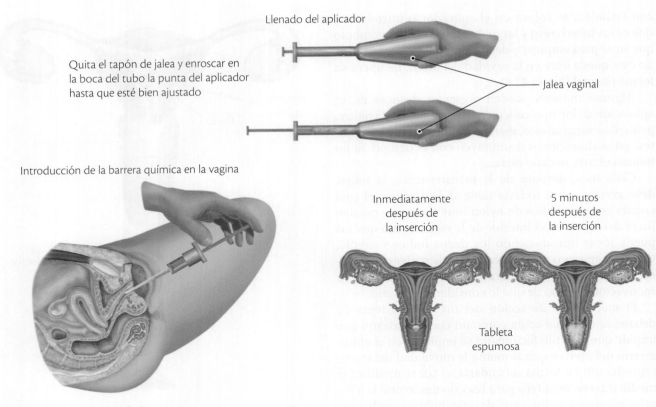

Llenado del aplicador

Quita el tapón de jalea y enroscar en la boca del tubo la punta del aplicador hasta que esté bien ajustado

Jalea vaginal

Introducción de la barrera química en la vagina

Inmediatamente después de la inserción

5 minutos después de la inserción

Tableta espumosa

▶ **Figura 42.5** Barreras químicas.

En 1958 Pincus aplicó sus estudios en seres humanos a quienes administró las píldoras anticonceptivas.

Los anticonceptivos hormonales existen en el mercado en gran variedad de tipos: combinados y secuenciales, orales (píldoras), inyectados (parenterales) o transdérmicos (parches). Esta variedad permite adecuar el anticonceptivo hormonal a las características particulares de cada persona.

Las pastillas combinadas se elaboran con las hormonas que produce el ovario en condiciones normales: estrógenos y progesterona, tienen la misma cantidad de hormonas y vienen en estuches con 21 pastillas. La mujer debe empezar a tomar una pastilla diaria, de preferencia después de la cena para evitar que se le olvide y a partir del quinto día del ciclo menstrual, recordando que el día inicial del ciclo es el primer día del sangrado. En caso de que se le olvide tomar la pastilla una noche, debe tomarla al día siguiente en la mañana y continuar tomándolas como si nada hubiera sucedido; es decir, una diaria por la noche. Si la mujer tiene un olvido de 12 horas debe utilizar el resto del mes algún método anticonceptivo aunque siga tomando las pastillas para evitar el embarazo. Los estuches tienen señalados los días de la semana para que, en caso de duda, la mujer pueda cerciorarse si tomó o no su pastilla, pues los olvidos

hacen que disminuya su efectividad anticonceptiva. Una vez que la mujer termina las pastillas espera unos tres o cuatro días para que se presente la menstruación, que ocurrirá cada 28 días por lo que descansa 7 días.

Las pastillas secuenciales tienen las primeras pastillas con estrógenos y las últimas, con una mezcla de estrógenos y progesterona; se toman igual que las combinadas.

Para las personas olvidadizas hay presentaciones con 28 pastillas, las últimas 7 pastillas que toma la mujer no contienen hormonas y sirven únicamente para que no pierda la costumbre de tomarlas diariamente.

Los preparados hormonales se pueden aplicar por medio de una inyección intramuscular y duran de un mes a tres meses; en este último caso la mujer no presenta menstruación durante esos meses y esto puede repercutir psicológicamente en algunas personas. Los preparados inyectables se recomiendan para las personas muy olvidadizas.

Los anticonceptivos hormonales actúan suprimiendo la ovulación y alteran los movimientos del tracto reproductor, modifican al endometrio a manera de no dejarlo apto para la implantación así como el moco del cuello uterino, haciendo más difícil el paso de los espermatozoides. Su mecanismo de acción se basa en la fisiología del sistema reproductor femenino: en condiciones normales, cada 28 días el ovario madura y libera un óvulo, además de que produce estrógenos y progesterona; cuando la mujer toma estas hormonas en forma de pastillas o se le administran por medio de inyecciones o por vía transdérmica (parches), se frena el estímulo que pone a trabajar a los ovarios (de aquí que algunas personas dicen que "engaña a la hipófisis"); por lo tanto, los ovarios no trabajan, no producen estrógenos ni progesterona, no maduran ni liberan óvulos. El hecho de que el ovario no funcione no trae consecuencias, porque la mujer recibe diariamente las hormonas que debería producir.

En algunas mujeres, cuando se utilizan estos anovulatorios, pueden presentarse los llamados efectos secundarios:

1. **Aumento de peso** Generalmente es ligero y se debe a que puede aumentar el apetito, se puede retener agua en los tejidos, o ambos.
2. **Irritación de los ojos** Esta molestia es más frecuente en las personas que utilizan lentes de contacto.
3. **Alteraciones en la estabilidad emocional** Esto sucede sobre todo cuando la persona tiene tendencia a la depresión o se siente culpable por usar anovulatorios.
4. **Náuseas o vómitos** Aparecen al iniciarse su ingestión pero desaparecen conforme el organismo se va adaptando.
5. **Dolores de cabeza** En algunas personas, se deben a la retención de agua en los tejidos.
6. **Cambios en el flujo menstrual** Por lo general, lo disminuyen.

La mujer que desee utilizar anticonceptivos hormonales necesita acudir al médico tanto para que éste le practique un examen físico completo periódicamente, como para que determine el tipo de anovulatorio, porque existen en el mercado preparados hormonales con diferentes características: algunos tienen mayor cantidad de estrógenos, otros tienen únicamente progesterona, etc. El médico decide cuál es el tipo y la dosis más adecuada para cada mujer, dependiendo de los resultados obtenidos en el examen médico y en los exámenes de laboratorio. Se ha observado que pueden favorecer el tiempo de coagulación de la sangre, y si esto ocurre en una persona con várices, se puede propiciar la formación de coágulos en el interior de los vasos sanguíneos (trombosis o embolias). Cuando hay alguna enfermedad del corazón que favorezca las embolias, o alteraciones en la coagulación de la sangre, diabetes, hepatitis o ciertos tumores del sistema reproductor, hay que olvidarse de este tipo de anticonceptivos.

La ingestión de anovulatorios debe alternarse con el uso de otros métodos anticonceptivos; por ejemplo, tomar dos años anovulatorios y descansar un año, en ese lapso debe utilizarse algún otro anticonceptivo no hormonal.

Implantes subcutáneos Con el paso del tiempo se descubrió que es posible reducir la cantidad de hormonas e incluso que la progesterona por sí sola puede modificar la fisiología de la mujer con el propósito de evitar el embarazo: el moco cervical modifica su consistencia dificultando el paso de los espermatozoides y, si se llega a liberar un óvulo, éste no ha madurado, por lo que no es fecundado. Como se descubrió que el silicón es capaz de liberar en forma constante algunas hormonas, se creó un sistema de implantes subcutáneos, que actualmente se utiliza en más de 50 países.

Este sistema (Norplant) consta de seis tubos flexibles de polidimetilsiloxano que miden 34 mm de largo y 2.4 mm de diámetro, llenos de levonorgestrel (progesterona). Éstos se colocan bajo la piel, en la cara interna del brazo que se utilice menos, distribuidos en forma de abanico.

Se introducen durante los primeros días del ciclo menstrual o inmediatamente después de un aborto. Su efecto anticonceptivo empieza a las 24 horas y tiene una duración de cinco años, por lo que al transcurrir este tiempo se deben reemplazar por otros nuevos, aunque pueden extraerse en cualquier momento.

La mujer puede presentar alteraciones en el sangrado menstrual: irregularidades que van desde muy abundante, hasta pequeños sangrados o incluso amenorrea, náusea, dolor de cabeza, acné, cambios en el peso, el cabello o irritación de la piel en el sitio de su aplicación.

Anillos anticonceptivos vaginales Son dispositivos en forma de anillo, elaborados con silastic y contienen levonorgestrel. Se colocan en el fondo de la vagina y tienen una efectividad de tres meses.

Parches anticonceptivos transdérmicos Miden 4.5 cm por lado, son de color piel y cada uno contiene norelgestromina y etinilestradiol (hormonas femeninas), que se liberan poco a poco al estar en contacto con la piel. Actúan igual que los otros anticonceptivos hormonales.

Cada parche tiene efectividad de una semana: el primero se aplica sobre cualquier parte del cuerpo, con excepción de la mama, teniendo cuidado de que el área donde se aplique esté libre de maquillaje, crema, loción, etc., que la piel no esté irritada y que no esté sujeta a presión ni a movimiento constante, el primer día de menstruación (día de cambio de parche); el segundo se

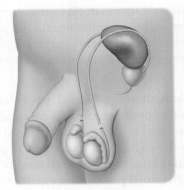

a) vasectomía

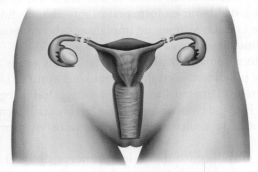

b) salpingoclasia

▶ **Figura 42.6** Esterilización.

aplica el mismo día de la segunda semana y el tercero, el mismo día de la tercera semana de tratamiento.

La cuarta semana es de descanso y durante la misma se presenta la menstruación.

Hay que tener cuidado de colocar cada parche en diferente sitio y evitar poner sobre él maquillaje, tinta, pintura, etc. Para garantizar su efectividad el parche se debe aplicar inmediatamente después de sacarlo de su sobre, el cual se conserva a temperatura ambiente (no más de 25 °C).

Métodos definitivos o quirúrgicos

Estos métodos se deben utilizar cuando la pareja ha decidido que ya no va a tener más hijos y está plenamente convencida de ello (figura 42.6).

La **salpingoclasia** es una operación que consiste en ligar y cortar la tuba uterina (trompa de Falopio). El procedimiento se puede llevar a cabo por vía abdominal o por vía vaginal, y es irreversible; es decir, difícilmente se puede volver a unir y dejar permeable. No trae consigo consecuencias físicas porque los ovarios van a seguir

produciendo hormonas y liberando óvulos maduros, solamente que éstos no van a poder unirse con los espermatozoides; sin embargo, en la práctica se pueden encontrar trastornos psicológicos cuando la mujer no está convencida de su decisión, puede tener después sentimientos de culpa o de inferioridad, sobre todo cuando su compañero considera que la mujer que no puede tener hijos o no tiene menstruación no es mujer.

La **vasectomía** consiste en la ligadura y sección de los conductos deferentes. Al igual que la salpingoclasia es un método definitivo, irreversible. Tiene ventajas sobre la salpingoclasia: no requiere anestesia general porque se puede realizar con anestesia local, la incisión se hace en el escroto, la intervención es más rápida y se puede llevar a cabo en el consultorio. La vasectomía sin bisturí es un procedimiento todavía más sencillo, pues únicamente se introduce una pequeña pinza en la línea media del escroto para extraer los conductos deferentes, ligarlos y cortarlos. Después de la intervención, el hombre continúa fértil durante cierto tiempo, más o menos 8 semanas, sus testículos van a seguir produciendo espermatozoides, pero éstos ya no salen al exterior, sino que van a ser fagocitados en el epidídimo por los macrófagos.

Otros métodos anticonceptivos

Receso o *coitus interruptus*. Esta técnica es muy antigua, se menciona en el Génesis y en el Talmud; consiste en que el hombre retira el pene de la vagina inmediatamente antes de la eyaculación. No es muy recomendable debido a que en muchas parejas este receso produce tensión durante la relación sexual porque el hombre debe estar pendiente de observar los primeros signos del orgasmo y eyacular en el exterior. Su eficacia también es discutida porque el fluido que se segrega antes de la eyaculación puede contener espermatozoides que son depositados en la vagina de la mujer o puede quedar alguna gota de semen cuando se retira el pene y ésta puede ser suficiente para producir el embarazo. Puede considerarse este método como "antinatural".

Ducha vaginal

Muchas mujeres recurren a la ducha vaginal inmediatamente después de la relación sexual como método anticonceptivo. Los dispositivos que utilizan tienen diferentes formas, constan de un tubo que se introduce en el fondo de la vagina y se conecta a un recipiente que se llena de agua sola o con alguna sustancia ácida para matar a los espermatozoides. Su mecanismo de acción es mecánico, el agua lava la vagina y arrastra el semen al exterior, pero solamente elimina a los espermatozoides que quedaron en la vagina, los que penetraron al útero ya no pueden detenerse. Por otra parte, la mujer tiene que hacerse el lavado vaginal inmediatamente después de la eyaculación, pues hay espermatozoides en el interior del cuello uterino a los 30 segundos después de la eyaculación.

Elección del método anticonceptivo

La elección del método depende de la pareja, si han decidido y están plenamente convencidos de que ya no van a tener más hijos, lo más efectivo es la esterilización (salpingoclasia y vasectomía); de los métodos temporales el más eficaz es el hormonal, pero esto implica que la mujer tenga el suficiente cuidado de tomar a diario la pastilla o que esté pendiente de la fecha en que debe aplicarse la inyección; implica un gasto constante, hacerse exámenes médicos periódicos y los efectos secundarios no siempre son tolerados. El dispositivo intrauterino también es bastante efectivo, aunque puede fallar como cualquiera de los métodos temporales; algunas personas no lo toleran, tienen sangrados abundantes, y fallan más frecuentemente que los hormonales. Si se asocian las barreras físicas y las químicas, la efectividad es bastante aceptable siempre que no tengan base grasosa; en cambio, los métodos naturales (ritmo y temperatura basal) tienen una efectividad baja, la pareja debe estar consciente de cuándo va a tener relaciones. El *coitus interruptus* y la ducha no se recomiendan porque sus resultados son pobres.

Prevención de un embarazo por violación (anticoncepción de emergencia)

Si la mujer fue violada y no estaba usando algún anticonceptivo como el DIU u hormonales y desea evitar el embarazo, puede tomar pastillas anticonceptivas dentro de las siguientes 72 horas: dos pastillas de dosis alta o cuatro de microdosis y repetir la dosis 12 horas después. Si el paquete tiene 28 pastillas se utilizan sólo las que corresponden a los primeros días, debido a que las siete últimas, que son de diferente color, no contienen hormonas.

Antes de tomar las pastillas debe comer algo ligero o tomar un vaso de leche. Si vomita en la primera hora siguiente a la toma de las pastillas, debe repetir la dosis.

Después de este tratamiento debe evitar las relaciones sexuales o utilizar una barrera mecánica o química hasta que se presente la menstruación. Si ésta no aparece, debe consultar al médico, pues su efectividad es de 98 por ciento.

> El único método anticonceptivo 100% eficaz es la abstinencia.

Actividades

1. Comenta con el grupo cuándo se inicia y cuándo termina la sexualidad.
2. Por equipos elaboren los sexos que comprende la sexualidad.
3. Dibujen el modelo de los cuatro holones sexuales según la teoría del Sistema General y elaboren concluisones en el grupo.
4. Discutan en el grupo las opciones para liberar la tensión sexual.
5. Elaboren un mapa conceptual con las variaciones de la sexualidad para que se discuta en el grupo.
6. Se proyectará un video sobre los métodos anticonceptivos que se comentará en el grupo.
7. Elabora un cuadro sinóptico de los métodos anticonceptivos y cómo funcionan.
8. Organizados en equipos diseñen un pequeño texto publicitario sobre el método que se les asignó por sorteo, lo promocionarán ante el grupo destacando sus características, así como las ventajas y desventajas de su uso.
9. Investiga entre tus familiares amigos y vecinos qué opinan respecto a los conceptos de la "nueva masculinidad" y la "nueva feminidad". Comenten sus opiniones con el grupo.
10. Roberto y Alicia se van a casar próximamente y desean saber qué método anticonceptivo es el que más les conviene. Conforme a lo que has estudiado cuál les recomendarías y por qué.

Capítulo 43

Higiene mental

El afecto, la solidaridad, el sentirse apreciado dan al individuo seguridad en sí mismo y confianza para alcanzar sus metas; si fracasa, tendrá flexibilidad para adaptarse a nuevas situaciones y perseverar.

Existen diferentes conceptos de **salud mental**, la Organización Mundial de la Salud dice que es la capacidad para mantener relaciones armoniosas con los demás, satisfacer necesidades instintivas potencialmente en conflicto sin lesionar a los demás y ser capaz de participar en las modificaciones positivas del ambiente físico y social.

En la higiene mental se pueden considerar cuatro aspectos:

1. El respeto para la personalidad propia; es decir, que la persona se quiera a sí misma y respete la personalidad de los demás. La personalidad es el conjunto de características con las cuales se manifiesta el individuo y está determinada por la constitución (temperamento) y la influencia del medio ambiente (carácter).
2. Necesidad de autorrealización o sea que todo individuo tiene deseos que trata de satisfacer y que constituyen el propósito en su vida.
3. Reconocimiento de las limitaciones propias y ajenas, porque se deben aprovechar las facilidades pero también aceptar las limitaciones.
4. Aceptación de que toda conducta tiene una causa o razón; es decir, que es motivada por lo que algunos

autores llaman *instintos*, otros denominan *impulsos* y, otros más, *necesidades*.

Existen muchas clasificaciones sobre los instintos básicos:

Para Freud los instintos se deben a las necesidades del Id o Ello y son dos: el Eros o erótico, que comprende los impulsos sexuales, y el de conservación, que implica producción de vida, y por otra parte el instinto destructivo, que representa el deseo de destruirse a sí mismo.

Para Alfred Adler el impulso básico es la voluntad de poder, porque al intentar la superioridad obtenemos seguridad.

Para Maslow las necesidades básicas son fisiológicas, de seguridad, de amor, de estima y de propia realización y, para llegar a esta última, se tienen que irse satisfaciendo primero las anteriores.

Combs y Snygg afirman que el comportamiento de las personas es consecuencia de una necesidad de aptitud, de una necesidad de mantener la propia percepción del Yo; es decir, de sí mismo. (El Yo se encuentra entre dos extremos: por un lado el Ello que implica la satisfacción de las necesidades instintivas para buscar el placer, no conoce valor, ni bien ni mal, ni moralidad. En el otro extremo está el Súper yo, que representa las restricciones morales.)

Cuando tratamos de satisfacer un motivo o una necesidad podemos tener frustraciones que nos llevan a la agresión hacia quienes nos han frustrado, hacia otros o hacia nuestro propio yo. Podemos también tener conflictos que implican la necesidad de elegir entre diferentes tipos de conducta.

La respuesta de nuestro cuerpo a las frustraciones y a los conflictos que se experimentan entre la motivación y la respuesta se llama tensión emocional, que disminuye cuando encontramos la respuesta.

Enseguida se abordan algunas de las principales necesidades básicas.

Necesidad de logro

El individuo aprende que el éxito trae un premio y que éste lo hace más seguro, por lo que necesitamos sentir que hemos hecho algo importante en nuestra vida, pero también que si fracasamos, porque no podemos lograr todo, debemos aprender a adaptarnos a los factores del ambiente que no podemos conquistar.

Cada individuo hereda diversas potencialidades que se ven afectadas por el medio ambiente; debe satisfacer constantemente la necesidad de logro, por lo que las metas que se propone deben estar de acuerdo con sus capacidades para evitar los extremos; es decir, que si son muy elevadas va a experimentar muchas frustraciones y si son muy bajas se va a retardar el proceso de autorrealización.

Necesidad de posición social

El individuo debe respetarse a sí mismo y respetar a los demás para que su conducta sea aprobada, esto hará que se sienta bien. Si los demás la aprueban aumentará su sentimiento de valor personal. Las normas de conducta o manera de comportarse están dadas por las buenas costumbres, la ética y los tabúes.

Necesidad de seguridad física

Hay dos necesidades fisiológicas: el hambre y la necesidad sexual, y deben satisfacerse en un ambiente de seguridad.

Necesidad de seguridad emocional

Es muy importante y sus fuentes son las relaciones interpersonales, el medio ambiente impersonal, los recuerdos y las perspectivas futuras.

Relaciones interpersonales Gran parte de la seguridad emocional depende de las relaciones que tenga el individuo con los demás: las relaciones entre la madre y el hijo, y de los niños entre si, son importantes porque si faltan o son inadecuadas pueden causar problemas posteriores de conducta. La seguridad emocional que es necesaria para tener una conducta normal resulta del dar y recibir; cuando el niño recibe de sus padres calor, cuidado y amor, va sintiendo seguridad. Los abuelos y los hermanos hacen más profunda la vida emocional y también contribuyen al desarrollo de la personalidad. El niño inseguro tiene un deseo insaciable de afecto, incapacidad para aceptarlo y falta de consideración hacia los demás, se siente solo, tiene la impresión de que nadie se interesa por él y se concentra en sí mismo. Cuando se empieza a alejar de los padres, entre los 6 y los 12 años, depende de nuevas relaciones interpersonales, siente que los maestros y compañeros aumentan su sentimiento de seguridad. En la adolescencia busca las relaciones en los compañeros y amigos de su edad. Aproximadamente a los 30 años vuelve a descubrir a los padres como fuente de seguridad emocional, aunque con menor importancia, porque busca la seguridad emocional en muchos individuos, en la pareja, los hijos, compañeros de trabajo, clubes, amigos, etc.

Ambiente impersonal Es todo lo que rodea al individuo, con excepción de los seres humanos; por ejemplo, los niños buscan algún animalito de peluche; este ambiente no es tan importante para el adolescente; en la edad adulta está dado por las posesiones materiales y en la ancianidad los objetos inanimados son una gran fuente de seguridad emocional cuando se conservan como recuerdos de experiencias agradables.

Los recuerdos Cuando el individuo está bien integrado generalmente son agradables y le ayudan a mantener una imagen positiva de sí mismo proporcionándole seguridad.

Las perspectivas futuras Si no están cargadas de ansiedad constituyen también una fuente de seguridad emocional, sobre todo en los primeros años de vida. Al final de la vida la persona puede tratar de hacer lo que no pudo antes. Hay personas que encuentran seguridad al redactar su testamento o arreglar su funeral.

Las fuentes que dan seguridad emocional, asimismo, pueden causar inseguridad emocional acompañada a su vez de tensión y ansiedad excesivas.

El hogar

Las experiencias del niño dentro de la familia determinan en gran parte la estructura de su personalidad.

Para que la pareja que va a formar una familia tenga probabilidades de ajustarse, debe tomar en consideración los principales factores de compatibilidad, como son la madurez, los intereses y las aptitudes semejantes, los antecedentes educativos, ssociales y culturales, las creencias, el ritmo de vida, la actitud que tengan respecto de la sexualidad y las relaciones con los padres de cada uno.

Se considera que la edad adecuada para el matrimonio es aproximadamente los 25 años, cuando se ha alcanzado un grado de desarrollo suficiente como para que la persona tenga normas de conducta, intereses y actitudes más o menos establecidos y que a la vez pueda modificar dentro de la vida matrimonial. Generalmente el hombre prefiere casarse con una mujer de edad mental inferior a la de él aunque con una diferencia que no sea muy grande. La madurez social permite que la persona se adapte mejor a las responsabilidades que trae consigo el matrimonio. La madurez emocional es más importante que la madurez física o mental. Los intereses semejantes son también esenciales. Las ideas políticas o religiosas podrían originar conflictos cuando son extremistas, al igual que si el hombre es idealista y la mujer realista. En cuanto a los intereses, cuando son muy diferentes, pueden hacer que la pareja se vaya alejando paulatinamente.

Un buen hogar satisface la necesidad de seguridad emocional; cada individuo sabe que en éste hay otras personas que lo quieren, lo aceptan y se preocupan por él. El niño debe estar seguro de que sus padres lo quieren y se quieren entre sí, de que le proporcionan los sentimientos de satisfacción y seguridad.

La familia ofrece al niño oportunidades de identificarse con otros seres humanos, y sus experiencias dentro de ella determinan su personalidad y su actitud hacia sí mismo, hacia los demás y hacia la sociedad.

El niño aprende lo que se espera de él; para esto los padres deben estar conscientes de las aptitudes que tenga en lugar de forzarlo a hacer lo que ellos quisieron pero no pudieron.

El hijo único puede tener problemas porque no tiene que competir por la atención de los padres; el primer hijo se siente desplazado cuando nace el hermano y el último hijo puede preferir seguir dependiendo de la familia en lugar de independizarse posteriormente.

Cuando hay varios hermanos se deben tratar de igual manera para evitar que en alguno de ellos se desarrollen sentimientos de inseguridad. El niño rechazado carece del apoyo emocional que necesita para madurar emocionalmente y, si es mimado, no puede lograr su independencia, además de que va a tener dificultad para relacionarse con personas ajenas a la familia.

La escuela

Después del hogar, es la institución más importante en el desarrollo integral del niño porque los maestros sustituyen a los padres, en cuanto a que deben proporcionar seguridad y aceptación.

El maestro debe conocer las capacidades y limitaciones del niño para ayudarle a su desarrollo, debe planear las actividades para que alcance una serie de éxitos que lo conduzcan a la integración y a la confianza en sí mismo, que lo estimulen, porque el fracaso es negativo y, si es constante, puede conducirlo a trastornos serios de la conducta.

El maestro debe querer a los niños y a los jóvenes, estar mentalmente sano, informado respecto del crecimiento y desarrollo de los niños y conocer las características y necesidades de sus alumnos, debe ayudarlos a afrontar sus necesidades individuales básicas, así como saber identificar a los niños con problemas para canalizarlos a la persona adecuada.

Enfermedades

Las enfermedades mentales pueden deberse a múltiples causas:

- infecciones (meningitis, encefalitis, parálisis general)
- intoxicaciones (alcoholismo, sustancias químicas diversas)
- traumatismos
- desnutrición (pelagra)
- tumores
- degenerativas (como la psicosis senil y la arteriosclerosis cerebral que se presentan en personas de edad avanzada)
- alteraciones en el desarrollo cerebral; por ejemplo, cuando la madre padece rubéola durante los primeros meses del embarazo, el niño sufre traumatismos durante el parto o asfixia o tiene trastornos metabólicos genéticos
- conflictos emocionales
- desconocidas, como sucede en el síndrome de Down o trisomía 21 en donde se conoce qué sucede, pero se ignora la causa.

Como podemos observar afectan a todas las edades, aunque son más frecuentes en la infancia, la adolescencia y el climaterio.

Su frecuencia aumenta en zonas urbanas, donde hay hacinamiento, vivienda inadecuada, bajo nivel cultural, tensión emocional, desorganización familiar, condiciones inadecuadas de trabajo y nivel socioeconómico bajo.

Las medidas preventivas generales para evitar estas enfermedades son las siguientes:

El individuo debe tener alimentación adecuada, recibir educación higiénica y eliminar estados patológicos (enfermedades); se debe mejorar el ambiente (agua, alimentos, excretas, basuras, iluminación, ventilación, eliminación de ruidos, elevar el nivel de vida y modificar favorablemente los hábitos que sean perjudiciales a la salud). El consejo genético puede ser importante cuando las personas tienen antecedentes de enfermedad mental en su familia o cuando la mujer se embaraza antes de los 18 o después de los 35 años de edad; pues se ha observado que el síndrome de Down es más frecuente en los extremos de edad.

Medidas preventivas específicas

Hay que tratar a tiempo las enfermedades infecciosas, principalmente las que puedan producir alteración mental. La embarazada debe estar bajo control médico y recibir atención adecuada durante el parto; se deben evitar las deficiencias de la nutrición, combatir el alcoholismo, la farmacodependencia y las intoxicaciones, eliminar los factores desfavorables del ambiente y educar a los padres para que sepan cómo tratar a los hijos, así como elevar el nivel de vida y la educación.

En la actualidad existen problemas de salud mental muy importantes, como el estrés, la angustia y las neurosis.

Estrés

Hasta hace unos treinta años había diferentes palabras para nombrar a la serie de reacciones que sufre el organismo cuando se encuentra ante situaciones de apremio, hasta que Hans Selye se dedicó a estudiar los problemas de la tensión y le llamó **estrés** o **síndrome general de adaptación**.

Es el gran problema de la vida moderna; se presenta en zonas urbanas y se relaciona con enfermedades de las arterias coronarías del corazón, hipertensión arterial, gastritis, úlcera péptica, colitis ulcerosa, alteraciones menstruales, reumatismo psicógeno, neurodermatitis, accidentes, suicidios e incluso con la aparición de algunas enfermedades infecciosas.

Puede deberse a causas desagradables:	
Físicas	Terremoto, incendio, frío o calor excesivos, ruido, explosión, inundación, etc.
Biológicas	Enfermedades, dolor, intervenciones quirúrgicas.
Psicológicas	Pensamientos desagradables.
Sociales	Muerte de algún ser querido, divorcio, prisión, guerra, problemas económicos o familiares, congestionamiento del tránsito, falta de estacionamiento, las largas colas de espera, etc.

También puede deberse a causas agradables: boda, embarazo deseado, compra de casa, automóvil, festividades, ganar alguna competencia deportiva, aprobar un examen, conseguir el trabajo deseado, éxito artístico, etcétera.

> El estrés puede originarse no sólo ante experiencias desagradables, los grandes acontecimientos de la vida de una persona (aprobar un examen, ganar una competencia deportiva, publicar un libro) también pueden ocasionarlo.

El síndrome general de adaptación tiene tres fases:

a) **Fase de alarma, provocada por el estímulo** En esta fase, el cerebro envía sustancias químicas llamadas neurotransmisores al hipotálamo, que a su vez estimula a la médula de las glándulas suprarrenales para que secreten adrenalina o epinefrina y noradrenalina o norepinefrina. Éstas son las responsables de que aumente la frecuencia cardiaca, la intensidad de las contracciones del corazón, se produzca vasoconstricción (estrechamiento del diámetro de los vasos sanguíneos) de la piel y las vísceras, con excepción de los vasos sanguíneos que llegan al corazón y los pulmones; al mismo tiempo se dilatan los vasos sanguíneos que llegan al músculo esquelético y al encéfalo. El bazo se contrae y libera la sangre que tiene almacenada, aumentando así la cantidad disponible de sangre. El hígado transforma grandes cantidades del glucógeno que tiene almacenado en glucosa para que las células de los tejidos puedan disponer de una fuente adicional de energía. Hay más sudoración para contrarrestar el aumento de la temperatura del cuerpo debida al aumento de la velocidad de la sangre y al metabolismo de las células, además de que se incrementa la eliminación de desechos. Aumenta también la frecuencia respiratoria para que el organismo capte mayor cantidad de oxígeno y elimine mayor cantidad de bióxido de carbono. Al mismo tiempo, disminuyen la producción de saliva y de jugos digestivos, porque en este momento no son importantes.

b) **Fase de resistencia** Esta fase es más duradera. El hipotálamo libera factores que estimulan a la glándula hipófisis o pituitaria para que a su vez produzca la hormona ACTH, que va a estimular la corteza de las glándulas suprarrenales para que produzcan glucocorticoides que provocan un aumento en la cantidad de glucosa en la sangre; así, el organismo dispone de más energía y puede soportar mejor las crisis emocionales, las tareas extenuantes o la defensa contra las infecciones o hemorragias.

c) **Fase de agotamiento** Se caracteriza por la pérdida de iones K, con lo que disminuye el funcionamiento de las células; como también baja la secreción de glucocorticoides viene una disminución de la concentración de glucosa en la sangre, debilitando todavía más a las células que incluso pueden llevar al individuo a la muerte.

Para disminuir el estrés, el individuo tiene que descubrir su propio nivel de tensión, plantearse objetivos alcanzables a corto plazo que le produzcan satisfacciones inmediatas y estímulos para seguir adelante. También debe quererse a sí mismo, sin ser egoísta, tratar de relacionarse con los seres que lo rodean, practicar algún deporte y realizar actividades que le ayuden a relajarse.

Angustia

Es una respuesta global de la personalidad en situaciones que el individuo experimenta como amenazantes para su existencia; es diferente del miedo porque en ese caso el individuo conoce el peligro que lo amenaza, y es externo; en cambio, en la angustia la amenaza es interna, existe, pero está fuera del campo de la advertencia del individuo.

Todos los individuos presentan angustia, por lo que en muchas ocasiones es difícil diferenciar la angustia normal de la angustia neurótica.

Son fuentes de angustia la soledad, la vergüenza y la culpabilidad. El individuo puede tratar de escapar de ellas utilizando mecanismos de defensa como la fobia (evita irracionalmente las situaciones que le producen angustia), las obsesiones y los rituales compulsivos, por manifestaciones somáticas (aumento de la frecuencia del pulso, dificultad para respirar, sensación de opresión en el tórax, sudoración abundante, temblores), o la compulsividad, que puede ser en el abuso del alcohol, la fantasía, las diversiones e incluso el trabajo.

Neurosis

El neurótico se caracteriza porque su conducta se desvía de lo normal; puede tratarse de exageración, incongruencia, rigidez excesiva, inercia, indecisión o de incapacidad para actuar en forma independiente; tiene una imagen distorsionada de sí mismo y del mundo que le impide establecer relaciones armónicas, satisfactorias y productivas consigo mismo y con los demás; siente que algo está mal dentro y fuera de él. La psicosis es diferente a la neurosis, porque el neurótico tiene contacto efectivo con la realidad, en cambio el psicótico posee una percepción distorsionada de la realidad y no manifiesta conciencia de estar enfermo, ni tiene contacto con la realidad.

Tipos de neurosis

Trastornos menores de la adaptación Esto puede suceder en las relaciones interpersonales, en el trabajo, consigo mismo o relacionados con la cultura; esto último puede observarse cuando el individuo va del campo a la ciudad, cuando cambia de grupo religioso, étnico, etcétera.

Neurosis traumáticas Ante determinada situación, el organismo da su mejor respuesta. Los síndromes pueden estar relacionados con uno mismo; por ejemplo, cuando hay neurosis de guerra, tics o pérdida del conocimiento, o pueden estar relacionados con el grupo, por ejemplo, cuando hay un accidente automovilístico y se muere alguno de los familiares del conductor, éste se siente culpable.

Histeria Se puede manifestar de diferentes formas: puede haber síntomas en el área del sistema nervioso de la vida de relación o somático; por ejemplo, cuando hay parálisis, ceguera, o alteraciones en la sensibilidad; y puede haber síntomas en el área afectiva y de la conducta o en el área de la conciencia, como cuando se presenta la amnesia.

Reacciones fóbicas Son miedos incontrolables frente a determinadas situaciones o determinados objetos, que casi siempre son simbólicos de un conflicto reprimido.

Reacciones depresivas neuróticas Pueden ser afectivas (tristeza, pesimismo o sentimientos de inferioridad); conductuales (pérdida de la iniciativa, lenguaje lento); somáticas (dolor de cabeza, insomnio, estreñimiento, diarrea).

Neurosis de angustia Se deben a un estado de tensión emocional crónica con brotes o crisis de angustia aguda.

Neurosis obsesivo-compulsiva Hay conducta compulsiva; el individuo siente la necesidad o compulsión de la repetición, que es normal en los niños; por ejemplo, ir tocando todos los postes cuando van caminando o no pisar las rayas de la banqueta, etc. Puede haber también pensamientos obsesivos que van a causar angustia.

Génesis de la neurosis

La neurosis es el intento ineficaz e irracional de obtener integración en situaciones difíciles. Se presenta a cualquier edad, aunque es más frecuente en la adolescencia y en el climaterio, en cualquier constitución física y cualquier raza. Cuando los padres son neuróticos, el hijo puede tener predisposición a adquirir la enfermedad. Está relacionada con la ocupación, los hábitos y las costumbres.

Son muy importantes las condiciones del trabajo y las relaciones familiares. Son más frecuentes en zonas urbanas.

Dentro de las medidas preventivas generales hay que considerar que en caso necesario el individuo debe acudir al consejo genético porque un matrimonio neurótico puede tener repercusiones en los hijos; también es primordial la educación higiénica y el mejoramiento del medio ambiente (saneamiento, iluminación, ruido, atmósfera, educación).

Dentro de las medidas preventivas específicas, el individuo debe tener higiene mental y se deben eliminar del ambiente los agentes que puedan producir estrés.

Las medidas higiénicas que puede seguir el individuo para mejorar y mantener su salud son mejorar sus relaciones, su educación y su cultura; a nivel de su familia debe tratar de que estén bien las relaciones con los miembros de la misma, aumentar su ingreso y aprender a distribuirlo, así como tener diversiones sanas; a nivel de su comunidad debe tratar de no asistir a sitios de reunión que le puedan perjudicar emocionalmente.

Para evitar las neurosis el individuo debe buscar orientación psicológica cuando lo considere necesario, tanto a nivel particular como de su familia, y recibir educación.

Actividades

1. Comenta en el grupo el concepto de salud mental de la OMS (Organización Mundial de la Salud).
2. Haz un cuadro sinóptico con los aspectos que debe considerar la higiene mental y coméntenlo en el grupo.
3. Elaboren por equipos un mapa conceptual de las necesidades básicas, el cual se discutirá en el grupo.
4. Explica cómo se origina el estrés y menciona algunos ejemplos de tu entorno.
5. Elabora un mapa conceptual de la neurosis para comentarlo en el grupo.
6. Investiga si en tu comunidad existe algún centro de atención psicológica. Si lo hay, recaba datos acerca de qué porcentaje de personas que allí se atienden tienen estrés; de no existir algún centro especializado de este tipo acude con algún médico general y pregúntale qué incidencia de estrés hay entre sus pacientes. Comenten en grupo los resultados obtenidos y propongan medidas preventivas para evitarlo o controlarlo.

Capítulo 44

Higiene familiar

La familia es la célula de la sociedad, en ella los individuos se forman y aprenden valores, de ahí que en su interior debe darse un clima de bienestar y respeto entre sus integrantes.

En el capítulo "El hombre como individuo social" se trataron los conceptos y los aspectos de la familia, las situaciones que se dan en su seno y las manifestaciones patológicas que puede tener.

Como se mencionó, la formación de una familia empieza en la elección de la pareja; para esto es conveniente conocer y tratar a diferentes personas con el objeto de tener una base más amplia en la elección. Además de la atracción física, se deben considerar otros aspectos; por ejemplo, la edad, pues se ha observado que si una mujer es mayor de 35 años tiene más posibilidades de tener un hijo con trisomía 21 (síndrome de Down o mongolismo); también, en algunos casos se han observado malformaciones como la polidactilia (más dedos) cuando el hombre tiene edad avanzada. En las mujeres muy jóvenes aumenta la morbilidad materna (enfermedades producidas por la maternidad). Hay enfermedades que pueden tener predisposición familiar, como la diabetes y el cáncer, o enfermedades mentales como la esquizofrenia y la psicosis maniaco-depresiva (bipolaridad).

Durante el noviazgo, la pareja trata de adaptarse, por lo que debe haber un tiempo suficientemente largo como para que se aseguren de sus sentimientos y se conozcan mejor.

Antes del matrimonio, la pareja debe practicarse un examen médico prenupcial en el que se especifique que no padecen infecciones de transmisión sexual, tuberculosis, alteraciones mentales, lepra o que no son farmacodependientes; se debe incluir un examen de sangre para investigar sífilis (se debería incluir también un examen de sida). Si la pareja tiene relaciones sexuales premaritales, debe tomar en consideración la prevención de infecciones de transmisión sexual.

El noviazgo debe durar lo suficiente para que la pareja se conozca y se asegure de sus sentimientos.

El matrimonio de preferencia se debe llevar a cabo con la aceptación de la familia.

La adaptación a la vida matrimonial requiere el esfuerzo de la pareja; los problemas se analizan con calma y con franqueza para que juntos busquen la solución adecuada; esto incluso puede unir más al matrimonio. La pareja tratará de vivir sola en lugar de formar parte de la familia de alguno de los dos. La adaptación a los grupos de amigos también es importante; hay que respetar a los amigos de cada uno, así como los intereses y las actividades.

El nacimiento de los hijos debe planearse, porque cada hijo va a producir cambios a los que la pareja debe adaptarse. Los padres tienen que educar a los hijos por medio de sus actitudes, sus valores y su cultura, darles seguridad y apoyo para que puedan desarrollar sus potencialidades y fomentar su proceso de individualización e independencia que les permite llegar a la madurez física y mental.

La institución familiar constituye la primera visión que el niño tiene de la vida; puede darle beneficio o frustraciones, un padre o una madre pueden resultar positivos o negativos, por lo que entre los elementos de la familia debe haber respeto, comprensión y amor. Si la madre es neurótica o el padre excesivamente severo harán que el niño trate de satisfacer sus necesidades afectivas fuera de la casa. Para que el ambiente familiar sea adecuado para los hijos, los padres deben:

- Evitar al máximo las discusiones o situaciones violentas.
- Hablar con los hijos sin demostrar superioridad ni falta de atención, porque esto ayuda a robustecer su dignidad y su amor propio.
- Respetarse mutuamente para que los hijos aprendan a darle el justo valor a las cosas.
- Evitar enfrentarse uno al otro delante de los hijos cuando se trata de tomar decisiones.
- Encauzar positivamente a los hijos de acuerdo con sus inclinaciones.
- Tratar de que haya disciplina y orden en la casa.
- Tratar de mantener la unidad familiar.
- Predicar con el ejemplo.
- Ver el lado positivo de las cosas.
- Tratar a los hijos en forma igualitaria.
- Evitar los tabúes (prohibiciones irracionales).

La dinámica familiar constituye todas las situaciones de formas de actuar y de sentir, que van a depender de la manera en que se conjuguen vínculos, límites, papeles o roles, etc., dentro del marco familiar.

Cada integrante desempeña diferentes roles dentro y fuera de la familia (padre, esposo, hijo, hermano, estudiante, profesional, deportista, etc).

Si los canales de comunicación son abiertos y adecuados, también lo serán los roles; el hijo aprende acerca de los mensajes que emiten los diferentes miembros de la familia y experimentan sus necesidades, deseos, sentimientos y actitudes que permitan el entendimiento y la interacción con los demás; esta comunicación se puede dar por medio del lenguaje, las expresiones corporales, los gestos, el tono de voz, etc.

Los padres deben enseñar a los hijos a recibir y expresar afecto, a desarrollar un sentido de identidad y pertenencia, y a lograr confianza y seguridad. Por medio de la educación, les darán un marco de referencia para determinar sus valores, normas y su conducta.

La relación con los hermanos es importante, para que aprendan a compartir, a tolerar la frustración, a competir, a cooperar, a manejar sentimientos de celos y rivalidad, etcétera.

La comunicación adecuada permite que se genere confianza para expresar dudas, sentimientos y solicitar orientación en caso necesario.

> La familia debe estar fundada en tres pilares: comunicación, confianza y respeto.

Una profesión para la que no existe escuela es la de ser padre o madre; en muchas ocasiones los padres tratan de hacer lo que consideran adecuado; sin embargo, puede dar como resultado a alguno de los siguientes tipos de familia:

- **Sobreprotectora** Los padres tratan de darles toda clase de protección y bienestar a los hijos, lo que retrasa su capacidad de ser autónomos, convirtiéndolos en seres indefensos, incompetentes e inseguros.
- **Amalgamada** No hay privacidad ni individualización, porque todos los integrantes siempre están juntos y realizando las mismas actividades; esto dificulta la independencia que va a necesitar el adolescente.
- **Evitadora de conflictos** Si la familia no acepta la existencia de problemas, los hijos no aprenden a buscar solución a sus conflictos.
- **Centrada en los hijos** Se concentra la atención en los hijos, impidiéndoles crecer y hacerse independientes.
- **Democrática** Los padres no pueden ejercer su autoridad.

Cuando falta alguno de los padres se puede caer en el error de obligar a uno de los hijos a desempeñar el papel del padre o de la madre ausente; esto le impide vivir la etapa de su desarrollo que le corresponde.

Actividades

1. Comenta lo que deben hacer los padres para crear un ambiente adecuado para los hijos.
2. Analiza qué deben enseñar los padres a los hijos.
3. Analiza internamente qué tipo de familia te gustaría tener en el futuro y por qué; luego intercambien sus opiniones en grupo.

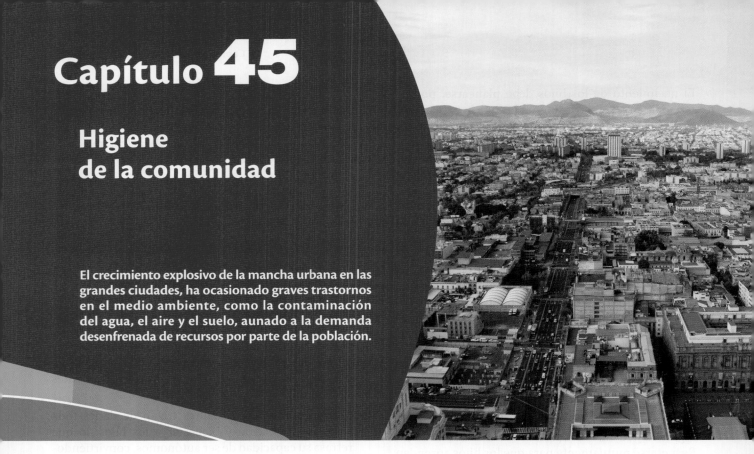

Capítulo 45

Higiene de la comunidad

El crecimiento explosivo de la mancha urbana en las grandes ciudades, ha ocasionado graves trastornos en el medio ambiente, como la contaminación del agua, el aire y el suelo, aunado a la demanda desenfrenada de recursos por parte de la población.

La **higiene colectiva** es el conjunto de conocimientos, técnicas y actividades que permiten el control de los factores del medio en que vive una sociedad, tendientes a promover su bienestar físico, mental y social.

Esto se puede lograr por medio del abastecimiento de agua potable, el control de las excretas, el control sanitario de los alimentos y de la vivienda, de la fauna transmisora, la higiene industrial y del trabajo, el saneamiento de la atmósfera, de los medios de transporte y de los sitios de reunión y de recreo.

Contaminación del agua

A pesar de que el agua cubre alrededor de 70% de la superficie terrestre, la mayor parte es salada y se encuentra en los océanos; se calcula que al agua dulce corresponde solamente 3% del total, incluida la de los casquetes polares, las cimas de las montañas, los ríos, lagos, manantiales, lagos subterráneos y la atmósfera.

Existen diferentes tipos de agua, sin embargo, nos enfocaremos en potable, agua sucia y agua contaminada.

El agua potable se caracteriza porque es clara, incolora e inodora; no adquiere olor cuando se calienta, tiene sabor agradable, está exenta de amoniaco, nitritos, nitrógeno sulfurado y materias viscosas, no contiene metales pesados con excepción de indicios de hierro; si se evapora 1 litro de ésta el residuo total no debe exceder de medio gramo y debe contener menos de veinte colonias de *E. coli* por mililitro.

El agua sucia tiene modificaciones, ya sea en su sabor, color u olor; por ejemplo, aguas tratadas con fines industriales.

El agua que se utiliza para regar parques y jardines públicos está tratada pero no se debe beber.

En cuanto al agua contaminada, la Organización Mundial de la Salud dice: "Debe considerarse que un agua está polucionada cuando su composición o estado están alterados de tal modo que ya no reúnen las condiciones a una u otro o al conjunto de utilizaciones a las que se les hubiera destinado en su estado normal".

Según su origen el agua puede ser meteórica, superficial o subterránea.

El agua meteórica cae en forma de lluvia, nieve, granizo, rocío o niebla, y proviene de la evaporación del agua del mar, de los ríos y lagos; cuando cae sobre el suelo, una parte se convierte en vapor, otra se filtra formando las aguas telúricas, que después salen nuevamente a la superficie para unirse al agua meteórica, la cual se dirige a través de los arroyos y los ríos hacia el mar. Cuando el agua de lluvia se filtra en el suelo, llega hasta la capa impermeable y puede salir al exterior en forma de manantiales o el hombre la puede extraer por medio de pozos. Los pozos se deben construir lejos de las habitaciones, de las letrinas y de los depósitos de basura, ser lo suficientemente profundos como para que el agua haya sufrido una filtración adecuada, protegerse con cemento y rodearse con una capa de arena de metro y medio de diámetro y dos metros de profundidad, cerrarse herméticamente y conectarse a una bomba que extraiga el agua.

El agua se puede almacenar en presas, aljibes (pozos superficiales que almacenan el agua de lluvia), cisternas, botes o tinacos; su distribución en las ciudades se lleva a cabo por medio de una red de drenaje; en cambio, en el campo puede hacerse por medio de tubería, botes, etc. Si el almacenamiento y la distribución no son adecuados el agua se puede contaminar.

Los daños que puede ocasionar el agua se deben a su ausencia, a su exceso o por tener o carecer de ciertas sustancias; por ejemplo, cuando falta el yodo se puede presentar el bocio; si aumenta la cantidad de flúor, aparecen manchas en los dientes y, si disminuye, se puede presentar con más frecuencia la caries dental; si falta agua, hay problemas de limpieza y, si aumenta bruscamente, puede haber inundaciones.

Los contaminantes del agua son físicos, químicos y biológicos.

Los **contaminantes físicos** pueden ser sustancias radiactivas que eliminan las industrias o que arrojan las investigaciones médicas y científicas. Algunas fábricas y plantas generadoras de electricidad eliminan agua caliente que puede matar a los animales además de disminuir el oxígeno disuelto.

Los **contaminantes químicos** pueden provenir de sustancias orgánicas e inorgánicas; por ejemplo, las proteínas que se eliminan a través del drenaje de las casas, fábricas de alimentos, empacadoras, rastros o curtidurías; las grasas que provienen del drenaje de las casas, fábricas de jabón o lavanderías; los hidratos de carbono que vienen de las fábricas; el carbón, el petróleo, los aceites, los alquitranes, los detergentes sintéticos, el ácido sulfúrico, los insecticidas, los fertilizantes (nitratos), etcétera.

Los fosfatos que se utilizan como blanqueadores de ropa y los nitratos de los fertilizantes favorecen el desarrollo excesivo de algas, las cuales afectan el paso de la luz solar a las zonas más profundas produciendo la muerte de las plantas acuáticas que allí crecen. La descomposición de las sustancias orgánicas necesita oxígeno y, si éste disminuye, los seres acuáticos van a tener más dificultad para captarlo. Cuando el agua contiene

▶ Figura 45.1 Los derrames petroleros han ocasionado daños irreversibles en los ecosistemas marinos, lo cual ha redundado en la muerte de flora y fauna de la región.

muchos colorantes, dificulta el paso de la luz solar, esto repercute en el crecimiento de los organismos acuáticos, en la visibilidad, y las partículas que contiene se pueden adherir a los animales o a sus huevos.

El **petróleo** y los desperdicios industriales y domésticos, principalmente las sales, el hierro y los detergentes, producen muchas muertes en los seres acuáticos (figura 45.1). El amoníaco y el cloro se pueden impregnar en los tejidos de los animales acuáticos que toman sabor y olor desagradables y no sirven como alimento; a este tipo de contaminación se le llama contaminación fisiológica. Si aumenta la contaminación de estas sustancias y el hombre se alimenta con estos animales, se puede intoxicar, al igual que si ingiere animales acuáticos impregnados con plomo, cianuro, mercurio o arsénico.

Los hidrocarburos se acumulan también en los tejidos de los animales y pueden ser cancerígenos; es decir, favorecen la aparición de cáncer; los nitratos alteran el metabolismo de la hemoglobina y los fluoruros manchan la dentadura (fluorosis).

La **contaminación biológica** está producida por bacterias, virus, parásitos, toxinas de los microorganismos y puede provenir de granjas, establos, curtidurías o del drenaje de las casas; todo esto favorece la transmisión de enfermedades como el cólera, la tifoidea, amibiasis, hepatitis, gastroenteritis, etcétera.

Potabilización del agua

Para que el agua pueda utilizarse como bebida o para lavar y preparar alimentos existen varios métodos:

- **Sedimentación** Es muy primitivo y consiste en dejar el agua en un recipiente para que bajen las partículas al fondo; algunos microorganismos mueren por inanición o son devorados por otros, aunque es preferible filtrarla y hervirla posteriormente.
- **Filtración** Consiste en hacer pasar el agua a través de filtros de arena, de piedras porosas o filtros más especializados que impiden el paso de las bacterias y las partículas que lleva en suspensión.
- **Ebullición** Se trata de hervir el agua durante 20 minutos. Es conveniente airearla haciéndola pasar de un recipiente a otro varias veces.
- Exposición del agua a los rayos ultravioleta.
- Adición de ozono, cloro, yodo o sales de plata.

Contaminación del aire

Es consecuencia del crecimiento de la producción y del consumo excesivo de energía; también de la expansión de la industria metalúrgica, del incremento de la circulación vial, aérea y acuática, del aumento de la basura y los desechos, y del incremento de las actividades domésticas, debido a que al aumentar la población se usan más estufas, calefactores, aerosoles, desodorantes, etc. Algo muy importante en México es el fecalismo al aire libre, el cual consiste en que muchas personas defecan a la intemperie (al aire libre) y la materia fecal al hacerse polvo se dispersa por el aire contaminando la atmósfera con el tiempo.

En 1952, se formó en Inglaterra una mezcla de humo de carbón y niebla a la que se llamó **esmog** (del inglés *smoke*: humo y *fog*: niebla) esto se debió a que hubo cambios en la temperatura de la atmósfera formándose una capa de aire impidiendo que el aire frío subiera para mezclarse con las capas superiores; esto causó muchas muertes. El esmog también se puede producir sin neblina; por ejemplo, se observa en lugares donde hay muchos automóviles y se elimina gran cantidad de bióxido de nitrógeno (figura 45.2).

Otros contaminantes atmosféricos son el bióxido de carbono que eliminan los seres vivos durante la respiración, el monóxido de carbono de los motores, los hidrocarburos de las plantas industriales y motores, los compuestos orgánicos de las industrias químicas y de la incineración de basura, el anhídrido sulfuroso y los derivados nitrados de las combustiones, los nucleidos de las explosiones nucleares y las centrales atómicas, los metales pesados y compuestos orgánicos de los incendios, los pesticidas agrícolas, que también contaminan el agua y el suelo, y los motores de los vehículos que emiten monóxido de carbono, hidrocarburos, óxido de nitrógeno, formaldehído y óxido de azufre.

Se ha producido un aumento en la frecuencia de cáncer pulmonar tanto por el tabaco como por la presencia de hidrocarburos carcinogénicos (como el 3-4 benzopireno y el metilcolantreno); han aumentado las enfermedades respiratorias como la bronquitis, el enfisema pulmonar y el asma; el nitrato de perocilo y el dióxido de azufre irritan las mucosas de los ojos y la piel, además de que causan daños a la vegetación; el monóxido de carbono altera el funcionamiento de los glóbulos rojos de la sangre, dificultando la captación del oxígeno, esto hace que los pulmones y el corazón tengan que trabajar más; la persona puede tener dolor de cabeza y en cantidades mayores debilidad, mareo y confusión. En los medios urbanos, la contaminación por microorganismos patógenos aumenta, los desperdicios y la putrefacción atraen a los insectos y roedores, además de que despiden malos olores; los olores irritantes y desagradables producen tensión emocional.

El aumento de algunas partículas hace que éstas se acumulen en los pulmones produciendo neumoconiosis, la cual puede ser de diferentes tipos: silicosis (polvo de sílice), asbestosis (asbesto), antracosis (carbón), bisinosis (algodón), etcétera.

El **benzopireno**, los hidrocarburos policíclicos y los derivados del nitrógeno pueden ser mutágenos; es decir, pueden producir mutaciones en los cromosomas.

El DDT (dicloro-difenil-tricloroetano) fue muy útil para erradicar el paludismo, porque se utilizó para matar a los mosquitos *Anopheles* y también se empleó como insecticida, sin embargo se acumula en los tejidos de los animales y las personas, se le relaciona con el adelgazamiento de los cascarones de los huevos de las aves y tiene otras desventajas, como la de persistir en el ambiente durante meses o años y destruir insectos que no son perjudiciales, favoreciendo el desarrollo de otros que sí lo son.

Los **bifenilos policlorados (PCB)** que provienen de la industria (tinta de imprenta, hule, pisos vinílicos, selladores de carrocerías de automóviles, pinturas, barnices, etc.) son similares en su efecto al DDT. El sulfuro de hidrógeno se origina en los desagües y drenajes en donde se llevan a cabo fermentaciones anaeróbicas que transforman el azufre de la materia orgánica; provoca náuseas y debilidad.

El plomo es uno de los contaminantes más peligrosos y es emitido por los automóviles porque a la gasoli-

► **Figura 45.2** El esmog es sólo uno de los contaminantes más visibles en las grandes ciudades, está formado por los gases producidos por los automotores y por contaminantes propios de la industria pesada.

na se le agrega tetraetilo de plomo; su intoxicación provoca alteraciones mentales.

El **ozono** es un constituyente normal de la atmósfera, pero ha aumentado pues se forma en las reacciones en las que intervienen los hidrocarburos (motores de combustión interna); altera el funcionamiento del sistema respiratorio, irrita las mucosas, produce fatiga y falta de coordinación de los movimientos.

La contaminación no sólo se debe a agentes biológicos o químicos, sino también físicos. El **ruido**, que es un sonido desagradable, ha venido aumentando con el progreso. El sonido se mide en unidades llamadas decibeles (dB); el sonido más débil que podemos percibir mide 10 decibeles, la música suave produce 40 dB; una plática normal, 50 dB, en voz alta, 60 dB; un despertador, 80; el tránsito de una ciudad, alrededor de 90; una motocicleta o un taladro, 110; un avión jet produce entre 115 y 140, un disparo de arma de fuego, 130, y un conjunto de rock, alrededor de 140. El ruido excesivo provoca **hipoacusia** (disminución de la agudeza auditiva) que puede progresar hasta la sordera total. A partir de los 90 dB aparece la fatiga auditiva; es decir, disminuye la percepción auditiva de un ruido bajo los efectos de un ruido distinto, aumenta la frecuencia cardiaca y la presión arterial; esto genera un efecto negativo en el rendimiento del trabajo, las personas cometen más errores, sufren más accidentes, se vuelven irritables y violentas. Ciento veinte decibeles producen dolor en el oído. En el trabajo hay que diferenciar el trauma sonoro, que es una lesión producida por un ruido intenso y de un solo impacto (como cuando hay una explosión) y se considera accidente de trabajo, del trauma acústico, que se debe a explosiones de más de 85 dB en forma constante y prolongada, y se considera enfermedad de trabajo.

A partir de 90 decibeles (dB) aparece fatiga auditiva, aumenta la frecuencia cardiaca y la presión arterial. Las personas expuestas a ruidos de esta intensidad se vuelven irritables y violentas.

Contaminación del suelo

Los suelos suelen contaminarse con bacterias y parásitos animales que pueden producir parasitosis, micosis (enfermedades producidas por hongos), tétanos, etc., con los desperdicios de industrias, comercios, casas o construcciones; estos desperdicios pueden ser sólidos, como la basura, o líquidos, como el petróleo y las aguas negras; y por pesticidas (figura 45.3).

En la ciudad de México se calcula que un individuo tira 1 kg de basura por día, la cual contiene sustancias orgánicas e inorgánicas provenientes de los desperdicios de comida, desperdicios caseros y comerciales, polvo, cenizas y restos de hojas de la calle, de la combustión del carbón y otros combustibles, animales muertos, estiércol de los establos y caballerizas, basura industrial (papel, trapo, cartón, metal, vidrio, etcétera).

En la ciudad de México se calcula que cada persona elimina 1 kg de basura al día; en otras palabras, la capital genera diariamente alrededor de 2600 toneladas de basura.

Los daños que producen se deben a que constituyen un criadero de plagas, roedores e insectos que pueden transmitir enfermedades al hombre; por ejemplo, las

► **Figura 45.3** La contaminación del suelo no sólo puede verse en los grandes tiraderos de basura, además hay derrame de líquidos y sustancias, como la contaminación de metales pesados.

moscas transmiten la polio y algunas parasitosis; los mosquitos transmisores del paludismo y de la fiebre amarilla; y las ratas. Los cerdos se pueden infectar al comer basura contaminada y parasitada, y luego transmitirla al hombre; durante el proceso de putrefacción, las bacterias aerobias y anaerobias desprenden metano, bióxido de carbono, óxido de nitrógeno, hidrocarburos, amoniaco, polvos, olores y partículas que levanta el viento, además de que causan mal olor.

Etapas del manejo de basura

1. Almacenamiento.
2. Recolección y confinamiento.
3. Tratamiento y eliminación.

Almacenamiento

Un bote de basura debe tener tapa hermética, ser impermeable, resistente a la oxidación, fácil de lavar, de tamaño adecuado y de práctica manipulación por una persona. En algunos edificios existen depósitos que llevan la basura por medio de conductos especiales al sitio donde se incinera. En las zonas rurales donde no hay recolección, las personas deben enterrar su basura haciendo una pequeña excavación que después cubren con tierra o incinerar lo que sea combustible y enterrar las cenizas.

Recolección y confinamiento

Se debe recolectar en camiones especiales, los cuales se paran en la orilla de las aceras para evitar accidentes. Las rutas para recolectar se deben planificar tomando en cuenta las necesidades de la población; por ejemplo, en las zonas donde se recoge mucha basura el recorrido se hará dos veces al día. Los camiones que se utilizan para recolectar deben cerrarse herméticamente, ser a prueba de filtraciones y de fácil lavado.

Tratamiento y eliminación

1. **Basurero a cielo abierto** Consiste en depositar la basura en un tiradero de basura. En el D.F. hay basureros, como el de Santa Cruz Meyehualco; en éste, los camiones esparcen la basura, la compactan y la cubren con capas delgadas de tierra.
2. **Vaciamiento en el mar** Tiene la desventaja de que contamina y parte de la basura regresa a las playas.
3. **Relleno sanitario de terrenos** Consiste en enterrar la basura en excavaciones del terreno y cubrirlas con una capa de tierra, lo que permite rellenar barrancas y recuperar terreno.

4. **Enterramiento**. Consiste en hacer trincheras en las que se deposita la basura y se van cubriendo con capas de tierra; si seleccionan previamente la basura y únicamente se entierra la de origen orgánico, con el tiempo es posible cavar otra trinchera en el mismo sitio o incluso reforestar el área.
5. **Incineración** También requiere seleccionar previamente la basura.
6. **Industrialización** Por ejemplo, las grasas se utilizan para fabricar jabones, velas o perfumes; la basura orgánica sirve como abono y, si se esteriliza, es útil como alimento para cerdos. La basura inorgánica se puede usar en bloques para cimiento; el vidrio y el papel se vuelven a utilizar, etcétera.

> Tirar basura en las coladeras, una costumbre muy arraigada en los habitantes de la ciudad de México, produce a lo largo del tiempo el taponamiento del drenaje, y en época de lluvias, inundaciones que pueden resultar catastróficas.

Desechos líquidos

Son las **aguas negras**, que se recolectan por sistemas de alcantarillado de las casas, las industrias y los comercios, las infiltraciones y las lluvias.

Las aguas negras se pueden tratar para utilizarse posteriormente; para esto hay tratamientos primarios o preparatorios que consisten en hacer pasar el agua a través de rejillas a fin de que los objetos sólidos y voluminosos se separen, y tratamientos secundarios o fundamentales en los cuales el agua pasa a estanques de sedimentación para que el lodo se vaya al fondo; después las aguas negras se mezclan con agua rica en bacterias que transforman la materia orgánica; finalmente se hace pasar el agua por filtros de arena y se le agrega cloro.

En las zonas donde no hay sistema de drenaje, las **excretas** se pueden eliminar en letrinas o fosas sépticas. La letrina es más sencilla y consiste en un agujero profundo sobre el cual se coloca un asiento y una caseta; se construye lejos de la vivienda (a 5 metros por lo menos) y de la toma de agua (por lo menos a 15 m de cualquier abastecimiento de agua) y, si el terreno está inclinado, debe estar más baja que la casa.

Reglas para el uso de la letrina

1. Nunca se deben vaciar desinfectantes en ella, porque la materia orgánica se descompone sola y, si agregamos desinfectantes, podemos evitar la des-

composición de la materia orgánica y producir gases.

2. No vaciar basura.

3. No vaciar agua de lavado porque contiene detergentes que también alteran la descomposición de la materia orgánica.

4. El papel sanitario se debe colocar en el interior de la letrina, porque si se deposita afuera puede quedar en contacto con insectos transmisores de enfermedades; el papel sanitario está hecho para desbaratarse, por lo que no obstruye el drenaje.

5. Mantener cerrada la tapa de la letrina.

6. En caso de que haya mosquitos, se debe vaciar un vaso de tractolina o petróleo para que se forme una capa sobre las excretas.

7. La letrina sanitaria es temporal, por lo que cuando el nivel de excretas llegue a unos 50 cm antes de la superficie, se debe tapar y abrir otra.

La fosa séptica es diferente de la letrina, dura muchos años y contiene tanques de sedimentación y filtros especiales permitiendo que los líquidos salgan al subsuelo, la materia orgánica se degrada y los gases pasan por un tubo de ventilación. Necesita agua para que drene y periódicamente se extraen los sólidos.

El pozo negro es parecido a la letrina, pero no tiene pared de ladrillo en su interior, puede o no contar con caseta y se corre el peligro de que se derrumbe.

Cuando no se cuenta con alguna de las opciones anteriores, es posible recurrir al "hoyo de gato", que consiste en hacer un agujero, desalojar las excretas y cubrirlo con tierra.

Contaminación de los alimentos

Los alimentos se pueden contaminar durante su elaboración biológicamente a partir de individuos enfermos o portadores; por medio de insectos o roedores durante su almacenamiento; por una manipulación inadecuada durante su transporte, su distribución al público o en la casa del consumidor (*véase* "Nutrición"). El polvo puede contener microorganismos, principalmente en los lugares donde existe el fecalismo al aire libre (las personas defecan al aire libre) o las moscas pueden transportar a los agentes biológicos y depositarlos en los alimentos. Los peces, crustáceos o moluscos pueden ser portadores de microorganismos debido a que las aguas cada vez están más contaminadas, por lo que también pueden tener sustancias químicas perjudiciales. Los cereales, las frutas y verduras en muchas ocasiones están en contacto con agua contaminada por agentes biológicos y, por otra parte, también pueden contener pesticidas.

La contaminación química puede ser por plomo, arsénico, mercurio, cadmio, cobalto, estaño, selenio, manganeso, carbamatos, insecticidas o pesticidas, antibióticos, hormonas, etc. Pueden contener aditivos (sustancias no nutritivas) que se añaden intencionalmente a los alimentos para mejorar su apariencia, su sabor, la consistencia o las propiedades de conservación. Los aditivos pueden ser colorantes, odorantes (para darles olor agradable), preservantes (para que no se descompongan), etc., y pueden causar daño en el hígado, el corazón, los riñones y el bazo en los animales de experimentación. El ahumado puede dar origen al 3-4 benzopireno, que es cancerígeno, al igual que los nitratos utilizados para conservar los alimentos.

Para garantizar una buena calidad de los alimentos es necesario examinarlos, incluida su calidad química y biológica (parásitos, bacterias) en los sitios donde se producen, conservan, envían y consumen. En el caso de los animales, se deben revisar antes y después de la matanza.

Los locales deben estar aseados, dotados de agua potable en cantidad suficiente; en caso necesario contar con refrigeración adecuada, servicios sanitarios y un buen control de basura, roedores e insectos.

Los alimentos en mal estado o contaminados se deben eliminar.

Las personas que manipulan alimentos deben someterse periódicamente a exámenes médicos, en los que se incluya radiografía de tórax, examen de materia fecal, de exudado faríngeo y de sangre, con el objeto de detectar si tienen alguna enfermedad que puedan transmitir a los consumidores aunque aparentemente se encuentren en buen estado de salud (portadores sanos). (*Véase* "Características higiénicas de la alimentación".)

De esta manera se pueden evitar enfermedades como difteria, disenterías, salmonelosis, tuberculosis, paratifoidea e intoxicaciones alimentarias.

Soluciones a la contaminación ambiental

En junio de 1972 se llevó a cabo la Conferencia Mundial de las Naciones Unidas sobre el Medio Ambiente para tratar de conservar el medio ambiente y luchar contra la contaminación. Entre sus acuerdos están la creación de un Consejo de Administración de los programas del medio ambiente, de un Secretariado que coordine los organismos de las Naciones Unidas y de un fondo de contribución voluntaria para financiar los programas. Se adoptaron recomendaciones como convocar a una segunda conferencia sobre la protección del medio ambiente; condenar las pruebas nucleares, principalmente las que se llevan a cabo en la atmósfera; detener la pesca de la ballena; crear una red mundial de vigilancia de la contaminación; disminuir la producción de materiales sintéticos y aumentar la elaboración de sustancias degradables.

Cada país se preocupa por prevenir y combatir la contaminación ambiental; en México, la Comisión Jurídica para Prevenir y Controlar la Contaminación Ambiental, que depende de la Procuraduría General de la República, elaboró la *Ley Federal para prevenir y controlar la Contaminación Ambiental*. En sus diversos artículos especifica que el Ejecutivo Federal debe fomentar y propiciar programas de estudio e investigación para desarrollar nuevos métodos, sistemas, equipos, aditamentos, dispositivos, etc., que permitan prevenir, controlar y abatir la contaminación; desarrollar programas educativos sobre el problema de la contaminación ambiental, señalar las normas y los procedimientos técnicos a los que se deben sujetar emanaciones, descargas, depósitos y transportes; regular el transporte, la composición, el almacenamiento y el uso de combustibles, solventes, aditivos que puedan causar o causen contaminación del ambiente; también se establecieron las infracciones a esta ley.

En diciembre de 1982 se derogó la ley anterior y se promulgó la *Ley Federal de Protección al Ambiente*, en la que no sólo se enfoca al aspecto de la salud humana, sino que se incluyen artículos para proteger la fauna, la flora, el suelo y los ecosistemas marinos. La Subsecretaría de Mejoramiento del Ambiente, que estaba ubicada en la Secretaría de Salud, pasó a depender de la Secretaría de Desarrollo Urbano y Ecología (SEDUE).

El 28 de enero de 1988 se publicó en el *Diario Oficial de la Federación la Ley General del Equilibrio Ecológico y la Protección al Ambiente*, que se refiere a las disposiciones de la *Constitución Política de los Estados Unidos Mexicanos* referentes a la protección del ambiente en el Territorio Nacional y las zonas sobre las que la nación ejerce su soberanía y jurisdicción. Consta de seis títulos:

I. Disposiciones generales
II. Áreas naturales protegidas
III. Aprovechamiento racional de los elementos naturales
IV. Protección al ambiente
V. Participación social
VI. Medidas de control y de seguridad

Además tiene reglamentos:

1. De la Ley General de equilibrio ecológico y la protección al ambiente en materia de impacto ambiental (modificación del ambiente ocasionada por la acción del hombre o de la naturaleza).
2. Para la prevención y control de la contaminación generada por los vehículos automotores que circulan por el D.F. y los municipios de su zona conurbada.
3. En materia de residuos peligrosos.
4. En materia de prevención y control de la contaminación de la atmósfera.
5. En materia de prevención y control de la contaminación del agua.
6. Para la contaminación originada por la emisión de ruido.
7. Para prevenir y controlar la contaminación del mar por vertimiento de desechos y otras materias.

Existe una Comisión Nacional de Ecología integrada por los representantes de las Secretarías de Salud, Desarrollo Urbano y Ecología y de Programación y Presupuesto.

Como en la zona conurbada de la Ciudad de México se concentra cerca de 40% de la planta productiva del país y el aire no circula con libertad, en la Comisión Nacional de Ecología se formó la Subcomisión de Contaminación Atmosférica en la zona Metropolitana. Existe una red automática de monitoreo de la calidad del aire del área metropolitana; está dividida en cinco zonas: noreste, noroeste, centro, sureste y suroeste y registra periódicamente la concentración de los principales contaminantes como el bióxido de azufre, monóxido de carbono, óxido de nitrógeno y ozono (índice IMECA).

En 1987, la Comisión Nacional de Ecología consideró que para disminuir la contaminación del aire se debe:

- Aplicar tecnología más avanzada en los vehículos nuevos.
- Revisar los motores de los vehículos en circulación.
- Proporcionar apoyos fiscales a talleres autorizados para la adquisición de equipo que permita verificar y rectificar los motores de vehículos en mal estado.
- Restringir el uso de vehículos particulares un día a la semana durante los meses de mayor inversión térmica (de noviembre a febrero).
- Utilizar combustibles de más calidad.
- Ampliar el transporte colectivo no contaminante.
- Controlar el polvo de camiones materialistas.
- Asignar horarios especiales para el reparto de mercancías.
- Reubicar a los trabajadores para disminuir la distancia que deben recorrer.
- Exigir a las industrias que utilicen equipos anticontaminantes.
- Reubicar a las industrias fuera de las ciudades.
- Disminuir el ruido.

- Estimular a las personas para que fabriquen y adquieran equipos anticontaminantes.

Para disminuir la contaminación del suelo y del agua:

- Separar la basura orgánica de la inorgánica; crear centros que reciban depósitos vacíos de vidrio y plástico con el objeto de industrializarla y la que no sirva para esto, utilizarla como relleno sanitario; es decir, para rellenar terrenos.
- Sanear los ríos, las lagunas y las bahías muy contaminados.
- Aumentar las plantas de tratamiento de las aguas negras.
- Aumentar las áreas verdes.
- Proteger los mantos acuíferos.
- Evitar descargas altamente contaminadas a drenajes, cuencas y mantos acuíferos.

Para conservar y restaurar los recursos naturales:

- Realizar campañas contra incendios forestales.
- Proteger los bosques y reforestarlos.
- Proteger especies y santuarios; por ejemplo, la tortuga marina, el flamenco rosado en Yucatán, el águila real, la mariposa monarca, los tucanes, los jaguares, el ganso, la grulla gris y el borrego cimarrón.
- Sancionar el tráfico ilegal de especies.

Para controlar sustancias químicas peligrosas:

- Legislar y controlar el uso de plaguicidas.
- Controlar la presencia de plaguicidas en los alimentos.
- Controlar los deshechos y las sustancias peligrosas.

En cuanto a la educación para la salud ambiental:

- Propiciar la participación de los habitantes en acciones ecológicas.
- Informar y capacitar recursos humanos para la salud ambiental.
- Impedir el uso de aerosoles que lesionan la capa de ozono; la cual favorece el filtrado de los rayos ultravioleta de los rayos solares.

Higiene de la vivienda

Se llama **vivienda** a la estructura que el hombre utiliza para cubrirse y protegerse de las inclemencias del tiempo, con sus dependencias, que son las instalaciones o los servicios necesarios o convenientes para la salud física, mental y social del individuo, la familia y la sociedad. También se consideran viviendas los hoteles, sanatorios y edificios, siempre y cuando en ellos vivan seres humanos en forma temporal o permanente.

La vivienda es importante para mantener la salud y evitar enfermedades; si no es higiénica hay un aumento en la morbilidad y la mortalidad, se incrementa la frecuencia de accidentes, hay relaciones humanas inadecuadas, incomodidad, malestar e insatisfacción.

> Si se pinta el interior de la vivienda con blanco o colores claros se verá más amplia y con más luz.

En 2008 el INEGI informó que 90.3% de las viviendas tenía agua entubada y 95.03% dispone de energía eléctrica. Los materiales predominantes en la construcción son el tabique, ladrillo y block en 78.9%.

El promedio de personas por vivienda descendió de 5 a 4.0.

Principios fundamentales de la vivienda

1. **Fisiológicos** Al planear la construcción se debe orientar la casa de manera que quede protegida de los vientos, que no haya minas de arena bajo el terreno y reciba la mayor cantidad de sol y luz; las habitaciones más soleadas se deben usar como dormitorios; el material de construcción no debe ser inflamable, debe aislar del frío y del calor y proteger contra la humedad; esto se logra con piedra o ladrillo, reforzados con cemento y varilla. Los tabiques de paredes dobles sirven de aislantes. Los cimientos deben ser sólidos y las paredes lo suficientemente gruesas. Los pisos requieren tener piezas de fácil unión y limpieza; las puertas y ventanas deben ser amplias para que haya buena ventilación y buena iluminación. El techo puede ser de cemento, ladrillo, teja o lámina de asbesto, y debe existir agua potable y un buen sistema de eliminación de excretas.

Para que haya una buena ventilación, el aire debe renovarse con una frecuencia de dos a tres veces por hora; para lograrlo, las puertas y ventanas deben estar en paredes opuestas pero no una enfrente de la otra.

La atmósfera de la vivienda debe tener pureza química; esto se logra utilizando en forma adecuada el drenaje y los calentadores; muchas personas calientan la vivienda con braseros que producen bióxido y monóxido de carbono, tóxicos que provocan sueño y pueden llevar a la muerte.

La vivienda debe recibir luz solar y artificial adecuada, además de proteger contra el ruido (utilizando tabiques de pared doble) y tener espacio suficiente.

2. **Psicológicos** Debe permitir al individuo un aislamiento suficiente.

Figura 45.4 El hacinamiento es uno de los principales problemas en las grandes ciudades, además de no contar con los servicios suficientes, estos asentamientos irregulares son foco de problemas sociales como la delincuencia y el tráfico de drogas.

Debe existir la posibilidad de que se lleve una vida familiar normal.

Las instalaciones deben facilitar las labores domésticas y el aseo personal.

Y debe existir un ambiente estético; a este respecto los colores claros reflejan más luz y dan la impresión de que la casa es más amplia.

3. Proteger contra la transmisión de enfermedades Para ello se necesita:

- Agua potable dentro de la vivienda.
- Instalaciones sanitarias.
- Proteger las instalaciones.
- Proteger las superficies interiores contra aguas residuales (humedad, etcétera).
- Evitar factores antihigiénicos cerca de la vivienda, como pueden ser los basureros.
- Instalaciones adecuadas para conservar los alimentos.
- Dormitorios suficientemente amplios. Se ha visto que el virus de la influenza alcanza una distancia de 1 metro, por lo que si las camas quedan separadas 1.15 o 1.10 m se evitará que los virus que elimina la persona enferma lleguen a las otras camas.

4. Debe protegerse contra accidentes Los accidentes de mortalidad son muy frecuentes.

Cerca de 50% de los accidentes no mortales ocurren en el hogar. En los menores de un año se deben a estrangulación accidental, sofocación mecánica, asfixia por alimentos o cuerpos extraños en el tracto respiratorio o por caídas de la cama o de la cuna. El grupo más afectado en el hogar es el de uno a cuatro años y después el de los ancianos. Parece ser que son más comunes en el sexo masculino.

Las quemaduras son muy frecuentes en los niños de 5 a 14 años y después en los preescolares (agua caliente, ácidos, fuego y electricidad); las intoxicaciones se deben a la ingestión de medicamentos (tranquilizantes, anticolinérgicos, aspirina, somníferos, antihistamínicos y jarabes para la tos); hidrocarburos (petróleo, gasolina, aguarrás, *thinner*); cáusticos (sosa, amoníaco, ácidos, cal viva); raticidas, insecticidas, detergentes y blanqueadores. Los lugares en donde más ocurren estas intoxicaciones son el dormitorio y la cocina.

Martha Híjar Medina y colaboradores realizaron un estudio en hospitales de urgencias en 1992 con niños menores de 10 años: predominó el sexo masculino (62%), el grupo de uno y dos años (37%) y las lesiones más frecuentes fueron las contusiones, heridas de la cabeza y fracturas. Entre las principales causas se encontraron las caídas de un nivel a otro (principalmente desde escaleras y de la cama); las caídas del mismo nivel (resbalón o tropezón) y las quemaduras con líquidos hirvientes (en especial el agua para preparar el baño).

A pesar de que se pueden presentar en cualquier nivel socioeconómico, son más frecuentes en hijos de familias de nivel bajo, que trabajan, de familia numerosa y durante la ausencia de la madre.

Suceden más en zonas suburbanas, en donde los niños generalmente tienen poca vigilancia. El horario más frecuente es de las 6 a las 12 horas y los lugares más comunes para las caídas son los patios y los dormitorios; y para las quemaduras, la cocina. En cuanto a las intoxicaciones, que son más frecuentes en la recámara y en la cocina, muchas de las sustancias que ingieren los niños no están almacenadas adecuadamente, tienen presentación llamativa, con aspecto y sabor de dulces, y se guardaron en envases de refrescos, vasos o tazas.

Las diez principales causas de riesgo son las siguientes:

1. Escaleras inadecuadas.
2. Instalaciones eléctricas deficientes.
3. Sustancias tóxicas y medicamentos.
4. Objetos sueltos en el suelo.
5. Objetos con filo (tijeras, cuchillos, etc.).
6. Armas en la casa y posibilidad de manejarlas.
7. Fuego al alcance de los niños.

8. Pisos resbalosos.
9. Depósitos de agua sin tapar.
10. Juego de niños en la cocina.

Las medidas preventivas generales para los accidentes en el hogar se pueden dirigir al huésped, al agente o al ambiente.

Huésped Se debe dar educación sanitaria, buenas normas de nutrición ajustadas a las diferentes fases del desarrollo, atención al desarrollo de la personalidad y eliminar los estados patológicos.

Agente Las sustancias tóxicas se deben almacenar adecuadamente. Las sustancias inflamables se manejan con cuidado y se corrigen los defectos de construcción; por ejemplo, si hay alguna duela desprendida, hay que clavarla.

Ambiente Elevar el nivel socioeconómico, mejorar las características de la vivienda y modificar favorablemente los hábitos y las costumbres.

En cuanto a la vivienda:

* Emplear materiales y métodos que eviten derrumbes.
* Controlar los factores que puedan provocar incendios y su propagación; ejemplo: el uso de veladoras.
* Medios rápidos y eficaces que permitan la evacuación en casos de emergencia, como escaleras y mangueras para controlar incendios.
* Protección contra quemaduras y descargas eléctricas colocando protectores en los contactos, cuidando que los mangos de las cacerolas queden hacia el fondo de la estufa, etc.
* Protección contra los escapes de gas; para ello se recomienda que los tanques y calentadores estén fuera de la casa.
* Vigilar que las orillas de los escalones se encuentren en buen estado, evitar los pisos resbalosos, secando el agua de los pisos, etc.

Medidas preventivas específicas

Dirigidas al huésped. Atención al desarrollo de la personalidad, la dieta debe ser adecuada, debe conocer cómo se pueden prevenir los accidentes.

Dirigidas al agente. Evitar el contacto y no dejar al alcance de los niños sustancias tóxicas o químicas y etiquetar toda sustancia con su nombre correspondiente, así como el peligro que puede causar.

Dirigidas al ambiente. Modificar favorablemente los hábitos.

Medidas higiénicas que puede seguir el individuo para fomentar su salud:

a) **Individuales** Llevar una dieta balanceada, encauzar la actividad de los niños, tener recreación adecuada e higiene mental.
b) **A nivel de la familia** Mejorar su estilo de vida, tratar de que las relaciones con los miembros de la familia sean armoniosas, modificar favorablemente los hábitos y las costumbres de la familia, y que todos reciban información sobre accidentes en el hogar.
c) **A nivel de la comunidad** Mejorar el estado de la vivienda y asistir a pláticas sobre prevención de accidentes.

Medidas para mantener la salud

Son las mismas que para mejorar, aunque se puede agregar a nivel de la familia el desarrollo de la creatividad.

Medidas para evitar los accidentes

Individuales Eliminar los estados patológicos y su modo de vida.

A nivel de la familia Los mayores deben tomar conciencia del problema y dar o recibir pláticas.

A nivel de la comunidad Instalación de mayor número de centros de recreación y de guarderías, controlar el expendio de sustancias tóxicas en envases no apropiados y revisar periódicamente las instalaciones eléctricas.

Fauna nociva

Así como el hombre necesita la fauna para su alimentación, vestido, convivencia o fuente de trabajo, ésta puede dañarlo, produciéndole enfermedades como en el caso de las zoonosis, los animales mordedores, ponzoñosos o venenosos, y los vectores.

Zoonosis

Las zoonosis son enfermedades e infecciones que de una manera natural se transmiten entre los animales vertebrados y el hombre. Pueden ser de varios tipos: directas, ciclozoonosis, metazoonosis y saprozoonosis.

Las zoonosis directas se caracterizan porque se transmiten de un vertebrado infectado a otro susceptible a través del contacto directo, de un vehículo o un vector mecánico; por ejemplo, la *triquinosis* (ingestión de carne de cerdo que contiene quistes y está cruda o poco cocida), la *rabia* (contacto con la saliva infectada a través de una herida), la *brucelosis* (ingestión de leche o productos lácteos crudos provenientes de animales infectados, o contacto con tejidos de éstos) y el ántrax (más frecuente en las personas que preparan pieles, pelo, hueso y sus derivados y lana; así como en veterinarios y trabajadores que manipulan animales infectados).

Las **ciclozoonosis** se caracterizan porque los agentes infecciosos necesitan de más de un vertebrado como huésped; por ejemplo, la *teniasis* (ingestión de carne de cerdo o res parasitada y mal cocida), la *triquinosis* (ingestión de carne de cerdo parasitada y mal cocida) y la *hidatidosis* (ingestión de carne de cabra, oveja, res y cerdo parasitados).

Las **metazoonosis** se caracterizan porque los ciclos vitales de los agentes infecciosos necesitan tanto de vertebrados como de invertebrados; son transmitidas por vectores dentro de los cuales se multiplican; por ejemplo, la fiebre amarilla (producida por un virus y transmitida por el mosquito *Aedes aegypti*), el tifo epidémico (producido por una rickettsia y transmitido por el piojo), la tularemia (producida por *Pasteurella tularensis* y transmitida al arreglar o comer conejos), la leishmaniasis (producida por *Leishmania brasiliensis* y transmitida por el flebótomo), la encefalitis equina (producida por un virus y transmitida por la picadura de mosquitos infectantes), el paludismo o malaria (producido por un *Plasmodium* y transmitido por el mosquito *Anopheles),* la esquistosomiasis (producida por *Schistosoma* y transmitida por un caracol de agua dulce) y el dengue (producido por el virus del dengue y transmitido por un mosquito, como *A. aegypti*).

Las **saprozoonosis** se caracterizan porque el ciclo evolutivo del agente infeccioso necesita un vertebrado y un reservorio o lugar de desarrollo como los alimentos, la materia fecal, el suelo, etc.; por ejemplo, el botulismo (*Clostridium botulinum* se desarrolla en alimentos mal conservados), la histoplasmosis (el hongo necesita desarrollarse en cuevas de murciélagos), etcétera.

Los animales mordedores más frecuentes son el perro, que puede transmitir la rabia, y la rata, que además de la rabia pueden transmitir la peste y producir la fiebre por mordedura de rata.

Los animales ponzoñosos elaboran sustancias venenosas, por ejemplo las serpientes.

Hay animales venenosos que al ingerirlos pueden producir intoxicación alimentaria, como ciertos mejillones, anguilas, peces escombroideos, etcétera.

Los vectores de gérmenes como la mosca y la cucaracha actúan como vectores mecánicos; es decir, transportan microorganismos o parásitos al posarse sobre materia fecal o productos contaminados.

Para la Salud Pública hay artrópodos de gran importancia por las enfermedades que transmiten, como el mosquito *Anopheles*, que transmite el paludismo; el *Aedes*, la fiebre amarilla y el dengue; las pulgas, la peste y el tifo murino y el piojo, el tifo.

Medidas preventivas

Para evitar la rabia, los perros y gatos se deben vacunar; los perros sin dueño o aquellos que no estén vacunados y se encuentren fuera de sus casas, aunque tengan dueño deben capturarse. Si una persona ha sufrido una mordedura, inmediatamente debe lavarse la herida con agua y jabón, acudir al médico y vigilar al perro o gato durante diez días; si en ese lapso muestran algún cambio de conducta, se deben sacrificar para examinarlos. Si el perro es callejero, debe ser inmunizada. Si se captura al animal y se sospecha que tiene rabia debe ser sacrificado inmediatamente para examinar su cerebro. Las personas que están en contacto con fauna salvaje en áreas donde exista la enfermedad, deben inmunizarse antes de exponerse.

En las enfermedades que se pueden adquirir al ingerir la carne infectada o parasitada, lo que se aconseja es cocerla bien.

Las personas que trabajan con animales o en lugares donde hay saprozoonosis deben recibir información de las enfermedades que pueden adquirir y cómo prevenirlas; por ejemplo, usar ropa protectora, contar con instalaciones para lavarse y cambiarse de ropa después del trabajo, tener comedores separados de los lugares de trabajo, desechar la piel y la carne de los animales enfermos, los cuales deben ser incinerados, así como evitar el transporte de animales infectados vivos o muertos de un estado a otro del país.

El control de los roedores es muy difícil; sin embargo, hay que almacenar y eliminar la basura de manera

Figura 45.5 El control inadecuado de perros y gatos, aunado al descuido de sus propietarios, ocasiona el incremento de la población de animales callejeros, los cuales son portadores de enfermedades.

adecuada; se pueden atrapar por medio de trampas o envenenarlos. También puede servir la presencia de algún enemigo natural, como los gatos, y se debe fumigar sólo cuando se utiliza personal adiestrado y en condiciones especiales.

Para eliminar a los mosquitos transmisores de enfermedades se deben destruir las larvas y los criaderos, rellenando y drenando los charcos. Hay que proteger las ventanas con tela metálica, usar mosquiteros y, si es necesario, repelentes para los mosquitos. Se utilizan también insecticidas de acción residual.

Higiene del transporte y la vía pública

En la vía pública ocurren muchos accidentes, más frecuentes en la población de los 15 a los 24 años.

En el D.F., 33% de la mortalidad por causas violentas se debió a accidentes de tránsito. Las personas que tienen más riesgo son los peatones (84%); en cuanto a los pasajeros, corre más peligro quien viaja junto al conductor y están más protegidos los que viajan en la parte posterior. Los vehículos que producen más accidentes son los automóviles y les siguen las bicicletas, los autobuses y las motocicletas; los menos peligrosos son el tranvía y el ferrocarril.

El transporte sirve para trasladar personas, alimentos o cualquier producto. Desde el punto de vista higiénico puede aumentar la difusión de enfermedades como el **resfrío común (gripe)** y la **bronquitis**, además de que produce ruido y, en muchas ocasiones, gases nocivos. Si la circulación no es adecuada, las personas tie-

▶ Figura 45.6 La gran mayoría de los accidentes de tránsito tiene lugar en el transporte público de las ciudades y se debe principalmente a alta velocidad, fatiga del conductor y malas condiciones de las unidades.

nen que esperar durante mucho tiempo, y si transportan alimentos o productos biológicos, éstos en muchas ocasiones se descomponen en el trayecto.

El riesgo de sufrir un accidente en la vía pública es mayor en las ciudades, debido a que en ellas hay un gran número de vehículos y de personas expuestas. Las principales causas de los accidentes son alta velocidad, deslumbramiento y fatiga, aunque también se pueden deber a que los vehículos estén en malas condiciones o a que las carreteras se encuentran en mal estado.

Entre los factores predisponentes se encuentran:

- Ancianidad, infancia y debilidad mental.
- Personalidad inestable, agresiva o antisocial, incapacidad para soportar tensiones o para dominar los impulsos hostiles.
- Falta de entendimiento en sistemas de tránsito.
- Enajenación mental (por alcoholismo, ayuno prolongado o fármacos).
- Distracción momentánea.
- Impericia del conductor.
- Violación de las reglas y señales de tránsito.

Por parte del peatón:

- Cruzar indebidamente las calles.
- Bajarse de vehículos en movimiento.
- Usar las calles como campos deportivos.

Se ha observado que los accidentes en la vía pública son más frecuentes los domingos, después los sábados y los tres días posteriores al día de pago, en el mes de diciembre, en periodos de vacaciones, de las 20 a las 24 horas y en calzadas y avenidas.

La región anatómica más afectada es el cráneo, con especial repercusión sobre el encéfalo, después las extremidades, principalmente la tibia, la fíbula (peroné), el fémur, el ulna (cúbito), el radio y la cara.

Otro problema que puede ocasionar el tránsito es el aumento de la tensión emocional.

Dentro de las medidas preventivas generales se recomienda:

Las personas deben tener una alimentación adecuada, educación higiénica, educación mental y eliminar los estados patológicos.

En cuanto al ambiente, debe haber buena iluminación en las vías públicas y arreglar las que se encuentren en mal estado, elevar el nivel cultural.

Los transportes deben estar en buen estado.

Medidas preventivas específicas

Se debe revisar que el vehículo tenga buena visibilidad, que el sistema de frenos, de marcha y de señales, así como las llantas, se encuentren en buen estado.

El peatón debe utilizar los puentes para peatones al cruzar las calzadas y avenidas, o las zonas destinadas para ellos al cruzar las calles, respetar las señales de tránsito, evitar bajarse de los vehículos en movimiento y no jugar en las calles.

El conductor debe tener conocimientos básicos para conducir, usar el cinturón de seguridad, respetar los límites de velocidad (tampoco manejar con demasiada lentitud), respetar las señales de tránsito, hacer con anticipación las señales cuando se va a detener o a dar vuelta, ceder el paso a vehículos de urgencia, como ambulancias, carros de bomberos y patrullas, tener cuidado al cruzar las vías de ferrocarril, recordar que los vehículos que circulen en calzadas y avenidas tienen la preferencia, manejar con cuidado y cortesía hacia otros conductores y peatones, evitar manejar si se ha ingerido bebidas alcohólicas o sustancias tóxicas; si se tiene sueño, fatiga física o alteración emocional, estar alerta y evitar distraerse, tener cuidado en los cruces, aprender a ceder el derecho a pasar, evitar conducir a poca distancia del automóvil que está adelante para disponer de tiempo suficiente en caso de que deba frenar rápidamente, evitar el uso de luces muy intensas en la noche que afecten la visibilidad de otros conductores y no prestar el vehículo a personas irresponsables.

Por parte de las autoridades, debe existir vigilancia estricta para hacer cumplir el reglamento de tránsito, reglamentar la expedición de licencias para conducir, construir adecuadamente las carreteras y los vehículos, cerrar la vía pública mientras la reparan e impedir que circulen medios de transporte en malas condiciones (oficiales y particulares).

Higiene del trabajo

La **higiene del trabajo** tiene por objeto proteger y mejorar la salud de las personas que desempeñan un oficio o profesión, prevenir el daño a la salud por las condiciones de su trabajo, protegerlas contra los riesgos a los que están expuestas y colocarlas en un empleo de acuerdo con sus aptitudes físicas y psicológicas.

La **higiene industrial** es el arte científico del reconocimiento, la evaluación y el control de aquellos factores ambientales en los lugares de trabajo que pueden causar riesgos, disminuir el bienestar o producir molestias a los trabajadores, o entre los habitantes de la comunidad.

La Ley Federal del Trabajo, en su artículo 473, expresa: "Riesgos de trabajo son los accidentes y enfermedades a que están expuestos los trabajadores en ejercicio o con motivo del trabajo". Con motivo de su trabajo significa que se presentan dentro del local de trabajo, pero no como consecuencia del mismo.

En su **artículo 474** dice: "Accidente de trabajo es toda lesión orgánica o perturbación funcional inmediata o posterior o la muerte, producida repentinamente en ejercicio o con motivo del trabajo, cualesquiera que sean el lugar y el tiempo en que se presente. Quedan incluidos en la definición anterior los accidentes que se produzcan al trasladarse el trabajador de su domicilio al lugar de trabajo y de éste a aquél".

En su **artículo 475** dice: "Enfermedad de trabajo es todo estado patológico derivado de la acción continuada de una causa que tenga su origen o motivo en el trabajo o en el medio en que el trabajador se vea obligado a prestar sus servicios".

Las lesiones más frecuentes son las contusiones y les siguen las heridas, los esguinces, las fracturas, las quemaduras y los cuerpos extraños.

Hay actividades que tienen un riesgo más específico que otras; por ejemplo, los veterinarios y ganaderos están más expuestos a contraer infecciones como el ántrax; los mineros que trabajan en lugares húmedos están más expuestos a la anquilostomiasis (las larvas de *Anclyostoma duodenale* penetran a través de la piel, producen anemia grave y se dirigen al intestino, por lo que el individuo parasitado elimina los huevecillos a través de la materia fecal); los fundidores de metal, vidrieros, panaderos, fogoneros y todos aquellos que tienen que trabajar en un ambiente muy caliente pueden tener alteraciones en los músculos porque pierden mucho sodio con el sudor; en cambio, los que trabajan en lugares muy fríos como las fábricas de hielo o los frigoríficos están más expuestos a tener enfermedades respiratorias y reumatismo; los que laboran en lugares calientes y húmedos como las industrias textiles, lavan-

▶ **Figura 45.7** La higiene del trabajo tiene el propósito de proteger y mejorar la salud de las personas que desempeñan un oficio o profesión en situaciones de riesgo.

derías o tintorerías están más expuestos a accidentes debido a la mala visibilidad o al calor excesivo; los trabajadores submarinos, al estar en lugares donde hay más presión, pueden sufrir embolias gaseosas si ascienden rápidamente o no pasan a la cámara de descompresión; las personas que trabajan en lugares donde hay mucho ruido pueden tener alteraciones nerviosas; las que trabajan con radiaciones pueden sufrir esterilidad o cáncer, y los que trabajan con gases y vapores tóxicos pueden sufrir asfixia o alguna intoxicación.

Los **agentes causales** de los riesgos del trabajo pueden ser químicos, biológicos y físicos.

Los **agentes físicos** son, por ejemplo, defectos en la temperatura, humedad o velocidad del aire, de la iluminación, presiones anormales, calor, ruido, vibraciones, radiaciones, etcétera.

Los **agentes químicos** pueden contaminar el aire, los equipos o las herramientas; pueden ser sólidos (sílice, plomo, etc.) que se encuentran en los polvos y los humos; líquidos (álcalis, ácidos, anilinas) que aparecen en las neblinas o en los rocíos y de gases y vapores tóxicos (óxido de plomo, óxido de zinc, solventes, CO_2, SO_2, etcétera).

Los **agentes biológicos** pueden producir infecciones como el carbunco o ántrax (lesiones en la piel que pueden generalizarse por todo el organismo al manipular el ganado, inhalar esporas o ingerir carne contaminada) o infestaciones como la anquilostomiasis.

Entre las causas que pueden originar los accidentes de trabajo se encuentran:

a) **Dependientes del trabajador** Cuando hay fatiga, desconocimiento del peligro, distracción, desobediencia de las instrucciones, irritabilidad, falta de pericia, incapacidad intelectual, ebriedad o defectos físicos.
b) **Dependientes del trabajo y del ambiente** Por ejemplo, cuando la maquinaria o el equipo se encuentran en mal estado, faltan sistemas de protección o hay mala visibilidad.
c) **Externas** O sea que son consecuencia de circunstancias a las que está expuesto el trabajador; por ejemplo, cuando hay que revisar alguna maquinaria en movimiento.

Otro riesgo es la **fatiga**, que se puede deber al número excesivo de horas de trabajo, rapidez en el trabajo, monotonía, falta de periodos de descanso, posturas incómodas, ruidos excesivos o monótonos, calefacción excesiva, iluminación deficiente o defectuosa, inseguridad en el trabajo y falta de adaptación; se manifiesta por sensación de cansancio y por una disminución de la capacidad del trabajador.

Hay factores fuera del trabajo como la falta de sueño, las malas condiciones de la vivienda, la tensión emocional, los problemas económicos o las enfermedades, por lo que es importante proporcionar atención a la familia del trabajador.

La intensidad y la calidad del trabajo deben estar relacionadas con la edad, el sexo, el estado de nutrición, el clima y el estado de salud del individuo.

Las condiciones deseables del medio de trabajo son las siguientes:

a) seguro (no peligroso)
b) saludable
c) cómodo
d) sin cargas excesivas
e) psicológicamente adecuado

La satisfacción por el trabajo generalmente disminuye a medida que desciende el nivel ocupacional. Un factor muy importante es el aburrimiento que generalmente se observa en trabajos simples. Hay que considerar también que algunas personas prefieren la rutina y a otras les gusta la variedad.

La estabilidad en el trabajo da seguridad. El trabajador debe sentirse a gusto con lo que está realizando; a algunas personas les puede agradar su trabajo porque es sencillo o relativamente libre de tensión; en cambio, a otras les gusta porque les ofrece oportunidades de reconocimiento, mientras que para otros la satisfacción puede provenir de lo que están haciendo de acuerdo con su capacidad y entrenamiento.

Existe en México una legislación de trabajo (Ley Federal del Trabajo) y el 19 de diciembre de 1978 se publicó en el Diario Oficial la adición del Artículo 123 Constitucional, que dice: "Toda persona tiene derecho al trabajo digno y socialmente útil; al efecto, se promoverán la creación de empleos y la organización social para el trabajo conforme a la ley". Se especifica, entre otras cosas que:

* La jornada máxima debe ser de 8 horas durante el día y de 7 horas en los trabajos nocturnos.
* Los menores de 16 años no deben trabajar después de las diez de la noche.
* Los mayores de 14 y menores de 16 deben tener jornadas de 6 horas diarias.
* Por cada seis días de trabajo, se debe descansar un día, cuando menos.
* Las mujeres, durante el embarazo, no realizarán trabajos que exijan un esfuerzo considerable y signifiquen un peligro para su salud con la gestación; gozarán forzosamente de un descanso de seis semanas anteriores a la fecha fijada aproximadamente para el parto y seis semanas posteriores al mismo;

deben percibir su salario íntegro y conservar su empleo y los derechos que hubieren adquirido por la relación de trabajo. En el periodo de lactancia, tendrán dos descansos extraordinarios, por día, de media hora cada uno, para alimentar a sus hijos.

- Las empresas están obligadas a proporcionar a sus trabajadores capacitación o adiestramiento para el trabajo.
- Las empresas deben indemnizar a los trabajadores cuando sufran accidentes de trabajo y enfermedades profesionales, con motivo o en ejercicio de la profesión o trabajo que ejecuten.
- Deben existir condiciones de seguridad e higiene en los locales de trabajo adecuadas al tipo de actividad que en ellos se desarrolla; por ejemplo, respecto a techos, paredes, patios, rampas, escaleras, vías, etc.
- Debe haber adecuada iluminación natural y artificial.
- La ventilación puede ser natural (ventanas y chimeneas) o artificial, cuando sea necesario (ventiladores, aspiradoras y aire acondicionado).
- La temperatura también debe ser adecuada.
- Debe haber protección contra la humedad y el ruido.
- Las condiciones para realizar el trabajo deben ser adecuadas.
- Deben existir salas de vestir tanto para hombres como para mujeres.
- Debe haber salas de descanso.
- Debe haber servicio médico.
- Debe haber protección contra incendios.
- Respecto al agua potable y servicios sanitarios, se calcula que cada trabajador necesita tener disponibles 100 litros de agua por jornada de trabajo, que debe haber un bebedero higiénico por cada 30 trabajadores, un lavabo con agua corriente y albañal (drenaje) por cada 25 trabajadores y un excusado por cada 15 trabajadores.
- Los locales se deben asear frecuentemente.
- Deben existir comedores para evitar que los trabajadores consuman sus alimentos en el local de trabajo, sobre todo cuando hay polvos tóxicos que los pueden contaminar.
- Cuando el trabajador permanece sentado durante varias horas, los asientos deben ser cómodos y anatómicos.

Entre las medidas individuales están:

- La educación a los trabajadores y sus familiares respecto de hábitos higiénicos, prevención de enfermedades y de accidentes.
- Se debe practicar un examen médico al trabajador al ingresar y periódicamente.

- Deben existir facilidades para el aseo personal.
- Usar ropa protectora como guantes, delantales, cascos, anteojos y máscaras cuando sea necesario.

Higiene de los centros de reunión

La creación y la administración de estos sitios requiere elementos que garanticen la comodidad y eviten la difusión de enfermedades o accidentes.

Sitios de recreo y diversión

1. Las construcciones y los espacios deberán calcularse de acuerdo con el número de usuarios y de las actividades que se realizarán en ellos.
2. Todos los locales deberán tener salidas, pasillos o corredores que conduzcan a las puertas de salida o a las escaleras. El ancho mínimo de los pasillos debe ser de 1.20 m; los barandales deben tener una altura mínima de 0.90 m, y cada barrote de los barandales debe separarse de los otros 15 cm para evitar que un niño pueda salir entre ellos.
3. Las escaleras deben tener escalones con una profundidad mínima de 25 cm y una altura máxima de 18 cm con acabado antideslizante.
4. Los accesos y las salidas deberán permitir el desalojo del local en tres minutos como tiempo máximo. La anchura de accesos o salidas que comuniquen con la vía pública deben ser múltiplos de 0.60 m y un mínimo de 1.20. (Se calcula que una persona pasa por una anchura de 0.60 m/s.)
5. Deberán tener señales luminosas con puertas abatibles hacia el exterior y de preferencia de dos hojas.
6. En cuanto al agua, los centros de reunión y las salas de espectáculos deben calcular seis litros por asistente; los centros deportivos deben tener cuartos de baño con pisos impermeables y antideslizantes.
7. Para la iluminación se tomará en cuenta la intensidad, el color, la colocación, el tipo de trabajo o actividad, el color del plano y la edad del individuo. La luz blanca produce somnolencia y, si hay objetos en movimiento, se pierde el efecto del movimiento; por esta razón en las industrias no debe haber luz blanca, la cual tiene vibraciones. El color de la luz debe ser de acuerdo con la actividad. La luz directa afecta a la vista y, si estamos ante un plano blanco, se refleja, por lo que si hay placas cromadas o superficies brillantes pueden lesionar la vista. Una persona que utiliza anteojos necesita mayor cantidad de luz. Los niveles de iluminación adecuados son los siguientes:

Hoteles:

Recepción y caja	300 Lux
	(unidad de iluminación)
Habitaciones	150 Lux
Guardarropa	150 Lux

Oficinas:

Máquinas de escribir	750 Lux
Tableros de dibujos	750 Lux

Tiendas o almacenes:

Iluminación general	500 Lux
Mostrador	500 Lux

Salones de clases: 500 Lux

Industria:

Almacenes	150 Lux
Cuarto de calderas	150 Lux
Cuartos de herramientas	750 Lux
y calibración	

Restaurantes: 150 Lux

8. El ruido tiene los siguientes valores límite permisibles:

85 decibeles si se va a estar oyendo	8 horas
90	4 horas
95	2 horas
100	1 hora
105	30 minutos
110	15 minutos
115	7.5 minutos

▶ **Figura 45.8** Los grandes centros de reunión como salas de espectáculos, casinos, cines y teatros, entre otros, deben contar con salidas de emergencia, extinguidores y sistemas de ventilación adecuados para proteger la salud de los asistentes en caso de un siniestro.

9. Ventilación. Las construcciones que no cumplan con las características de ventilación natural deberán contar con ventilación artificial que tenga la capacidad suficiente para renovar por lo menos diez veces el volumen de aire por hora.
10. Calderas y calentadores. No deben causar molestias, no contaminar ni poner en peligro la vida de las personas.
11. Las instalaciones y los locales deben limpiarse constantemente.
12. En cuanto al uso de desinfectantes y fumigaciones periódicas, hay quienes están de acuerdo y quienes no lo están.
13. No se permitirá la entrada de animales, a menos que participen en espectáculos.
14. El personal debe tener tarjeta sanitaria vigente.

Requisitos específicos

Los edificios para educación deberán tener:

- Superficie del aula suficiente para que cada alumno disponga de dos metros cuadrados como mínimo.
- Superficie de esparcimiento de 2.25 a 3 m² por alumno.
- Altura mínima de 3 m.
- Un excusado y un mingitorio por cada 30 alumnos.
- Un bebedero por cada 100 alumnos.
- Un servicio médico.

Los centros de reunión como los restaurantes y salones de fiesta necesitan:

- Superficie mínima de 1 m² por persona y, si hay pista de baile, 1 m² más por persona.
- Un excusado y un mingitorio por cada 60 personas.
- Un lavabo por cada cuatro excusados.

Salas de espectáculos

- Los asientos deberán tener una anchura mínima de 0.50 m.
- La distancia mínima entre dos respaldos debe ser de 0.85.
- La distancia entre el frente y el respaldo debe ser de 0.40 m.
- Los pasillos deberán tener un ancho mínimo de 1.20 m.

Albercas

- Deberán tener equipos de recirculación, filtración y purificación del agua.

- Boquillas de inyección para distribuir el agua tratada y de succión para el aparato que limpia el fondo.
- Deberán tener rejillas de succión distribuidas en la parte honda de la alberca.
- Se deberá colocar material antideslizante de 1.5 m de ancho alrededor de la alberca.
- Deberán tener una escalera por cada 23 m lineales de perímetro en los sitios donde hay más de 0.90 m de profundidad.

Salud colectiva

Entre 1920 y 1930 se formó una Comisión Sanitaria de la Sociedad de las Naciones que llevó a cabo estudios epidemiológicos y se preocupó por dar servicios sanitarios a países atrasados.-

Después de la Segunda Guerra Mundial surgió la Organización Mundial de la Salud, la cual estableció que la salud de todos los pueblos era fundamental para la consecución de la paz y que la seguridad dependía de la cooperación de los individuos y los estados. Cada año crece el número de estados miembros y la política de la organización la deciden todos los que constituyen la Asamblea Mundial de la Salud, se reúnen anualmente. La OMS tiene seis oficinas regionales en:

- Brazzaville, República del Congo, para África
- Washington D.C., para las Américas
- Nueva Delhi, India, para Asia sudoriental
- Copenhague, Dinamarca, para Europa
- Alejandría, República Árabe Unida, para los países orientales del Mediterráneo
- Manila, Filipinas, para la región del Pacífico occidental

Todas las actividades se coordinan en Ginebra.

La OMS presta ayuda a las naciones subdesarrolladas para combatir enfermedades transmisibles como la viruela, el cólera, la peste, el paludismo, la tuberculosis y el sida; convoca a conferencias, hace investigaciones y asesora a los gobiernos en sus necesidades sanitarias, favorece el establecimiento de normas para elaborar medicamentos y vacunas. En caso de emergencia internacional y cuando hay algún brote epidémico, la OMS realiza investigaciones y aplica las medidas para controlarlo.

Con frecuencia colabora con otras organizaciones de las Naciones Unidas, como la Organización de los Alimentos y la Agricultura (FAO) y la UNICEF (Fondo Internacional de Emergencia para los Niños).

Su objetivo es que todos los pueblos logren el más alto nivel de salud posible.

Sus funciones son las siguientes:

- Actuar como autoridad directiva y coordinadora de la labor sanitaria internacional.
- Establecer y mantener una colaboración efectiva entre las Naciones Unidas, las agencias especializadas, las administraciones sanitarias gubernamentales, los grupos profesionales y cuantas organizaciones estén relacionadas con la salud.
- Ayudar a los gobiernos, a petición suya, para reforzar los servicios de salubridad de cada país.
- Proporcionar la asistencia técnica adecuada y, en las emergencias, la ayuda necesaria, a petición o con la aceptación del respectivo gobierno.
- Proporcionar o ayudar a que se proporcionen, a petición de las Naciones Unidas, los servicios de salubridad y los medios necesarios a grupos especiales, como los pueblos de los territorios fideicometidos.
- Establecer y mantener los servicios administrativos y técnicos necesarios, incluidos servicios de epidemiología y estadística.
- Estimular y desarrollar la labor tendiente a erradicar las enfermedades epidémicas, endémicas y otras diversas.
- Fomentar, en cooperación con agencias especializadas, la prevención de lesiones por accidentes.
- Fomentar, en cooperación con agencias especializadas, la mejor nutrición, albergue, saneamiento, diversión, condiciones económicas y de trabajo, y otros aspectos de la higiene.
- Fomentar la cooperación entre los grupos científicos y profesionales que contribuyen a mejorar la salud humana.
- Proponer convenciones, convenios y ordenanzas para hacer recomendaciones útiles en los asuntos de salud internacional y llevar a cabo las funciones asignadas por esta organización con este fin.
- Fomentar la salud de las madres y de los niños, y la capacidad para adaptarse a un cambio de ambiente.
- Fomentar las actividades en el campo de la salud mental, especialmente las que atañen a las relaciones humanas.
- Fomentar y dirigir investigaciones acerca de la salud.
- Fomentar mejores normas de enseñanza y de entrenamiento en las profesiones médicas, de salubridad y otras relacionadas.
- Estudiar e informar, en cooperación con otras agencias especializadas cuando sea necesario, las técnicas administrativas y sociales que atañen a la salud pública y a la atención médica desde el punto de vista de la prevención y curación de las enfermedades.
- Proporcionar información, asesoramiento y ayuda en todo cuanto atañe a la salud.

- Ayudar a desarrollar una opinión pública bien informada en lo que atañe a la salud.
- Establecer y revisar, siempre que sea necesario, las nomenclaturas internacionales de las enfermedades, las causas de mortalidad y las prácticas de salud pública.
- Unificar los procedimientos de diagnóstico que sean necesarios.
- Desarrollar, establecer y fomentar las normas internacionales que atañen a los alimentos y a los productos biológicos, farmacológicos y similares.
- Tomar todas las medidas necesarias para servir al objetivo de esta organización.

Primeros auxilios

Los **primeros auxilios** son las medidas de urgencia que se llevan a cabo cuando una persona ha sufrido un accidente o una enfermedad repentina, hasta que pueda recibir atención médica adecuada.

Un accidente es un acontecimiento independiente de la voluntad humana, provocado por una fuerza exterior, que actúa rápidamente y que se manifiesta por daño corporal o mental.

Los objetivos de los primeros auxilios son los siguientes:

1. Salvar la vida.
2. Impedir lesiones posteriores; esto quiere decir que si no sabemos qué hacer, es preferible no intervenir para evitar complicaciones.

Reglas generales

Lo primero que debe hacer la persona que va a impartir los primeros auxilios es conservar la calma y hacer que llamen o llamar al médico.

Debe alejar a las personas curiosas y mantener al paciente en una posición cómoda y adecuada. No lo debe mover del sitio donde se encuentre a menos que corra peligro de sufrir otra lesión; por ejemplo, cuando hay un incendio.

La posición que debe guardar la persona que está en estado de *shock* (o choque) debe ser acostada sobre la espalda (decúbito dorsal), con la cabeza un poco más baja que el resto del cuerpo, si tiene vómito o le está saliendo sangre por la boca o está inconsciente corre peligro de asfixiarse porque puede aspirar estos líquidos; en este caso, la cabeza debe dirigirse hacia uno de los lados. Si la persona tiene dificultad para respirar se le puede colocar en posición semisentada o sentarla.

Hay que examinar a la víctima con mucho cuidado, aflojarle la ropa que le quede ajustada, tratando de moverla lo menos posible. En caso de que se tenga que quitar la ropa del sitio afectado es preferible descoserla o cortarla pues en ocasiones se agravan las lesiones al tratar de desvestirla; por ejemplo, cuando ha sufrido una fractura, al hacer movimientos innecesarios, los fragmentos de hueso afectado pueden romper nervios o vasos sanguíneos. Tampoco se debe desvestir mucho para evitar enfriamientos.

Es muy importante tranquilizar a la víctima y que ésta no observe su lesión, para no agregar un efecto emocional (trauma) al traumatismo físico.

Lo que NO se debe hacer:

- Abandonar a un accidentado o a la persona que sufre una enfermedad repentina.
- Intentar lo que no se sabe hacer.
- Dejar en la boca alimentos, dientes postizos, chicles, dulces, sangre a una persona que pierde el conocimiento (inconsciente). Tampoco se le debe dar a tomar algo (líquido o sólido).
- Mover sin necesidad al paciente.
- Dejar de atender una hemorragia.
- Tocar las heridas con las manos sucias (a menos que haya una hemorragia muy intensa) o aplicar sobre las quemaduras sustancias como tinta, pasta de dientes, pomadas, etc.
- Tratar de acomodar los huesos cuando hay fractura o luxación.
- Mover a una persona con fractura antes de inmovilizar el sitio afectado.

Existe una clasificación de prioridades de urgencia; es decir, hay situaciones que deben atenderse con más premura que otras. En términos generales es la siguiente:

1. Reanimación cardiopulmonar (RCP).
2. Hemorragias.
3. *Shock* (choque).
4. Fracturas.
5. Quemaduras, intoxicaciones, picaduras.
6. Otras lesiones.

> El objetivo de dar los primeros auxilios son salvar la vida e impedir lesiones posteriores, esto quiere decir que si no sabemos qué hacer, es preferible no intervenir para evitar complicaciones.

Reanimación cardiopulmonar (RCP)

Una persona puede haber dejado de respirar por diversas causas:

1. **Bloqueo del tracto respiratorio por líquido.** Esto sucede en la inmersión en agua (ahogados); por obstrucción del tracto respiratorio por huesos, trozos de alimentos, chicles, dulces, juguetes, etc., porque se cierra el paso del aire comprimiendo el cuello, como en el caso de la estrangulación; porque la mucosa respiratoria se inflame al grado de dificultar el paso del aire, como sucede al respirar gases tóxicos o cuando hay un espasmo del tracto respiratorio, producido también por sustancias tóxicas.
2. **Concentración insuficiente de oxígeno en el aire.** Esto se puede observar en los alpinistas, personas que están en espacios cerrados y muy pequeños, en los casos de incendios, etcétera.
3. **Deficiencia en el transporte de oxígeno por la sangre;** por ejemplo, cuando hay gran cantidad de monóxido de carbono (de los automóviles, procesos industriales, etcétera.).
4. **Parálisis del centro respiratorio por un shock** (choque) eléctrico, cantidades excesivas de alcohol, anestésicos o fármacos que depriman el centro respiratorio.
5. **Compresión del cuerpo.** Cuando la persona queda enterrada en arena, lodo o cualquier material que le impida llevar a cabo los movimientos respiratorios.

Si la persona está en algún lugar donde el oxígeno es insuficiente o están presentes gases y sustancias tóxicas, se debe sacar de ese sitio; si esto es imposible por el momento, quien vaya a practicar la respiración artificial debe cerciorarse de que en ese lugar puede respirar; esto se puede comprobar introduciendo una vela encendida, si se apaga la flama y no hay corriente de aire, quiere decir que primero debe sacar a la víctima de ese sitio o que debe utilizarse un aparato especial (mascarilla conectada a un tanque de oxígeno) para evitar que haya una víctima más.

Cuando la persona tiene un paro cardiaco, el corazón deja de funcionar súbitamente; en estos casos hay que actuar con mucha rapidez porque el tejido nervioso puede dañarse irreversiblemente si tarda más de algunos minutos sin recibir el oxígeno que le llega a través de la sangre. En estos casos, se debe colocar a la víctima en posición horizontal, boca arriba y sobre una superficie dura (una tabla o el suelo) y, entonces, se procede a la reanimación.

RCP son las iniciales de la reanimación cardiopulmonar, procedimiento que debe realizarse cuando la víctima tiene paro cardiaco y respiratorio. El ABC de la RCP permite recordar los pasos a seguir: A (*airway*), B (*breathing*) y C (*circulation*) (figura 45.9).

A. Para saber si la víctima tiene permeable el tracto respiratorio acerque su cara a la de ella con el propósito de sentir y oír el paso del aire y, simultáneamente, observar si existen movimientos respiratorios. En una persona inconsciente la lengua tiende a irse hacia atrás, impidiendo el paso del aire, por lo que le debe extender la cabeza con mucho cuidado, apoyando la mano con fuerza sobre la frente y elevando la mandíbula con las puntas de los dedos índice y medio de la otra mano. Una vez que la lengua regresa a su posición normal, se abre la boca haciendo presión sobre el mentón para revisar si existe algún objeto (chicle, dulce, juguete, etc.). Si es necesario, se extrae utilizando el dedo medio a manera de gancho y deslizándolo por el interior de la mejilla hacia el

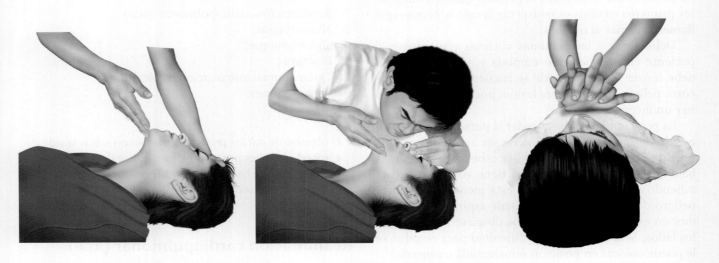

▶ **Figura 45.9** Técnica ABC para reanimación cardiopulmonar.

exterior. En muchas ocasiones con estas maniobras se restablece la respiración, pero si no es así, se procede al siguiente paso.

B. Se aprieta la nariz y una vez que se ha limpiado la boca de alimentos, moco o cualquier sustancia que pueda obstruir el paso del aire (si tiene prótesis dental, se debe quitar) se hace una inspiración profunda y se colocan los labios sobre la boca abierta de la víctima, se sopla con fuerza hasta observar que se eleva el tórax, se deja de soplar y se escucha la salida del aire. Este procedimiento se realiza dos veces seguidas. Si no se observa que el tórax se eleve o se escucha un ruido de ronquido o "gorgoreo", hay que revisar la posición de la cabeza, porque estos datos indican que la maniobra no está permitiendo que el aire llegue a los pulmones. Cuando la persona no desea dar la respiración boca a boca en forma directa, puede colocar una gasa o cualquier trozo de tela limpia entre su boca y la boca de la víctima.

C. Inmediatamente después de dar las dos insuflaciones seguidas se toma el pulso de la arteria carótida. Si no existe, la persona tiene además paro cardiaco, por lo que se debe dar masaje cardiaco externo: se localiza el proceso xifoideo y se calcula el grueso de dos dedos más arriba para marcar el sitio donde se debe ejercer la compresión. Ésta se realiza con la base de ambas manos, una sobre la otra, teniendo cuidado de no doblar los codos. Cada compresión debe comprimirle el esternón de una a dos pulgadas. Se deja de hacer presión y se repite esta secuencia de movimientos cada segundo.

Si la persona que va a practicar la RCP está sola, dará dos insuflaciones y 15 compresiones, por lo que debe contar uno y, dos y, tres y, etc. Cada cuatro ciclos (un ciclo consta de dos insuflaciones y 15 compresiones) debe verificar si existe pulso.

Si hay dos personas que auxilien, una da una insuflación cada cinco segundos y la otra lleva la cuenta y da las compresiones. Como deben sincronizarse, al contar "uno y" se da la insuflación.

Cuando hay que dar RCP a un niño de uno a ocho años, se utiliza únicamente una mano y la presión sobre el esternón es menor (de 1 a 2.5 cm).

En el caso de bebés, la respiración se da sobre la boca y la nariz y la compresión se realiza con dos dedos, comprimiendo de 0.5 a 1 cm. El pulso se toma en la arteria braquial (humeral).

Obstrucción del tracto respiratorio por cuerpos extraños

Cuando se trata de un adulto y está consciente, se recomienda la maniobra de Heimlich (figura 45.10). Ésta se

lleva a cabo colocándose atrás de la persona, se rodea con los brazos la parte superior del abdomen y se hace presión hacia atrás y arriba, con el objeto de que el aire que se encuentra en los pulmones salga y aumente la presión en la tráquea y la laringe para que expulse el objeto que está atorado.

Si el adulto está inconsciente, se acuesta en el suelo boca arriba, se extiende la cabeza y se revisa la boca. Se intenta extraer el objeto con el dedo medio haciendo el barrido hacia afuera, y se dan dos insuflaciones seguidas. A continuación el auxiliador se coloca a horcajadas sobre la víctima, de manera que sus regiones glúteas queden apoyadas en la pelvis, se colocan las manos como si se fuera a dar RCP pero debajo del proceso xifoideo y se hace un movimiento hacia el tórax durante cinco veces seguidas. Se vuelve a revisar la boca y así sucesivamente, hasta que se libere el objeto atorado.

Si se trata de un bebé consciente, se le coloca boca abajo sobre el antebrazo, con la cabeza más baja que el

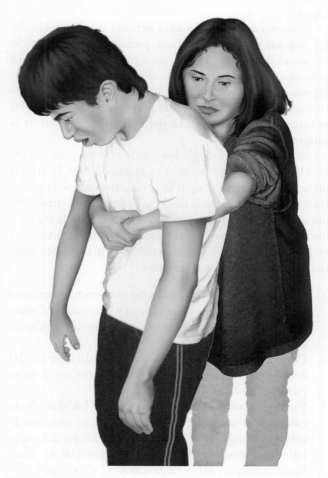

▶ **Figura 45.10** Maniobra de Heimlich.

resto del cuerpo y se le dan de cuatro a cinco palmadas entre las escápulas (omóplatos). Si el objeto continúa atorado, se coloca al bebé boca arriba sobre el antebrazo (con la cabeza más baja) y se le dan las compresiones. Si el objeto continúa atorado, se repite: insuflaciones-palmadas-compresiones, cuantas veces sea necesario.

Hemorragias

Una persona puede perder medio litro de sangre sin que esto repercuta seriamente en su organismo (esta cantidad es la que se extrae por lo regular a los donadores de sangre), si aumenta esta cantidad, la persona puede caer en estado de *shock* (choque). El tipo de sangrado es diferente cuando se ha seccionado una arteria, alguna vena o vasos capilares. Cuando se corta una vena, la sangre sale en forma constante, uniforme; en cambio, si se lesiona una arteria, la sangre sale en forma de pequeños chorros, cada chorro corresponde a un latido del corazón. Si se corta un vaso capilar, la sangre sale en menor cantidad y en forma constante y lenta formando capas.

Existen varias formas para detener una hemorragia. En muchas ocasiones se hace presión directa sobre la herida utilizando una gasa o compresa estériles o algún pañuelo o toalla limpios. En el caso de que se lesione alguna arteria poco importante, además de hacer la presión se puede vendar y usar la gravedad; por ejemplo, si es una extremidad, se eleva para dificultar el paso de la sangre.

Se pueden comprimir los puntos de presión (figura 45.11). Un punto de presión es el sitio donde la arteria principal que irriga (riega) la zona lesionada se encuentra cerca de la superficie de la piel y sobre una superficie ósea. La presión se hace con los dedos o con la mano y los puntos de presión o sitios donde se debe presionar están entre la herida y el corazón. Los principales puntos de presión son los siguientes:

1. **Punto temporal** Sirve para detener las hemorragias de la parte superior de la cabeza y se localiza adelante del meato acústico externo (orificio del conducto auditivo externo).
2. **Punto facial** Se encuentra en el borde inferior del ángulo de la mandíbula (maxilar inferior) y sirve para detener hemorragias de la cara.
3. **Punto carotídeo** Para detener las heridas de la cabeza y la parte superior del cuello, se presiona la arteria carótida que se localiza a la altura del músculo esternocleidomastoideo; la presión se hace hacia adentro y atrás teniendo cuidado de no lesionar la laringe o la tráquea.

4. **Punto clavicular para las heridas del hombro o de la parte superior del brazo** Se hace presión sobre la parte media de la primera costilla.
5. Si la herida está en el antebrazo, se debe presionar en la parte media del pliegue del codo.
6. Los puntos radial y ulnar (cubital) se encuentran en la muñeca, sobre los huesos radio y ulna (cúbito); se pueden presionar para detener hemorragias de la mano.
7. En los casos de hemorragia del miembro inferior, se puede hacer presión en la parte media de la ingle, sobre el hueso ilíaco o coxal.
8. Si la herida está en la parte posterior del muslo, se debe aplicar presión en la parte media del pliegue glúteo.
9. Si la herida está en la pierna o en la rodilla, se presiona a los lados de la parte alta de la rodilla.
10. Cuando hay hemorragia en el pie se puede hacer presión alrededor del tobillo.

Antes de ejercer la presión la persona debe sentir la pulsación de la arteria.

Torniquetes Su uso es sumamente delicado porque ocasiona consecuencias graves como la pérdida de extremidades por gangrena; por ello únicamente se emplean en casos extremos; por ejemplo, cuando se ha seccionado una arteria grande y no se ha podido detener la hemorragia por los otros procedimientos. En caso de que sea necesario aplicarlo, debe hacerse lo más cercano a la herida, arriba de ésta y asegurándose de que no haga más presión de la necesaria para evitar lesiones de los tejidos.

> La aplicación de torniquetes puede producir gangrena, por esta razón deben utilizarse en extrema necesidad.

Para aplicarlo se puede utilizar cualquier tira ancha y plana de tela que no pueda cortar los tejidos (corbata, cinturón, pañoleta, etc.), se rodea la extremidad con ella y se hace la mitad de un nudo común y corriente, se coloca un objeto cilíndrico duro en la mitad del nudo y se completa éste con los cabos de la banda, se tuerce el objeto cilíndrico para ajustar el torniquete. Únicamente se aplica en extremidades y no debe durar más de 15 minutos; después de este tiempo se debe aflojar unos minutos, por lo que es muy importante anotar la hora en que se aplicó.

Si la hemorragia es consecuencia de alguna herida en el tórax y la persona tiene tos, acompañada de expectoraciones sanguinolentas y dificultad para respirar, debe cubrirse la herida con una compresa estéril y un trozo de plástico sellado por arriba y a los lados con tela adhesiva. La parte inferior de este parche se sella con agua, humedeciendo el borde para evitar que el aire salga por la herida. La víctima debe permanecer semisentada.

Si la herida es en el abdomen o la persona vomita sangre porque tiene alguna úlcera en el estómago, se le coloca en posición horizontal. Tampoco se le deben administrar líquidos o sólidos.

Las hemorragias nasales son muy frecuentes; en estos casos se debe hacer presión con los dedos en las partes laterales de la nariz o en el lado que esté sangrando.

Quemaduras

Una **quemadura** es una lesión de los tejidos debida a variaciones de la temperatura a niveles extremos y en sus distintas formas. Puede deberse a agentes físicos: calor seco (fuego), calor húmedo (líquidos y gases),

energía lumínica (luz solar), energía eléctrica, radiaciones y frío intenso. Los agentes químicos pueden ser ácidos, álcalis, halógenos y metales pesados. Producen dolor y, dependiendo de la profundidad, extensión y localización de la misma, provocan incapacidad física, desfiguración, pérdida de líquidos corporales incluso estado de *shock* (choque) o la muerte.

Cuando hay algún incendio debe tratarse de apagar el fuego de la víctima envolviéndola en una manta o sábana e impedir que corra para evitar que se aviven las llamas. Si no se tiene con qué envolverla, debe indicársele que se revuelque en el suelo.

Si la quemadura es por algún objeto caliente, hay que retirarlo con mucho cuidado y, si se produjo con calor húmedo o sustancias químicas, hay que dejar correr agua para eliminar estas sustancias; si son muy abundantes, hay que quitarle los zapatos al paciente (el resto de las ropas se deja puesta para que también se lave) para evitar que allí se acumule la sustancia quími-

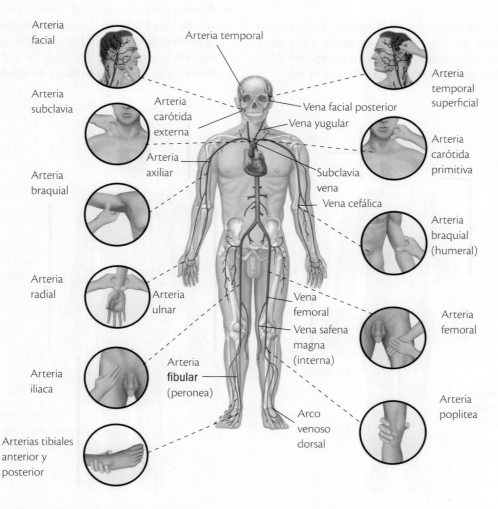

▶ **Figura 45.11** Puntos de presión en casos de hemorragia.

ca. La excepción es cuando se trata de cal; en este caso se debe eliminar con un trapo seco.

Los primeros auxilios dependerán de la profundidad y la extensión de la quemadura.

De acuerdo con la profundidad las quemaduras pueden ser de tres grados:

En la quemadura de primer grado se afecta únicamente la epidermis, la zona afectada se enrojece; en la de segundo grado se afecta también la dermis, la zona afectada se puede observar de color rojo oscuro, moteada, o ambos, y se cubre de ampollas; en cambio, en la de tercer grado, que es más profunda, la zona se puede observar de color negro y áspero (carbonización) o blanquecino y seco porque el tejido está muerto.

> Cuando una persona sufre una quemadura nunca hay que aplicar pomadas, tinta o pasta de dientes y no hay que romper las ampollas.

Para calcular la extensión de la superficie quemada existe una "regla de los nueves", es decir, cada área representa 9% o un múltiplo (18%), con excepción de la región genital, que corresponde a 1%. En el niño, la cabeza y el cuello corresponden a 15%, los miembros superiores a 18%, el tronco a 32%, los genitales a 1% y los miembros inferiores a 34% (figura 45.12).

Si la quemadura es de primer o segundo grado y poco extensa, la región quemada se descubre sin lesionarla, de preferencia se descose o se corta la ropa y sumerge o se deja correr agua hervida fría o una solución de agua bicarbonatada (se puede preparar con cuatro o cinco cucharadas de bicarbonato por cada medio litro de agua hervida) y se cubre con gasa estéril humedecida para evitar que permanezca en contacto con el aire; esto disminuye mucho el dolor. Nunca se deben aplicar pomadas, tinta, pasta de dientes ni romper las ampollas en caso de que se formen, porque se corre el peligro de producir una infección.

Si la quemadura es extensa o de tercer grado, se debe envolver la superficie afectada con gasa estéril, se humedece con agua hervida fría y se debe acudir inmediatamente al hospital.

Si la persona está consciente, se le puede dar algún analgésico para disminuir el dolor y evitar que caiga en estado de *shock* (choque), y darle a beber líquidos.

Si se afectaran los ojos hay que lavar con mucha agua la superficie quemada, los ojos se cubren con gasas estériles y algodones húmedos y se acude al médico.

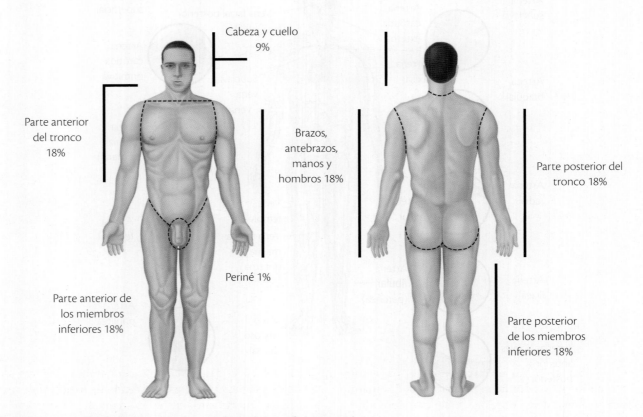

Cabeza y cuello 9%

Parte anterior del tronco 18%

Brazos, antebrazos, manos y hombros 18%

Parte posterior del tronco 18%

Parte anterior de los miembros inferiores 18%

Periné 1%

Parte posterior de los miembros inferiores 18%

▶ **Figura 45.12** "Regla de los nueves" para calcular la superficie quemada.

En el caso de quemaduras de dedos, deben vendarse por separado.

Shock o choque

Cuando una persona ha sufrido algún golpe muy intenso, hemorragia, quemaduras extensas, asfixia, picadura de algún insecto o animal venenoso, ha estado expuesta a temperaturas extremas, etc., puede caer en estado de *shock* (choque) que se manifiesta por palidez en la piel, además de estar fría y sudorosa, dilatación de las pupilas, respiración irregular y superficial, pulso débil y rápido, presión arterial muy baja, puede haber debilidad, mareo, náusea, intranquilidad y alteraciones en la conciencia. Si esta persona no recibe tratamiento inmediato, puede morir, por lo que hay que suspender inmediatamente la causa que lo provocó, mantener la temperatura de su cuerpo abrigándola y recostarla sobre su espalda con la cabeza más baja que el resto del cuerpo en caso de que respire bien, mientras recibe atención médica. Si la persona siente la necesidad de beber no se le deben administrar líquidos por la boca, únicamente se le humedece la boca con agua. Si no va a recibir atención médica pronto, se le pueden dar pequeñas cantidades de agua, té o café calientes en el caso de que esté consciente; nunca se deben dar a beber bebidas alcohólicas. Si la persona tuvo quemaduras extensas y está consciente, en este caso sí debe tomar líquidos para reponer los que está perdiendo a través de las lesiones.

En el caso de un *shock* (choque) anafiláctico (producido por reacción alérgica a algún medicamento, alimento o cualquier sustancia) se puede administrar una cucharada de azúcar, una pizca de sal y carbón desintegrado, disueltos en agua.

Intoxicaciones

Una intoxicación es una alteración que sufre el organismo como consecuencia de haber estado en contacto con algún tóxico que actúa por mecanismos químicos; por ejemplo, cuando se ingiere una dosis excesiva de algún fármaco, lejía, yodo, arsénico, se expone a algún producto industrial (plomo, amoniaco, mercurio, etc.) o se ha sufrido la picadura de alguna serpiente o araña venenosa, etc.

Lo primero que se debe hacer es identificar el tóxico.

Si la persona ingirió algún ácido se observan quemaduras en la boca, hay dolor intenso en el abdomen y vómito. Los ácidos dejan un color oscuro, verdoso o negruzco en los sitios donde produjeron las quemaduras (boca, faringe, etc.); en estos casos, se debe dar a beber alguna sustancia que los neutralice, como magnesia, agua de cal, jabón neutro (no detergente) diluidos en grandes cantidades de agua y alguna sustancia emoliente que sirve para disminuir las molestias del estómago y retrasar la absorción del tóxico, como claras de huevo crudas, leche o una pasta blanda de almidón o harina cocidos, y se vigila al paciente mientras llega el médico.

Si la persona tomó algún álcali va a sentir un sabor a jabón en la boca, también va a presentar quemaduras y los tejidos se ven de color blanquecino; los labios, la lengua y la faringe se inflaman y se puede afectar la respiración. Se debe dar a beber algún líquido ácido, como el vinagre diluido, jugo de limón o naranja diluidos, administrar emolientes y vigilar a la persona mientras llega el médico.

Cuando la persona ingirió algún irritante (yodo, fósforo, nitrato de plata, sulfato de zinc, arsénico), siente náuseas, va a presentar vómito, diarrea, dolor y puede haber sangre en la materia fecal; si tomó depresores del sistema nervioso central (bromuros, barbitúricos, alcohol), va a tener estupor, movimientos respiratorios lentos, la piel se tornará húmeda y fría, y puede tomar una coloración violácea de la piel debido a la mala oxigenación de sus células. Si ingirió estimulantes (estricnina, alcanfor o fluoruros) estará inquieta, con el pulso rápido y puede presentar convulsiones.

Si la ingestión del tóxico es reciente y la persona está consciente, se debe diluir el tóxico y provocar el vómito, esto se puede hacer introduciendo el dedo en la faringe, o haciendo soluciones que sirven como eméticos (que provocan el vómito):

- Mostaza en polvo de 1 a 3 cucharaditas en 1 vaso con agua caliente.
- Sal, 2 cucharaditas en un vaso con agua caliente.
- Jabonadura con agua caliente (no detergente).

En el caso de ingestión de ácidos o álcalis se neutraliza el tóxico.

Hay un antídoto "universal" que sirve cuando la persona se intoxicó con sustancias estimulantes, depresoras o irritantes, que se prepara de la siguiente manera:

carbón vegetal activado	2 partes	(7 g)
óxido de magnesio	1 parte	(3.5 g)
ácido tánico	1 parte	(3.5 g)
agua	medio vaso	

Si no tienen los ingredientes para hacer el antídoto se pueden usar 2 rebanadas de pan de caja quemado en lugar del carbón activado, 2 cucharadas soperas de leche de magnesia en lugar del óxido de magnesio y una taza de té fuerte sin azúcar en lugar del ácido tánico. Esta mezcla se administra por cucharadas.

Después del vómito, se administra un emoliente (si la persona ingirió fósforo no se debe administrar leche).

Después de extraer el tóxico, la persona debe tomar algún laxante como el sulfato de magnesia y grandes cantidades de agua.

Cuando la persona se intoxicó con monóxido de carbono (escapes de los automóviles, gases de las alcantarillas, gases utilizados en la cocina y en la calefacción) lo primero que se debe hacer es sacar a la víctima de ese lugar y colocarla en un lugar bien ventilado pero que no esté frío, se le administra oxígeno y, si presenta paro respiratorio, se da respiración artificial.

Si la persona ingirió gasolina o solventes, no se debe provocar el vómito. Si la inhaló se debe alejar de ese sitio y vigilar la respiración.

> Ante la ingestión accidental de gasolina no se debe provocar el vómito.

Los hidrocarburos clorados (tetracloruro de carbono, cloruro de metileno, cloroformo, clorometano, tetracloroetano) se usan como solventes de aceites, grasas y cera; se emplean para el lavado en seco de la ropa, o para desgrasar o limpiar máquinas y equipos dentro de la industria. La intoxicación se manifiesta más tarde, si la persona los inhaló se debe alejar de ese sitio y consultar al médico.

En las plantas de refrigeración se usa el gas freón, que es derivado del tetracloruro de carbono y tiene una gran capacidad de congelación; por ello hay que proteger los ojos con aceite de oliva limpio o vaselina en caso de haber sido expuestos a este gas, y acudir al médico.

Mordeduras o picaduras de animales

Para las mordeduras de serpientes existe suero anticrotálico; este suero neutraliza el veneno, pero de preferencia lo debe administrar el médico. Lo que debe hacer la persona que va a prestar los primeros auxilios es identificar a la serpiente, si es posible matarla y conservarla; a la víctima se le debe acostar, si la mordedura fue en alguna extremidad se coloca un torniquete 5 a 10 cm arriba de la mordedura para que impida el regreso de la sangre por las venas, pero debe permitir el paso de la sangre por las arterias. Se anota la hora en que se aplicó el torniquete para aflojarlo cada 15 minutos durante 30 segundos. Si aún no ha transcurrido una hora, alguna persona entrenada puede hacer un corte en la herida; este corte es de 1.5 a 2 cm de largo y tiene aproximadamente 1 cm de profundidad, se hace a lo largo del brazo o de la pierna teniendo cuidado de no lesionar tendones, nervios o vasos sanguíneos, después se succiona con un tiraleche o una ventosa durante 30 minutos. Hace años se recomendaba hacer la succión con la boca, pero cualquier herida en la boca o en las encías puede hacer que quien la haga absorba el veneno.

Si ya pasó una hora, no se debe hacer el corte ni la succión, sólo se vigila a la víctima, que no debe tomar bebidas alcohólicas. Algunos autores sugieren que se aplique hielo o agua helada en la herida para retardar la absorción del veneno y otros dicen que no es conveniente.

Es importante conocer a las serpientes venenosas así como las características de su mordedura, que consiste en dejar una especie de orificio.

Si la persona va a ir a algún lugar donde sabe que existen serpientes venenosas o alacranes y donde no hay servicio médico cercano, debe llevar consigo suero anticrotálico para la mordedura de serpiente y antialacrán. Por picadura de alacrán también se aplica una ligadura, se enfría el sitio afectado y se acude al médico.

Cuando una persona es mordida por un perro, se debe lavar muy bien la herida con agua y jabón, se cubre con una gasa estéril y se acude al servicio médico; el animal que mordió debe ser vigilado y, si esto no es posible, hay que acudir al servicio antirrábico.

Cuando hay una picadura de abeja, avispa o avispón, el aguijón se extrae raspando lateralmente con una navaja, se coloca hielo y se acude al médico. No se debe exprimir porque el tóxico se puede diseminar con más

▶ **Figura 45.13** Entre los animales más venenosos de México se encuentran la serpiente de cascabel, la araña capulina y los alacranes.

rapidez; después, se aplica bicarbonato de sodio y agua o una solución de amonio o loción de calamina.

Cuando a una persona la muerde una medusa se aplica solución de amoníaco, vinagre o loción de calamina en el sitio de la mordedura.

Cuerpos extraños en los ojos, en la nariz y en los oídos

Los cuerpos extraños metálicos en los ojos no se deben tratar de extraer porque en muchas ocasiones se entierran más o se pueden producir lesiones; hay que evitar que la persona se frote los ojos, éstos se cubren con una gasa estéril y se acude al médico.

Si cae alguna sustancia irritante en los ojos, se debe hacer un lavado con agua cuando menos durante 2 minutos.

Cuando hay alguna partícula en la superficie del ojo, se puede sacar con un pañuelo limpio doblado; este mismo procedimiento se sigue cuando hay alguna partícula en el párpado, aunque hay ocasiones en que las partículas se eliminan con el lavado de los ojos.

Con mucha frecuencia los niños se introducen frijoles, cuentas o canicas en la nariz o en los oídos; en estos casos no se debe tratar de extraerlos con la mano o con pinzas y se debe recurrir al médico, pues las personas que no saben hacer las maniobras apropiadas pueden hundir más los cuerpos extraños y producir lesiones más graves.

Heridas

Las heridas pueden ser superficiales (un raspón, una cortada pequeña, una laceración o un desgarre de la piel producido por objetos que no cortan; por ejemplo, una explosión); son punzantes cuando se producen por clavos, agujas, alambres, balas, la punta de un cuchillo, o pueden ser producidas por aplastamiento de los tejidos. En estos casos si la herida es reciente, se debe detener la hemorragia e impedir la infección. Es conveniente revisar algunos conceptos:

Infección Es la entrada, el desarrollo o la multiplicación de un agente patógeno biológico en el organismo de una persona o un animal.

Asepsia Significa estado libre de infección; es el método de prevenir las infecciones por la destrucción o evitación de agentes patógenos, especialmente por medios físicos.

Antisepsia Es el conjunto de procedimientos o métodos que disminuyen o destruyen microorganismos en tejidos vivos. Un antiséptico es toda sustancia que destruye o impide el desarrollo del microorganismo en tejidos vivos, como el alcohol o el cloruro de benzalconio.

Desinfección Es la destrucción de los microorganismos patógenos en todos los ambientes, las materias o partes en que pueden ser nocivos, por medios físicos o químicos.

Esterilización Es la destrucción de todos los microorganismos en una parte o en un objeto cualquiera por medios físicos (calor, presión) o químicos.

Desinfestación Es la destrucción de parásitos animales en el cuerpo, ropas u otras partes.

Para evitar la infección se deben lavar con agua limpia y jabón, se les aplica algún antiséptico que no irrite, como el cloruro de benzalconio, para que destruya los microorganismos patógenos. Si la herida está contaminada con tierra, excremento u objetos de metal oxidado, se debe lavar muy bien con agua oxigenada o cualquier otro antiséptico, pero siempre hay que acudir al médico para prevenir el tétanos. Si la herida es grande o profunda se debe cubrir con una compresa estéril y seca; si hay *shock* (choque) o hemorragia se atienden y se acude al médico.

Cuando haya un objeto extraño, solamente se quitará si es posible hacerlo con facilidad para evitar lesionar más los tejidos afectados.

Entre los pescadores es frecuente que se entierren los anzuelos en los dedos, si se jalan cuando ha entrado toda la punta, se corre el peligro de destruir tejidos, así que es preferible empujarlo más para que salga la punta al exterior, se corta con alguna pinza y se extrae.

Si hay alguna herida profunda en el tórax que lesione los pulmones, la víctima va a tener problemas al respirar; para disminuir esto hay que tratar de cerrar la herida con una compresa estéril que se fija con tela adhesiva ancha para impedir que el aire entre y salga por la herida. Si se tiene oxígeno a la mano, se administra; y si hay *shock* (choque) se trata, pero la persona debe estar semisentada. *No se le debe dar a beber líquidos.*

Si hay alguna herida profunda en el abdomen y la persona tiene dolor intenso se le acuesta sobre su espalda con las piernas un poco flexionadas (dobladas), esto se puede facilitar poniendo alguna ropa abajo de sus rodillas. Si hay algún fragmento de intestino visible se debe dejar afuera, solamente se cubre con alguna compresa estéril humedecida con agua también estéril.

En cualquier tipo herida hay que evitar cubrirla con algodón absorbente o ponerla en contacto con tela adhesiva. Cuando se desea fijar la gasa o la compresa estériles es preferible vendar; las vendas vienen en rollo o se puede hacer un vendaje triangular, o doblar varias veces para hacer una "corbata"; las vendas que vienen en rollo se toman con la mano derecha y la parte que está hacia fuera se va aplicando sobre la superficie de la piel, se empieza por la parte más delgada y el movimiento se sigue de izquierda a derecha; el vendaje puede ser circular o en cada vuelta se puede doblar la venda para que quede con el aspecto de una espiga. Cuando se venda un hombro, la región inguinal, la rodilla, el dedo pulgar o el dedo gordo del pie se puede hacer un vendaje describiendo un 8 para evitar que se resbale.

> Hay que evitar el uso de alcohol, yodo o tinturas en el interior de las heridas. También es recomendable no usar algodón.

Lesiones de los huesos y articulaciones

Una fractura es la solución de la continuidad de un hueso. Puede ser cerrada cuando la piel está intacta o expuesta cuando alguno de los fragmentos de hueso sale al exterior. Dentro de las fracturas cerradas, éstas pueden ser incompletas (fisuras) cuando solamente se pierde la continuidad en una pequeña porción del hueso, o completas cuando se rompe totalmente, pudiendo quedar los fragmentos alineados o separados; en este caso, pueden cabalgar (un fragmento queda encima de otro). El hueso se puede fracturar en dos, tres o más fragmentos y cuando éstos no se pueden contar la lesión recibe el nombre de conminuta. En los niños son frecuentes las llamadas fracturas en "rama verde" por su similitud con las ramas verdes de los árboles cuando se intenta romperlas. Los signos y síntomas dependerán del tipo de fractura, desde únicamente dolor y aumento de volumen de la región afectada, hasta la aparición de zonas violáceas en la piel, incapacidad funcional, movilidad anormal e incluso deformación de la región y crepitación (crujido) ósea.

Cuando hay una fractura se debe inmovilizar el hueso o los huesos afectados antes de mover a la persona. Si se observa que algún fragmento de hueso ha salido al exterior o hay deformación de la región, se debe inmovilizar tal como está, nunca se debe tratar de acomodar los huesos porque se pueden romper nervios o arterias importantes, y si se trata de una fractura expuesta se van a introducir además microorganismos.

La inmovilización se lleva a cabo con una férula, que se puede improvisar con tablas, cartones o periódicos doblados; entre la región afectada y la férula se debe poner una capa de algodón, estopa o alguna tela blanda. La férula debe abarcar las articulaciones vecinas (por abajo y arriba de la fractura) y se fija con vendas, cuer-

das o tela adhesiva. Es muy frecuente que al inmovilizar extremidades el vendaje quede muy apretado dificultando la circulación; para evitar esto se deben dejar los dedos al descubierto; si se enfrían o aumentan de volumen se debe aflojar un poco el vendaje.

Si hay una fractura y una herida, primero se detiene la hemorragia, se cubre la herida con gasa estéril y después se aplica la férula.

Cuando se sospecha fractura de la columna vertebral, se debe inmovilizar a la víctima con el cuerpo horizontal, no hay que mover la cabeza ni tratar de sentarla, se improvisa una camilla rígida para transportar a la víctima y las personas que la van a subir a la camilla deben ser tres o cuatro; se hincan sobre una rodilla y colocan sus manos debajo del paciente, a una orden de mando se levantan al mismo tiempo mientras otra persona coloca la camilla debajo.

> Nunca se debe tratar de acomodar huesos ni articulaciones.

Las lesiones de las articulaciones pueden ser esguinces y luxaciones. En el esguince se distiende violentamente la articulación y pueden llegar a romperse los ligamentos; en la luxación se desplazan las superficies articulares. En este último caso no se debe intentar colocar el hueso que se salió de su lugar cuando no es posible obtener ayuda médica, lo que se debe hacer es inmovilizar la zona afectada con férulas. En el caso de que haya un esguince se colocan compresas frías o una bolsa de hielo en las primeras horas.

Lesiones producidas por el calor o el frío

La persona que ha estado mucho tiempo bajo el sol puede sufrir golpe de calor; la temperatura de su cuerpo aumenta, la piel está seca y caliente, la cara enrojecida; puede sentir náusea, dolor de cabeza, debilidad, mareo, el pulso es rápido, la respiración se dificulta y puede presentarse pérdida del conocimiento o convulsiones. En estos casos se debe colocar a la persona en un lugar fresco, se le quita la ropa necesaria y se le baja la temperatura con una bolsa de hielo en la cabeza o rociando agua sobre su cuerpo con los dedos; si está consciente se le da a beber alguna bebida fría.

Si la persona suda mucho, tiene agotamiento por calor, va a tener dolor de cabeza, mareo, náusea, debilidad y puede perder la conciencia. Su pulso va a estar débil y quizá presente calambres por la pérdida de mucha sal con el sudor. Se le debe colocar en un lugar fresco, acostada; se le cubre el cuerpo con alguna sába-

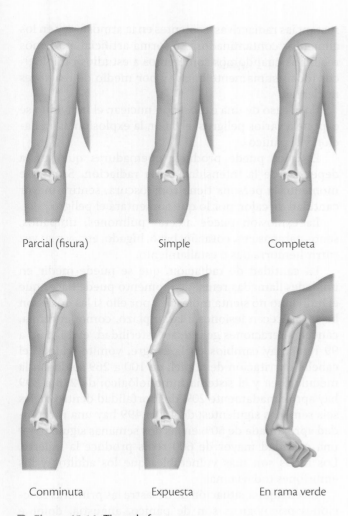

Parcial (fisura)   Simple   Completa

Conminuta   Expuesta   En rama verde

▶ **Figura 45.14** Tipos de fracturas.

na en caso de que se enfríe mucho y se le da a beber agua o café calientes, con un poco de sal.

Cuando la persona ha permanecido durante cierto tiempo en un lugar muy frío puede tener congelamiento o enfriamiento. Las zonas afectadas no se deben frotar; si hay congelamiento, se descongelan con agua tibia, no se debe utilizar agua caliente y sólo cuando se tiene la seguridad de que no se va a someter a otro congelamiento.

Crisis convulsivas

Son accesos de contracciones bruscas e involuntarias de los músculos, generalmente acompañadas de pérdida del conocimiento; se pueden deber a estados febriles, parásitos, traumatismos, epilepsia, eclampsia, infecciones del sistema nervioso, etc.

Si se trata de una persona con fiebre elevada, se debe tratar de bajar la temperatura del cuerpo. En los demás

casos se protege a la persona colocando algún pañuelo doblado o un rollo de gasa entre los dientes para evitar que se muerda la lengua; se vigila la respiración, la temperatura y se busca al médico.

Rescate

Cuando se va a rescatar a alguna persona, hay que cerciorarse de qué tan posible es que el peligro haya desaparecido; de lo contrario, quien rescata se convierte en otra víctima.

Si hay un incendio, cerciorarse antes de entrar de la temperatura en el interior. Solamente se abrirán las puertas y ventanas de las casas cuando ya no quede nadie en el interior para evitar que el aire avive las llamas; si la persona está corriendo se le detendrá, envolviéndolo en una sábana o se le hará rodar por el suelo. Las personas que van a rescatar se deben cubrir la boca y la nariz con un lienzo húmedo para disminuir el peligro de inhalar el humo.

En el caso de un *shock* (choque) eléctrico lo primero que se debe hacer es desconectar la corriente; la persona que realizará el rescate debe aislarse del suelo por medio de una tabla de madera o de vidrio, para retirar a la víctima debe utilizar pedazos de madera, hule, cartón o papel completamente secos, nunca húmedos ni de lámina porque favorece la conducción de la electricidad. Si hubo paro cardiaco o respiratorio o *shock* (choque) se da el tratamiento adecuado. Si el lugar donde se hará el rescate no tiene ventilación adecuada, quien realice el rescate debe llevar alguna mascarilla conectada a un abastecimiento de aire u oxígeno, usar un cable de seguridad y una lámpara eléctrica, porque no debe encender velas ni cerillos.

En el caso de que una persona se esté ahogando, si la persona no está entrenada para rescatar ahogados no debe nadar, pues corre el riesgo de ser otra víctima; es preferible lanzar una cuerda, un remo, una tabla o algún objeto que flote. Si la persona que se está ahogando está cerca de la orilla de la alberca o de alguna lancha se le puede extender la mano cerciorándose de antemano que no lo va a jalar y tirar al agua.

Situaciones de desastre

La OMS estima que un **desastre** es una "situación repentina o prevista, que excede lo esperado y que por su magnitud hace necesaria la movilización personal del área afectada, del país donde pertenece dicha área y eventualmente de otros países".

Los desastres pueden ser: *a*) naturales, *b*) producidos por el hombre mismo y *c*) tecnológicos.

En México los desastres naturales más frecuentes tienen su origen en sismos, ciclones e inundaciones; en menor escala hay trombas, deslizamientos de tierra y maremotos, explosiones por fugas de gas, etcétera.

En el individuo, los sismos pueden producir lesiones y defunciones debidas a la caída de casas y edificios, que van desde las escoriaciones (raspones) en la piel hasta el "síndrome de aplastamiento" donde predominan las fracturas. En las inundaciones, la mayor parte de las lesiones se deben a golpes producidos por objetos flotantes. En las explosiones por fugas de gas predominan las quemaduras y la asfixia. Los efectos de las radiaciones dependen del tipo de rayos, el tiempo de exposición y del tipo de tejido expuesto; Marie Curie fue la primera persona que murió a causa de la radiactividad (propiedad que poseen los núcleos atómicos de ciertos elementos químicos para desintegrarse) pero fue a partir del 6 de agosto de 1945, cuando se arrojó una bomba de uranio en la ciudad de Hiroshima y tres días más tarde una de plutonio sobre Nagasaki, que se dio a conocer al mundo el poder destructor que puede ocasionar la radiactividad, pues se afectaron alrededor de 300 000 personas, muchas de ellas murieron en esos momentos pero otras sufrieron quemaduras profundas y extensas, quedaron ciegas, sordas y mutiladas y el resto ha venido presentando leucemia, diversos tipos de cáncer, esterilidad y mutaciones.

Normalmente recibimos radiaciones que existen en la naturaleza, provenientes del cosmos o que se encuentran en sustancias radiactivas existentes en la Tierra, como el potasio 40, el radio 226, el torio 232, el uranio 238, etc., y a través de la respiración o de la ingestión de sustancias radiactivas existentes en la atmósfera y en los alimentos contaminados. En forma artificial, podemos recibirlas cuando nos sometemos a estudios radiológicos (dosis sumamente bajas) y por medio de reactores nucleares.

En el caso de una exposición nuclear, el individuo se expone a varios peligros: el calor, la explosión, la radiación y el pánico.

El calor puede producir quemaduras que van a depender de la intensidad de la radiación. Si en ese momento la persona tiene ropa oscura, sentirá mayor cantidad de calor, por lo que aumentará el peligro.

La explosión puede afectar pulmones, tímpanos, senos paranasales, corazón, bazo, hígado, etc., y a su vez sufrir hemorragias o estallamiento.

La cantidad de radiación, que se puede medir en unidades llamadas rems, de momento puede hacer que el individuo no sienta molestias; por ello si las dosis son bajas, aparecen lesiones a largo plazo, como leucemia, cáncer, alteraciones genéticas, esterilidad, etc. De 50 a 99 rems hay cambios en la sangre, vómito, caída del cabello e irritación de la piel; de 100 a 269 se dañan la médula ósea y el sistema inmunológico; de 270 a 399 hay aproximadamente 20% de mortalidad dentro de las seis semanas siguientes; de 400 a 499 hay una mortalidad aproximada de 50% en las dos semanas siguientes y una cantidad mayor de 600 rems produce la muerte. Los niños son más vulnerables que los adultos y los embriones todavía más.

En cualquier situación de desastre las primeras reacciones psicológicas son de pánico, angustia, dolor e impotencia. El pánico puede hacer que las personas se paralicen o intenten huir, manifestando ansiedad y excitación; después viene el llanto, la sensación de desolación o, por el contrario, de agresión. Hay personas que presentan un estado inicial de confusión en el tiempo o en el espacio, o tienen manifestaciones orgánicas llamadas psicosomáticas: dificultad para respirar, temblor, dolores de cabeza, alteraciones del apetito, caída del cabello, dolores musculares, diarrea, etc. Más adelante puede haber insomnio, ansiedad o culpabilidad.

Socialmente puede presentarse pérdida o lesión de familiares y amigos, de sus propiedades, de su fuente de trabajo y/o alteración en sus relaciones personales.

En cuanto a la infraestructura se afectan las vías de comunicación, el aprovisionamiento de agua, la energía eléctrica, puede haber incendios, explosiones, etcétera.

Ante un sismo, lo primero que se debe hacer es tratar de conservar la calma, desconectar las instalaciones de gas, electricidad, agua y apagar cigarros; evitar encender cerillos hasta tener la seguridad de que no hay fugas de gas, alejarse de las ventanas, lámparas o mue-

Figura 45.15 El desastre nuclear de Fukushima, Japón, ocurrido el 11 de marzo de 2011, desencadenó severos daños a la población y al medio ambiente debido al escape de grandes cantidades de radiación.

bles que se puedan caer y aplastar, alejarse de objetos calientes como ollas o cafeteras, evitar recargarse sobre las paredes, colocarse debajo de un escritorio, mesa, trabe, o bajo el marco de una puerta; si se está en la acera junto a un edificio alto, colocarse bajo un marco que proteja de vidrios rotos, tabiques o alambres conductores de electricidad, evitar el uso de escaleras o ascensores durante el sismo y, cuando éste termine, alejarse dirigiéndose a la salida más cercana.

Ante un incendio, como se mencionó, si la ropa se está quemando la persona deberá envolverse en una cobija o rodar por el suelo, pero nunca deberá correr porque se avivan las llamas; tratar de protegerse la nariz y la boca con un lienzo húmedo y evitar el uso de ascensores.

En el caso de exponerse a radiación, si hay explosión la persona se debe colocar en el suelo, cubriéndose la cabeza con los brazos; inmediatamente después se tiene que cambiar de ropa quitándola de arriba hacia abajo y lavarse muy bien con agua que no esté contaminada, y alejarse de inmediato del peligro. Las personas más alejadas deben cerrar puertas y ventanas, tener cuidado de no ingerir líquidos o alimentos contaminados por la radiación (de preferencia consumirlos enlatados después de lavar la lata), lavarse constantemente el cuerpo y evitar tocar objetos sin protegerse las manos. Después se someterán a exámenes médicos periódicos.

En cuanto a las medidas existentes dentro de la estrategia general de salud para todos más reciente, se encuentra la preparación de desastres. Para esto la Secretaría de la Defensa Nacional coordina un plan llamado DN III-E, pero si no es necesario, actúan los Servicios Coordinados de Salud Pública:

- Otorgando primeros auxilios y atención médica a la población afectada.
- Trasladando y evacuando heridos, enfermos y cadáveres.
- Organizando y reforzando los niveles de atención médica.
- Vigilando epidemiológicamente las enfermedades.
- Saneando el ambiente.
- Vigilando la nutrición.
- Evaluando las acciones ejecutadas.

El individuo puede cooperar despejando las calles para facilitar el tránsito, dejando libres las líneas telefónicas, informándose respecto de lo que se necesita (ropa, alimentos, medicamentos), organizando brigadas y brindando ayuda profesional. Si no se es útil en esos momentos, hay que alejarse de los sitios de desastre.

Si es necesario se deben instalar albergues. Los Servicios Coordinados de Salud Pública deben vigilar que se utilicen edificios o instalaciones accesibles a vías de comunicación, que protejan del aire, la lluvia y el sol, en los cuales se proporcione abrigo físico, psicológico y social. En un albergue se debe:

- Evitar la promiscuidad y el hacinamiento en dormitorios (3 m² por persona).
- Proporcionar agua potable.
- Establecer un sistema adecuado de eliminación de excretas.
- Proporcionar alimentación adecuada.
- Organizar a las personas asiladas para que participen en el buen funcionamiento del mismo.
- Enfatizar las medidas de higiene personal: lavarse las manos antes de comer y después de ir al baño, baño diario si hay agua suficiente, lavado de ropa personal por lo menos cada tres días, evitar el consumo de alcohol, tabaco o fármacos no prescritos por el médico y descansar ocho horas diarias.

Cuando los servicios básicos de Salud Pública se interrumpen por tiempo prolongado, se puede favorecer la aparición de diferentes tipos de enfermedad:

1. Transmisibles por agua, alimentos, o ambos, como la fiebre tifoidea, la fiebre paratifoidea, la intoxicación por alimentos y por aguas residuales, el cólera, la gastroenteritis, la hepatitis, las cuales se pueden prevenir eliminando adecuadamente los desechos humanos, utilizando agua potable para beber y el aseo, preparando higiénicamente los alimentos, eliminando las moscas, plagas, tratando a los individuos enfermos y, si es necesario, inmunizando contra fiebre tifoidea y cólera.
2. Enfermedades que se propagan por la piel y las mucosas, como la tiña y la sarna, que se pueden evitar reduciendo el hacinamiento, proporcionando servicios de aseo adecuados y tratando los casos clínicos.
3. Enfermedades transmisibles por el sistema respiratorio, como sarampión, tosferina, difteria, influenza, tuberculosis etc., que se pueden prevenir reduciendo el hacinamiento, aislando a los casos clínicos e inmunizando en caso necesario.
4. Enfermedades transmitidas por vectores, como el tifo (piojo), la peste (pulga de la rata), el paludismo (mosquito *Anopheles*), etc., por lo que es conveniente hacer una desinfección (destrucción de los microorganismos patógenos en todos los ambientes, materias o partes en que pueden ser nocivos, por medios físicos o químicos) y una desinfestación (destrucción de parásitos animales en el cuerpo, ropas u otras partes) adecuadas, tratar a los casos clínicos y eliminar a los vectores.

5. Heridas complicadas con tétanos, por lo que se debe inmunizar a los susceptibles, ya sea con la antitoxina o con el toxoide tetánico dependiendo de cada caso.

Medidas higiénicas

Manejo del agua

Inmediatamente después del desastre hay que identificar los daños al sistema de agua potable y tomar muestras en diferentes partes para detectar las posibles contaminaciones. Para potabilizar el agua del sistema de abastecimiento se debe aumentar la presión y la concentración de cloro. En pequeñas cantidades se debe someter a ebullición durante 20 minutos o agregarle cloro (1 a 2 tabletas de 4 mg por litro dependiendo de su estado). Otros procedimientos se estudian en el tema "Contaminación del agua". Es necesario transportar en recipientes o en camiones cisterna que no estén contaminados y distribuir de 15 a 20 litros por persona al día.

Eliminación de excretas, desechos sólidos y aguas residuales

Este aspecto es muy importante para evitar la contaminación del agua y los alimentos, así como la proliferación de vectores que favorezcan la presencia de enfermedades, por tanto, si se encuentra dañado el alcantarillado o éste no existe, se deben instalar letrinas móviles o construirlas si es posible, de tal manera que sean accesibles día y noche, fáciles de limpiar y ubicarlas por lo menos a 30 metros de las fuentes de agua para beber y en un lugar más bajo. Se colocará una letrina por cada 20 personas (para su uso véase "Reglas para el uso de la letrina").

Los desechos sólidos se deben enterrar o incinerar.

Hay que eliminar las aguas residuales por el alcantarillado, pero si no es posible, se deben descargar en zanjas de 10 cm de profundidad, por 45 cm de ancho y 3 m de largo.

Distribución de los alimentos

Se deben preferir los lugares donde más se necesitan: población evacuada, hospitales, puestos de socorro, etc., hay que cuidar la higiene del proceso y la distribución de los alimentos, de preferencia utilizar aquellos que no requieren refrigeración.

Control de vectores

Se deben proteger los alimentos y el agua de moscas, mosquitos y roedores, así como evacuar lo más pronto posible los desechos sólidos.

Inmunizaciones

No se recomiendan en forma masiva; lo ideal es que la población esté inmunizada antes de cualquier situación de desastre.

Higiene mental

El apoyo médico y psicológico es de gran importancia; gran parte de las personas afectadas por el desastre tienen inseguridad en la solicitud de servicios, se debe propiciar la comunicación de experiencias relacionadas con las pérdidas sufridas o la salud, hacerlos participar en las actividades que se desarrollan en los albergues y establecer programas de rehabilitación psicológica.

Medidas preventivas

Los desastres naturales no se pueden evitar; sin embargo, es conveniente asegurar los calentadores de agua y hornos a la pared y al piso, vigilar que se construyan las casas y los edificios con responsabilidad, colocar las camas lejos de las ventanas, revisar periódicamente las instalaciones de gas y de electricidad, así como los extintores de incendio que son imprescindibles; las sustancias peligrosas deben almacenarse en lugares donde no se caigan ni se rompan, tener a la mano lámparas, radio de baterías y pilas de repuesto, agua y alimentos enlatados. Las sustancias radiactivas deben manejarlas sólo personas expertas y responsables.

Actividades

1. Anota en tu cuaderno las características del agua potable.
2. Haz un cuadro sinóptico sobre los métodos que existen para potabilizar el agua. Comenten en grupo.
3. Discutir en el grupo cómo se puede tratar y eliminar la basura.
4. Realiza la práctica sobre contaminación de alimentos si la escuela lo permite.
5. Se proyectarán videos sobre la contaminación ambiental, que se discutirán en el grupo.
6. Cada alumno elaborará un mensaje en una cartulina alusivo a la contaminación ambiental. Si la escuela lo permite se colocarán en sitios estratégicos para que la comunidad ecolar los pueda leer.

7. Revisa en tu casa si existen causas de riesgo de accidentes y coméntenlo en el grupo.
8. Por equipos identifiquen la fauna nociva cercana a su escuela, posteriormente se discutirán los datos y se propondrán.
9. Hagan una revisión de las actividades de la OMS.
10. Proyectar un video sobre primeros auxilios.
11. Se proyectará un video de la Cruz Roja Mexicana sobre RCP.
12. Solicita a voluntarios experimentados que den una demostración.
13. Si la escuela cuenta con un maniquí especial para RCP, por parejas apliquen las maniobras.
14. Por equipos hacer demostraciones de primeros auxilios indicando las características de cada lesión o enfermedad.

15. Realiza la práctica sobre situaciones de desastre que viene en el *Manual de prácticas de laboratorio y campo*.
16. Como es de tu conocimiento, en la vía pública ocurren muchos accidentes. Con base en esto, investiga las incidencias de eventos de esta naturaleza que ocurren cerca de tu escuela y analiza qué condiciones peligrosas hay en los alrededores y propón una solución para corregir esa situación.
17. Elabora una lista de medidas para prevenir accidentes, dirigidas a los conductores y peatones.
18. Visita las páginas en internet de la OMS, la SSA y la Semarnat para revisar casos, estadísticas y videos.

Capítulo 46

Enfermedades más frecuentes

De acuerdo con la situación geográfica, las características de la población humana y el grado de urbanización, cada comunidad es proclive a padecer tales o cuales enfermedades.

Principales enfermedades del sistema digestivo

Las enfermedades más frecuentes en el país son las infecciosas como la fiebre tifoidea y la shigellosis; las parasitarias como la amibiasis, la ascariasis, la oxiuriasis y la teniasis; otras enfermedades son la cirrosis hepática, la úlcera péptica, la colitis y las intoxicaciones alimentarlas. De éstas, las que cursan con diarrea ocupan el decimoquinto lugar dentro de las causas de mortalidad general, y la cirrosis hepática, el cuarto.

Se calcula que uno de cada cuatro habitantes padece **amibiasis**; esto hace suponer que las parasitosis son sumamente frecuentes y que, al igual que las enfermedades infecciosas, pueden presentarse en cualquier edad y cualquier sexo. Son más frecuentes, junto con las intoxicaciones alimentarias, en las personas que tienen hábitos higiénicos deficientes y cuando sufren desnutrición o alguna otra enfermedad.

La **cirrosis hepática** se da más en el sexo masculino. Se puede deber a que el individuo tuvo hepatitis y no recibió el tratamiento adecuado o no siguió las indicaciones médicas; puede presentarse cuando hay insuficiencia cardiaca, aunque la más frecuente es la de tipo alcoholonutricional, que ocurre cuando hay alcoholismo

y desnutrición. Inicialmente el hígado se inflama, pero después degenera, alterándose sus funciones; el enfermo presenta falta de apetito, náuseas, vómito y, en sus fases más avanzadas, aparecen alteraciones en los vasos sanguíneos de la piel llamadas *telangiectasias*; en los hombres hay cierta feminización en la distribución del vello, puede haber atrofia en los testículos e incluso ginecomastia (crecimiento de las glándulas mamarias) y aunque esté delgado, el abdomen se llena de líquido (ascitis), aparece coloración amarillenta en la piel (ictericia) y puede presentar hemorragias en el tracto digestivo.

Una hepatitis que no se cuida puede producir cirrosis hepática.

La **úlcera péptica** se presenta con más frecuencia en las zonas urbanas, en personas que tienen un horario de trabajo que no les permite consumir sus alimentos a horas adecuadas, ingieren irritantes y se encuentran bajo tensión emocional, aunque en los últimos años se descubrió que entre 80 y 90% de estos pacientes están infectados por una bacteria llamada *Helicobacter pylori* y tienen mayor riesgo de padecer cáncer gástrico si no reciben tratamiento adecuado.

El colon irritable es más frecuente en las zonas urbanas, en personas que tienen alterados sus hábitos alimentarios, muchas de ellas ingieren alimentos que dejan poco residuo o muy irritantes, lo cual les producen estreñimiento, abusan de los laxantes y tienen mucha tensión emocional. Las personas que viajan, con frecuencia tienen problemas para movilizar adecuadamente su intestino, al permanecer sentadas durante varias horas, así como por los cambios de horarios, que alteran sus hábitos intestinales.

En cuanto al ambiente, se ha observado que las enfermedades diarreicas son más frecuentes en épocas calurosas, cuando hay tolvaneras, basuras, fauna transmisora, carencia de agua potable, almacenamiento inadecuado del agua o de los alimentos, sistemas deficientes de eliminación de excretas (es muy frecuente el fecalismo al aire libre), falta de limpieza, transporte y manipulación inadecuada de los alimentos.

Entre las medidas preventivas generales, el individuo debe recibir educación higiénica, tener una nutrición adecuada, eliminar estados patológicos y conservar su higiene mental. Se debe tratar de eliminar a los agentes causales de las enfermedades, así como sanear el medio ambiente, elevar el nivel de vida y educar al público para evitar la contaminación de los alimentos.

Las medidas preventivas específicas van dirigidas al individuo y así tenga una dieta balanceada y modifique favorablemente sus hábitos higiénicos: lavarse las manos, cortarse las uñas, usar ropa limpia, tener horas fijas para tomar los alimentos y defecar, cuidar el desarrollo de la personalidad y, en el caso de la fiebre tifoidea, vacunarse. La comunidad puede modificar sus hábitos inadecuados por medio de las campañas publicitarias; por ejemplo, respecto de la disposición adecuada de excretas y basuras, hervir el agua cuando se ignora si es potable, hervir la leche, lavar bien los alimentos que se van a ingerir crudos, cocer bien la carne de cerdo y de res, lavarse las manos, etcétera.

Para mantener y mejorar la salud, y evitar las enfermedades, el individuo además debe tener una dieta adecuada, tiempo para la recreación, conservar la higiene mental y mejorar su estilo de vida (sus hábitos). En el ámbito de su familia las relaciones deben ser armoniosas; además es conveniente informar a sus hijos sobre las enfermedades del sistema digestivo, modificar sus hábitos desfavorables y aprender a conservar los alimentos. En el ámbito de la comunidad, se debe controlar la higiene de los locales, y la de las personas que venden alimentos, así como hacer campañas publicitarias.

Principales enfermedades del sistema respiratorio

La **tuberculosis** es una infección crónica. Su morbilidad ha aumentado porque en muchas ocasiones se presenta en individuos con síndrome de inmunodeficiencia adquirida. La **bronquitis**, el **enfisema** y el **asma** también son causa de elevada mortalidad, sobre todo en niños menores de cinco años y personas mayores de 65.

Hay otras enfermedades frecuentes, como la tonsilitis, la rinofaringitis, las micosis (enfermedades producidas por hongos) y las neumoconiosis, producidas por polvos.

Las enfermedades infecciosas aumentan cuando hay hacinamiento, iluminación y ventilación inadecuadas en la vivienda, cuando las personas viven en un lugar donde hay mucho polvo, con animales, en niveles socioeconómicos bajos, con poca educación y malos hábitos, falta de asistencia médica o cuando no acuden al servicio médico por razones culturales.

La bronquitis, el enfisema, el asma y el cáncer están aumentando principalmente en países desarrollados, por el tabaquismo y la contaminación atmosférica; las neumoconiosis se relacionan con la ocupación y son frecuentes en los mineros.

Las enfermedades producidas por hongos como la histoplasmosis son frecuentes entre los excursionistas y los trabajadores que entran en las cuevas donde hay guano de murciélago, pues en esos lugares se desarrolla el hongo; la coccidioidomicosis afecta el noreste, el litoral del Pacífico y la zona centro de la República Mexicana.

Las amigdalitis o tonsilitis son más frecuentes en niños y jóvenes, en nivel socioeconómico bajo, mal nutridos y en muchas ocasiones con otras enfermedades; el peligro de las amigdalitis es que cuando están ocasionadas por el estreptococo beta hemolítico del grupo A de Landsfield, llegan a producir enfermedades como la fiebre reumática y la glomerulonefritis. La fiebre reumática es una enfermedad que puede producir invalidez y la muerte; se presenta con más frecuencia en el sexo femenino, afecta a las articulaciones grandes como los tobillos, las rodillas, los codos y las muñecas, que se ponen rojas, calientes y dolorosas durante algunos días o semanas, al cabo de los cuales regresan a la normalidad. Puede cursar con fiebre y, en muchas ocasiones, se afecta la valva (válvula) mitral del corazón; en otros casos se presenta la corea, la cual se caracteriza por movimientos involuntarios e incoordinados en las extremidades y la cara.

Actualmente se vacuna contra el rotavirus, una enfermedad diarreica que produce deshidratación severa.

Las medidas preventivas generales van dirigidas al individuo para que se proporcione una buena nutrición, reciba educación higiénica, tenga higiene mental y elimine estados patológicos. Se debe alejar de los focos de infección, sanear el medio, elevar el nivel de vida y modificar los hábitos desfavorables de la salud.

Dentro de las medidas preventivas específicas, los niños susceptibles se deben vacunar contra la tuberculosis e ingerir los nutrimentos necesarios en la alimentación; las personas que trabajan en contacto con polvos y gases tóxicos o irritantes se deben proteger adecuadamente, tratando de eliminar a los agentes patógenos.

Para mejorar, conservar la salud y prevenir las enfermedades el individuo se debe someter periódicamente a un examen médico, proteger su sistema respiratorio del polvo y los contaminantes, cubrirse de manera adecuada cuando haga frío, evitar los cambios bruscos de temperatura; si está enfermo, debe evitar toser o estornudar frente a los demás, dar la mano, besar, escupir en el suelo o compartir artículos de uso personal. La familia debe tratar de vivir en una casa amplia, sin humedad, bien iluminada y ventilada, evitar el hacinamiento, modificar favorablemente sus hábitos (alimentación, limpieza, ejercicio, tabaquismo, no dormir con animales, uso de ropa adecuada) y aislar a los enfermos. La comunidad debe reforestar, proporcionar casas y habitaciones adecuadas, tratar de no contaminar el ambiente y educar al público.

La influenza AH1N1 es diferente de la influenza B.

Principales enfermedades del sistema circulatorio

Las enfermedades del corazón. En los lactantes son más frecuentes las enfermedades congénitas; en cambio, en niños mayores lo son las de origen reumático (fiebre reumática), predominan en el sexo femenino. En los adultos las enfermedades se pueden deber a sífilis, arteriosclerosis (endurecimiento de las arterias) y la hipertensión arterial (aumento de la presión arterial). Las enfermedades de las arterias coronarias, como la angina de pecho y el infarto del miocardio, son más frecuentes en el sexo masculino; en cambio, la hipertensión arterial se presenta más en el sexo femenino. Muchas de las enfermedades congénitas se deben a infecciones durante el primer trimestre del embarazo. En las enfermedades coronarias y la hipertensión arterial puede haber tendencia familiar a presentarlas; son más frecuentes en personas obesas cuando se ingieren alimentos ricos en grasas, principalmente de origen animal, y con mucha sal, no se practica ejercicio y se fuma e ingieren bebidas alcohólicas en grandes cantidades. Hay enfermedades que pueden favorecer su aparición y desarrollo como sucede con la diabetes o las infecciones por estreptococo beta hemolítico tipo A. Las características de la personalidad también pueden influir; se ha observado que las enfermedades coronarias y la hipertensión arterial son más comunes en las personas aprensivas, o que desempeñan cargos de mucha responsabilidad. La zona geográfica también influye, pues son más frecuentes en sitios donde el agua tiene más sal, y en zonas urbanas.

Entre las medidas preventivas generales, el individuo debe recibir educación para la salud, tener nutrición adecuada, hacer ejercicio, evitar el tabaquismo y el alcoholismo, someterse periódicamente a exámenes médicos y atender al desarrollo de su personalidad. En caso necesario debe acudir al consejo genético y tratar de eliminar estados patológicos como la amigdalitis o tonsilitis. En el ámbito de la familia, si algún niño tiene amigdalitis o tonsilitis frecuentes, es conveniente revisar a todos los miembros y, en caso necesario, administrar tratamiento a las personas infectadas, aunque se encuentren asintomáticas. También debe hacerse el ambiente más agradable.

Las medidas para fomentar, mantener la salud y prevenir las enfermedades son: el individuo debe llevar una dieta adecuada, mejorar sus hábitos, eliminar los estados patológicos, tener recreación y relaciones armónicas con los demás.

Estas enfermedades, que afectan los vasos sanguíneos cerebrales pueden ser congénitas cuando se presentan en personas jóvenes; por ejemplo, la ruptura de aneurismas (dilatación del vaso sanguíneo debida a adelgazamiento de su pared). En las personas mayores se presentan embolias, trombosis y hemorragias debidas a que las arterias han perdido elasticidad; además, están relacionadas con las enfermedades del corazón y la hipertensión arterial, por lo que el examen médico periódico y el tratamiento oportuno si hubo un diagnóstico temprano puede disminuir su aparición.

Tumores malignos

Los tumores malignos (cancerosos) se caracterizan porque las células se reproducen y crecen en forma anormal; pueden diseminarse dando lugar a formaciones tumorales lejanas al sitio donde se originaron, llamadas metástasis.

Tienen tendencia familiar, algunos son más frecuentes en el sexo masculino como las leucemias y linfomas, seguidos por los tumores de próstata, estómago, tráquea, bronquio y pulmón. En la mujer son más comunes el cervicouterino, de mama, páncreas y estómago. Los tumores de huesos, cerebro, la leucemia y los linfomas afectan más a niños y jóvenes.

Algunos tumores se han relacionado con los hábitos; por ejemplo, entre el cáncer pulmonar y el tabaquismo; en los fumadores de pipa que no inhalan el humo es más frecuente el cáncer en los labios y la lengua. Algunos se vinculan con la ocupación; por ejemplo, en los radiólogos, las personas que trabajan con anilinas, hollín, etcétera.

Entre los factores contribuyentes están la irritación prolongada, ya sea física o química.

En muchos casos es posible que la persona recupere la salud si se diagnostica a tiempo, por lo que el individuo debe someterse a un examen médico periódico y acudir al médico ante algunas señales como:

- Cualquier úlcera que no cicatrice.
- Aumento de volumen de cualquier parte.
- Sangrado inexplicable; por ejemplo, en orina, materia fecal, por vagina, pezón, etc.
- Cambio en el tamaño o aspecto de las verrugas y lunares.
- Indigestión persistente, o dificultad para deglutir.
- Ronquera, tos o dolor torácico persistentes.
- Cambios en los hábitos intestinales o en la micción.
- Pérdida de peso sin causa aparente.
- Secreciones anormales; por ejemplo, en la mama.

En la actualidad, los tratamientos modernos permiten llegar a curar el cáncer si éste se diagnostica tempranamente. Una de las pruebas más útiles para ello es el Papanicolaou o citología exfoliativa, que consiste en el análisis citológico de cualquier líquido o secreción del cuerpo. Dicho análisis permite la identificación de las células tumorales. Los mejores resultados se han obtenido en el diagnóstico temprano de los tumores cervicouterinos, por lo que se recomienda a las mujeres de más de 30 años o aun menores que tengan relaciones sexuales, o estén bajo tratamiento hormonal (por ejemplo, anticonceptivos) que se practiquen este estudio cuando menos una vez al año. Aunque el virus del papiloma humano puede producir verrugas víricas y condiloma acuminado, los tipos 16 y 18 se han relacionado con cáncer cervicouterino.

Como entre los tumores malignos el más frecuente en México es el cervicouterino y después el de mama, en cuanto a este último es conveniente que la mujer se practique su autoexamen cada mes, de preferencia cinco días después de la menstruación: el primer paso es observarse frente a un espejo con los brazos dirigidos hacia arriba buscando alguna asimetría o cambio en el contorno y después colocando las manos sobre la cadera, presionando firmemente, se observa si hay cambios en la piel, hundimientos, protuberancias, heridas o alteraciones en el pezón. Luego se realiza el examen manual; para esto la mujer se acuesta sobre su espalda, colocando alguna almohada pequeña o una toalla enrollada bajo el hombro, pone el brazo derecho hacia arriba de manera que la mano quede debajo de la cabeza y con las yemas de los dedos de la mano izquierda va tocando suavemente la mama derecha de la periferia hacia el pezón y siguiendo el movimiento de las manecillas de un reloj tratando de descubrir alguna porción endurecida. Para examinar la mama izquierda se hace lo mismo pero utilizando la mano derecha y colocando la almohada o toalla debajo del hombro izquierdo. Es importante recordar que la presencia de alguna bolita no indica que exista cáncer, por lo que es conveniente acudir al médico inmediatamente. Por último, se debe revisar si existe secreción al exprimir el pezón.

> En la mujer los tumores malignos más frecuentes son el cervicouterino que se puede detectar cuando inicia por medio de un estudio de Papanicolaou y el de mama mediante autoexploración y mamografía.

Después de los 40 años, se recomienda que se practique cada uno o dos años un estudio radiológico llamado mamografía y que visite al ginecólogo.

En el hombre es aconsejable practicar una determinación del antígeno prostático por lo menos cada año. Las cifras normales oscilan entre 0.5 a 4 nanogramos por mililitro antes de los 30 años y de 0.5 a 5 nanogramos por mililitro después de esta edad.

> En el hombre el tumor maligno más frecuente es el de próstata que se puede detectar con la determinación del antígeno prostático.

Diabetes mellitus

Esta enfermedad tiene gran repercusión social debido a que si el individuo no recibe o sigue el tratamiento adecuado puede quedar incapacitado. Se presenta con carácter hereditario recesivo (la recesividad es un estado de latencia de genes cuando existen genes dominantes en heterocigotos, por lo que solamente se manifiestan en homocigotos; es decir, cuando los genes son iguales) y por lo común aparecen en la edad adulta; cuando se presenta en los niños y jóvenes se llama diabetes juvenil y es más difícil de controlar; generalmente hay el antecedente de que la persona ingiere muchos hidratos de carbono y no hace ejercicio, esto lo lleva a la obesidad, la cual está relacionada con la diabetes mellitus. Esta enfermedad se caracteriza porque el páncreas no produce la cantidad necesaria de insulina para regular el metabolismo de los hidratos de carbono, básicamente la glucosa, o a que ésta no puede pasar a la célula, por lo que aumenta su concentración en la sangre. Y si se incrementa todavía más, ésta se elimina a través de la orina junto con grandes cantidades de agua, por lo que el individuo tiene mucha sed. Y al no tener glucosa, las células empiezan a utilizar las grasas y proteínas, y el enfermo va perdiendo peso. Si no se trata, se pueden alterar el sistema nervioso, el riñón, el corazón, los ojos, se presentan infecciones con mucha facilidad, etc.; por todo ello, el paciente necesita tener mucho cuidado con su higiene personal y su dieta, además de seguir las indicaciones médicas.

Para disminuir la frecuencia de esta enfermedad se debe tratar de evitar el matrimonio entre personas diabéticas o con antecedentes diabéticos y prevenir la obesidad.

Esta enfermedad se detecta por medio de la determinación de glucosa en la sangre, la forma más sencilla es en el consultorio. Se obtiene una gota de sangre que se pone en contacto con una tira de papel con un reactivo especial. Cuando la enfermedad está más avanzada también aparece glucosa en el examen general de orina. Existe una prueba de tolerancia a la glucosa, la cual indica si la persona tiene predisposición a manifestar la enfermedad.

Malaria o paludismo y dengue

La **malaria** o el **paludismo** es una de las enfermedades objeto de vigilancia por la OMS determinadas en la 22a.

Asamblea Mundial de la Salud. Se ha tratado de erradicar desde 1906, pero hasta la fecha se encuentra dentro de las principales enfermedades transmisibles en México (4624 casos en 2003). Se transmite por la picadura del mosquito *Anopheles*. Cuando pica a una persona enferma, su sangre contiene al agente causal que es un protozoario llamado *Plasmodium*, puede ser *P vivax*, *P malariae*, *P falciparum* y *P ovale*. En México existe el *P vivax*; este microorganismo desarrolla parte de su ciclo biológico en el mosquito, de manera que cuando el mosquito pica a otra persona, le deposita los microorganismos; la enfermedad se manifiesta por escalofrío, fiebre, aumento del volumen del bazo y anemia. Dependiendo del tipo de *Plasmodium*, la aparición del cuadro febril puede ser diaria, en días alternos o cada tercer día.

El **dengue** es una enfermedad que tiene un principio brusco con fiebre, dolor de cabeza intenso, dolor atrás de las órbitas oculares, en articulaciones, en músculos, erupción en la piel y puede acompañarse de hemorragias; está producido por el virus del dengue y se transmite por la picadura del mosquito *Aedes aegypti* o del *A. albopictus*. (Se registraron 13 254 casos y 2159 de dengue hemorrágico en 2003.)

(Para la prevención de estas enfermedades, *véase* "Fauna nociva".)

Actividades

1. Investiga cuáles son las enfermedades más frecuentes en tu comunidad y compara si éstas coinciden con las primeras causas de enfermedad (capítulo 37).
2. Por equipos se sortearán las enfermedades más frecuentes para que hagan un sociodrama donde se incluyan factores de riesgo y medidas preventivas.

Capítulo 47

Problemas sociales

Los niños de la calle son un indicador del grado de problemas sociales que sufre una comunidad, son el resultado de una serie de factores entre los que sobresale la desintegración familiar.

Aborto

Desde el punto de vista legal, **aborto** es la interrupción del embarazo en cualquier época de la gestación antes de que el feto llegue a su término. Desde el punto de vista obstétrico, es la interrupción del embarazo antes de que el producto sea viable; es decir, capaz de vivir fuera de la cavidad uterina en forma independiente. En cuanto a la viabilidad del producto, la Clasificación Internacional de Enfermedades considera que el feto es viable a las 28 semanas de embarazo, cuando pesa alrededor de 1000 g. En los últimos años la Federación Internacional de Ginecología y Obstetricia ha considerado como límite para la viabilidad 22 semanas y 500 g de peso y recientemente, 20 semanas.

Clasificación del aborto

De acuerdo con la intencionalidad, el aborto puede ser:

$$\text{espontáneo} \begin{cases} \text{esporádico} \\ \text{habitual} \end{cases} \qquad \text{inducido} \begin{cases} \text{legal} \\ \text{ilegal} \end{cases}$$

Aborto espontáneo es aquel que ocurre sin la ayuda de fuerzas externas o artificiales. Cuando se presenta en forma aislada se llama esporádico y si ocurre en tres o más ocasiones consecutivas se le denomina aborto habitual. Las causas del aborto espontáneo se pueden dividir en maternas y ovulares.

Causas maternas generales

1. Infecciones agudas como la tifoidea, la influenza y la neumonía.
2. Infecciones crónicas como la tuberculosis. Antiguamente se consideraba a la sífilis como una enfermedad que producía aborto en los primeros meses de gestación, pero se ha observado que los abortos que provoca esta enfermedad son poco frecuentes, y cuando se presentan corresponden a productos de 4 y medio a 5 meses.
3. Toxemia del embarazo o gestosis, el cual ya se estudió en el capítulo correspondiente a problemas durante la gestación.
4. Intoxicaciones, que pueden ser exógenas; es decir, provenientes del medio ambiente como las producidas por sustancias químicas (plomo, bióxido de carbono, arsénico), por alimentos o por medicamentos.

Las intoxicaciones endógenas se deben a que el organismo de la mujer no funciona adecuadamente y retiene sustancias tóxicas; por ejemplo, las provocadas por la insuficiencia hepática (del hígado) y la insuficiencia renal (del riñón).

1. Las alteraciones de las glándulas endocrinas pueden producir aumento en la cantidad de estrógenos, disminución de la cantidad de progesterona, incremento o baja de la cantidad de hormona tiroidea, diabetes mellitus, etcétera.
2. Algunos autores creen que una dieta inadecuada en la que falten calcio, yodo y vitaminas A, B, C y E puede producir alteraciones en el desarrollo de la porción fetal de la placenta, aunque en la mayoría de los casos puede provocar esterilidad o prematurez.
3. Los traumatismos por sí solos se consideran factores que ayudan a la producción de un aborto, pero no lo determinan; por ejemplo, si la madre sufre una caída o un golpe en el abdomen, el aborto se desencadenará sólo sí existe alguna otra causa que lo favorezca.
4. Lo mismo sucede en los trastornos emocionales que favorecen el aborto cuando ya había alguna otra condición patológica.

Causas maternas locales

Las malformaciones congénitas del útero y los tumores pueden impedir que el producto de la concepción crezca conforme avanza el embarazo. Cuando existen adherencias entre los tejidos de la cara posterior del útero y la porción anterior del recto, al avanzar el embarazo impiden que el útero aumente de volumen provocando la expulsión del producto. Los desgarros del cuello uterino como consecuencia de partos múltiples y la insuficiencia del cuello uterino (la incapacidad de mantenerse cerrado durante toda la gestación) pueden provocar el aborto.

Causas ovulares

Causan entre 75 y 85% de los abortos espontáneos.

1. Se han encontrado malformaciones congénitas entre 60 y 70%.
2. La isoinmunización por factores sanguíneos del grupo A-B-O es otra causa ovular.
3. La presencia de nudos o circulares en el funículo umbilical (cordón umbilical) cuando éste describe vueltas alrededor del producto, dificultan su nutrición y su oxigenación.
4. Alteraciones en la cantidad de líquido amniótico, como el polibidramnios cuando éste es excesivo, o el oligohidramnios cuando es insuficiente.
5. La mola hidatiforme, que es una degeneración de las vellosidades coriales.
6. Anomalías en la inserción de la placenta.

Formas clínicas del aborto espontáneo

En realidad corresponden a distintas fases de un mismo proceso:

1 **Amenaza de aborto** Hay sangrado de la cavidad uterina, que se puede acompañar de dolor tipo cólico en el bajo vientre. Como el producto está vivo, el útero tiene las características de un embarazo normal. De esta etapa puede pasar a la siguiente o bien el embarazo puede continuar su curso normal.
2. **Aborto en evolución** Se caracteriza porque el cuello uterino está borrado y dilatado, los dolores que en la amenaza de aborto eran poco intensos se hacen rítmicos, cada vez más frecuentes y más intensos; la hemorragia es variable.
3. **El aborto inminente** Constituye la etapa más avanzada del aborto en evolución; en ella es inevitable la expulsión del producto.
4. **El aborto incompleto** Pasa por las etapas anteriores, se expulsan fragmentos ovulares y el dolor parece disminuir, aunque persisten molestias en el bajo vientre. El útero se encuentra de menor tamaño con respecto al tiempo de embarazo, el cuello uterino puede estar abierto o cerrado, pero conserva el reblandecimiento característico del embarazo. Este tipo de aborto generalmente se presenta después de las ocho semanas porque la decidua capsular ya no se rompe con facilidad. Persiste la hemorragia, los fragmentos que se retienen constituyen un medio ideal para que se desarrollen microorganismos, por lo que puede presentarse una infección.
5. **El aborto consumado** Existe el antecedente de expulsión del huevo y sus anexos, después de lo cual desaparece la hemorragia, cesan los dolores y el útero recupera las características que presentaba antes del embarazo, el cuello uterino se cierra y se forma. Este tipo de aborto se presenta generalmente antes de las ocho semanas, cuando el huevo está libre en la cámara ovular y las vellosidades coriales no están bien ancladas.
6. **El aborto diferido, frustrado o fallido** Consiste en la retención del producto de la concepción durante un periodo prolongado después de su muerte. Hay antecedentes de dolor y hemorragia, desaparecen los datos de embarazo y al explorar a la mujer no coincide el tamaño del útero con el tiempo de embarazo. Se asocia al uso de hormonas que se administraron para tratar de detener su evolución.
7. **El aborto infectado** Puede corresponder a cualquiera de las formas clínicas aunque generalmente está relacionado con el aborto provocado, incompleto, que se complicó con infección. Se presenta fiebre, escalofrío y, si no se trata a tiempo, la infección se puede extender a los órganos vecinos o generalizarse en todo el organismo; a esto se le llama septicemia y pone en peligro la vida.

El **aborto inducido** o **provocado** es resultante de maniobras practicadas deliberadamente con la intención de interrumpir el embarazo. Puede ser legal e ilegal.

En México el Código Penal del Distrito Federal en materia del fuero común y para la República Mexicana en materia del fuero común federal permite el aborto cuando el embarazo es producto de una violación, cuando es causado por imprudencia de la mujer embarazada y cuando se trata de un aborto terapéutico. En su artículo 333 expresa: "No es punible el aborto causado sólo por imprudencia de la mujer embarazada, o cuando el embarazo sea resultado de una violación". En el artículo 334 dice: "No se aplicará sanción cuando de no provocarse el aborto, la mujer embarazada corra peligro de muerte a juicio del médico que la asista, oyendo éste el dictamen de otro médico, siempre que esto fuere posible y no sea peligrosa la demora".

La lista de enfermedades que ponen en peligro la vida de la mujer embarazada se ha modificado debido al avance de la medicina; sin embargo, en la actualidad se consideran la hipertensión grave (aumento de la presión arterial), las cardiopatías graves (enfermedades del corazón), las nefropatías (enfermedades del riñón) y el cáncer de la mama o de órganos pélvicos, así como los trastornos neuropsiquiátricos.

El **aborto inducido ilegal** es el más frecuente. En el medio socioeconómico más bajo las personas que inducen los abortos son inexpertas, usan hierbas como el azafrán, el orégano, la ruda, el ajenjo, el apiol (perejil) y el zoapatle, que solamente pueden provocar el aborto cuando se ingieren en cantidades tóxicas para el organismo.

En el medio socioeconómico un poco más elevado las mujeres se introducen objetos en el útero como agujas de tejer o sondas. Como se tiene la idea de que la presencia de sangrado por vía vaginal es señal de aborto, muchas personas se introducen pastillas de permanganato o de aspirina, que les producen quemaduras o úlceras que llegan a sangrar, pero que no provocan el aborto. Otras personas introducen sustancias tóxicas al producto de la concepción dentro de la cavidad uterina, maniobra que resulta sumamente peligrosa.

Finalmente, en los niveles superiores se recurre al abortador, que puede ser un médico o una enfermera para que practique un legrado, esto es una intervención quirúrgica mediante la cual se extrae el producto y sus anexos con ayuda de una cucharilla o por medio de aspiración (aborto por succión). Cuando el producto es grande y ya no puede ser aspirado o extraído con la cucharilla, algunos abortadores practican una histerotomía, es decir, hacen una incisión en el útero para extraer el producto.

Complicaciones del aborto inducido

Las complicaciones del aborto inducido se pueden clasificar en tempranas y tardías. Entre las complicaciones tempranas están la hemorragia profusa, infección, perforación del útero y, en ocasiones, de otros órganos como el intestino y la intoxicación por ingestión de hierbas. Las complicaciones tardías pueden ser la esterilidad posterior por la infección de los órganos genitales, una insuficiencia en el cuello uterino y problemas psicológicos, debido a que la mujer puede quedar con sentimiento de culpa. La más grave de las complicaciones es la muerte de la mujer.

El aborto provocado o inducido puede complicarse con perforación de vísceras, hemorragia, infección, esterilidad e incluso la muerte.

Aspectos sociales

El Código Penal para el Distrito Federal en materia del fuero común y para la República Mexicana en materia del fuero común federal reprime el aborto, con las excepciones ya mencionadas (artículos 333 y 334).

Los artículos 329 a 332 consideran:

329: "Aborto es la muerte del producto de la concepción en cualquier momento de la preñez".

330: "Al que hiciere abortar a una mujer se le aplicarán de uno a tres años de prisión, sea cual fuere el medio que emplease, siempre que lo haga con consentimiento de ella. Cuando faltare el consentimiento, la prisión será de tres a seis años, y si mediare la violencia física o moral, se impondrán al delincuente de seis a ocho años de prisión".

331: "Si el aborto lo causare un médico cirujano, comadrón o partera, además de las sanciones que corresponden conforme al anterior artículo, se le suspenderá de dos a cinco años en el ejercicio de su profesión".

332: "Se impondrán de seis meses a un año de prisión a la madre que voluntariamente procure su aborto o consienta en que otro la haga abortar, si concurren estas tres circunstancias: I) que no tenga mala fama, II) que haya logrado ocultar su embarazo y III) que éste sea fruto de una unión ilegítima. Faltando alguna de las circunstancias mencionadas, se le aplicarán de uno a cinco años de prisión".

Estos artículos están en proceso de modificación.

Las leyes estatales aplican el mismo criterio, ya que por lo general distinguen entre la mujer de buena y de mala reputación, diferencian entre los embarazos ocultos y los reconocidos socialmente. En el estado de Chiapas, si la mujer es pobre y tiene muchos hijos, la pena se disminuye de uno a dos años y en el caso del **aborto terapéutico** se permite que un solo médico determine la necesidad de practicarlo. En Puebla, Chihuahua, Yucatán y Chiapas no se sanciona el aborto por razones eugenésicas (cuando se sospecha que el niño va a nacer con anomalías físicas o mentales).

A pesar de que no se pueden obtener datos exactos debido a la clandestinidad con que se practica, se calcula que se llevan a cabo anualmente entre 600 000 y 700 000 abortos inducidos en el país. Los abortos registrados en las instituciones hospitalarias son aquellos que, al haber sido provocados por manos inexpertas, cursan con complicaciones; por el contrario, los que son practicados por manos expertas evolucionan bien en la mayoría de los casos y pasan inadvertidos.

En 2001, los egresos hospitalarios en instituciones del Sistema Nacional de Salud informaron 126 461 por aborto y 514 994 por parto.

En el II Congreso de la Academia Nacional de Medicina celebrado en 1967, los doctores Manuel Mateos Fournier y Javier Soberón Acevedo encontraron en un estudio de 2626 mujeres los siguientes datos:

Relación de abortos espontáneos y provocados		
Total de casos	2 626	100.00%
Espontáneos	198	7.53%
Provocados	2 428	92.47%
Disociación de los abortos provocados		
Inducidos con justificación médica o legal	82	3.50%
Inducidos sin justificación (criminal)	2 345	96.50%
Causas del aborto:		
Profilácticas y terapéuticas	76	4.13%
Legales (por violación)	60	0.25%
Número excesivo de hijos	1 258	51.82%
Mala situación económica	652	26.85%
Desavenencia conyugal	280	11.54%
Ocultación social	144	5.93%
Por ejercicio de la prostitución	12	0.48%
Grado de instrucción:		
Primaria incompleta	804	43.79%
Primaria	452	24.62%
Secundaria	210	11.43%
Otras superiores	102	5.70%
Profesionales y subprofesionales	161	8.75%
Ninguna	105	5.71%
Estado civil:		
Solteras	452	19.27%
Casadas	1 040	44.33%
Unión libre	496	21.14%
Abandonadas	128	5.43%
Divorciadas	220	9.38%
Viudas	10	0.42%
Situación económica de la familia:		
Superior	186	5.80%
Suficiente	435	18.54%
Insuficiente	1 080	46.03%
Precaria	695	29.63%

Fuente: II Congreso de la Academia Nacional de Medicina, Memorias, vol. II, 1967.

El aborto es uno de los problemas medicosociales más antiguos de la humanidad, porque tiene elevada frecuencia (número de casos de una enfermedad u otro fenómeno en un año) y una elevada prevalencia (suma de casos nuevos y antiguos hasta el momento actual). Debido a que generalmente es provocado por personas inexpertas tiene un elevado índice de morbimortalidad. Una buena parte del presupuesto con que cuentan las instituciones hospitalarias se dedica a la atención de las complicaciones del aborto inducido y se ha observado que el número de abortos criminales es mayor en países donde las familias viven en malas condiciones económicas, las mujeres no tienen las mismas oportunidades que el hombre, la sociedad condena a la madre soltera por falsos prejuicios. Nuestro Código Penal data de 1931 y las leyes ya no se adaptan a nuestra realidad, por lo que ha sido muy discutido; algunos autores consideran que debería modificarse, reglamentarse e institucionalizarse el aborto para que el público sepa dónde acudir. Se cree que con esto disminuiría el clandestinaje evitando daños que en muchos casos son irreparables; en especial en los casos de mujeres desamparadas social y afectivamente.

Algunos psiquiatras que están a favor de esta reglamentación hacen hincapié en las consecuencias de los embarazos no deseados, los cuales pueden deteriorar las relaciones de la pareja; además, un hijo no deseado es un candidato al síndrome del niño maltratado.

Por otra parte, hay personas que señalan los peligros de legalizar el aborto; opinan que en México, por factores culturales negativos, gran parte de la población no acude al médico, que al crecer la demanda de abortos los servicios asistenciales se volverían insuficientes y que debido a la estructura socioeconómica de nuestra población, los sectores más beneficiados serían los de clase media y alta.

Al respecto, la doctora Blanca Raquel Ordóñez realizó un estudio en el IMSS en 1971, en el que comparaba la cantidad de embarazos y abortos en dos grupos de mujeres semejantes en cuanto al nivel socioeconómico, partos anteriores y edad; a uno de ellos lo incluyó en un programa de planificación familiar y al otro se le permitió continuar con sus hábitos. Encontró que la proporción de abortos disminuyó a 1.4% en el grupo de planificación familiar a diferencia del otro grupo, que tuvo un índice de 24.4%.

En la mayor parte de los países, la interrupción deliberada del embarazo está reglamentada por la ley. La reglamentación varía, desde la prohibición total hasta la libertad completa. En Islandia, Japón, Gran Bretaña, Dinamarca, Finlandia, algunos estados de Estados Unidos como Nueva York, Hawai, Alaska; en Canadá, y algunos países de Europa Oriental el aborto se autoriza por razones médico-sociales, como varios nacimientos seguidos, dificultad económica, enfermedad de los padres, etc. En Europa Oriental, Singapur, Australia, Japón, otros estados de Estados Unidos, Turquía y Escandinavia se permite el aborto por razones eugenésicas; es decir, cuando hay enfermedades que puedan afectar en alguna forma al feto como las deformidades hereditarias, y las psicosis hereditarias. En Europa Oriental, Escandinavia y Bulgaria se acepta el aborto cuando la mujer es menor de 16 años porque consideran que aún no tiene madurez psico-socio-emocional para educar a sus hijos. También lo aceptan después de los 37, 40 o 45 años.

Cabe señalar que, el 24 de abril de 2007, la Asamblea Legislativa aprobó la despenalización del aborto antes de las 12 semanas de gestación en el Distrito Federal.

Infecciones de transmisión sexual (ITS) (venéreas)

La palabra venéreo viene de Venus, que en latín significa "amor o deseo sexual", debido a su evidente asociación con la relación sexual. Dentro de ellas se incluían la sífilis, la blenorragia o gonorrea, el chancro blando, el linfogranuloma venéreo y el granuloma inguinal. En la actualidad se consideran además la tricomoniasis, la moniliasis, el herpes genital, la uretritis no gonocócica, el condiloma acuminado, la escabiasis o sarna genital, la tiña inguinal, la pediculosis pubis y recientemente también el Sida (síndrome de inmunodeficiencia adquiri-

da), la hepatitis B, la vaginosis bacteriana, el molusco contagioso y las infecciones genitales por el virus del papiloma humano. Estas enfermedades se adquieren por contacto sexual directo independientemente de que existan casos, poco frecuentes, en donde se contagian por otras vías, como heridas, instrumentos, sangre y sus productos infectados, durante el embarazo, el parto, la lactancia, etc., prácticamente la única diferencia que tienen en relación con otras enfermedades infecciosas y parasitarias reside en la presencia del elemento sexual. Por esta razón la OMS (Organización Mundial de la Salud) estableció en 1975 que debían englobarse con el nombre de enfermedades de transmisión sexual y recientemente con el de infecciones de transmisión sexual (ITS).

> El compartir jeringas es una fuente de contagio de Sida y hepatitis B.

En Latinoamérica las infecciones de transmisión sexual más frecuentes son sífilis, gonorrea, tricomoniasis, candidiasis, uretritis no gonocócica, herpes genital, Sida e infecciones genitales por el virus del papiloma humano (VPH).

Debido a que muchas personas que padecen estas enfermedades no acuden al médico, es difícil tener información exacta sobre el número de ellas; en México, en el año 2007, la Secretaría de Salud informó, entre otras, de 1203 casos de infecciones gonocócicas genitourinarias (blenorragia o gonorrea), 2573 casos de sífilis adquirida, 148 de sífilis congénita, 1926 casos de herpes genital, 5031 casos nuevos de Sida, 3401 seropositivos al VIH, 363 196 de candidiasis urogenital, 632 casos de chancro blando, 776 de hepatitis B, 211 de linfogranuloma venéreo, 149 385 de tricomoniasis urogenital y 21 539 de infecciones genitales por el virus del papiloma humano. En cuanto a las demás infecciones, aunque muchas de ellas se presentan, no existe un registro.

Estas enfermedades son más frecuentes en el medio urbano y en el sexo masculino; los grupos más afectados son los de 15 a 24 años, con excepción del Sida, que en México afecta con más frecuencia entre los 25 a 44 años. También son más recurrentes en áreas metropolitanas, puertos, ciudades de la frontera norte y poblaciones turísticas.

Entre los factores relacionados con la prevalencia de estas enfermedades se pueden señalar la migración interna, el urbanismo y la industrialización que inducen a numerosos adolescentes a acudir a las grandes ciudades en busca de trabajo o escuelas; al quedar libres de la presión familiar, ejercitan su sexualidad con más libertad; el turismo; el cambio en el concepto de los valores morales; el inicio de relaciones sexuales a edades más tempranas; la emancipación de la mujer; la disminución de las influencias restrictivas de la religión, la familia y de la opinión pública; también la disolución del vínculo familiar, el alcoholismo, la farmacodependencia (la disminución del temor a este tipo de enfermedades debida a la confianza en el tratamiento con antibióticos, aunque no todas se traten con ellos), la automedicación (que trae consigo el aumento de la resistencia de los agentes causales a los antibióticos) y el uso cada vez más frecuente de los anticonceptivos.

A partir de 1942, cuando se descubrió la acción treponemicida (mata al *Treponema pallidum*, agente causal de la sífilis) de la penicilina y con el hallazgo de otros agentes terapéuticos, se observó que la frecuencia de estas enfermedades estaba disminuyendo, pero desde 1960 aumentaron en forma considerable en muchos países, al grado de que se les ha dado el carácter de epidémicas. El Sida ha sobrepasado ya este concepto, se le considera pandémico puesto que se está presentando en forma simultánea en casi todos los países.

En la actualidad también están clasificadas como enfermedades sociales, ya que su repercusión es muy grande, pues elevan la morbilidad y la mortalidad; se sabe que la sífilis es causa de que algunos niños nazcan muertos y cuando esta enfermedad se presenta en forma congénita aumenta la mortalidad infantil, y lo mismo sucede con el Sida. Contribuyen a la mortalidad general y pueden producir ausentismo en el trabajo y disminución de la capacidad del trabajador (incapacidad) y cuando no matan pueden producir invalidez, sobre todo en sus etapas tardías. En éstas requieren hospitalización en muchos casos y el tratamiento llega a ser sumamente costoso, como en el caso del Sida, independientemente de que hasta la fecha sea mortal.

Sífilis

Es una enfermedad infecciosa, crónica, generalizada, causada por *Treponema pallidum*, se transmite básicamente por contacto sexual.

Algunos autores creen que es originaria de América y otros opinan que es de Europa. Ha recibido diferentes nombres: Mal napolitano, Mal gálico, Mal de la isla Española, etc. El nombre de *sífilis* viene de un pastor llamado Syphilo que se enamoró y fue atacado por esta enfermedad. Su morbilidad había descendido pero, como se comentó, desde 1960 ha aumentado de nuevo, principalmente en personas menores de 20 años.

El agente causal (*Treponema pallidum*) es una espiroqueta delgada en forma de tirabuzón, que mide de 0.25 a 0.5 micras, con unas 24 espirales y que presenta movimientos lentos en sentido longitudinal y en rotación; como no se tiñe bien con los colorantes, se le ha llamado también espiroqueta pálida y se puede observar mejor en vivo con las técnicas de campo oscuro; el material se obtiene directamente de las lesiones. Aunque básicamente su transmisión es por contacto sexual (heterosexual y homosexual) se puede transmitir por el beso, a través de la placenta (sífilis prenatal), por medio de transfusiones sanguíneas y cuando hay una herida en la piel y se tiene contacto con alguna lesión sifilítica. El contagio a través de objetos es muy difícil porque el agente causal se destruye rápidamente con el agua, el jabón, los cambios en la temperatura y la desecación.

De acuerdo con su evolución, la sífilis puede dividirse en reciente y tardía, y cada una de éstas se subdivide en activa y latente.

Sífilis reciente

A partir del momento en que el treponema penetra en el organismo, la enfermedad puede evolucionar en diferentes formas:

Primero, después de 20 a 30 días se presenta una manifestación clínica llamada *complejo primario*; se caracteriza por la aparición de un chancro, el cual consiste en una pequeña elevación de la piel, llamada *pápula*, en el sitio donde ocurrió el contagio; ésta es de color rojo, y posteriormente se ulcera; la base del chancro es dura, no causa dolor y en ocasiones se cubre con una costra delgada. Días después se inflaman los linfonodos (ganglios linfáticos) más cercanos, por lo común, los de la región inguinal; si el chancro aparece en la boca (por contacto orogenital) la inflamación de los linfonodos (ganglios linfáticos), que recibe el nombre de *adenitis* puede ser muy aparatosa.

En esta etapa el diagnóstico se realiza llevando a cabo un raspado de la lesión, se observa al microscopio en campo oscuro y se pueden ver los treponemas.

Después de cinco a seis semanas de la inoculación, se puede practicar un estudio serológico; se toma una muestra de sangre y se hacen reacciones específicas para esta enfermedad que resultan positivas.

El complejo primario desaparece solo alrededor de las cuatro semanas; es importante señalar esta característica porque el individuo cree que ya desapareció la enfermedad.

De seis a ocho semanas después de haber aparecido la primera lesión se pueden presentar fiebre, dolor de cabeza, palidez, malestar general, pérdida de peso, dolor en las articulaciones y los músculos, aumento de volumen del hígado y del bazo; todo esto indica que el treponema pasó al torrente sanguíneo y que se está presentando el secundarismo. En la piel y las membranas mucosas aparecen lesiones llamadas *sifílides* secundarias, de preferencia se ven en las superficies internas o mediales de las extremidades y en la cara, son de color semejante al jamón, circulares, aproximadamente de 0.5 a 1 cm de diámetro (máculas), no molestan ni dan comezón y reciben el nombre de *roseolas*. Las lesiones pueden aparecer en forma de pápulas (elevación pequeña, redondeada de la piel) y se pueden observar además en las plantas de los pies y las palmas de las manos.

La pápulas pueden tener muchos aspectos y contienen gran cantidad de treponemas. Cuando la infección afecta a los folículos pilosos se puede observar pérdida del pelo (en cuero cabelludo, cejas y pestañas).

La duración de este periodo es variable, desde semanas hasta un año y las lesiones pueden desaparecer sin ningún tratamiento y sin dejar cicatriz.

El segundo camino que puede seguir la sífilis reciente es el de permanecer latente; es decir, abajo del horizonte clínico, por lo que no habrá manifestaciones clínicas a pesar de que la enfermedad puede estar evolucionando en el organismo. En este caso la enfermedad se detecta por medio de las reacciones serológicas y de aquí pasa a la etapa tardía latente o bien desaparece espontáneamente.

El tercer camino que puede seguir la sífilis reciente es el de manifestarse por lesiones tardías sin haber dado manifestaciones al principio. Las pruebas serológicas resultan positivas.

La sífilis reciente sintomática es muy transmisible porque en las lesiones hay muchos treponemas; en cambio, la sífilis reciente latente sólo es trasmisible en forma potencial; en esta etapa se pueden presentar recaídas en la piel y las mucosas.

Sífilis tardía

Se considera así después de dos o tres años de evolución; puede ser benigna cuando afecta piel, huesos, articulaciones, hígado, riñón, glándulas mamarias o laringe. Las lesiones son limitadas y destructivas, pero no son infectantes.

En la piel se puede manifestar en forma de lesiones llamadas *gomas* y *nódulos*. Los gomas semejan tumores, son indoloros pero se van reblandeciendo y se abren dejando salir un material espeso. Aparecen en el cráneo, la frente, la lengua y las extremidades. Si aparecen en el paladar o en el tabique de la nariz pueden destruir

los huesos. Los nódulos son lesiones poco prominentes de color café rojizo.

Cuando afecta a los huesos produce dolor y aumento de la temperatura en el sitio donde se presenta la lesión.

En las articulaciones puede presentarse la llamada *artropatía de Charcot*, por lo general en la rodilla, el tobillo o la cadera. La articulación se vuelve dolorosa, aumenta de volumen, pierde su forma y tiene mayor movilidad que la normal.

Cuando afecta el hígado, estómago, riñón o las glándulas mamarias produce lesiones de tipo gomoso. Cuando afecta la laringe produce voz ronca pero sin dolor.

Sífilis cardiovascular

Las lesiones que produce causan muchas muertes, es más frecuente en el hombre y se puede presentar 20 o 30 años después de la infección. Cuando afecta a la arteria aorta (aortitis) produce un aneurisma, que consiste en una dilatación del vaso sanguíneo por adelgazamiento de la pared de la arteria. Puede afectar al miocardio o túnica (capa) muscular del corazón o también a la valva (válvula) que separa a la arteria aorta del corazón dificultando la circulación de la sangre a este nivel.

Neurosífilis

Junto con la sífilis cardiovascular causa la muerte en muchos casos. Puede cursar asintomática, por lo que en estos casos el diagnóstico se hace cuando se extrae el líquido cerebroespinal (cefalorraquídeo) y su estudio resulta positivo a las reacciones inmunológicas.

Cuando se manifiesta lo puede hacer en varias formas:

Como meningitis; es decir, se inflaman las meninges (membranas que rodean al sistema nervioso central), aumenta la presión dentro del cráneo y puede haber delirio y convulsiones.

Otra forma es la meningovascular, cuando se obstruyen las arteriolas cerebrales, por lo que los síntomas y signos varían según el vaso afectado, se puede perder el movimiento, la sensibilidad, la palabra, puede haber demencia, etcétera.

Otra forma de neurosífilis se llama *tabes dorsal*; afecta la médula espinal en sus raíces posteriores; la persona sufre dolores, problemas para caminar y se altera la sensibilidad profunda, por lo que pierde el sentido de la posición de las partes de su cuerpo cuando no las ve, si la enfermedad afecta al nervio óptico el individuo puede quedar ciego en tres años. También hay otra forma de neurosífilis: la parálisis general progresiva, más frecuente entre los 35 a 50 años; el paciente empieza a tener dolor de cabeza, insomnio, dificultad para concentrarse; después va teniendo cambios en su personalidad, se vuelve irritable, pierde la memoria, no se ocupa de su aseo personal, le cambia el carácter y puede llegar a la demencia.

Sífilis y embarazo

Una madre sifilítica generalmente transmite la enfermedad al hijo durante el embarazo, cuando la enfermedad se encuentra en los primeros dos años de evolución. Si la madre recibe tratamiento adecuado antes del cuarto mes del embarazo, el niño nace sano. Si no recibe tratamiento, el treponema es capaz de atravesar la placenta produciendo un aborto espontáneo, la muerte del producto, parto prematuro o a término pero con el producto infectado.

Hasta hace algunos años se hablaba de *sífilis hereditaria*, pero este concepto se ha modificado y ahora se le llama *sífilis congénita*, porque la infección del niño no es heredada, sino que la contrae durante su vida intrauterina a través de la placenta.

En el recién nacido la sífilis congénita temprana se puede manifestar por:

1. **Rinitis sifilítica** El recién nacido tiene secreción de moco y pus, a menudo con sangre por la nariz, que va a perdurar meses y puede llegar a destruir los huesos nasales, por lo que presenta "nariz en anteojo o catalejo", porque se hunde el puente de la nariz.
2. **Pénfigo palmo-plantar** Se manifiesta por lesiones llenas de líquido (vesículas) con el aspecto del suero o con sangre, donde abundan los treponemas. Aparecen en las plantas de los pies o las palmas de las manos.
3. **Aumento en el volumen del bazo**
4. **Osteocondritis** El niño tiene dolor en los huesos largos y al tomarle radiografías se observa que tiene destrucción de los mismos e inflamación.
5. **Puede presentar lesiones en la piel y las mucosas llamadas *sifílides***; generalmente aparecen en la cara, alrededor de la boca, de la nariz, del ano y del pudendo femenino (vulva). Estas lesiones al cicatrizar se llaman *ragadías*.

La sífilis congénita tardía se puede manifestar en la edad escolar con las lesiones gomosas como las del adulto. Se pueden deformar los huesos de la pierna (la tibia adopta la forma de sable). Puede haber pérdida de la visión, sordera y malformaciones en los dientes de la segunda dentición, los incisivos tienen sus bordes en forma de media luna (dientes de Hutchinson) o de sierra.

La neurosífilis es frecuente y se presenta en su forma meningovascular, pudiendo producir parálisis, convulsiones, trastornos mentales y alteraciones del líquido cerebroespinal (cefalorraquídeo).

En la sífilis congénita rara vez se observa la forma cardiovascular.

El diagnóstico de la enfermedad se hace en sus etapas iniciales demostrando, en raspado de las lesiones, la presencia del treponema por medio del campo oscuro (al observar sin luz se observa el campo oscuro y los treponemas brillantes); posteriormente, el estudio inmunológico resulta positivo. Existen diferentes técnicas que han recibido el nombre de sus autores (Kahn, Mazzini, Wassermann, etc.) o las siglas de laboratorio, como la VDRL (Venereal Disease Research Laboratory). Estas pruebas se basan en la presencia de una sustancia del tipo de los anticuerpos llamada *reagina* que aparece poco después del inicio de la enfermedad. Si la cantidad de reagina es elevada, la enfermedad es reciente; por otra parte, una sola prueba positiva no hace el diagnóstico de la enfermedad, porque se puede deber a una enfermedad producida por virus o por otro treponema. Una prueba negativa tampoco descarta la enfermedad, porque ésta se puede encontrar en periodo de incubación (ya existe la enfermedad, pero todavía no se manifiesta) o en la etapa tardía. Si se quiere hacer el diagnóstico de neurosífilis hay que realizar el estudio en el líquido cefalorraquídeo o cerebroespinal.

Cuando una persona tiene prueba VDRL positiva, se debe someter a otra prueba, llamada FTA-ABS (prueba *Fluorescent Treponemal Antibody Absorption*); en etapas tardías se lleva a cabo una prueba de inmovilización del treponema (ITP) y la prueba de fijación del complemento (FCTP); si éstas resultan positivas, hay que dar tratamiento.

En los casos de lesiones en la piel o laringe se debe practicar una biopsia, la cual consiste en tomar una muestra del tejido afectado y estudiar al microscopio para observar las características de las lesiones.

El tratamiento es con base en penicilina, aunque han aparecido variedades resistentes; la dosis la determina el médico de acuerdo con la evolución de la enfermedad. En los casos de sífilis reciente, las reacciones se vuelven negativas después del tratamiento y las lesiones son reversibles; es decir, llegan a desaparecer; pero, en los casos de sífilis tardía, a pesar de recibir el tratamiento adecuado, las reacciones serológicas persisten positivas; esto puede dificultar que la persona obtenga un trabajo o que se le dé rápidamente un certificado médico prenupcial porque hay que hacer los otros estudios mencionados.

Las lesiones de la sífilis tardía no regresan a la normalidad a pesar del tratamiento médico; sin embargo, se puede detener la evolución de la enfermedad.

Después de recibir el tratamiento, el paciente debe seguir controlándose por medio de pruebas serológicas y exámenes médicos periódicos, porque en caso necesario hay que repetir el tratamiento.

Durante el embarazo, la mujer debe recibir tratamiento médico y después del parto hay que examinar al niño cada dos o cuatro semanas.

Infecciones gonocócicas (blenorragia o gonorrea)

Se considera que son las infecciones de transmisión sexual (venéreas) más antiguas. Se mencionan en los primeros escritos chinos y en la Biblia; su nombre viene del griego y significa "flujo de semilla".

Estas infecciones las produce *Neisseria gonorrhoeae* o gonococo, una bacteria que al microscopio aparece dispuesta en pares y con aspecto de grano de café. En la mayoría de los casos el gonococo penetra en el organismo a través del contacto sexual. Después del contagio, la infección puede seguir varios caminos:

1. Desaparecer espontáneamente.
2. Propagarse por el sistema genitourinario.
3. Permanecer en forma latente.
4. Pasar al torrente sanguíneo y producir manifestaciones a distancia; es decir lejos del sitio de infección; las más frecuentes son en el corazón (se inflama su túnica o capa interior y se produce endocarditis) y en las articulaciones (artritis).

El periodo de incubación es de tres a diez días; en el hombre puede iniciarse con inflamación de la uretra: hay ardor al orinar y polaquiuria (orina frecuente y en pequeña cantidad), después aparece secreción por la uretra, acuosa al principio y luego purulenta (espesa, de color verde amarillento). Cuando la infección se extiende a la próstata y a las vesículas seminales, hay dolor arriba del pubis y retención de la orina, puede haber dolor en la región inguinal o en la cadera y fiebre. Si afecta al epidídimo, éste se inflama y puede causar esterilidad.

Cuando la enfermedad pasa a la fase crónica puede cursar sin síntomas o bien manifestarse por una pequeña cantidad de secreción uretral.

Al cicatrizar, el tejido infectado de la uretra puede ocasionar estrechez.

En la mujer cursa asintomática aproximadamente en 90% de los casos; esto es muy peligroso porque puede contagiar a otras personas sin saber que está enferma.

Puede empezar a manifestarse con dolor al orinar, inflamación de la uretra, polaquiuria y exudado purulento. Si se inflama el cuello uterino aparece secreción vaginal purulenta. Si la infección se extiende a las tubas uterinas éstas se inflaman y se produce salpingitis. Puede producir inflamación en la pelvis que se manifiesta por dolor en la parte baja del abdomen, fiebre, flujo vaginal y dolor durante la micción. Al cicatrizar el tejido afectado de las tubas, puede provocar esterilidad.

Entre las complicaciones, puede haber abscesos en las glándulas vestibulares mayores (de Bartholin) y en las tubas uterinas (trompas de Falopio).

La artritis gonocócica es una lesión a distancia que se presenta en 85% de los casos y se manifiesta por inflamación de las articulaciones móviles que con el tiempo disminuyen su movilidad; por lo general, se presenta tres semanas después de que apareció la primera manifestación de la infección. Se ha observado que hay factores predisponentes de la artritis como el embarazo y las operaciones pélvicas. Las articulaciones que más se afectan son las rodillas, los tobillos, las muñecas y los hombros, aunque se puede afectar cualquier articulación. Cuando la articulación se inflama hay dolor, por lo que los músculos cercanos a la articulación se contraen y con el tiempo se pueden atrofiar; es decir, disminuyen su desarrollo. La evolución de la artritis varía desde que desaparezca la alteración hasta la completa inmovilización de la articulación (anquilosis).

En casos menos frecuentes, el gonococo afecta al hígado produciendo perihepatitis, al corazón (endocarditis), a las meninges (meningitis) y a los músculos (miositis).

En 5% de los casos de blenorragia o gonorrea hay conjuntivitis; la conjuntiva ocular se inflama y en casos raros también el iris, lo cual puede ocasionar ceguera.

Durante el parto, el material infeccioso de la vagina puede infectar al recién nacido produciéndole conjuntivitis; este riesgo se elimina utilizando el método de Credé, el cual consiste en aplicar gotas de nitrato de plata o de antibiótico en los ojos del recién nacido.

Como esta infección puede afectar cualquier mucosa cuando existe el contacto, se ha encontrado blenorragia o gonorrea faríngea y rectal, que cursan asintomáticas.

El tratamiento de la blenorragia o gonorrea es con base en penicilina si el agente causal no es resistente a este antibiótico, pues se han encontrado cepas que sí lo son, incluso a la tetraciclina, eritromicina, cloranfenicol y estreptomicina. También se está utilizando una combinación de ampicilina y probenecida, cefixima, ceftriaxona y ciprofloxacino. La dosis debe indicarla el médico y posteriormente someter a nuevos estudios al paciente para asegurarse de que se ha combatido la infección.

Chancro blando

Se llama también chancroide. Es una enfermedad aguda y muy contagiosa causada por *Haemophilus ducreyi* o bacilo de Ducreyi, gramnegativo, que se puede observar aislado o agrupado. Es frecuente en África y en Oriente; por lo general se presenta en personas de pocos recursos económicos.

Después del contagio, por lo común sexual, entre los dos a cinco días se presenta una ulceración en el sitio de la inoculación, seguida de inflamación y supuración de los linfonodos (ganglios linfáticos) cercanos. Empieza como una pequeña ampolla que se rompe y se convierte en una úlcera de aspecto irregular, dolorosa, de bordes desgarrados con exudado amarillento y de consistencia blanda, de aquí su nombre. La lesión mide unos 2 cm de diámetro y puede haber varios chancros. La secreción puede llegar a infectar otros sitios vecinos y destruir la piel afectada. Si el paciente no recibe tratamiento se inflaman los linfonodos (ganglios linfáticos), formándose un bubón que es muy doloroso. En este sitio se puede formar un verdadero absceso que en muchas ocasiones se acompaña de fiebre, dolor de cabeza, malestar general y falta de apetito.

El diagnóstico de la enfermedad se hace al examinar las lesiones, pero se puede corroborar por medio de la observación del bacilo de Ducreyi en los exudados de la lesión. Se puede hacer una biopsia (tomar una muestra del tejido afectado) y verse al microscopio. Si se le inyecta al paciente bacilos de Ducreyi muertos por vía intradérmica (en el espesor de la piel) presentará una reacción en ese sitio, pero esta reacción se puede observar después de que la enfermedad se ha tratado.

El tratamiento es a base de sulfonamidas, ceftriaxona, eritromicina, azitromicina y ciprofloxacino a las dosis que indique el médico. El bubón se trata con solución salina y, si es posible, se extrae su contenido. Otros medicamentos que se pueden utilizar son la estreptomicina, el cloranfenicol y la tetraciclina.

Granuloma inguinal (donovaniasis)

Es un padecimiento crónico, generalmente localizado en la piel y las mucosas del área genitoinguinal, pero que puede aparecer en otras zonas del cuerpo. Es producido por los cuerpos de Donovan que son bacilos inmóviles (gramnegativos). Antiguamente se creía que esta enfermedad era propia de zonas tropicales o subtropicales, pero se ha demostrado que existe en casi todos los países y climas, aunque su frecuencia es poco significativa.

Se piensa que se transmite por contacto sexual; sin embargo, no tiene gran contagiosidad; es más frecuente en personas que viven en promiscuidad sexual y que tienen simultáneamente otras infecciones de transmisión sexual (venéreas). Su periodo de incubación varía entre 3 y 40 días; la enfermedad se manifiesta como ulceración indolora, rojiza, de base granulosa y que sangra con facilidad. Las úlceras crecen con tendencia a confluir y se pueden infectar; los tejidos se humedecen y desprenden mal olor. Se puede afectar la circulación de los vasos linfáticos; esto produce edema (aumento de volumen por retención de líquido) y elefantiasis en los genitales parecida a la que produce el linfogranuloma venéreo; esta enfermedad no afecta a los linfonodos (ganglios linfáticos).

Las lesiones se pueden confundir con cáncer o con lesiones secundarias de sífilis, por lo cual es muy importante hacer un diagnóstico diferencial; si no se hace a tiempo puede haber destrucción de los tejidos de la región genital.

Las lesiones pueden asociarse a dolor en las articulaciones o a infecciones en los huesos; esto indica que el agente causal se puede diseminar a todo el organismo.

Para llevar a cabo el diagnóstico se hace la demostración de los cuerpos de Donovan dentro del citoplasma de células mononucleares.

El tratamiento es con eritromicina, trimetoprim-sulfametoxazol, doxiciclina, cloranfenicol o tetraciclina. Después del mismo pueden quedar cicatrices que en muchas ocasiones dejan deformaciones permanentes en los genitales.

Linfogranuloma venéreo

Se llama también *linfogranuloma inguinal* o *bubón climático* y no debe confundirse con el granuloma inguinal. Es una enfermedad que generalmente se transmite por contacto sexual; hasta hace algunos años se decía que la producía un virus, pero en la actualidad se considera que la provoca una *Chlamydiae*. Es común en países tropicales y subtropicales, y poco frecuente aunque difundida por casi todo el mundo. Otros nombres que recibe son linfogranuloma inguinal, linfopatía venérea y bubón climático.

Su periodo de incubación varía de 2 a 30 días y puede aparecer una lesión semejante a una ampolla, pequeña, a nivel del sitio de inoculación que por lo general pasa inadvertida y sana rápidamente; luego, se inflaman y supuran los linfonodos (ganglios linfáticos) inguinales si el contagio fue en órganos genitales y del cuello si el contagio fue por medio de una relación orogenital. La *Chlamydiae* pasa después al torrente circulatorio, pudiéndose encontrar tanto en los linfonodos afectados (ganglios linfáticos) como en la sangre y en el líquido cerebroespinal (cefalorraquídeo).

Cuando no se presenta la lesión inicial, la enfermedad se puede manifestar tardíamente por la inflamación de los genitales (elefantiasis).

Años después puede aparecer secreción con sangre y pus en el recto, que se inflama y posteriormente al cicatrizar produce un estrechamiento del mismo. Con frecuencia la lesión se infecta, pudiendo producirse destrucción de los genitales.

El diagnóstico se hace observando al agente causal; pero como esto es muy difícil, se realiza una prueba de Frei, la cual se basa en la inmunidad que produce la enfermedad.

Su tratamiento no ha sido satisfactorio; sin embargo, se utilizan la tetraciclina, la eritromicina, el trimetoprim con sulfametoxazol, la doxiciclina, la ceftriaxona y el ciprofloxacino. Cuando hay inflamación de los linfonodos (ganglios linfáticos), se puede aspirar su contenido. Las manifestaciones tardías se tratan quirúrgicamente.

Tricomoniasis

Es una enfermedad causada por el protozoario *Trichomonas vaginalis,* que se transmite por contacto sexual, por manipulación de los genitales o en forma indirecta a través de instrumentos para exploración ginecológica que no estén esterilizados, toallas o ropa íntima contaminadas. Se calcula que afecta entre 10 y 20% de las mujeres en edad reproductiva y de 12 a 15% de los hombres que tienen uretritis.

Su periodo de incubación es de 4 a 28 días y en la mujer produce vaginitis persistente, que se manifiesta por secreción vaginal blanquecina o verde amarillenta, espumosa, de mal olor, acompañada de comezón intensa, ardor y enrojecimiento del pudendo femenino (vulva) e incluso en ocasiones de la piel de la cara interna de los muslos. En casos graves produce ulceraciones y pequeñas hemorragias. Puede producir dispareunia (coito doloroso). Como esta enfermedad se puede asociar a infecciones del tracto urinario, por lo regular se presenta además uretritis, o cistitis, manifestadas por ardor durante la micción y deseo frecuente de orinar. Puede inflamar también las glándulas vestibulares mayores (de Bartholin) y las glándulas vestibulares menores (de Skene).

En el hombre puede cursar asintomática o manifestarse como una uretritis, hay malestar al orinar y quizá aparecer secreción blanquecina a través de la uretra, comezón en el glande y erección dolorosa. Si continúa evolucionando, puede producir prostatitis (inflamación de la próstata), cistitis (inflamación de la vejiga), epididimitis (inflamación del epidídimo) y estrechamiento de la uretra.

El diagnóstico se efectúa por medio de la identificación del parásito en la secreción vaginal o uretral.

Su tratamiento es con base en metronidazol, bajo prescripción médica.

Moniliasis o candidiasis

Se trata de una enfermedad producida por un hongo llamado *Candida albicans,* que habita normalmente en las membranas mucosas y forma parte de la flora vaginal normal. En determinadas circunstancias aumenta; por ejemplo, cuando hay diabetes, embarazo, se han utilizado antibióticos de amplio espectro durante tiempo prolongado y en algunos casos con el uso de determinados anticonceptivos. Puede afectar a diversos órganos como la boca, el corazón (endocarditis), el sistema nervioso central (absceso cerebral, meningitis), los riñones (pielonefritis), los pulmones (neumonía) y la piel.

La infección de las membranas mucosas se conoce comúnmente como "algodoncillo" y se manifiesta por la aparición de placas blanquecinas y blandas sobre una superficie enrojecida.

Cuando afecta la vagina, la mujer presenta secreción vaginal de aspecto blanquecino claro con algunos puntos blancos, semejante al queso "cottagge", acompañada de inflamación, comezón y sensación de ardor en el pudendo femenino (vulva).

En el hombre se manifiesta por inflamación del glande, además puede producir uretritis.

El diagnóstico se hace por medio del estudio microscópico de la secreción o de las placas blanquecinas.

Se trata con nistatina. También se usa el miconazol con buenos resultados.

Herpes genital

Esta enfermedad es producida por los herpes virus del tipo 2, aunque puede deberse también a los herpes virus del tipo 1, y se inicia entre los 2 a 12 días posteriores al contagio con dolor leve y sensación de comezón. Después aparecen pequeñas vesículas (vejigas o bolsitas llenas de líquido) que se abren para dar origen a ulceraciones muy dolorosas. En la mujer se localizan en el cuello uterino, el pudendo femenino (vulva), la vagina, la uretra y el ano. En el hombre las lesiones se presentan en el pene y la uretra.

En ambos casos puede haber fiebre, molestia al orinar y aumento del volumen de los linfonodos (ganglios linfáticos) de la región inguinal.

Las lesiones se caracterizan por ser crónicas y por su tendencia a las recaídas. Como esta enfermedad se puede transmitir al hijo en el momento del parto, si la mujer está embarazada, se debe recomendar que el producto nazca por operación cesárea.

Recientemente se ha asociado el herpes genital con el cáncer del cuello uterino, por lo que es recomendable que la mujer se practique un estudio de Papanicolaou en forma periódica de las secreciones del cuello uterino y del fondo de la vagina.

El diagnóstico se efectúa clínicamente observando las características de las lesiones, o por laboratorio, haciendo un raspado de las mismas.

En cuanto al tratamiento, hasta el momento se trata con Aciclovir, pues como toda infección producida por virus, no se cura con antibióticos. Las vacunas y otro tipo de tratamiento están en estudio.

Uretritis no gonocócica y no específica

Consiste en la inflamación de la uretra, pero en este caso no la produce *Neisseria gonorrhoeae*. Se cree que la producen *Chlamydia trachomatis*, *T. mycoplasma*, o ambos.

Aproximadamente entre 10 y 20 días posteriores al contagio, el hombre presenta ardor al orinar y secreción a través de la uretra con aspecto acuoso, ya sea transparente o parecido al que produce la blenorragia o gonorrea. Se puede complicar produciendo inflamación en la próstata, las vesículas seminales, el epidídimo y el estrechamiento de la uretra.

En la mujer se puede manifestar por medio de secreción vaginal, o cursar asintomática. Si está embarazada, hay riesgo de transmitir la infección al producto en el momento del parto. Puede complicarse con infección de las tubas uterinas (trompas de Falopio), del útero e incluso de los ovarios.

Para hacer el diagnóstico deben estudiarse las secreciones, con el objeto de descartar la presencia de *Neisseria gonorrhoeae*. También se busca la presencia de unos gránulos que sugieren la aparición de *Chlamydia trachomatis*. En otros casos, no se puede detectar al agente causal de la enfermedad.

Su tratamiento se lleva a cabo con Trimetoprim con sulfametoxazol, tetraciclina, cefalosporina, penicilina, eritromicina y doxiciclina.

Condiloma acuminado (verruga venérea o verruga vírica) y otras infecciones por el virus del papiloma humano

Esta enfermedad la produce el virus del papiloma humano que puede tener hasta 50 diferentes tipos. Aproximadamente entre uno y tres meses después del contagio se manifiesta por tumoraciones con el aspecto de verrugas, pero húmedas, que pueden alcanzar gran volumen, con aspecto de coliflor, de color rosado, rojo o grisáceo, que sangran con facilidad y pueden tener olor desagradable. Comúnmente reciben el nombre de "crestas" y aparecen en el pene (alrededor de la base del glande), los labios pudendos mayores (labios mayores), menores, la vagina y el ano; se pueden observar también en el pezón, las comisuras de los labios, las axilas, las regiones inguinales, entre los dedos y en las cavidades (fosas) nasales. Su evolución es prolongada. Algunas lesiones pueden degenerar en cáncer, por lo que se recomienda también un estudio de Papanicolaou en forma periódica.

De los 70 tipos del virus del papiloma humano (VPH), más de 20 tipos pueden infectar al sistema reproductor. El periodo de incubación varía de uno a veinte meses. Casi todas las infecciones de los órganos son asintomáticas, o no se identifican. Pueden producir verrugas en el cuello del útero, la vagina, la uretra y el ano. Los tipos 16, 18, 31, 33 y 35 se relacionan con cáncer.

Su tratamiento es quirúrgico, aunque la Podofilina puede dar resultado. Se han encontrado también buenos resultados con la inyección en las lesiones de interferón alfa-2b recombinante.

> Los tipos 16, 18, 31, 33 y 35 del virus del papiloma humano se relacionan con cáncer.

Escabiasis o sarna genital

Ésta es producida por un ácaro llamado *Sarcoptes scabiei*; por lo general afecta los pliegues interdigitales (entre los dedos), las caras laterales de los dedos, las axilas, la aréola de la mama, las caras internas de los brazos y los muslos. Cuando se localiza en el área genital se llama escabiasis o sarna genital. Entre 2 a 6 semanas después se manifiesta por la presencia de pápulas (pequeñas elevaciones de la piel), vesículas (pequeñas bolsas de líquido) y costras; es muy importante la presencia de surcos y galerías que hace el ácaro hembra para depositar sus huevecillos. El paciente presenta mucha comezón en las lesiones, por lo que al rascarse se pueden infectar.

Su contagio no siempre es por contacto sexual, pues se puede transmitir por medio de la ropa.

Su tratamiento es a base de Hexaclorocicloexano o gamexano, de N-etil-o-toluidina, Benzoato de bencilo, Permetrina, o Hexacloruro de benceno gamma.

Tiña inguinal (tinea cruris)

Es producida por *Trichophyton rubrum, Trichophyton mentagrophytes* y *Epidermophyton inguinal* o *floccosum;* afecta la cara interna de los muslos, la región inguinal, el pubis, el escroto y el periné (perineo). Se caracteriza por lesiones que pueden medir hasta algunos centímetros, de color rojo, con aspecto escamoso, el centro más pálido y sus bordes muy precisos; cuando la persona se rasca ocasiona además otras infecciones. Esta enfermedad se favorece cuando hay sudoración abundante, con la ropa apretada y cuando no se secan los genitales después del baño. No necesariamente se adquiere por contacto sexual. Su diagnóstico se basa en la observación de las lesiones y se trata con griseofulvina, Ketoconazol, clotrimazol y miconazol.

Pediculosis del pubis

Producida por *Pediculus pubis* o *Phthírus pubis* llamada comúnmente "ladilla" o "piojo chato", que se adhiere a los folículos pilosos y vellos del pubis. Se puede adquirir por contacto sexual, por contacto físico muy cercano sin ser sexual y a través de la ropa. El parásito produce mucha comezón, por lo que al rascarse la persona puede tener infecciones agregadas.

El diagnóstico se hace al observar el parásito y el tratamiento es a base de algún jabón o champú especial para eliminar a estos parásitos; por ejemplo, con Hexaclorocicloexano, permetrina, piretrinas y hexacloruro de gamma benceno.

Sida (síndrome de inmunodeficiencia adquirida)

Es una enfermedad que ha adquirido gran importancia en todo el mundo por su gravedad y su frecuencia.

Por su gravedad, hasta la fecha, se considera una enfermedad mortal debido a que, como sus siglas indican, es una deficiencia en la respuesta inmunológica; es decir, el organismo pierde su capacidad para defenderse contra determinadas infecciones y cánceres.

Por su frecuencia constituye una pandemia; se cree que sus orígenes se encuentran en África Central, donde posiblemente se produjo la primera infección en un ser humano, a partir de un virus mutante. Se piensa que pasó al Caribe y luego a Estados Unidos y Europa.

A pesar de que algunos autores afirman que desde 1977 ocurrieron los primeros casos en Estados Unidos, Haití y África, y en 1979 en Europa, se asoció por primera vez en Estados Unidos en 1981 con la relación sexual; en 1982 los USCDC (Centros Estadounidenses de Control de Enfermedades) establecieron su definición, la cual se estudiará más adelante.

Hasta fines de 2003, la OMS estimó que existen en el mundo 46 millones de infectados en forma acumulada. Los países más afectados son Sudáfrica (20.10%), Kenya (15.01%), Nigeria (5.80%), Sudán (2.60%), Tailandia (1.19%), Federación de Rusia (0.90%), India (0.79%), Argentina (0.69%), Brasil (0.65%) y Estados Unidos (0.61%). Cabe señalar que existen muchas personas infectadas que se sienten bien por el momento, pero que pueden transmitir la infección e incluso llegar a padecer la enfermedad más adelante.

En México las entidades con mayor riesgo tomando en consideración el número de habitantes y las personas afectadas son Morelos, Oaxaca y Baja California.

En otros países los grupos de edad más afectados son de los 20 a los 49 años; en cambio en México, en 2001 ocupó el tercer lugar como causa de muerte en hombres de 25 a 34 años y el sexto de 15 a 24 años. En 2007 se reportaron 5031 casos nuevos de Sida.

En cuanto a estadísticas por sexo no hay uniformidad en los datos mundiales, pues en América del Norte, Europa y América Latina es más frecuente en el sexo masculino, a diferencia de África y Haití donde la frecuencia es similar en ambos sexos.

En México, en 1986 llegó a afectar a una mujer por cada 30 hombres, pero esta proporción ha disminuido con el paso del tiempo y en 2007 correspondieron 3198 al sexo masculino y 1113 al femenino.

En cuanto a factores de riesgo, cada vez es más frecuente en heterosexuales (la vía sexual continúa siendo la más frecuente). Le siguen en frecuencia los farmacodependientes que comparten agujas hipodérmicas para usarlas en forma intravenosa.

La duración de la enfermedad también tiene diferencias en el mundo: en Estados Unidos y Europa, aproximadamente 50% de los pacientes muere dentro de los 18 meses y alrededor de 80% dentro de los 36 meses posteriores a su diagnóstico; en cambio, en África y Haití se ha observado que mueren en un lapso menor se cree que se debe a que el diagnóstico se hace tardíamente. En México, de los casos notificados, 39% continúan con vida.

La primera señal que empezó a preocupar a los médicos fue un tipo de cáncer llamado sarcoma de Kaposi, el cual afecta a los vasos sanguíneos de la piel o de otros órganos y se manifiesta por la presencia de nódulos (endurecimiento limitado) de la piel, de color azul oscuro o púrpura que aparecen primero en el tronco y los miembros superiores, orejas, nariz y más tarde en los órganos internos; esta enfermedad normalmente afectaba a personas de edad avanzada, pero ahora lo hacía en personas jóvenes y muchas de ellas eran homosexuales masculinos.

Poco después se registró en los US CDC un aumento en los casos de neumonías producidas por un protozoario llamado *Pneumocystis carinii*, que en condiciones normales era prácticamente inofensivo; esta enfermedad se manifiesta por fiebre, escalofrío, tos y dificultad para respirar.

Más tarde se observó que estas enfermedades también afectaban a farmacodependientes que utilizaban la vía intravenosa y, en menor proporción, a sus parejas sexuales, así como a las personas que recibían transfusiones de sangre, entre ellas los hemofílicos y a los hijos recién nacidos de mujeres que tenían la enfermedad.

En todos estos casos se encontró un dato común: tenían disminuida la cantidad de linfocitos T, llamados también inductores, auxiliadores y cooperadores; estas células son una variedad de leucocito o glóbulo blanco que proviene del timo, una glándula endocrina que se encuentra en el tórax, por lo que en condiciones normales protege contra infecciones producidas por virus, hongos y algunas bacterias; permite la maduración de células que atacan y destruyen las células infectadas, ayuda a la llamada memoria inmunitaria o inmunológica formando células de larga vida sensibles a los antígenos; es decir, que reconocen a los agentes patógenos y reaccionan ante su presencia; además, estimulan la formación de linfocitos B y colaboran con ellos en la formación de anticuerpos.

Con estos datos se integró un síndrome (conjunto de signos y síntomas que existen en un momento dado para definir un estado característico) al que se le dio el nombre de inmunodeficiencia adquirida.

Entre 1983 y 1984 se descubrió en forma separada al agente causal de la enfermedad, un virus que pertenece a una clase llamada retrovirus. En Francia se le llamó LAV (virus relacionado con linfadenopatía); en Estados Unidos lo denominaron HTLV III (virus III linfotrópico de células T humanas) y en mayo de 1986 el Comité Internacional sobre Taxonomía del virus le llamó HIV o VIH (virus de la inmunodeficiencia humana).

Este virus tiene un virión esférico que mide alrededor de 1 000 angstrom (diezmilésima de mm). Su membrana exterior posee dos capas de lípidos y glicoproteínas con un componente gp 41 que atraviesa la membrana y un componente gp 120 que sobresale. El núcleo del virión está formado por proteínas llamadas p 24, p 18, el RNA del virus y una enzima, llamada retrotranscriptasa o transcriptasa inversa, que cataliza la síntesis del DNA del virus, permite que el virus copie la información genética del huésped de tal forma que pueda integrarse en su propio código genético; cada vez que se divide una célula huésped, se reproducen copias del virus junto con las células del huésped, cada una de las cuales tiene el código viral. Tiene la capacidad de alterar la estructura de su envoltura exterior y, por lo mismo, se escapa de ser reconocido por el sistema inmunológico. Cuando este virus llega a los linfocitos T4 o a las células que tienen un receptor llamado CD4, pone en contacto su componente gp 120 con la membrana del linfocito destruyéndolo e impidiendo que los restantes funcionen adecuadamente, los imposibilita para reconocer sustancias extrañas o antígenos y, por consiguiente, de iniciar reacciones inmunitarias a esos antígenos para eliminarlos del organismo.

Más tarde se descubrió un segundo tipo de virus al que se denominó VIH-2 que ha infectado a personas de África, muy similar al VIH.

Evolución de la enfermedad

A pesar de que hasta el momento el VIH se ha encontrado en concentración baja en lágrimas, saliva, leche materna, calostro, orina, secreciones vaginales, tejido cerebral, linfonodos (ganglios linfáticos), células de la médula ósea y la epidermis, sólo se ha comprobado su transmisión a través de la relación sexual, cuando existe intercambio de líquidos corporales (sangre o semen) infectados, utilización de agujas o jeringas contaminadas, transfusiones de sangre contaminada o sus derivados y en forma perinatal; es decir, de la madre al hijo durante el embarazo, el parto y la lactancia y por la recepción de tejidos u órganos infectados.

Alrededor de las seis a doce semanas posteriores a la transmisión del virus, la persona infectada presenta anticuerpos contra VIH, por lo que se le considera infectada e infectante. Existe una prueba de laboratorio llamada ELISA, por sus siglas en inglés (*Enzyme Linked*

Immuno Sorption Antibody), que permite detectar la presencia de anticuerpos contra VIH. Si resulta positiva debe repetirse y si nuevamente se obtiene positivo, se hace una prueba confirmatoria, como la de Inmuno-electrotransferencia (Western Blot) o la de Inmunofluorescencia (IFA), el ensayo de Radioinmunoprecipitación (RIPA) y la prueba de inhibición competitiva. Un resultado negativo no excluye la infección debido a que quizá no ha transcurrido el tiempo suficiente para que el organismo produzca anticuerpos o, por el contrario, puede tratarse de un paciente que tenga la enfermedad tan avanzada que ya no es capaz de producirlos.

El periodo de incubación de la enfermedad puede durar de seis meses a quince años o más.

La infección por VIH puede seguir diferentes caminos:

I. **Infección aguda** El paciente puede presentar síntomas parecidos a los de la mononucleosis infecciosa: fiebre, con o sin inflamación de los linfonodos (ganglios linfáticos), fatiga, dolor de cabeza, pérdida del apetito y puede presentar dolor en la faringe.
II. **Infección asintomática** El individuo no presenta manifestaciones de la enfermedad a pesar de que está infectado.
III. **Linfadenopatía generalizada persistente** El paciente presenta crecimiento de los linfonodos (ganglios linfáticos) de más de un centímetro en dos o más sitios, excluidas las regiones inguinales, durante más de tres meses.
IV. **Síndrome de inmunodeficiencia adquirida** Puede tener diferentes manifestaciones:
    1. Síndrome de desgaste por VIH, que antes se llamaba complejo relacionado al Sida, caracterizado por fiebre, diarrea y pérdida de peso involuntario de más de un mes de duración.
    2. Infección oportunista o neoplasia que indique inmunodeficiencia celular sin que se presente alguna circunstancia que la explique. Las infecciones oportunistas varían entre los diferentes países, algunas de éstas son las siguientes:
        • La neumonía, producida por *Pneumocystis carinii*, un protozoario, y se manifiesta por fiebre, escalofrío, tos y dificultad para respirar.
        • Los criptosporidiosis, producidos por un protozoario que puede afectar al tracto digestivo (diarrea) y al sistema nervioso (fiebre, dolor de cabeza, letargo y confusión mental).
        • Candidiasis del tracto digestivo, producida por un hongo y se manifiesta por lesiones de color blanco llamadas comúnmente "algodoncillo" (lengua, boca, esófago, etcétera).
        • Herpes simple y herpes zoster, producidos por virus y que se manifiestan por vesículas y sensación de ardor.
        • Tuberculosis, que puede afectar cualquier parte del organismo, etc. La neoplasia (tumor canceroso) más frecuente es el sarcoma de Kaposi.
    3. Enfermedad neurológica por VIH, que puede tener diferentes manifestaciones:
        • Encefalitis (se afecta el encéfalo) y la persona presenta deterioro de la memoria, embotamiento e incluso demencia; se vuelve incapaz de desarrollar actividades cotidianas y si se trata de un niño, puede presentar retraso en el desarrollo de su conducta.
        • Mielopatía (se afecta la médula espinal) por lo que la persona puede tener falta de coordinación en sus movimientos, rigidez, parálisis o debilidad.
        • Neuropatía periférica (se afectan los nervios periféricos), las manifestaciones dependen del (los) nervio(s) afectado(s).

En los niños, la enfermedad se diagnosticó por primera vez en Estados Unidos en julio de 1983, fue transmitida a través de la madre, aunque se puede adquirir por medio de transfusiones. Algunos autores dicen que evoluciona en forma similar mientras que otros afirman que es diferente: hay inflamación crónica de la glándula parotídea (parótida), infecciones producidas por bacterias y alteraciones en el sistema nervioso central. En ellos es raro el sarcoma de Kaposi. En Nueva York se ha encontrado un síndrome especial en los niños que se infectan dentro del útero, caracterizado por anormalidades en la cara y el cráneo, la cabeza muy pequeña, la frente prominente y cuadrada, el puente de la nariz achatado y retardo en el crecimiento.

Al hacer el diagnóstico se han venido modificando los criterios y, en cuanto al tratamiento, se han utilizado diversos medicamentos para combatir las infecciones oportunistas o prolongar la vida; sin embargo, hasta el momento se considera mortal. Una vez que se hace el diagnóstico es muy importante la ayuda psiquiátrica.

Hepatitis B

Aunque se trata de una infección del hígado producida por el virus de la hepatitis B (VHB), éste se encuentra en casi todas las secreciones y excreciones corporales, pero se transmite, al igual que el sida, solamente por la sangre (agujas, jeringas y sangre contaminada, de la madre al hijo a través de la placenta) y por la vía sexual (intercambio de semen y líquidos vaginales).

La infección puede ser tan leve que pasa inadvertida, aunque en términos generales entre los 45 y 180 días posteriores al contagio, la persona presenta falta de apetito, malestar en el abdomen, náusea, vómito y coloración amarillenta de la piel y las mucosas. En algunos casos hay fiebre. Esta enfermedad se puede prevenir con vacunación.

Vaginosis bacteriana

Antes se conocía como vaginitis inespecífica. Se presenta cuando se altera la flora bacteriana de la vagina. El agente causal es *Gardnerella vaginalis*. En estos casos existe secreción vaginal con olor a aminas (pescado) cuando se le añade hidróxido de potasio. En el laboratorio se detectan células con aspecto especial. Cuando existe embarazo, hay peligro de que se presente parto prematuro. Se trata con metronidazol.

Molusco contagioso

Esta enfermedad es producida por un virus del género *Molluscipoxvirus* y se transmite por contacto directo (sexual o no sexual) y por medio de fomites. Su periodo de incubación es de siete días a seis meses, al cabo de los cuales aparecen pápulas esféricas, firmes, con superficie lisa pero umbilicada, de color rosáceo, blanco, transparente o amarillento. Si el contagio fue sexual se localizan en la parte inferior del abdomen, pubis, genitales o cara interna (medial) de los muslos.

Estas lesiones duran de dos a tres meses y pueden desaparecer en forma espontánea o aumentar. Se elimina mediante el raspado con anestesia local o con nitrógeno líquido.

Repercusiones de las infecciones de transmisión sexual en la sociedad

Elevan la mortalidad; se sabe que la sífilis es causa de que algunos niños nazcan muertos; cuando esta enfermedad se presenta en forma congénita puede aumentar la mortalidad infantil. Contribuye a la mortalidad general y, cuando no mata, puede producir invalidez, sobre todo en su etapa tardía; esto genera ausentismo en el trabajo y disminuye la capacidad del trabajador.

A partir de 1942, cuando se descubrió la acción treponemicida de la penicilina y con el hallazgo de otros agentes terapéuticos, se observó que estaba disminuyendo la frecuencia de estas enfermedades, pero últimamente se ha incrementado de nuevo. El factor cultural ha permitido que aumenten porque las personas infectadas en muchas ocasiones no se atreven a consultar al médico; sin embargo, continúan teniendo relaciones sexuales. Por otra parte, pueden tener relaciones sexuales cuando la enfermedad no ha cruzado el horizonte clínico y contagiar a otras.

Medidas preventivas para las ITS

A nivel individual o de pareja

- La pareja debe bañarse con bastante agua y jabón antes y después de la relación sexual.
- Orinar después de la misma.
- Tener un solo compañero sexual.
- Evitar relaciones sexuales con personas que tienen varias parejas sexuales, comparten agujas intravenosas y a sus compañeros sexuales.
- Evitar tener relaciones sexuales con personas de quienes se desconozca su estado de salud, debido a que aunque aparentemente estén sanas, pueden estar infectadas.
- En el caso de que la persona sospeche tener una infección de transmisión sexual, debe ir con el médico para que le haga un diagnóstico adecuado.
- Evitar la automedicación, puede ser que se utilice el medicamento adecuado, pero si la dosis no es la correcta, podría favorecer el desarrollo de microorganismos resistentes a los tratamientos actuales, mientras la enfermedad sigue evolucionando.
- Suspender relaciones sexuales mientras se esté bajo tratamiento médico y hasta que el médico lo indique.
- En caso de que una persona adquiera una infección de transmisión sexual (venérea), debe llevar a la pareja o parejas sexuales con el médico para que reciba(n) tratamiento.
- Si existe la posibilidad de haber contraído Sida, se debe evitar el embarazo.
- La mujer embarazada debe someterse a un examen médico periódico en el que se incluya la investigación de infecciones de transmisión sexual.
- Evitar transfusiones sanguíneas innecesarias e inyecciones con jeringas mal esterilizadas.
- Las personas que sospechen estar infectadas no deben donar sangre, esperma o semen, ni órganos, aun cuando lo solicite la familia. Tampoco compartir hojas de afeitar, cepillos de dientes u otros objetos que pudieran estar contaminados con sangre.

* Si una pareja planea tener un hijo, pero uno de los dos sospecha que está infectado por el VIH o recibió transfusiones de sangre desde 1979, debe someterse a la prueba de ELISA.
* Se debe utilizar adecuadamente el preservativo o condón (sexo protegido, *véase* "Anticonceptivos"). Los preservativos que contienen nonoxynol-9 ofrecen mayor protección contra el VIH.
* Si se va a practicar sexo oral, hay que evitar el contacto directo con las secreciones, interponiendo un condón o un trozo de látex.

Cuando se empezó a estudiar el Sida, el Programa de Investigación y Detección del Sida, dependiente de la SSA (Secretaría de Salud) clasificó las prácticas sexuales de acuerdo con su riesgo, pero en la actualidad se consideran sin riesgo únicamente aquellas que incluyen sólo el contacto de piel con piel sana, sin intercambio de líquidos corporales como la masturbación mutua, el beso seco (en la mejilla), el masaje, los abrazos y frotarse cuerpo con cuerpo (sexo seguro).

A menos que la pareja sea monógama y saludable por más de diez años, toda relación en la cual haya intercambio de sangre, esperma o semen o secreciones vaginales implica riesgo. Éste aumenta todavía más cuando existen otras infecciones de transmisión sexual.

Aunque no se ha demostrado completamente, se cree que el uso de "poppers" (nitritos inhalados) favorece la aparición del sarcoma de Kaposi.

A nivel familiar

Debe existir educación sexual desde la infancia; de acuerdo con el nivel de los integrantes; ésta se puede dar desde la presencia o ausencia de conversaciones acerca del sexo, las reacciones y respuestas a las preguntas del niño, su conducta recíproca, su actitud y emociones; muchos niños tienen problemas en las mismas áreas que los padres que los educaron; así las pláticas francas, abiertas y sin vergüenza son fundamentales para evitar los problemas sexuales, no sólo en esta etapa sino en las subsecuentes. Además de una buena comunicación, se deben evitar los resentimientos para que el adolescente pueda superar esta etapa de una manera adecuada; si esto no es posible, el consejo o pláticas con un especialista o médico pueden ser de utilidad, sobre todo cuando hay tanta curiosidad e inquietud acerca de temas sexuales.

A nivel de la comunidad

Todas las autoridades sanitarias y organizaciones internacionales de salud están interesadas en proponer medidas eficaces respecto del Sida, puesto que es una enfermedad mundial, aunque no hacen a un lado las otras infecciones de transmisión sexual.

* En febrero de 1986 se creó un Comité Nacional para Investigación y Control del Sida (Conasida) integrado por las instituciones del Sector Salud (IMSS, ISSSTE y SSA). Este comité tiene a su vez tres subcomités:

    a) Subcomité de educación para la salud.
    b) Subcomité de investigación y vigilancia epidemiológica.
    c) Subcomité de Banco de sangre.

En mayo de 1986 se publicaron en el Diario Oficial algunos artículos de la Ley General de Salud:

Artículo 134: "El Sida debe agregarse a la lista de enfermedades sujetas a vigilancia epidemiológica".

Artículo 136: "Se deben notificar inmediatamente los casos en los cuales se detecte la presencia del VIH o anticuerpos al virus".

Artículo 332: "A partir del 25 de agosto de 1987 se estableció que la sangre humana sólo debe obtenerse de voluntarios que la proporcionen oportunamente y en ningún caso podrá ser objeto de actos de comercio. Esta modificación se llevó a cabo debido a que 8% de las personas que vendían su sangre eran positivas a la prueba del Sida, es decir, estaban infectadas y eran infectantes".

Artículo 462, fracción 2a. y 462 bis: "Se considera el comercio de sangre como conducta ilícita".

La sangre o plasma que se va a transfundir debe sujetarse a la prueba de ELISA y, si resulta positiva, hay que descartarla. Como se ha creado una ola de pánico en la población, en cuanto a la educación para la salud se ha elaborado material para informar que el Sida no se transmite por el hacinamiento, el compartir cuartos de baño, cocina, utensilios de cocina, platos, vasos, objetos personales como peines, alimentos o bebidas, albercas públicas, tos, estornudos, expectoración, ni por el contacto cotidiano en el trabajo, escuela, hogar o por usar el mismo transporte.

Se ha observado que la transmisión del Sida en consultorios, clínicas y hospitales es muy relativa; sin embargo, se deben seguir los lineamientos siguientes de acuerdo con la OMS y los US CDC:

* Toda aguja, bisturí y demás instrumentos de filo cortante deben considerarse contaminados y manipularse con sumo cuidado.
* Las jeringas desechables y otros objetos puntiagudos deberán colocarse en un recipiente a prueba de perforaciones ubicado tan cerca como sea posible de la zona de tratamiento. Luego se deberán destruir dichos objetos a fin de evitar que vuelvan a utilizarse.

- En el caso de trabajadores expuestos a sangre posiblemente contaminada o a otros humores orgánicos, deberán usarse guantes y, en el caso de intervenciones quirúrgicas, se utilizarán túnicas, máscaras y protectores oculares. Después de entrar en contacto con sangre, los trabajadores deberán lavarse de inmediato.
- La sangre y demás muestras obtenidas de pacientes que se sabe o se teme pudieran estar infectados con VIH deberán ser identificadas rápidamente con una advertencia especial. Los residuos de sangre se deben limpiar de inmediato con desinfectantes, o sustancias como el éter, la acetona, el etanol (a concentración superior a 70%), el hipoclorito de sodio a 1% (blanqueador doméstico), agua oxigenada a 6%, formaldehído a 4%, etcétera.
- Se deberá disponer de máscaras, bolsas y demás equipo de respiración artificial para evitar al máximo la necesidad de efectuar respiración boca a boca.
- El personal debe lavarse las manos después de quitarse los guantes y secarse con toallas de papel antes de salir de la habitación de pacientes infectados.
- Si un trabajador estuvo en contacto con sangre o líquidos corporales de un paciente y no tuvo la protección adecuada, debe someterse a exámenes médicos periódicos para determinar si hubo infección (a las seis semanas, tres, seis y doce meses posteriores).

Los acupunturistas, aplicadores de inyecciones, trabajadores de peluquerías, salones de belleza, pedicuristas, tatuajistas, etcétera, deben esterilizar los instrumentos punzocortantes que utilicen.

En la 39a. Asamblea Mundial de la Salud (mayo de 1986) se creó el Programa Especial de la OMS sobre el Sida (SPA) para apoyar por medio de las oficinas regionales los esfuerzos de los países; estableció también que los programas de prevención y control del VIH deben integrarse a la atención primaria de salud.

En agosto de 1988 se creó el Consejo Nacional para la Prevención y Control del Síndrome de Inmunodeficiencia Adquirida con el objeto de promover, apoyar y coordinar las acciones de los sectores público, social y privado, con carácter descentralizado para coordinar programas de investigación, prevención y control del Sida.

La Secretaría de Salud emitió la norma técnica número 324 que tiene como propósito uniformar los principios y criterios de operación de los componentes del Sistema Nacional de Salud, respecto de las actividades relacionadas con la prevención y control de la infección por el virus de la inmunodeficiencia humana.

Prostitución

La **prostitución** es una forma de promiscuidad sexual, comercializada; es decir, la persona tiene relaciones sexuales más o menos casuales con muchas personas a cambio de dinero. Algunos autores consideran que el hecho de tener relaciones sexuales a cambio de comida, ropa u objetos costosos también es una forma de prostitución.

La prostitución ha existido en una u otra forma a lo largo de toda la historia y se dice que es una profesión tan antigua como la sociedad. En las primeras sociedades urbanas se dio un tipo de prostitución sagrada, se consideraba un deber entre las mujeres que trabajaban en los templos de algunas diosas. Moisés la prohibió entre los judíos, pero la aceptaba entre los extranjeros. En Grecia se veía a la prostitución sin prejuicios, incluso era considerada un estabilizador del matrimonio y la familia; existieron burdeles donde se distinguía a los diferentes tipos de prostitutas; de éstas, las hetairas ocupaban una posición muy elevada porque estaban destinadas al placer, a diferencia de las concubinas que servían para el servicio diario, pues las esposas debían ocuparse de dar hijos y cuidar fielmente del hogar. En Roma, durante la República, se reglamentó oficialmente y se obligó a las prostitutas a inscribirse en los registros policiales. El cristianismo la rechazó; sin embargo, Justiniano restauró los derechos civiles de las prostitutas y su esposa Teodora, que había sido una de ellas, organizó una de las primeras instituciones para readaptarlas. Carlomagno trató inútilmente de eliminarlas; sin embargo, San Agustín consideraba que eran un mal necesario porque las ganancias se repartían entre la municipalidad y la universidad.

Cuando se descubrieron los agentes causales de la blenorragia o gonorrea, en 1789 (Neisser), y de la sífilis, en 1905 (Schaudin), se encontraron justificaciones médicas para luchar en su contra, pues se consideró que las prostitutas eran un foco de infección de las enfermedades de transmisión sexual; se veían como víctimas de éstas y cada cliente, un peligro potencial.

En 1908, en México, entró en vigor la reglamentación para las prostitutas: que se practicaran examen médico, que la policía ejerciera cierto control para que salieran de compras en determinados grupos y no anduvieran en la calle más de cinco; estaban clasificadas por zonas, lugar de origen, edad y tiempo de ejercer la prostitución.

Entre 1921, 1933 y 1944 se trató de promover convenios internacionales para combatir la prostitución; en 1936 México solicitó su adscripción y en 1956 derogó los reglamentos sobre la prostitución, asignando al Hospital de la Mujer el control de los exámenes médicos de las prostitutas.

En cuanto a las infecciones de transmisión sexual, algunos autores consideran que la prostitución constituye un factor de exposición que aumenta los riesgos de adquirir una infección de transmisión sexual y que ante un caso de enfermedad de este tipo se debe investigar para encontrar la fuente de la infección y las personas que estuvieron en contacto con el sujeto portador. Por otra parte, en 1953 se celebró el Congreso Internacional sobre Prostitución en París donde se señaló que la frecuencia de infecciones de transmisión sexual entre las prostitutas era tan baja que no se les podía considerar como un foco de infección. Esta misma conclusión se obtuvo en la Conferencia Internacional sobre Enfermedades Venéreas que se llevó a cabo en Estocolmo en 1957. Respecto del Sida, se han hecho estudios para determinar el porcentaje de prostitutas infectadas por el VIH y en 1988 se observó que va desde cero en Londres y París, hasta 88% en Ruanda. En México se encontró que va de 0.1 a 6.8% en las prostitutas y de 6 a 16% en los prostitutos. Estas diferencias se verifican también en otras infecciones de transmisión sexual.

En varios países se ha constatado que cuando se prohíbe la prostitución aumenta el número de infecciones de transmisión sexual, así como el número de personas que ejercen la prostitución.

La prostitución se ha considerado problema social porque al ejercerla degrada a la persona a la calidad de instrumento de placer; debido a su actividad, la sociedad no la reconoce como trabajo, por lo que quienes la ejercen no gozan de las prestaciones, los derechos y las obligaciones que la sociedad ha creado para las diferentes actividades económicas, además de que se las señala como transgresoras de las normas sociales.

Las razones por las que acuden los clientes son múltiples: deseo de variedad en su vida sexual, timidez, imposibilidad para tener otro tipo de relaciones sexuales, por necesidad de desahogar instintos sexuales sadomasoquistas, por el deseo de tener relaciones sexuales sin adquirir compromisos y obligaciones, porque la esposa está embarazada o acaba de tener un hijo y sienten que están compitiendo por su afecto o porque no pueden unir el amor a la sexualidad; para estas personas el amor es puro y la sexualidad inferior.

La persona que ejerce la prostitución puede ser hombre o mujer y tener relaciones homo o heterosexuales (aunque es más frecuente en el sexo femenino y en relaciones heterosexuales), de cualquier edad, de cualquier clase social (aunque es más frecuente en medio socioeconómico bajo), puede provenir de una familia rígida tradicional, en transición o de una familia carente de normas.

Dentro de la dinámica familiar, el padre puede estar ausente, o ser la autoridad máxima, hostil y rechazante; falta una figura materna con quien identificarse, o no es posible hacerlo con ella porque generalmente ésta carece de afecto. Las relaciones con los padres o sustitutos son deficientes e incluso negativas, llenas de agresión o frialdad; esto da lugar a que existan problemas en el desarrollo psicosexual de 80% de las prostitutas pues no satisfacen sus necesidades afectivas. Al haber incongruencia entre los valores y los principios inculcados y la práctica de éstos, además de que se les impide la integración a la sociedad por medio de otros grupos o instituciones, experimentan sentimientos de abandono, falta de afecto, minusvalía, inseguridad e inferioridad, dificultad para definir su propio rol o papel adecuado en el contexto social, urgencia neurótica de afecto, incapacidad para establecer relaciones personales satisfactorias o relaciones heterosexuales profundas y estables. Además, presentan un estado de frustración ante la vida, sentimientos de soledad, excesiva sensibilidad al rechazo, problemas en el manejo de su sexualidad (rechazo del rol femenino y anorgasmia, aunque ésta puede ser selectiva; es decir, se presenta con los clientes pero no con determinada pareja, generalmente van a tener una percepción negativa del sexo). Son incapaces de aprovechar experiencias anteriores y de proyectarse hacia el futuro, y su percepción de la realidad se distorsiona.

Muchas adolescentes tienen el deseo inconsciente de agresión y venganza hacia el padre, el cual manifiestan por medio de la autodegradación. Otras se salen de su casa porque en ella no encuentran protección y después no se atreven a regresar, por lo que buscan otro tipo de protección.

En otros casos, las relaciones incestuosas y la promiscuidad sexual de los padres pueden derrumbar las bases morales.

Varias de estas adolescentes han sido víctimas de seducción, de desengaños amorosos o han sufrido burlas de los hermanos y amigos, lo cual las hace rebelarse contra su papel femenino, sobre todo si se les ha inculcado la idea de que la mujer que no se conserva virgen hasta el matrimonio pierde su valor y no es digna de desempeñar sus papeles de esposa y madre; todo esto les produce sentimientos de culpa y un deseo de castigarse y degradarse ellas mismas, o de vengarse de los hombres, al sentir que los explotan considerando desquitarse de las humillaciones que han tenido que soportar, aunque esto les produzca sentimientos de culpa por romper con los valores culturales y familiares así como sentimientos de rechazo por parte de la sociedad.

Por otra parte, aunque manifiestan gran necesidad de afecto, son incapaces tanto de darlo como de recibirlo; por lo general sufren de ansiedad porque no ven posibilidades de cambiar su actividad; en muchos casos su nivel de escolaridad no les permite tener otro tipo de empleo que esté mejor remunerado, tienen miedo de que las rechacen sus hijos y sus otros seres queridos. Muchas experimentan sentimientos de soledad, porque están abandonadas, y de tristeza; sin embargo, tienen la tendencia a rodearse de un ambiente de fiesta para tratar de evadir momentáneamente su realidad, esto facilita que muchas acudan a las bebidas alcohólicas.

Otras razones por las que las personas se dedican a la prostitución son para obtener dinero con facilidad, rebeldía, ignorancia, falta de preparación para trabajar, deficiencia mental, pereza, resentimiento con el ser amado, etcétera.

Se ha encontrado que la mayoría es anorgásmica, aunque en algunos casos la anorgasmia es parcial, y muchas son dipsómanas como consecuencia de su actividad.

Dentro de la prostitución femenina hay profesionales, semiprofesionales y ocasionales.

Las profesionales ejercen en forma abierta, ya sea en burdeles o casas de citas; otras asisten algunas horas o alquilan un cuarto. Suelen detenerse a determinada hora en un mismo sitio, recorrer las calles para seleccionar a su clientela, trabajar en coche buscando a los clientes aprovechando los semáforos, o buscarlos en parques y jardines públicos, en hoteles, bares, cines, cabarets, restaurantes de lujo, etcétera.

Las semiprofesionales se escudan tras un empleo: camareras, meseras de cabarets de lujo, cantantes, bailarinas de desnudo, etcétera, las *call girls* trabajan por medio de citas telefónicas, ya sea por su cuenta o por medio de asociaciones.

Las ocasionales pueden ser mecanógrafas, trabajadoras domésticas, estudiantes, amas de casa, etcétera, y ejercen por ganar algún dinero o para conservar su empleo o ascender en algún puesto.

Entre las profesionales y las semiprofesionales casi siempre hay un proxeneta o reclutador, que puede ser el amante que no obtiene beneficios económicos o el que la explota totalmente a cambio de "apoyo" y "protección".

Dentro de esta actividad se encuentran los "tratantes" quienes consiguen a las futuras prostitutas en muchas ocasiones con el engaño de ofrecerles algún trabajo honrado, o quienes facilitan los locales para la actividad (lenones), así como aquellos que obtienen

remuneración económica al facilitar los encuentros de prostitutas clandestinas con los clientes.

Entre 1971 y 1972, Rafael Ruiz Harrell hizo un estudio entrevistando a 1753 mujeres que se dedicaban a la prostitución en la Ciudad de México y encontró que 92% de los hombres de más de 15 años había tenido relaciones con alguna prostituta cuando menos una vez y de éstos, 78% señaló haber tenido más de 12 relaciones sexuales con alguna prostituta.

La edad promedio de las prostitutas fue de 22 años y tenían unos tres clientes por día; las que trabajaban en la calle tenían que pagarle comisión a su "protector", al hotel de paso y a la policía; las que ejercían la prostitución en las casas de citas ganaban un poco menos, pero no tenían los gastos extra mencionados y las que disponían de un departamento ganaban un poco más. El promedio de los ingresos era similar al promedio de los ingresos de la población que se dedica a otras actividades.

Al comparar los ingresos con la edad, se observa que a mayor edad obtienen menos ingresos, que el mayor porcentaje corresponde a mujeres de 20 a 24 años y que los años de estudio son muy pocos (2.72).

Hay prostitutas que llegan a ganar mucho dinero, pero constituyen una minoría.

En 1990, Patricia Uribe y colaboradores realizaron una investigación entre 914 prostitutas de la Ciudad de México y encontraron que 46.4% tenía de 16 a 24 años y 40.5% de 25 a 34 años; su promedio de escolaridad era de cinco años, aunque 8% era profesional y 2% contaba con posgrado; 61.7% era soltera; 77% tenía hijos; 51.9% pertenecía al nivel socioeconómico bajo, 27% al medio y 21.1% al medio alto; predominaban las que tenían de tres a cuatro dependientes económicos (32.1%) y dos dependientes económicos (27.3%).

También en la Ciudad de México, entre 1992 y 1993 se estudió otra muestra, de 2 641 prostitutas, 80% indicó que había iniciado las relaciones sexuales entre los 12 y 18 años; 68.23% cobró por primera vez entre los 15 y 24 años; 83.9% tenía de uno a cinco clientes por día; 47.6% trabajaba en la calle; 40.2% en bares y clubes; 6% en hoteles; 0.7% en burdeles y las *call girls* constituyeron 1%.

En cuanto a los clientes, 48.6% tenía de 21 a 40 años y 60% eran casados.

Las desventajas del joven que acude a las prostitutas son numerosas; además de que corre el riesgo de adquirir alguna infección de transmisión sexual, psicológicamente se deforma porque aprende a satisfacer sólo su sexualidad, a sentir placer sin proporcionarlo, llegando a considerar a la mujer como objeto sexual y no como persona; esta actitud puede provocar la anorgasmia en su pareja si no se modifica. Otros pueden tener problemas posteriores de eyaculación precoz.

En cuanto a la prostitución masculina, no se han hecho investigaciones de este tipo; sin embargo, se sabe que los prostitutos están mejor pagados, principalmente si sus clientes son mujeres.

Pueden vestirse de mujeres; en estos casos buscan al cliente y generalmente aclaran cuál es su sexo antes del arreglo; proporcionan sus servicios en un hotel cercano, un coche o un departamento y las relaciones son más violentas.

Cuando se visten como hombres y sus clientes son hombres, en muchos casos se trata de bisexuales casados, que sienten mutilada su parte homosexual por represiones sociales y familiares y encuentran en la prostitución una forma segura y tranquila de satisfacción sin arriesgarse o comprometerse.

La política que siguen los diferentes países ante este problema es muy variable, desde aquellos donde no existe el control médico y a cada cliente se le responsabiliza, hasta el extremo opuesto donde se prohíbe, se persigue policialmente a las prostitutas, quienes siguen ejerciendo en forma clandestina. Hay países que han reglamentado la prostitución en cuanto al control médico de las prostitutas, pero este control no se puede ejercer sobre la clientela, que debería recibir educación sexual e higiénica para conocer sus peligros y su prevención.

Para el Distrito Federal en materia del fuero común y para la República Mexicana en materia del fuero común federal se refiere en sus artículos 200, 201, 203, 204, 205, 206, 207 y 208 a los castigos para quienes induzcan a la prostitución, lenocinio y para quienes explotan la libertad sexual. Sin embargo, mientras haya demanda existirá la oferta.

Farmacodependencia

Hasta hace algunos años se utilizaba el término **toxicomanía**, pero desde 1965 el Comité de Expertos de la oms en drogas toxicomanígenas prefirió utilizar el nombre de **farmacodependencia** al estado psíquico y a veces físico causado por la interacción entre un organismo vivo y un fármaco, caracterizado por modificaciones del comportamiento y por otras reacciones que comprenden siempre un impulso irreprimible a utilizar el fármaco en forma continua o periódica con el fin de experimentar sus efectos psíquicos y a veces para evitar el malestar producido por la privación.

Al hablar de dependencia a un fármaco nos referimos al uso compulsivo de éste, pero hay que diferenciar la dependencia física de la dependencia psíquica.

La dependencia física se conocía con el nombre de adicción y se caracteriza por lo siguiente:

1. Uso compulsivo del fármaco.
2. Tendencia a aumentar la dosis (taquifilaxia); esto se debe a que el organismo presenta tolerancia; es decir, se va adaptando a la dosis que utiliza, por lo cual surge la necesidad de aumentarla para obtener los mismos resultados.
3. Aparición de un síndrome de abstinencia cuando se deja de utilizar el fármaco; es decir, trastornos fisiológicos más o menos intensos como alteraciones en la presión arterial, frecuencia cardiaca, respiración, sudoración, vómito, delirio, convulsiones, pérdida de la conciencia e incluso la muerte.

La dependencia psíquica se conocía con el nombre de habituación; se diferencia de la dependencia física en que no se presenta el síndrome de abstinencia aunque el individuo se sienta mal si no consume el fármaco.

Un fármaco o droga es toda sustancia que al ser introducida al organismo vivo puede modificar una o más de sus funciones, y su uso puede ser tanto para recuperar la salud como para causar problemas.

Abuso es el consumo de una droga en forma excesiva, persistente o esporádica, sin relación con algún tratamiento médico, que perjudica a tal grado la capacidad funcional y del individuo que da por resultado daños físicos y psicológicos.

La farmacodependencia como problema de salud pública

A pesar de que el uso de las drogas existe desde el comienzo de la humanidad, antiguamente su uso se limitaba a fines religiosos, para aumentar el poder combativo de los guerreros o como tratamiento de algunas enfermedades. En los últimos años se han utilizado con otros fines, como huir de la realidad, de la responsabilidad, encontrar la "felicidad", etcétera, con consecuencias negativas —físicas, sociales, y/o económicas—, tanto en la persona que las consume como en las personas que la rodean. Su consumo se ha extendido a una buena parte de la población joven y se origina en elementos socioculturales. Las consecuencias del abuso pueden ser físicas, mentales y sociales. Las dos primeras varían de acuerdo con la droga, la cantidad que se consume y el organismo; las sociales se manifiestan por aumento en la delincuencia y la criminalidad, disminución en el progreso de la sociedad y en la economía porque generalmente el farmacodependiente es improductivo.

Aspectos epidemiológicos de la farmacodependencia

Con el fin de determinar la frecuencia de consumo de drogas, el Instituto Mexicano de Psiquiatría, la Dirección General de Epidemiología y el Consejo Nacional contra las Adicciones realizaron dos Encuestas Nacionales de Adicciones en 1993 y 1998. Se observó que el número de personas que había utilizado alguna "droga" ilegal alguna vez en la vida pasó de 1.5 millones en 1993 a cerca de 2.5 millones en 1998. En 1997, el Instituto Mexicano de Psiquiatría y la Secretaría de Educación Pública realizaron otra encuesta entre la comunidad estudiantil del Distrito Federal y se encontró lo siguiente:

	Secundaria	Bachillerato	Escuela técnica
Alguna vez en la vida	9.1%	15.5%	14.8%
Último año	6.5%	9.9%	9.5%
Último mes	3.5%	4.2%	5.2%

En 2001 se encontró que las personas más afectadas fueron del sexo masculino, entre 15 y 19 años, y que las drogas más utilizadas fueron la cocaína, la marihuana, los inhalantes, los alucinógenos y la heroína.

De las personas que solicitaron atención en los Centros de Integración Juvenil en 2001 se encontró lo siguiente:

1109 eran experimentadores; es decir, utilizaron por primera vez la droga y por simple curiosidad.

Fueron 1713 farmacodependientes sociales u ocasionales; es decir, utilizan la droga en situaciones pasajeras o sociales.

Los farmacodependientes funcionales; es decir, aquellos que utilizan la droga para realizar sus actividades cotidianas sin que su dependencia trastorne su actividad social, fueron 8374.

Los farmacodependientes disfuncionales, que necesitan consumir droga y por su dependencia han dejado de funcionar social y productivamente fueron 2146.

De los 14 834 pacientes, 4424 tenían de 15 a 19 años, 2968 de 20 a 24 y 1346 de 10 a 14 años. La escolaridad más frecuente fue de secundaria (6497), seguida de primaria (3107) y preparatoria (2499).

Los fármacos más utilizados fueron:

Alcohol	8876
Anfetaminas	1299
Cannabis	7440

Cocaína	9047
Alucinógenos	426
Inhalantes	3759
Opiáceos	502
Sedantes	2152
Otros	3060

La suma no corresponde al número de consultas, debido a que muchos son poliusuarios; es decir, consumen más de una droga.

Factores individuales

Ya se ha observado que afecta en especial a los adolescentes y más frecuente en el sexo masculino; se debe recordar que psicológicamente el adolescente pasa por una etapa de inestabilidad emocional, se siente incomprendido, rechazado; por un lado tiende a la introversión y por el otro trata de reafirmar su personalidad manifestando independencia y rebeldía, quiere hacerse notar. Cualquier farmacodependiente es miembro de la subcultura de las drogas, participa en una actividad social, que en este caso es negativa, desde el momento en que se enfrenta al primer problema: necesita adquirir la droga. Para ello recurre a la información que generalmente se la proporcionan los amigos o los compañeros; todos ellos saben que lo que hacen no está permitido, por lo que se encubren. Por una parte usan la droga como desafío contra la autoridad y como un medio para reafirmarse; pero, por la otra, sienten miedo y se vuelven desconfiados.

La farmacodependencia es más frecuente en personas:

a) inmaduras, incapaces de establecer relaciones interpersonales duraderas

b) frustradas, con conflictos internos graves

c) impulsivas, incapaces de posponer el logro de satisfacciones inmediatas.

Se ha observado que la farmacodependencia tiene una relación inversa con las convicciones religiosas y que en gran número de casos enmascara cuadros psicológicos anormales.

Factores familiares

1. Es más frecuente en hogares donde falla la integración familiar, ya sea por divorcios, separaciones o cuando el padre o la madre están ausentes.
2. Falta de comunicación entre padres e hijos.

3. Pobreza de las relaciones afectivas entre los miembros de la familia.
4. Cuando los padres no les pueden proporcionar instrumentos adecuados para afrontar los problemas.
5. Cuando los adultos tienen una actitud contradictoria; por ejemplo, le dicen al hijo que no fume y ellos lo hacen, toman alcohol pero al menor se lo prohíben, etcétera.

Factores sociales

1. Facilidad para adquirir la droga.
2. Automedicación.
3. Medios de comunicación; el farmacodependiente confía más en las revistas y la radio, después en la televisión, en seguida en los amigos y otros familiares y, por último, en los padres.
4. En cuanto al medio socioeconómico, hay farmacodependientes en todos los niveles.

Algunos adolescentes creen que el consumo de drogas les brinda acceso a cierto equilibrio social, que al usar drogas se sienten habilitados para expresar su solidaridad con los compañeros que se encuentran en sus mismas condiciones, que la droga les permite expresar, aunque de manera inadecuada, su desafío a la autoridad, a los convencionalismos y a las normas sociales y que van a satisfacer sus anhelos de aventura ante lo desconocido.

La evolución de la farmacodependencia puede llevar a la autoagresión, a la autodestrucción, al desencadenamiento de cuadros de enfermedades psiquiátricas o a la muerte ya sea por supresión brusca de algunos fármacos, por sobredosis o por suicidio.

Casificación de las drogas que ocasionan farmacodependencia

Existen varias clasificaciones de las drogas que pueden producir farmacodependencia. En este momento utilizaremos la siguiente:

1. Estupefacientes.
2. Psicotrópicos.
3. Inhalantes volátiles.

Estupefacientes

A este grupo pertenecen el opio y sus derivados, así como los derivados de la coca.

El **opio** se obtiene de la planta *Papaver somniferum*, llamada comúnmente amapola o adormidera, tiene vainas o capullos donde se hacen cortes con una navaja muy afilada para extraer un líquido lechoso que al día

siguiente se coagula y se vuelve de color café; posteriormente se seca y se refina.

El opio se puede fumar en pipas; generalmente los primeros efectos que produce son desagradables: la persona siente dolor de cabeza, náuseas y sueño pesado, pero después produce serenidad, sensación de bienestar y pérdida de los límites entre el tiempo y el espacio. En la antigüedad se utilizó para disminuir el dolor, la diarrea, la tos y para producir sensación de bienestar.

Los derivados del opio más conocidos son la morfina, la heroína y la codeína, y se conocen también con el nombre de alcaloides narcóticos.

La **morfina** es el principal alcaloide del opio, se aisló en 1805 y se usó como analgésico. Cuando se administra por primera vez produce somnolencia y analgesia, también puede generar confusión mental, trastornos de la memoria, de la conciencia, disminución de la actividad física y la agudeza visual, aumento de la temperatura, sensación de pesantez en las extremidades, ansiedad, miedo, disminución del apetito, náusea, vómito, sensación de bienestar, depresión de la respiración y dilatación de los vasos sanguíneos. En pocos días se puede desarrollar tolerancia y dependencia física. Al suspender la droga se presenta el síndrome de abstinencia: 8 a 16 horas después aparecen inquietud, sudoración, lagrimeo, bostezos, insomnio, piloerección (la piel se pone como carne de gallina), temblores musculares, dolor en el abdomen, la espalda, las articulaciones y los músculos, náusea, vómito, hipo, diarrea, taquicardia y pueden aparecer convulsiones y la muerte. Este fármaco se ha relacionado con el aumento del índice de criminalidad porque la tolerancia hace que su adquisición sea cada vez más costosa, forzando al adicto a cometer delitos.

La **heroína** no tiene indicaciones médicas, es más activa que la morfina, generalmente se administra por inyecciones intravenosas y produce de inmediato una gran sensación de bienestar aunque algunas personas tienen al principio sensación de morir; el consumidor siente que se encuentra por "encima o lejos" de los golpes, las preocupaciones y los temores, se siente consciente de las partes del cuerpo, disminuye la sensibilidad a los estímulos, hay letargo, indiferencia, se pierde la noción del tiempo y hay dificultad para pensar. Es muy peligrosa porque si la dosis es insuficiente no estimula y si es exagerada produce la muerte; la dosis ideal varía. Debido a que por lo general se inyecta con jeringas que no están esterilizadas, con frecuencia se asocia a infecciones como la hepatitis, el tétanos y el Sida; existe, además, el peligro de que se produzcan embolias gaseosas o gangrena debidas a la inyección inadecuada. Los hijos de madres adictas pueden tener el síndrome de abstinencia a las pocas horas de su nacimiento.

La **codeína** se utilizaba como analgésico, antidiarreico y actualmente para disminuir la tos. A grandes dosis puede producir somnolencia, náuseas, vómito y depresión respiratoria.

La **coca** (*Eritroxilon coca*) es una planta que necesita características climatológicas muy especiales para su cultivo. Los incas masticaban sus hojas para conservar el vigor y no sentir hambre durante sus largas caminatas. De estas hojas se obtiene la cocaína, utilizada durante algún tiempo como anestésico local. Es un polvo cristalino, blanco (nieve, copo, polvo feliz, coke, muchacha o C) que generalmente se absorbe por la nariz. Cuando su efecto llega al sistema nervioso provoca euforia, excitación, sensación de gran fortaleza física y pérdida de la conciencia de las limitaciones, aumenta la capacidad de idear y después produce una gran depresión, que se puede asociar con sentimientos de culpa. También produce alucinaciones visuales y auditivas. Cuando se inhala en grandes cantidades o se inyecta provoca confusión mental, alteraciones cardiacas y respiratorias, náuseas, vómito, aumento de la temperatura, dolor abdominal, convulsiones, pérdida del conocimiento y la muerte. Puede destruir la mucosa de la nariz e incluso el hueso cuando se utiliza en forma constante.

El **crack** se obtiene a partir de la cocaína, utilizando solventes volátiles para que se pueda fumar y llegue con más rapidez al cerebro, lo que ocasiona efectos más intensos pero también más peligrosos: convulsiones, infartos, hipertensión arterial y accidentes de los vasos sanguíneos del cerebro.

Psicotrópicos

En este grupo se encuentran los *psicolépticos*, *psicoanalépticos* y *psicodislépticos*.

Psicolépticos Son los hipnóticos (barbitúricos), los sedativos ansiolíticos (meprobamato y benzodiacepina) y los neurolépticos.

Los hipnóticos se utilizan para producir sedación y facilitar el sueño, como los barbitúricos y los sedantes, que disminuyen la tensión emocional y la ansiedad. Actúan deprimiendo el sistema nervioso central y se utilizan para producir sedación ligera en individuos excitados, que tienen reacciones afectivas exageradas, hipertensión arterial (la presión arterial alta) o úlcera péptica. Se usan también para producir sueño o en los cuadros convulsivos. Cuando se emplean continuamente en grandes dosis producen dificultad para hablar, pérdida del equilibrio y, si se ingieren con alcohol, pueden provocar pérdida del conocimiento y la muerte. En dosis normales no producen dependencia física pero sí

tolerancia; es decir, el organismo se va adaptando a los efectos y hay que aumentar la dosis para seguir obteniendo los mismos resultados. A grandes dosis generan dependencia física, por lo que si se suprimen aparece el síndrome de abstinencia: nerviosismo, temblores, debilidad, somnolencia, delirio e incluso la muerte.

Los neurolépticos se llaman también *antipsicóticos* y tienen uso médico en los casos de psicosis graves.

Psicoanalépticos Estimulan la actividad mental; en este grupo se encuentra la anfetamina que se usó durante muchos años para tratar una enfermedad llamada *narcolepsia*, para disminuir el apetito en los casos de obesidad, en algunos estados depresivos, para contrarrestar las intoxicaciones con barbitúricos o para algunos trastornos de la conducta en los niños. Las personas que trabajaban durante la noche los utilizaban para impedir el sueño. Las anfetaminas producen euforia, aumentan el funcionamiento mental y mejoran el estado de ánimo. En dosis elevadas producen pérdida del apetito, aumento de la tensión arterial, sequedad de la boca, sudoración, aumento de las pulsaciones, temblores, irritabilidad y su uso prolongado puede ocasionar trastornos de la personalidad y mentales. Cuando se pasa el efecto estimulante provocan una gran depresión.

Las metanfetaminas (tachas, éxtasis) tienen efectos variables, dependiendo del ambiente en el que se utilicen. Al dar sensación de confianza, promueven sentimientos de cercanía y manifestaciones de afecto con conocidos y extraños. Producen sudoración importante, alucinaciones y una conducta irracional y extraña.

Psicodislépticos Se llaman así porque distorsionan el pensamiento normal, producen dependencia psíquica y sus efectos varían según la personalidad, el estado de ánimo, el medio ambiente en que se consumen y la dosis. No tienen uso médico y únicamente se utilizan en investigación.

La **marihuana** se usó en China en el año 2737 a. C. para tratar la gota, el reumatismo, el paludismo, el beri beri y la distracción. Se obtiene del cáñamo indio llamado *Cannabis sativa* que posee una fibra muy resistente, la cual se utiliza para hacer cuerdas o textiles de cáñamo. Se han aislado e identificado varias decenas de compuestos, pero se considera que su principio activo es el tetrahidrocanabinol, cuya concentración varía en las diferentes partes de la planta y en las distintas regiones del mundo porque la planta adquiere dimensiones muy variables, abunda en los racimos de las flores y las hojas superiores de las plantas hembra que se cultivan en climas calurosos y secos. Hay cuatro preparados básicos de tetrahidrocanabinol (TCH):

a) el hashish o charas, es el preparado más fuerte, obtenido de la resina pura de las puntas finas de las plantas selectas.

b) la ganja, se obtiene de los extremos floridos y las hojas de la planta hembra pero no de la resina, por lo que tiene menos cantidad de THC, se fuma, se bebe o come en dulces.

c) el *bhang* o marihuana, se obtiene de los extremos floridos y las hojas de la planta macho y de la planta hembra, tiene todavía menos THC.

d) El THC sintético es viscoso y se inyecta.

La marihuana no se consume en forma aislada, generalmente se fuma en grupo y su inhalación produce aumento de los latidos del corazón, sequedad en la boca y la faringe, deseo de comer dulces o hambre, enrojecimiento de las conjuntivas de los ojos, sensación de alegría y necesidad de compartirla, de ligereza, como si se separaran las partes del cuerpo, bienestar, se pierde la percepción del tiempo y produce somnolencia. Los efectos varían por lo que la persona se puede sentir mal, con alteraciones de la personalidad, apatía, desinterés y algunos incluso llegan a matarse. Su principal peligro estriba en que es la primera tentación que se le ofrece al adolescente; si éste tiene algún problema emocional, puede incrementarse y a pesar de que no existe dependencia física ni tolerancia, la persona que la ha fumado siente la necesidad de volver a hacerlo para tener la ilusión de liberarse de sus problemas, o continuar ascendiendo por la escalera de la farmacodependencia.

El **LSD** es la dietilamida del ácido lisérgico, es 200 veces más activa que la cocaína y provoca alucinaciones visuales y auditivas; es decir, aumentan las percepciones por lo que las personas ven los colores más intensos y oyen diferente los ruidos; en ocasiones se "fusionan" los sentidos por lo que "oyen sonidos de colores", o "saborean colores"; ocasiona pérdida del contacto con la realidad, disminución de la sensibilidad al dolor y pérdida de la identidad. Puede producir sensación de éxtasis o por el contrario, depresión severa o angustia extrema. Cada absorción de LSD produce un "viaje" que se puede acompañar de pánico y trastornos graves del comportamiento, después del cual puede haber reacciones recurrentes; es decir, regresar al viaje en cualquier momento, incluso un año después. Algunas personas no se recuperan al regresar del viaje, por lo que tienen que ser hospitalizadas con profundas alteraciones psiquiátricas que, además, son irreversibles. Otro gran peligro del LSD es que produce alteraciones en los cromosomas.

La **mescalina** se obtiene del peyote (*Lophophora williamsii*); sus principales consumidores son los huicholes quienes la llaman *híkuri* (*peyótl* en náhuatl), la

usan con fines ceremoniales bajo un estricto ritual, por lo que sufren alucinaciones de tipo religioso. Algunos indígenas emplean la mescalina para aumentar la resistencia muscular cuando hacen esfuerzos prolongados, pero nunca tienen los efectos psicológicos desagradables que sufren las personas que lo ingieren por curiosidad o con el fin de tener "viajes", en los cuales hay alucinaciones terribles, pérdida de la personalidad y alejamiento de la realidad.

La **psilocibina** se obtiene del hongo *Psilocybe mexicana* que se usa con fines religiosos; al principio produce náuseas, pero después hay relajación muscular y enfriamiento de las extremidades; puede provocar hilaridad (risa) y "viaje" similar al del LSD.

Drogas sintéticas: *STP, DMT y DET*. En cuanto al STP no se sabe de dónde viene su nombre y no se encuentra en estado natural por lo que se sintetiza; en dosis elevadas produce "viajes" muy rápidos. El DMT es la N, N-dimetil triptamina, un alucinógeno parecido a la psilocibina que se obtiene de *Piptadenia peregrina* o se sintetiza; se puede inyectar y sus efectos son rápidos y de corta duración. La DET (dietiltriptamina) es parecida al DMT, pero solamente se sintetiza en el laboratorio.

El **ololiuqui** se obtiene del Don Diego de Día silvestre (*Rivea corymbosa* e *Impomoea violacea*) y sus semillas tienen monoetilamida de ácido lisérgico que es similar al LSD, pero mucho menos potente.

Inhalantes volátiles

Generalmente son utilizados por niños y adolescentes y en 1968 constituyeron un problema epidemiológico. Los solventes más utilizados son cementos para modelaje, pinturas, lacas, thínneres, líquidos de limpieza (hidrocarburos aromáticos, hidrocarburos halogenados, cetonas, ésteres, alcoholes y glicol). Pueden producir temblores musculares, vómito, zumbido de oídos, vértigo, calambres, cólicos, convulsiones, dolor de cabeza, visión borrosa, excitación, confusión mental, narcosis e inconsciencia que puede llevar a la muerte. Si se inhalan provocan irritación del sistema respiratorio, tos, alteraciones en la oxigenación de la sangre y dificultad para respirar. Los cementos plásticos, en términos generales, pueden ocasionar además alucinaciones, sensación de bienestar y risa fácil.

Con el tiempo generan daños irreversibles en el hígado, riñones, médula ósea, corazón, músculos y el sistema nervioso.

Los inhalantes volátiles pueden producir temblores, convulsiones e inconsciencia que pueden llevar a la muerte.

Cuando una persona se encuentra bajo el efecto de alguna droga se debe evitar que se lastime o realice actividades que pongan su vida en peligro. Dependiendo de la droga y de la dosis será necesaria su hospitalización y posteriormente atención para superar su problema. En México existen los Centros de Integración Juvenil que han tenido buenos resultados y se ha formado el grupo "24 horas Drogadictos Anónimos", similar al de "Alcohólicos Anónimos".

El Código Penal para el Distrito Federal en materia del fuero común y para la República Mexicana en materia del fuero común federal considera los siguientes aspectos:

Artículo 193 Se consideran estupefacientes y psicotrópicos los que determinen la Ley General de Salud, los convenios o tratados internacionales de observancia obligatoria en México y los que señalen las demás disposiciones aplicables a la materia expedidas por la autoridad sanitaria correspondiente, conforme a lo previsto en la Ley General de Salud.

Para los efectos de este capítulo se distinguen tres grupos de estupefacientes o psicotrópicos:

I.   Las sustancias y vegetales señaladas por los artículos 237, 245 fracción I y 248 de la Ley General de Salud.
II. Las sustancias y vegetales consideradas como estupefacientes por la ley con excepción de los mencionados en la fracción anterior y los psicotrópicos a que hace referencia la fracción II del artículo 245 de la Ley General de Salud; y
III. Los psicotrópicos a que se refiere la fracción III del artículo 245 de la Ley General de Salud.

Artículo 194 Si a juicio del Ministerio Público o del juez competente, que deberán actuar para todos los efectos que señalan en este artículo con el auxilio de peritos, la persona que adquiera o posea para su consumo personal sustancias o vegetales de los descritos en el artículo 193, tiene el hábito o la necesidad de consumirlos, se aplicarán las reglas siguientes:

I.   Si la cantidad no excede de la necesaria para su propio e inmediato consumo, el adicto o habitual sólo será puesto a la disposición de las autoridades sanitarias para que bajo la responsabilidad de éstas sea sometido al tratamiento y a las demás medidas que procedan.
II. Si la cantidad excede de la fijada conforme al inciso anterior, pero no de la requerida para satisfacer las necesidades del adicto o habitual durante un término máximo de tres días, la sanción aplicable será la de prisión de dos meses a dos años y multa de quinientos a quince mil pesos.

III. Si la cantidad excede de las señaladas en el inciso que antecede, se aplicarán las penas que correspondan conforme a este capítulo.
IV. Todo procesado o sentenciado que sea adicto o habitual quedará sujeto a tratamiento. Asimismo, para la concesión de la condena condicional o del beneficio de la libertad preparatoria cuando procedan, no se considerará como antecedente de mala conducta el relativo al hábito o adicción, pero sí se exigirá en todo caso que el sentenciado se someta al tratamiento adecuado para su curación, bajo la vigilancia de la autoridad ejecutoria.

Se impondrá prisión de seis meses a tres años y multa hasta de quince mil pesos al que no siendo adicto a cualquiera de las sustancias comprendidas en el artículo 193, adquiera o posea alguna de éstas por una sola vez, para su uso personal y en cantidad que no exceda de lo destinado para su propio e inmediato consumo.

Si alguno de los sujetos que se encuentren comprendidos en los casos a que se refieren los incisos I y II del primer párrafo de este artículo, o en el párrafo anterior, suministre, además, gratuitamente a un tercero, cualquiera de las sustancias indicadas, para uso personal de este último y en cantidad que no exceda de la necesaria para su consumo personal e inmediato, será sancionado con prisión de dos a seis años y multa de dos mil a veinte mil pesos, siempre que su conducta no se encuentre comprendida en la fracción IV del artículo 197.

La simple posesión de cannabis o mariguana, cuando tanto por la cantidad como por las demás circunstancias de ejecución del hecho, no puede considerarse que esté destinado a realizar alguno de los delitos a que se refieren los artículos 197 y 198 de este código, se sancionará con prisión de dos a ocho años y multa de cinco mil a veinticinco mil pesos.

No se aplicará ninguna sanción por la simple posesión de medicamentos, previstos entre las sustancias a las que se refiere el artículo 193: cuya venta al público se encuentra supeditada a requisitos especiales de adquisición, cuando por su naturaleza y cantidad dichos medicamentos sean los necesarios para el tratamiento médico de la persona que los posea o de otras personas sujetas a la custodia o asistencia de quien los tiene en su poder.

Artículo 195 Se impondrá prisión de dos a ocho años y multa de mil a veinte mil pesos a quien por cuenta o con financiamiento de terceros siembre, cultive o coseche plantas de cannabis o mariguana, siempre que en él concurran escasa instrucción y extrema necesidad económica. Las mismas sanciones se impondrán a quien permita, en iguales circunstancias que en el caso anterior, que en un predio de su propiedad, tenencia o posesión se cultiven dichas plantas.

Artículo 196 Se impondrá prisión de dos a ocho años y multa de mil a veinte mil pesos a quien, no siendo miembro de una asociación delictuosa, transporte cannabis o mariguana, por una sola ocasión siempre que la cantidad no exceda de cien gramos.

Artículo 197 Fuera de los casos comprendidos en los artículos anteriores:

Se impondrá prisión de siete a quince años y multa de diez mil a un millón de pesos:

I.   Al que siembre, cultive, coseche, manufacture, fabrique, elabore, prepare, acondicione, posea, transporte, venda, compre, adquiera, enajene o trafique en cualquier forma, comercie, suministre aun gratuitamente, o prescriba vegetales o sustancias de las comprendidas en cualquiera de las fracciones del artículo 193, sin satisfacer los requisitos fijados por las normas a que se refiere el primer párrafo del propio artículo;

II. Al que ilegalmente introduzca o saque del país vegetales o sustancias de las comprendidas en cualquiera de las fracciones del artículo 193, aunque fuere en forma momentánea o en tránsito, o realice actos tendientes a consumir tales hechos;

III. Al que aporte recursos económicos o de cualquier especie, o colabore de cualquier manera al financiamiento para la ejecución de alguno de los delitos a que se refiere este capítulo;

IV. Al que realice actos de publicidad, propaganda, provocación general, proselitismo, instigación o auxilio ilegal a otra persona para que consuma cualquiera de los vegetales o sustancias comprendidas en el artículo 193.

Si el agente aprovechase su ascendiente o autoridad sobre la persona instigada, inducida o auxiliada, las penas se aumentarán en una tercera parte. Los farmacéuticos, boticarios, droguistas, laboratoristas, médicos, químicos, veterinarios y personal relacionado con la medicina en alguna de sus ramas, así como los comerciantes que directamente o a través de terceros cometan cualquiera de los delitos previstos en este capítulo, además de las penas que les correspondan serán inhabilitados para el ejercicio de su profesión, oficio o actividad, por un plazo que podrá ser hasta el equivalente de la sanción corporal que se les imponga y que empezará a contar una vez que se haya cumplido esta última. Si reincidieran, además del aumento de la pena derivada de esta circunstancia, la inhabilitación será definitiva".

Artículo 198 Cuando alguno de los delitos previstos en este artículo se cometa por servidores públicos que actúen en relación con el ejercicio o con motivo de sus funciones, así como cuando la víctima fuere menor de edad o incapaz, o no pudiese, por cualquier causa, evitar la conducta del agente, o cuando se cometa en centros educativos asistenciales o penitenciarios o en sus inmediaciones, la sanción que en su caso resulte aplicable se aumentará en una tercera parte. El mismo aumento de pena se aplicará cuando el agente utilice a menores de edad o incapaces, para cometer cualquiera de los delitos previstos en este capítulo, o cuando el agente participe en una organización delictiva establecida dentro o fuera de la república para realizar alguno de los delitos que previene este mismo capítulo.

Artículo 199 Los estupefacientes, psicotrópicos y sustancias empleadas en la comisión de los delitos a que se refiere este capítulo se pondrán a disposición de la autoridad sanitaria federal, la que procederá de acuerdo con las disposiciones o leyes de la materia a su aprovechamiento lícito o a su destrucción.

Medidas preventivas

El individuo debe recibir educación sanitaria, se debe mejorar la comunicación entre padres e hijos, dar facilidades a las personas para la recreación sana y vigilar el desarrollo de la personalidad.

En el ámbito de las dependencias gubernamentales se ha llevado a cabo una lucha contra la producción y el tráfico de los fármacos por medio de la Procuraduría General de la República y el Ejército Nacional.

Se ha eliminado el uso de algunos fármacos o se han sustituido algunos. El Consejo Nacional para la Farmacodependencia ha clasificado a las drogas en:

a) sustancias sin utilidad terapéutica: marihuana, cocaína, heroína, LSD, mescalina, psilocibina, dimetiltriptamina, trimetoxianfetamina, solventes, cementos, peyote, hongos alucinantes, ololiuqui.
b) sustancias con poca utilidad de las que se abusa.
c) sustancias útiles en medicina: morfina, meperidina, codeína, penzotacina, barbitúricos, glutetimida, metacualona, meprobamato, diacepina, difenoxilato y propoxileno.

Las autoridades sanitarias tienen a su cargo la vigilancia de la producción, manufactura y distribución de estos productos.

La OMS, en el decimoséptimo informe de su Comité de Expertos en la materia (Serie de informes técnicos número 437, Ginebra, 1970), tomando en consideración la posibilidad de determinar la farmacodependencia con fines de control legal, dividió a los fármacos de la siguiente manera:

a) Fármacos con valor terapéutico muy limitado o nulo o con riesgo grave para la salud pública:

1. LSD.
2. Mescalina, principio activo del peyote.
3. Psilocibina, que se encuentra en los hongos alucinantes.
4. Tetrohidrocanabinoles, que son los elementos psicoactivos de la marihuana.

b) Fármacos con valor terapéutico, pero cuyo consumo puede ser abusivo y significa un riesgo notable para la salud pública. Requieren control de las autoridades sanitarias.

c) Fármacos con valor terapéutico que varía entre escaso y grande, pero cuyo consumo abusivo puede significar un riesgo débil pero importante para la salud pública por lo que deben recetarse con cautela.

Dentro de las medidas preventivas específicas, el individuo puede recibir psicoterapia en caso de que la necesite. Los fármacos se deben usar únicamente bajo prescripción médica y es conveniente llevar a cabo medidas educativas, dirigidas a padres y maestros, así como a los adultos que se relacionen con adolescentes. Los padres deben conocer las necesidades e inquietudes de los hijos y saber responder a ellas, fomentar la comunicación y la comprensión, evitando la violencia. Los maestros deben estar en contacto con los alumnos, tratar de comprenderlos y participar en el desarrollo de su personalidad.

En el ámbito de la comunidad debe haber interés en los niños y jóvenes con problemas y establecer centros donde se les provoque interés por actividades positivas como el deporte, la música y el arte.

El 8 de julio de 1984 se creó el Consejo Nacional contra las Adicciones, coordinado por la Secretaría de Salud que vincula a los Consejos Nacionales contra la Farmacodependencia y Antialcohólico e incorpora el Programa contra el Tabaquismo.

En 1985 se designó al Instituto Mexicano de Psiquiatría como sede para informar sobre alcoholismo y farmacodependencia.

En 1986 se instaló el Comité Interinstitucional para el Estudio y Análisis de la Producción, Regulación y Abuso de Disolventes/Inhalantes con el objeto de informar al público sobre el riesgo del uso inadecuado de estas sustancias y prohibir su venta a menores de edad en continentes abiertos.

El Código Penal para el Distrito Federal en materia del fuero común y para la República Mexicana en materia del fuero común federal considera en sus artículos 193, 194, 195, 196, 197, 198 y 199 las sanciones relacionadas con el cultivo, posesión, elaboración, tráfico y publicidad relacionados con fármacos.

El individuo puede seguir las siguientes reglas de higiene para mejorar su salud, conservarla y evitar la farmacodependencia: recibir educación higiénica, mejorar su estilo de vida, conservar la higiene mental y fomentar la recreación sana. En el ámbito familiar, debe tener relaciones armoniosas y establecerse normas y valores, y a nivel de la comunidad debe haber interés en los niños y jóvenes con problemas y establecer centros en donde se les interese por actividades positivas, como el deporte, la música y el arte.

Alcoholismo

El **alcoholismo** es una enfermedad crónica que se caracteriza por el consumo de alcohol en forma excesiva y sostenida. Produce dependencia física y psíquica, por lo que afecta la salud del individuo tanto en el aspecto físico como en sus relaciones personales, familiares, de trabajo y con el resto de la sociedad.

En 1951 la Organización Mundial de la Salud lo definió como "toda forma de ingestión del alcohol que excede al consumo alimentario tradicional y a los hábitos sociales propios de la comunidad, cualesquiera que sean los factores etiológicos responsables y cualesquiera que sea el origen de esos factores, como la herencia, la constitución física o las influencias fisiológicas y metabólicas adquiridas". En 1952 el Segundo Comité de Expertos de la Organización Mundial de la Salud definió lo siguiente: "los alcohólicos son los bebedores excesivos cuya dependencia del alcohol es suficiente para afectar su salud física y mental, así como sus relaciones con los demás y su comportamiento social y económico, o bien que ya presentan los pródromos de tales manifestaciones".

En 1978 se encontró que entre los principales problemas de salud mental el alcoholismo ocupaba el tercer lugar, después de la deficiencia mental y la psicosis. En 1982 se llegó a la conclusión de que el alcoholismo ocupaba el segundo lugar dentro de los problemas prioritarios de salud mental, después de los trastornos del aprendizaje, emocionales, o ambos, en los niños. Actualmente se calcula que 5.7% de la población mayor de 20 años padece alcoholismo; como hay variaciones de consumo en las diferentes regiones, el porcentaje de bebedores excesivos varía entre 6 y 20% y el grupo más afectado es el de hombres entre 30 y 50 años de edad, que corresponde a la etapa más productiva de la vida.

El consumo de bebidas alcohólicas en nuestro país ha aumentado considerablemente en los últimos años (entre 1965 y 1975 creció 108%); en 1984 el consumo por habitante se calculó en 72 litros de su principio activo por año.

En tres de cada diez acciones delictivas violentas que ocurren en nuestro país el alcohol ha estado presente en la siguiente proporción:

Suicidios	17%
Accidentes de tránsito	36%
Accidentes de trabajo	33%
Violaciones	45%
Síndrome del niño maltratado	15%
Otras acciones violentas	50%

En cuanto al ausentismo en el trabajo, 12% se debe al consumo excesivo de alcohol; esto representa una pérdida de 160 000 horas entre los trabajadores asegurados.

Se ha relacionado también con el descuido de los hijos, la desintegración familiar y pérdida económica debido al ausentismo en el trabajo.

Aproximadamente 4% de los alcohólicos ha necesitado atención médica, ya sea por psicosis alcohólica o por trastornos de la personalidad y de la conducta. Finalmente, la cirrosis hepática, como una de las consecuencias más importantes del consumo excesivo y prolongado del alcohol asociado a desnutrición, ocupó en 2007 el 4o. lugar dentro de las principales causas de mortalidad general, el 1er lugar en personas de 30 a 59 años.

Génesis y evolución

Es un problema que comparten tanto los países ricos como los pobres; se presenta en cualquier clase social aunque parece ser más frecuente en las capas sociales altas y bajas, a partir de la adolescencia y en el sexo masculino; esto se debe quizá a que la mujer todavía se encuentra más reprimida en la sociedad. El ama de casa bebe más que la que trabaja. No es hereditario, aunque se da más frecuente en hijos de padres alcohólicos; también hay factores que lo pueden favorecer, como una personalidad predisponente, inmadurez e inadaptabilidad, con poca tolerancia a la frustración, incapaces de relacionarse adecuadamente con los demás. Algunas ocupaciones también lo propician como sucede con los agentes viajeros y las personas que trabajan con bebidas alcohólicas.

En cuanto al ambiente, se presenta en cualquier clima y en cualquier ubicación geográfica, tanto en zonas rurales como urbanas; algunas personas consideran que la producción de bebidas alcohólicas y la facilidad para adquirirlas lo favorece; sin embargo, se ha observado que hay países como Italia que producen gran cantidad de bebidas alcohólicas y no tienen un índice elevado de alcoholismo. Es más frecuente en las familias desintegradas o donde se siente gran presión social; su consumo puede estar fomentado también por la publicidad que invita a beber y por un medio cultural en el que los festejos no pueden prescindir del alcohol.

Algunas investigaciones han encontrado que hay menor número de alcohólicos en grupos sociales en los que los niños ingieren bebidas alcohólicas desde pequeños, pero siempre en un grupo familiar unido, en poca cantidad y muy diluidas, junto con las comidas, donde las bebidas no prueban que el bebedor sea más viril, donde la abstinencia es socialmente aceptada y la persona que bebe en exceso es rechazada.

El principio activo de las bebidas como la cerveza, el vino, la ginebra, el aguardiente, etcétera, es el alcohol etílico o etanol; cuando se ingiere se absorbe 20% en el estómago y 80% en el intestino, de aquí que a los cinco minutos empiece a circular en el torrente sanguíneo alcanzando su máxima concentración entre los 30 y 120 minutos. Cuando el individuo toma leche o ingiere alimentos ricos en grasa su absorción disminuye. Se elimina del organismo por medio de un proceso de oxidación que se lleva a cabo principalmente en el hígado: el etanol se transforma en acetoaldehído, después en ácido acético y finalmente en agua y CO_2, la mayor parte produce energía (7 calorías por g) y una pequeña parte se elimina a través de los pulmones, la piel y los riñones.

La mayoría de las personas cree que el alcohol es un estimulante, pero en realidad deprime el sistema nervioso central, empezando por las funciones que regulan el comportamiento del individuo. En 1910 Vogt experimentó en él mismo y observó que bajo la influencia del alcohol disminuía su capacidad para memorizar, aprender, reaccionar, coordinar y tomar decisiones. Cuando la cantidad de alcohol en la sangre pasa de 0.5 g/L disminuyen las inhibiciones hacia el mundo exterior, por esta razón algunas personas hablan más y se hacen más sensibles; si continúan bebiendo disminuyen las inhibiciones internas, se liberan de los tabúes que les impone su conciencia y dan rienda suelta a sus deseos y tendencias instintivas; esta liberación produce un estado de euforia, de bienestar, de escape de la realidad y de las restricciones morales.

> Muchas personas creen que el alcohol es un estimulante, sin embargo, deprime al sistema nervioso.

Si sigue bebiendo puede caerse en la intoxicación alcohólica aguda: el individuo se siente ligeramente aturdido, responde con facilidad a sus emociones porque empieza a perder el dominio de sí mismo, se afecta la coordinación motora por lo que sus movimientos se entorpecen y, si aumenta la concentración de alcohol en la sangre, se puede volver indiferente, se sumerge en estado de anestesia, pasa con facilidad de una emoción a otra hasta que llega al sueño, puede perder el juicio y la autocrítica e incluso caer en un estado de coma y tener alteraciones respiratorias y circulatorias que lo pueden llevar a la muerte.

En el sistema digestivo produce irritación de la mucosa del estómago por lo que se ha relacionado con la gastritis y la úlcera péptica, puede producir indigestión porque disminuye la secreción de jugo gástrico, y favorecer la inflamación del páncreas (pancreatitis); cuando se bebe en forma sistemática, disminuye el apetito y la absorción de nutrimentos, llevando al paciente a la desnutrición y la avitaminosis que van a reducir a su vez la resistencia a las enfermedades infecciosas.

En el corazón puede producir daños en el miocardio (miocardiopatía alcohólica).

Cuando el individuo bebe, generalmente no come; esta situación, con el paso del tiempo, daña al hígado produciendo una degeneración grasosa que después se hace fibrosa: cirrosis hepática; el hígado se inflama, degenera y se alteran sus funciones, se puede presentar retención de líquido en la cavidad abdominal (ascitis), se dificulta la circulación en el hígado y esto hace que se formen varices en el esófago, las cuales se pueden romper en cualquier momento, la persona puede morir por la hemorragia o caer en un coma hepático, perder el conocimiento y posteriormente morir.

El alcohol produce daño a las neuronas que son las células nerviosas, en el sistema nervioso periférico, se inflaman los nervios (polineuritis) y se puede manifestar por trastornos al caminar, temblores y alteraciones de la sensibilidad. Las alteraciones del sistema nervioso central son las psicosis alcohólicas. Las psicosis se caracterizan porque el individuo se aísla del medio ambiente, su deterioro mental hace que perciba la realidad en forma distorsionada y que no se dé cuenta que está enfermo. Las psicosis más frecuentes que produce el alcoholismo son las siguientes:

El *delirium tremens*, que aparece cinco o seis días después de una ingestión abundante y prolongada, aunque puede presentarse a las dos o tres horas. Va precedido por un periodo de falta de apetito, agitación, irritabilidad, insomnio alternado con periodos cortos de sueños con pesadillas; después se desconecta por completo de la realidad, aparece temblor en todo el cuerpo, aumenta considerablemente la temperatura de su cuerpo, tiene alucinaciones e ilusiones. En las alucinaciones el individuo percibe imágenes, sonidos, olores o sensaciones que no existen más que en su fantasía; en cambio, en las ilusiones percibe en forma distorsionada objetos o sujetos reales. Por lo general las alucinaciones e ilusiones son de terror o de insulto, se dilatan las pupilas, siente mucha ansiedad, suda muchísimo y puede tener insomnio, este cuadro dura algunos días y quizá conduzca al coma y a la muerte.

En la psicosis polineurítica alcohólica de Korsakoff, el individuo tiene dolor de cabeza, insomnio, alteraciones en su carácter, confusión mental, disminuye su atención, su memoria y pierde la orientación en el tiempo. Debido a que le falta vitamina B padece polineuritis, la cual se manifiesta por dolor en los músculos y alteraciones de la sensibilidad que hacen que tenga dificultad para caminar.

La encefalopatía de Gayet-Wernicke se debe a que le hacen falta tiamina y niacina; se manifiesta por alteraciones digestivas, pérdida de la memoria, irritabilidad, insomnio, apatía, dolor de cabeza, vértigo y después viene un estado de sopor en el que se alternan estados de agitación y delirio; puede evolucionar al coma y a la muerte.

Se ha descrito un síndrome fetal debido a alcoholismo intenso en la madre: los niños tienen deficiencia en el crecimiento, menor tamaño de la cabeza, deficiencia mental, anomalías en la cara, en los pliegues de las manos, defectos en las articulaciones y en el oído.

Clasificación del alcoholismo

Hay muchas clasificaciones del alcoholismo, una de ellas lo divide en:

a) ingestión excesiva de alcohol en forma episódica
b) ingestión excesiva de alcohol en forma habitual
c) adicción al alcohol

Otra clasificación establece:

a) alcoholismo intermitente, cuando la persona puede detenerse al ingerir bebidas alcohólicas y tiene periodos de abstinencia
b) alcoholismo inveterado cuando se bebe en forma cotidiana

El doctor Perrin lo clasifica en:

a) alcoholismo agudo
b) alcoholismo crónico: sin manifestaciones patológicas y con manifestaciones patológicas
c) alcoholomanía

Jellinek divide a los alcohólicos en cuatro grupos:

a) alcoholismo neurótico, que afecta a las personas que tienen conflictos relacionados con ansiedad y frustración

b) alcoholismo no complicado, en el cual el individuo se inicia por gusto, imitación, entretenimiento o para ser aceptado por otros individuos

c) alcoholomanía con pérdida del control, en la que el individuo tiene el deseo constante de ingerir bebidas alcohólicas y no se puede detener cuando ha empezado

d) alcoholismo con incapacidad para abstenerse de beber, en el cual el individuo puede tener síndrome de abstinencia

El doctor Jellinek estudió 2 000 casos de alcoholismo y clasificó las etapas del alcoholismo en las siguientes fases:

I.   Fase pre-alcohólica
II. Fase prodrómica
III. Fase crítica
IV. Fase crónica

I.   En la **fase pre-alcohólica** el individuo puede empezar a ingerir bebidas alcohólicas en forma ocasional para sentirse mejor o cuando tiene algún problema físico, psicológico o social, pero si los problemas son frecuentes pasa al consumo constante con el pretexto de disminuir tensiones; también va aumentando su tolerancia al alcohol; es decir, cada vez necesita mayor cantidad de alcohol para sentirse "bien".

II. La **fase prodrómica**, como su nombre lo indica, precede a la enfermedad; el individuo empieza a tener lagunas mentales o palimpsestos que pueden durar segundos, horas o días. En este lapso el individuo llega a experimentar comportamientos totalmente antisociales sin darse cuenta, parece que se debe a la disminución en la cantidad de sangre que llega a su cerebro. Al darse cuenta de tal situación empieza a beber a escondidas de los demás, se las arregla para tener bebidas alcohólicas a la mano sin que se entere nadie, busca trabajos en donde no haya personas que lo estén observando, se preocupa por el alcohol, piensa en la siguiente reunión social en donde pueda beber y, en ocasiones, toma algo de alcohol antes de ir a la reunión por si acaso no le ofrecen bebidas alcohólicas, bebe con avidez, le vienen sentimientos de culpabilidad porque bebe, en sus conversaciones trata de evitar el tema del alcohol, aumenta la frecuencia de los palimpsestos o lagunas mentales. Esta fase no siempre se pre-

senta porque el individuo puede pasar directamente a la fase crítica.

III. **Fase crítica**. En ella el individuo pierde el control de sí mismo, empieza a beber y siente la necesidad de beber más y más, trata de justificar los motivos que lo inducen a hacerlo, se da cuenta que su conducta ha cambiado, se vuelve agresivo, su familia y las personas que lo rodean le hacen ver su problema, pero él trata de justificarlo, se siente capaz de todo. Recapacita un poco y deja por el momento la bebida, pero se siente mal y regresa tratando de cambiar sus hábitos, empieza a experimentar con otros licores, sus amigos lo abandonan, puede perder su empleo porque ya no cumple con sus actividades; esto hace que se sienta mal y se refugia totalmente en la bebida, ya no puede vivir sin ella. Si le interesaban las actividades deportivas, culturales o recreativas, las abandona porque siente que le quitan tiempo que puede dedicar al alcohol, empieza a aislarse de las personas que lo rodean y tiene conmiseración de sí mismo; es decir, siente lástima de él, ha sufrido frustraciones, humillaciones, se siente acosado y trata de buscar otro sitio dónde vivir, donde no lo conozcan, pero no lo hace.

La familia se empieza a avergonzar, el alcohólico se aísla o trata de tener vida social para salir del ambiente hogareño.

Después, el individuo experimenta resentimiento, se siente derrotado, lleno de odio y rencor. Se empieza a destruir moralmente, pero no por eso descuida su abastecimiento de alcohol, lo esconde para tener siempre alguna cantidad disponible, se olvida de tomar alimentos y esto puede hacer que los familiares acudan al médico; su impulso sexual disminuye provocando sentimientos de celos en su pareja, aumenta su ansiedad y empieza a beber desde que se despierta.

IV. En la **fase crónica** necesita cada vez mayor cantidad de alcohol, ya no trabaja, se deteriora física, mental y socialmente, su moral se ha derrumbado, se niega a sí mismo, puede vivir de la fantasía porque cree que todo está perdido y caer en alguna psicosis alcohólica.

Luego bebe con personas que socialmente son inferiores a él con el objeto de tratar de sentirse superior a ellos; estas compañías lo inducen a beber productos industriales como el alcohol metílico que es tóxico, disminuye su tolerancia al alcohol, puede tener fobias; es decir, temor irracional frente a determinada situación o determinado objeto, temblores, su sistema nervioso continúa deteriorándose, se vuelve obsesivo hacia la bebida, puede buscar algún refugio en la religión pero, como no lo encuentra, sigue bebiendo hasta que se le hospitaliza definitivamente.

Medidas preventivas generales

El individuo debe recibir educación higiénica, tener una nutrición adecuada y acudir al consejo genético en el caso de haber antecedentes de trastornos de la personalidad, así como eliminar estados patológicos.

En cuanto al agente, se debe limitar el número de lugares que venden bebidas alcohólicas, evitar que éstos se encuentren cerca de las escuelas, establecer impuestos elevados a las bebidas alcohólicas y fomentar la utilización de bebidas no alcohólicas.

Se debe sanear el ambiente, tratar de mejorar las condiciones de la vivienda, proporcionar facilidades para la recreación y hacer propaganda antialcohólica.

Medidas preventivas específicas

El individuo debe tener una dieta balanceada, modificar de manera favorable sus hábitos y cuidar el desarrollo de su personalidad, tratar de buscar un ambiente más agradable. Los padres y los hijos deben aumentar su comunicación y apoyarse; los adultos evitar beber delante de los niños, tratar de mejorar las relaciones interpersonales en el trabajo e identificar al alcoholismo como una enfermedad que tiene consecuencias físicas, mentales y sociales.

Las medidas higiénicas a nivel del individuo, la familia y la comunidad para mejorar la salud, mantenerla y prevenir el alcoholismo son similares; la comunidad debe fomentar el establecimiento de centros recreativos.

Respecto del tratamiento del alcohólico, éste debe aceptar el hecho de que está enfermo y desear realmente vencer su hábito. Hay dos fases:

La primera es la de desintoxicación, generalmente se lleva a cabo en clínicas y hospitales porque el individuo se encuentra en mal estado general; en esta fase se trata de regresarlo a la normalidad administrándole todas las sustancias que le hagan falta.

Existe un medicamento, el disulfiram (Antabuse), el cual genera en el individuo reacciones desfavorables cuando ingiere alcohol, pero puede producir una disminución de la presión arterial que resultaría peligrosa.

Una vez desintoxicado, el individuo se debe motivar y rehabilitar, los objetivos de esta fase son los siguientes:

- crear una conciencia de enfermedad en el individuo
- informar al paciente y a la familia sobre las características y consecuencias de la enfermedad

- superar los mecanismos de defensa del individuo que impiden que acepte el alcoholismo como enfermedad
- hacerlo responsable de su tratamiento
- proporcionarle apoyo

Estos objetivos se pueden lograr por medio de psicoterapia o pláticas de orientación.

Existe una sociedad altruista de Alcohólicos Anónimos que tiene el propósito de ayudar a los alcohólicos a su recuperación y recibe a cualquier persona. Muchos de los que trabajan en esa asociación son alcohólicos rehabilitados quienes han descubierto que al ayudar a otros alcohólicos se ayudan a ellos mismos en el mantenimiento de su sobriedad. Por otra parte, un alcohólico rehabilitado tiene mayor influencia sobre un bebedor que cree que nadie lo comprende y que no tiene la suficiente confianza en sí mismo. Los pacientes trabajan en grupos compartiendo sus experiencias y tratando de buscar por sí solos la solución a su problema y de reconocer que los motivos por los cuales se hicieron alcohólicos no eran suficientes, sino solamente pretextos.

Sus resultados son notables.

Tabaquismo

El **tabaquismo** es el hábito de fumar tabaco en cigarros, puros o pipas. Este hábito, generalmente adquirido en la adolescencia, ha aumentado considerablemente en la población produciendo daño a la salud. Hace algunos años era más frecuente en el sexo masculino porque la sociedad no veía bien a la mujer que fumaba, pero en la actualidad es cada vez más común en el sexo femenino. Es frecuente en personas que desarrollan trabajo intelectual y no es hereditario, aunque se ha observado que un niño o adolescente tiene más probabilidades de fumar si sus padres, hermanos mayores o maestros lo hacen. Entre las causas por las cuales se inicia este hábito están: ciertas personas lo hacen por transgredir una prohibición, otras por curiosidad o por aceptación social; se cree que el individuo fuma porque encuentra en el tabaco un satisfactor oral, cuando sufre tensión emocional acude con mayor frecuencia al tabaco.

El agente causal es el tabaco, éste se obtiene de una planta que pertenece a la familia de las solanáceas y al género Nicotiniana. El principio activo es la **nicotina**, sustancia tóxica, cuya concentración varía en las diferentes regiones y aun en la misma planta; es más abundante en las partes altas. Hay más absorción de la nicotina en el organismo cuanto más corto y grueso sea el cigarro y depende también de la forma de fumar; por ejemplo, el puro y la pipa, a pesar de que contienen más nicotina, no se inhalan profundamente como sucede con el cigarro que se pone en contacto con todo el árbol respiratorio; mientras más rápido se fume la absorción también será mayor y si se fuma el cigarro hasta el final también se va a inhalar mayor cantidad de nicotina.

El humo del cigarro contiene muchos elementos perjudiciales, como cianuro de hidrógeno, bióxido de carbono, monóxido de carbono, amoniaco, benzopireno, huellas de plomo o arsénico debido al uso de insecticidas, etcétera.

Por lo regular durante la primera ocasión que se fuma se presentan síntomas desagradables como náuseas, mareo y dolor de cabeza, pero el organismo se acostumbra rápidamente a la nicotina. Más adelante se pueden presentar efectos diversos: en algunas personas aumentan los movimientos peristálticos del intestino; en cambio, en otras puede producir indigestión o estreñimiento, pero en todas provoca espasmos o contracciones de las arteriolas, disminuye la temperatura de las extremidades, aumenta la frecuencia cardiaca, la presión arterial, e irrita el sistema respiratorio. Entre los fumadores son más frecuentes el cáncer pulmonar, el enfisema pulmonar, la bronquitis crónica, el infarto del miocardio, la gastritis, la úlcera péptica, el cáncer de laringe y de mama, la otitis media y las enfermedades de los vasos sanguíneos del cerebro como trombosis y la embolia cerebral; aumenta el colesterol en la sangre con todas sus consecuencias. En los dientes aparecen manchas, y son más frecuentes las enfermedades periodontales. En personas mayores aumenta la frecuencia de osteoporosis. Los hijos de madres fumadoras pueden nacer con menor peso e incluso se ha relacionado en algunos casos el tabaquismo de la madre con el aborto. Cuando ambos padres fuman se observa con más frecuencia el síndrome de muerte súbita y asma entre sus hijos.

Los fumadores de puro y de pipa tienen menos problemas pulmonares, pero en ellos se presenta más el cáncer de labio y de lengua.

Entre los factores ambientales se ha observado mayor frecuencia en climas fríos, en los extremos sociales y en las zonas urbanas.

> Entre los fumadores son más frecuentes el enfisema pulmonar, el asma, el infarto del miocardio y el cáncer.

Medidas preventivas generales

El individuo debe recibir educación para la salud, tener higiene mental y someterse a un examen periódico de salud, tratar de no fumar o de moderar su consumo. Los fabricantes de cigarros, puros y de tabaco para pipas deben tratar de disminuir los constituyentes nocivos; hay que informar a la comunidad respecto del peligro del tabaco y destinar lugares exclusivos para fumar con el objeto de evitar que las personas que no fuman inhalen el humo de tabaco de los fumadores, convirtiéndose así en fumadores pasivos.

Medidas preventivas específicas

Los padres y maestros deben evitar fumar, y advertir a los fumadores el peligro que corren, prohibir la venta de cigarros a menores de edad y evitar fumar en lugares cerrados.

El individuo que desea conservar la salud, mejorarla y evitar el tabaquismo y sus consecuencias debe prescindir del tabaco, no fumar en el grupo familiar o en reuniones y hacer propaganda en los centros de reunión respecto de los efectos nocivos del tabaquismo.

Si a pesar de lo anterior la persona insiste en fumar, debe tratar de no inhalar profundamente (no dar el golpe), no fumar hasta el final porque en ese sitio se concentra la nicotina, no volver a encender las colillas porque éstas tienen más nicotina, usar filtros o boquillas y buscar marcas con poco alquitrán y poca nicotina. Debe evitar las reuniones sociales que estimulan el fumar, y tratar de reemplazarlas con otra actividad en la que no se permita fumar, mantener las manos ocupadas y hacer uso de toda su fuerza de voluntad.

Existen clínicas de tabaquismo en instituciones oficiales y descentralizadas que brindan apoyo médico y psicológico a las personas que desean dejar de fumar.

Violencias

E. Fromm, en su obra *Anatomía de la destructividad humana* (1975), dice: "el hombre difiere del animal por el hecho de ser el único primate que mata y tortura a miembros de su propia especie sin razón alguna, biológica ni económica, y siente satisfacción al hacerlo. Es esta agresión maligna, biológicamente no adaptativa y no programada filogenéticamente, la que constituye el verdadero problema y el peligro para la existencia del hombre como especie".

La violencia ha existido siempre: se ha usado para tratar de dominar, conservar o modificar los instrumentos del poder; los oprimidos la emplean en nombre de la justicia, los privilegiados en nombre del orden y las clases medias en nombre del miedo.

Cuando se habla de violencia se piensa en homicidios, robos, violaciones, ataques, etcétera, pero en 1975, durante el quinto Congreso de las Naciones Unidas sobre prevención del delito y tratamiento del delincuente se indicó que en los últimos años la violencia ha suscitado gran preocupación e incluso un creciente sentimiento de inseguridad y de ansiedad, llegándose a las siguientes observaciones: en un sentido más amplio se pueden incluir las guerras, los castigos corporales, determinados aspectos de la práctica penal, la policía, la disciplina de algunas escuelas, la pobreza, la privación, la explotación económica, así como la discriminación contra distintos grupos étnicos y las barreras que se oponen al acceso a determinada posición social.

Está relacionada con la frustración que experimenta el individuo cuando la sociedad contraría las expectativas de acceso a bienes y niveles de vida a las que cree tener derecho, que no sólo se refiere a lo material, sino también a condiciones como la seguridad, la posición social, la libertad para decidir en los actos propios y las relaciones personales satisfactorias con otros. Los individuos a quienes se les cierran persistentemente las posibilidades de progresar y tener éxito racionalizan sus reacciones violentas y su agresividad mediante una percepción personal de la justicia social, lo que produce subculturas violentas.

El abuso del alcohol generalmente va unido a la violencia.

En cuanto a los medios de comunicación masiva, se consideraron un factor condicionante; es decir, la violencia no determina por sí misma un comportamiento más agresivo, aunque puede influir en los individuos predispuestos o susceptibles por su carácter o su condición socioeconómica.

Otros autores consideran que la violencia es adquirida e incluso puede constituir una subcultura; por ejemplo, en el caso del machismo y la "vendetta". La identificación del niño con su padre y sus valores es importante en el aprendizaje de la conducta agresiva y en algunas culturas el machismo se considera una conducta adecuada e incluso ideal, respaldada por los hábitos populares y la moralidad convencional.

Se ha observado que la violencia aumenta cuando hay un descenso socioeconómico después de un progreso continuado, cuando hay algún cambio social rápido y aglomeración excesiva, y es frecuente en la clase socioeconómica baja.

Las muertes por mecanismos violentos son una manifestación de patología social y constituyen un grave problema de Salud Pública puesto que tienen un elevado costo social por la pérdida de individuos en edad productiva. En 2001, en México entre sus causas están los accidentes (35 472), los homicidios (10 285) y los suicidios (3811).

En ese año, los accidentes ocuparon el cuarto lugar como causa de mortalidad general en la República Mexicana, el cuarto lugar en niños menores de un año, el primero en personas de uno a 44 años y el quinto en las de 45 a 64 años.

Pueden ocurrir en cualquier parte: el hogar, la vía pública, el trabajo, sitios de reunión, etcétera (véase "Higiene de la vivienda, la vía pública, del trabajo y de los sitios de reunión").

Los homicidios y las lesiones infligidas intencionalmente por otra persona ocuparon en 2001 el décimo lugar como causa de mortalidad general; por grupos de edad correspondieron al noveno lugar en niños de edad preescolar, al cuarto en niños de edad escolar, al segundo lugar en personas de 15 a 34 años y al tercero en los individuos de 35 a 44 años; sin embargo, en 2002 solamente se sentenció a 68 personas por homicidio en los juzgados de fuero federal, 26 649 por lesiones y 6047 por homicidio en los juzgados del fuero común.

Las víctimas de los homicidios son más frecuentes entre los 15 y 64 años, y en su mayor parte pertenecen al sexo masculino.

Entre los individuos acusados con más frecuencia por lesiones y homicidio se ha encontrado que pertenecen al sexo masculino, tienen entre 20 y 30 años, trabajan en la agricultura, la ganadería, la pesca o como obreros; muchos de ellos provienen de familias en que abunda el incesto, la violencia, el hambre, el alcoholismo; familias en que los padres obligan a los hijos a mendigar, a cometer delitos o a prostituirse. Muchos de ellos son egocéntricos, con problemas en la búsqueda de identidad, incapaces de controlar sus emociones y de establecer contacto social satisfactorio, tienen pocas oportunidades para responder a las exigencias de la vida, consideran que al matar tratan de reafirmar su fuerza y su superioridad.

A diferencia de los accidentes, que son más frecuentes en el Distrito Federal, hay más homicidios en el Estado de México, Oaxaca y Michoacán.

Con relación al suicidio, en 1980 más de 500 000 personas lo llevaron a cabo en el mundo (OMS). Los países más afectados fueron Hungría (tasa de 44.9 por 100 000 habitantes), Dinamarca, Austria, Suiza, Finlandia, Alemania Federal, Suecia y Japón.

En México es poco frecuente (3811 casos en 2001). Los grupos de edad en los que se presenta con más frecuencia son de los 15 a los 24 años (cuarta causa de mortalidad) y de los 25 a 34 años (sexta causa de mortalidad).

Resulta de problemas emocionales, de estudio, de trabajo, de dominio de los padres, amorosos, económicos, enfermedad prolongada, falta de contactos sociales y de diversión. El adolescente consuma aproximadamente un suicidio por cada 20 intentos, en cambio el anciano consuma uno por cada ocho intentos. Es más frecuente en el sexo masculino, a pesar de que el sexo femenino lo intenta con mayor frecuencia.

En los casos de suicidio el método más utilizado es la estrangulación, después el arma de fuego y el envenenamiento, mientras que el intento de suicidio con arma blanca es más común en el sexo masculino, el envenenamiento es utilizado en la mujer. La época de mayor prevalencia son los meses de mayo y junio y el lugar más frecuente la habitación. De 1971 a 1980 la tasa de suicidios disminuyó de 1.9 a 1.5 pero en 2001 aumentó a 1.84 por 100 000 habitantes. Se observó con más frecuencia en Veracruz, Tabasco y el Estado de México.

Entre las manifestaciones de suicidio inminente se pueden encontrar:

* mención de intento de suicidio
* preocupación de que otras personas se suiciden
* relación con alguna persona que se haya suicidado
* cambios bruscos en el apetito (excesivo o inapetencia)
* trastornos del sueño: insomnio, sueño inquieto y excesivo
* pérdida aparente de la energía, que se manifiesta por fatiga y desgano
* disminución de la capacidad para reflexionar o atender
* retraimiento súbito
* abuso del alcohol o medicamentos

El doctor H. Cabildo realizó un estudio comparativo entre las muertes violentas ocurridas en el Distrito Federal y las ocurridas en la República Mexicana y encontró lo siguiente:

	República Mexicana	Distrito Federal
Hechos de tránsito	18%	42%
Accidentes	41	33
Suicidios	2.5	5
Homicidios	26	18
Causas no determinadas	12.5	2

Martha Híjar y colaboradores realizaron una investigación respecto de la mortalidad por accidentes, violencias y envenenamientos en el Distrito Federal de 1970 a 1982 y encontraron que de 53 187, 30.2% fue por accidentes de tránsito debidos a vehículos de motor.

Por grupos de edad, los porcentajes más elevados correspondieron:

* En los menores de un año a sumersión, sofocación y cuerpos extraños (37%), se ignora en 20%; por acci-

dentes de tránsito (9%) y accidentes por fuego (8%).
* De uno a cuatro años predominaron las lesiones, se ignora si fueron accidentales o intencionales (28%), los accidentes de tránsito (28%) y los accidentes por fuego (13%).
* De los cinco a los nueve años predominaron los accidentes de tránsito (45%) seguidos por aquellos en los que se ignora si fueron accidentales o intencionales (27%) y las caídas accidentales (6%).
* De los 10 a los 14 años en primer lugar se encuentran los accidentes de tránsito (40%), se ignora si fueron accidentales o intencionales en 29% y la sumersión, la sofocación y los cuerpos extraños causaron 8%.
* De los 15 a los 64 años predominaron los accidentes de tránsito (de 27 a 33%) y se ignora de 27 a 32% si fueron accidentales o intencionales.
* A los 65 años predominaron las caídas accidentales (8 a 16%). Después de los 84 años las caídas accidentales (29%), los accidentes de tránsito en 24%, se ignoran las causas en 27%.

El Código Penal para el Distrito Federal en materia del fuero común y la República Mexicana en materia del fuero común federal, en sus artículos 302 a 328 menciona las sanciones que se aplican en casos de lesiones mortales. Ante el aumento de violencias, la comunidad ha estado exigiendo mayor seguridad, mejor ejercicio de la justicia y un castigo más drástico a los delincuentes.

Las medidas preventivas son básicamente la elevación del nivel de vida y la higiene mental. Si muchos delincuentes tienen el antecedente de haber sido niños maltratados es necesario revisar la higiene de la familia. Hay que recordar que si el alcohol o algún fármaco han estado presentes en tres da cada diez acciones delictivas, se deben revisar también las medidas preventivas para el alcoholismo y la farmacodependencia.

Violencia intrafamiliar

Aunque muchos casos no se denuncian, en 2002 la Dirección General de Epidemiología de la Secretaría de Salud reportó 9 644 casos de víctimas de violencia intrafamiliar:

Edad	Núm. de casos
menores de 1 año	110
1 a 4	444
5 a 9	570
10 a 14	663

15 a 19	996
20 a 24	1490
25 a 44	3839
45 a 49	640
50 a 59	400
60 a 64	144
65 y más	274
no especificada	74

Tomado en consideración el número de habitantes por entidad federativa, por cada 100 000 habitantes las tasas más elevadas se registraron en Quintana Roo (116.32), Nayarit (51.96), Zacatecas (48.17) y Jalisco (46.31).

En 1999 se realizó la Encuesta sobre Violencia Intrafamiliar (ENFIV) y se encontró que de los 4.3 millones de hogares del área metropolitana de la ciudad de México, uno de cada tres sufre alguna forma de violencia intrafamiliar.

Según esta encuesta, los miembros más agresivos son el jefe de la familia (49.5%) y la cónyuge (44.1%) mientras que las víctimas más frecuentes fueron los hijos e hijas (44.9%) y la cónyuge (38.9%).

En los hogares donde la mujer es la jefa de familia, la violencia fue de 22%.

Esto significa que los hijos que viven en esos hogares, principalmente las niñas, serán víctimas y después "heredarán" estos comportamientos que dañan la salud a corto y largo plazos.

La violencia puede ser física, pero también a través de la falta de atención o abandono; o haber agresión verbal, se hostiliza, ridiculiza o culpa.

Para prevenir la violencia intrafamiliar hay que revisar los aspectos contemplados en los capítulos de "Higiene mental" y de "Higiene familiar".

Hay que evitar	Para no producir
ridiculizar	timidez
avergonzar	culpa
hostilizar	condena
Se debe propiciar	**Para favorecer**
tolerancia	paciencia
estímulo	seguridad
reconocimiento	aprecio
seguridad	confianza

Violación

La **violación** se refiere al uso de la violencia física o moral para que la persona tenga relaciones sexuales con alguna víctima no dispuesta.

A pesar de que es un acto que tiene repercusiones más serias y duraderas que cualquier otro acto delictivo y criminal, en la mayoría de las ocasiones no se denuncia, debido a que generalmente no hay testigos; si se trata de algún miembro de la familia, la víctima tiene temor de que no le crean, de sufrir humillación por parte de la misma familia o de desintegrarla, de represalias por parte del agresor o a la actitud en muchas ocasiones infrahumana del personal que tiene que interrogar y certificar las señales de lucha. Por lo general no se castiga al violador.

Estos actos de agresión y degradación han existido desde la antigüedad, han sido frecuentes durante las guerras como expresión de desprecio y victoria, en las prisiones donde el violador trata de reafirmar su poder, dentro de los hogares cuando es algún familiar o amigo, y en lugares desolados y oscuros. Son más frecuentes los fines de semana, en las últimas horas de la tarde y en la madrugada.

La víctima generalmente es del sexo femenino, pero también puede ser del sexo masculino y de cualquier edad: niño, adolescente, adulto o anciano. Si es menor de edad el delito se llama estupro.

El violador puede actuar solo o en grupo, generalmente es del sexo masculino, aunque también existen del sexo femenino, puede ser conocido con anterioridad por la víctima cuando se trata de algún familiar o amigo, novio, compañero de trabajo, vecino, etcétera; en estos casos, la violencia predominante es de tipo moral. Cuando se trata de un desconocido suele utilizar violencia física, moral o ambas. El objetivo del violador, más que el acto sexual, es manifestar su ansia de violencia o de poder, que puede planear; por ejemplo, cuando se va ganando la confianza de la víctima y espera el momento adecuado para llevar a cabo el plan (cuando están solos); otros no planean, simple y sencillamente lo llevan a cabo cuando están bajo el efecto del alcohol o de algún fármaco.

La mayoría de los violadores provienen de hogares con problemas, tienen sentimientos de poca autoestima, son incapaces de adaptarse a las exigencias de la sociedad, tienen miedo a establecer relaciones personales, son hostiles y creen que utilizando actos de violencia van a demostrar su virilidad y su poder.

Cuando la violación se lleva a cabo sorprendiendo a la víctima, ésta puede reaccionar de diferentes maneras: paralizándose, no puede gritar ni resistirse o no lo hace porque teme que el menor movimiento ponga en peligro su vida; o por el contrario, trata de defenderse y esto excita más al agresor que aumenta su brutalidad.

Después, la víctima queda con sensación de suciedad, degradación y de culpabilidad, puede tener la impresión de que la gente al verla sabe lo que le sucedió; hay mujeres que no sólo sienten ira hacia el agresor sino hacia todos los hombres; otras pueden tener amnesia total; algunas, al principio, están aparentemente tranquilas pero luego presentan los problemas mencionados, que pueden perdurar toda su vida.

Si la víctima es un menor, puede destruirse su amor propio y, más adelante, rechazar la madurez sexual; si es del sexo femenino, puede buscar la manera de ocultar su femineidad y tener un aspecto físico poco agradable; por ejemplo, con sobrepeso o delgadez excesivos, falta de arreglo personal y miedo para establecer relaciones sexuales. Hay niños que modifican su conducta: se orinan en la cama cuando ya no lo hacían, quieren dormir con luz, se niegan a ir a la casa de alguien, muestran desconfianza o evitan el contacto físico, pueden estar deprimidos, con llanto o ira aparentemente injustificada, tener insomnio o sueño excesivo y retraso escolar.

El adolescente o adulto se puede aislar y retraer, o evitar estar solo.

Cuando el violador es algún familiar, la familia se puede desintegrar.

Cuando una persona ha sido violada necesita apoyo en todos los niveles.

La familia debe brindar apoyo aunque hay ocasiones en que también necesita ayuda. La pareja sexual debe tener confianza, paciencia y cariño hacia la víctima, dar facilidad para que hable de lo sucedido; si se trata de un menor, los padres y los profesores deben estar pendientes ante cualquier cambio de conducta; si el niño no quiere hablar con los adultos, puede hacerlo con algún juguete o su mascota o en lugar de expresarlo con palabras, puede hacerlo con dibujos. Si el violador es el padre, la niña necesita sentir que su madre está de su lado, el padre se debe ir de la casa pero no la niña, de lo contrario, ella lo sentirá como castigo. No se debe sobreproteger a la víctima.

El Código Penal para el Distrito Federal en materia del fuero común y para la República Mexicana en materia del fuero común federal reglamenta en sus artículos 262 a 266 bis las sanciones al delito de violación.

Se han formado Centros de Ayuda a Mujeres Violadas, donde se les proporciona información sobre lo que deben hacer; por ejemplo, si van a hacer una denuncia, llevarla a cabo inmediatamente, sin cambiarse de ropa ni lavarse, sin tomar alguna copa o medicamento, con el objeto de evitar eliminar posibles pruebas periciales que puedan servir para condenar al violador; al acudir, llevar compañía y, si se trata de un menor de edad, ir con el padre o tutor. El médico tratará de buscar pruebas de agresión física y presencia de esperma o semen, sangre o saliva. Durante el interrogatorio la víctima debe estar acompañada. Estos centros también proporcionan información sobre las posibles consecuencias, como el embarazo, las infecciones de transmisión sexual y otras lesiones físicas o psicológicas.

La víctima debe acudir al médico para prevenir las infecciones de transmisión sexual y evitar el embarazo. En caso de que éste se presentara, si hubo denuncia, la víctima tiene la posibilidad de decidir si desea abortar (lo más pronto posible). Si no hubo denuncia, la víctima debe optar por tener al producto o darlo en adopción. Si es necesario, también deberá buscar ayuda psicológica.

El primer Centro de Ayuda a Mujeres Violadas se creó en el Reino Unido en 1976; estos centros se han multiplicado y no sólo ayudan a personas que han sido violadas, sino también a víctimas de cualquier tipo de agresión sexual.

Muchas víctimas no se atreven a hacer la denuncia, por lo que la sociedad debería proporcionar más apoyo y castigar realmente a los violadores. Mientras esto se pueda llevar a cabo, es importante considerar algunas medidas preventivas:

- Evitar caminar solo en calles desiertas, callejones o cerca de alguna construcción abandonada. Llevar consigo un silbato y usarlo para llamar la atención en caso necesario o algo a la mano que ayude a defenderse. Si no se sabe usar armas, es preferible no llevarlas consigo.
- Caminar por la parte media de la acera.
- Caminar en sentido contrario al tráfico. Si se da cuenta que alguien lo sigue, dar la vuelta y correr en dirección contraria al tránsito, también se puede cruzar la calle y entrar en la primera tienda, restaurante, etcétera, pedir ayuda por teléfono a algún conocido para que lo recoja.
- Caminar con decisión y seguridad.
- Usar zapato cómodo o que se pueda quitar con facilidad para correr.
- Evitar pasos de peatones subterráneos. Evitar el uso de mascadas o pañuelos en el cuello cuando se camina por lugares solos. Utilizar taxis de sitio reconocido.
- Conducir con las ventanas bien cerradas y aseguradas.
- Asegurarse de dejar bien cerrado el automóvil cuando se va a estacionar.
- Cerrar bien el garaje.

- Antes de subirse al automóvil, cerciorarse de que no hay alguien adentro.
- Llevar las llaves del automóvil en la mano para evitar buscarlas en la calle.
- Evitar estacionarse en lugares solos u oscuros.
- Evitar subirse a automóviles de personas desconocidas.
- Evitar entrar sola en un ascensor donde esté un hombre solo.
- No entrar solo en un baño público donde no exista vigilancia.
- Evitar buscar las llaves de la casa antes de entrar.
- No poner el nombre en la puerta de la casa, si se trata de una mujer que vive sola.
- Poner cerraduras en puertas y ventanas.
- Mejorar la aptitud física por si es necesario defenderse o correr.
- Si hay una arma de por medio, es preferible someterse.
- Si le siguen en automóvil, no ir a la casa, sino a alguna zona concurrida o a la casa de algún familiar o conocido.
- Si la persona vive sola, evitar que lo sepan extraños; por ejemplo, cuando llaman por teléfono o van a hacer reparaciones.
- No dejar entrar a extraños a la casa.
- Tener un perro vigilante.
- Poner cadena de seguridad y mirilla en la puerta.
- Si le roban la bolsa con llaves, cambiar las cerraduras.
- Cambiar cerraduras al mudarse.
- Cerrar cortinas y persianas cuando oscurezca.
- No dejar cuchillos o tijeras a la vista por si entra un extraño.
- Si al volver a casa hay puertas o ventanas forzadas, o algo sospechoso, evitar entrar sola, hay que llamar primero a la policía o a algunos vecinos.
- Si hay un intruso o se sospecha, salir inmediatamente de la casa.

En el ámbito de la familia:

- Enseñarle al niño a diferenciar entre lo que son secretos buenos (fiesta sorpresa) y malos (robo). Darles confianza para que expresen sus sentimientos o manifiesten si alguien les acaricia de alguna manera que a ellos no les guste.
- Si el niño evita a alguna persona, tratar de que exprese el porqué.
- Enseñarles a que no entren en casas donde no se conoce bien a los ocupantes.

En el ámbito de la comunidad:

- Iluminar los pasajes subterráneos.
- Iluminar los pasos de peatones y puentes.
- Iluminar las paradas de autobuses.
- Aumentar el personal de vigilancia.
- Poner circuitos cerrados de televisión en lugares donde no sea posible tener vigilancia.
- Los vecinos deben ayudarse entre sí cuando se observe alguna conducta sospechosa.

Síndrome del niño maltratado

El **síndrome del niño maltratado** se define como el conjunto de lesiones orgánicas, psíquicas, o ambas, que se presentan en un menor de edad como consecuencia de la agresión, por acción directa, no accidental, de un mayor de edad en uso y abuso de su condición de superioridad física, psíquica y social.

A partir de la década de los setenta ha habido mayor registro de maltrato al menor, aunque muchos casos no se registran como tales, sino como "accidentes" según los datos obtenidos por medio de los padres o tutores. Como causa de mortalidad, en 1983 se registraron sólo seis casos, tres del sexo masculino y tres del sexo femenino, menores de un año; sin embargo, se ha observado que hay muchos menores con antecedentes de hospitalizaciones repetidas durante las cuales los padres casi no los visitan y se puede observar una relación deficiente con los mismos. Más de 50% de los niños maltratados son menores de cuatro años. Entre los menores de un año es frecuente encontrar prematurez, bajo peso, malformaciones congénitas, retraso mental, gran inquietud, problemas del lenguaje y del aprendizaje. Cada niño maltratado indica por lo menos un adulto enfermo.

Hay varias categorías de maltrato:

- El abuso físico o síndrome del niño maltratado definido por Kempe como el uso de la fuerza física en forma intencional, no accidental, dirigido a herir, lesionar o destruir a un niño, ejercido por parte de sus padres o de otras personas responsables del menor.
- El abuso sexual (estupro, manipulación y explotación sexual) que puede ocurrir en la calle, el hogar o instituciones dedicadas a la educación de menores. El menor violado vive en constante angustia y generalmente se asume culpable de la agresión.
- Negligencia material; es decir, cuando los padres o tutores descuidan la alimentación, no les brindan los cuidados mínimos necesarios, pudiendo llevar al niño a la desnutrición, a sufrir accidentes u otras enfermedades. En caso de que el niño esté enfermo, no siguen las indicaciones médicas.

- Abandono físico; por ejemplo, cuando los dejan en la vía pública.
- Maltrato emocional. En este aspecto los adultos pueden rechazarlo en forma abierta u oculta; puede ir desde la amenaza de abandono que le causa angustia, pues en esta etapa de la vida depende de sus padres o tutores para la satisfacción de sus necesidades que le garanticen su subsistencia.

En general, los agresores provienen de familias que maltratan a los menores (ellos mismos fueron niños maltratados), con baja tolerancia hacia los demás, falta de confianza, incapacidad para recibir y dar amor, con desempleo, ruptura matrimonial si existió, pérdida de figuras significativas (padres, esposo, amante u otros hijos). En gran número de casos se trata de un hijo no deseado.

Consecuencias del maltrato al menor:

- la muerte, la fuga del hogar o de la institución que lo tiene en custodia
- lesiones orgánicas perdurables
- alteración en el crecimiento y desarrollo físico y psicológico
- desorganización de la conducta
- sumisión ante el autoritarismo
- incapacidad afectiva
- inseguridad y desconfianza
- autovaloración negativa y baja tolerancia hacia los demás
- conductas regresivas; es decir, ejercitar conductas de una edad menor de la que tiene; por ejemplo, chuparse el dedo u orinarse en la cama cuando ya no lo hacía
- agresividad e incluso delincuencia

El Código Penal para el Distrito Federal en materia del fuero común y para la República Mexicana en materia del fuero común federal en su artículo 335 se refiere al abandono físico: "al que abandone a un niño incapaz de cuidarse por sí mismo o a una persona enferma, teniendo obligación de cuidarlos, se le aplicarán de un mes a cuatro años de prisión; si no resultara daño alguno, privándose, además, de la patria potestad o de la tutela, si el delincuente fuere ascendiente o tutor del ofendido".

Respecto de las otras categorías del maltrato, en muchas ocasiones pasan inadvertidas a la sociedad, por lo que es conveniente tomar en cuenta las siguientes medidas preventivas:

- Sensibilizar a la sociedad para que sea capaz de identificar y remitir a los niños maltratados a las instituciones adecuadas donde se valore si pueden ser reintegrados a su familia, a un hogar sustituto o a una institución de protección que propicie su reintegración a la sociedad.
- Organizar cursos para los profesores, con el objeto de que proporcionen trato adecuado a los alumnos, de sensibilizarlos sobre las consecuencias que tiene el maltrato físico y emocional, así como capacitarlos para que puedan detectar casos de maltrato y eviten conductas agresivas hacia los alumnos.
- Promover cursos para matrimonios en los que se les enseñe acerca de la importancia de las relaciones familiares adecuadas, el cuidado de los niños, las técnicas educativas y de estimulación temprana que favorezcan el desarrollo de los niños.
- Educar a los niños y adolescentes para ser padres.
- Promover grupos de ayuda en el ámbito de la comunidad.
- Instalar centros de cuidado al menor, tanto educativos como recreativos.

Declaración de los derechos del niño

El 20 de noviembre de 1959 la Asamblea General de las Naciones Unidas aprobó la Declaración de los derechos del niño; sin embargo, hasta la fecha tales derechos son menospreciados o violados por muchas personas:

1. El niño disfrutará de todos los derechos enunciados en esta Declaración. Estos derechos serán reconocidos a todos los niños sin excepción alguna ni distinción o discriminación por motivos de raza, color, sexo, idioma, religión, opiniones políticas o de otra índole, origen nacional o social, posición económica, nacimiento u otra condición, ya sea del propio niño o de su familia.
2. El niño gozará de una protección especial y dispondrá de oportunidades y servicios, dispensando todo ello por la ley y por otros medios, para que pueda desarrollarse física, mental, moral, espiritual y socialmente en forma saludable y normal, así como en condiciones de libertad y dignidad. Al promulgar leyes con este fin, la consideración fundamental a que se atenderá será el interés superior del niño.
3. El niño tiene derecho desde su nacimiento a un nombre y una nacionalidad.
4. El niño debe gozar de los beneficios de la seguridad social. Tendrá derecho a crecer y desarrollarse en buena salud; con este fin deberán proporcionarse tanto a él como a su madre, cuidados especiales, incluso atención prenatal y posnatal. El niño tendrá derecho a disfrutar de alimentación, vivienda, recreo y servicios médicos adecuados.

5. El niño física o mentalmente impedido o que sufra algún impedimento social debe recibir el tratamiento, la educación y el cuidado especial que requiere su caso particular.

6. El niño, para el pleno y armonioso desarrollo de su personalidad, necesita amor y comprensión. Siempre que sea posible, deberá crecer al amparo y bajo la responsabilidad de sus padres y, en todo caso, en un ambiente de afecto y de seguridad moral y material; salvo circunstancias excepcionales, no deberá separarse al niño de corta edad de su madre. La sociedad y las autoridades públicas tendrán la obligación de cuidar de forma especial a los niños sin familia o que carezcan de medios adecuados de subsistencia. Para el mantenimiento de los hijos de familias numerosas conviene conceder subsidios estatales o de otra índole.

7. El niño tiene derecho a recibir educación que será gratuita y obligatoria por lo menos en las etapas elementales. Se le dará una educación que favorezca su cultura general y le permita en condiciones de igualdad de oportunidades, desarrollar sus aptitudes y su juicio individual, su sentido de responsabilidad moral y social, y llegar a ser un miembro útil de la sociedad.

   El interés superior del niño debe ser el principio rector de quienes tienen la responsabilidad de su educación y orientación; dicha responsabilidad incumbe, en primer término, a sus padres.

   El niño debe disfrutar plenamente de juegos y recreaciones, los cuales estarán orientados hacia los fines perseguidos por la educación; la sociedad y las autoridades públicas se esforzarán por promover el goce de este derecho.

8. El niño debe, en todas las circunstancias, figurar entre los primeros que reciban protección y socorro.

9. El niño debe ser protegido contra toda forma de abandono, crueldad y explotación. No será objeto de ningún tipo de trato. No deberá permitirse al niño trabajar antes de una edad mínima adecuada; en ningún caso se le dedicará ni se le permitirá que se dedique a ocupación o empleo alguno que pueda perjudicar su salud o su educación, o impedir su desarrollo físico, mental o moral.

10. El niño debe ser protegido contra las prácticas que puedan fomentar la discriminación racial, religiosa o de cualquiera otra índole. Debe ser educado en un espíritu de comprensión, tolerancia, amistad entre los pueblos, paz y fraternidad universal y con plena conciencia de que debe consagrar sus energías y aptitudes al servicio de sus semejantes.

Los niños y adolescentes tienen derechos, pero también obligaciones.

Embarazo no deseado en la adolescencia

En 1985 se reportaron 30 000 nacimientos de madres menores de 20 años y 144 000 de madres con edades entre los 15 y 24 años en España. Según el U.N. Demographic Yearbook de 1982, por cada 1000 adolescentes de 15 a 19 años se registraron en Europa de 20 a 80 nacimientos. El Fondo de Población de las Naciones Unidas estima que en la mayor parte de los países de América Latina y el Caribe, entre 15 y 25% de los nacimientos provienen de madres adolescentes y de éstos, entre 35 y 52% son productos de embarazos no deseados.

En México, en 2000 había 49 891 159 mujeres, de las cuales 10.1% comprendió al grupo de edad de 15 a 19 años. De este grupo de edad 9.6% tenía un hijo y 14.9%, dos hijos.

La incidencia de adolescentes embarazadas en realidad es bastante mayor debido a que muchas acuden al aborto. Por otra parte, las complicaciones del embarazo, del parto y del puerperio ocupan el tercer lugar dentro de las causas de mortalidad en mujeres de 15 a 24 años.

Silber y colaboradores definen el embarazo en adolescentes como aquella gestación que ocurre durante los dos primeros años ginecológicos (posteriores a la primera menstruación), cuando la adolescente mantiene la total dependencia social y económica de la familia parental, o ambos.

Factores de riesgo

Biológicos

Edad La adolescencia se está presentando a menor edad y desde la menarca (primera menstruación) la mujer está expuesta al riesgo de embarazarse.

Estatura y desarrollo A menor edad, la adolescente tiene menor estatura; por ejemplo, a los doce años mide menos que cuando sea adulta porque no ha terminado su crecimiento. Una altura menor de 1.50 m aumenta el riesgo del embarazo. El desarrollo también está relacionado con la edad, por lo que la pelvis no ha adquirido sus dimensiones definitivas y esto puede traer complicaciones durante el parto: puede existir desproporción cefalopélvica; es decir, la cabeza del producto no puede pasar por la pelvis de la madre que aún no ha adquirido sus dimensiones adecuadas.

Peso inicial Se ha observado que un peso inferior a 45 kg aumenta el riesgo.

Ganancia de peso en condiciones normales La mujer aumenta de 9 a 11 kg durante el embarazo; si éste es menor de 8 kg también aumenta el riesgo.

Psicológicos

El adolescente tiende a asumir más riesgos que el adulto, a fijarse metas a corto plazo, a dar más importancia a las consecuencias inmediatas que a las futuras y a tener dificultades para relacionar su comportamiento actual con las consecuencias futuras. Esto favorece que asuma más riesgos en sus relaciones sexuales y le conceda mucha más importancia a la satisfacción del momento que a la posibilidad del embarazo, que además lo ve lejano en el tiempo.

Aunque los adolescentes deben tener pensamiento abstracto, muchos razonan ilógicamente; por ejemplo: "si hay muchachas que tienen relaciones sexuales con frecuencia y no se embarazan yo, por un rato, corro menos ese riesgo".

La falta de autoestima hace que muchas adolescentes se presten a tener relaciones sexuales sin desearlo, solamente para "sentirse queridas".

De igual manera la falta de asertividad hace que muchas adolescentes no se atrevan a decir "no" a la pareja cuando le pide relaciones sexuales.

Socioculturales

Ser hija o hermana de madre con historia de embarazo en la adolescencia aumenta la probabilidad.

Poco apoyo social. Hay adolescentes que desean tener un hijo porque se sienten solas, abandonadas y tienen necesidad de cariño. Otras tienen problemas de comunicación con su familia y quieren escapar de su casa. En muchas familias no existe confianza para hablar de sexualidad.

Las características de la relación afectiva y sexual entre la pareja son importantes; por ejemplo, la presión que ejerce la pareja para tener relaciones sexuales aumenta el riesgo.

El grupo de amigos(as) es una de las principales fuentes de apoyo y de aprendizaje, por lo que ejercen gran poder para regular las opiniones, los sentimientos y las conductas de sus miembros. Así, el grupo puede presionar a sus integrantes para tener relaciones sexuales y sin usar anticonceptivos.

Existen creencias erróneas entre los adolescentes, como creer que no hay posibilidad de embarazo en la primera relación sexual. Otros piensan que el uso de anticonceptivos reduce la espontaneidad de la relación sexual. Muchos adolescentes tienen una actitud negativa hacia los anticonceptivos.

La mayoría de los varones creen que la responsabilidad de la planificación familiar corresponde a la mujer. Los adolescentes desconocen las responsabilidades que conlleva ser padres.

Existen factores situacionales: el consumo de alcohol y fármacos relaja las inhibiciones y le quita importancia a las consecuencias de los propios actos.

La pérdida de la religiosidad afecta las barreras para el ejercicio de la sexualidad adolescente.

En muchas sociedades se apoya el "machismo" y la necesidad del hombre de "probarse".

Económicamente, la pobreza es mayor entre las adolescentes que se embarazan.

> En la adolescencia es frecuente el embarazo no deseado. Se puede evitar aumentando la autoestima y la asertividad. Hay que aprender a decir "no" cuando no se desean tener relaciones sexuales.

Consecuencias

El embarazo en la adolescente constituye una crisis que se agrega a esta etapa de la vida. Algunos embarazos son deseados, pero después del nacimiento del hijo viene una gran desilusión cuando los padres se dan cuenta de la enorme responsabilidad, la dedicación y el trabajo que implica un hijo. Si el embarazo no es deseado, como sucede en la mayoría de los casos, las consecuencias no sólo implican a la adolescente y su posible hijo, sino también a su pareja, a los padres de ambos y a la sociedad en general.

Consecuencias para la madre

- Aumento de la mortalidad materna.
- Mayor riesgo de complicaciones durante el embarazo, como la anemia y la toxemia del embarazo (véase "Problemas durante la gestación").
- Riesgo de deserción escolar y baja escolaridad.
- Desempleo más frecuente. Ingreso económico menor.
- Mayor riesgo de separación, divorcio y abandono.
- Mayor número de hijos cuando no se tiene información respecto del uso de anticonceptivos.
- Mayor incidencia de estrés, depresión, sentimientos de fracaso y otros problemas psicológicos.

- Si permanece soltera, se reducen sus posibilidades de matrimonio futuro. Hay grupos sociales que aceptan a las madres solteras y sus hijos, pero otros no.
- Si carece de apoyo, puede acudir a la prostitución, al alcoholismo, la farmacodependencia, etcétera.

Consecuencias para el padre

- Mayor frecuencia de deserción escolar.
- Trabajo e ingresos de menor nivel.
- Tasa más alta de divorcio o separación.
- Aumento del estrés y mayor frecuencia de trastornos emocionales.

Consecuencias para el hijo

- Mayor riesgo de muerte perinatal (antes, durante y después del nacimiento).
- Mayor riesgo de bajo peso al nacer y de prematurez.
- Alto riesgo de negligencia en los cuidados de salud.
- Desnutrición y retardo del desarrollo físico y emocional debido a que los padres adolescentes no se encuentran lo suficientemente maduros como para proveer fuentes emocionales, económicas y educacionales para su desarrollo; esto se refleja en problemas de inseguridad, conducta, aprendizaje y baja autoestima.
- Un hijo no deseado puede sufrir abandono, descuido e incluso maltrato.
- Muchos hijos de padres adolescentes tienen mayor probabilidad de ser padres adolescentes.

Consecuencias para la familia de los adolescentes

Los padres de los adolescentes pueden ver que se rompen sus expectativas sobre su propio futuro. Si los adolescentes viven con ellos, siguen considerándolos como hijos a los que hay que cuidar y proteger, por lo tanto, el hijo de la nueva pareja es tratado como el hijo de los abuelos y el hermano de sus padres.

La educación del nuevo hijo generalmente depende de los abuelos.

Opciones

1. Hay adolescentes que acuden al aborto, que en muchas ocasiones es clandestino, por lo mismo pueden sufrir hemorragias, infecciones, perforaciones de órganos e incluso perder la vida. A largo plazo pueden tener problemas psicológicos.

2. Continuar el embarazo:
   a) Criar al niño con la familia de origen. Esto puede generar confusión de roles familiares si los abuelos actúan como padres del nuevo hijo.
   b) Casarse o unirse. Cuando dos personas se casan forzadas por un embarazo no deseado, uno se siente enojado con el otro. Aunque este sentimiento no se exprese abiertamente, se puede comunicar a través del rechazo, la agresividad, la infidelidad, la frialdad, etcétera, como consecuencia de hacer al otro responsable de lo ocurrido y de la carga que ha caído sobre ambos. Hay parejas que fracasan porque no tienen independencia económica.
   c) Dar al hijo en adopción, que tiene un alto costo emocional.
   d) Si la familia le niega apoyo a la adolescente embarazada y la expulsa del hogar, aumenta la problemática.

Prevención

La educación sexual es muy importante, debe impartirse desde el nacimiento e incluir el fortalecimiento de los valores, la autoestima y la asertividad. En muchas familias es necesaria la higiene mental.

Actividades

1. Investigar los procedimientos más seguros para realizar un aborto y en qué casos particulares se utilizan.
2. Analizar en el grupo las ITS. Se pueden organizar equipos y cada uno explicará una ITS.
3. Por equipos realicen encuestas anónimas (sin escribir el nombre del encuestado) pero anotar la edad sobre el consumo de alcohol y fármacos.
4. Analizar los resultados en el grupo, se invitará a un alcohólico y un farmacodependiente para que den su testimonio.
5. En el grupo se comentarán las medidas preventivas en una violación.
6. Establecer su posición en el grupo con respecto al embarazo en adolescentes.
7. Se hará una dinámica grupal utilizando tarjetas de colores (un color o una marca para cada infección de transmisión sexual) que se repartirán entre los alumnos. A cada uno se le darán varias del mismo color, sin hablar cada alumno le dará una tarjeta a

quien le caiga bien, cuando ya las hayan intercambiado, se revisará cuántas tarjetas tiene cada uno y en ese momento se aclara a qué infección de transmisión sexual corresponden. Los alumnos se darán cuenta de la facilidad con que puede adquirirse una infección de transmisión sexual. Se comentarán los resultados.

8. Con base en la información de este capítulo elabora tu propio mapa conceptual.

9. ¿Cuál es tu opinión acerca del aborto? Realiza con tus compañeros un debate y expongan sus puntos de vista con respecto al tema, pidan al profesor que actúe como moderador.

10. Manuel es hemofílico y está infectado por el VIH, ¿debe debe tener un tratamiento especial en la escuela? ¿Por qué?

11. ¿Qué opinión tienes acerca de la prostitución? En grupo, intercambien sus puntos de vista.

12. Elaboren en equipos una campaña, que incluya diversas acciones para evitar el alcoholismo y la farmacodependencia entre los jóvenes, y propónganla a las autoridades de su escuela para ponerla en práctica.

Mapas conceptuales

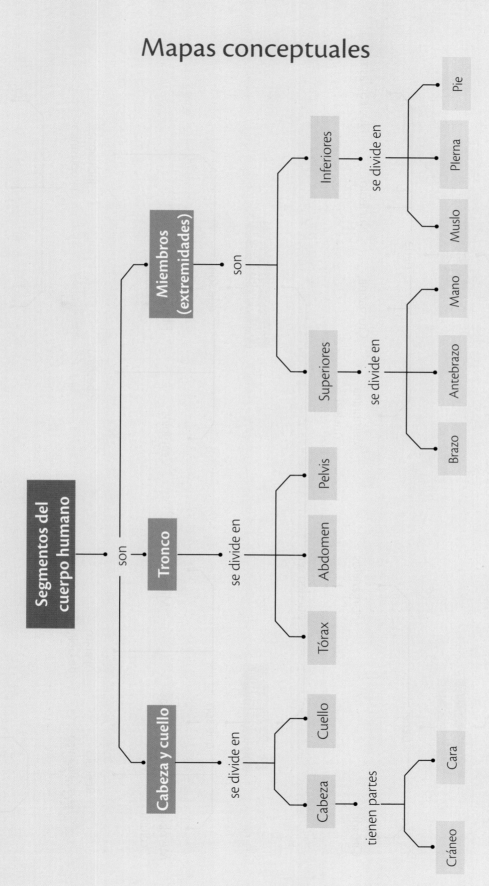

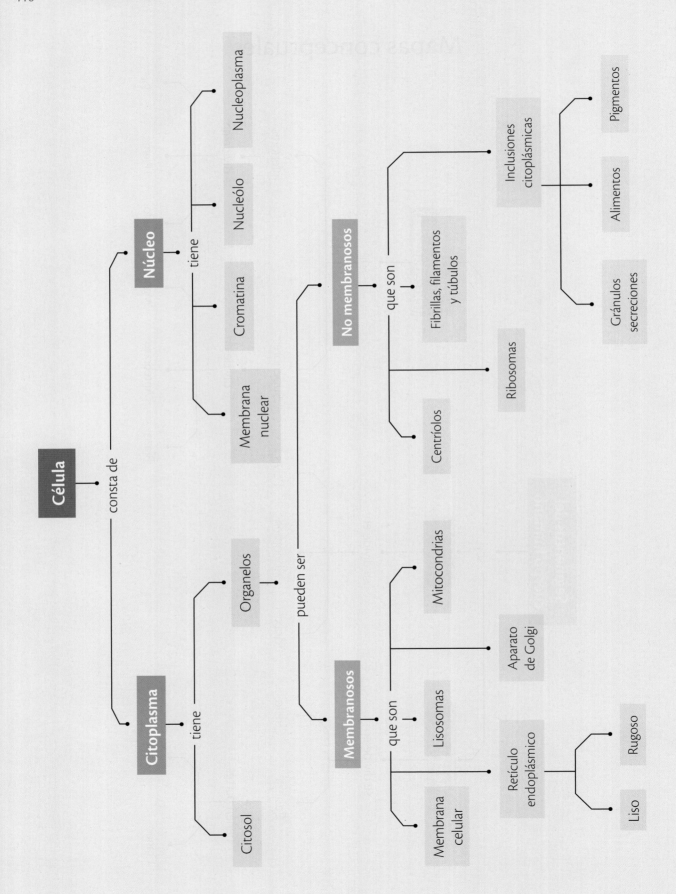

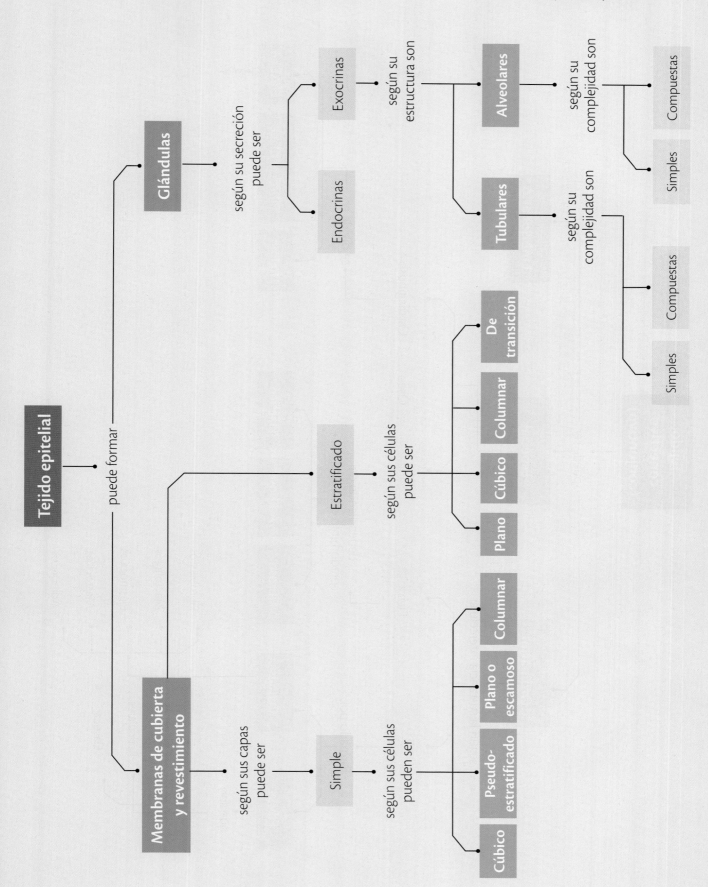

Tejido epitelial

puede formar

Membranas de cubierta y revestimiento

según sus capas puede ser

Simple

según sus células pueden ser

- Cúbico
- Pseudo-estratificado
- Plano o escamoso
- Columnar

Estratificado

según sus células puede ser

- Plano
- Cúbico
- Columnar
- De transición

Glándulas

según su secreción puede ser

- Exocrinas
- Endocrinas

según su estructura son

- Alveolares

  según su complejidad son
  - Compuestas
  - Simples

- Tubulares

  según su complejidad son
  - Compuestas
  - Simples

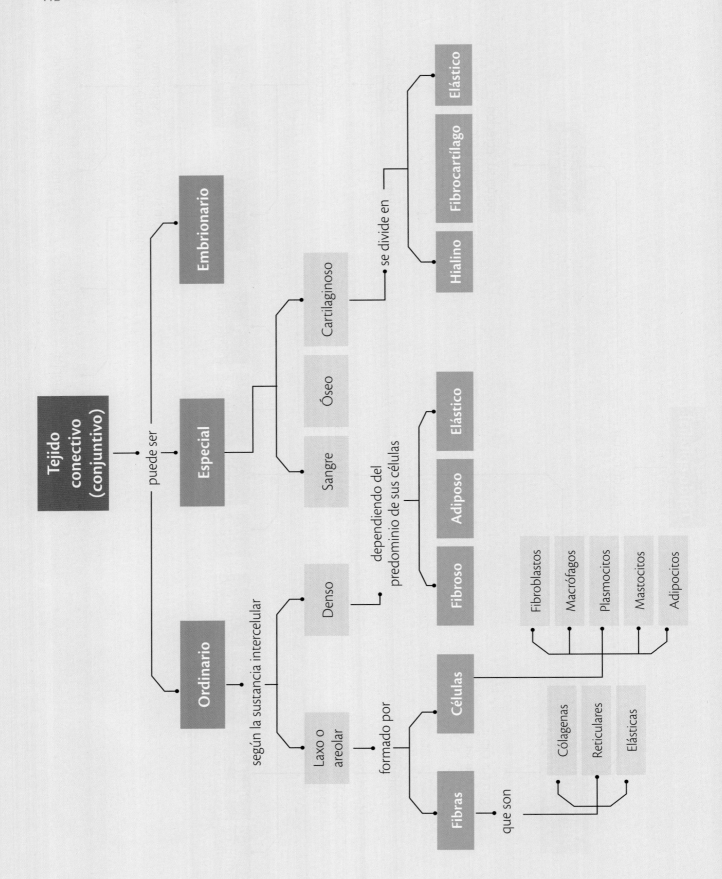

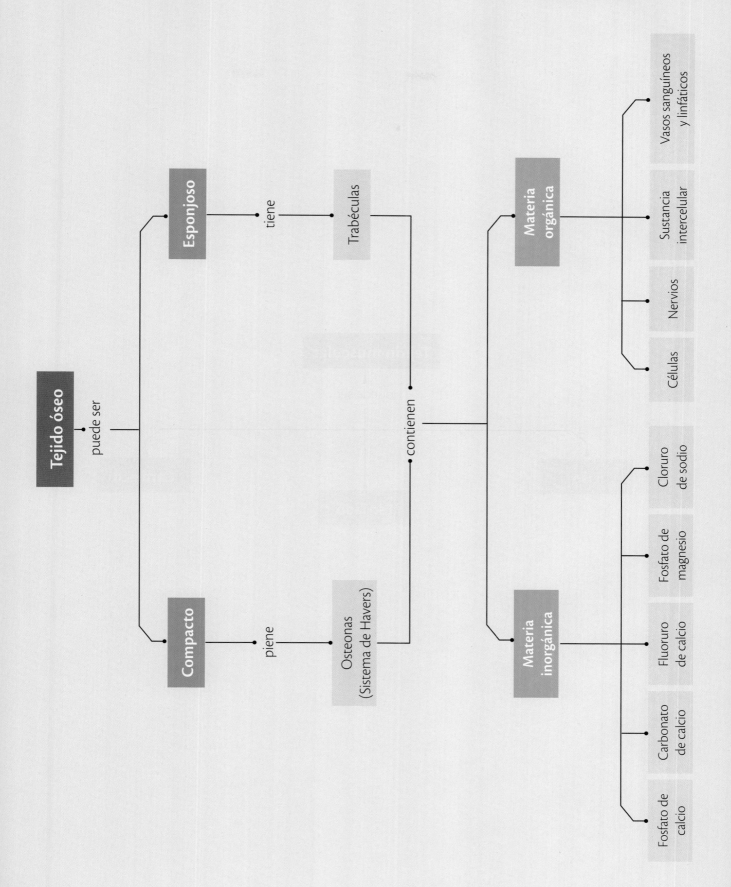

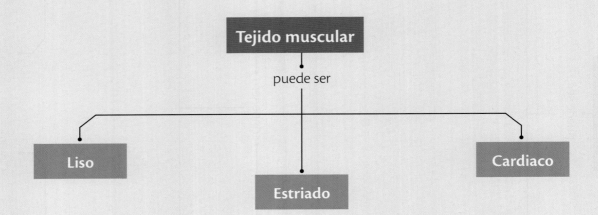

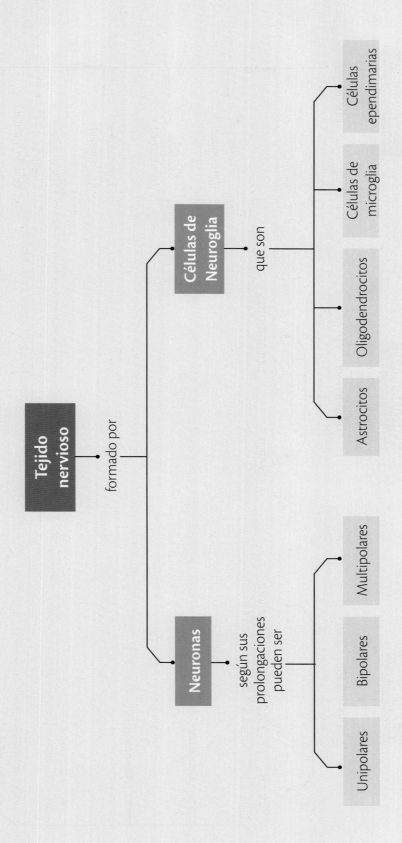

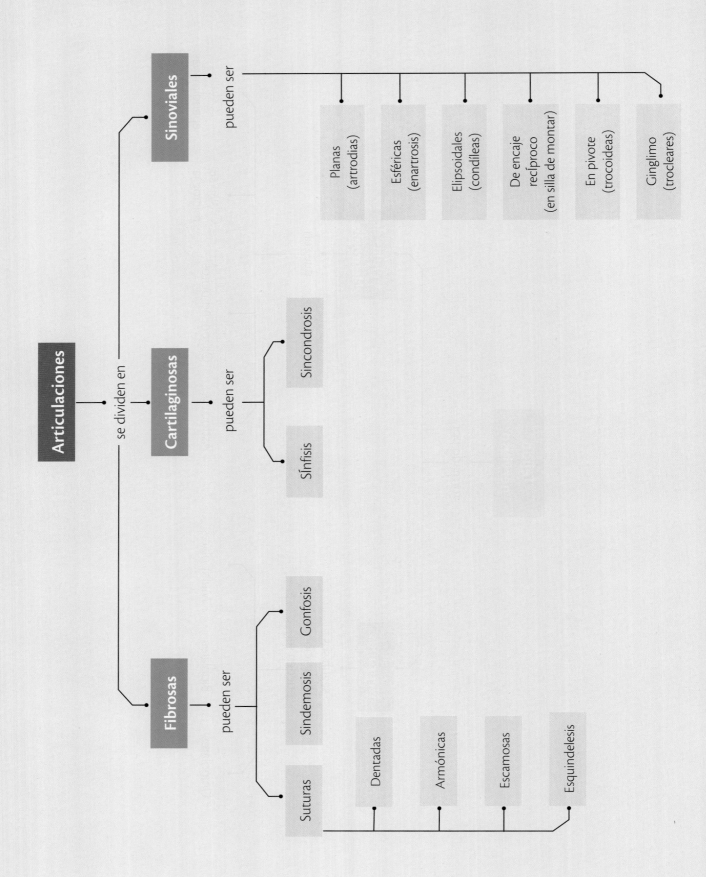

Articulaciones

se dividen en

Fibrosas

pueden ser

- Suturas
- Sindemosis
- Gonfosis

Suturas
- Dentadas
- Armónicas
- Escamosas
- Esquindelesis

Cartilaginosas

pueden ser

- Sínfisis
- Sincondrosis

Sinoviales

pueden ser

- Planas (artrodias)
- Esféricas (enartrosis)
- Elipsoidales (condíleas)
- De encaje recíproco (en silla de montar)
- En pivote (trocoideas)
- Ginglimo (trocleares)

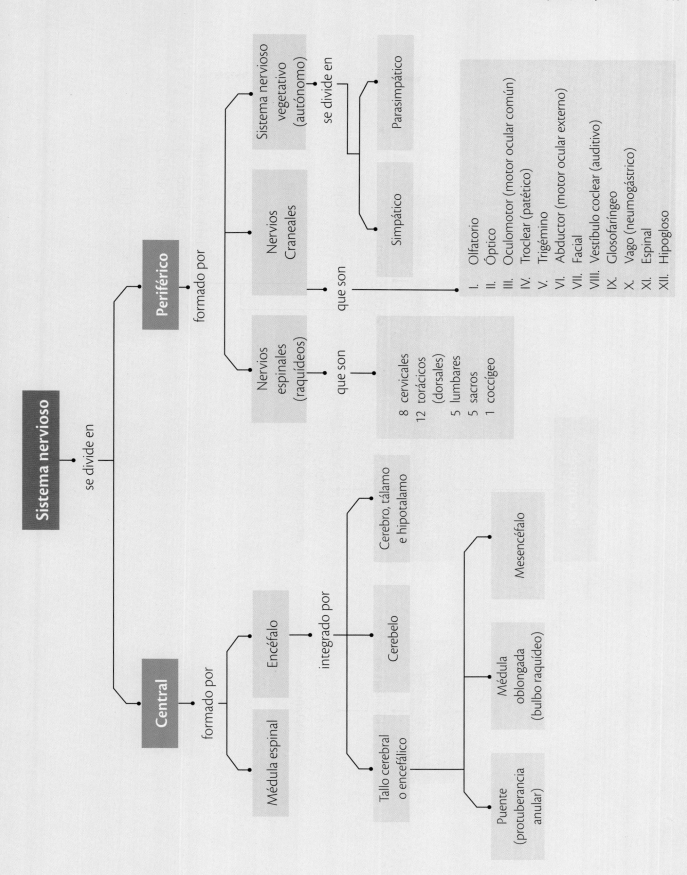

Sistema nervioso

se divide en

Central — formado por:
- Médula espinal
- Encéfalo

integrado por:
- Cerebro, tálamo e hipotálamo
- Cerebelo
- Tallo cerebral o encefálico
  - Mesencéfalo
  - Médula oblongada (bulbo raquídeo)
  - Puente (protuberancia anular)

Periférico — formado por:
- Nervios espinales (raquídeos)

  que son:
  - 8 cervicales
  - 12 torácicos (dorsales)
  - 5 lumbares
  - 5 sacros
  - 1 coccígeo

- Nervios Craneales

  que son:
  - I. Olfatorio
  - II. Óptico
  - III. Oculomotor (motor ocular común)
  - IV. Troclear (patético)
  - V. Trigémino
  - VI. Abductor (motor ocular externo)
  - VII. Facial
  - VIII. Vestíbulo coclear (auditivo)
  - IX. Glosofaríngeo
  - X. Vago (neumogástrico)
  - XI. Espinal
  - XII. Hipogloso

- Sistema nervioso vegetativo (autónomo)

  se divide en:
  - Simpático
  - Parasimpático

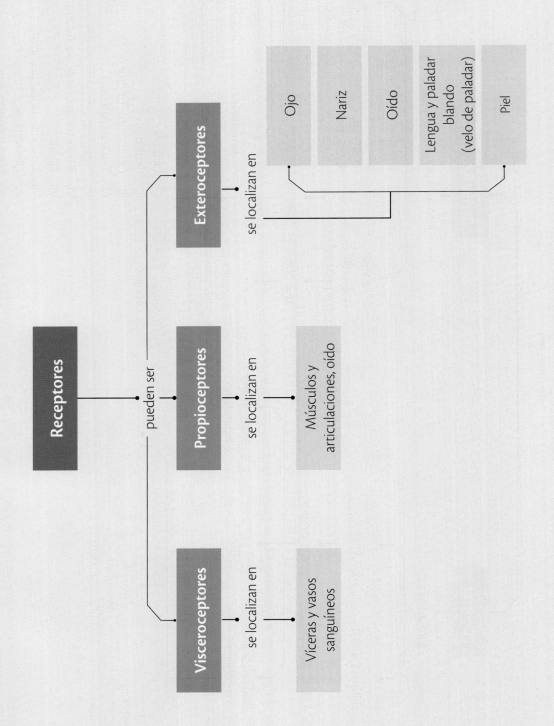

Receptores

pueden ser

Visceroceptores

se localizan en

Víceras y vasos sanguíneos

Propioceptores

se localizan en

Músculos y articulaciones, oído

Exteroceptores

se localizan en

Ojo

Nariz

Oído

Lengua y paladar blando (velo de paladar)

Piel

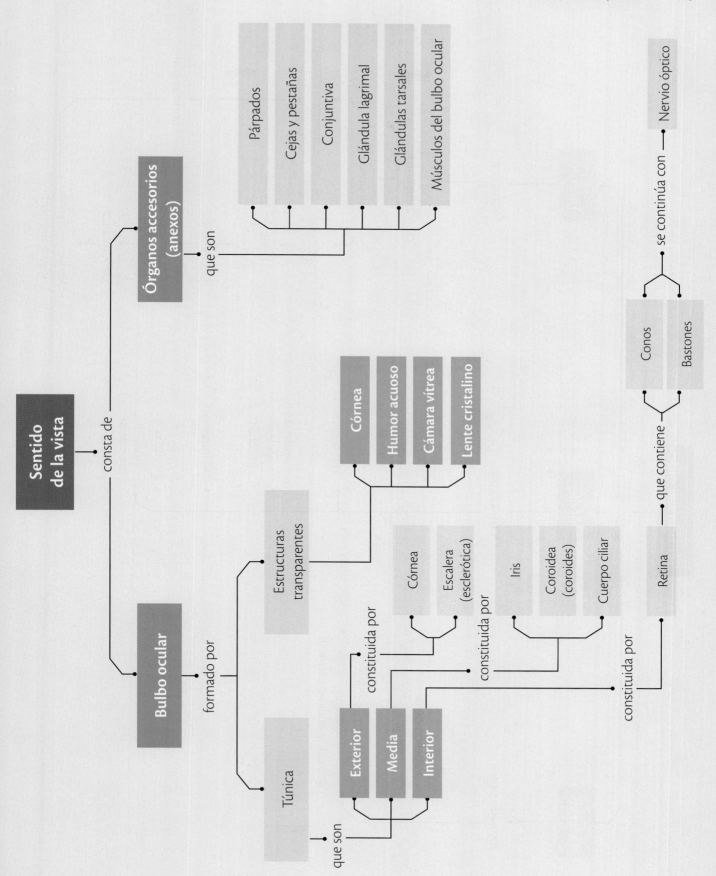

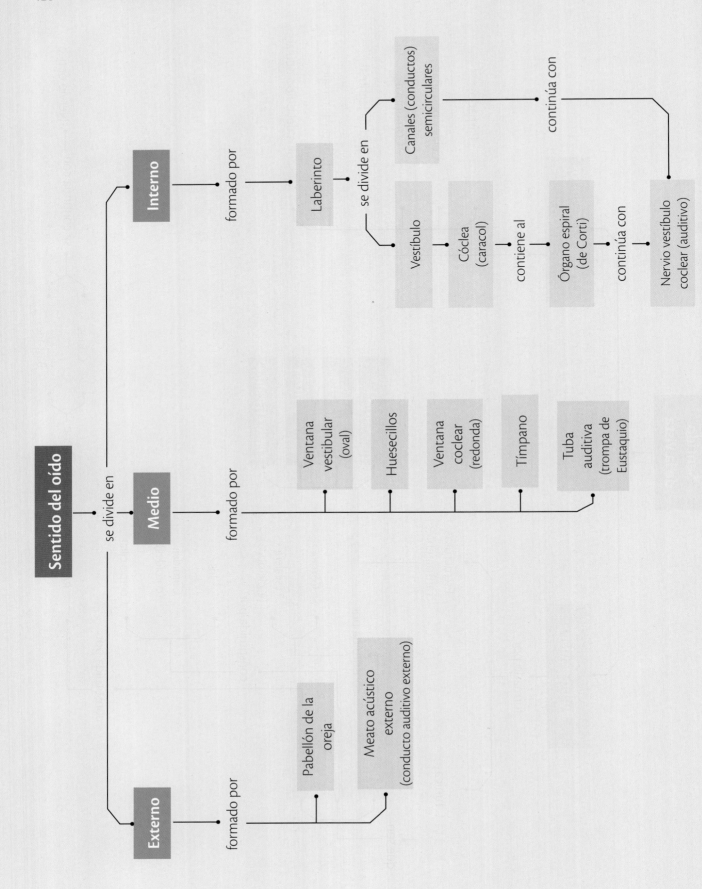

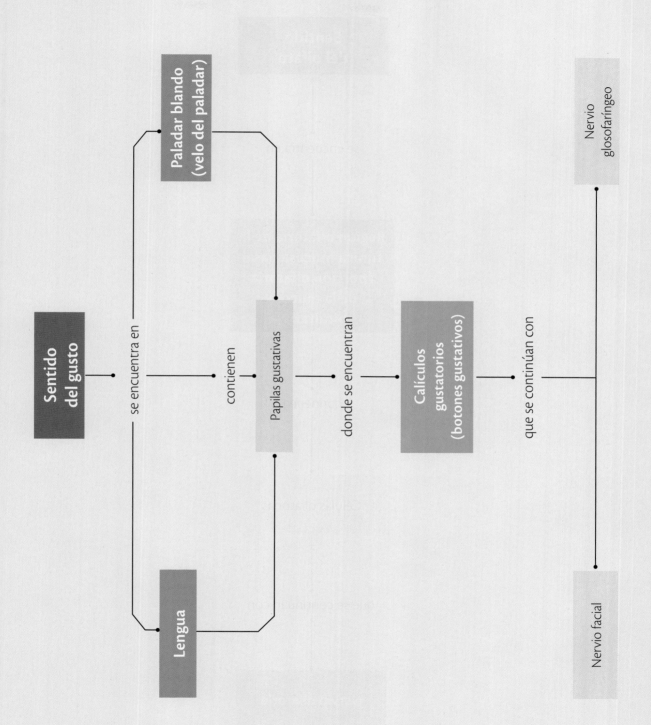

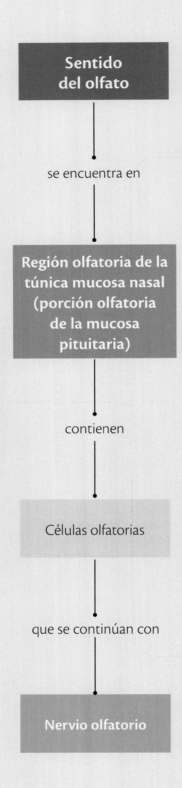

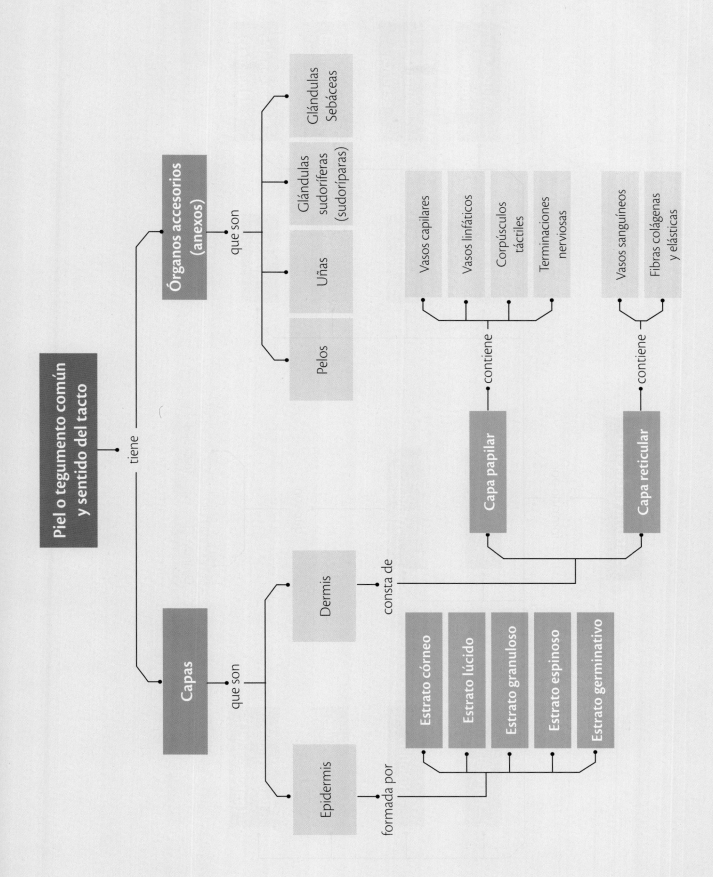

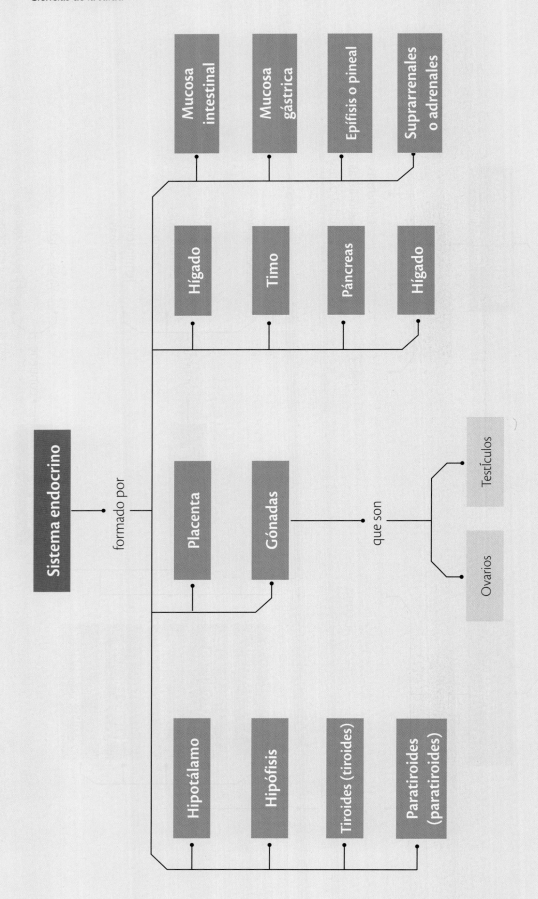

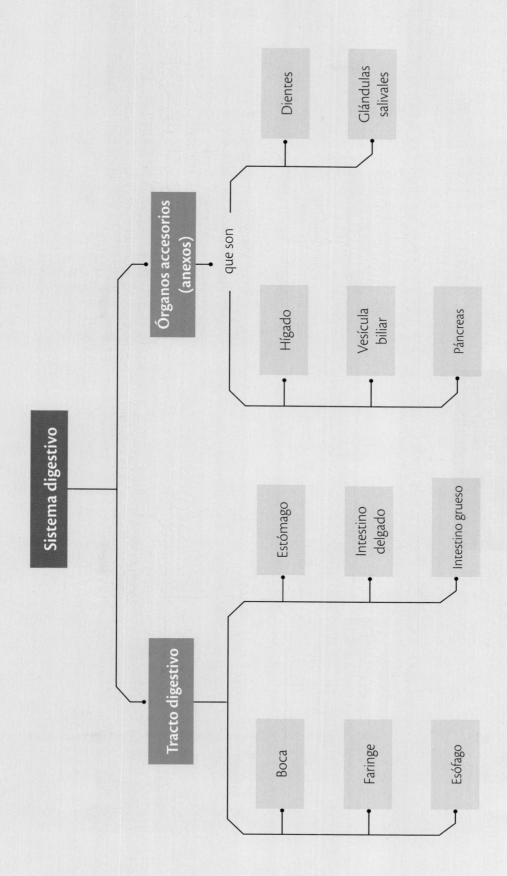

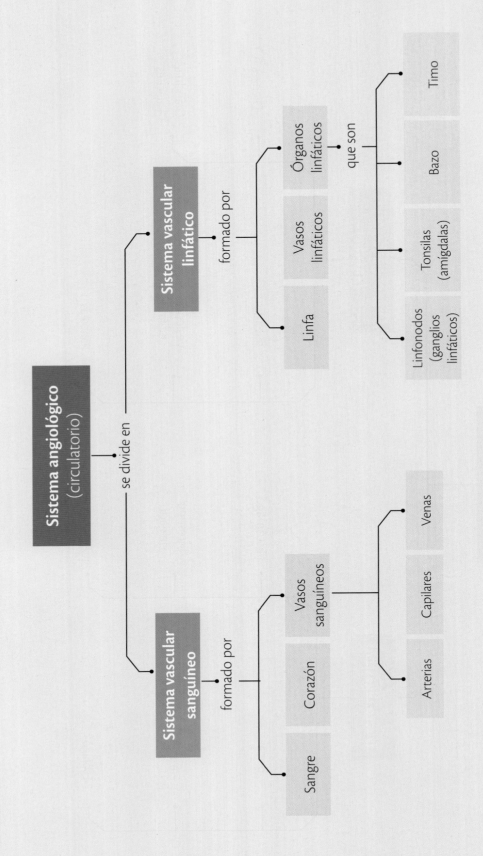

Sistema angiológico (circulatorio)

se divide en

Sistema vascular sanguíneo

formado por

- Sangre
- Corazón
- Vasos sanguíneos
  - Arterias
  - Capilares
  - Venas

Sistema vascular linfático

formado por

- Linfa
- Vasos linfáticos
- Órganos linfáticos

que son

- Linfonodos (ganglios linfáticos)
- Tonsilas (amígdalas)
- Bazo
- Timo

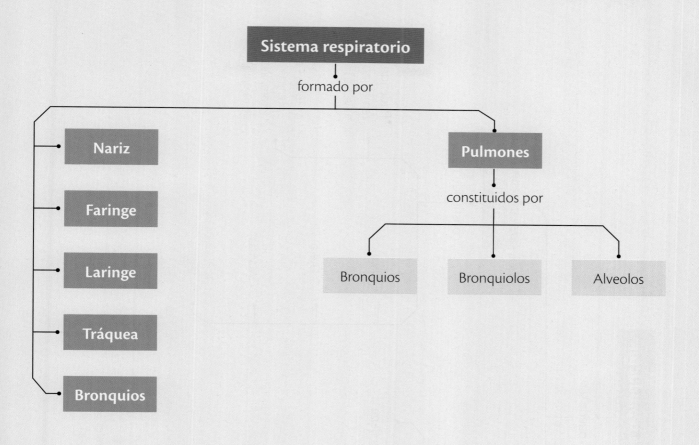

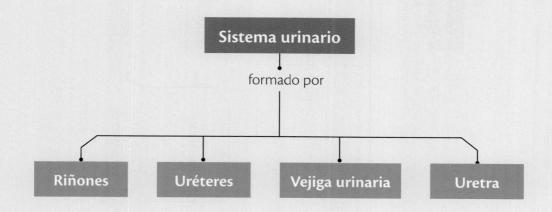

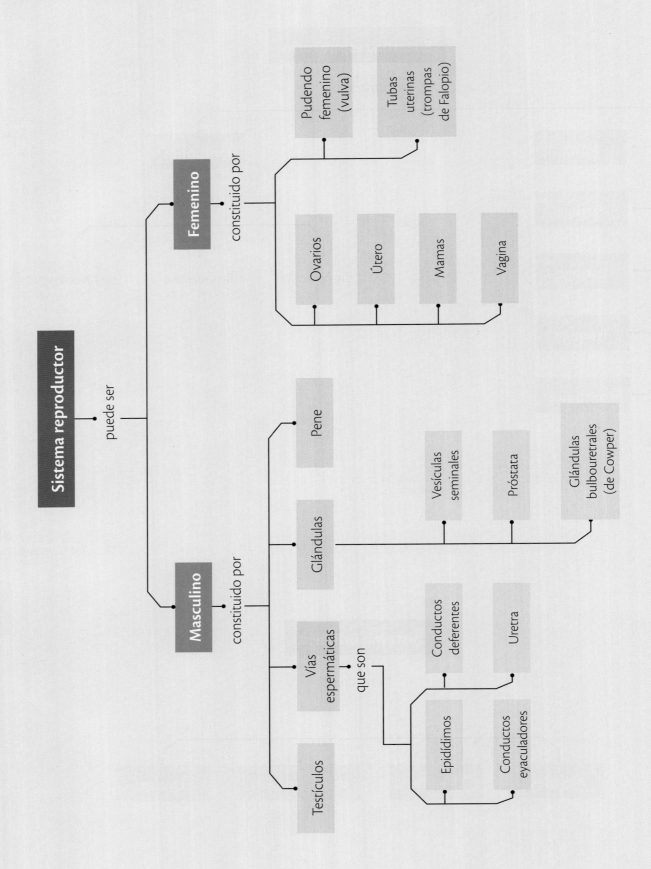

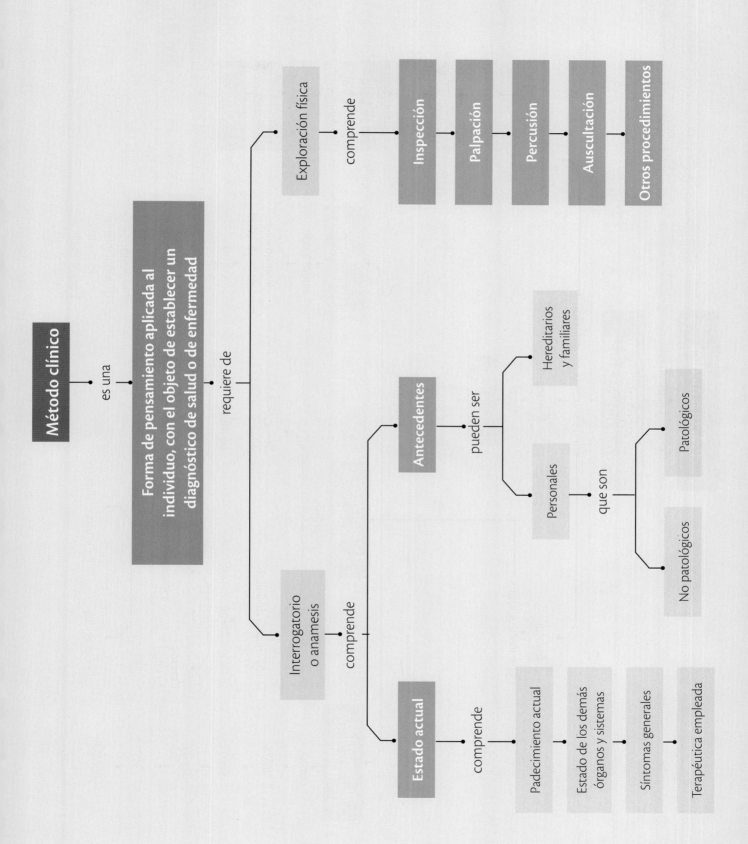

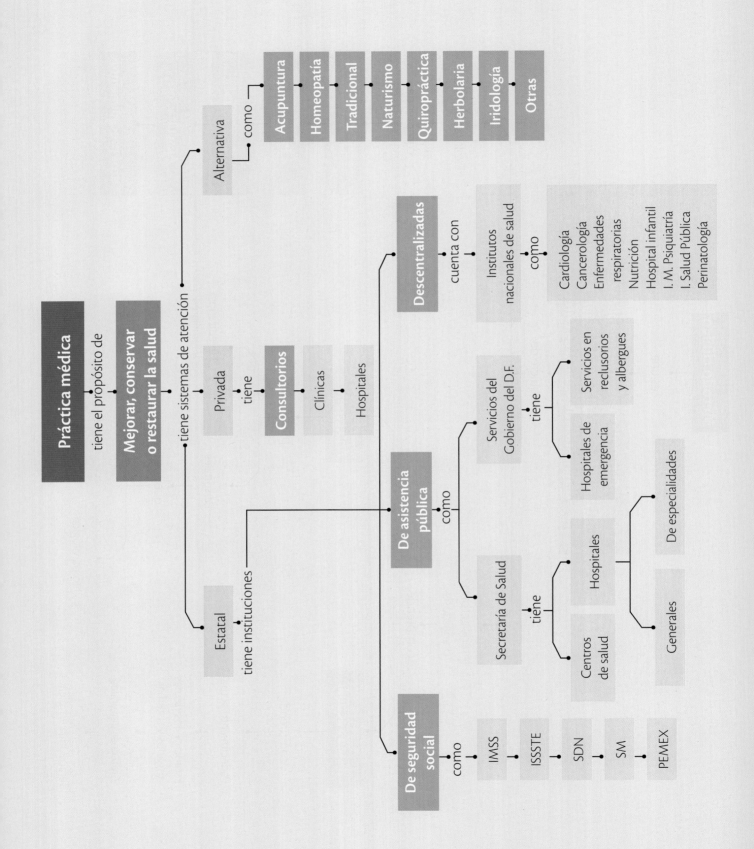

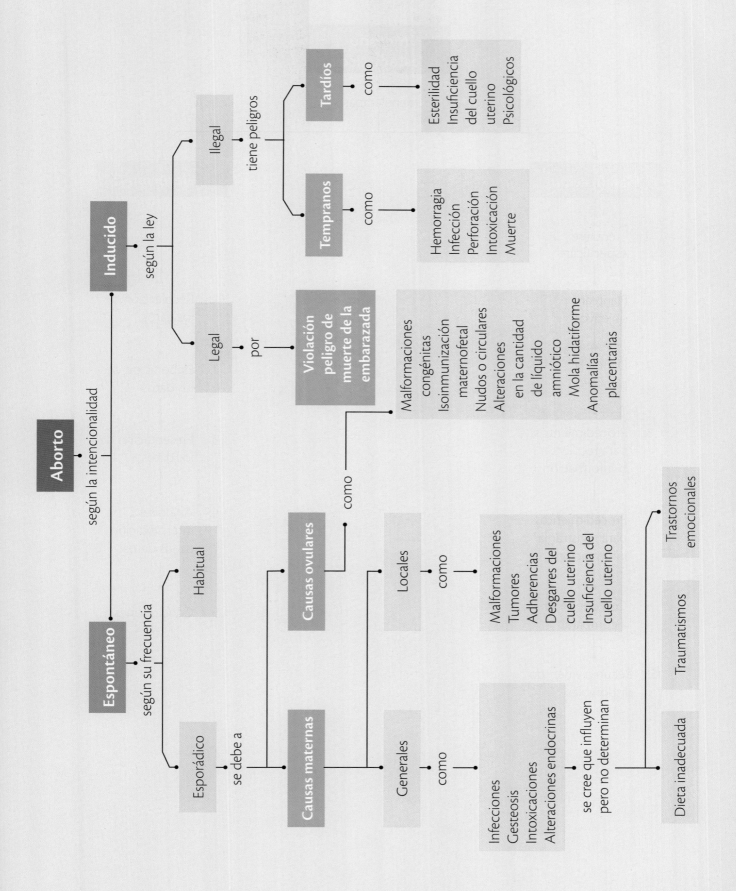

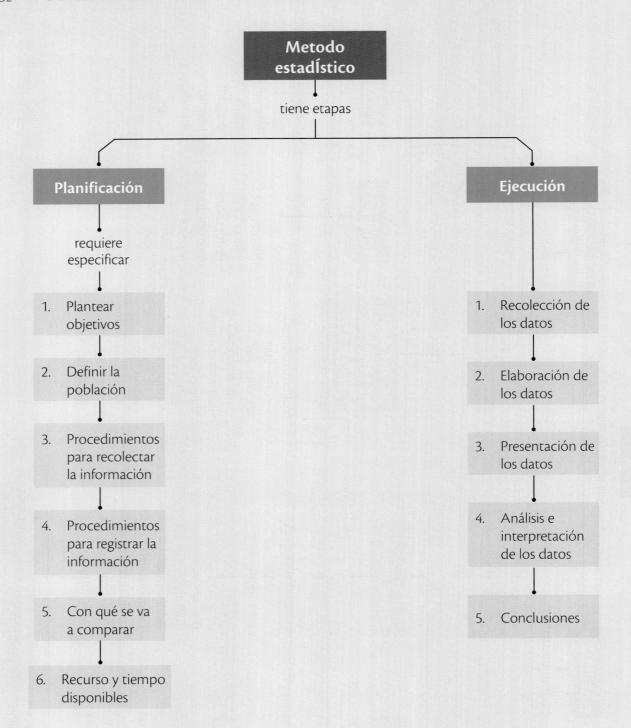

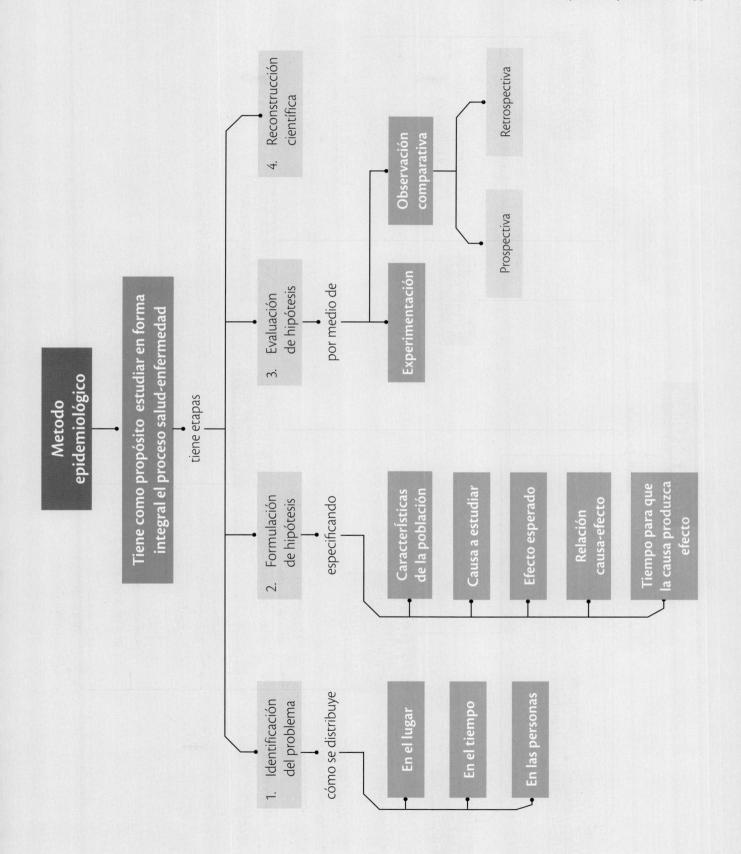

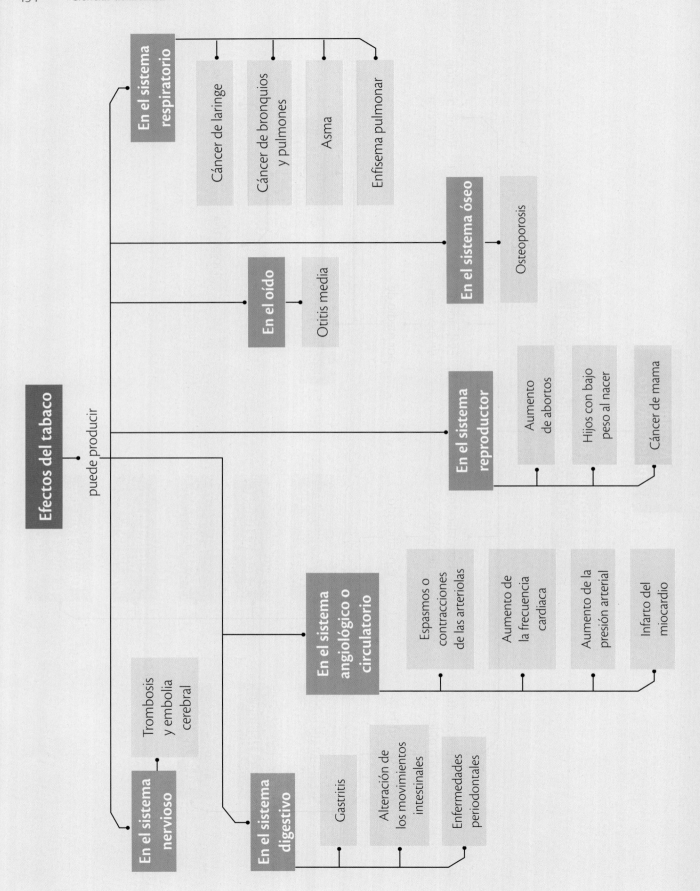

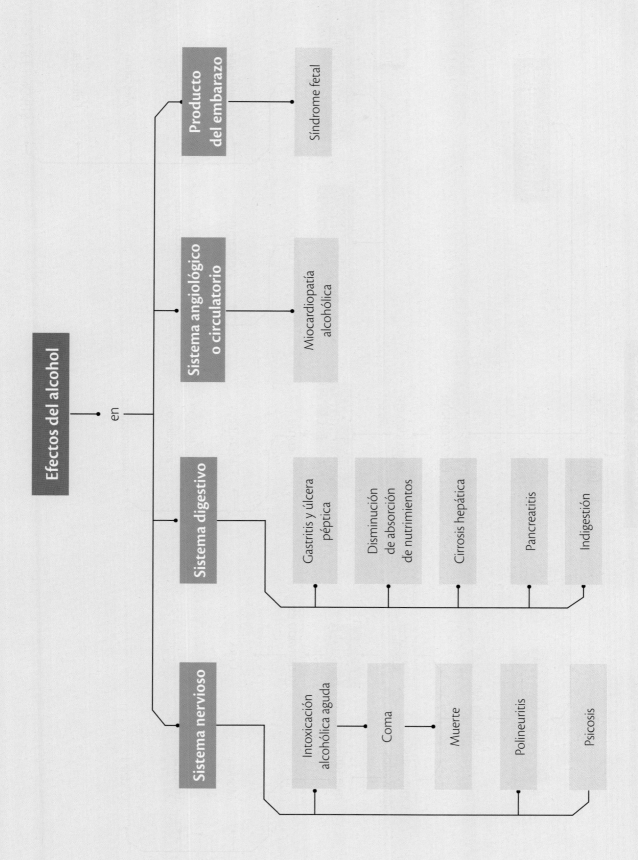

Efectos del alcohol

en

Producto del embarazo
- Síndrome fetal

Sistema angiológico o circulatorio
- Miocardiopatía alcohólica

Sistema digestivo
- Gastritis y úlcera péptica
- Disminución de absorción de nutrimientos
- Cirrosis hepática
- Pancreatitis
- Indigestión

Sistema nervioso
- Intoxicación alcohólica aguda
- Coma
- Muerte
- Polineuritis
- Psicosis

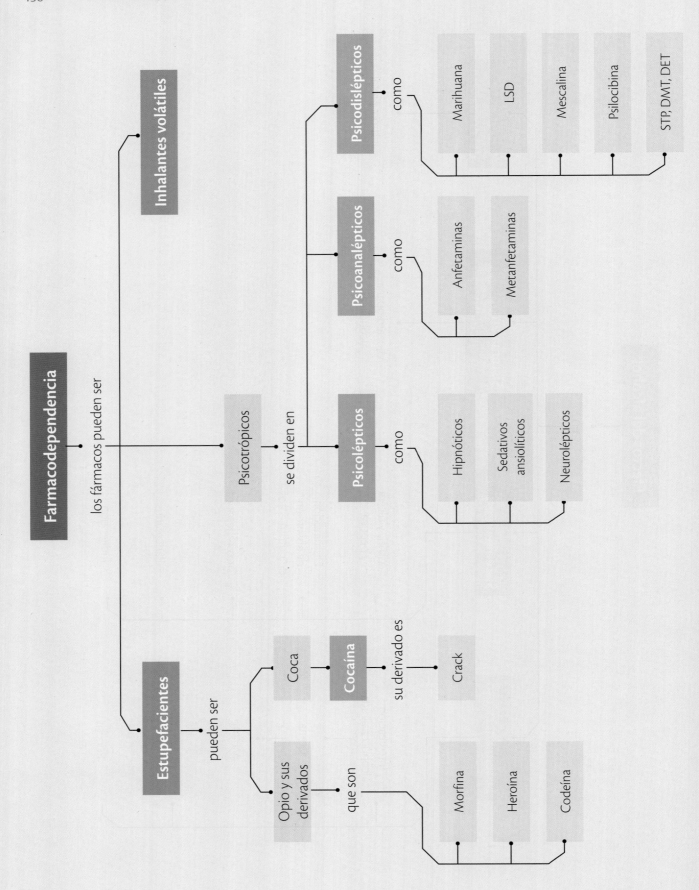

Glosario

Addison Enfermedad caracterizada por la disminución de la actividad de la corteza suprarrenal (debilidad, apatía, aumento de la pigmentación de la piel y mucosas, pérdida de peso).

Agente causal Todo poder, principio o sustancia cuya presencia da comienzo a una enfermedad.

Albinismo Enfermedad hereditaria caracterizada por falta de melanina (cabello, cejas, pestañas y vello blanco, piel blanca, iris sin pigmentación).

Alimentación Acción voluntaria de ingerir alimentos.

Alumbramiento Expulsión de la placenta, las membranas que rodean al producto y el funículo (cordón) umbilical.

Anorexia Falta de apetito.

Anticuerpo (Ac) Sustancia que produce el organismo como respuesta a la introducción de un antígeno.

Antígeno (Ag) Toda sustancia extraña que, al introducirse en el organismo, provoca la respuesta de inmunidad.

Antitoxina Producto defensivo que contiene anticuerpos.

Aponeurosis Envoltura de un músculo.

Atenuado Debilitado.

Atrofia Disminución del desarrollo, por ejemplo de un músculo.

Barorreceptor Receptor que capta la presión.

Barotrauma Conjunto de lesiones producidas por la presión atmosférica.

Bienestar Adaptación dinámica al ambiente.

Bulimia Episodios de voracidad seguidos de la inducción del vómito y, en muchas ocasiones, del uso de laxantes y diuréticos en cantidades exageradas.

Calostro Secreción amarillenta de las glándulas mamarias durante el embarazo y al inicio de la lactancia. Contiene anticuerpos.

Carácter Constitución psíquica y de temperamento, modificado por la experiencia.

Carcinógeno Que puede favorecer cáncer.

Carcinoma Tumor canceroso.

Cardiopatía Enfermedad que afecta al corazón.

Caries Disolución y desintegración de los tejidos del diente por acción de bacterias que producen ácidos.

Cavidad Espacio o lugar hueco en el cuerpo o dentro de algunos de sus órganos.

Ciencia Conocimiento racional, sistémico, exacto y verificable.

Climaterio Etapa de la vida en la cual disminuye la actividad de los ovarios y testículos.

Contusión Lesión de tejidos sin que se pierda la continuidad de la piel.

Cultura Modo de vida de un grupo de individuos (artes, ciencias, religión, sistemas tecnológicos, prácticas políticas, actitudes, valores y hábitos).

Decidua Nombre que recibe el endometrio o túnica del útero después de la fecundación.

Demografía Ciencia que describe las características de la población.

Desarrollo Cambios en la función de los órganos.

Diáfisis Parte media de un hueso largo.

Dieta Conjunto de alimentos y platillos que se consumen cada día.

Distocia Anormalidad que rompe la armonía entre los factores que intervienen en el trabajo de parto.

Diurético Medicamento que aumenta la cantidad de orina.

Ecología Ciencia que estudia las relaciones existentes entre los organismos y el medio en que viven.

Electrólito Sustancia que en solución acuosa se disocia en partículas con carga eléctrica.

Embrión Producto de la concepción durante los primeros tres meses.

Encéfalo Conjunto de órganos del sistema nervioso central que se encuentra en la cavidad craneal.

Enfermedad Pérdida del equilibrio dinámico que mantiene la composición, estructura o función del organismo.

Epífisis Extremo de un hueso largo.

Episiotomía Corte que se realiza en la horquilla para agrandar el orificio perineovulvar en las primíparas.

Eréctil Que se hace turgente y rígido.

Esfínter Conjunto de fibras musculares que forman un anillo en algunos órganos como el estómago, intestino grueso (ano) y vejiga urinaria.

Esguince Lesión de una articulación sin desplazamiento de huesos.

Estupro Violación de un(a) menor de edad.

Etiología Estudio de las causas de enfermedad.

Eucarionte Que tiene núcleo verdadero.

Fagocitosis Proceso por el cual se engloban y destruyen partículas.

Feto Producto de la concepción durante el lapso comprendido entre el tercer y el sexto mes.

Foco de infección Núcleo de donde se disemina la infección.

Gameto Célula sexual (óvulo y espermatozoide).

Gestosis Conjunto de padecimientos que complican el embarazo, derivan del mismo embarazo y desaparecen con él.

Gingivitis Inflamación de la encía.

Glaucoma Enfermedad caracterizada por aumento de la presión en el bulbo (globo) ocular. Puede producir ceguera.

Gotas de Flügge Gotas microscópicas que se expulsan al hablar, toser o estornudar.

Hematopoyético Que forma sangre.

Homeostasis Tendencia de los organismos para mantener constante su medio interno.

Hormona Sustancia química producida por una glándula que transportada por la corriente sanguínea excita en otra parte u órgano la actividad funcional.

Huésped u hospedero Cualquier ser vivo que en circunstancias naturales permite la subsistencia o alojamiento de un agente causal de enfermedad.

Linfocito Variedad de glóbulo blanco.

Localidad rural Aquella que tiene menos de 2 499 habitantes.

Localidad urbana Aquella que tiene más de 2 500 habitantes.

Luxación Lesión de una articulación con desplazamiento de los huesos.

Mamografía Estudio radiológico de la mama.

Medicina alopática Medicina científica.

Medicina alternativa Práctica médica no científica.

Medio interno Conjunto de líquidos, como la sangre y la linfa, que transportan los productos del metabolismo a los órganos o los eliminan hacia el ambiente externo.

Metabolismo Conjunto de procesos químicos que se llevan a cabo en los tejidos.

Metabolismo basal Cantidad mínima de energía necesaria para mantener las funciones en estado de reposo.

Microlitro Milímetro cúbico.

Mililitro Centímetro cúbico.

Mioma Tumor de tejido muscular.

Modiolo Eje alrededor del cual se enrolla la cóclea (caracol) del oído interno.

Mola hidatiforme Degeneración quística de las vellosidades coriales.

Morbilidad Proporción de enfermos en una población en un tiempo dado.

Morboso Relativo a enfermedad.

Nefrona Unidad anatomofuncional del riñón.

Nutrición Conjunto de procesos químicos que realiza el organismo digiriendo, absorbiendo y utilizando los nutrimentos contenidos en los alimentos para su crecimiento, mantenimiento y reparación.

OMS Organización Mundial de la Salud.

OPS Organización Panamericana de la Salud.

Osteogénesis Proceso de formación de hueso (osificación).

Paramédico Que trabaja al lado del médico.

Parenteral Vía de administración diferente de la oral (tomada).

Patógeno Que puede producir enfermedad.

Personalidad Manera de ser, sentir, pensar de cada ser humano. Resulta de la combinación del temperamento (heredado) y el carácter (experiencia ambiental).

Pleura Membrana que rodea a los pulmones.

Portador asintomático Alberga en su organismo a los agentes causales de enfermedad y los disemina, pero no presenta síntomas de la enfermedad.

Primípara Mujer que tiene su primer parto.

Puerperio Etapa posterior al parto.

Raquitismo Deformación de los huesos por falta de vitamina D.

Receptor Estructura que capta estímulos.

Reflejo (acto) Unidad funcional del sistema nervioso.

Reflejo (arco) Unidad anatómica del sistema nervioso.

Reservorio Organismo donde el agente infeccioso vive y se multiplica.

Salud Estado de completo bienestar físico, mental y social, y no solamente la ausencia de enfermedad o invalidez (OMS).

Secuela Alteración que puede quedar después de padecer una enfermedad, por ejemplo, en caso de poliomielitis.

Seno Cavidad de un hueso.

Sinapsis Unión funcional de dos neuronas.

Síndrome Conjunto de signos y síntomas que existen en un momento dado para definir un estado característico.

Sinusitis Inflamación de los senos nasales.

Susceptibilidad Condición contraria a la inmunidad. El individuo está más expuesto a contraer alguna enfermedad.

Tasa Cifra que se obtiene dividiendo el número de veces que ha ocurrido un evento en un tiempo específico entre el número de individuos que pueden o no estar expuestos al riesgo de ese evento.

Temperamento Predisposición heredada de reaccionar de una manera determinada.

Terapia Tratamiento.

Toxoide Producto que contiene toxinas bacterianas tratadas para estimular la producción de anticuerpos pero sin producir enfermedad.

Vector Cualquier animal capaz de transmitir la enfermedad. Generalmente son insectos y artrópodos.

Violación Uso de la violencia física o moral para que la persona tenga relaciones sexuales contra su voluntad.

Virulencia Grado de malignidad, toxicidad o infectividad de un agente causal.

Vitamina Sustancia que ayuda a las enzimas a dirigir y controlar las reacciones químicas necesarias para la utilización adecuada de los nutrimentos.

Vitíligo Enfermedad de la piel caracterizada por zonas sin pigmentación.

Zoonosis Enfermedades que de una manera natural se transmiten entre los animales vertebrados y el ser humano.

Bibliografía

BARRIOS MARTÍNEZ, D., *Enamoramiento, amor y pareja,* Fascículo del Módulo III de la Especialidad en Orientación e Información Sexológicas, SOMESHI, México, 1998.

BASIC LIFE SUPPORT, *Heartsaver guide,* American Heart Association, Dallas, Tx., 1993.

BENENSON, ABRAHAM S., *El control de las enfermedades transmisibles en el hombre,* 16a. ed., OPS, EUA, 1997.

CDC, CENTER FOR DISEASE CONTROL AND PREVENTION, *Helicobacter pylori,* Fact sheet for Physicians, Atlanta, sept. 1997.

CENTROS DE INTEGRACIÓN JUVENIL, A.C., *Cómo proteger a tus hijos contra las drogas,* México, 1999.

—————, *El consumo de drogas ilícitas en México,* México, 1999.

—————, *Farmacoterapia de los síndromes de intoxicación y abstinencia por psicotrópicos,* México, 1997.

CONAPO, Cuadernos de salud reproductiva, *República Mexicana,* México, 2000.

—————, Ejecución del Programa de Acción de la Conferencia Internacional sobre la Población y el Desarrollo, Comité técnico para la revisión de avances CIPD+5, México, 1999.

—————, *México demográfico,* Breviario 1988, México, 1988.

—————, *Situación actual de las y los jóvenes en México,* Diagnóstico Demográfico, Serie Documentos técnicos, nov., 2000.

CONSEJO NACIONAL DE VACUNACIÓN, Programa de vacunación universal 1995-2000, SS, México.

GAVIÑO AMBRIZ, SALVADOR, *Educación sexual para médicos residentes,* Documento interno, ISSSTE, México, S/A.

HIGASHIDA HIROSE, BERTHA, *Acciones básicas para salvar una vida.* Serie: Manuales Preparatorianos 6, ENP, México, 1991.

—————, *Odontología preventiva,* McGraw-Hill Interamericana, México, 2000.

IMSS, Dirección de presentaciones médicas, Coordinación de salud comunitaria, División de Medicina Preventiva, Aplicación de productos biológicos, México, 1997.

INEGI, *Agenda estadística de los Estados Unidos Mexicanos,* México, 1999.

—————, *Agenda Estadística de los Estados Unidos Mexicanos,* México, 2000, www.inegi.gob.mx

—————, *Agenda Estadística,* Estados Unidos Mexicanos 2003, México, 2004.

—————, *Agenda Estadística de los Estados Unidos Mexicanos, edición 2006,* México, 2006.

—————, *Agenda Estadística de los Estados Unidos Mexicanos,* México, 2010.

INEGI, *Anuario Estadístico de los Estados Unidos Mexicanos,* edición 2002, México, 2003.

—————, *Estadísticas del medio ambiente,* México, 1997, www.inegi.gob.mx

—————, *Información estadística del Sector Salud y Seguridad Social,* cuaderno núm. 15, México, 1999.

—————, *Información estadística del Sector Salud y Seguridad Social,* cuaderno núm. 16, México, 2000.

—————, *Cuaderno núm. 19, Información Estadística,* Sector Salud y Seguridad Social, México, 2003.

—————, *XXI Censo General de Población y Vivienda 2000,* Tabulados de la muestra censal, Cuestionario ampliado, México, 2000.

—————, *XII Censo General de Población y Vivienda 2000,* Resultados Preliminares, México, 2000.

INSTITUTO NACIONAL DE LA COMUNICACIÓN HUMANA, Manuales de Medicina de Comunicación Humana, *La audición y el cerebro,* México, 2000.

KRAUSE M., MAHON I., *Food nutrition and diet therapy,* 9a. ed., WB. Saunders, Filadelfia, 1998.

LARA, MARÍA, "Investigación sobre trabajo femenino y salud: avances y propuestas", en Figueroa, J.G. (comp.), *La condición de la mujer en el espacio de la salud,* Programa Salud Reproductiva y Sociedad y Centro de Estudios Demográficos y de Desarrollo Urbano, El Colegio de México, 1998.

LOCKIE, ANDREW; GEDDES, NICOLA, *La guía completa de Homeopatía. Los principios y la práctica del tratamiento,* 2a. ed., Javier Vergara, España, 1997.

MADER, SYLVIA S., *Understanding Human Anatomy & Physiology,* 3a. ed., WCR/McGraw-Hill Times Mirror Higher Education Group, EUA, 1997.

MAURICE, W L., *Sexual Medicine in Primary Care,* Mosby, St. Louis, 1999.

ODUM, E. P; SARMIENTO, P.D., *Ecología: un puente entre ciencia y sociedad,* McGraw-Hill Interamericana, México, 1998.

ORGANIZACIÓN PANAMERICANA DE LA SALUD, OPS, Asociación Mexicana de Educación Sexual, A.C., Ames, *¡Hablemos de Salud Sexual! Manual para profesionales de atención primaria de la salud, Información, herramientas educativas y recursos,* México, 1998.

ORGANIZACIÓN PANAMERICANA DE LA SALUD (OPS), *La salud en las Américas,* edición de 2002, EUA, 2002.

PANAMERICAN HEALTH ORGANIZATIONS (PAHO), *PROMOTION OF SEXUAL HEALTH RECOMENDATIONS FOR ACTIONS,* **ANTIGUA GUATEMALA, GUATEMALA, 2000.**

REYES TÉLLEZ, F., *Anatomía: programa y manual de prácticas,* Manuales Departamentales, México, 2000.

REYES TÉLLEZ-GIRÓN, J.; NÚÑEZ TOVAR, C., *Nomenclatura Anatómica Internacional*, Médica Panamericana, México, 1998.

ROITT, BROSTFF, MALE D., *Inmunology*, 5a. ed., Mosby, Londres, 1998.

SS, Sistema Nacional de Vigilancia Epidemiológica, *Epidemiología*, núm. 52, vol. 7, sem. 52, del 24 al 30 de diciembre de 2000.

SECRETARÍA DE SALUD-Epidemiología, *Información epidemiológica de morbilidad 1998*, junio de 1999.

—————, Epidemiología, *Información epidemiológica de morbilidad 2002*, México, 2003.

—————, Epidemiología, *Sistema de vigilancia epidemiológica de las adicciones*, Informe 1997, México, 1999.

SEELEY, STEPHENS Y TATE, *Anatomy & Physiology*, 5a. ed., McGraw-Hill Higher Education, EUA, 2000.

SEELEY, STEPHENS Y TATE, *Essentials of Anatomy and Physiology International Edition*, WCB/McGrawHill companies, EUA, 1999.

SHIER, DAVID *ET AL.*, *Hole's Human Anatomy & Physiology*, WCR/McGraw-Hill EUA, 1999.

UNICEF, Fondo de las Naciones Unidas para la infancia, *Estado mundial de la infancia 2001*, Ginebra, Suiza.

World Health Statistics Annual 1998 Who, Genéve, 1998.

WORTHINGTON-ROBERTS, B., *Nutrition during pregnancy and lactation*, 3a. ed., WB. Saunders, Filadelfia, 1998.

ZUBIRÁN, SALVADOR Y COL., *La desnutrición del mexicano*, Fondo de Cultura Económica, México, 1974.

Artículos (revistas científicas)

ÁVILA ROSAS, HÉCTOR, "Epidemiología de la obesidad en México", *Cuadernos de Nutrición*, vol. 20, núm. 6, México, 1997.

CARAVEO ANDUAGA, JORGE; COLMENARES B., EDUARDO; SALDÍVAR H., GABRIELA, "Estudio clínico-epidemiológico de los trastornos depresivos", *Salud mental*, vol. 22, núm. 2, México, abril de 1999.

—————, "Morbilidad psiquiátrica en la ciudad de México: prevalencia y comorbilidad a lo largo de la vida", *Salud mental*, núm. especial, 1999.

CASTELLANOS, ALEJANDRO. "Virus enterales: rotavirus", *Práctica pediátrica*, vol. 9, núm. 3, marzo de 2000, pp. 11-14.

DELEZÉ L.M., *OSTEOPOROSIS*, Magnitud del problema en México y a nivel mundial, Impacto socioeconómico, Climaterio, 1998.

DÍAZ MARTÍNEZ, ALEJANDRO; ESTEBAN JIMÉNEZ, RAMÓN, "Prevención de la salud mental en México", Estado actual y perspectivas, *Salud mental*, número especial, 1999.

FEINHOLZ KLIP, DAFNA, "Adolescencia. Para comprender los trastornos de la conducta alimentaria", *Cuadernos de Nutrición*, vol. 20, núm. 5, septiembre-octubre, México, 1997.

FEINHOLZ KLIP, DAFNA, "Anorexia y bulimia, aspectos psicológicos", *Cuadernos de Nutrición*, vol. 20, núm. 5, septiembre-octubre, México, 1997.

FLEIZ BAUTISTA, CLARA *ET AL.*, "Conducta sexual en estudiantes de la ciudad de México", *Salud mental*, vol. 22, núm. 4, agosto de 1999.

GARZA MORALES, SAÚL; POBLANO, ADRIÁN; ROBLEDO GALVÁN, ALICIA; FERNÁNDEZ CARROCERA, LUIS ALBERTO, "Auditory evoked potentials in children at neonatal risk for hypoacusis", *Rev. Panam. Salud Públi*ca/Pan Am/Public Health 2(4), 1997.

HIGGINS, M.W; KELLER, J.B.; MENFER, H.L., "Smokings, socioeconom status and chronic respiratory disease", *Am. Rev. Resp. Dis.*, 1997: 116, 403-410.

LARA, MA. ASUNCIÓN, "Estereotipos sexuales trabajo extradoméstico y depresión en la mujer", *Salud mental*, número especial, 1999.

LOZANO-SALAZAR, RUBÉN R.; HERRERA, MIGUEL F. Tratamiento quirúrgico para la obesidad externa, *Cuadernos de Nutrición*, vol. 21, núm. 1, México, 1998.

ORTIZ IBARRA, FEDERICO J., "Esquema básico de inmunizaciones en pediatría", *Práctica pediátrica*, vol. 9, núm. 3, marzo de 2000.

PALMA ESCANDÓN, MARCELA, "Trastornos de la conducta alimentaria", *Cuadernos de Nutrición*, vol. 20, núm. 5, septiembre-octubre, México, 1997.

PLAZAS DE CREIXELL, MAITE, "Cómo hacer para prevenir la anorexia y la bulimia", *Cuadernos de Nutrición*, vol. 20, núm. 5, septiembre-octubre, 1997.

RAMIRO H.H., "Prevención del envejecimiento", *Salud Mental*, vol. 22, núm. 5, octubre de 1999.

ROSALES ALBA, SERGIO, "Menopausia", *Para la Salud, Revista Educativa*, año 6, núm. 55, enero-febrero 2002, Medi mark.

UGARTE Y ROMANO BARROSO, "Prevalencia de disfunción eréctil en México y factores de riesgo asociados", *Rev. Soc. Mex. de Urología*, vol. 61, núm. 2, marzo-abril de 2001.

ULMANN, ANDRÉ, "Anticoncepción postcoital: una perspectiva europea", *Entre Nous, La revista europea de la salud reproductiva*, núm. 40-41, FNUAP OMS, Ginebra, 1998.

VELÁZQUEZ MONROY, O.; ROSAS PERALTA, M.; LARA ESQUEDA, A.; PASTELÍN HERNÁNDEZ, G., Grupo ENSA 2000; Attié, F.; Tapia Conyer, R.: "Hipertensión arterial en México: resultado de la encuesta nacional de salud (ENSA) 2000", Arch. Cardiol., Méx., 2002.

VILLATORO, JORGE *ET AL.*, "La situación del consumo de sustancias entre estudiantes de la ciudad de México", *Salud mental*, vol. 22, núm. 2, abril de 1999.

Difusión

ACADEMIA MEXICANA DE CIENCIAS, 25 de julio de 2001, Artículo: "Diabetes: una nueva epidemia. Causas, manifestaciones y tratamiento".

¿CÓMO VES?, año 2, núm. 17, abril de 2000. Artículo: "Edición especial sobre la violencia".

CUADERNOS DE NUTRICIÓN, Agenda 2000. Artículos: "Cáncer, diabetes mellitus, hipertensión arterial, caries, osteoporosis, deshidratación, anemia, enfermedades cardiovasculares e hipercolesterolemía, trastornos de la conducta alimentaria, estreñimiento, obesidad".

————, vol. 21, núm. 1, enero-febrero de 1998. Artículo: "Cómo hacer para que los niños hagan ejercicio y esto los ayude a tener un peso saludable".

————, vol. 21, núm. 2, marzo-abril de 1998. Artículos: "Nutrición humana, Nutrición y SIDA, Obesidad: conceptos actuales".

————, vol. 22, núm. 1, enero-febrero de 1999. Artículo: "Cómo hacer para defenderse de las enfermedades transmitidas por alimentos".

————, vol. 22, núm. 4, julio-agosto de 1999. Artículo. "Los alimentos y los sentidos".

————, vol. 22, núm. 6, noviembre-diciembre de 1999. Artículo: "La alimentación del deportista, Recomendaciones".

————, vol. 22, núm. 39, mayo-junio de 1999. Artículos: "La fibra de cada día, Cómo hacer para.... Comer bien es vivir mejor".

————, vol. 23, núm. 1, enero-febrero de 2000. Artículos: "El consumo de ácidos grasos como factor de riesgo para el desarrollo de cáncer de mama, Cómo hacer para el cuidado de los senos".

————, vol. 23, núm. 2, marzo-abril de 2000. Artículos: "Metabolismo de calcio en la mujer durante la gestación y la lactancia, El dulce control de la diabetes".

————, vol. 23, núm. 3, mayo-junio de 2000. Artículo: "La actividad física, sus beneficios y usted".

————, vol. 23, núm. 5, septiembre-octubre de 2000. Artículos: "Comer bien, vivir mejor, El ejercicio y las limitaciones físicas, Las enfermedades emergentes transmitidas por alimentos".

————, vol. 23, núm. 6, noviembre-diciembre de 2000. Artículo: "Los hidratos de carbono en la nutrición humana".

————, vol. 24, núm. 1, enero-febrero de 2001. Artículos: "Glosario de términos para la orientación alimentaria, Términos comúnmente utilizados en nutrición, Función, fuentes dietéticas recomendaciones, deficiencias de algunos nutrimentos inorgánicos, Ingestión diaria recomendada de energía, proteína, vitaminas y minerales para la población mexicana".

————, vol. 24, núm. 2, marzo-abril de 2001. Arículo: "Encuesta Nacional de Nutrición".

————, vol. 24, núm. 3 mayo-junio de 2001. Artículos: "Hacia un consenso en la prevención primaria de la ateroesclerosis por medio de la dieta y el ejercicio, Estimulación y desarrollo motor, Cómo hacer para cuidar su corazón".

————, vol. 24, núm. 5, septiembre-octubre de 2001. Artículo: "Alimentación al pecho: efectos tempranos y tardíos".

————, vol. 26, núm. 1, enero-febrero de 2003. Artículo: "Obesidad, riesgo de hipertensión arterial en los adultos".

EL CORREO, UNESCO año LII, octubre de 1999. Artículo: "Por la educación de los jóvenes contra el SIDA".

MUNDO CIENTÍFICO, 2002. RBA Revistas, Barcelona. Artículos: "La función del sueño, El olfato: un sentido con mucha memoria".

MUY INTERESANTE, Año 17, núm. 2, febrero de 2000. Artículos: "El cáncer contra la pared, La guerra microscópica, Ecología".

————, año 17, núm. 3, 1 de marzo de 2002. Artículos: "Ondas electromalignas, Así nació la píldora, La píldora cambia de cara en los años recientes".

————, año 17, núm. 4, abril de 2000. Artículo: "20 años de SIDA".

————, año 17, núm. 4, abril de 2000. Artículos: "Diabetes. La enfermedad del siglo XXI, El gusto, Descubriendo un quinto sabor".

————, año 17, núm. 4, abril de 2000. Artículos: "17 fluidos biológicos indispensables, Fruta contra infartos, cáncer e hipertensión".

————, núm. 07, 1 de julio de 2002. Artículo: "Alcoholismo".

————, año 15, núm. 8, 14 de abril de 2000. Artículos: "Psicometereología: así afectan los cambios climatológicos a nuestra salud física y mental, El carácter de la madre influye en el desarrollo emocional de los hijos varones hasta extremos".

————, número especial 15 de junio de 2002. "Homosexualidad".

NATIONAL GEOGRAPHIC EN ESPAÑOL, vol. 1, núm. 2, febrero de 2002. Artículos: "El SIDA: a 20 años, La guerra contra las epidemias, Pulso de la Tierra, Un ecosistema exprimido".

POPULATION COUNCIL NEWS RELEASE, 16 de diciembre de 1998. Artículo: "Social preseures are keys to adolescent reproductive behavior".

RADAR EDIT, edición especial, diciembre de 2002. Artículo: "Lo mejor y más rico del amor y sexo. Todo sobre el SIDA".

REVISTA DEL CONSUMIDOR, núm. 271, septiembre de 1999. Artículos: "¡Cómo nos afecta la contaminación auditiva! Alimentación y nutrición".

SALUD. Pediatría, 3 de marzo de 2002. Artículos: "Abatió el Sector Salud en 50% la desnutrición, Prevención de accidentes en el hogar".

Periódicos

"Abortan 20 millones de mujeres en el mundo al año; 80 mil mueren por complicaciones", Excélsior, 17 de febrero de 2004.

"Alcoholismo, problema psicosocial, legal y médico", Gaceta UNAM, 17 de marzo de 2003.

"Amenazan las causas de los males periodontales en los mexicanos. Tuberculosis, una de las tres causas infecciosas de muerte". Gaceta UNAM, 2 de abril de 2001.

"Aumenta la gente de la tercera edad y disminuyen los jóvenes", Gaceta UNAM, 12 de julio de 2001.

"Cardiología, edición especial", Sección salud. Excélsior, 14 de junio de 1999.

"Cincuentenario de la Organización Mundial de la Salud. La situación demográfica de México en el nuevo milenio". *Excélsior*, s.f.

"Clínica de la Universidad atiende a más de 300 niños con virus del SIDA", *Gaceta UNAM*, 5 de julio de 2001.

"Diabetes tipo I. Principales causas de morbimortalidad infantil".

"El amaranto, una opción alimentaria". *El faro. Boletín informativo de la Coordinación de la Investigación Científica*, UNAM, año II, número 23.

"El amor en la tercera edad", *Excélsior*, 3 de febrero de 2000.

"El estilo de vida complica el control de la diabetes. El deterioro de las células beta provoca diabetes", Sección salud, *Excélsior*, 28 de febrero de 2000.

"En 45% de los hogares existe algún tipo de agresión física a féminas", *Excélsior*, 2 de marzo de 2004.

"En A.L., 35 a 52% embarazos no deseados en jóvenes", *Excélsior*, 18 de enero de 2004.

"Hay 60 millones con SIDA en todo el orbe; 51 mil casos en México", *Excélsior*, 2 de diciembre de 2001.

"La complejidad de las proteínas y la ciencia proteómica", *Gaceta Biomédicas*, año 7, núm. 4, abril de 2002.

"La diabetes", Sección salud, Oftalmología, *Excélsior*, 1 de abril de 2001.

"La falta de biotina malforma y mata bebés", *Gaceta UNAM*, 18 de noviembre de 2002.

"La preeclampsia, riesgo grave para embarazadas", *Gaceta UNAM*, 6 de febrero de 2003.

"La salud es primero. Principales líneas de trabajo de la Secretaría de Salud", *Excélsior*, 20 de enero de 1999.

"La violencia es un círculo del cual puedes salir", *Excélsior*, 5 de agosto de 1999.

"La voz, su importancia, enfermedades y cuidados", *Excélsior*, 19 de abril de 2004.

"Los refrescos de cola causan osteoporosis", *Excélsior*, 2 de agosto de 1999.

"Ojo con el alcohol, señoras", *Excélsior*, 11 de noviembre de 2003.

"Padecen VIH 42 millones; sólo en A.L., 2.87 millones", *Excélsior*, 2 de diciembre de 2002.

"Pediatría", Sección salud, *Excélsior*, 29 de mayo de 2000.

"Por una cultura de conservación del agua subterránea". *El faro. Boletín informativo de la Coordinación de la Investigación Científica*, UNAM, año I, número 1, 2 de abril de 2001.

"Rumbo a El Cairo + 5. Mujer, base en el desarrollo poblacional, Cifras para un informe, El alcoholismo: infierno familiar", *Excélsior*, 14 de febrero de 1999.

"Sólo una de cada 4 adolescentes se protege con anticonceptivos. Se perfila la depresión como un problema de salud, en el orbe", *Excélsior*, 15 de febrero de 2004.

"Víctimas de violencia doméstica entre 25 y 50% de las mujeres en A.L.", *Gaceta UNAM*, 12 de marzo de 2001.

"Vida sedentaria, muerte perentoria: OPS", *Excélsior*, 16 de diciembre de 2003.

Artículos

Arteroesclerosis: precursora de accidentes vasculares. Arterotrombosis: enfermedad sistémica, de graves consecuencias sociales, ¿cómo prevenirla? La diabetes y el corazón. Esperanza de vida para el paciente cardiaco. Dale una dosis de salud a tu corazón.

Excélsior, Sección salud. Nefrología, Ediciones especiales, 29 de junio de 1998. Artículos: "Daño renal progresivo. Diabetes mellitus e insuficiencia renal crónica. Enfermedad renal y diabetes. Programa de prevención y control de adicciones".

Excélsior, Sección salud. Oftalmología, Ediciones especiales, *Excélsior*, 30 de abril de 1999.

Excélsior, Sección salud. Gastroenterología, Ediciones especiales, 2 de agosto de 1999. "*Helicobacter pylori*: una de las principales causas de la gastritis. Síndrome de colon irritable. Cáncer de colon. Menor índice de mortalidad infantil: SSA. Barriga llena, corazón contento y mente fresca".

Excélsior, Sección salud. "Cardiología", Ediciones especiales, 31 de agosto de 1998. Sección salud. "Cardiopatías en México. Hipertensión arterial y sus riesgos. Tabaquismo, obesidad y corazón. Hipertensión arterial y el siglo XXI. Diabetes y complicaciones cardiovasculares. Enfermedad coronaria ¿qué es?, ¿por qué da? y ¿cómo se trata?"

Excélsior, Sección salud. "Nefrología", Ediciones especiales, 11 de octubre de 1999. "La orina, primordial para diagnosticar enfermedades renales. Nefropatía secundaria a diabetes. Diálisis peritoneal".

Excélsior, Sección salud. Enfermedades respiratorias, "Herencia y ocupación, principales detonadores del asma. Novedades. Tratamiento para dejar de fumar. Asma, enfermedad milenaria". 6 de diciembre de 1999.

Excélsior, Sección salud. Salud femenina. Edición especial. *Excélsior*, 9 de septiembre de 2001. "¿Es necesaria la terapia hormonal de remplazo? El examen ginecológico, aconsejable recurso para proteger la salud. El cáncer cervicouterino, fuertemente asociado con el virus del papiloma humano. Cáncer de mama, experiencia mortal. "La diabetes, enfermedad prevenible".

"Principales causas de ceguera en México. Diabetes y ceguera. Educación y ceguera. Reconoce OMS/OPS los logros de México en materia de salud. Diabéticos e hipertensos. Tecnología de punta para la corrección de defectos visuales: IMSS. Glaucoma y ceguera".

"Se dispara el consumo de drogas en México: Grupo de Dublín".

"Sida y pobreza, los mayores retos para el siglo XXI".

"Son más de 8 millones los huérfanos del SIDA, informa la OMS".

"Sufren las mujeres 90% de los delitos sexuales aquí: CNDH".

Páginas Web

Academia Mexicana de Ciencias • www.amc.unam.mx

Cismad. Centro de Información en Salud Mental y Adicciones • www.inprf.gob.mx/psicosociales/ informacionci.html • email@cisma imp.edu.mx.

Consejo Nacional contra las Adicciones • www.conadic. salud.gob.mx

Consejo Nacional de la Población (Conapo) • www. conapo.gob.mx

Cuadernos de Nutrición • www.fns.org.mx

Dirección General de Epidemiología de la SSA • www. dgepi.salud.gob.mx • www.epi.salud.gob.mx

Gaceta UNAM • www.dges.unam.mx/gacetaweb/ • www. unam.mx/gaceta

INEGI • www.inegi.gob.mx

Instituto de Investigaciones Biomédicas (Gaceta biomédica) • www.biomédicas.unam.mx

Instituto Nacional de Ciencias Médicas y Nutrición Salvador Zubirán • www.innsz.mx

Organización Mundial de la Salud • www.who.int/es/

Population Council • www.popcouncil.org

Population News Realase • www.pop.council.org

Procuraduría Feredal del Consiumidor • Profeco • www. profeco.gob.mx

Radar Editores • www.radareditores.com

Secretaría de Salud • www.salud.gob.mx

UNESCO • www.unesco.org/new/es/unesco/

Índice analítico

articulación(es) (*cont.*)
  lesiones en las, 354
  móviles o diartrosis, 85
  semimóviles o anfiartrosis, 85
  sinoviales, 82-83
  tipos de, 82-83, 83f
artritis, 85
  gonocócica, 373
  reumatoide, 85
artrología, 82-86. *Véase*
      sindesmología.
Asamblea General de las Naciones
      Unidas, 403-404
Asamblea Mundial de la Salud,
      344, 364, 382
asepsia, 353
asfixia, 15, 336
asma, 214, 330, 397
Asociación Americana de Psiquia-
      tría, 292, 308
astigmatismo, 115, 281
atención médica, 253
  primer nivel, 253
  segundo nivel, 253
  tercer nivel, 253-254
atlas, 71. *Véase* vértebra cervical.
autoerotismo, 303.
automedicación, 29
autoridades sanitarias, 258
avitaminosis, 288, 394

b

bacilo de Ducreyi, 374
bacterias, 12-13
  coloración de Gram, 13
  clasificación de 13
  mixobacterias, 13
  espiroquetas, 13
  eubacterias, 13
  miceliales, 13
  Rickettsia, 13
  Chlamydiae, 14
  Gram
    positivas, 13, 14
    negativas, 13, 14
basura,
  almacenamiento de la, 332
  desechos líquidos, 332
  etapas del manejo de la, 332
  recolección y confinamiento de
      la, 332
  tratamiento y eliminación de la,
      332
baumanómetro, 147
benzopireno, 330
beriberi, 284
bestialismo, 309
biología, 50
biosfera, 20
bióxido de
  azufre, 334
  de carbono, 5, 6, 148, 154-155,
      335
bipolaridad, 326
bisexualidad, 308
boca, 130
  arcos
    palatofaríngeos, 130
    palatoglosos, 130
  cálculos gustatorios, 130

frenillo, 130
funciones de la, 132
istmo de las fauces, 130
labios, 130
lengua, 130
mejillas, 130
paladar, 130
papilas linguales, 130
tonsilas palatinas (amígdalas),
      130
úvula,
bocio, 17, 285
bomba de
  plutonio, 356
  uranio, 356
botulismo, 288, 338
bronquitis, 266, 330
  crónica, 214, 397
brucelosis, 337
bulimia, 294-295
  prevención de la, 295

c

calcio, 285
cálculos biliares, 291
call girls, 384
caloría, 283
calostro, 297
cáncer, 12, 326, 356
  de mama, 164, 291, 367
  pulmonar, 12, 330, 397
candidiasis, 375
  del tracto digestivo, 379
cara, huesos de la, 66-69, 67f, 68f,
      69f, 70f
  cigomáticos, 68
  conchas inferiores, 69
  lagrimales, 68
  mandíbula, 69
  maxilares, 66-67
  nasales, 66
  platinos, 68
  vómer, 69
carácter,
  acumulativo, 200
  definición de, 200
  explotador, 200
  mercantilista, 200
  receptivo, 200
cardiopatías graves, 367
cardiorespiratorias, enfermedades,
      13
  cardiovascular, 371
caries dental, 291
Cartilla Nacional de Vacunación,
      34-36
catabolismo, 283
cataratas, 117, 281
ceguera, 13
  nocturna, 283, 284
célula, 5
  aparato de golgi, 53
  características funcionales de
      la, 55
  centriolos
  citoplasma, 52
  cromatina, 55
  definición de, 52
  fibrillas, 54
  inclusiones citoplásmicas, 54

lisosomas, 53
membrana
  celular, 53
  nuclear, 55
mitocondrias, 53
nerviosas, 6
núcleo, 52, 54
nucléolos, 55
nucleoplasma, 55
organelos, clasificación de,
      52-53, 54f
retículo endoplásmico, 53
ribosomas, 53
censo de población y vivienda,
      222, 226
  hogares, 227-228
  migración internacional, 228
  personas, 227-228
  residentes, 227-228
  vivienda, características de la,
      226
Censo General de Población y
      Vivienda, 47, 270
Centro de Investigaciones en
      Salud Pública, 263
Centro de Investigaciones sobre
      enfermedades
      infecciosas, 263
Centro Estadounidense de Control
      de Enfermedades,
      (USCDC), 377
Centros de Integración Juvenil,
      263, 386, 390
cerebelo, 106
  corteza del, 106
  fisuras en el, 106
  hemisferios del, 106
  pedúnculos del, 106
  vermis y, 106
cerebro, 107, 110f
  agujero interventricular del,
      107
  corteza cerebral, 107
  fisuras del, 107
  hemisferios del, 107
  liquído cerebroespinal del, 107
  lóbulos del, 107
  tallo encefálico del, 107
  ventrículo lateral del, 107
cesárea, 195
  corporal, 195
  segmentaria, 195
  tipo
    Beck, 195
    Kerr, 195
chancro blando, 374
cicatrización, retazo de la, 285
ciclo menstrual, 159, 164f
ciclones, 356
ciclozoonosis, 338
ciencia(s),
  características de la, 7
  conocimiento científico, 7
  de la salud, 7
  definición de, 7
  sociales
    aplicaciones de las 10
    limitaciones de las, 10-11
cimiaciasis, 280
circuncisión, 168
cirrosis, 136
  hepática, 214, 393, 394

cistitis, 375
citología, 50
  exfoliativa, 363
citoplasma, 52
Clasificación Internacional de
      Enfermedades, 219,
      365
clave única de registro de pobla-
      ción (CURP), 34
cleptomanía, 309
climaterio, 213
cloro, 285
  de benzalconio, 353
cobalto, 285
cobre, 285
coca, 388
cocaína, 388
  enfermedades por consumo de,
    alteraciones cardiacas, 388
    confusión mental, 388
    convulsiones, 388
    dolor abdominal, 388
    muerte, 388
    pérdida del conocimiento, 388
codeína, 387, 388
  depresión respiratoria, 388
Códice Mendocino, 7
Código Civil para el Distrito
      Federal, 213
Código de conducta sexual,
      aspectos del, 306
Código Penal del Distrito Federal,
      367, 368, 399, 392,
      403
Código Sanitario de los Estados
      Unidos Mexicanos,
      257
coito, 306
coitus interruptus, 318
colecistitis, 136
colelitiasis, 136
cólera, 329
colesterol, 284
colitis, 135, 266
Comisión Jurídica para Prevenir y
      Controlar la
      Contaminación
      Ambiental, 334
Comisión Nacional de Ecología,
      334
Comisión Sanitaria de la Sociedad
      de las Naciones, 344
Comité de Expertos de la OMS en
      drogas toxicomaní-
      genas, 385
Comité Interinstitucional para el
      Estudio y Análisis de
      la Producción,
      Regulación y Abuso
      de Disolventes/
      Inhalantes, 392
Comité Nacional para Investiga-
      ción y Control del
      Sida (Consida), 381
complejo B, 284, *Véase* vitaminas.
Conapo, 225
condiloma acuminado, 363
condón, 312
  femenino, 313
Conferencia Internacional sobre
      Enfermedades
      Venéreas, 383